lonely planet

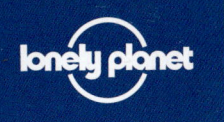

ANTHONY HAYWOOD
CAROLINE SIEG

WIEN

CITYGUIDE

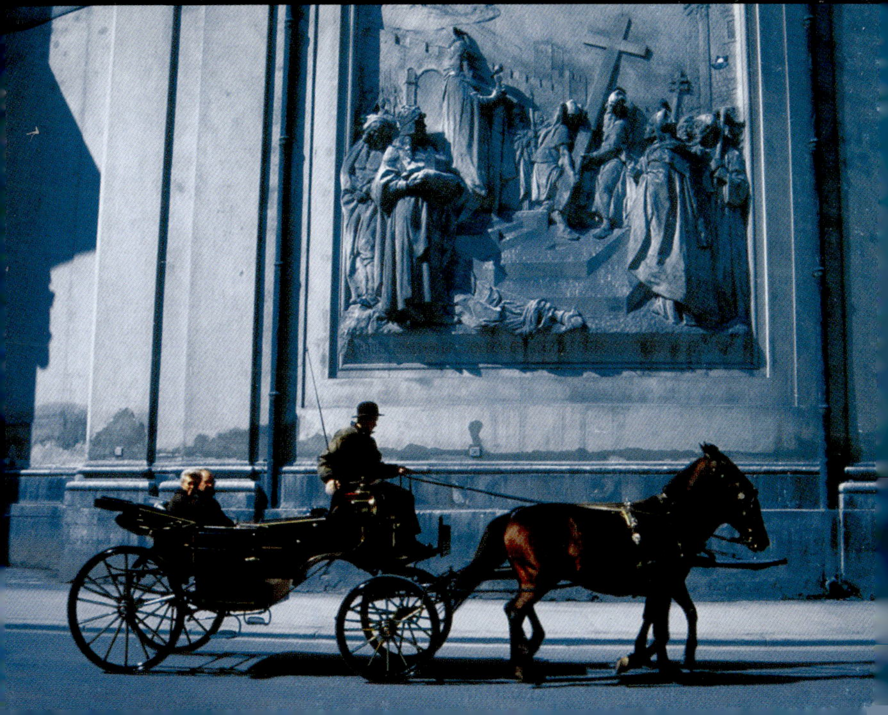

WILLKOMMEN IN WIEN

Karlskirche (S. 86)

„Wien bleibt Wien – und das ist wohl das Schlimmste, was man über diese Stadt sagen kann", witzelte einst der österreichische Schriftsteller Alfred Polgar. Ein hartes Urteil, denn in Wirklichkeit gehört Wien zu den lebenswertesten Städten der Welt.

Der Humorist Karl Farkas hatte einen anderen Blickwinkel: „Wir Wiener blicken vertrauensvoll in unsere Vergangenheit." Wie aber steht es um die Zukunft? Nun, auch da gibt es durchaus Grund für Zuversicht. Nur wenige Städte auf der Welt bieten eine vergleichbar hohe Lebensqualität wie Wien. Nimmt man noch die ausgezeichneten nachhaltigen Projekte hinzu, dann erweist sich Wien auch in dieser Hinsicht als Stadt mit Zukunft.

Und dennoch liegt in Wien ein Blick in dessen großartige Vergangenheit nahe. Wer denkt nicht zwangsläufig an Sängerknaben, monumentale Paläste, Fiaker und prunkvollen Überschwang? An Musik von Mozart, Beethoven und Brahms oder filigrane Gemälde oder Zeichnungen von Klimt, Schiele und Kokoschka? Doch die österreichische Hauptstadt lebt auch im Hier und Jetzt. Sie wartet mit einer erstaunlich bunten zeitgenössischen Kunst- und Kulturszene auf, einer blühenden Gastronomie, gut besuchten, munteren Kneipen, Bars, Kaffee- und Bierhäusern, malerischen Weinbergen im Umland, einer eigenwilligen Rock- und Clubszene und außerordentlich innovativer Bühnenkunst. Bedenkt man noch alle die potenziellen Ausflüge zu den Seen im Burgenland oder ins Donautal, nach Znojmo in Tschechien oder Bratislava in der Slowakei, dann versteht man, warum eine Woche in Wien viel zu schnell vergeht.

STADTLEBEN

Mit fast 1,7 Mio. Einwohnern ist Wien eine Großstadt, eine prächtige noch dazu. Gleichzeitig hat sie hier und da den Charakter längst vergangener Zeiten bewahrt: Wiener sind mit der Stadt eng verbunden und lieben es, auch noch so Triviales absurd-großartig aufzublasen.

„Nur wenige Städte auf der Welt bieten eine vergleichbar hohe Lebensqualität wie Wien."

Im Februar 2010 stimmten die Wiener in einer Volksabstimmung gleich über fünf Fragen ab, die sie schon einige Zeit bewegten. Die vorgeschlagene City-Maut wurde verworfen – eine untypisch „anti-grüne" Entscheidung in der sonst umweltbewussten Hauptstadt. Dagegen sprachen sich die Bürger für die Einführung eines Hundeführerscheins und die Anstellung von Hausmeistern – hierzulande Hausbesorger genannt – in den Wohnblocks aus. Spötter behaupten, das Wiener Kleinbürgertum dränge eben wieder in den Vordergrund.

Seit Langem streben die Wiener nach Änderungen im Bildungssystem. Die bestehende Praxis mit überwiegend Halbtagesschulen stellt Familien mit geringerem Einkommen, in denen beide Elternteile berufstätig sind, vor ein erhebliches Problem. Über 76 % sprachen sich daher für ein flächendeckendes Angebot von Ganztagsschulen aus. Die letzte Reform, die die Wähler – wenn auch mit knapper Mehrheit – guthießen, dürfte Besucher am meisten interessieren: Beschlossen wurde ein durchgängiger Betrieb der Wiener U-Bahn in den Nächten von Freitag auf Samstag und Samstag auf Sonntag. Im September 2010 wurden die ersten Nachtfahrten mit einer großen Party gefeiert – seitdem ist Wiens Nachtleben um eine „Attraktion" reicher.

Unterdessen ist eine Reihe von wichtigen Bauvorhaben im Gang, darunter vor allem die Errichtung des ersten Zentralbahnhofs in Wien, der 2012 in Betrieb gehen soll. Und die Stadtpolitik? Auch da spielt Wien den Vorreiter im Land: Zwar ist die Tradition des „roten" Wiens ungebrochen – so gewann die SPÖ, die nach dem Krieg alle Bürgermeister stellte, auch die Wahlen im Oktober 2010. Doch erst zum zweiten Mal in der Nachkriegsgeschichte verlor sie die absolute Mehrheit und schmiedete daraufhin die erste rot-grüne Landesregierung Österreichs.

Café Leopold (S. 190): tagsüber ein Café, nachts ein trendiger Treff

HIGHLIGHTS

❶ Stephansdom
Der gotische Dom aus dem 14. Jh. verkörpert Wiens Herz und Seele (S. 58).

❷ Fernwärme
Detail von Hundertwassers Fernwärmewerk Spittelau (S. 105).

❸ Belvedere
Johann Lukas von Hildebrandts prächtiges Palais mit seiner weitläufigen Gartenanlage (S. 108).

❹ Riesenrad
Eine Fahrt mit dem Wiener Wahrzeichen verspricht großartige Ausblicke (S. 117).

❺ MuseumsQuartier
Wiens geschäftiges Kulturzentrum, in dem Zeit und Raum verschmelzen (S. 92).

❻ Kirche am Steinhof
Otto Wagners Jugendstilkirche auf dem Gelände des Psychiatrischen Krankenhauses (S. 141).

MEISTERWERKE DER ARCHITEKTUR

Barocke Pracht, klassizistische Kolossalbauten, inspirierte Meisterwerke des Jugendstils, scharfkantiger Postmodernismus und die exzentrische, organische Architektur von Friedensreich Hundertwasser – Wiens Architektur ist ein Fest für die Sinne, das zu einer ausgedehnten Reise durch die Vergangenheit inspiriert.

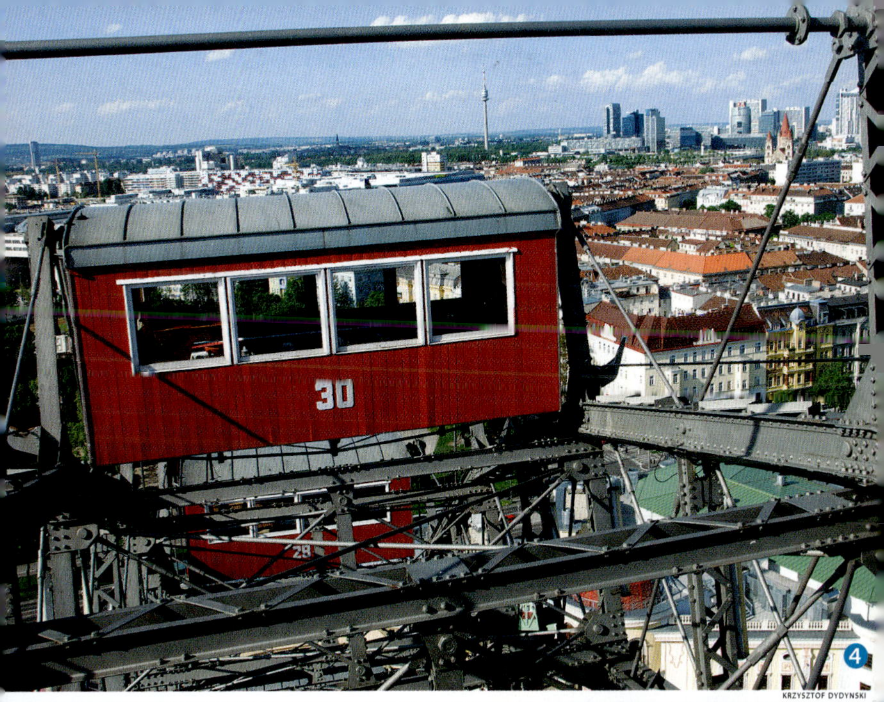

KRZYSZTOF DYDYNSKI

GREG ELMS

GREG ELMS

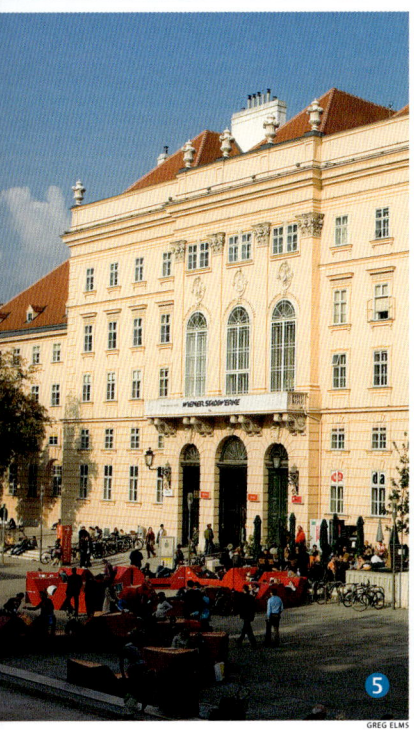

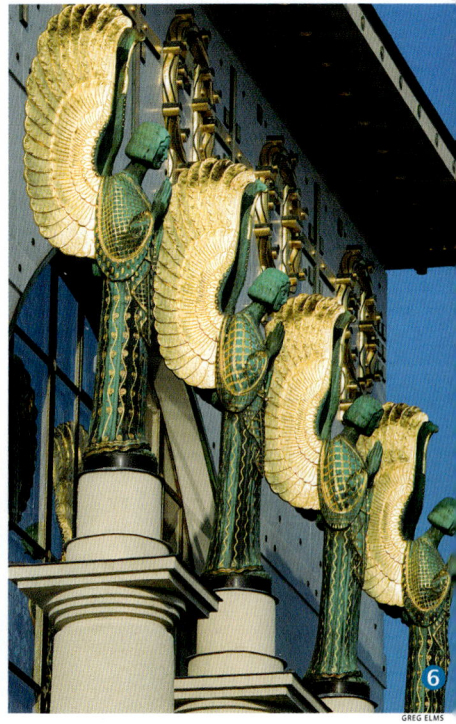

ESSEN WIE GOTT IN ÖSTERREICH

Die Wiener sind wahre Genießer! Auf dem lebendigen Naschmarkt gibt es Lebensmittel aus der Region und überraschend gute Restaurants. Und dann wären da noch traditionelle und weniger traditionelle Beisln, die allseits beliebten Würstelstände, elegante Gastro-Tempel, angesagte Lokale und Plätzchen für ein Picknick.

❶ **Stimmungsvolle Beisln**
Bier und traditionelle Gerichte in Wiens Beisln (S. 161).

❷ **Naschmarkt**
Der Naschmarkt ist die kulinarische Speerspitze der vielen Märkte der Hauptstadt (S. 87).

❸ **Picknick-Paradies**
Urbanek – ein Einkaufsparadies, in dem es leckeren Schinken und Wein gibt (S. 171).

❹ **Bitzinger Würstelstand am Albertinaplatz**
An Würstelständen herrscht in Wien kein Mangel: An diesem hier drängen sich Opernbesucher nach der Vorstellung (S. 166).

❺ **Stilvoll essen**
Die Kunsthalle im MuseumsQuartier – Gastlichkeit in den früheren kaiserlichen Stallungen (S. 94).

1

DACS/THE BRIDGEMAN ART LIBRARY

2

STEPHEN

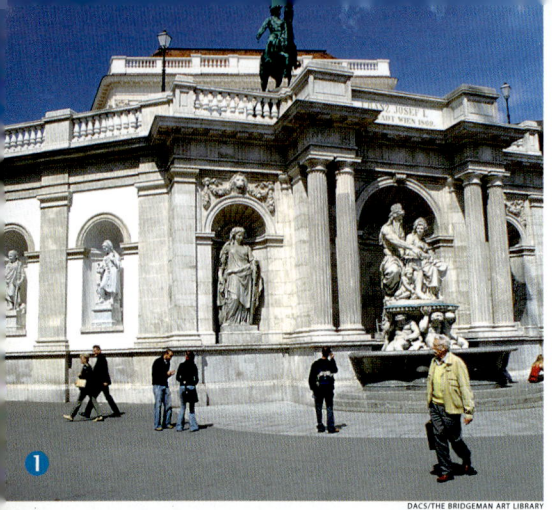

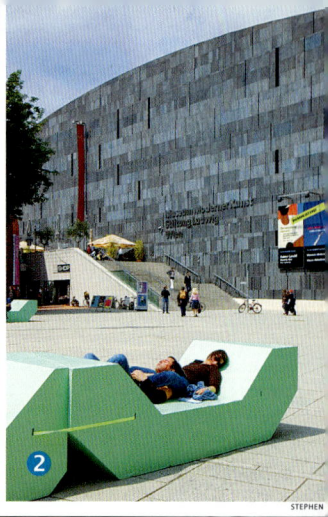

KUNST UM DER KUNST WILLEN

Dürer, Rembrandt und Caravaggio, dazu Biedermeier, Expressionismus, Jugendstil und die bizarren Installationen und Happenings des Wiener Aktionismus: Die Museen der österreichischen Hauptstadt haben echte Meisterwerke der Kunstgeschichte genauso zu bieten wie aufregende Erfahrungen kontroverser zeitgenössischer Art.

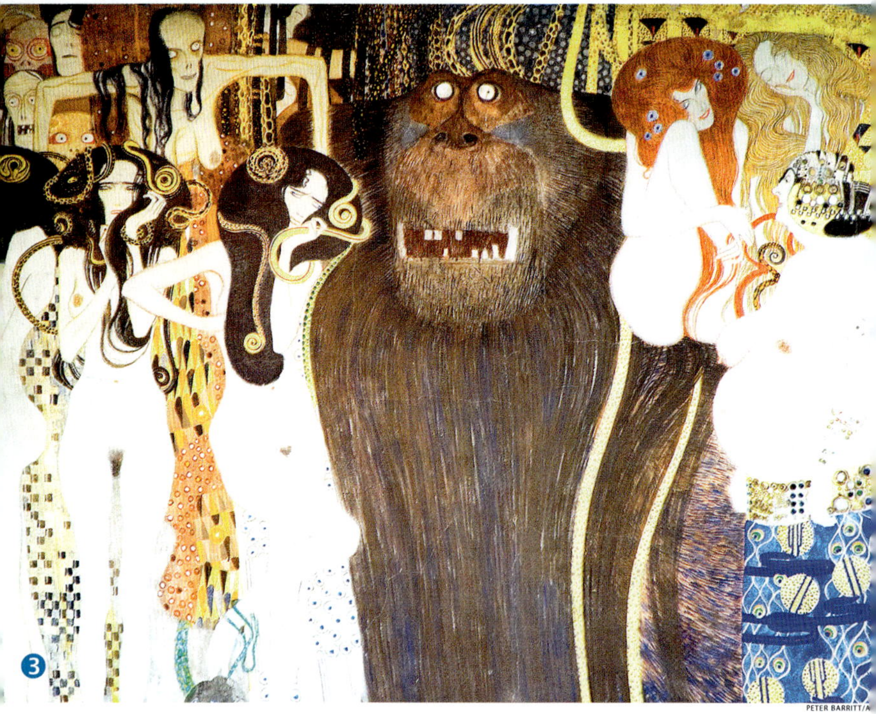

3

PETER BARRITT/A

❶ Oskar Kokoschka
Österreichs Expressionisten gilt es in der Albertina (S. 75) und im Leopold Museum (S. 93) zu entdecken.

❷ Hermann Nitsch
Im MUMOK im MuseumsQuartier geht es nicht ohne moderne Schockerlebnisse ab (S. 94).

❸ Gustav Klimt
Wiens Jugendstilguru begegnet man in der Secession (S. 67), im Leopold Museum (S. 93), im Kunsthistorischen Museum (S. 74) und im Oberen Belvedere (S. 108).

❹ Ferdinand Georg Waldmüller
Werke des österreichischen Biedermeiermalers finden sich im Wien Museum (S. 86) und im Oberen Belvedere (S. 108).

❺ Alte Meister
Eine Schatztruhe der Kunst: das Kunsthistorische Museum (S. 74)

❻ Egon Schiele
Skizzen, Porträts und atemberaubende Gemälde Schieles zeigt das Leopold Museum (S. 93).

KRZYSZTOF DYDYNSKI

GREG

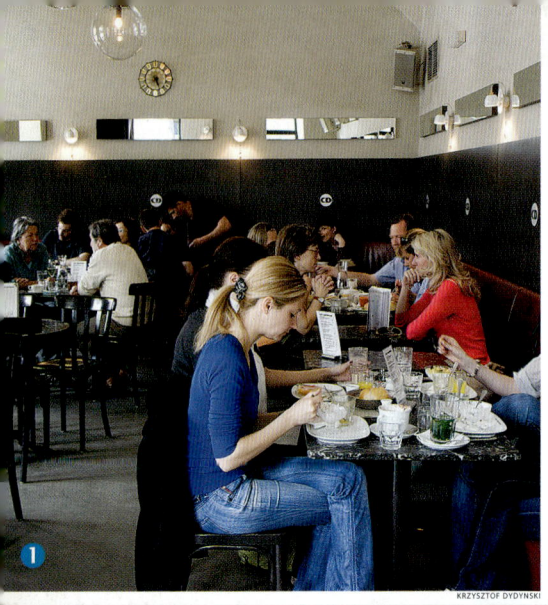

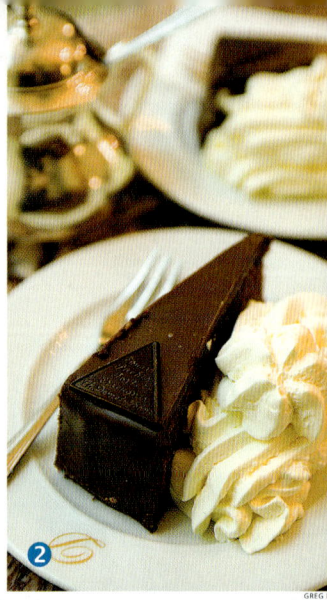

WIEN IN GLAS UND TASSE

Man wird nicht weit über den Tellerrand hinausblicken müssen, um in und um Wien viel Faszinierendes zu entdecken: Ob in einem edlen Wiener Café, mit der Zeitung in einem Kaffeehaus, draußen in den Weinbergen oder in einer minimalistischen, von Adolf Loos gestalteten Bar – gemütliche Stunden sind garantiert.

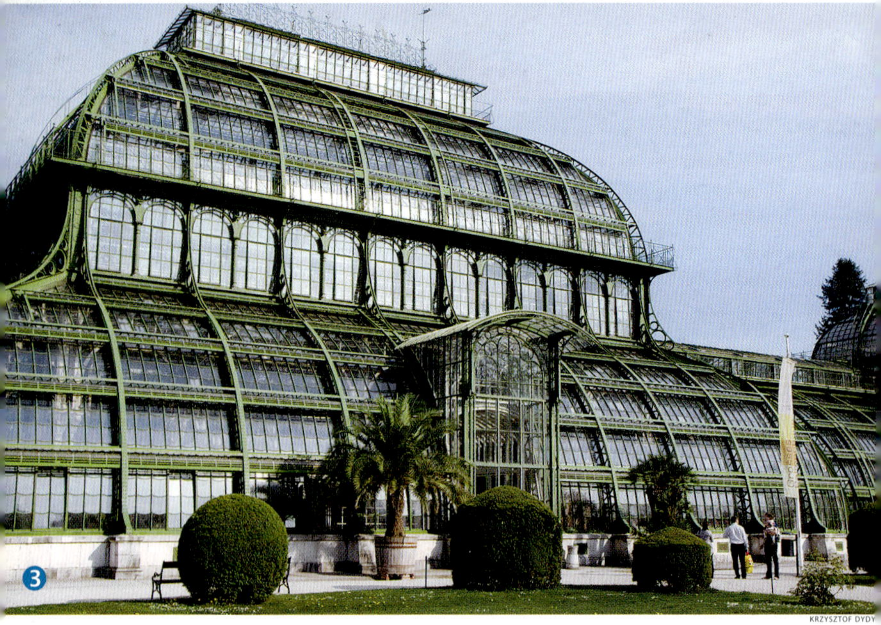
KRZYSZTOF DYDY

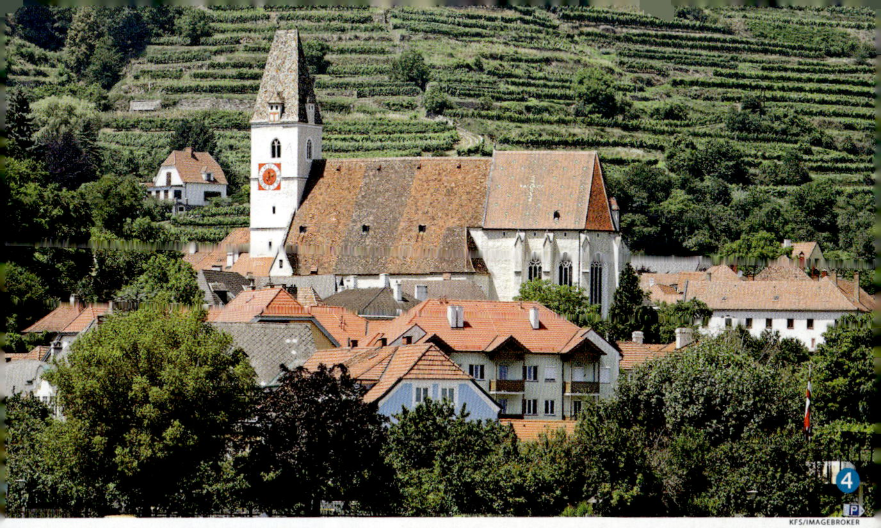

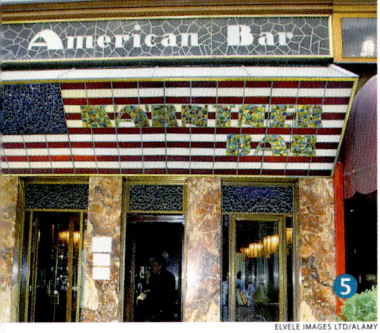

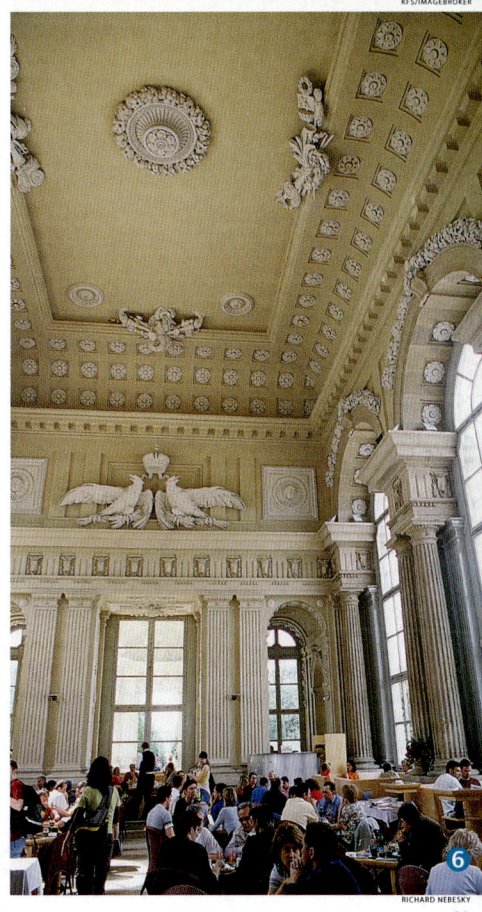

KFS/IMAGEBROKER

ELVELE IMAGES LTD/ALAMY

RICHARD NEBESKY

1 Café Drechsler
Das traditionelle Wiener Kaffeehaus, ans 21. Jh. angepasst (S. 189).

2 Café Sacher
Ganz unverhohlen touristisch! Die „barocke" Sachertorte ist ein Muss (S. 186).

3 Palmenhaus
Elegant genießen in einem Jugendstil-Gewächshaus (S. 184).

4 Weine in der Wachau
In der spektakulären Landschaft des Donautals (S. 232) warten erstklassige Weine darauf, verkostet zu werden.

5 American Bar von **Loos**
Spiegel, funkelndes Messing und Onyx prägen Adolf Loos' Meisterwerk von 1908 (S. 185).

6 Café Gloriette
Schaut man über sein Glas hinweg, bietet sich ein weiter Blick über Schönbrunn (S. 194).

MUSIKALISCHES WIEN

Wien ist berühmt für seine Sängerknaben und die Lipizzaner, die zu klassischer Musik „tanzen". Doch auch Freunde einer moderner Musikszene oder der traditionellen Schrammelgitarre kommen nicht zu kurz.

❶ Wiener Staatsoper
Ein musikalisches Erbe, das in Wien nach wie vor zahllose Anhänger hat (S. 203).

❷ Wiener Sängerknaben
Die Jungen treffen schon seit dem 15. Jh. den richtigen Ton (S. 206).

❸ Pferdeballett
Die Lipizzanerhengste der Hofreitschule tänzeln durch die Geschichte (S. 73).

INHALT

WILLKOMMEN IN WIEN 2
Stadtleben 3

HIGHLIGHTS 4

DIE AUTOREN 15

BEVOR ES LOSGEHT 16
Beste Reisezeit 16
Preise 18
Infos im Internet 19
Wien & die Umwelt 19

HINTERGRUND 21
Geschichte 21
Natur & Umwelt 32
Regierung & Politik 33
Medien 34

KUNST & KULTUR 35
Musik 35
Bildende Künste & Architektur 36
Literatur 46
Kino 48

STADTVIERTEL 51
Routenplaner 56
Innere Stadt 57
Südwestliche Vorstadt 85
Nordwestliche Vorstadt 98
Landstraße 108
Östlich des Donaukanals 116
Südwesten & Gürtel 124
Großraum Wien 132
Wien entdecken – Zu Fuss, mit Rad & Tram 133

SHOPPEN 145
Innere Stadt 146
Südwestliche Vorstadt 151
Nordwestliche Vorstadt 155
Östlich des Donaukanals 155
Südwesten & Gürtel 156

ESSEN 157
Innere Stadt 162
Südwestliche Vorstadt 167
Nordwestliche Vorstadt 173
Landstraße 176
Östlich des Donaukanals 176
Südwesten, Gürtel & Großraum Wien 178

AUSGEHEN & NACHTLEBEN 181
Ausgehen 182
Nachtleben 197

MUSIK, THEATER & KINO 203
Oper, Klassik & mehr 205
Theater & Tanz 208
Kino 210

SPORT & AKTIVITÄTEN 213
Aktivitäten 214
Zuschauersport 217

SCHLAFEN 219
Innere Stadt 221
Südwestliche Vorstadt 224
Nordwestliche Vorstadt 226
Landstraße 227
Östlich des Donaukanals 227
Südwesten & Gürtel 228
Großraum Wien 229

AUSFLÜGE	**231**
Das Donautal	232
Burgenland – Neusiedler See	238
Znojmo	239
Bratislava	240
VERKEHRSMITTEL & -WEGE	**243**
ALLGEMEINE INFORMATIONEN	**247**
HINTER DEN KULISSEN	**255**
REGISTER	**260**
GREENDEX	**267**
KARTENLEGENDE & IMPRESSUM	**268**

DIE AUTOREN

Anthony Haywood

Anthony wurde in der Hafenstadt Fremantle in Western Australia geboren und hat sich Ende der 1970er-Jahre zum ersten Mal aufgemacht, Europa, Nordafrika und die USA zu bereisen. Später hat er vergleichende Literaturwissenschaft und Russisch studiert. Als er in den 1990er-Jahren in Moskau unterwegs war, machte er einen kleinen Abstecher (Entfernungen sind ja so relativ!) nach Wien – und seither ist er fasziniert von dieser Stadt und ihren ungewöhnlichen Kontrasten zwischen Hoch- und Popkultur. Und natürlich liebt er die Wiener und ihren Humor, den berühmten Wiener Schmäh. Anthony arbeitet als freischaffender Journalist und Autor. Er hat schon an zahlreichen Lonely Planet Bänden mitgeschrieben, außerdem veröffentlichte er einen Kulturführer zu Sibirien, Reiseberichte, Kurzgeschichten und Übersetzungen. Bei diesem Band war er der Hauptautor und hat die Kapitel „Willkommen in Wien", „Highlights", „Bevor es losgeht", „Stadtviertel", „Essen" und „Ausflüge" geschrieben.

Caroline Sieg

Carolines Beziehung zu Wien hat nach der Schule begonnen, als ihre beste Freundin in die österreichische Hauptstadt umzog. Zahlreiche Ausflüge führten sie auch zum Wandern in den Wienerwald, bescherten ihr viele wunderbare Nachmittage im Heurigen – und eine fast schon bedenklich zu nennende Vorliebe für Würstchen mit Kren (Meerrettich) und Mohr im Hemd (eine Art Schokoladenpudding übergossen mit noch mehr Schokolade). Heute lebt die halb schweizerische, halb amerikanische Reiseautorin in Berlin.

DIE AUTOREN VON LONELY PLANET

Warum unsere Reiseführer die besten der Welt sind? Ganz einfach: Unsere Autoren sind unabhängige und leidenschaftliche Globetrotter. Sie recherchieren nicht einfach nur übers Internet oder Telefon und sie lassen sich nicht mit Werbegeschenken für positive Berichterstattung schmieren. Sie reisen weit – zu touristischen Highlights und entlegenen Orten. Sie schauen sich Tausende von Hotels, Restaurants, Cafés, Bars, Galerien, Schlössern und Museen höchstpersönlich an und beschreiben alles genau so, wie sie es vorfinden. Weitere Infos über die Arbeit der Autoren gibt's auf www.lonelyplanet.com.

BEVOR ES LOSGEHT

Kulturelle Einrichtungen, auf die viele europäische Hauptstädte neidisch sind: Wien ist eine jener Städte, die man in ein paar Tagen oder während eines ganzen Lebens erkunden kann. Die Stadt ist überschaubar genug, um sie zu Fuß zu bewältigen; für die Vorstädte gibt es öffentliche Verkehrsmittel. Auch wer zum ersten Mal hierher kommt, wird schnell begreifen, dass sich das Herumlaufen lohnt. Außerdem kann man hier – mit wenigen Ausnahmen – ohne größere Vorabplanung seinen Tag nach Lust und Laune verbringen.

BESTE REISEZEIT

Wien ändert seinen Charakter mit den Jahreszeiten. Unter einer Schneedecke wirkt die Stadt genauso prachtvoll wie sonst, manche meinen, sogar noch prachtvoller; an einem warmen Frühlings- oder bunten Herbsttag glänzt sie, und sie schmachtet unter der Hitze eines Hochsommertags. In Wien herrscht ein relativ mildes Kontinentalklima. In einem kalten Winter kann es aber trotzdem so kalt werden, dass man sich nur ein paar Stunden im Freien aufhalten kann; dafür aber lassen sich die Sehenswürdigkeiten und die ganze Stadt ohne größere Menschenmassen genießen. Ideal für einen Besuch ist ein warmer Frühling: Die Stadt ist noch nicht von Touristen überfüllt, die Parks und Gärten erwachen zum Leben, und es ist warm genug, dass man sich draußen und drinnen aufhalten kann. In der Weihnachtszeit locken stimmungsvolle, charmante Christkindlmärkte zu einem Besuch, und an Glühwein fehlt es dort nicht.

Der Sommer ist von vielen musikalischen Events geprägt. Der Mutter all dieser Festivals und Events ist das Donauinselfest, ein kostenloses Konzert, zu dem mehr als 3 Mio. begeisterte Partyfans strömen. Einen Nachteil allerdings hat der Sommer: Manche weltberühmte Institutionen, darunter die Wiener Sängerknaben, die Staatsoper und die Hengste der Spanischen Hofreitschule, machen Ferien.

FESTIVALS & EVENTS

Wiens Veranstaltungskalender bietet eine endlose Folge klassischer Konzerte, von Jazz- und Rockfestivals, Bällen, Schwulenumzügen, kommunistischen Versammlungen und Kunst-Happenings. Hier steht nur eine kleine Auswahl der jährlichen Ereignisse; umfassendere Hinweise gibt's auf www.wien.info, aktuelle Events im Wochenblatt *Falter*. Eine Liste der Ferien und Feiertage steht auf S. 247.

Januar & Februar
FASCHING
Die Faschingssaison, mit bunten Kostümen und jeder Menge Partys, beginnt eigentlich im November und dauert bis Aschermittwoch. Im Februar ist die Hochphase mit den meisten Veranstaltungen. Bei den Straßenfesten sieht man angeheiterte Wiener in schrägen Outfits.

OPERNBALL
www.wiener-staatsoper.at; 1., Staatsoper
Von den rund 300 Bällen, die im Januar und Februar ausgerichtet werden, ist der Opernball in der Staatsoper der wichtigste. Bei dem High-Society-Event tummeln sich die debütierenden Herren im Frack und die Damen im weißen Ballkleid.

März & April
INTERNATIONALES AKKORDEON FESTIVAL
☎ 0676-512 91 04; www.akkordeonfestival.at
Von Ende Februar bis Ende März findet das Internationale Akkordeon Festival statt, zu dem ausgezeichnete Virtuosen von überall her kommen: vom nahen Balkan genauso wie aus dem fernen Neuseeland.

FRÜHLINGSFESTIVAL
Das Frühlingsfestival mit klassischen Konzerten findet jährlich alternierend im Musikverein und dem Konzerthaus statt, in der Regel von Ende März bis Anfang April.

ARGUS BIKE FESTIVAL
www.bikefestival.at
Mit dem zweitägigen, kostenlosen Festival, das Anfang oder Mitte April auf dem Rathausplatz stattfindet, startet jedes Jahr die Fahrradsaison. Das Event ist einerseits eine Handelsmesse und andererseits ein Volks-

fest mit Dirt-Bike-Contest, Test-Parcours und der Vorführung von Elektro- und Hochleistungsrädern.

OSTERKLANG
www.theater-wien.at
Während des Osterklangs erklingen Orchester- und Kammerkonzerte in einigen der besten Konzertsäle Wiens. Der Höhepunkt ist das Eröffnungskonzert mit den Wiener Philharmonikern.

Mai & Juni
VIENNA CITY MARATHON
☎ 606 95 10; www.vienna-marathon.com
Der wichtigste Straßenlauf der Stadt findet im April oder Mai statt.

LIFE BALL
www.lifeball.org
Das Aids-Charity-Event ist einer der Höhepunkte der Ballsaison, zu dem oft internationale Stars kommen. Normalerweise findet der Ball Mitte Mai im Rathaus statt, manchmal aber auch erst Ende Juli. Auf jeden Fall gibt's extravagante Garderobe zu sehen. Die Motti für 2011 und 2012 heißen: „Die Flügel der Toleranz ausbreiten" und „Die Flammen der Ignoranz bekämpfen".

SOHO IN OTTAKRING
www.sohoinottakring.at
Die multikulturellen Straßen um den Gürtel in Ottakring erwachen im Mai und Juni bei diesem Event zum Leben. Friseursalons, leerstehende Büros und Fischgeschäfte verwandeln sich in Kunstgalerien, Bars, Musiktreffs und Kunstläden.

IDENTITIES – QUEER FILM FESTIVAL
www.identities.at
Identities ist das zweitgrößte Filmfestival Wiens und zeigt schwul-lesbische Filme aus aller Welt. Das Festival findet normalerweise jedes zweite Jahr – auch 2011 – Anfang Juni statt.

DONAUINSELFEST
www.donauinselfest.at
Für junge Leute ist das dreitägige Donauinselfest, das an einem Wochenende Ende Juni auf der Donauinsel stattfindet, das wichtigste Event des Jahres im Veranstaltungskalender. Zu den Rock-, Pop-, Folk- und Country-Konzerten kommen fast 3 Mio. Besucher. Und das Beste: Es ist umsonst!

REGENBOGEN-PARADE
www.hosiwien.at
Ende Juni wird Wien von der Regenbogen-Parade überrollt, einem überwiegend schwul-lesbischen Festival, das um die 150 000 Besucher anlockt. Hier gibt's jede Menge Spaß und nackte Haut.

WIENER FESTWOCHEN
☎ 589 22 22; www.festwochen.or.at
Die Wiener Festwochen gehören zu den kulturellen Höhepunkten des Jahres. Das Musik- und Theaterfestival findet Mitte Mai bis Mitte Juni an verschiedenen Orten der Stadt statt und präsentiert erstklassige Ensembles aus aller Welt.

VIS VIENNA INDEPENDENT SHORTS
http://viennashorts.com
Das Wiener Kurzfilmfestival lockt überwiegend Teilnehmer aus den deutschsprachigen Ländern an. Es findet in der Regel eine Woche lang in einem Wiener Kino statt.

Juli & August
JAZZ FEST WIEN
☎ 712 42 24; www.viennajazz.org
Von Ende Juni bis Mitte Juli entspannt sich Wien bei den weichen Klängen von Jazz, Blues und Soul, die in der Staatsoper und einigen Clubs zum Besten gegeben werden.

IMPULSTANZ
☎ 523 55 58; www.impulstanz.com
Zu Wiens wichtigstem Avantgarde-Tanzfestival kommen Mitte Juli bis Mitte August eine Reihe international renommierter Truppen und Newcomer in die Stadt. Vorstellungen gibt es im MuseumsQuartier, dem Volkstheater und in ein paar kleineren Spielstätten.

KLANGBOGEN-FESTIVAL
☎ 588 85; www.theater-wien.at
Das KlangBogen-Festival sorgt dafür, dass kein Sommerloch entsteht. Es findet im Juli und August statt und präsentiert Opern, Operetten und Orchestermusik im Theater an der Wien und an einigen anderen Orten in der Stadt.

MUSIKFILM-FESTIVAL
1., Rathausplatz
Wenn im Juli und August die Sonne untergeht, verwandelt sich der Rathausplatz in ein Freiluftkino, das Konzert-, Opern- und Operettenfilme zeigt. Der Besuch ist kostenlos, also früh kommen, um einen guten Platz zu ergattern. Die Imbissstände und Bars in der Nähe werden von Horden von Leuten gestürmt. Ausgelassene Stimmung.

GÜRTEL NIGHTWALK
7., 8., 9., Gürtel
In der Regel am letzten Samstagabend im August werden an einigen Orten in der Nähe des Gürtel-U-Bahn-Viadukts offene Bühnen aufgebaut, auf denen Independent-Bands aus der Region auftreten.

VOLKSSTIMMEFEST
www.volksstimmefest.at
An einem Wochenende Ende August oder Anfang September sorgt die Kommunistische Partei im Prater für Musik und Kunst. Das Fest, das seit 1945 stattfindet und bei dem etwa 30 Künstler und Gruppen auftreten, lockt eine bizarre Mischung aus Hippies, Weltmusikfans und Parteikadern an.

September & Oktober

LANGE NACHT DER MUSEEN
http://langenacht.orf.at; Erw./Kind 12/10 €
Am ersten Samstag im Oktober öffnen landesweit rund 500 Museen von 18 bis 1 Uhr ihre Pforten. Das Ticket (erhältlich in den Museen) gilt für alle teilnehmenden Museen und auch für die Fahrten mit öffentlichen Verkehrsmitteln innerhalb der Stadt. Die mehr als 80 Museen Wiens schafft man allerdings in dieser einen Nacht nicht.

VIENNALE FILM FESTIVAL
☎ 526 59 47; www.viennale.at
Das interessanteste Filmfestival Österreichs zeigt unabhängige Filmproduktionen aus der ganzen Welt. Es findet alljährlich im Oktober in zahlreichen Wiener Kinos statt. Weitere Informationen gibt's auf S. 210.

November & Dezember

FESTIVAL WIEN MODERN
☎ 242 00; www.wienmodern.at
Das Festival präsentiert im Gegensatz zu vielen anderen Wiener Musikfestivals bewusst moderne klassische und avantgardistische Musik. Es läuft den ganzen November; viele Konzerte finden im Konzerthaus statt.

CHRISTKINDLMÄRKTE
Die beliebten Weihnachtsmärkte sind von Mitte November bis zum Ersten Weihnachtsfeiertag geöffnet. Weitere Informationen stehen auf S. 155.

SILVESTER
Die Innere Stadt verwandelt sich zu Silvester in eine riesige Partyzone. Man muss sich auf ausgelassenes Volk, zu viel Alkohol und jede Menge Raketen gefasst machen, die in den überfüllten Straßen abgefeuert werden.

PREISE

Nach europäischen Begriffen ist Wien keine teure Stadt, jedenfalls nicht im Vergleich mit Paris, London oder Rom, aber doch teurer als Prag oder Budapest. Abgesehen von Shoppingtouren und besonderen Dingen machen der Preis für die Unterkunft und das Essen in Restaurants die größten Posten im privaten Reise-Etat aus.

Trotz finanzieller und anderer regelmäßiger Krisen gibt es viele Möglichkeiten, seine Wienreise möglichst preisgünstig zu gestalten. Eine besteht darin, im Voraus zu planen und zu buchen (s. S. 20). Hardcore-Budgettraveller übernachten in Hostels und holen sich ihr Essen von Märkten oder aus dem Supermarkt. Bei allen Bezirken sind in Kästen in den einzelnen „Essen"-Kapiteln (z. B. S. 166) ausgewählte Märkte genannt.

Wer mit mittlerem Budget oder als Geschäftsreisender unterwegs ist, kann durch lange Vorabbuchung in einem Hotel am unteren Rand der Mittelklassekategorie, vor allem auch per Internet, die Ausgaben in vernünftigem Rahmen halten oder Probleme bei der Spesenabrechnung vermeiden. Informationen zu den Preiskategorien bei Unterkünften finden sich im Kapitel „Schlafen" (S. 219).

Wer hingegen eine Nobelunterkunft, erstklassige Restaurants und kulturelle Genüsse haben will und bezahlen kann, stößt in Wien an keine Grenzen: Es gibt jede Menge hochfeiner Unterkünfte, die all das bieten.

Für die meisten Traveller gehört es bei einer Städtereise einfach mit dazu, auswärts zu essen. In Wien gibt es gutes Essen in allen

Preisklassen. Sparen kann man, wenn man Mittagsgerichte oder -menüs bestellt – die sind genauso gut wie ähnliche Gerichte von der Abendkarte, aber immer billiger.

Die Kosten für Museumsbesuche oder Theaterkarten lassen sich begrenzen, indem man Kombitickets für Museen und Theaterkarten zu reduzierten Preisen kurz vor Vorstellungsbeginn an der Kasse kauft. Ideen zum Geldsparen bieten die Kästen „Kost' nix" in den einzelnen Bezirkskapitel (z. B. S. 77). Einige Museen haben auch einmal im Monat einen Tag mit freiem Eintritt.

Im Durchschnitt kostet der Aufenthalt in Wien bei Unterkunft in einem Zwei- bis Vier-Sterne-Hotel (DZ/Pers.), zweimaligem auswärts Essengehen pro Tag, dem Besuch einer Veranstaltung oder einiger Museen und ein paar Tassen Kaffee zwischen 170 und 250 € pro Tag. Wer in einem Hostelbett übernachtet und sich billig verpflegt, kann mit 45 bis 50 € pro Tag auskommen.

WAS KOSTET WIE VIEL?

72-Std.-Ticket für öffentliche Verkehrsmittel (aus dem Automaten) 13,60 €

Bratwurst vom Stand 2,80 €

Ein Glas Bier im Beisl (0,5 l) 3,40 €

Ein Achterl Wein 2,00 €

Eintritt in einen Nachtclub 5–15 €

Wiener Stadtzeitung Falter 2,40 €

20-minütige Fiakerfahrt 40 €

Packung Mozartkugeln (23 Stück) 9,90 €

Wiener Schneekugel von Perzy (120 mm Durchmesser) 24 €

INFOS IM INTERNET

Wer vorab auf einer guten Website recherchiert, kann Zeit sparen und sich nach der Ankunft besser orientieren. Neben den ausgezeichneten offiziellen gibt es auch ein paar informelle Websites, die sehr informativ sind.

Falter (www.falter.at) Aus dem Veranstaltungskalender des Wiener Wochenblatts erfährt man ausführlich, was in der Stadt gerade ansteht.

Hauptstadt (www.hauptstadt.at) Kinoprogramme und Termine u. a. aus der Club- und Musikszene werden hier nützlich in kalendarischer Form präsentiert.

Lonely Planet (www.lonelyplanet.de, www.lonelyplanet.com) Wiener Highlights auf einen Blick, Blogs und im Thorn-Tree-Forum interessante Beiträge und Reistipps von anderen Travellern.

MuseumsQuartier (www.mqw.at) Alles über das MQ und seine verschiedenen Häuser. Über „Links" (unten auf der Seite) gelangt man zu der tollen Sammlung von Links zu kulturellen Institutionen.

Tourist-Info Wien (www.wien.info) Die Hauptseite im Webportal der offiziellen Wiener Touristeninformation. Neben den üblichen Angeboten gibt es auch unkonventionellere, mehr auf Events ausgerichtete wie www.viennahype.at.

Vienna Metblogs (http://vienna.metblogs.com) Der mehrsprachige Blog liefert Beiträge von banal über inspirierend bis einsichtsvoll, ist aber immer unvorhersehbar.

Virtual Vienna Net (www.virtualvienna.net) Informative, private Website mit einem Forum und ein paar guten Artikeln, etwa zum jüdischen Wien. Interessant für Kurzbesucher und in Wien lebende Ausländer.

Wiener Stadtverwaltung (www.wien.gv.at) Die offizielle Website der Stadt Wien bietet alles von aktuellen Wetterberichten über interaktive Karten zur Adressensuche und Informationen über Sehenswürdigkeiten bis hin zu Serviceangeboten für die Einwohner Wiens.

Wieninternational (www.wieninternational.at) Zweisprachiges (Deutsch und Englisch) Online-Wochenmagazin mit Artikeln und Reportagen zu Kultur, Wirtschaft und Gesellschaft, häufig mit dem Schwerpunkt europäische Integration.

Wien-Konkret (www.wien-konkret.at) Eine gute Informationsquelle zu Politik, Sport, Nachtleben und vielem mehr.

Wikipedia Wiener Gemeindebezirke (http://de.wikipedia.org/wiki/Wiener_Gemeindebezirke) Detaillierte Übersicht über die Wiener Bezirke.

WIEN & DIE UMWELT

Wiens hohe Lebensqualität verdankt sich auch der Tatsache, dass die Stadt in Sachen Umweltschutz zu den führenden in Europa gehört. So hat der Wiener Gemeinderat ein eigenes Klimaschutzprogramm mit dem Ziel, den CO_2-Ausstoß um 21 % zu reduzieren und damit das Niveau von 1990 zu erreichen. Wer bei der Anreise die Bahn nutzt, tut selber etwas für den Klimaschutz.

In Wien kommt man leicht zu Fuß oder mit den ausgezeichneten und preisgünstigen öffentlichen Verkehrsmitteln herum. Wer ein paar Minuten die Gerüche des Gürtels – der sechsspurigen, von Abgasen verpesteten Ringstraße – auf sich wirken lässt, wird die Wiener U-Bahnen und Straßenbahnen als Alternative zum Auto zu schätzen wissen. Nachts fahren

REISEPLANUNG

Wenn man Wien zwischen Juni und Anfang September besuchen will, ist eine Planung im Voraus besonders nützlich, um lange Warteschlangen zu vermeiden. Eintrittskarten sollte man, wenn möglich, vorab im Internet bestellen (oder sich sonst früh auf den Weg machen). Highlights besucht man am besten früh oder abends. Um Engpässe zu umgehen, sollte man in seiner Tagesplanung Freiluftattraktionen wie Friedhöfen, Parks, der Donau und dem Donaukanal sowie weniger besuchten Sehenswürdigkeiten wie dem Wiener Justizpalast (S. 79) oder dem Hauptgebäude der Universität (S. 79) viel Raum geben.

Weit im Voraus: Noch vor der Buchung des Flugs oder der Zugfahrt die Unterkunftsoptionen online checken (S. 219) oder für Buchungen die offizielle Tourismus-Website www.wien.info.at nutzen: Das kann einem später viel Zeit sparen. Bei Spitzenklasserestaurants mit begrenztem Platzangebot wie dem Restaurant Bauer (S. 163) oder besonders angesagten Läden wie Kim Kocht (S. 173) sollte man seinen Tisch weit im Voraus reservieren. Wer unbedingt eine Vorstellung der Spanischen Hofreitschule (S. 71) erleben will, sollte die Termine auf der Website checken und so früh wie möglich reservieren. Dasselbe gilt im Sommer auch für klassische Konzerte und Theatervorstellungen, insbesondere, wenn man einen guten Platz bei einer ganz bestimmten Veranstaltung ergattern will.

Eine Woche im Voraus: Wenn man im Sommer anreist, ist es nun an der Zeit, online seine Eintrittskarte für den Besuch von Schloss Schönbrunn (S. 124), dem Schloss Belvedere (S. 108) und den Kaiserappartements (S. 71) zu buchen. Jetzt ist es auch an der Zeit, seinen Tisch in einem besseren Restaurant zu reservieren, wenn man sicher gehen will, dort freitags oder samstags einen zu bekommen.

Ein oder zwei Tage im Voraus: Nun ist es Zeit, einen Blick in den *Falter* (S. 19), auf die Websites der im „Ausgehen"-Kapitel dieses Führers genannten Stätten sowie auf die offizielle Website der Stadt (S. 19) zu werfen, um seine Pläne für Tag und Abend zu schmieden. Auch Blogs wie Vienna Metblogs (S. 19) können dabei hilfreich sein.

Busse, die eine klimafreundlichere Alternative zum Taxi sind. Bei einer Volksabstimmung 2010 sprach sich die Mehrheit der Wiener dafür aus, dass die U-Bahn künftig am Wochenende durchgängig fahren soll. Der Beschluss wurde im September desselben Jahres umgesetzt. Seither hat man es in den frühen Morgenstunden noch leichter, an sein Ziel zu gelangen.

Eine weitere tolle Alternative ist das preisgünstige Citybike (s. S. 243) – ein Netz aus mehr als 60 Fahrradstationen in der Stadt (zwei davon am Prater). Man lässt aus Sicherheitsgründen seine Visa- oder MasterCard registrieren und zahlt eine Anmeldegebühr (1 €), die später verrechnet wird. Die Fahrradbenutzung ist in der ersten Stunde kostenlos, jede weitere Stunde kostet 1 €. Wer einen Monat oder länger in Wien bleibt, für den lohnt sich der Kauf eines billigen gebrauchten Fahrrads, mit dem man die vielen Radwege Wiens erkunden kann.

Was Nachhaltigkeit angeht, hat sich auch bei den Wiener Restaurants in den letzten Jahre viel getan. Österreich vergibt das *Österreichische Umweltzeichen*, an dem man erkennt, ob ein Restaurant oder Hotel umweltfreundlich agiert. Nur rund 90 Wiener Betriebe dürfen dieses Abzeichen führen. Viele weitere erfüllen einige, aber nicht alle Kriterien. So gibt es in der österreichischen Hauptstadt z. B. einen Boom bei der Nutzung regionaler Produkte. Die Köche setzen bei ihren kulinarischen Kreationen zunehmend auf hochwertige, heimische Lebensmittel, was nicht nur dem Geschmack, sondern auch der Umwelt zugutekommt. Ein großer Teil dieser Produkte kommt aus dem nahe gelegenen Waldviertel. Auch das Fleisch stammt häufig aus ökologischer Landwirtschaft und von Bauernhöfen mit artgerechter Haltung. Ein Lokal wie Die Burgermacher (S. 173) ist eine Öko-Alternative zu den üblichen internationalen Hamburgerketten. Eine Liste von Restaurants mit guten Werten in Sachen Umwelt ist im GreenDex auf S. 267 zu finden.

Umweltbewusste Unterkünfte sind zwar nicht so zahlreich, aber einige gibt es durchaus; unsere Auswahl ist ebenfalls im GreenDex verzeichnet.

Vor allem aber sind Wiens Grünflächen wunderbare Orte der Entspannung, und es gibt viele davon. Zu einem Besuch laden die Lobau (S. 122), die Donauinsel (S. 121) und der Nationalpark Donau-Auen, aber auch jeder Stadtpark ein. Dabei sollte man, wenn möglich, seinen Abfall trennen oder wieder mitnehmen.

HINTERGRUND

GESCHICHTE
DIE ANFÄNGE

Die rund 25 000 Jahre alte Skulptur der *Venus von Willendorf* belegt, dass das Donautal schon seit der Altsteinzeit besiedelt war. Spuren indogermanischer Siedlungen lassen sich nordwestlich von Wien bis ca. 2000 v. Chr. nachweisen. Um 400 v. Chr. drängten dann Kelten ins Wiener Becken, der Leopoldsberg (Kahlenberg) im 19. Bezirk trug wahrscheinlich eine keltische Stadtburg. Wien, das an einer natürlichen Furt der Donau liegt, dürfte schon zu dieser Zeit ein wichtiger Handelsposten gewesen sein.

Gegen 15 v. Chr. besetzten die Römer unter Kaiser Augustus das heutige Österreich. 8 n. Chr. gründeten sie Carnuntum als Hauptstadt der Provinz Pannonia, zu deren Sicherung sie ungefähr zur gleichen Zeit ein zweites Militärlager rund 40 km weiter westlich anlegten: Vindobona, dessen Name sich vom keltischen Wort *vedunia* (Wildbach) ableitet. Es lag dort, wo sich heute Wiens Innere Stadt befindet: Am heutigen Hohen Markt lokalisierte man das Zentrum, die Grenzen bildeten wohl der Tiefe Graben nach Nordwesten, das Salzgries nach Nordosten, die Rotenturmstraße nach Südosten und die Naglergasse nach Südwesten. Ein Abschnitt der südwestlichen Grenze bot keinen natürlichen Schutz, weshalb hier der Graben – heute die berühmte Fußgängerzone im Herzen des 1. Bezirks – angelegt wurde. Außerhalb des Militärlagers entwickelte sich – wohl an den Hängen des Belvedere – eine römische Zivilstadt. Nach ihrer Zerstörung im Markomannenkrieg um 170 ließ sie Mark Aurel wieder aufbauen. Ihre Blüte erlebte sie schließlich im 3. und 4. Jh. – ungefähr zu der Zeit, als der römische Kaiser Probus während seines Aufenthalts in der Provinz den Weinbau auf den Hügeln des Wienerwalds einführte.

Im 4. und 5. Jh. brach das Römische Reich auseinander, Goten und Vandalen drängten die Römer zurück. In der Völkerwanderungszeit führte die Bedeutung des Donautals als Ost-West-Achse dazu, dass immer wieder Armeen, ja ganze Völker versuchten, die Region zu erobern: das Todesurteil für Vindobona, das in diesen Kämpfen zugrunde ging und 487 verlassen wurde.

Erst die Herrschaft des Frankenkönigs Karls des Großen markierte das Ende der Völkerwanderung. 803 gründete er im Donautal westlich von Wien die Ostmark, die der Grenzverteidigung des riesigen Frankenreichs dienen sollte, jedoch öfter von den Ungarn überrannt wurde. Der nomadische Völkerverband aus dem Fernen Osten, der in der ungarischen Tiefebene siedelte, wurde schließlich von König Otto dem Großen 955 entscheidend in die Schranken gewiesen. Die Region selbst wird erst in Reichsdokumenten von 996 als „Ostarrichi" erwähnt. Der mittelalterliche Stadtname Wiens, „Wenia", taucht schon 881 in den Annalen des Erzbistums Salzburg auf.

DIE BABENBERGER

21 Jahre nach Ottos Sieg erhielt Leopold von Babenberg, der Spross eines bayerischen Adelsgeschlechts, die Ostmark als Lehen. Seine Dynastie, die Babenberger, sollte die nächsten 270 Jahre die Region beherrschen.

ZEITACHSE

8 n. Chr.	1137	1155–56
Vindobona auf dem Gebiet der heutigen Inneren Stadt wird Teil der römischen Provinz Pannonien	Wien wird im Vertrag von Mautern zwischen den Babenbergern und dem Bischof von Passau erstmals als Stadt erwähnt	Wien wird zu einer Residenz der Babenberger; am Hof wird eine neue Festung errichtet; die Babenberger werden von Markgrafen zu Herzögen erhoben

Die Babenberger waren gewiefte Herrscher, die ihren Machtbereich schnell erweiterten: Im 11. Jh. beherrschten sie den größten Teil des heutigen Niederösterreichs einschließlich Wiens, 100 Jahre später (1192) hatten sie auch die Steiermark und einen großen Teil von Oberösterreich unter ihre Fittiche gebracht. Heinrich II. Jasomirgott – den Beinamen soll er der Legende nach seinem ständigen „Ja, so Gott mir helfe" verdanken – war der erfolgreichste Spross der Familie, brachte er doch im Jahr 1156 den Kaiser dazu, sein Territorium in den Rang eines Herzogtums zu erheben. Und Heinrich II. war es dann auch, der seinen Hof im gleichen Jahr nach Wien verlegte.

Wien war zu jener Zeit bereits eine wichtige und wohlhabende Stadt, zu deren Bevölkerung Geistliche, Handwerker, Kaufleute und Minnesänger zählten. Ihre Bürger genossen die Früchte von Frieden und wirtschaftlichem Erfolg. Im Jahr 1147 wurden der Stephansdom (S. 58), damals noch eine romanische Kirche, geweiht und eine Stadtmauer errichtet. 1192 floss gar das Lösegeld für einen König in die Stadt: Herzog Leopold V. setzte den englischen König Richard Löwenherz bei dessen Heimkehr vom Dritten Kreuzzug gefangen. Es heißt, Richard habe den Babenbergerherzog bei der Belagerung von Akkon (1189-1191) beleidigt. Für seine Freilassung – Richard befand sich in der Zwischenzeit in der „Obhut" des Römisch-deutschen Kaisers Heinrich VI. – wurde eine astronomisch hohe Summe fällig, die Leopold umgehend zur Gründung von Wiener Neustadt verwendete. Der Papst allerdings zeigte sich wenig begeistert von Leopolds Coup, hatte er sich doch an einem Kreuzfahrer, der unter dem Schutz der Kirche stand, bereichert. Es folgte der Kirchenbann gegen Leopold, der erst an seinem Totenbett aufgehoben wurde.

Unter Leopold VI. erhielten die Wiener 1221 das Stadt- und auch das Stapelrecht. Ausländische Kaufleute, die auf der Donau Handel trieben, waren dadurch gezwungen, ihre Waren innerhalb von zwei Monaten nach deren Löschung zu verkaufen, wobei Einheimische als Mittelsmänner für den Handel stromabwärts zum Einsatz kamen. Wien blühte auf.

Die Herrschaft der Babenberger ging dagegen ihrem Ende entgegen: 1246 fiel Herzog Friedrich II. in der Schlacht gegen den Ungarnkönig Béla IV., ohne einen Erben zu hinterlassen.

LESETIPPS ZUR GESCHICHTE WIENS

- Frederic Morton, *Ein letzter Walzer. Wien 1888/89* (1979); *Wetterleuchten. Wien 1913/14* (1989) – packende Darstellungen von Schlüsselereignissen am Ende der Habsburgerzeit. Das erste Buch behandelt die Mayerling-Affäre, bei der Kronprinz Rudolf mit seiner Geliebten Doppelselbstmord beging, das zweite die Ermordung des Thronfolgers Franz Ferdinand in Sarajevo.
- Carl E. Schorske, *Wien. Geist und Gesellschaft im Fin de Siècle* (2002) – grundlegendes, in sieben Essays unterteiltes Werk über die Wiener Geistesgeschichte im späten 19. und frühen 20. Jh.
- Hella Pick, *Und welche Rolle spielt Österreich?* (2005) – eine ausgezeichnete Analyse über Österreichs internationale Rolle in der Nachkriegszeit.
- George Clare, *Letzter Walzer in Wien* (2001) – ein bewegender Lebensbericht über eine jüdische Jugend im Wien der Zwischenkriegszeit.
- Gordon Brook-Shepherd, *Österreich* (1998) – eines der wenigen Bücher, das die gesamte Geschichte Österreichs von den Babenbergern bis zum Beitritt des Landes zur EU behandelt; sehr gut für einen ersten Überblick.
- Steven Beller, *Wien und die Juden, 1867–1938* (1993) – ein kenntnisreicher Blick auf die kulturellen Leistungen der Juden in Wien.

1273–76	1365	1420–21
Ottokar II. muss Österreich an den zum Römischen König gewählten Rudolf von Habsburg abtreten. Rudolf I., ein zuvor recht unbekannter Graf, setzt sich in Wien fest und begründet die Habsburgerdynastie, die das Land bis 1918 beherrscht	Der Habsburgerherzog Rudolf IV. gründet die Wiener Universität	Unter Herzog Albrecht V. erfolgt die erste umfassende Judenvertreibung aus Wien (Wiener Geserah)

Dies ermöglichte es dem ehrgeizigen böhmischen König Ottokar II., seine Truppen ins Land zu führen und die Herrschaft an sich zu reißen. Damit nicht genug, untermauerte er seinen Anspruch auf Österreich, indem er die Witwe Friedrichs II. heiratete. Und die Unterstützung der Wiener Bürgerschaft sicherte sich Ottokar durch die Stiftung eines Armenhospitals und den Wiederaufbau des Stephansdoms, den ein Feuer 1258 in Schutt und Asche gelegt hatte. Jedoch hatte er seine Rechnung ohne Rudolf von Habsburg gemacht: Dem neu gewählten König des Heiligen Römischen Reiches versagte er den Treueeid, und dieser Hochmut brachte ihn zu Fall – Ottokar fiel 1278 auf dem Marchfeld in der Schlacht gegen seinen mächtigen Widersacher. Rudolfs Sieg bildete zugleich den Grundstein für die Herrschaft einer der mächtigsten Dynastien der Geschichte, einer Dynastie, die bis ins 20. Jh. hinein nicht nur die Geschicke Österreichs prägen sollte.

DIE FRÜHEN HABSBURGER

Rudolf überließ die Herrschaft über Wien seinem Sohn Albrecht. Der erwies sich als unpopulärer Regent – u. a. schaffte er das Marktrecht ab und begann damit, den Klerus zu besteuern. Seinem Nachfolger Albrecht II. war mehr politische Klugheit beschieden; neben dem Beinamen „der Lahme" – den verdankte er seiner Gicht – erwarb er immerhin auch den „des Weisen". Doch auch er konnte die Stadt nicht vor den Katastrophen schützen, die ihr im 14. Jh. schwer zusetzten: Zunächst fielen 1338 die Heuschrecken über die Stadt her, dann wurde sie 1349 von der Pest heimgesucht und schließlich wütete noch eine gewaltige Feuersbrunst.

Albrechts Nachfolger Rudolf IV. gründete in den 26 Jahren seiner Regierung die Universität Wien (1365), gab den Auftrag für einen neuen gotischen Stephansdom (1359) und bemühte sich darum, das Sozial- und Münzwesen der Stadt zu reformieren. Bekannter ist er jedoch im Zusammenhang mit der berühmten Fälschung des *Privilegium maius* geworden, eines Dokuments, das die Stellung der österreichischen Herzöge aufwerten sollte und sogar vorgebliche Urkunden Julius Cäsars und Neros enthielt. Albrecht V., der Nächste in der Reihe der österreichischen Herzöge, regierte in einer unruhigen Zeit, in der Hussiten Teile Niederösterreichs verwüsteten und Bauern unter Missernten zu leiden hatten. Die schlechte Großwetterlage mag einer der Gründe für das erste Wiener Judenpogrom, die sogenannte Wiener Geserah, gewesen sein (s. Kasten S. 24).

1452 wurde Friedrich III. zum Kaiser des Heiligen Römischen Reichs gewählt. Er erlangte damit offiziell die Statuserhöhung, die Rudolf IV. für seine Ahnen hatte erschleichen wollen. Zudem konnte er 1469 den Papst dazu bewegen, Wien zum Bistum zu erheben, das nun zur imperialen Residenzstadt umgewandelt wurde. Verständlich, dass bei solch einer Erfolgsbilanz Friedrichs Ambitionen kaum Grenzen kannten. Ihren Ausdruck fanden sie im Leitspruch A. E. I. O. U., der vielleicht für den lateinischen Satz *Austria est imperator orbi universo* („Österreichs Bestimmung ist es, die Welt zu regieren!") stehen sollte – dies ist aber nirgends belegt. Um dem Anspruch Nahrung zu geben, begann er jedenfalls einen Krieg gegen Matthias Corvinus, König von Ungarn, den er jedoch zunächst einmal verlor; von 1485 bis 1490 hielt Corvinus Wien besetzt.

Was Friedrich auf dem Schlachtfeld nicht hatte erringen können, erwarb sein Sohn Maximilian I. durch eine geschickte Heiratspolitik. Seine eigene Heirat brachte ihm Burgund ein, eine der reichsten Regionen Europas, sein Sohn Philipp gelangte durch dessen Vermählung auf den Thron Spaniens und damit zugleich in den Besitz der überseeischen Provinzen. Die

1486–90	1529	1670
Die Ungarn unter ihrem König Matthias Corvinus halten Wien besetzt	Erste türkische Belagerung Wiens. Die Stadt hält stand, und die Türken ziehen ab. Wien beginnt danach mit dem Ausbau seiner Befestigungsanlagen	Leopold I. ordnet die zweite Vertreibung der Juden aus Wien an. Aus wirtschaftlichen Erwägungen werden sie bald wieder zurückgerufen

WIENS JUDEN

Wiens Hassliebe zu seinen Juden ist eine Geschichte voller Glanz- und Schandpunkte. Sie begann vor fast 1000 Jahren. Shlom, ein 1194 von Herzog Leopold V. bestellter Münzmeister, ist der erste Jude, von dem dokumentiert ist, dass er in Wien lebte. In den nächsten zwei Jahrhunderten lebte die jüdische Gemeinde relativ ungestört in der Stadt und konnte sogar auf dem heutigen Judenplatz eine Synagoge errichten. 1420 initiierte der Habsburger Albrecht V. ein Pogrom; man vermutet, dass es dem Herzog darum ging, das Geld und den Besitz der Juden an sich zu bringen, um damit seinen Krieg gegen die Hussiten zu finanzieren: Arme Juden wurden vertrieben, die reicheren so lange gefoltert, bis sie das Versteck ihrer Schätze preisgaben, und anschließend auf dem Scheiterhaufen verbrannt. In den folgenden Jahrhunderten kehrten allmählich Juden nach Wien zurück und gelangten unter der Herrschaft der Habsburger zu Wohlstand. Ein Geschäft zu beiderseitigem Vorteil: Die Juden hatten einen sicheren Wohnort, die Habsburger konnten auf jüdische Bankiers zählen. Eine erneute Zäsur bedeutete der Regierungsantritt des bigotten Kaisers Leopold I. und seiner noch bigotteren Frau Margarita Teresa, die den Juden die Schuld an ihren Fehlgeburten gab. 1670 wurden die Juden abermals aus Wien vertrieben und ihre Synagoge zerstört. Doch der Gewaltakt unterminierte die Wiener Finanzkraft, sodass man schon bald die jüdische Gemeinde in die Stadt zurückkehren ließ.

In den folgenden Jahrhunderten lebten Juden in Wien unter – verglichen mit den Zuständen anderswo in Europa – günstigen Bedingungen; im 19. Jh. erhielten sie gleiche Bürgerrechte und leisteten einen beachtlichen Beitrag zur Musik und Kunst Österreichs. In Wien veröffentlichte Theodor Herzl 1896 seine Programmschrift *Der Judenstaat*, die politische Grundlage des Zionismus und letztlich der Gründung des Staates Israel. Das dunkelste Kapitel in der Geschichte der Wiener Juden stand freilich noch bevor. Am 12. März besetzten die Nazis Österreich; für die österreichischen Juden bedeutete das den Verlust der bürgerlichen Rechte, Verfolgung und Ermordung. Zunächst wurden Geschäfte beschlagnahmt (darunter einige der bekanntesten Wiener Kaffeehäuser) und Juden wurde das Betreten öffentlicher Plätze untersagt. Sie mussten den gelben Judenstern tragen und die diskriminierenden Vornamen „Sara" und „Israel" annehmen. Die Gewalt entlud sich am 9 .November 1938 in der Reichspogromnacht: Synagogen und Gebetshäuser wurden niedergebrannt und 6500 Juden verhaftet. Von den 180 000 Juden, die in Wien vor der Machtübernahme der Nazis gelebt hatten, gelang mehr als 100 000 noch die Ausreise, ehe die Grenzen im Mai 1939 geschlossen wurden. 65 000 starben in Ghettos oder Vernichtungslagern; nur 6000 erlebten die Befreiung durch die Truppen der Alliierten. Weitere Informationen zum Wiener jüdischen Erbe stehen auf S. 116.

Ehen der Enkel Maximilians fügten schließlich dem Machtbereich der Habsburger noch die Kronen Böhmens und Ungarns hinzu. Das bei Ovid entlehnte Sprichwort *Bella gerunt alii, tu felix Austria nube* („Lass andere Kriege führen, du, glückliches Österreich, heirate!") hat also durchaus einen wahren Kern. Maximilian, ein Herrscher an der Schwelle zwischen Mittelalter und Renaissance, widmete sich aber nicht nur dem Machtzuwachs seiner Familie, sondern förderte auch die Lehre des Humanismus an der Wiener Universität und gründete zudem den Chor der Wiener Sängerknaben (s. S. 206).

Innerhalb kürzester Zeit war das Reich der Habsburger so riesig geworden, dass es ein einziger Herrscher kaum regieren konnte. 1521 übertrug Karl V. die Regentschaft über die österreichischen Territorien auf seinen jüngeren Bruder Ferdinand und legte so den Grundstein für die Spaltung der Habsburger in eine österreichische und eine spanische Linie. Ferdinand, der 1526 zum böhmischen und zum ungarischen König gewählt wurde, sah sich in Wien bald Aufständen und religiösen Spannungen gegenüber. Ohne viel Federlesen zu machen, ließ er dem Bürgermeister und einigen Ratsherren die Köpfe abschlagen. Wien stand fortan unter direkter kaiserlicher Kontrolle.

1683	1740–90	1805 & 1809
Die Türken werden ein zweites Mal vor den Toren Wiens zurückgeschlagen. Danach schwindet die osmanische Bedrohung. Wien wird zur dauernden Residenz der Habsburgerherrscher	Unter Maria Theresia und ihrem Sohn Kaiser Joseph II. bricht ein von den Ideen der Aufklärung beeinflusstes Zeitalter der Reformen an	Napoleon besetzt zweimal Wien. Franz II. nimmt als Franz I. den Titel des Kaisers von Österreich an (1804) und wird gezwungen, die Krone des Heiligen Römischen Reichs Deutscher Nation niederzulegen (1806)

TÜRKEN, GEGENREFORMATION & BAROCK

Rebellion und Religion waren aber nicht die einzigen Probleme, die Ferdinand zu schaffen machten. Die osmanischen Türken hatten nach ihrer Eroberung Konstantinopels im Jahr 1453 auch den Balkan und Ungarn überrannt und standen 1529 vor den Toren Wiens. Der Stadt gelang es zwar, sich unter der Führung des Grafen Salm des Problems selbst zu entledigen. Jedoch hatte die 18-tägige Belagerung krasse Lücken in den Wiener Verteidigungsanlagen offenbart. Und da die Türken weiterhin als Großmacht eine Bedrohung für die östlichen Grenzen darstellten, verlegte Ferdinand seinen Hof 1533 nach Wien, während er die Stadtmauern mit sternförmigen Bastionen ausbauen ließ.

Bald nach der Belagerung machte sich Ferdinand daran, dem Protestantismus in Wien den Garaus zu machen – ein schwieriges Unterfangen, gehörten doch bereits rund drei Viertel der Wiener zu den Anhängern Luthers. Ferdinand rief die Jesuiten, die Speerspitze der katholischen Gegenreformation, in die Stadt. Zwar lockerte Maximilian II. kurzfristig den religiösen Würgegriff, doch endete diese Liberalität 1576 mit dem Regierungsantritt des gegenreformatorisch gesinnten Kaisers Rudolf II. Während er selbst in Prag residierte, überließ er die schmutzige Arbeit in Wien Erzherzog Ernst, der erfolgreich alle antikatholischen Aktivitäten unterdrückte.

Die religiösen Gegensätze waren schließlich ein Grund für den Ausbruch des Dreißigjährigen Kriegs (1618–48). Was zunächst als regionaler Konflikt in Böhmen begann – die böhmischen Stände hatten Ferdinand II. als König abgesetzt –, entwickelte sich durch das Eingreifen der

WIEN UND DIE TÜRKEN

Für die Osmanen war Wien die „Stadt des goldenen Apfels", ohne dass es bei den beiden großen Belagerungen jedoch etwa um Apfelstrudel gegangen wäre. Die erste fiel ins Jahr 1529: Den türkischen Truppen unter Süleiman dem Prächtigen gelang es während der 18-tägigen Belagerung jedoch nicht, den Widerstand der Stadt zu brechen. Der osmanische Sultan starb übrigens viele Jahre später während einer anderen Belagerung, nämlich der von Szigetvár. Sein Tod wurde mehrere Tage verheimlicht, um die Moral der Armee aufrechtzuerhalten. Mit Erfolg – jedenfalls für einige Tage: Boten wurden vor den einbalsamierten Leichnam geführt, der aufrecht auf den Thron gesetzt worden war. So erstatteten sie einem Toten Bericht. Dass der Sultan gegenüber seinen Höflingen stumm blieb und keine Miene verzog, wurde als Ausdruck königlicher Würde und unerschütterlicher Gesinnung gedeutet.

An der Spitze der türkischen Belagerung von 1683 stand der Großwesir Kara Mustafa. In den 25 000 Zelten des osmanischen Lagers, die Wien damals umzingelten, brachte er auch seine 1500 Konkubinen unter, die von 700 schwarzen Eunuchen bewacht wurden. Die luxuriösen Quartiere mochten in aller Eile aufgeschlagen worden sein. Freilich nicht mit so großer Eile, dass es nicht noch für etwas Luxus wie Springbrunnen und prächtige Bäder gelangt hätte.

Doch auch dieses Unternehmen blieb erfolglos. Wer weiß, vielleicht lenkten die Konkubinen den Großwesir zu sehr ab? Jedenfalls hatte es Kara Mustafa versäumt, Wachtposten auf den Kahlenberg zu stellen, wo er von einem schnellen Angriff einer deutsch-polnischen Reiterarmee überrascht wurde. Diese war Kaiser Leopold I. zu Hilfe gekommen, der vor dem anrückenden osmanischen Heer aus der Stadt hatte fliehen müssen. Die Sieger setzten Mustafas Heer nach und schlugen es bei Gran ein weiteres Mal. Der Preis seines Scheiterns war der Tod: In Belgrad ereilte ihn der Gesandte des Sultans mit der seidenen Schnur, dem Symbol für das Todesurteil. Mustafa fügte sich stoisch in sein Schicksal. Als die kaiserliche Armee 1718 Belgrad eroberte, wurde der Schädel des Großwesirs ausgegraben und im Triumph nach Wien gebracht, wo er in den Gewölben des Wien Museums am Karlsplatz verstaubte (S. 86). Erst 2006 wurde er schließlich auf dem Zentralfriedhof bestattet.

1848	1850	1857
Märzrevolution in Wien: Die Habsburger Monarchie erhält ein Parlament	Das Stadtgebiet Wiens wird um das Gebiet innerhalb des Linienwalls erweitert; die Vorstädte werden zum 2. bis 9., die Altstadt zum 1. Bezirk	Für die Errichtung der monumentalen Ringstraßenbebauung wird damit begonnen, die Stadtmauern zu schleifen

europäischen Großmächte, allen voran Frankreichs und Schwedens, zu einem Flächenbrand, der ganz Mitteleuropa in Atem hielt. 1645 marschierte eine protestantische schwedische Armee bis in Sichtweite Wiens vor, ohne jedoch zum Angriff überzugehen – zu dieser Zeit war Wien schon wieder fest in katholischer Hand. Doch in den 1640er-Jahren waren die Kräfte der Kriegsteilnehmer bereits so ausgelaugt, dass 1648 in Münster und Osnabrück Friede geschlossen wurde. Im sogenannten Westfälischen Frieden wurde die konfessionelle Spaltung des Reichs bestätigt und der Einfluss des Kaisers in Deutschland gemindert, wo sich die Macht hin zu den Territorialfürsten verlagerte. Fortan suchten die Habsburger daher verstärkt im Südosten einen Ausgleich für den im Westen eingebüßten Einfluss. In der folgenden Friedenszeit machte sich Leopold I. (regierte 1657–1705) daran, einen großen Teil des Staatsschatzes für Bauwerke und prächtige Opern auszugeben. Durch die Errichtung des Leopoldflügels der Hofburg leitete er außerdem den Barock in Wien ein (S. 67). Von seiner Frau und Wiener Christen angestachelt, initiierte er aber auch das zweite Wiener Judenpogrom (s. Kasten S. 24).

Zu Ausgang des 17. Jhs. hatte Wien schrecklich zu leiden. Denn infolge des zweiten Judenpogroms und der Vertreibung der Juden waren die kaiserlichen und städtischen Finanzen in einem traurigen Zustand. Hinzu kam, dass 1679 einer schweren Beulenpestepidemie zwischen 75 000 und 150 000 Wiener zum Opfer fielen. Und vier Jahre später wurde die Stadt nochmals von den Türken belagert. Doch Wien konnte den Angriff zurückschlagen: Und mit dem Schwinden der Türkengefahr brach für die Stadt nun ihr goldenes Zeitalter an.

ZEITALTER DER REFORMEN

Den Beginn des 18. Jhs. markierten weitere barocke Bauprojekte, u. a. entstanden das Schloss Belvedere (S. 108) des Türkenbesiegers Prinz Eugen, die Karlskirche (S. 86) und die Peterskirche (S. 69). An der Spitze des Reichs stand Kaiser Karl VI. (regierte 1711–40), ein Herrscher, der sich oft lieber mit der Jagd befasste als mit den Lasten der Wiener Bürger, die kaum wirtschaftliche und soziale Privilegien genossen (das Marktrecht war ihnen längst genommen worden). Fast 25 % der Einwohner arbeiteten entweder unmittelbar oder mittelbar für den Hof – und der Hof zahlte mies. Zudem fehlten Wohnungen und Läden (die meisten wurden als Unterkünfte genutzt), Hausierer bevölkerten die Straßen – kurz: Für den Franz Normalwiener war der Alltag ein steter Kampf. Der Kaiser hatte dagegen die Sorge, keinen männlichen Erben zu haben, weshalb ihm die Frage, ob und wie er seiner Tochter Maria Theresia seine Nachfolge sichern könnte, die größten Kopfschmerzen bereitete. Antwort auf die Frage war die *Pragmatische Sanktion*, die für die habsburgischen Erblande und Königreiche die Unteilbarkeit festschrieb und die weibliche Erbfolge zuließ. Auch wenn die europäischen Mächte die Sanktion gegenzeichneten, hatten nur die wenigsten Regenten die Absicht, sich an das Abkommen auch zu halten. So musste Maria Theresia nach der Besteigung des Habsburgerthrons 1740 die Konkurrenz im Österreichischen Erbfolgekrieg (1740–48) aus dem Feld schlagen. Kaum waren die Habsburger wieder zu Atem gekommen, brach der Siebenjährige Krieg (1756–63) aus, in dem die Dynastie zwar den größten Teil ihrer Gebiete behauptete, jedoch Schlesien an Preußen verlor.

Maria Theresia (regierte 1740–1780) zählt zu den bedeutendsten Herrschergestalten der Habsburger. Sie läutete ein goldenes Zeitalter ein, in dem sich Österreich zu einem modernen Staat mauserte. In den 40 Jahren ihrer Herrschaft zentralisierten sie und ihre klugen Ratgeber die Verwaltung, reformierten Heer und Wirtschaft, begründeten das öffentliche Schulwesen, sicherten den Untertanen mehr Rechte zu – und führten sogar Hausnummern ein (zunächst

1874	1889	1900
Der Wiener Zentralfriedhof wird eröffnet, um die innerstädtischen Friedhöfe zu entlasten	Kronprinz Rudolf, die Hoffnung der liberalen und intellektuellen Kräfte im Land, begeht Selbstmord	Durch die Künstler der Wiener Sezession, allen voran Otto Wagner, wird Wien zum Zentrum des Jugendstils

wegen der Steuererhebung). Ihr Sohn Joseph II., der 1765 seinen verstorbenen Vater, Kaiser Franz I. Stephan, als Mitherrscher ablöste und 1780–90 allein regierte, zeigte sich als ein noch eifrigerer Reformer. U. a. erließ er ein Toleranzedikt (1781) für alle Glaubensrichtungen, das auch die Juden mit einschloss, säkularisierte Kircheneigentum und schaffte die Leibeigenschaft ab. Zudem befreite er die Stadtverwaltung aus der Bevormundung des Herrschers, indem er den Wienern eine eigene Stadtmagistratur zugestand. Zum Zentrum der Wiener Medizinischen Schule wurde das 1784 gegründete Allgemeine Krankenhaus. Doch für die konservativen Wiener legte der Kaiser ein mitunter zu rasantes Tempo vor, sodass er sich letzten Endes gezwungen sah, bei einigen seiner Maßnahmen wieder zurückzurudern.

Die zweite Hälfte des 18. und der Beginn des 19. Jhs. waren auch von einer blühenden Musiklandschaft geprägt, wie es sie noch nie zuvor – weder in Wien noch sonst wo in Europa – gegeben hatte und niemals wieder geben sollte. In dieser Zeit wirkten Christoph Willibald Gluck, Josef Haydn, Wolfgang Amadeus Mozart, Ludwig van Beethoven und Franz Schubert in Wien und schufen Werke, die zu den denkwürdigsten Kompositionen aller Zeiten gehören.

ANFANG & ENDE DES KAISERREICHS ÖSTERREICH

Napoleons aufgehender Stern bedeutete für Wien zu Beginn des 19. Jhs. harte Zeiten. Die österreichische Armee musste zweimal demütigende Niederlagen einstecken – 1805 und 1809. Während die Franzosen Wien besetzten, logierte Napoleon in Schloss Schönbrunn. Und schließlich musste der Kaiser des Heiligen Römischen Reichs, Franz II., angesichts der Erfolge des Korsen 1806 seine Krone ablegen. Jedoch nicht, ohne dass er sich zuvor schon eine neue zugelegt hätte: 1804 nahm er als Franz I. den Titel des Kaisers von Österreich an. Die Kriegslasten indes trieben die Wirtschaft in eine Depression, von der sich Wien erst Jahre später erholte.

1814 feierten die europäischen Mächte auf dem Wiener Kongress dann doch noch den Sieg über Napoleon, und die Hauptstadt der Habsburger gewann ihren Stolz zurück. Die Verhandlungen lenkte der gewiefte österreichische Außenminister Klemens Fürst von Metternich. Der Wiener Kongress ordnete Europa neu: Die deutschen Territorialstaaten wurden im Deutschen Bund zusammengeschlossen, die Habsburger verloren ihre Besitzungen in Südwestdeutschland sowie die Österreichischen Niederlande, bekamen aber dafür Venetien und die Lombardei zugesprochen. In der Kunst und Architektur markiert der Kongress den Beginn der Biedermeierzeit (s. S. 39), die nach einer karikaturistischen Figur in einer Münchner Zeitschrift benannt wurde. Die Epoche wird heute als eine paradiesische Zeit wahrgenommen, in der die Mittelklasse häusliches Glück und Kultur, Kunst und Behagen „im stillen Winkel" gefunden hatte – tatsächlich sorgten Zensur und das Fehlen einer politischen Vertretung dafür, dass die bürgerliche Bevölkerung in die Ecke gedrängt wurde. Die Angehörigen der niedrigen Schichten litten ohnehin immens: Eine Bevölkerungsexplosion (mit einem Wachstum von 40 % zwischen 1800 und 1835) und die industrielle Revolution mündeten in zahlreiche Probleme. Arbeitslosenrate und Preise stiegen, die Löhne blieben niedrig, Arbeiter schufteten unter miesen Bedingungen, Krankheiten nahmen zuweilen das Ausmaß von Seuchen an und die Wasserversorgung war miserabel. Und während überall in Europa die Ideale der Französischen Revolution Fuß fassten, errichtete Metternich einen Polizeistaat, schränkte bürgerliche Rechte ein – kurz: Das Reich war reif für eine Revolution.

Im März 1848 war es so weit. Der Kriegsminister wurde an einem Laternenpfahl aufgehängt, Metternich floh nach England und Kaiser Ferdinand I. dankte ab. Doch die sich anschließenden liberalen Bestrebungen blieben nur ein Intermezzo, schon bald hatte die Armee die absolute

1910–14	1914–18	1918
Wiens Einwohnerzahl überschreitet die 2-Mio.-Grenze und erreicht den Höchststand überhaupt. Der Zuwachs ist hauptsächlich auf Zuwanderung zurückzuführen; die größte Zuwanderergruppe sind Tschechen	Während des Ersten Weltkriegs erlebt Wien einen Mangel an Nahrungsmitteln und Kleidung. Die kriegsbedingte Inflation vernichtet die Ersparnisse vieler Wiener der Mittelschicht	Auf den Stufen des Wiener Parlaments wird die Republik Deutschösterreich ausgerufen; die Landesfahne in Rot, Weiß und Rot wird eingeführt

Monarchie wiederhergestellt. An ihrer Spitze stand – mit gerade einmal 18 Jahren – der neue Kaiser Franz Joseph I., der seinem Onkel auf den Thron gefolgt war.

Franz Joseph unterdrückte sofort die letzten Funken von Opposition, viele Revolutionäre wurden hingerichtet. Wenig später lockerte er die Zügel wieder. 1857 ordnete er die Schleifung der Stadtbefestigung und den Bau der Ringstraße um die Innere Stadt an. Drei Jahre zuvor hatte ihm die Hochzeit mit der erst 16-jährigen Prinzessin Elisabeth von Bayern, bekannt als Sisi, zu einem Popularitätsschub verholfen. Franz Joseph und Sisi, Leitbild junger Frauen im 19. Jh., sollten sich jedoch schon bald entfremden.

Die Jahre 1866/67 zehrten an den Kräften des Reichs: Zuerst erlitt es bei Königgrätz die entscheidende Niederlage gegen Preußen, durch die es seinen Einfluss in Deutschland endgültig verlor. Kurz darauf musste sich der Kaiser zum „Ausgleich" mit den Ungarn bequemen, der die kaiserliche und königliche (k. u. k.) Doppelmonarchie Österreich-Ungarn begründete. Wien jedoch erlebte in der zweiten Hälfte des 19. und zu Beginn des 20. Jhs. eine erneute Blütezeit. Die Infrastruktur wurde massiv ausgebaut, die Straßenbahn elektrifiziert, Gaswerke wurden gebaut und eine Gesundheits- und Sozialpolitik aufgelegt. 1906 wurde in Österreich-Ungarn das allgemeine Wahlrecht für Männer eingeführt. 1873 war Wien Gastgeber der Weltausstellung, die allerdings mit der größten Krise der Epoche, dem Gründerkrach an der Börse, zusammenfiel. Gleichzeitig erreichten Kunst und Kultur neue Sphären: Während des Fin de Siècle lebten und arbeiteten Sigmund Freud, Gustav Klimt, Gustav Mahler, Johannes Brahms, Egon Schiele, Johann Strauss und Otto Wagner in Wien.

Franz Joseph indes hatte schwere Schicksalsschläge zu verkraften: Schon 1857 starb seine erst zweijährige Tochter Sophie. 1867 richteten mexikanische Aufständische seinen Bruder Maximilian hin, der drei Jahre zuvor zum Kaiser von Mexiko ernannt worden war. Am 30. Januar 1889 erschoss Kronprinz Rudolf sich und die Baronesse Mary Vetsera in Schloss Mayerling. Die Umstände wurden nie ganz aufgeklärt. Der psychisch labile, liberal gesinnte Sohn Franz Josephs wurde nach dem Selbstmord von den Leibärzten des Kaisers für geisteskrank erklärt; nur so konnte er überhaupt kirchlich bestattet werden. Und am 9. September 1898 wurde Sisi in Genf Opfer eines Attentats durch den italienischen Anarchisten Luigi Lucheni.

Der Schlusspunkt dieser familiären Tragödie bereitete nicht nur dem Fortschritt in Wien ein jähes Ende, sondern leitete schließlich auch den Untergang der Habsburger Monarchie und die „Urkatastrophe" des 20. Jhs. ein: Am 28. Juni 1914 ermordeten in Sarajevo serbische Nationalisten Franz Ferdinand, den Neffen des Kaisers und Thronfolger, und seine Gemahlin Sophie Chotek. Einen Monat später erklärte Österreich-Ungarn dem Königreich Serbien den Krieg – der regionale Konflikt breitete sich in Windeseile zum Ersten Weltkrieg aus.

DIE ERSTE REPUBLIK

Mitten im Krieg starb 1916 Kaiser Franz Joseph, sein Nachfolger Karl I. musste 1918 bei Kriegsende abdanken. Die Republik Deutschösterreich wurde am 12. November 1918 ausgerufen. Die Mehrheit ihrer Bürger befürworteten den Zusammenschluss mit dem Deutschen Reich, doch schoben die alliierten Sieger dem einen Riegel vor. Die gewaltigen Gebietsverluste riefen große wirtschaftliche Schwierigkeiten hervor – die neu geschaffenen Staaten weigerten sich, ihren alten Herren weiterhin lebenswichtige Rohstoffe zu liefern, woraufhin ganze Industrien zusammenbrachen. Die Arbeitslosenrate schnellte in die Höhe, nicht nur durch den Zustrom von Flüchtlingen und ehemaligen Soldaten, sondern auch durch die große Zahl von Beamten,

1919	1938	1945
Unterzeichnung des Friedensvertrags von St. Germain; im Gemeinderat erreicht die Sozialdemokratische Arbeiterpartei Deutschösterreichs (SDAPDÖ) die Mehrheit: Die Zeit des „Roten Wien" bricht an	Hitler marschiert in Österreich ein und wird von 200 000 Wienern auf dem Heldenplatz gefeiert; Anschluss an das Deutsche Reich	Nach dem Ende des Zweiten Weltkriegs wird Österreich wiederhergestellt und von den Siegermächten besetzt. Wien wird zur 4-Sektoren-Stadt (amerikanischer, sowjetischer, britischer und französischer Sektor)

DAS „ROTE WIEN"

Angesichts der von Austrofaschisten, deutschen Nazis und Rechtsextremisten der Nachkriegszeit belasteten jüngeren Geschichte Österreichs mag es vielleicht überraschen, dass Wien in den 1920er-Jahren eine sozialdemokratische Stadtregierung besaß – und zwar die erfolgreichste, die es in Europa jemals gab.

Der Sturz des Habsburgerreichs riss in die Verwaltung Wiens eine gewaltige Lücke. Auf Verlangen des Volks füllte die Sozialdemokratische Arbeiterpartei (SDAP) sie bald aus. Bei den Gemeindewahlen 1919 erreichte sie einen fulminanten Sieg. In den nächsten 14 Jahren verwirklichten die Sozialdemokraten ein ehrgeiziges Sozialprogramm, besonders in puncto Wohnungsbau und Gesundheitsversorgung, und verbesserten so nachhaltig die Lage der Arbeiter. Ihre sicher größte Leistung war die Behebung der Wohnungsnot, überall in der Stadt wurden riesige Wohnkomplexe errichtet. Der Plan war einfach: Wohnungen mit fließendem Wasser, Toiletten und Tageslicht, Park- und Spielflächen sollten bereitgestellt werden. Diese Leistungen wurden nicht nur im übrigen Österreich, sondern in ganz Europa bewundert. Viele der kolossalen Anlagen sind heute noch in der Stadt zu sehen; die am meisten mit Lob überschüttete, der Karl-Marx-Hof (S. 143), wurde von Karl Ehn entworfen und enthielt ursprünglich die erstaunliche Zahl von 1600 Wohneinheiten. Doch der Karl-Marx-Hof ist keineswegs die größte Anlage dieser Art – der Sandleitenhof in Ottakring und der Friedrich-Engels-Hof in Brigittenau sind beide noch größer.

Wer sich für den sozialen Wohnungsbau interessiert: Das Architekturzentrum Wien (S. 95) veranstaltet geführte Touren zu den wichtigsten Wohnungsanlagen aus der Zeit des „Roten Wiens".

die im Dienst der Monarchie gestanden hatten und deren Stellen nun schlichtweg nicht mehr benötigt wurden. Die rund 1 Mio. Menschen in Wien standen am Rand einer Hungerkatastrophe.

1919 erhielten auch die Frauen das Wahlrecht. Alle volljährigen Wienerinnen und Wiener konnten nun in geheimer Wahl die Stadtregierung bestimmen. Die Sozialdemokraten erreichten die absolute Mehrheit, die sie bis 1996 bei allen freien Wahlen behalten sollten. Vor allem ihre Amtszeit von 1919 bis 1934, als „Rotes Wien" (s. Kasten oben) bezeichnet, brachte etliche Veränderungen mit sich und verbesserte die Lebensbedingungen vieler Mitglieder der Arbeiterklasse entscheidend.

Der Rest des Landes aber war fest in den Händen der Konservativen, der Christlichsozialen, was große Spannungen zwischen Stadt und Staat zur Folge hatte. Am 15. Juli 1927 wurden in einem äußerst dubiosen Urteil einige Rechtsextremisten von einer Mordanklage freigesprochen. Demonstranten versammelten sich daraufhin vor dem Wiener Justizpalast, der Tagungsstätte des Obersten Gerichts, und steckten das Gebäude in Brand. Die Polizei eröffnete das Feuer auf die Menge, 86 Personen wurden getötet, darunter auch fünf Polizisten – die Kluft zwischen den Wiener Sozialdemokraten und den im Land herrschenden Christlichsozialen vertiefte sich.

ZEITALTER DES FASCHISMUS

Die politischen und sozialen Spannungen, verschärft durch die Auswirkungen der Weltwirtschaftskrise, schwächten die österreichischen Sozialisten und bescherten dem christlichsozialen Bundeskanzler Engelbert Dollfuß die Gelegenheit, nach der er suchte: 1933 löste er das Parlament unter einem formalen Vorwand auf. Im Februar 1934 brach ein Bürgerkrieg zwischen dem Schutzbund, den Milizen der Sozialdemokratischen Arbeiterpartei (SDAP) und der konservativen Heimwehr aus, die die Oberhand behielt. Es folgte das Verbot der Sozialistischen Partei. Doch Dollfuß' Herrschaft währte nicht lange – schon im Juli des gleichen Jahres wurde

1948	1955	1956
Graham Greene sucht im Wien der unmittelbaren Nachkriegszeit die Inspiration für ein Filmdrehbuch. *Der dritte Mann*, mit Orson Welles in der Hauptrolle, wird zu einem legendären Erfolg	Durch den Österreichischen Staatsvertrag, der in Schloss Belvedere unterzeichnet wird, erlangt die Republik Österreich ihre Souveränität wieder. Eine halbe Mio. Österreicher feiert das Ereignis in den Straßen der Hauptstadt	Marcel Prawy, Dramaturg der Wiener Volksoper, bringt mit *Kiss me, Kate* das erste Musical nach Wien

er bei einem gescheiterten Nazi-Putsch ermordet. Sein Nachfolger Kurt Schuschnigg musste sich wachsendem deutschen Druck beugen und 1938 Nazis in seine Regierung aufnehmen.

Am 12. März 1938 marschierten deutsche Truppen nach Österreich ein, einen Tag vor einer geplanten Volksabstimmung in Österreich über den Zusammenschluss mit Deutschland. Hitler, der Wien viele Jahre zuvor als ein gescheiterter und verkrachter Künstler verlassen hatte, kehrte im Triumph in seine Heimat zurück und hielt am 15. März vor 200 000 enthusiastischen Wienern auf dem Heldenplatz eine gewaltige Kundgebung ab. Österreich wurde durch den Anschluss ein Teil des Deutschen Reichs.

Der Auftritt der Nazis kam besonders für die Wiener Juden einer Katastrophe gleich. Doch auch viele nichtjüdische Liberale und Intellektuelle wurden Ziel von Übergriffen. Ab Mai 1938 wurden die Nürnberger Gesetze auch in Österreich angewandt, Tausende von Juden fielen dem Holocaust zum Opfer, verloren ihr Leben oder zumindest ihren Besitz. Von 1939 bis 1945 war Österreich Teil der deutschen Weltkriegsmaschinerie. Hatte Wien im Ersten Weltkrieg die direkten Auswirkungen des Krieges noch kaum zu spüren bekommen, so hatte die Stadt vor allem gegen Kriegsende schwer unter alliiertem Bombardement zu leiden. Die meisten größeren öffentlichen Gebäude, darunter die Staatsoper und der Stephansdom, wurden beschädigt, rund 86 000 Wohnungen zerstört oder unbewohnbar gemacht. Ca. 3000 Bombenkrater klafften in der Stadt, fast 9000 Wiener starben bei Luftangriffen (viele davon in den Kellern ihrer zerstörten Wohnblocks), über 2000 verloren ihr Leben bei der Verteidigung der Stadt. Am 11. April 1945 befreiten schließlich vorrückende russische Truppen die Stadt, doch die Rote-Armee-Soldaten setzten der geschundenen Bevölkerung mit Vergewaltigungen und Plünderungen weiter zu.

DIE NACHKRIEGSZEIT

Kurz nach der Befreiung erklärte Österreich seine Unabhängigkeit von Deutschland. Eine provisorische Bundesregierung unter dem Sozialdemokraten Karl Renner wurde gebildet, das Land von den siegreichen Alliierten – Amerikanern, Russen, Briten und Franzosen – besetzt. Wien selbst teilten sie in vier Sektoren auf – die „Vier Mann in einem Jeep"-Zeit hat Graham Greene in *Der dritte Mann* eindrucksvoll beschrieben.

Der beginnende Kalte Krieg zwischen den Supermächten sorgte dafür, dass die alliierte Besatzung sich über zehn Jahre hinschleppte. Für die Wiener eine schwere Zeit – der Wiederaufbau der nationalen Wahrzeichen kam nur schleppend voran, der Schwarzmarkt bestimmte den Handel. Am 15. Mai 1955 dann wurde der Österreichische Staatsvertrag ratifiziert, in dem sich Österreich zu „immerwährender Neutralität" verpflichtete. Die alliierten Truppen zogen ab, im Dezember 1955 trat die Bundesrepublik Österreich der UNO bei. Die Wirtschaft erholte sich durch Hilfsmaßnahmen im Rahmen des Marshallplans und durch die Tatsache, dass den Sowjets keine Reparationen mehr geleistet werden mussten. Als Hauptstadt eines neutralen Landes am Frontverlauf des Kalten Krieges war Wien eine Stadt, in der sich Spione und Diplomaten tummelten: Kennedy und Chruschtschow trafen sich hier 1961, Carter und Breschnew 1979 und 1984 wurde Wien zum dritten UNO-Hauptsitz.

1986 BIS HEUTE

1986 erlitt Österreichs internationales Ansehen einige Kratzer: Wie noch während des Wahlkampfs für das Bundespräsidentenamt enthüllt wurde, hatte der Kandidat der ÖVP, Kurt Waldheim, in einer deutschen Wehrmachtseinheit gedient, die an Kriegsverbrechen beteiligt

1973–79	1995	2000
Das Vienna International Centre (VIC), allgemein UNO City genannt, wird von dem österreichischen Architekten Johann Staber entworfen und nördlich der Donau errichtet. Wien wird dritter internationaler Sitz der Vereinten Nationen	Von starker Zustimmung der Bevölkerung getragen, tritt Österreich mit 60 % Ja-Stimmen der Europäischen Union bei	Nach einer ausländerfeindlichen Wahlkampagne der FPÖ und der Bildung einer Koalitionsregierung aus ÖVP und FPÖ verhängt die EU Sanktionen gegen Österreich

gewesen war. Gewählt wurde er dennoch. Und es sollte noch einige Jahre dauern, bis Österreich sich verspätet zu seiner dunklen Vergangenheit im Zweiten Weltkrieg bekannte. 1993 räumte Bundeskanzler Franz Vranitzky erstmals ein, dass die Österreicher „willige Diener des Nazismus" gewesen seien. Seither hat sich Österreich bemüht, Wiedergutmachung für seinen Teil der Verbrechen gegen die Juden zu leisten. 1998 machte sich die Österreichische Historische Kommission daran, die Enteignungen während der nationalsozialistischen Herrschaft zu untersuchen, und 2001 erklärte Wiens Bürgermeister Dr. Michael Häupl: „Während sich Österreich viele Jahre lang als das erste Opfer des Nationalsozialismus dargestellt hat, muss es sich nun zu seiner eigenen, aktiven Beteiligung an den Verbrechen des Regimes bekennen und seine Verantwortung zu sofortigem und schnellem Handeln wahrnehmen."

Mit dem Beitritt zur Europäischen Union (1995) begann für Österreich ein neues politisches Zeitalter. Der Schritt wurde von der Bevölkerung unterstützt, die sich bei der Volksabstimmung vom Juni 1994 mit 66,4 % für den Beitritt aussprach. Die Zustimmung ging jedoch schnell zurück, als mit der Einführung des Euro die Preise stiegen. Dennoch haben sich die meisten Österreicher inzwischen damit arrangiert, dass die Alpenrepublik dauerhaft der EU angehören wird.

Nach den Nationalratswahlen von 1999 gab es heftige internationale Kritik, als die Österreichische Volkspartei (ÖVP) unter Bundeskanzler Schüssel mit der rechtspopulistischen Freiheitlichen Partei (FPÖ) eine Koalitionsregierung bildete. Die neue, demokratisch gewählte Regierung wurde verdammt, ehe sie auch nur die Möglichkeit gehabt hatte, einen Fehler zu machen. Die EU reagierte sofort und verhängte Sanktionen gegen Österreich, alle hochrangigen diplomatischen Kontakte wurden eingefroren, und Israel berief sogar seinen Botschafter ab.

Stein des Anstoßes war vor allem der damalige Obmann der FPÖ, Jörg Haider, der durch leichtfertige, unverschämte Äußerungen über ausländische Regierungsvertreter und fremdenfeindliche Hetze negative Schlagzeilen machte. Doch ungeachtet ihrer Einstellung zur FPÖ waren viele Österreicher über den „präventiven" Schritt der EU verärgert, der – so die verbreitete Meinung – unterblieben wäre, wenn es um einen mächtigeren EU-Partner gegangen wäre. Die Sanktionen erwiesen sich nicht nur als nutzlos, sondern geradezu als kontraproduktiv und wurden im September 2000 von der EU wieder aufgehoben.

Bei den Nationalratswahlen von 2002 musste die FPÖ eine schwere Schlappe einstecken: von 26,9 % im Jahr 1999 purzelte ihr Stimmenanteil auf 10,1 %. Die ÖVP sicherte sich mit 42 % der Stimmen eine zweite Amtszeit; Haider bot seinen Rücktritt an, und nach einigem Hin und Her stand die zweite ÖVP-FPÖ-Koalition.

Die Nationalratswahlen vom Oktober 2006 brachten eine große Überraschung. Die meisten Beobachter glaubten zwar an einen knappen Ausgang, rechneten aber damit, dass schließlich doch die ÖVP stärkste Partei bleiben würde. Sie erreichte jedoch nur 34,33 %, und wurde von Alfred Gusenbauers Sozialdemokratischer Partei (SPÖ) mit 35,34 % auf den zweiten Platz verwiesen. Die Grünen erzielten 11,05 %, und die FPÖ kam unter ihrem neuen Obmann Heinz Christian H. C. Strache auf 11,04 %.

Die unter Bundeskanzler Gusenbauer gebildete große Koalition brach 2008 über Streitigkeiten hinsichtlich der EU-Politik Österreichs auseinander. Die im September durchgeführten vorgezogenen Nationalratswahlen brachten den beiden großen Parteien schwere Verluste und Straches FPÖ sowie Haiders 2005 neu gegründetes BZÖ (Bündnis Zukunft Österreich) entsprechende Gewinne; die Grünen landeten abgeschlagen auf dem 5. Platz. SPÖ und ÖVP erneuerten dennoch unter der Leitung des neuen SPÖ-Bundesparteivorsitzenden Werner

2002	2008	2010
Gemeinsam mit zwölf weiteren Mitgliedsländern der EU schafft Österreich seine Landeswährung, den Schilling ab, und führt den Euro ein; bei den Parlamentswahlen erleidet die FPÖ einen Stimmeneinbruch	Österreich trägt gemeinsam mit der Schweiz die Fußball-Europameisterschaft aus; das Endspiel findet im Wiener Ernst-Happel-Stadion statt	Erstmals gibt es in Wien eine rot-grüne Regierung, nachdem die SPÖ die absolute Mehrheit verloren hat

Faymann ihre Koalition. Im Oktober starb Jörg Haider bei einem Autounfall; sein Nachfolger als BZÖ-Parteichef wurde Josef Bucher.

Die weltweite Finanzkrise sorgte in Wien für Einbrüche im Tourismus und einen Anstieg der Arbeitslosigkeit, doch insgesamt hat Österreich die Krise gut verkraftet. Das Ausmaß der Bautätigkeit rund um den neuen Bahnhof (s. S. 33) belegt, dass die Stadt hoffnungsfroh in die Zukunft blickt.

NATUR & UMWELT

DAS LAND

Wien (Höhe 156 m) umfasst ein Gebiet von 415 km² im Donautal, der fruchtbarsten Landschaft Österreichs. Auf mehr als 700 ha wird Wein angebaut; fast 90 % davon sind Weißweine. Das größte Weinbaugebiet ist Stammersdorf im Nordosten der Stadt.

Im Westen und Norden der Stadt erheben sich die Hügel des beliebten Wienerwalds (S. 141). Es sind die einzigen nennenswerten Hügel des Stadtgebiets, das ansonsten relativ flach ist. Die Donau teilt die Stadt in zwei ungleiche Hälften: Die Altstadt und fast alle Attraktionen für Touristen liegen westlich des Flusses. Der Donaukanal zweigt vom Hauptfluss ab und führt in Kurven nach Süden. Er bildet eine der Grenzen des historischen Zentrums, des 1. Bezirks (Innere Stadt; S. 57). Die langgestreckte, schmale Donauinsel (S. 121), die die Donau bei ihrem Lauf durch Wien in zwei Arme spaltet, ist ein beliebtes Erholungsgebiet mit Stränden, Spielplätzen und Parkwegen. Gleich östlich der Insel liegt der Seitenarm der Alten Donau, ein beliebtes Gebiet mit schönen Stränden und Wassersportmöglichkeiten im Sommer; winters wird hier gerne Schlittschuh gelaufen.

Fast die Hälfte des Stadtgebiets sind Grünflächen – das ist mehr als in jeder anderen europäischen Großstadt. Zu den wichtigsten Parks zählen der Prater (S. 116), ein breiter Grüngürtel unmittelbar südöstlich der Inneren Stadt, und der Lainzer Tiergarten (S. 141), ein Waldgebiet am westlichen Stadtrand mit Wildtieren, durch das man wunderbar wandern kann.

GRÜNES WIEN

Recycling wird in Wien großgeschrieben: 295 000 t Müll werden jährlich recycelt. Das liegt nicht nur am Umweltbewusstsein der Bürger, sondern auch an den Vorschriften. Neben dem Wienerwald als „grüner Lunge" tragen auch die umweltfreundlichen Straßenbahnen und mit Gas betriebene Busse dazu bei, dass die Luft in der Stadt relativ sauber ist. Das Leitungswasser kommt direkt aus den Alpen und gehört zu dem saubersten weltweit; in vielen älteren Wohnhäusern gibt es allerdings immer noch Bleileitungen. Deswegen wird in jedem zehnten Wohnhaus Blei im Trinkwasser festgestellt, doch hält sich der Anteil generell im Unbedenklichkeitsbereich.

Die Müllverbrennungsanlagen der Fernwärme (S. 105) haben Emissionswerte, die weltweit zu den niedrigsten zählen. Jährlich werden 260 000 t Müll verbrannt und davon mehr als 40 000 Wiener Wohnungen beheizt.

WIEN IST KEIN (ARG SCHLIMMES) HUNDEKLO MEHR

John Sparrow könnte an Wien gedacht haben, als er 1975 in einem Brief an die *Times* den Hund als „unermüdlichen und widerwärtigen Verursacher von Umweltverschmutzung" bezeichnete. Denn in Wien gibt es eine Menge Hunde. Ungefähr 8,3 % der Haushalte haben einen, was, zurückhaltend geschätzt, 65 000 Hunden entspricht. Die Wiener lieben ihre Vierbeiner, aber lange fühlten sich die meisten für deren Hinterlassenschaften nicht verantwortlich.

Die Stadt bietet Hundebesitzern 870 000 m² an Auslaufflächen. Trotzdem sammelten sich die Häufchen auf Bürgersteigen, zwischen geparkten Autos, auf Grünstreifen und sogar vor Hauseingängen. 2006 wurden unter dem Motto „Wien ist ein Hundeklo" binnen Monaten 157 000 Stimmen für die „Anti-Hundstrümmerl-Petition" gesammelt, die städtische Reinigungsmaßnahmen verlangten und Strafen für Hundebesitzer forderten, die den Dreck ihrer Lieblinge liegen lassen. Und die Aktion hat Wirkung gezeigt: Überall machen Schilder auf die Strafen aufmerksam, die dem drohen, der kein „Sackerl fürs Gackerl" benutzt. Und die „Waste Watchers" halten Ausschau nach Hundstrümmerl-Sündern. Über 47 000 Sackerl landen seither täglich in den Wiener Mülltonnen. Trotzdem ist es noch immer ratsam, regelmäßig den Blick über den Boden schweifen zu lassen …

2009 und 2010 erreichte Wien im Ranking des Mercer Quality of Living Survey jeweils den ersten Platz als lebenswerteste Stadt. Ein Faktor dafür sind 280 kaiserliche Parks und Gärten innerhalb des Großraums. Im Frühling blühen 400 Rosensorten im Volksgarten. Der Prater, der Wienerwald und die Hügel rund um Wien sind Erholungsgebiete für Tagesausflüge, Wanderungen und Radtouren. Mit mehr als 100 km an Radwegen ist die Stadt auch ausgesprochen fahrradfreundlich. An mehr als 60 Stationen können überall in der Stadt Fahrräder entliehen werden – so hat das Fahrrad einen Anteil von 8 % am städtischen Verkehr. Rund 20 % der Wiener nutzen das Fahrrad für den Weg zur Arbeit, und dieser Wert soll in der Zukunft jährlich um voraussichtlich mindestens 3 % steigen.

STADTPLANUNG & STADTENTWICKLUNG

„Ständige Verbesserung" scheint das Motto des Gemeinderats zu lauten. Die Wiener Stadtverwaltung hat bahnbrechende architektonische Projekte wie den Gasometer (S. 114), die Bücherei Wien (S. 96) und das MuseumsQuartier (S. 92) finanziert, erstklassige öffentliche Räume geschaffen und gleichzeitig das originale Ambiente der Gebäude erhalten. „Urbion", eine EU-Initiative zur Modernisierung des Bereichs am westlichen Gürtel, ist ein weiteres Projekt dieser Art. Seit 1995 werden die Bögen am Gürtel (die ungenutzten Gewölbe unterhalb der Gleise der U-Bahnlinie U6) geschickt zu Bars, Restaurants und Kunstgalerien ausgebaut. 2008 und 2010 wurde die U-Bahnlinie U2 verlängert. Auch die Bebauung am Donaukanal und am Wienfluss wird kontinuierlich aufgebessert.

Das größte Bauvorhaben der Stadt betrifft derzeit das Gelände des früheren Südbahnhofs. Im Zuge des gewaltigen Projekts werden ein neuer Hauptbahnhof als europäischer Durchgangsbahnhof mit Zugverkehr in alle vier Himmelsrichtungen und ein neues Gebiet, die BahnhofCity, entstehen. In der 109 ha großen BahnhofCity sollen Büroflächen, rund 5000 neue Wohnungen, ein 8 ha großer Park, eine Schule, zehn Hochhäuser und 9 km an Radwegen entstehen. Der Bahnhof soll ab Ende 2012 in Betrieb gehen; die gesamte Anlage soll 2015 fertiggestellt werden. Auch der Westbahnhof wird komplett umgebaut. Nach dem Abschluss der Arbeiten Ende 2011 soll er modernste Verkehrseinrichtungen, Läden und Restaurants bieten.

REGIERUNG & POLITIK

Wien ist nicht nur die Hauptstadt Österreichs, sondern (seit 1922) auch eines der neun Bundesländer. Jedes österreichische Bundesland hat sein eigenes Parlament, den Landtag, und eine eigene Regierung, deren Präsident Landeshauptmann (oder -frau) heißt; der Wiener Bürgermeister ist deswegen zugleich Landeshauptmann und der Wiener Gemeinderat zugleich Landtag.

Die Wiener sind die landesweit treuesten Anhänger der Sozialdemokratie und schlagen, wenn es um Politik geht, gern laute und kritische Töne an. In den Restaurants und Bars der Stadt gibt es schnell einmal erhitzte Debatten um politische Tagesfragen. Das Privatleben der Politiker oder wer gerade mit wem ein Verhältnis hat, interessiert in der Regel nicht besonders. Entscheidend ist, wie die politischen Entscheidungen das Alltagsleben der Menschen und die Zukunft der Stadt beeinflussen.

Wiens derzeitiger Bürgermeister ist Michael Häupl von der SPÖ. Häupl ist seit 1994 im Amt. Bei den letzten Wahlen zum Gemeinderat (2010) verlor die SPÖ allerdings die absolute Mehrheit (44,3 %). Gewinner war die Rechtspartei FPÖ unter ihrem Obmann H. C. Strache, die sich um 11 % gegenüber 2005 steigern konnte (25,8 %). Allerdings muss die FPÖ sich dennoch mit der Opposition begnügen, da eine rot-grüne Koalition die Mehrheit bilden konnte.

Auf Bundesebene war die SPÖ jahrzehntelang die bestimmende Kraft, aber bei Wahlen kommt es häufig zu einem Kopf-an-Kopf-Rennen. Nach den Wahlen von 1996 gab es die erste Große Koalition zwischen der SPÖ und der ÖVP, der konservativen Partei Österreichs, und 2000 musste die SPÖ sogar in die Opposition gehen, weil die Stimmen für die ÖVP ausreichten, um eine Koalition mit der FPÖ zu bilden. Die FPÖ sorgte für viele negative Schlagzeilen: Der damalige Parteivorsitzende, der inzwischen verstorbene Jörg Haider, äußerte Bewunderung für Hitlers Arbeitsmarktpolitik und unternahm mehrere Reisen in den Irak, um sich mit Saddam Hussein zu treffen. Haider, der Landeshauptmann von Kärnten, gab Anfang 2000 sein Amt als Parteiobmann der FPÖ auf, als die Einbindung der FPÖ in die Koalitionsregierung internationale Proteste auslöste. Im Jahr 2008 kam er bei einem selbst verschuldeten Autounfall ums Leben.

Bei den Wahlen von 2006 gab es gleich mehrere Überraschungen. Es galt als ausgemacht, dass die ÖVP die Wahl gewinnen würde; bis zum Wahltag lag die SPÖ mit ihrem Spitzenkandidaten Alfred Gusenbauer in Meinungsumfragen zurück, zumal die wachsende Popularität der Grünen weitere Stimmenverluste für die Sozialdemokraten zu bedeuten schien. Aber die SPÖ gewann die Wahlen mit 35,34 % und einem Vorsprung von 1 % gegenüber der ÖVP. Haider hatte 2002 die FPÖ gespalten und eine neue rechtspopulistische Partei, das BZÖ, gegründet, blieb aber dieses Mal hinter seiner alten Partei und deren neuem Vorsitzenden Strache zurück. Immerhin gelang dem BZÖ mit 4,11 % noch knapp das Überspringen der 4-%-Hürde für den Einzug ins Parlament.

Bei den vorgezogenen Nationalratswahlen vom September 2008 verlor die SPÖ Stimmen, blieb aber mit 29,3 % stärkste Partei vor der ÖVP (26,0 %). Die Rechtsparteien FPÖ und BZÖ konnten ihren Stimmenanteil auf 17,5 % bzw. 10,7 % ausbauen, während die Grünen auf 10,4 % zurückfielen. Ein kleiner Lichtblick für die Sozialdemokratie war dann im April 2010 immerhin die Wiederwahl Heinz Fischers zum Bundespräsidenten, der 2004 als SPÖ-Kandidat in die Hofburg eingezogen war. Bei der Wiederwahl, zu der neben der SPÖ auch die Grünen aufgerufen hatten, erhielt er 78,94 % der Wählerstimmen. Die ÖVP stellte keinen Kandidaten auf und sprach auch keine Wahlempfehlung aus. Auf die durch rechtsradikale Äußerungen aufgefallene FPÖ-Kandidatin Rosenkranz entfielen 15,62 % der Stimmen, auf den Kandidaten der unbedeutenden fundamentalistischen Christlichen Partei Österreichs (CPÖ) 5,43 %.

MEDIEN

Die 1703 erstmals gedruckte *Wiener Zeitung* (www.wienerzeitung.at) ist die älteste Zeitung der Welt. Obwohl der Journalismus in Österreich eine so lange Tradition hat, ist die Berichterstattung der Wiener Medien oft nicht so umfassend und kritisch, wie es wünschenswert wäre.

Der 1957 gegründete Österreichische Rundfunk (ORF; www.orf.at) ist der öffentlich-rechtliche Sender des Landes, der jahrzehntelang die Medien dominierte, aber sich seit der Privatisierung des Äthers (2002) einen harten Konkurrenzkampf mit privaten Anbietern liefert. Der ORF betreibt 13 Radiosender (Österreich1, Ö3, FM4, RÖI und neun regionale Sender) und die beiden einzigen, landesweit ohne Kabel oder Satellit zu empfangenden Fernsehsender ORF1 und ORF2.

In Österreich erscheinen 16 landesweite und regionale Tageszeitungen, viele davon in Wien. Die meisten sind Eigentum ihrer Verlage, und es gibt einen ausgeprägten Wettbewerb. Dennoch stößt der Boulevard auf ein überproportionales Interesse. Ungewöhnlich ist, dass Zeitungen staatliche Zuwendungen erhalten. Das ist allerdings inzwischen umstritten und könnte sich in naher Zukunft ändern.

Das auflagenstarke Boulevardblatt *Neue Kronen Zeitung* ist Österreichs meistgelesene Zeitung. Zusammen mit dem etwas bürgerlicheren *Kurier* erreichen diese beiden Zeitungen ungefähr die Hälfte aller Zeitungsleser in Österreich. Die *News* des deutschen Verlagshauses Gruner und Jahr hat den höchsten Anteil eines wöchentlichen Nachrichtenmagazins in ganz Europa. Der Abschnitt „Zeitungen & Zeitschriften" im Kapitel „Allgemeine Informationen" (S. 235) bietet eine kurze und bündige Übersicht über die in Wien erhältlichen Presseerzeugnisse.

KUNST & KULTUR

Arm in Arm mit der Architektur tanzte die Kunst durch die Ballsäle der Geschichte. Von den ersten römischen Siedlungen an experimentierten Wiener Baumeister mit Baustoffen wie Ziegelsteinen und Mörtel und errichteten solide, oft herausragende Bauwerke. Neben den Renaissance-Beispielen sind in Wien die verschiedensten Baustile zu finden, die meisten versammeln sich sogar einträchtig in und um die Innere Stadt. Architektonische Höhepunkte gibt es also im Überfluss, aber zwei Perioden sind eine Klasse für sich; der Barock und der Jugendstil. Sie haben die Stadt mit einer Unmenge an Gesamtkunstwerken bereichert, die alle anderen architektonischen Attraktionen locker in den Schatten stellen.

Wie in der Architektur auch gehören die Jahre um 1900, die den Jugendstil, die Secession und die Wiener Werkstätte sowie die großen Namen Gustav Klimt, Otto Wagner und Egon Schiele hervorbrachten, zu den fruchtbarsten der Wiener Kunstgeschichte. Und der Zweite Weltkrieg und Österreichs freiwillige Umarmung des Nationalsozialismus brachte schließlich eine neue Künstlergeneration hervor, die sich um eine Aufarbeitung der schwierigen österreichischen Geschichte bemühte. Zu den radikalsten Künstlern dieser Zeit gehören sicherlich die Wiener Aktionisten der 1960er- und 1970er-Jahre, deren provokante Happenings um Gewalt und Selbsthass kreisten.

Da die Einheimischen das Kino und die Bildenden Künste des zeitgenössischen Wien lieben, schauen sie sich beides regelmäßig an. Besucher begegnen wohl eher Wiener Musik, die wenige moderne Highlights hat: Das legendäre DJ-Duo Kruder & Dorfmeister rangiert definitiv ganz oben, während Falcos „Rock Me, Amadeus" ein Evergreen bleibt. Doch die glorreiche, vielfältige Musikgeschichte Wiens ist sehr leicht zugänglich. Die Stadt erinnert bis heute daran, dass hier Beethoven, Mozart, Haydn und die Familie Strauss gelebt und gearbeitet haben. Ein Konzert der Wiener Philharmoniker macht dies sicher unvergesslich.

Schuld, Selbsthass, ein Faible für Hunde und die problematische Beziehung zur eigenen österreichischen Identität: Kino, Literatur und Malerei aus Wien greifen diese Themen wiederholt auf. Das Erbe des Zweiten Weltkriegs hat Wiens moderne Kunst dauerhaft geprägt. Paradebeispiele hierfür sind die sadomasochistische Besessenheit des Filmregisseurs Michael Haneke und der allgemeine Menschenhass in Elfriede Jelineks Romanen.

MUSIK

Wien ist in erster Linie für Musik bekannt. Die vielleicht übertrieben große Bedeutung der Musik für diese Stadt ist z. B. daran zu erkennen, dass die Vorstellungen der Staatsoper auch während der schlimmen Hungerzeiten nach beiden Weltkriegen weiterhin finanziert wurden. Im heutigen Wien kann man sich der Musik nicht entziehen: Straßenmusikanten bevölkern die Hauptstraßen der Inneren Stadt, während Mozart-Doppelgänger in geschäftigen Touristenzonen für Konzertkarten werben.

Absolute Pflicht für echte Musikfans ist ein Besuch bei den Wiener Philharmonikern, die als eines der weltbesten Orchester gelten und bei jeder Konzertreise für ausverkaufte Häuser sorgen. Die Philharmoniker wurden 1842 versuchsweise ins Leben gerufen und gewannen in Wien an Beliebtheit, absolvierten ihre ersten Auslandsauftritte aber erst 1898 unter dirigentischer Leitung Gustav Mahlers. Das Orchester hat keinen festen Dirigenten, sondern genießt das Privileg der Dirigentenwahl, die auch schon auf Richard Strauss und Felix Weingartner fiel. Die meisten Instrumente der Philharmoniker entsprechen Konstruktionsprinzipien aus der Zeit vor dem 19. Jh. und geben daher Mozarts oder Beethovens Musik authentischer wieder. Die Philharmoniker sind größtenteils waschechte Wiener und somit sehr typisch für ihre Heimatstadt. Ihre „Heimspiele" absolvieren sie meist im Musikverein (S. 206)

Bereits im 13. Jh. förderten die Habsburger erstmals Hofmusiker. Im 18. und 19. Jh. machte sich diese Investition bezahlt: Aus ganz Europa zog es Komponisten nach Wien, während Musik zum extrem angesagten Zeitvertreib geworden war. Habsburger Pfründe lockten Mozart, Haydn, Schubert und Beethoven allesamt hierher. Zwischen 1781 und 1828 entstanden so ein paar der weltbesten Klassikstücke. Und Johann Strauss Vater und Sohn hielten den Ball im

Spiel, indem sie Wien den Walzer brachten (Mitbegründer des Wiener Walzer ist übrigens der unbekanntere Joseph Lanner, der im musikalischen Gedächtnis der Menschheit neben der charismatischen Familie Strauss ein wenig verblasst ist).

Wiens Heurige (Weinstuben; s. S. 183) haben ihre eigene Musiktradition. Sie nennt sich Schrammelmusik und geht zurück auf die Gebrüder Schrammel, die im 19. Jh. eine volkstümliche Kapelle gründeten. Mit Geige, Akkordeon, Gitarre und Klarinette produzieren auch die heutigen Vertreter der Schrammelmusik Vertreter rührselige Klänge, zu denen man sich perfekt betrinken kann.

Wiens Einfluss auf die internationale Jazz-, Rock- und Popszene ist jedoch minimal. Inspiriert vom Film *Amadeus* (1984) landete Falco (1957–98) mit „Rock me Amadeus" einen Welthit und wurde zum Teenagerliebling der 1980er-Jahre. Lokale Rockkreise stehen auf Ostbahn-Kurti (oder Dr. Kurt Ostbahn – je nach aktueller Stimmung), der in breitem Wiener Dialekt singt. Der Mainstream-Austropop von Wolfgang Ambros, Georg Danzer, Reinhard Fendrich oder Christina Stürmer hat viele Fans. Ebenfalls interessant ist die Wiener Sängerin Mika Vember, die ihr erstes Soloalbum *Now or Now* (2007) in Österreich mit großem Erfolg veröffentlichte und Potenzial für einen internationalen Durchbruch zeigt. Mika spielt mehrere Instrumente (z. B. Schlagzeug) und tritt regelmäßig in der Hauptstadt auf.

Von den späten 1980er-Jahren bis Mitte der 1990er-Jahre spielte Wien eine wichtige Rolle in der Techno- und Elektroszene. Die Verbindung zu Detroit bzw. New York brachte Downtempo und avantgardistischen Techno hervor. Die so entstandenen Sounds eroberten Clubs auf der ganzen Welt. Künstler wie Kruder & Dorfmeister, Patrick Pulsinger oder Erdem Tunakan machten G-Stone Records und Cheap Records zu sprudelnden Quellen für neue Elektroklänge. Übertriebene Kommerzialisierung in den späten 1990er-Jahren verpasste dem elektronischen Herzen Wiens dann einen gewissen Infarkt. Doch über die letzten zehn Jahre hat die Hauptstadtszene ein Revival erlebt: Veteranen und Newcomer schlagen erneut Wellen im Elektrogenre. Sehr angesagt ist z. B. Richard Dorfmeisters Nebenprojekt Tosca, während man DJ Glow wegen seiner Elektrobeats kennt. Die Vienna Scientists produzieren anständige House-Compilations. Der oft düstere Dub-Hop der Sofa Surfers kommt ebenfalls gut an. Radian macht Hardcore-Elektro für Intellektuelle. Auch Kollegen wie Megablast, Makossa oder Stereotype etablieren sich immer stärker.

top picks

DOWNLOADS

- *An der schönen blauen Donau (Donauwalzer) – Johann Strauss Sohn*
- *Der Kommissar – Falco*
- *Die Forelle (Klavierquintett in A-Dur) – Schubert*
- *Die Vorstellung des Chaos (Teil 1, Die Schöpfung) – Haydn*
- *Die Zauberflöte (EMI-Classics-Version, dirigiert von Otto Klemperer) – Mozart*
- *Shakatakadoodub (auf DJ-Kicks 2: Unofficial Release of True K&D Rarities) – Kruder & Dorfmeister*
- *Sinfonie Nr. 5 in c-Moll – Beethoven*
- *Wiegenlied (Op. 49, Nr. 4) – Brahms*

BILDENDE KUNST & ARCHITEKTUR
BIS ZUM MITTELALTER

Die Wiener Architektur beginnt mit den Römern. Sie errichteten im 1. Jh. an der Stelle, an der sich heute die Innere Stadt befindet, das kleine Legionslager Vindobona. Die Romanik ist ein Stil, der durch massive Wände, durch Rundbögen und eine einfache Geometrie gekennzeichnet ist. Er war in ganz Europa vom 7. bis zum 12. Jh. vorherrschend. Heute findet man nur noch eine Handvoll romanischer Bauwerke in der Stadt – die meisten wurden mit dem Herrschaftsbeginn der Habsburger im 13. Jh. durch den filigraneren gotischen Stil ersetzt. Die gotische Architektur wiederum ist geprägt von Spitzbögen, hohen Fenstern, ornamentalem und feinem Strebewerk und einer dynamischen Struktur.

Wiens magere Sammlung mittelalterlicher Kunst besteht hauptsächlich aus zweidimensionalen religiösen Werken, hat aber auch das erste europäische Frontalporträt zu bieten: eine Darstellung von Herzog Rudolf IV. aus dem 14. Jh. Während der Renaissance wandten sich die Wiener zunehmend von religiösen Darstellungen ab und entdeckten die Natur für sich.

WIENER KOMPONISTEN AUF EINEN BLICK

Christoph Willibald Gluck Wer etwas über Gluck (1714–1787) weiß, kann bei Intellektuellen mächtig Eindruck schinden. Denn obwohl ihn fast niemand genauer kennt, ebnete dieser Komponist durch seine Opernreform allen großen Namen den Weg: Er ersetzte die Rezitative (die das Geschehen unterbrachen und den Sänger stark in den Vordergrund rückten) durch musikalische Begleitung, die den Handlungsstrang weiter vorantrieb. Zu seinen Hauptwerken gehören *Orfeo* (1762) und *Alceste* (1767).

Josef Haydn Leute mit Ahnung sind der Überzeugung, Haydn (1732–1809) sei einer der drei größten Komponisten der Welt. Er schrieb 108 Sinfonien, 68 Streichquartette, 47 Klaviersonaten und etwa 20 Opern. Zu seinen wichtigsten Werken zählen die *Sinfonie Nr. 102 in B-Dur*, die Oratorien *Die Schöpfung* (1798) und *Die Jahreszeiten* (1801), und sechs Messen, die er für die Familie Esterházy komponierte.

Wolfgang Amadeus Mozart Der berühmte Mozart (1756–91) schrieb etwa 626 Musikstücke, von denen *Die Hochzeit des Figaro* (1786), *Don Giovanni* (1787), *Così fan Tutte* (1790) und *Die Zauberflöte* (1791) sicher zu den bekanntesten gehören. Das *Requiem,* während dessen Fertigstellung er starb, ist eines der beeindruckendsten Werke der klassischen Musik. Reinhören sollte man auch in die *Klavierkonzerte Nr. 20* und *21*, die einige der charakteristischen Eigenschaften Mozarts bereithalten: Dramatik, Komik, Intimität und natürlich Genialität.

Franz Schubert Schubert (1797–1828), der in Wien geboren wurde und aufwuchs, komponierte wie am Fließband. Er schrieb neun Sinfonien, elf Ouvertüren, über 80 kleinere Chorstücke, über 30 Kammermusikstücke, 450 Klavierstücke und über 600 Lieder – das sind mehr als 960 Werke insgesamt –, bevor er mit 31, vielleicht an Typhus oder Syphilis, starb. Seine bekanntesten Werke sind die letzte *Große Sinfonie in C-Dur*, seine *Messe in Es-Dur* und die *Unvollendete*.

Ludwig van Beethoven Beethoven (1770–1827) studierte 1787 kurz bei Mozart in Wien und kehrte Ende 1792 wieder dorthin zurück. Beethoven schrieb, bis er 32 Jahre alt war, zahlreiche Kammermusikstücke. Dann wurde er fast taub und begann – ironischerweise – seine besten Stücke zu komponieren, etwa die *Sinfonie Nr. 9 in D-Moll*, die *Sinfonie Nr. 5* und seine letzten Streichquartette.

Familie Strauss und der Walzer Der Walzer eroberte den Wiener Kongress (1814–15) im Sturm. Frühe Meister dieser Musikgattung waren Johann Strauss (Vater; 1804–49) und Joseph Lanner (1801–43). Johann Strauss (Sohn) (1825–99) komponierte über 400 Walzer, einschließlich Wiens inoffizieller Hymne *An der schönen blauen Donau* (1867). Der Walzerkönig Strauss brillierte auch mit Operetten, insbesondere mit der *Fledermaus* (1874) und dem *Zigeunerbaron* (1885).

Anton Bruckner Der äußerst religiöse Bruckner (1824–96) war bekannt für seine langatmigen, dramatischen Sinfonien (insgesamt neun) und seine Kirchenmusik. Zu seinen Werken gehören die *Sinfonie Nr. 9*, *Sinfonie Nr. 8 in C-Moll* und die *Messe in D-Moll*.

Johannes Brahms Im Alter von 29 Jahren zog Brahms (1833–97) nach Wien, wo viele seiner Werke von den Wiener Philharmonikern aufgeführt wurden. Zu seinen besten Stücken zählen *Ein Deutsches Requiem*, sein *Violinkonzert* und die *Sinfonien Nr. 1* bis *4*.

Gustav Mahler Mahler (1860–1911) wurde vor allem durch seine neun Sinfonien bekannt. Als gebürtiger Böhme leitete er die Wiener Staatsoper von 1897 bis 1907. Zu seinen besten Werken gehören *Das Lied von der Erde* und die *Sinfonien Nr. 1*, *5* und *9*.

Zweite Wiener Schule Arnold Schönberg (1874–1951) gilt als Kopf der Zweiten Wiener Schule und entwickelte die Zwölftonmusik. Seine *Stücke für Klavier Op. 11* (1909) sprengen die Grenzen jeglicher Tonalität. Der in Wien geborene Alban Berg (1885–1935) und Anton Webern (1883–1945) experimentierten ebenfalls mit der Zwölftontechnik. Bei der Uraufführung von Bergs *Altenberg-Liedern* musste das Konzert aufgrund von Protesttumulten im Publikum abgebrochen werden.

Die Donauschule, eine Gruppe von Künstlern aus Bayern und Österreich, kombinierte Landschaftsdarstellungen mit religiösen Motiven.

Sehenswertes

Die Habsburger wollten ganz Wien ein barockes Aussehen verpassen, deshalb sind in der Stadt nur wenige architektonische und künstlerische Zeugnisse aus der Zeit vor dem 17. Jh. erhalten geblieben. Römische Ruinen sind am Michaelerplatz (S. 69) und am Hohen Markt (S. 82) zu sehen. Die romanische Ruprechtskirche (S. 82) aus dem 12. Jh. ist die älteste Kirche der Stadt, sie schmückt das alte jüdische Viertel in der Inneren Stadt.

Krönender Höhepunkt der gotischen Ära ist der Stephansdom (S. 58), aber es existieren noch andere Beispiele aus dieser Epoche. Die Kirche Maria am Gestade (S. 82) präsentiert ihren eleganten gotischen Turm, außerdem können in der Michaelerkirche (S. 69) und der Minoritenkirche (S. 77) noch mittelalterliche Überreste besichtigt werden. Eine Rarität in Wien, die Ausgrabungen einer mittelalterlichen Synagoge, sind Mittelpunkt des Museums Judenplatz (S. 81).

Die Orangerie des Unteren Belvedere (S. 109) zeigt ein Sammlung religiöser Kunst der Gotik, und das Dom- & Diözesanmuseum (S. 59) kann das früheste europäische Porträt von 1360 sein Eigen nennen. Die Neidhartfresken (S. 83) von 1398 sind die ältesten weltlichen Wandgemälde der Stadt.

BAROCK & ROKOKO

Die Osmanen haben unabsichtlich dafür gesorgt, dass Wien heute so aussieht wie es aussieht. Nach der ersten türkischen Belagerung Wiens im Jahr 1529 verlegten die Habsburger ihren Regierungssitz in die Stadt und ließen massive Stadtmauern errichten. Diese mussten 1857 dann der Ringstraße weichen und gaben damit deren Platz vor. Die zweite türkische Belagerung gab den Anstoß für die wichtigsten architektonischen Veränderungen in der Stadt: Der Sieg über die Osmanen, der durch die große Unterstützung deutscher und polnischer Soldaten gewonnen wurde, befreite die Habsburger von der ständigen Kriegsbedrohung aus dem Osten. Geld und Energien, die vorher in die Verteidigungsetats flossen, wurden nun in die Stadtentwicklung gesteckt und lösten einen regelrechten Bauboom aus. Der Architekt Johann Bernhard Fischer von Erlach (1656–1723) orientierte sich an italienischen Vorbildern und entwickelte daraus einen eigenen Nationalstil, der heute als österreichischer Barock bezeichnet wird. Dieser Stil zeichnet sich durch eine Mischung aus der üppigen Ornamentik des italienischen Barocks und heimischen Elementen wie farbenfrohen, dynamischen Silhouetten aus. Ein anderer wichtiger Barockarchitekt, der einige schöne Gebäude in der Innenstadt errichtet hat, war Johann Lukas von Hildebrandt (1668–1745).

Das Rokoko, eine elegante Architektur in blassen Farben und mit viel Gold und Silber, war der Stil des 18. Jhs. Er wurde besonders von Maria Theresia geschätzt und wird deshalb in Österreich auch Maria-Theresia-Stil genannt.

Auch wenn Österreich nicht ebenso hochrangige Barockkünstler hervorgebracht hat wie andere mitteleuropäische Länder – die Kirchenfresken von Johann Michael Rottmayr (1654–1730) und Daniel Gran (1694–1757) sind trotzdem durchaus sehenswert. Und Franz Anton Maulbertsch (1724–1796), der auf Leinwand arbeitete, ist für seinen meisterlichen Umgang mit Farbe und Licht und für den intensiven Ausdruck seiner Bilder bekannt.

Sehenswertes

Wer in der Inneren Stadt spazieren geht, stößt an jeder Ecke auf ein barockes Bauwerk. Weite Teile der Hofburg (S. 70) sind barocke Paradestücke. Der Hof „In der Burg" ist von allen Seiten von barocken Gebäudeflügeln umgeben, aber den Höhepunkt bildet die Nationalbibliothek (S. 76) von Fischer von Erlach. Ihr Prunksaal gehört sicherlich zu den schönsten barocken Innenräumen Österreichs. Die Herrengasse, die vom Michaelertor der Hofburg nach Norden führt, ist von barocken Prachtbauten wie dem Palais Kinsky, Hausnummer 4, und dem Palais Mollard, Nummer 9, gesäumt. Die Peterskirche (S. 69) abseits des Graben ist das Meisterwerk Hildebrandts. Ihr dunkler, ovaler Innenraum wird nur noch von der Karlskirche (S. 86) übertroffen, die nach einem Entwurf von Fischer von Erlach gebaut wurde, der hier byzantinische Einflüsse aufgriff. Das hoch geschätzte Schloss Belvedere (S. 108) ist ein weiterer Bau von Hildebrandt.

Nikolaus Pacassi (1716–1790) ist für die meisterliche Ausstattung von Schloss Schönbrunn (S. 125) im Rokokostil verantwortlich – aber die barocken Gärten der früheren kaiserlichen Residenz stehlen dem Gebäude die Schau.

Die Habsburger waren großzügige Förderer der Kunst. Ihre einmalige Sammlung barocker Kunst aus ganz Europa ist heute im Kunsthistorischen Museum (S. 74) zu sehen. Im Palais Liechtenstein, der früheren Residenz der Familie Liechtenstein, ist jetzt das Liechtenstein Museum (S. 103) untergebracht, das die weltweit größte private Sammlung barocker Gemälde und Skulpturen beheimatet.

Das Gebäude selbst ist ein wunderschönes Beispiel barocker Architektur. Unübertroffen ist die Sammlung der Albertina (S. 75) mit unzähligen Bildern von Albrecht Dürer, Raffael und Rembrandt.

Der Barock war auch die Hochphase der Bildhauerei in Wien – der Providentiabrunnen von George Raphael Donner (deshalb wird er auch Donnerbrunnen genannt) und Balthasar Permosers Skulptur der *Apotheose des Prinzen Eugen* im Unteren Belvedere (S. 109) sind beeindruckende Beispiele.

HISTORISMUS, BIEDERMEIER & DIE RINGSTRASSE

Seit dem 18. Jh (mit Höhepunkt im 19. Jh.) wandten sich die Wiener Architekten – wie die meisten in Europa – klassizistischen Baustilen zu. Archäologische Ausgrabungen Mitte des 18. Jhs. – etwa Troja in der Türkei – führten zu einer Wiedergeburt klassischer griechischer und römischer Formen in allen Bereichen der Kunst. Innerhalb der Architektur bedeutete das eine Hinwendung zu klaren Linien, eckigen, massiven Gebäuden und eine Vorliebe für Säulen. Die waren besonders beliebt im späten 18. Jh., als der romantische Klassizismus reichlich dorische und ionische Säulen einsetzte.

Währenddessen forderte die fortschreitende Industrialisierung in Europa neue technologische und architektonische Lösungen, um Fabriken und Arbeitersiedlungen zu bauen. Je mehr die Mechanisierung die Handarbeit ersetzte, desto mehr Fabriken benötigte die Industrie zur Produktion ihrer Waren. Von den neuen Arbeitsmöglichkeiten angelockt, strömten Menschenmassen aus den ländlichen Regionen nach Wien. Die Nachfrage nach Wohnungen wuchs immens, und billige, in Masse produzierte Häuser schossen in den neuen Wiener Vorstädten wie Pilze aus dem Boden. Neuerungen in der Verarbeitung von Eisen und Glas ermöglichten es, höhere und stabilere Gebäude zu bauen und wurden von den Architekten begeistert aufgenommen.

Das Ende der Napoleonischen Kriege und der daraufhin stattfindende Wiener Kongress 1815 läutete die Epoche des Biedermeier ein – sie ist benannt nach einer spießbürgerlichen Figur aus einer satirischen Münchener Zeitung. Die zunehmende Industrialisierung und Urbanisierung brachte eine reiche Mittelklasse hervor, die ihren Reichtum auch zeigen wollte. Gleichzeitig sah sich diese neue Klasse aber starken politischen Repressionen ausgesetzt: eine Gegenreaktion auf die Revolutionskriege. So zog sie sich immer mehr in eine bürgerliche, sehr beschauliche Innerlichkeit zurück. Wiener Künstler schufen während dieser Zeit außergewöhnliche Möbelstücke: Tiefe, gut gepolsterte Sessel waren sehr beliebt, widersprachen allerdings der damals vorherrschen Doktrin der klaren Linien und schlichten Eleganz. Ferdinand Georg Waldmüller (1793–1865), der gefühlvolle, idealisierte Landszenen malte, gehört zu den bekanntesten Künstlern dieser Zeit.

Die Revolution 1848 hatte das Kaiserreich erschüttert und gleichzeitig einen wahren Bauboom ausgelöst. Auf der Höhe seiner Macht setzte sich der neugekrönte Kaiser Franz Joseph I. in den Kopf, die Stadt gründlich zu modernisieren. Seine Ambitionen, Napoleons Pläne zur Neustrukturierung von Paris noch zu übertreffen, führten zu einer der homogensten Innenstädte Europas. Bis Mitte des 19. Jhs. war Wien im Wesentlichen immer noch eine mittelalterlich geprägte Stadt mit befestigtem Stadtkern. Franz Joseph plante, die Stadtmauern einreißen und durch eine Ringstraße mit einzigartigen kaiserlichen Gebäuden ersetzen zu lassen. Ein Architekturwettbewerb zur Gestaltung der neuen Ringstraße wurde ausgeschrieben und der Gewinner, Ludwig Förster, begann 1857 mit dem Abriss der alten Mauern.

Zwar war Förster für das Gesamtkonzept verantwortlich, doch die Gebäude wurden von einigen der namhaftesten Architekten jener Zeit entworfen: Heinrich von Ferstel, Theophil von Hansen, Gottfried Semper, Karl von Hasenauer, Friedrich von Schmidt und Eduard van der Nüll leisteten ihren Beitrag zur Realisierung des Wiener Architekturwunders. Die ersten Gebäude wurden im Rundbogenstil errichtet, typischer für die Ringstraße sind aber die Häuser im Stil der Hochrenaissance. Ihre unteren Stockwerke bestehen aus Rustikamauern, die oberen sind mit Säulen und Pilastern geschmückt. Noch interessanter sind die Bauwerke der Ringstraße, die sich anderer Stile bedienten: Klassizismus, Neogotik, Neobarock und Neorokoko: Alle diese Richtungen haben ihren Platz entlang der Wiener Prachtstraße gefunden und sind durchaus aussagekräftig, wenn man sich die Funktion der öffentlichen Gebäude anschaut: griechische Klassik beim Parlament, Gotik bei der Votivkirche etc..

Die Arbeiten an der Ringstraße und in ihrer unmittelbaren Umgebung waren eins der größten Bauprojekte in der Geschichte Europas. Das ungeheure Ausmaß der Bauaktivitäten dieser

Zeit macht Wien zur Vorzeigestadt des europäischen Historismus, und das trotz der massiven Schäden während der zwei Weltkriege (besonders durch die schwere Bombardierung durch die Alliierten Ende des Zweiten Weltkriegs, bei der fast alle öffentlichen Gebäude beschädigt und 86000 Häuser zerstört wurden).

Sehenswertes

Das Hofmobiliendepot (S. 96) hat eine umfangreiche Sammlung von Biedermeiermöbeln, die man zum Teil auch ausprobieren kann. Noch mehr Stücke stehen im Museum für angewandte Kunst (MAK; S. 64). Ferdinand Georg Waldmüllers Biedermeiergemälde hängen im Wien Museum (S. 86) am Karlsplatz und im Oberen Belvedere (S. 108). Eines der wenigen durchweg im Biedermeierstil errichteten Gebäude ist das Geymüllerschlössel (S. 143) in Wiens Außenbezirk Pötzleinsdorf.

Eine Straßenbahnfahrt (zur Straßenbahntour auf eigene Faust s. S. 134) entlang der Ringstraße gibt einen ersten Überblick über den Historismus. Architekturbeispiele im Neorenaissancestil sind Heinrich von Ferstels Bankgebäude in der Herrengasse, Theophil von Hansens Palais Epstein (S. 79) und das Naturhistorische (S. 75) sowie das Kunsthistorische Museum (S. 74) von Gottfried Semper und Karl von Hasenauer. Am bemerkenswertesten ist aber wohl Eduard van der Nülls Staatsoper (S. 207) – und das, obwohl das Gebäuder bei den Wienern anfangs gar nicht gut ankam.

Auf einen Entwurf des dänischen Architekten von Hansen geht auch das Parlament (S. 78) an der Ringstraße zurück, bei dem er sich von antiken griechischen Vorbildern inspirieren ließ. (Wer sich die Bronzestatuen auf dem Dach genauer ansieht, kommt vielleicht auf die Idee, dass Pferdeschlagen eine olympische Sportart war.) Von Ferstels Votivkirche (S. 106) ist ein schönes Beispiel für die Neogotik, aber das spektakulärste Gebäude am Ring ist Friedrich von Schmidts Rathaus (S. 78) im Stil der flämischen Gotik mit Türmchen und ornamentalen Fassaden. Ein Beispiel für den Wiener Neobarock ist Gottfried Sempers Burgtheater (S. 208).

Während der Regentschaft Franz Josephs erweiterte man die Hofburg (S. 68) um einen neuen Flügel. Der Architekt Karl von Hasenauer orientierte sich dabei zwar am bereits vorhandenen barocken Stil, war aber eben ein Kind seiner Zeit. Die Schwere und Sperrigkeit des Flügels lässt leicht erkennen, dass es sich um ein neobarockes Bauwerk handelt.

Die Technische Universität und das Niederösterreichische Landhaus von Alois Pichl (auch als Luigi Pichl bekannt, da der Architekt in Mailand geboren wurde) in der Herrengasse 13 sind weitere Beispiele für den historistischen Stil. Paul Sprengers Landeshauptmannschaft nebenan (Herrengasse 11) ist wiederum im Stil der Neorenaissance gehalten.

JUGENDSTIL & SECESSION

Der historistische Stil hielt sich in Wien bis ins späte 19. Jh., als sich ab den 1880er-Jahren der Jugendstil zu regen begann. Die klaren Linien und die elegante Massivität des Historismus waren für Architekten, die auf Geschichte und Tradition Wert legten, nach wie vor maßgebend, doch immer mehr Künstler lehnten die Einschränkungen dieses Stils und die ständige Bezugnahme auf schon Dagewesenes ab. Zur gleichen Zeit setzte die Industrielle Revolution einen Trend hin zu billiger Massenproduktionsweise in Gang, der auch vor Architektur und Design nicht Halt machte. Nicht mehr die ästhetische Seite eines Objekts stand im Vordergrund, sondern das Prinzip der Nützlichkeit. Der Jugendstil lehnte auch diese Sichtweise von Kunst ab. Und obwohl er die historistische Tradition verwarf, war er doch in gewisser Weise eine ziemlich nostalgische und auch elitäre Bewegung, die sich nach den guten alten Zeiten des individuellen Handwerks sehnte und Stilbewusstsein immer noch über die Alltagstauglichkeit stellte.

Wiens Variante der europaweiten Jugendstilbewegung wurde von der starren Haltung der Akademie der bildenden Künste ausgelöst. Die Akademie war eine starke Befürworterin des Historismus und keinesfalls an Künstlern interessiert, die neue Wege einschlagen wollten. Also sagte sich 1897 eine Gruppe junger Rebellen, darunter Gustav Klimt (1862–1918), von der Akademie los. Architekten wie Otto Wagner, Joseph Maria Olbrich und Josef Hoffmann folgten kurze Zeit später. Zu Beginn beschränkte sich der Jugendstil eher auf dekorative Elemente im Innen- und Außenbereich, anstatt direkt in die architektonische Struktur von Gebäuden einzugreifen. Die Motive und Ornamente waren organisch: wehendes Haar, rankende Pflanzen, Flammen, Wellen. Zu den bevorzugten Materialen zählten Eisen, Stuck und einfarbiges sowie buntes Glas.

Zu Beginn des 20. Jhs. entwickelten Wagner und andere einen typisch Wienerischen Stil, den Secessionsstil. Nachdem sich der Jugendstil etabliert hatte und immer mehr Produkte im Jugendstil-Look auf den Markt kamen, empfanden einige der Künstler diese Kunstform als zu elitär, andere als zu kommerzialisiert. Der Secessionismus verzichtete auf einige der dekorativen Aspekte des Jugendstils und konzentrierte sich eher auf Funktionalismus, Klarheit und Geometrie, ohne dabei aber schnörkellos zu werden.

Olbrich (1867–1908) und Hoffmann (1870–1956) waren beide Schüler von Wagner, aber mit der Zeit wuchsen ihr Selbstvertrauen und ihr Mut, sodass es am Ende sie waren, die Wagner im Secessionsstil unterrichteten. Olbrich entwarf das Meisterstück der Secession, das Secessionshaus (S. 67), das als Ausstellungsort für Grafiken und Designobjekte der Bewegung diente. Das Gebäude ist geprägt von den Idealen der Secessionsbewegung, Funktionalität und Modernität, hat aber auch einige dekorative Elemente wie den riesigen „goldenen Kohlkopf" auf dem Dach. Interessanterweise gehen viele Wissenschaftler davon aus, dass Klimt für die Entwürfe des Gebäudes verantwortlich ist und Olbrich Klimts Ideen verwendet und in die Realität umgesetzt hat.

Hoffmann ließ sich von der von William Morris angeführten britischen Arts-and-Crafts-Bewegung und vom beeindruckenden Werk des Glasgower Jugendstilkünstlers Charles Rennie Mackintosh inspirieren. Doch ab 1901 verdrängten das Quadrat und die Farben Schwarz und Weiß zunehmend die fließenden Formen und die hellen Farben des Jugendstils, und Hoffmann wurde zu einem der ersten Vertreter des Secessionsstils. Einen Namen machte er sich als Mitbegründer der kunsthandwerklichen Wiener Werkstätte, bekannt wurde er aber auch als Architekt. Sein Hauptwerk ist das Palais Stoclet, das in Brüssel steht. Aber einige andere Bauwerke von Josef Hoffmann können in Wiens Außenbezirken besichtigt werden.

Hoffmanns volkstümliche, anti-städtische und anti-intellektuelle Ansichten führten später zur Gründung der Zeitschrift *Hohe Warte*, die sich die Nationalsozialistische Partei Österreichs einverleibte – augenscheinlich hatte Hoffmann kein Problem damit, dass seine Arbeit für Nazipropaganda missbraucht wurde.

Die Wiener Werkstätte konnte einige große Namen vorweisen, etwa Klimt und Kolo Moser (1868–1918), der es sich zum Ziel gesetzt hatte, Alltagsgegenstände von Grund auf neu zu gestalten. Die Wiener Werkstätte wollte den Jugendstil nicht nur in Galerien oder öffentlichen Gebäuden sehen, sondern auch in Wohnungen und Häusern (allerdings nur in solchen mit betuchten Bewohnern). Überzeugt davon, dass Kunst nicht nur für die Wand und zum Anschauen bestimmt ist, verwandelten die Künstler Vorhänge, Möbel, Tapeten, Kacheln, Vasen, Tabletts, Besteck und Schalen in ästhetische Objekte und erklärten: „Wir erkennen keinen Unterschied zwischen hoher und angewandter Kunst. Alle Kunst ist gut."

Stark politisch motiviert, schloss sich die WW (wie sie irgendwann nur noch genannt wurde) der europaweiten antikapitalistischen und anti-industriellen Bewegung an, die vom Guru der englischen Arts-and-Crafts-Bewegung, Morris, angeführt wurde. Sie setzte auf die Gleichstellung von Designern und Handwerkern und bezahlte ihren Arbeitern vernünftige Löhne. Die WW versuchte, das mittlere und Kleinbürgertum – das sich rasend schnell an massenhaft produzierte, minderwertige Haushaltwaren gewöhnt hatte – durch individuelles Design und Qualitätsarbeit zu einem besseren Geschmack zu erziehen.

Das Ergebnis waren Arbeiten von einfacher Schönheit: klare, abstrakte, geometrische Objekte. Zur selben Zeit arbeiteten auch Künstler wie Oskar Kokoschka für die Wiener Werkstätte und entwarfen Postkarten und Grafikbücher, die von japanischen Holzschnitten und österreichischer Volkskunst beeinflusst waren. Streitereien über den Preis dieser schöne Stücke (die WW machte ständig Verluste) stellte die Künstlergruppe vor eine Zerreißprobe. Moser verließ sie 1907. Nach 1915 erhielt die Wiener Werkstätte dann immer mehr Zuspruch der Öffentlichkeit und wurde schließlich zu einer Firma für Innenarchitektur und Design. 1932 wurde sie dichtgemacht, unfähig, gegen die Konkurrenz der industriell gefertigten Massenprodukte anderer Unternehmen anzukommen.

Keiner konnte die Sinnlichkeit des Jugendstils und des Secessionismus so gut einfangen wie Gustav Klimt. Der wahrscheinlich berühmteste Wiener Künstler wurde an der Akademie der bildenden Künste als traditioneller Maler ausgebildet, verließ sie aber schon bald, um seinen eigenen farbenprächtigen und charakteristischen Stil zu entwickeln. Seine Werke, die sich schnell vom Naturalismus, der naturgetreuen Abbildung der Dinge, verabschiedeten, sind geprägt von weiblichen Körperformen, fließenden Mustern und symbolistischen Themen und in kräftigen

OTTO WAGNER

Otto Wagner (1841–1918) gilt als einer der einflussreichsten Wiener Architekten am Ende des 19. Jhs. (auch bekannt als *Fin de siècle*). Er genoss eine klassische Ausbildung und wurde als Professor an die Akademie der bildenden Künste berufen. Sein Frühwerk lässt noch den Einfluss dieser Ausbildung erkennen, beispielsweise die historistischen Gebäude, die er entlang der Ringstraße errichtet hat. Um die Jahrhundertwende herum entwickelte er sich mit fließenden Linien und dekorativen Elementen in Richtung Jugendstil. 1899 verließ Wagner die Akademie und schloss sich der losen, kreativeren Secessionsbewegung an und handelte sich damit viel öffentliche Kritik ein – das war einer der Gründe, warum seine spannenden Entwürfe für das Wiener Historische Museum nie ausgeführt wurden. Im 20 Jh. verzichtete Wagner zunehmend auf dekorative Motive und betonte stattdessen die funktionalen Elemente der Architektur.

Leicht zugänglich sind die von Wagner gestalteten U-Bahn-Stationen, die über die ganze Stadt verstreut sind. Das U-Bahn-Projekt, das von 1894 bis 1901 andauerte, umfasste 35 Stationen, außerdem Brücken und Viadukte. Wagners U-Bahn-Stationen sollten sich überall, wo sie gebaut wurden, perfekt in ihre Umgebung einfügen. Bei allen wurde mit grüngestrichenem Eisen, historistischen Elementen (z. B. Säulen) und den kurvigen Großbuchstaben der Jugendstilschrift gearbeitet. Während in früheren Stationen wie Hütteldorf-Hacking noch klarere historische Linien vorherrschen, ist der 1898 gebaute Karlsplatz mit seinem Gold und leuchtendem Glas deutlich vom Secessionsstil geprägt – ein ästhetisch gestaltetes und dennoch funktionales Bauwerk verkörperte sowieso am besten die Ideen der Secession.

Wagners Majolikahaus (1898–99) war eines seiner ersten Gebäude im Secessionsstil. Die Fassade des Wohnhauses an der Linken Wienzeile 40 ist mit rosafarbenen Blumenmustern auf Majolikakacheln bedeckt. Im Inneren sehen die dekorativen Treppengeländer und Aufzugsgitter wie wuchernde Weinreben aus. Das Haus Linke Wienzeile 38 nebenan wurde von Wagner und Kolo Moser entworfen. Es ist innen und außen mit vergoldeten Ornamenten bedeckt. Zehn Jahre später baute Wagner ein weiteres Wohnhaus, diesmal in der Neustiftgasse 40, das anders als die Häuser in der Linken Wienzeile explizit für die Arbeiterschicht errichtet wurde. Aufgrund der unterschiedlichen Klientel und Wagners architektonischer Stiländerung könnte der Kontrast zwischen den beiden Straßen kaum größer sein. Ab 1910 hatte sich Wagner einem funktionalistischen Stil verschrieben. Die Neustiftgasse ist von ruhigen Flächen und geraden Linien geprägt, auf Ornamente wurde hier weitgehend verzichtet. Der lichtdurchflutete Innenraum ist mit Marmor und Metall in Grau, Blau und Weiß gehalten, mit Metallnieten besetzt und mit Parkett ausgelegt.

Wagners wahrscheinlich wichtigstes Werk ist die Postsparkasse (S. 66) am Georg-Coch-Platz 2. Sie wurde zwischen 1903 und 1912 errichtet und dominiert den ganzen Platz. Die Fassade ist mit dünnen Marmorplatten und Nieten aus Aluminium verkleidet und wird von Statuen der Schutzgötter gekrönt. Im Inneren wird der Hof aus Stahlbeton und Aluminium von einem Glasdach geschützt. Alle Türen, Balustraden und Heizungen des Gebäudes sind ebenfalls aus Aluminium gefertigt.

Farben und Gold gehalten. Noch heute versetzen Verkäufe von Klimt-Gemälden die Kunstwelt und auch die Medien in Aufregung (S. 109).

Ein Zeitgenosse Klimts, Egon Schiele (1890–1918), gilt als einer der bekanntesten frühen Existenzialisten und Expressionisten. Seine mutigen, provokanten Gemälde und Arbeiten auf Papier sorgten Anfang des 20. Jhs. für großes Aufsehen. Schiele widmete sich vorrangig der menschlichen Figur. Seine Bilder leben von kühn gesetzten Linien, kräftigen Farbflecken und zeigen sehr oft Frauen in pornografischen Posen. Neben seinen Skizzen schuf er viele Selbstporträts und einige große, umwerfend gemalte Bilder auf Leinwand.

Ein weiterer wichtiger Vertreter des Wiener Expressionismus war der Dramatiker, Schriftsteller und Maler Oskar Kokoschka (1886–1980), dessen ausdrucksstarke Arbeiten sein Interesse sowohl an der Psychoanalyse als auch am barocken religiösen Symbolismus verraten – eine hochinteressante Mischung!

Der letzte bekannte Secessionist – und derjenige, der am schärfsten gegen rein dekorative Elemente und das Ornament wetterte – war der in Tschechien geborene Architekt Adolf Loos (1870–1933). 1908 schrieb Loos eine Polemik gegen die übrigen Secessionisten mit dem Titel *Ornament und Verbrechen*, in der er gegen ihre Vorliebe für dekorative Details zu Felde zog. Er war der Meinung, dass das Ornament eine Verschwendung von Arbeitskraft und Material sei und dass pure, hochwertige Materialien selbst schöner seien als jede Art der Dekoration. Folgerichtig ist Loos' Werk geprägt von minimalistischen, linearen, geometrischen Formen. Er bevorzugte hochwertige Materialien wie Marmor, Glas, Metall und Holz. Bis 1909 gestaltete Loos hauptsächlich Innenräume, in den folgenden Jahren entdeckte er jedoch seine Leidenschaft für Stahlbeton, und er begann, Häuser ohne jeden äußeren Schmuck zu entwerfen. Heraus kamen gradlinige Würfel mit quadratischen Fenstern, die bei der kaiserlichen Elite Entsetzen

Sehenswertes

Abgesehen von den Bauten, die bereits im Kasten zu Otto Wagner erwähnt sind (S. 42), sind auch seine wunderschöne Kirche am Steinhof (S. 141) sowie die Stadtbahn-Pavillons (S. 87) einen Besuch wert. Die Gebäude der Wiener Stadtbahn gehen teilweise auf Entwürfe von Olbrich zurück, der auch für den Westbahnhof verantwortlich ist. Hoffmann verbrachte viele Jahre mit der Planung der Villenkolonie Hohe Warte, 1903 entwarf er das Sanatorium Purkersdorf (heute restauriert), ein Heilbad, das größtenteils aus blankem Stahlbeton errichtet wurde. Betont sind Flächen und Linien, als Ornamentik dienen ausschließlich schwarze und weiße Kacheln und zarte geometrische Fenster.

> **top picks**
>
> **FIN DE SIÈCLE**
>
> - Klimt – *Beethovenfries* (S. 67), *Der Kuss* (S. 109)
> - Loos – Looshaus (S. 70)
> - Schiele – alles von ihm im Leopold Museum (S. 93)
> - Wagner – Kirche am Steinhof (S. 141), Postsparkasse (S. 66)

Weil er so produktiv war, hängen Klimts Bilder in vielen Museen Wiens. Seine frühen, klassischen Fresken können im Kunsthistorischen Museum (S. 74) und in der Universität Wien (S. 79) besichtigt werden, seine späteren, unverwechselbaren Wandgemälde zieren die Wände der Secession (S. 67) und des MAK (S. 64). Eine beeindruckende Sammlung seiner frühen Skizzen ist in der Albertina (S. 75) und im Leopold Museum (S. 93) ausgestellt. Klimts vollendete Gemälde sind im Leopold Museum, im Wien Museum (S. 86) und im Oberen Belvedere (S. 108) zu sehen.

Die größte Sammlung von Werken Egon Schieles gehört dem Leopold Museum. Mehr von seinem außergewöhnlichen Talent zeigt das Wien Museum, die Albertina und das Obere Belvedere. Bilder von Oskar Kokoschka können ebenfalls im Oberen Belvedere und im Leopold Museum besichtigt werden.

Den leichtesten Zugang zu einem Entwurf von Loos bietet die schummrige, aber stilvolle Loos American Bar (S. 185), ein Ort mit schweren Decken und kistenartigen Sitznischen in einer Seitengasse der Kärntner Straße. Einen Blick wert sind auch die öffentlichen Toiletten (S. 68) am Graben in der Nähe der Pestsäule. Das Looshaus (S. 70), errichtet zwischen 1909 und 1911, ist das bekannteste Gebäude des Architekten. Es liefert einen starken Kontrast zur gegenüberliegenden Hofburg – so stark, dass Kaiser Franz Joseph I. angeblich die Ausfahrt aus der Burg über den Michaelerplatz fortan vermieden hat, um das „Haus ohne Augenbrauen" nicht sehen zu müssen. Das Innere des Looshauses folgt dem sogenannten „Raumplan", einem System zur Organisation von Innenräumen. Auf der Grundlage dieses Plans errichtete er später das Haus Rufer in Wien und die Villa Müller in Prag mit versetzten Ebenen. Das Wien Museum gewährt einen Blick in die private Welt von Loos und zeigt die Rekonstruktion eines Raumes seines eigenen Hauses.

Objekte der Wiener Werkstätte zeigt das MAK. Erwerben kann man sie bei Woka (S. 148) und Altmann & Kühne (S. 148).

MODERNE ARCHITEKTUR

Der Erste Weltkrieg sorgte nicht nur für den Untergang der Habsburger Monarchie, sondern auch für das Ende der aufregenden Jahre des Fin de siècle. Wien tanzte nicht mehr Walzer und gab kein Geld mehr aus für künstlerisch wertvolle Architektur. Stattdessen steckte es in gravierenden finanziellen und sozialen Problemen – und die Sozialdemokraten waren zur richtigen Zeit am richtigen Ort. Die neue Regierung brachte radikale Sozialreformen auf den Weg und der Stadt damit den Spitznamen „Rotes Wien" ein. Wichtigstes Ziel der Sozialdemokraten war es, neue und bezahlbare Wohnungen für die Arbeiterschaft zu schaffen.

Zwischen 50 000 und 60 000 Wohnungen wurden in den 1920er- und frühen 1930er-Jahren gebaut, viele davon in riesigen Wohnblöcken. Diese Mammutblöcke waren mit Innenhöfen und Gemeinschaftsräumen als Stadt in der Stadt angelegt und lösten erfolgreich die Wohnungsprobleme der Stadt. Aber nicht alle waren mit den Ergebnissen der roten Wohnungsbaupolitik zufrieden. Die Rechten sahen durch die gigantischen Wohnsiedlungen ihren Einfluss schrumpfen und witterten eine „sozialistische Gefahr". Einige führende Wiener Architekten

top picks

SEHENSWERTE GEBÄUDE

- **Fernwärme** (S. 105)
- **Hofburg** (S. 68)
- **Karl-Marx-Hof** (S. 143)
- **Rathaus** (S. 78)
- **Schloss Belvedere** (S. 108)
- **Schloss Schönbrunn** (S. 125)
- **Stephansdom** (S. 58)

wiederum, darunter auch Adolf Loos, warfen der Regierung vor, unfähig zu sein, eine einheitliche, auch ästhetischen Ansprüchen genügende Architektur zu schaffen. Trotzdem zeugen die Wohnblöcke von der erfolgreichsten sozialistischen Regierung, die es in Europa je gegeben hat.

Zwischen dem Zweiten Weltkrieg und den frühen 1970er-Jahren setzte erneut ein Bauboom ein – schließlich mussten die im Krieg zerstörten Gebäude ersetzt werden. Trotzdem waren es keine sonderlich kreativen Jahre. Die Architektur, die entstand, war meistens gesichtslos – denn was zählte, waren viele Häuser in kurzer Zeit für wenig Geld. Ein paar wenige der Gebäude sind aber immerhin mit farbenfrohen Kachelmotiven verziert. Der Arbeiterbezirk Meidling ist mit diesen gesellschaftlich akzeptierten „Graffitis" besonders reich gesegnet.

In den frühen 1970er-Jahren bekam die Wiener Architektur neuen Auftrieb. Architekten wie Hans Hollein, Robert Krier und Hermann Czech stellten sich der Herausforderung, gleichermaßen funktionale und schöne Häuser für die breite Masse zu bauen. Sie entwarfen Bars und Geschäfte mit individuellem Flair.

Seit den späten 1980er-Jahren entstanden in Wien eine Handvoll bunter, planlos wirkender Gebäude, die vom Eigenbrötler Friedensreich Hundertwasser einzigartig gestaltet wurden. Hundertwasser meinte, dass „die gerade Linie gottlos" sei und befolgte dieses Prinzip konsequent in all seinen Projekten. Er verkündete, dass seine schrägen Böden „eine Symphonie, eine Melodie für die Füße sind, die die natürlichen Schwingungen zurück zum Menschen" brächten. Obwohl er sich beschwerte, dass seine radikaleren Projekte von den Behörden eingestampft wurden, konnte er doch bei einigen städtischen Gebäuden seine einmaligen Ideen umsetzen. So wohnen noch heute viele Wiener in den 52 Wohnungen des 1983 bis 1986 erbauten Hundertwasserhauses im 3. Bezirk.

Und zu Beginn des 21. Jhs. gibt es in Wien schon wieder einen Bauboom: Während die Innere Stadt vom Besen der Moderne immer verschont geblieben ist (und sich als Unesco-Weltkulturerbe dazu verpflichtet hat, die architektonische Einheit dieses Ortes zu bewahren), erleben die Wiener Außenbezirke jetzt, wie sich die zeitgenössische Architektur breit macht – sei es mit neuerrichteten Gebäuden oder mit Umbaumaßnahmen an historischen Bauwerken. Diese neue Welle kühler Glas- und Stahlarchitektur ergibt einen schönen Kontrast zum historischen Stadtkern und führt Wien in ein neues architektonisches Jahrtausend.

Sehenswertes

Die Gemeindebauten des Roten Wien sind über die ganze Stadt verteilt. Der bekannteste Komplex ist der Karl-Marx-Hof (S. 143) im Bezirk Döbling, der von Otto Wagners Schüler Karl Ehn entworfen wurde. Der größte Gemeindebau ist der Sandleitenhof am Matteottiplatz in Ottakring. Er umfasst sage und schreibe 1587 Wohnungen, in denen derzeit über 4000 Menschen leben.

Zu den frühen Arbeiten Holleins gehört das Kerzengeschäft Retti am Kohlmarkt 8. Die Fassade ist mit Aluminiumblechen verkleidet, und der Eingang besteht aus zwei Rs, die Rücken an Rücken stehen und auf den Namen des Geschäfts verweisen. Die zwei Juweliergeschäfte an der Ecke Graben und Kohlmarkt, die Hollein für Schullin entwarf, wurden als „architektonische Fabergés" bezeichnet: Ihre glatten Granitfassaden scheinen zerrissen und geschmolzen zu sein. Das bekannteste Werk des Architekten ist das Haashaus (S. 58), dessen Fassade abgeblättert wirkt und den Blick freimacht auf den dahinterliegenden Glasvorhang. Darin spiegelt sich auf faszinierende Weise der Stephansdom, der gegenüber steht. Holleins Aussage ist klar und präzise: Moderne Architektur hat einen rechtmäßigen Platz in der Inneren Stadt – auch wenn sie vielen erstmal suspekt ist.

Kriers 1982 errichtete Wohnsiedlung an der Hirschstettnerstraße in der Donaustadt zählt mit ihren nach innen gerichteten Höfen zu den bemerkenswertesten Wohnbauprojekten der jüngsten Vergangenheit. Czechs wichtigste Arbeit ist das winzige, immens populäre Kleine Café (S. 187).

Das Hundertwasserhaus (S. 112) zieht genauso wie das benachbarte KunstHausWien (S. 113) wahre Touristenmassen an, aber Hundertwassers größter Coup ist wohl die 1992 eröffnete Fernwärme-Müllverbrennungsanlage Spittelau (S. 105). Die Heizanlage sieht eher aus wie ein futuristisches Märchenschloss als wie ein Industriebau – funktionelle Ästhetik pur!

Von den Architekturprojekten, die im 21. Jh. verwirklicht wurden, ist das 2001 eröffnete MuseumsQuartier (S. 92) sicher das eindrucksvollste. Genauso wie bei den umfangreichen Umbaumaßnahmen des Gasometerkomplexes (S. 114) wurden hier historische Bauwerke umfunktioniert und zu neuem Leben erweckt. Das nahe gelegene T-Center von Günter Domenig (Rennweg 97, 3. Bezirk) ist ein langgezogenes, asymmetrisches Gebäude aus Stahl und Glas, das entfernt an einen Schiffsrumpf erinnert. Es gilt als eine der kühnsten Architekturen der Stadt.

ZEITGENÖSSISCHE KUNST

Wien hat eine lebendige zeitgenössische Kunstszene, die gern auf Konfrontationskurs geht, Grenzen austestet und mit neuen Medien experimentiert. Dass der Künstler selbst zum Kunstwerk wird, hat eine lange Tradition in der Stadt. Wiens Neue Wilde arbeiten dagegen mit traditionellen Techniken und Medien und heben sich damit von den selbstbezogenen, aggressiven Aktionen des WienerAktionismus (s. unten) ab.

Die Künstlerin Eva Schlegel ist mittlerweile eine treibende Kraft in der lokalen wie auch der internationalen Kunstszene geworden – sie ist so einflussreich, dass sie zur Kommissärin des österreichischen Beitrags zur Biennale von Venedig 2011 ernannt wurde. Schlegel legt sich auf kein Medium fest und versucht in ihren Werken herauszufinden, wie Bilder Assoziationen auslösen. Ihre stärksten Arbeiten sind Fotos von Naturphänomenen oder Straßenschnappschüsse, die sie auf mit Kreide grundierte Leinwände druckt, um sie danach Schicht für Schicht mit Ölfarbe und Lack zu überziehen. Damit schafft sie es, den Betrachter auf sinnlicher wie intellektueller Ebene anzusprechen.

Arnulf Rainer zählt zu Wiens bekanntesten zeitgenössischen Künstlern. In den 1950er-Jahren unternahm er mit der automatischen Malerei den Versuch, die eigene Hand möglichst ohne Kontrolle von selbst malen zu lassen. Später beschäftigte sich Rainer mit Aktionismus, Fußmalerei, Schimpasenkritzeleien und der Herstellung von Totenmasken. Zudem übermalte er Fotografien klassischer Werke von Schiele, van Gogh und Rembrandt. Sein Schaffen erweiterte sich um die wichtige Wiener Existenzialistentradition, die z. B. mit Schiele begonnen hatte. Mit dem Arnulf Rainer Museum in Baden (Niederösterreich) wurde ihm 2009 ein ganzes Museum gewidmet. Eine Ausstellung integrierte Rainers Kunst 2010 in die Architektur des ehemaligen

WIENER AKTIONISMUS

Der Wiener Aktionismus hatte seine Hochphase von 1957 bis 1968 und war wohl eine der extremsten Kunstbewegungen der Moderne. Sie war der Wiener Gruppe verbunden, die in den 1950er-Jahren von H. C. Artmann gegründet wurde und deren Mitglieder in surrealistischer und dadaistischer Manier mit Klangkompositionen und Textmontagen experimentierten. Die Wiener Aktionisten suchten mit ihrer extremen und ekstatischen Kunst einen Zugang zum Unterbewusstsein, gossen Farbe über Leinwände und traktierten sie mit Messern. Wenig später wandten sie sich dem Körper als künstlerischem Material zu: Menschen und Tierkadaver dienten als „Pinsel", Blut, Exkremente, Eier, Schlamm und was sonst noch in ihre Hände geriet, wurde zur „Farbe". Performances und Happenings ersetzten traditionelle Bildträger, der Körper des Künstlers wurde zur Leinwand. Damit verwandelte sich die Kunst zum Event – choreografierte Aktionen wurden privat und öffentlich aufgeführt: Kunst und Leben wurden eins.

Von der Körperbemalung bis zum Zufügen von Wunden am eigenen Körper war es nur ein kleiner Schritt. Man wollte an die Grenzen der physischen und psychischen Belastbarkeit gehen. Zehn Jahre lang sorgten die Wiener Aktionisten für Skandale in Presse und Öffentlichkeit, verbreiteten Gewalt und Panik, bekamen gleichzeitig aber auch jede Menge Publicity. Die poetischen, humorvollen und aggressiven Aktionen wurden zunehmend politischer und thematisierten die sexuellen und gesellschaftlichen Verdrängungspraktiken Österreichs. Ein Pressebericht über *Kunst und Revolution* (1968) – allgemein auch als „Uni-Ferkelei" berühmt und berüchtigt geworden – lässt erahnen, was sich bei einer typischen Aktion abgespielt hat: „[Günter] Brus, unbekleidet, fügte sich Schnitte mit einer Rasierklinge zu, urinierte in ein Glas und trank es anschließend aus, beschmierte sein Gesicht mit Kot und sang die österreichische Nationalhymne während er masturbierte (wofür er wegen Verunglimpfung von Staatssymbolen verhaftet und zu sechs Monaten verurteilt wurde)." Anfang der 1970er-Jahre trennten sich die Wiener Aktionisten.

top picks

MUSEEN & GALERIEN

- Albertina (S. 75)
- Kunsthistorisches Museum (S. 74)
- Leopold Museum (S. 93)
- Österreichische Galerie (S. 109) im Schloss Belvedere
- Secession (S. 67)

Frauenbades: Eine Reihe von Kreuzen verteilte sich strategisch über das ganze Gebäude – darunter z. B. ein farbenfrohes Kreuzbild über einem Badebecken als Kombination aus Kreuz und Wasser, die das Leben bzw. Taufbecken symbolisiert.

Berühmt und bemerkenswert ist auch Elke Krystufek, deren Werk von Schiele und den Aktionisten beeinflusst ist. In ihren bekanntesten Schöpfungen setzt sich Krystufek selbst dem Auge des Betrachters aus. In erster Linie geschieht dies über Spiegelbilder als fotografische Selbstauslöser-Portraits und Kombinationen bzw. Collagen, die die Künstlerin zusammen mit Sexikonen wie Marilyn Monroe oder Vivienne Westwood zeigen. Mitte der 1990er-Jahre machte sie mit öffentlicher Masturbation von sich reden. Krystufeks aktuelles Werk umfasst eine Gemäldeserie, die den Dauerkampf zwischen Kunst, Sex und Geld beleuchtet. Für Fans ist ihre Kunst die moderne Ausprägung einer Ansicht aus dem 19. Jh., die den Künstler als Narzissten sieht. Kritiker halten das Ganze dagegen für verstörend und überzogen. Krystufeks Rolle in der zeitgenössischen Kunstszene Österreichs ist aber unumstritten.

Die beiden Newcomer Daniel Domig und Ingrid Pröller sollte man ebenfalls auf dem Kunstradar haben. Der Austro-Amerikaner Domig malt grüblerische Bilder, die oft weltfern verträumt wirken. Kürzlich hat er eine Reihe von Öl-, Bleistift- und Tintenzeichnungen auf Papier präsentiert. Sein Werk thematisiert Verdrängung und Entfremdung innerhalb der Gesellschaft, während die Menschheit zwischen primitiven und zivilisierten Bedürfnissen schwankt. Pröllers oft urban geprägte Gemälde konzentrieren sich auf die Jugendkultur. Anfänglich schuf sie zumeist Kleinportraits junger regionaler Sporthelden auf Leinwand. Aktuell widmet sie sich jedoch mehrteiligen Großpaneelen in intensiv leuchtenden Farben, die junge Männer und Frauen vor Landschaften zeigen.

Seit den späten 1950er-Jahren repräsentieren die Aktionisten eine wichtige Strömung innerhalb der Wiener Kunstszene. Als ehemals bedeutendes Mitglied dieser Gruppe verbreitet Günter Brus seine Message heute mittels Malen und Zeichnen etwas traditioneller. Ein Großteil des Bruschen Werks sind so genannte *Bilddichtungen*. Dabei werden irritierende Motive (z. B. ein Frauenbein, das über eine Schnur an einem Penis zieht) ganzheitlich durch starke, grafische Texte ergänzt. Manche halten dies für plakative, selbstverachtende Pornografie. Andere loben Brus' Werk wiederum für die großartige Spannung zwischen Begierde und Zurückweisung. Als weiterer Aktionist der ersten Stunde ersann Hermann Nitsch mit dem Orgien-Mysterien-Theater eine pseudo-heidnische Performance – inklusive Kreuzigungen, Tierschlachtungen, Musik, Tanz sowie eimerweise Blut und Gedärmen. Nitsch hat seit 1962 ca. 100 dieser Aufführungen inszeniert und gilt wie Brus oft als unergründlich.

Obwohl die Wiener ein deutliches Faible für Avantgarde haben, bietet die zeitgenössische Kunstszene der Stadt auch Raum für traditionellere Werke. In den 1980er-Jahren wurde die angeblich tote Malerei scheinbar von Konzept-, Multimedia- und Installationskunst abgelöst. Dennoch reanimierten die Neuen Wilden damals den noch warmen Körper der Malerei, indem ihr Stil eher die Farbe auf der Leinwand als das Konzept dahinter betonte. Ob bildlich oder abstrakt: Neue Wilde wie Siegfried Anzinger, Herbert Brandl, Maria Lassnig oder Otto Zitko bewahren die österreichische Maltradition, indem sie ganz verschiedene Thematiken und Stile abdecken. Brandl beispielsweise löst die konkreten Berge und Wälder seiner großformatigen Landschaften in abstrakten Metaphern bzw. Symbolen auf.

LITERATUR

Die Wiener Literatur ist vielleicht nicht so vielseitig wie die deutsche, und es scheint, als könnten sich die aktuellen Wiener Autoren nur schwer von der Last der jüngsten Vergangenheit befreien. Die Schuld am „Anschluss" 1938 und der Horror des Nationalsozialismus sind schwierige Themen, die inzwischen aber vielfältig aufgearbeitet wurden. Die allgemeine Schlechtheit des Menschen und die Trostlosigkeit des Lebens sind immer noch sehr beliebte Themen der

TOP TEN BÜCHER

- *Sprüche und Widersprüche*, Karl Kraus (1909; aus Die Fackel, Doppelnummer 272–73) – Wer Oscar Wilde liebt, wird diese Aphorismensammlung des Satirikers und Sozialkritikers der 1920er-Jahre schätzen. Toilettenwandtauglich sind z. B. Sätze wie „Die Kunst dient dazu, uns die Augen auszuwischen".
- *Das Augenspiel*, Elias Canetti (1985) – Das dritte Buch der autobiografischen Trilogie des Nobelpreisträgers spielt kurz vor dem Anschluss Österreichs an das Dritte Reich in Wien. Es gilt oft als genial und deckt die volle Bandbreite menschlicher Erfahrungen ab.
- *Der Tod des Virgil*, Hermann Broch (1945) – Nicht nur Roman, sondern dessen Revolution: *Der Tod des Virgil* zählt zu den stilistischen Wegbereitern der deutschsprachigen Literatur, weist aber gewisse Parallelen zu James Joyces Ulysses auf. Das schwer verdauliche Werk beschreibt den letzten Tag im Leben eines Dichters.
- *Bambi*, Felix Salten (1923) – Dieser Titel war unter den Nazis verboten, begeisterte aber deren angeblichen Bewunderer Walt Disney und rührte in Filmform schließlich Millionen zu Tränen. Nichtpuristen holen sich die rein englischsprachige Version *Bambi's Fragrant Forest* (1975) zum Riechen und Rubbeln.
- *Radetzkymarsch*, Joseph Roth (1932) – Roths Roman portraitiert eine Familie, die direkt vom Ende der k.u.k. Monarchie betroffen ist. Die Themen sind auf jede Gesellschaft übertragbar, die aus einem lang verhassten, aber immerhin durchschauten Regime hervorgeht. In gewisser Hinsicht geht's um das Leben nach Gott.
- *Der dritte Mann*, Graham Greene (1950) – Greene schrieb diesen lesenswerten Titel eigentlich als Drehbuch. Die komplexe Geschichte von Tod, Moral und Schwarzhandel im zerstörten Nachkriegswien steckt voller faszinierender, subtiler Details.
- *Ungeduld des Herzens*, Stefan Zweig (1938) – Verstand gegen Gefühl: Die melancholischen Psychowirren in diesem Roman muten beinahe russisch an. Zweigs hedonistischer Soldat ist orientierungslos, als er zufällig ein gelähmtes Mädchen kennenlernt.
- *Der Chinese des Schmerzes*, Peter Handke (1986) – Noch ein fröhlicher Wiener Roman: Nach einem skurrilen Mord erlebt ein Philologe das „wirkliche Sein". Verflixt postmodern.
- *Der Teufel in Wien*, Doris Orgel (1978) – Dieses Buch für ältere Kinder handelt von zwei Blutsschwestern (eine jüdisch, die andere aus einer Nazifamilie) und deren Versuchen, ihre Freundschaft im Wien des Jahres 1938 aufrecht zu erhalten. Da könnte sich der Nachwuchs durchaus wütend fragen, warum die Welt so ungerecht ist.
- *Gier*, Elfriede Jelinek (2000) – Die geistreiche, intelligente Autorin verachtet all ihre Charaktere und pflegt eine langjährige Hassliebe zu Österreich. *Gier* erzählt, wie ein verschuldeter Provinzpolizist mit den Bürgern umgeht und eine einsame Ortsansässige manipuliert. Deutliches Leitmotiv: Gier verdirbt den Charakter.

Wiener Literatur. Und die Schriftsteller widmen sich nicht nur schwierigen Themen, sondern haben auch immer wieder versucht, mit neuen, avantgardistischen literarischen Methoden zu experimentieren. Viele Werke der Wiener Literatur sind ernsthaft, schwierig und verstörend, aber eine Auseinandersetzung damit lohnt sich.

Im späten 19. Jh. startete die typisch österreichische Literatur richtig durch, zu selben Zeit, als die Secessionisten (S. 40) und Sigmund Freud für Aufsehen sorgten. Wiens generelle Blütezeit am Ende des 19. Jhs. war sicher nicht zufällig auch eine große Zeit – vielleicht *die* Zeit – der Wiener Literatur. Eine der wichtigsten Figuren der Epoche war Karl Kraus (1874–1936). Für sein apokalyptisches Drama *Die letzten Tage der Menschheit* verwendete er Dokumente, Interviews und Auszüge aus Presseartikeln – ein damals sehr innovatives Montageverfahren. Ein sehr typischer Charakter war Peter Altenberg (1859–1919), der die meiste Zeit im Kaffeehaus verbrachte, den jungen Mädchen und dem Alkohol nicht abgeneigt war und dabei mit heiterem bis bitter-ironischem Blick das Leben der Wiener Bohème beschrieb. Auch Hermann Broch (1886–1951) zählt zu den sogenannten Kaffeehausliteraten. Im Herzen Wissenschaftler, glaubte Broch, die Literatur könne mit metaphysischen Antworten wissenschaftliche Erkenntnisse ergänzen. Sein Meisterwerk *Der Tod des Virgil* begann er 1938 in einem Konzentrationslager und beendete es 1945 nach seiner Emigration in die USA.

Robert Musil (1880–1942) ist einer der wichtigsten Autoren des 20. Jhs., wurde international aber erst nach seinem Tod bekannt. Seine große literarische Leistung, *Der Mann ohne Eigenschaften*, blieb – mit sieben Bänden – unvollendet. Heimito von Doderer (1896–1966) wuchs in Wien auf. Sein großes episches Werk *Die Dämonen* schildert das Ende der Monarchie und die ersten Jahre der österreichischen Republik. Stefan Zweig (1881–1942) war ein Freund von Sigmund Freud und schrieb ein Libretto für Richard Strauss (*Die schweigsame Frau*). Die Werke des jüdischen Autors – darunter *Die Schachnovelle* und *Ungeduld des Herzens* – fielen den nationalsozialistischen Bücherverbrennungen zum Opfer. 1942 nahm er sich im brasilianischen Exil gemeinsam mit seiner Frau Lotte das Leben.

Der vielleicht bekannteste jüdische Schriftsteller im Wien der Jahrhundertwende war Arthur Schnitzler (1862–1931). Seine messerscharfen Analysen der Wiener Gesellschaft sorgten öfter für Skandale – so wirbelte die Novelle *Leutnant Gustl* vor allem die damals überall präsente Welt des Militärs auf, während sich im Theaterstück *Reigen* sämtliche Gesellschaftsschichten wiederfanden. Joseph Roth (1894–1939) schrieb einige Zeit später. Der Journalist befasste sich mit der schon untergegangenen Monarchie und mit dem Leben jüdischer Exilanten, die nach dem Zusammenbruch der Donaumonarchie in eine tiefe Identitätskrise geraten waren. Einen guten Einstieg in seine Welt bietet die Feuilletonsammlung *Kaffeehaus-Frühling. Ein Wien-Lesebuch*. Roths herausragendes Werk ist wohl *Radetzkymarsch*, in dem der Niedergang der Monarchie zwar betrauert, gleichzeitig aber seine Unabwendbarkeit scharf analysiert wird.

Woran es auch immer liegen mag: So viele Wiener Autoren sind bissig, schuldgeplagt, wütend und manchmal stilistisch so modern, dass man sie kaum versteht. Thomas Bernhard (1931–89) wurde in den Niederlanden geboren und wuchs in Österreich auf. Er war besessen von Verfall und Tod und tat nichts lieber, als gesellschaftliche Konventionen, österreichische Institutionen und ganz allgemein seine Mitbürger zu attackieren, z. B. in *Holzfällen. Eine Erregung*. Bernhards Bücher haben weder Kapitel noch Absätze und kaum Punkte, scheinen sich ständig zu wiederholen, sind aber erstaunlich lesbar, wenn man einmal drin ist.

Der vielleicht bekannteste zeitgenössische Autor Österreichs ist der Kärntner Peter Handke (geb. 1942). Sein umfangreiches, postmodernes Werk umfasst innovative und einfühlsame Prosa und Theaterstücke. Die provokative Schriftstellerin Elfriede Jelinek (geb. 1946) hat 2004 den Literaturnobelpreis erhalten. Ihre Bücher nehmen kein Blatt vor den Mund, sind voll fantastischer Einfälle und zeigen die Menschheit von einer äußerst düsteren Seite. Jelineks Arbeiten sind extrem kontrovers, oft verstörend pornografisch und werden entweder gehasst oder geliebt. Elisabeth Reichart (geb. 1953) wird als interessante – wenn auch düstere und grausame – neue Autorin gehandelt. Sie hat eine Reihe von Romanen und Essays, die in der Zeit vom Zweiten Weltkrieg bis heute spielen, über die patriarchalischen Strukturen und die nationalsozialistische Schuld Österreichs geschrieben. Edith Kneifl gehört ebenfalls zu den bekanntesten Krimiautoren Österreichs. Die erfahrene Psychoanalytikerin veröffentlicht seit den 1980er-Jahren Kriminalgeschichten, von denen viele in Wien spielen. Auf S. 88 ist ein Interview mit der österreichischen Queen of Crime abgedruckt.

Viele Wiener Autoren waren und sind gleichzeitig Dramatiker – Stücke von Schnitzler, Bernhard, Jelinek und Handke hatten alle schon Premieren in Österreichs berühmtestem Theater, dem Wiener Burgtheater.

Ein großer Dramatiker war Franz Grillparzer (1791–1872), der sehr gut die österreichische Seele erfasste und bis heute häufig gespielt wird. Andere einflussreiche Dramatiker, die regelmäßig inszeniert werden, sind der durch seine politischen Satiren bekannt gewordene Johann Nestroy und Ferdinand Raimund, der beißend humoristische Stücke wie *Der Alpenkönig und der Menschenfeind* und *Der Verschwender* schrieb.

In Wien gibt es sehr viele staatliche, städtische und private Theater. Das Burgtheater (S. 208) zählt zu den besten Häusern im deutschsprachigen Raum. Zur „Burg" gehört auch das Akademietheater, das etwas intimer ist und zeitgenössischen Stücken eine Plattform bietet. Das Theater in der Josefstadt (S. 209) ist für seine moderne Theaterpraxis bekannt, die von Max Reinhardt entwickelt wurde.

KINO

Das moderne Wiener Kino ist geprägt von trostlosen Landschaften und korrupten Typen, die ihre Kinder und Hunde schlagen und sich mit Hass- und Schuldgefühlen herumplagen. Das ist vielleicht etwas übertrieben, aber anscheinend zieht der zeitgenössische österreichische Film die harte Realität irgendwelchen weltfernen Fantasien vor. Er zeigt lieber brutalen Sex als zarte Liebesromanzen und Ambivalenz und Entwurzelung statt Happy Ends.

Die Filmindustrie ist lebendig und produktiv. Sie hat Talente wie den Cannes-Preisträger Michael Haneke (*Die Klavierspielerin, Das weiße Band*) und Festivallieblinge wie Jessica Hausner hervorgebracht, Regisseurin des provokativen Films *Lovely Rita*. Dank der staatlichen Filmförderung und der großen Kinoleidenschaft der Wiener werden unabhängige Filmproduktionen

DER DRITTE MANN

„Letzte Woche hatte ich Abschied von Harry genommen, als sein Sarg im gefrorenen Februarboden versenkt wurde. Umso weniger traute ich meinen Augen, als ich ihn ohne ein Zeichen des Wiedererkennens zwischen all den Unbekannten vorbeilaufen sah". Das schrieb Graham Greene auf die Rückseite eines Briefumschlags. Viele Jahre blieb es dabei, eine Idee ohne Kontext. Dann bat ihn Sir Alexander Korda, einen Film über die Besatzungszeit der vier alliierten Mächte im Nachkriegswien zu schreiben.

Greene hatte die erste Szene und einen Rahmen, aber keinen Plot. 1948 flog er nach Wien und suchte mit zunehmender Verzweiflung nach Inspirationsquellen – vergeblich. Als seine Abreise unmittelbar bevorstand, aß Greene mit einem Offizier des britischen Geheimdienstes zu Mittag. Der erzählte ihm vom Schwarzmarkthandel mit Penizillin und von der Geheimpolizei, die im riesigen Kanalisationssystem unter der Stadt patrouillierte. Greene warf die beiden Geschichten zusammen und entwickelte daraus die Handlung für seinen Film.

Der dritte Mann wurde noch im gleichen Jahr in Wien gedreht und fängt die Atmosphäre der Nachkriegszeit durch ein hervorragendes Spiel mit Licht und Schatten perfekt ein. Die Handlung ist einfach, aber fesselnd: Holly Martins (gespielt von Joseph Cotton), ein arbeitsloser Schriftsteller, reist auf Wunsch seines früheren Schulkameraden Harry Lime (wunderbar gespielt von Orson Welles) nach Wien, um dort zu erfahren, dass Harry unter mysteriösen Umständen ums Leben gekommen ist. Zweifel an seinem Tod führen Martins immer näher an den Schwarzmarkthandel mit Penizillin und zu den vier Besatzungsmächten, die Wien kontrollieren. Unterstützt werden das erstklassige Drehbuch, die Kameraführung und die Schauspieler durch eine fast hypnotische Filmmusik: Nach einem Drehtag saß der Regisseur Carol Reed in einem Heurigen und geriet in den Bann von Anton Karas' Zitherspiel. Obwohl Karas Noten weder lesen noch schreiben konnte, flog Reed ihn nach London, um den Soundtrack aufzunehmen. Das zittrige, zögernde Harry-Lime-Thema dominiert den Film, wurde ein Verkaufsschlager und hat Karas ein Vermögen eingebracht.

Der dritte Mann ist heute ein Klassiker, der mit Würde gealtert ist. Er wurde 1949 mit dem ersten Preis in Cannes und 1950 mit einem Oscar für die beste Kameraführung in einem Schwarzweiß-Film ausgezeichnet. 1999 wurde er sogar vom British Film Institute zum beliebtesten britischen Film des 20. Jhs. gekürt. Seit Jahren zeigt das Burg Kino (S. 210) den Film jede Woche.

Seine Popularität hat das private 3rd Man Museum (S. 92) initiiert, während Fans auf eigene Faust unseren kurzen Dritten-Mann-Stadtspaziergang (S. 140) unternehmen können. Für echte Fanatiker empfiehlt sich die detailliertere Dritte-Mann-Führung (☎ 774 89 01; www.viennawalks.com; Erw./erm./Schüler bis 18 Jahre 17/14,50/8,50 €; Mo & Fr 16 Uhr ab U4 Station Stadtpark, Ausgang Johannesgasse) von Vienna Walks. Dabei besucht man alle Hauptdrehorte des Films und späht auch kurz in die Kanalisation mit ihren 2,5 Mio. Ratten hinunter. Mangels Verbindung zwischen den Abwasserkanälen lässt sich Wien aber leider nicht in Harry-Lime-Manier unterirdisch durchqueren.

genauso gezeigt wie Blockbuster des Grazer Sunnyboys Arnold Schwarzenegger. Das jährliche Viennale-Filmfestival (S. 210) ist eine Plattform für kreative, experimentelle Filme aus ganz Europa. Art-House-Kinos wie die fantastischen Breitenseer Lichtspiele (S. 210) im Jugendstil halten das beachtliche filmische Erbe Österreichs in Ehren.

Der österreichische Film hat einige große Namen vorzuweisen („groß" in dem Sinne, dass sie auch in Hollywood Erfolg hatten). Regisseur Fritz Lang drehte das legendäre *Metropolis* (1927), die Geschichte einer von der Technik versklavten Gesellschaft, und *Das Testament des Dr. Mabuse* (1933), in dem ein Verrückter in Gefangenschaft Mord- und Terrorpläne verfasst. Billy Wilder, Autor und Regisseur von Filmklassikern wie *Manche mögen's heiß*, *Das Appartement* und *Boulevard der Dämmerung*, kam mit zehn Jahren nach Wien und ging später in die USA. Hedy Lamarr – Hollywood-Diva und die Erfinderin von Funkfernsteuerungen für Torpedos – wurde als Hedwig Eva Maria Kiesler in Wien geboren. Den Burgschauspieler Klaus Maria Brandauer kennt man aus *Jenseits von Afrika* und *Mephisto*. Und Wien selbst spielte die Hauptrolle in Filmen wie *Der dritte Mann*, *Der Nachtportier* und *Before Sunrise*.

Aktueller Superstar ist Haneke, dessen Filme meist stark von Sadismus und Masochismus geprägt sind. Sein Werk *Die Klavierspielerin* nach dem gleichnamigen Roman der Wiener Autorin Jelinek gewann 2001 drei Preise in Cannes. *Das weiße Band* – eine düstere deutsche Familiengeschichte kurz vor dem Ersten Weltkrieg – verhalf Haneke 2009 zur Goldenen Palme (höchste Cannes-Auszeichnung) und war für zwei Oscars nominiert.

In *Jesus, Du weißt* begleitet der Dokumentarfilmer Ulrich Seidl sechs Wiener Katholiken bei deren persönlichen Kirchengebeten. Seidls *Tierische Liebe* widmet sich Wiener Vorstadtbewohnern, die tierische Gesellschaft der menschlichen vorziehen. 2001 stieß er mit *Hundstage* in die Spielfilmwelt vor. Seine jüngste Produktion namens *Import Export* war 2007 in Cannes

TOP TEN FILME

- *Indien* (1993) – Bösel (Josef Hader) und Fellner (Alfred Dorfer) überprüfen auf behördlicher Dienstreise die Hygienestandards von Wirtshausküchen in und rund um Wien. Dank zwei der besten Wiener Kabarettisten sehr lustig, aber mit subtiler Tragik. Regie: Paul Harather.
- *Lovely Rita* (2001) – Regisseurin Jessica Hausner produzierte ihren ersten Spielfilm mit Digitalkamera, improvisiertem Drehbuch und unerfahrenen Laiendarstellern. *Lovely Rita* erzählt die Geschichte eines Wiener Mädchens, das seinem bürgerlichen Leben über die Liebe entfliehen möchte und schließlich seine Eltern ermordet.
- *Ausländer raus!* (2002) – Sehenswerte Dokumentation über eine Protestaktion, die Christoph Schlingensief 2000 nach der Wahlkampagne Jörg Haiders in Wien veranstaltete. In einer Parodie auf *Big Brother* hat der 2010 verstorbene Regisseur und Aktionskünstler nahe der Oper einen Abschiebecontainer für Asylanten aufgestellt, die interaktiv aus dem Land herausgewählt werden konnten. Regie: Paul Poet.
- *Twinni* (2003) – Diese reizende Komödie spielt im Sommer 1980: Während der Scheidung ihrer Eltern zieht die renitente Teenagergöre Jana von Wien zu ihrer Großmutter aufs Land, wo sie die Aufmerksamkeit eines Jungen und den Spott der katholischen Kirche auf sich zieht. Regie: Ulrike Schweiger.
- *Das weiße Band* (2009) – Der mehrfach preisgekrönte Streifen gewann u. a. 2009 eine Goldene Palme in Cannes und 2010 einen Golden Globe Award für den besten fremdsprachigen Film. Regisseur Michael Haneke beweist erneut seine Vorliebe für bahnbrechende, augenöffnende und verstörende Projekte, indem er in *Das weiße Band* die Vielschichtigkeit des Terrorismus beleuchtet: Ein alter Schneider erinnert sich an sein Jahr als Lehrer in einem kleinen deutschen Dorf, wo er kurz vor Ausbruch des Ersten Weltkriegs einst allerlei Seltsames und Beängstigendes erlebte.
- *Hundstage* (2001) – Der heißeste Wiener Tag seit Jahren verbrennt die Vororte, während sechs verbundene Handlungsstränge überraschend humorvoll von Hörigkeit, sexuellem Missbrauch, Privatdetektiven, Autodiebstahl und kaputter Ehe erzählen. Regie: Ulrich Seidl.
- *Siegfried* (1924) – Der österreichische Regisseur Fritz Lang widmete dem legendären *Nibelungenlied* einen Schwarzweiß-Stummfilm, der ganz ohne Special Effects zu den besten Actionstreifen aller Zeiten zählt.
- *Funny Games* (1997) – In einem weiteren gewagten Haneke-Film zieht ein Sadistenduo im Salzburger Seenland von Haus zu Haus. Dabei werden Familien entführt, gefoltert und schließlich ermordet – sicherlich kein lustiges Spiel. 2008 drehte Haneke ein Remake auf Englisch.

nominiert. Nach mehreren Kurzfilmen hat Hausner mit *Lovely Rita* 2001 ihren ersten Spielfilm vorgestellt, in dem ein Vorstadtmädchen kaltblütig seine Eltern ermordet. Ihr aktuellstes Werk *Lourdes* gewann 2009 bei der Viennale den Wiener Filmpreis. Es handelt von einer Rollstuhlfahrerin, die nach Lourdes pilgert und plötzlich bemerkt, dass sie gehen kann.

Kürzlich feierte Österreich den gebürtigen Wiener Christoph Waltz, der bis zu seinem Auftritt als SS-Standartenführer Hans Landa in *Inglourious Basterds* außerhalb Österreichs und Deutschlands quasi unbekannt war. Seine Schlüsselrolle in dieser Tarantino-Produktion brachte Waltz weltweiten Ruhm und 2010 einen Oscar für den besten Nebendarsteller ein.

STADTVIERTEL

top picks

- **Hofburg** (S. 68)
- **Stephansdom** (S. 58)
- **Naschmarkt** (S. 86)
- **MuseumsQuartier** (S. 92)
- **Schloss Belvedere** (S. 108)
- **Riesenrad** (S. 117)
- **Schönbrunn** (S. 124)
- **Donauinsel** (S. 121)
- **Kunsthistorisches Museum** (S. 74)
- **Karlskirche** (S. 86)

Tipps von Travellern für Traveller – www.www.lonelyplanet.de/vienna

STADTVIERTEL

Wie viele alte Städte hat sich auch Wien in den Jahrhunderten seiner Geschichte immer weiter um einen historischen Kern herum ausgebreitet. Den Anfang machten die alten Römer. Rund um den heutigen Hohen Markt in der Innenstadt gründeten sie den militärischen Außenposten Vindobona. Ab dem 13. Jh. wurde die Stadt dann mit einer Festungsmauer samt Geschütztürmen befestigt. Zusätzlich schützte man sich vor drohenden Angreifern – zu den bekanntesten zählen die osmanischen Türken –, indem man hinter der Mauer ansteigende Erdanschüttungen anlegte. Als die Stadtbefestigung im 19. Jh. nicht mehr benötigt wurde, entstand an ihrer Stelle die Ringstraße, die heute die Innere Stadt umgibt. Jeder Abschnitt hat seinen eigenen Namen (z. B. Opernring), die Wiener allerdings nennen sie einfach kurz den „Ring"

Zwischen dem Ring und dem Gürtel, der nächsten größeren Ringstraße, drängen sich dicht besiedelte Vorstädte. Im Mittelalter blieb deren Bewohnern bei einem feindlichen Angriff nur die Flucht, wenn sie nicht das Niederbrennen ihrer Häuser mit ansehen wollten. Die inneren Vorstädte, darunter Josefstadt und Alsergrund, wurden während der zweiten Türkenbelagerung 1683 weitgehend niedergebrannt. Jenseits des Gürtels liegen die neueren Vororte, in denen nicht mehr viel von dem urbanen Flair Wiens zu spüren ist. Umgeben werden diese wiederum vom Großraum Wien, der im Norden und Westen von dem malerischen Wienerwald begrenzt wird. Das gesamte Gebiet haben die Stadtoberen Wiens über die Jahrhunderte hinweg in verschiedene, durchnummerierte Gemeindebezirke eingeteilt. Heute gibt es davon 23.

Das Zentrum Wiens entspricht der Inneren Stadt. Mit ihren architektonischen Meisterwerken aus dem Mittelalter, der Renaissance, dem Barock, dem späten 19. Jh., der Moderne und der Postmoderne wurde sie zum Unesco-Weltkulturerbe erklärt. Kein Wunder also drängeln sich hier im Sommer jede Menge Besucher. Ruhige Ecken finden sich dennoch immer (s. S. 69).

Die verschiedenen Bezirke besitzen alle ihr ganz eigenes charakteristisches Flair und laden mit ihrer interessanten Architektur zu Erkundungstouren ein. Darüber hinaus sind dort Restaurants, Bars, Geschäfte oder Clubs zu finden. Die Landstraße (3.) liegt im südöstlichen Zentrum der Stadt am Wienfluss und beim Donaukanal. Besuchermagneten sind hier in erster Linie das prachtvolle Schloss Belvedere sowie das Friedensreich Hundertwasser gewidmete Museum. Gastronomisch und ausgehtechnisch gesehen wird hier wie dort nicht allzu viel geboten.

Die Bezirke Wieden (4.), Margareten (5.), Mariahilf (6.) und Neubau (7.) bilden in der südwestlichen Vorstadt ein außerordentlich lebendiges Gebiet, das mit dem zunehmenden Zuzug wohlhabender Wiener zu einer immer schickeren Gegend wird. Das Wiener Leben spielt sich besonders in diesen Bezirken ab, weshalb auch Besucher hier viel Zeit verbringen werden. Wieden und Mariahilf haben den Naschmarkt mit seinen vielen Verkaufsständen, tolle Sehenswürdigkeiten rund um den Karlsplatz und Parkanlagen zu bieten. Margareten kann zwar nicht mit touristischen Highlights aufwarten, versprüht dafür jedoch jede Menge ursprüngliches Flair. Durch Mariahilf verlaufen die geschäftige und zunehmend angesagte Gumpendorfer Straße und die Mariahilfer Straße, die Einkaufsmeile Wiens schlechthin. In Neubau weiter nördlich findet man sowohl wohlhabendere als auch alternative Viertel, darunter das urige Spittelberg; in anderen Teilen wiederum fusioniert beides zu einer Art alternativem Schick. Im Osten grenzt der Bezirk an eines der kulturellen Highlights der Stadt, das MuseumsQuartier.

In Josefstadt (8.) und Alsergrund (9.) in der nordwestlichen Vorstadt gibt es einen lebendigen Universitätscampus und einige interessante Sehenswürdigkeiten wie das Palais Liechtenstein (Liechtenstein Museum). Außerhalb des Gürtels erstrecken sich südwestlich des Zentrums das prächtige Barockschloss Schönbrunn und dessen weitläufige Parkanlage. Die östlich des Donaukanals gelegene Leopoldstadt (2.) wiederum, im Mittelalter das jüdische Viertel, kommt überraschenderweise recht baufällig daher und schreit förmlich nach Renovierungsmaßnahmen. Im Großraum Wien locken der Wienerwald sowie Weinstuben und lohnenden Ausflugszielen.

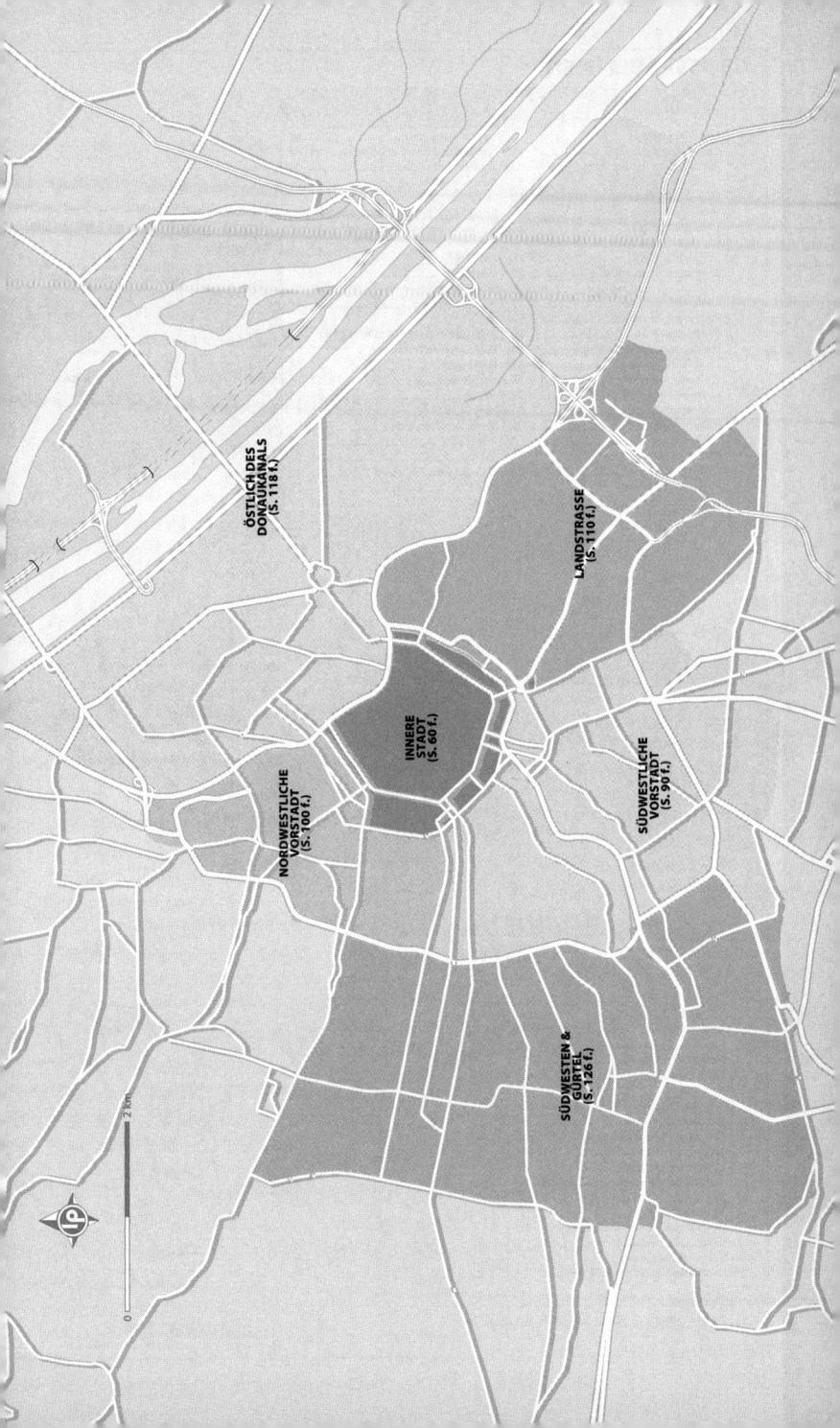

GROSSRAUM WIEN

A

PRAKTISCHES
Gebietskrankenkasse	1	E5
Polizeistation (Innere Stadt, Hauptwache)	2	E3
Slowakische Botschaft	3	E2
Unfallkrankenhaus Meidling	4	E5

SEHENSWERTES (S. 57)
Beethoven-Eroicahaus	5	E2
Beethoven-Wohnung Heiligenstadt	6	E2
Bestattungsmuseum	7	E4
Böhmischer Prater	8	F5
Erholungsgebiet Wienerberg	9	E5
Ernst Fuchs Privatstiftung	10	B3
Wasserturm Favoriten	11	E5
Geymüllerschlössel	12	D2
Hermesvilla	13	B5
Hubertus-Warte	(siehe 18)	
Jubiläumswarte	14	C3
Karl-Marx-Hof	15	E2
Kirche am Steinhof	16	C3
Kirche zur Heiligsten Dreifaltigkeit	17	B6

B

Lainzer Tiergarten	18	B5
Nationalparkhaus Donau-Auen	19	H4
Zentralfriedhof	20	G6
Zentralfriedhof, Tor 2	21	G5

SHOPPEN (S. 145)
Perzys Schneekugelmuseum	22	D3

ESSEN (S.157)
Lusthaus	(siehe 37)	
Schloss Concordia	23	G5
Wiener Schnecke	24	F6

AUSGEHEN & NACHTLEBEN (S. 181)
Buschenschrank Huber	25	D3
Edelmoser	26	B6
Fischer Bräu	27	E3
Flex	28	E3
Hirt	29	E1
Mayer am Pfarrplatz	30	E2
Reinprecht	31	D2
Sirbu	32	E1
Weingut Am Reisenberg	33	D2
Zahel	34	C6
Zawodsky	35	D2

SPORT & AKTIVITÄTEN (S. 213)
Amalienbad	36	F5
Freudenau	37	H2
Horr Stadion	38	F5
Krapfenwaldbad	39	D1
Rapid Wien, Gerhard-Hanappi-Stadion	40	C4
Skianlage Dollwiese	41	B4
Skianlage Hohe Wand	42	A3
Eislaufbahn (temporär)	43	C3
Eislaufbahn (temporär)	44	E2
Thermalbad Oberlaa	45	F6

SCHLAFEN (S. 219)
Hotel Schloss Wilhelminenberg	(siehe 47)	
Landhaus Fuhrgassl-Huber	46	D2
Schlossherberge am Wilhelminenberg/Palace Hotel	47	C3

TRANSPORT (S. 243)
Flughafenbus	48	D5

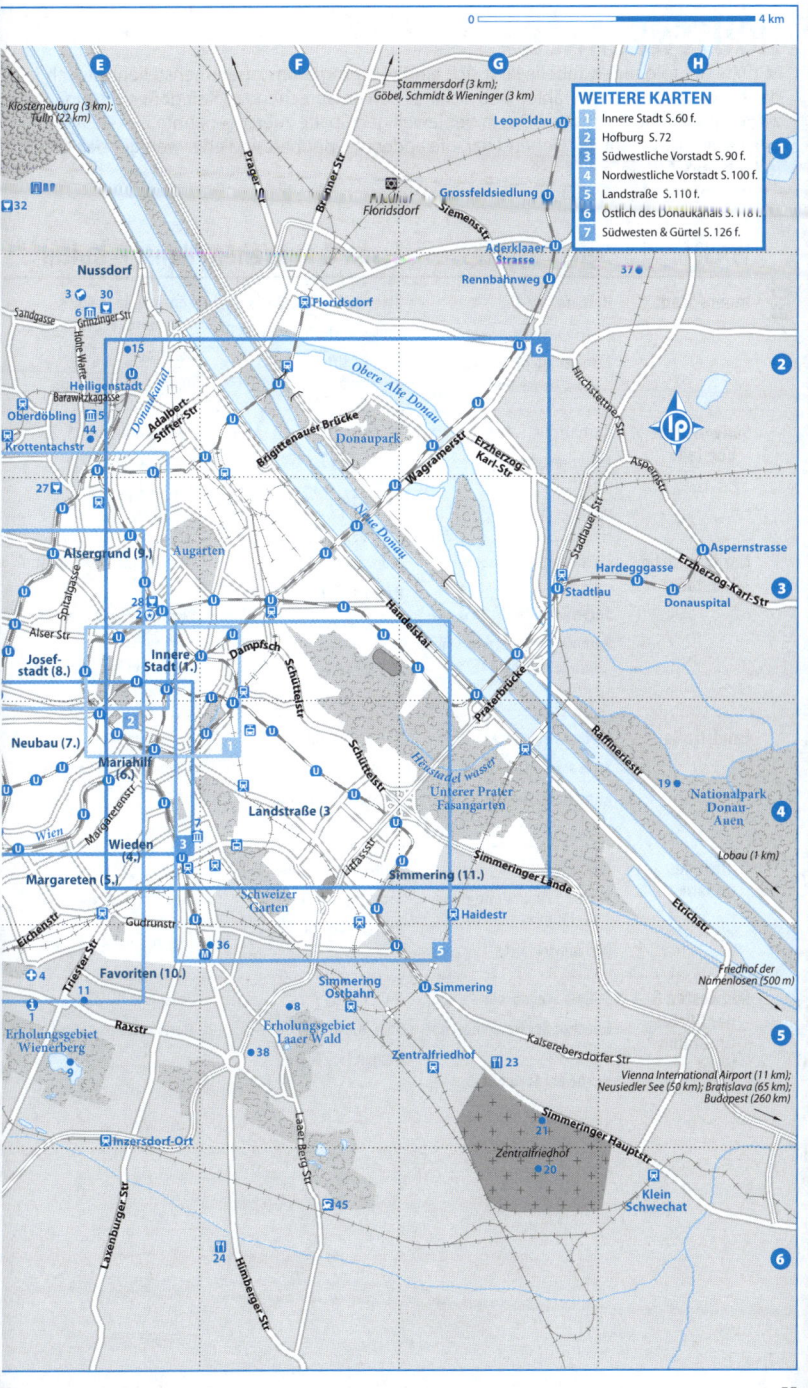

ROUTENPLANER

Mithilfe der folgenden Tabelle lässt sich ein Tagesprogramm zusammenstellen: einfach das gewünschte Viertel wählen und sich aus den entsprechenden Kategorien die einzelnen Punkte herauspicken. Das in der jeweiligen Spalte zuerst genannte Ziel stellt ein berühmtes Highlight der Gegend dar, die anderen Optionen sind eher weniger bekannt, jedoch ebenfalls lohnend.

WAS?	Sehenswertes	Essen & Ausgehen	Kunst & Kultur
Innere Stadt	Hofburg (S. 68) Justizpalast (S. 79) Jesuitenkirche (S. 65)	Österreicher im MAK (S. 165) Loos American Bar (S. 185) Palais Palffy (S. 198)	Konzertsäle in der Hofburg (S. 205) Staatsoper (S. 207) Porgy & Bess (S. 200)
Südwestliche Vorstadt	Karlskirche (S. 86) MuseumsQuartier (S. 92) 3rd Man Museum (S. 92)	Restaurant Collio (S. 167) Café Drechsler (S. 189) Rote Bar (S. 200)	Radiokulturhaus (S. 207) Schikaneder (S. 211) Top Kino (S. 211)
Nordwestliche Vorstadt	Liechtenstein Museum (S. 103) Servitenkirche (S. 105) Pathologisch-anatomisches Bundesmuseum (S. 99)	Stomach (S. 174) Halbestadt Bar (S. 192) Café Concerto (S. 199)	Wiener Residenzorchester (S. 208) Vienna's English Theatre (S. 209) Theater in der Josefstadt (S. 209)
Landstraße	Schloss Belvedere (S. 108) St. Marxer Friedhof (S. 113) KunstHausWien (S. 113)	Gasthaus Wild (S. 176) Salm Bräu (S. 200) Strandbar Herrmann (S. 193)	Konzerthaus (S. 206) Arnold Schönberg Center (S. 205) Arena (S. 199)
Östlich des Donaukanals	Riesenrad (S. 117) Wiener Kriminalmuseum (S. 120) Donauinsel (S. 121)	Restaurant Vincent (S. 177) Tachles (S. 194) Pratersauna (S. 198)	Odeon (S. 206) Kino Unter Sternen (S. 211)
Südwesten & der Gürtel/ Großraum Wien	Schloss Schönbrunn (S. 125) Friedhof der Namenlosen (S. 141) Kirche am Steinhof (S. 141)	Noi (S. 178) 10er Marie (S. 195) Reigen (S. 200)	Orangerie (S. 206) Marionettentheater (S. 209)

INNERE STADT

Ausgehen & Nachtleben S. 184; Essen S. 162; Shoen S. 146; Schlafen S. 221

Die Innere Stadt – auch „der 1. (Bezirk)" genannt – ist nicht nur der älteste Teil der österreichischen Kapitale, sondern auch der spektakulärste. Hier wartet hinter nahezu jeder Ecke eine Attraktion – wer also nur begrenzt Zeit zur Verfügung hat, sollte seine Erkundungstour in diesem Teil der Stadt beginnen. Dabei ist hilfreich, die Prioritäten im Vorfeld zu klären, denn die Anzahl der Museen (etwa 60 in der Inneren) und Sehenswürdigkeiten ist immens. Dabei ist die Innere Stadt mit nicht einmal 300 ha Fläche überschaubar: Sie ist kleiner als der Englische Garten in München und etwa doppelt so groß wie der Londoner Hyde Park. So benötigt man für einen Streifzug zu Fuß nicht einmal eine Stunde. Will man jedoch ihren enormen Facettenreichtum erkunden, kann man gar nicht genug Zeit mitbringen.

Die Innere Stadt gehört zum Unesco-Weltkulturerbe. Hier gibt es römische Ausgrabungen zu sehen, gotische und barocke Architektur, neoklassizistische und historistische Gebäude. Letztere säumen vor allem die Ringstraße, die ab 1857 an der Stelle der alten Stadtbefestigung angelegt wurde. Ebenfalls zu bestaunen sind einige wunderschöne Exemplare des Jugendstils und architektonische Werke der Wiener Secession von Meistern wie Alfred Loos und Otto Wagner.

Mittelpunkt der Inneren Stadt ist der Stephansplatz. Dort thront Wiens Wahrzeichen, der spektakuläre gotische Don, von dem aus Entfernungen zu Zielen im Zentrum gemessen werden. Er ist zweifellos das bemerkenswerteste Bauwerk der Stadt. Besuchern dient er zudem als praktische Orientierungshilfe, schließlich führen einige der wichtigsten Durchgangsstraßen des 1. Bezirks – die Kärntner Straße, der Graben und die Rotenturmstraße – von hier aus zu anderen Sehenswürdigkeiten.

Östlich des Stephansplatzes gibt es einige hübsche Hofanlagen wie der Heiligenkreuzerhof. Zudem spielt Musik in dem Viertel – wie in ganz Wien – eine bedeutende Rolle, so findet man dort das Haus der Musik, das Mozarthaus und das berühmte Johann-Strauss-Denkmal. Darüber hinaus gibt es einige barocke Kirchen und das Museum für angewandte Kunst zu entdecken. Südwestlich des Stephansdoms thront ein kulturelles Highlight der anderen Art, die Hofburg. In dem monumentalen Palast residierten rund sechs Jahrhunderte lang die Habsburger. Heute umfasst die eindrucksvolle, inmitten von historischen Plätzen gelegene Anlage architektonische Meisterwerke, Regierungsämter und Museen. Auch die Spanische Hofreitschule, berühmt für ihre Lipizzaner-Vorführungen, hat hier ihren Sitz. Zudem kann man die früheren kaiserlichen Gemächer und eindrucksvollen Schätze der Habsburger, zahlreiche Museen in und um die Hofburg und viele andere historische Plätze besichtigen. Das Highlight für Kunstfreunde ist das Kunsthistorische Museum. Auch nördlich der Hofburg warten jede Menge Attraktionen, z. B. das Wiener Rathaus inmitten weitläufiger Grünflächen, der außergewöhnliche Justizpalast und das österreichische Nationalparlament. In der Gegend nördlich des Stephansplatzes liegt das traditionelle jüdische Viertel und das lebendige, recht edle Bermudadreieck mit seinen Bars und ein paar Rotlichtclubs.

Die Innere Stadt kann man problemlos zu Fuß erkunden. Durch die Innenstadt fahren die U-Bahn-Linien U1 und U3. Die Straßenbahnlinie 1 fährt fast die gesamte Ringstraße entlang, zwischen dem Kärntner Ring und dem Julius-Raab-Platz wiederum verkehrt die Linie 2. Die Linie D verbindet die Ringstraße mit dem Belvedere im Bezirk Landstraße.

EINE (EIN)GETEILTE STADT

Wien besteht aus 23 Bezirken. Der 1. Bezirk umfasst die Innere Stadt, die restlichen Bezirke erstrecken sich drum herum. Allgemein gilt: Je höher die Zahl des Bezirks ist, desto weiter ist er von der Inneren Stadt entfernt.

Die Bezirke teilen die Stadt nicht nur in geografischer, sondern auch in sozialer Hinsicht. Oft – wenn auch nicht immer – ist mit ihnen ein gesellschaftlicher oder finanzieller Status verbunden. Der 13. (Hietzing) und 19. (Döbling) Bezirk gelten als die *crème de la crème*, dicht gefolgt vom 18. (Währing) und 3. (Landstraße). Auch der 8. (Josefstadt) und der 9. (Alsergrund) gehören zu den schickeren Bezirken. Der 15. (Rudolfsheim-Fünfhaus) und der 16. Bezirk (Ottakring) wiederum ziehen sowohl Einwanderer als auch junge Wiener an, die ethnische Vielfalt zu schätzen wissen. Der 10. (Favoriten), 11. (Simmering) und 12. (Meidling) gelten schließlich als die Viertel der unteren Einkommensschichten.

Wiener Adressen bestehen aus drei Teilen: der Bezirkszahl, dem Straßennamen und der Hausnummer und manchmal auch der Wohnungsnummer. 1., Kärntner Straße 43/12 bedeutet also Wohnung Nr. 12 in der Kärntner Straße 43 im 1. Bezirk.

Die eindrucksvolle Dichte von Sehenswürdigkeiten in diesem Teil der Stadt verführt dazu, dauernd im Reiseführer zu blättern. Ab und zu sollte man diesen jedoch einfach mal weglegen, ziellos umherschlendern und den Zauber der Inneren Stadt auf sich wirken lassen.

STEPHANSPLATZ

Über dem Stephansplatz, dem Herz und der Seele Wiens, thront der prachtvolle gotische Stephansdom. Nördlich davon stehen das 1640 errichtete Erzbischöfliche Palais und der angrenzende Zwettlerhof, in dem heute das Dom- & Diözesanmuseum untergebracht ist. An der Ecke Stephansplatz und Graben erhebt sich das umstrittene Haas-Haus, ein modernes Gebäude aus viel Glas und Stahl, das Anhänger von puristischer Architektur begeistern wird. Alle anderen sehen in dem Bauwerk ein echtes Kontrastprogramm zu der historischen Umgebung. Von dem Hotel und Restaurant DO & CO im Inneren hat man in jedem Fall eine fantastische Aussicht auf das herrliche Dach des Doms.

STEPHANSDOM Karte S. 60 f.

☎ 515 52 3540; www.stephanskirche.at; 1., Stephansplatz; Eintritt frei, Juli–Sept. Kirchenschiffe und Chor 1 €; Mo–Sa 6–22, So 7–22 Uhr; U1, U3 Stephansplatz

Der Wiener Stephansdom, von Einheimischen liebevoll auch Steffl genannt, ist ein Meisterwerk der gotischen Architektur und das Wahrzeichen der Stadt. An Ort und Stelle stand schon seit dem 12. Jh. eine Kirche, von der Originalstruktur ist jedoch bis auf das Riesentor und die Heidentürme – beide im romanischen Stil – wenig übriggeblieben. Das Riesentor verdankt seinen Namen angeblich der Tatsache, dass hier früher der Schienbeinknochen eines Mammuts gehangen haben soll, das man für den eines Riesen hielt. Es stellt den westlichen Haupteingang dar und wird von einem Tympanon mit Gitterwerk und Statuen bekrönt. Der gotische Umbau des Stephansdoms begann 1359 auf Anordnung des habsburgischen Herzogs Rudolf IV. Er legte beim Umbau den ersten Stein und erlangte dadurch den Beinamen „Der Stifter".

Von außen sticht sofort das prachtvolle Ziegeldach ins Auge, das auf der einen Seite ein buntes Zackenmuster, auf der anderen der österreichische Adler ziert. Besonders gut zu sehen ist es von der Nordostseite des Stephansplatzes. Im Inneren des Doms ist die eindrucksvolle gotische Steinkanzel zu bewundern, ein Werk Anton Pilgrams von 1515. Ein oft übersehenes Detail ist die Brüstung der Kanzel, auf dem Salamander und Kröten den ewigen Kampf von Gut gegen Böse ausfechten. Den barocken Hochaltar am Ende des Hauptschiffs schmückt ein Gemälde mit der Steinigung des hl. Stephanus. In dem Chorraum zur Linken befindet sich der Wiener Neustädter Flügelaltar von 1447, in dem zur Rechten das Renaissance-Hochgrab Friedrichs III. aus rotem Marmor. Unter Friedrichs Regentschaft wurde Wien 1469 zum Bistum ernannt und der Steffl zur Domkirche befördert.

ERMÄSSIGTE MUSEUMSEINTRITTE

Ermäßigte Eintritte können das Reisebudget erheblich entlasten. Es lohnt also, sich zu informieren (Infos zu allgemeinen Ermäßigungskarten wie der Wien-Karte gibt's auf S. 247). Generell gilt für Kinder bis zum Alter von 14, 16 oder gar einschließlich 18 Jahren der Kindertarif, der oft umsonst ist. Ermäßigte Preise gibt es außerdem für Senioren (über 65), Studenten bis 27 Jahren und für Behinderte.

In städtischen und vielen anderen Museen ist der Eintritt für alle Besucher unter 19 Jahren umsonst. Im Wien Museum und in zahlreichen weiteren Museen ist der Eintritt an mindestens einem Tag pro Monat generell frei, meist handelt es sich um den ersten Sonntag im Monat (unter www.wienmuseum.at erfährt man alle Termine).

Mehrere Museen bieten Kombitickets an. Lohnend ist beispielsweise das Sisi Ticket (Erw./Student/Kind 6–18 Jahre/Fam. 22,50/20/13,50/46,90 €), das die Kaiserappartements (S. 71) und das Hofmobiliendepot (S. 96) sowie die Grand Tour durch das Schloss Schönbrunn (S. 125) umfasst. Der Familientarif gilt für zwei Erwachsene und drei Kinder. Das Kombiticket Schätze der Habsburger (18 €) gilt für das Kunsthistorische Museum und die Schatzkammer. Beim Kombiticket Wiener Museumsmelange wiederum sind die zwei jüdischen Museen (S. 68 und S. 81) plus wahlweise das Haus der Musik (S. 62), das Mozarthaus (S. 63) oder das KunstHausWien (S. 113) enthalten. Kunstliebhaber sollten die Jahreskarte des Kunsthistorischen Museums (29 €) in Erwägung ziehen. Diese berechtigt ab dem Einlösungsdatum für ein Jahr zum unbegrenzten Besuch aller sieben dazugehörigen Museen – ein echtes Schnäppchen!

Infos zum Belvedere-Kombi-Ticket stehen auf S. 109.

FÜHRUNGEN & MUSIK IM STEPHANSDOM

Bei einer Dom-Führung werden kurz historische Zusammenhänge erläutert sowie die bedeutendsten Werke im Inneren besichtigt. Die 30-minütigen Führungen kann man von April bis Oktober buchen; sie kosten 4,50 € (Kind unter 14 Jahren 1,50 €). Von Montag bis Samstag geht's jeweils um 10.30 und 15 Uhr los, sonntags um 15 Uhr. Abendführungen finden zwischen Juni und September jeden Samstag um 19 Uhr statt und beinhalten einen recht anstrengenden Aufstieg zum Südturm (10/4 €). Die All-Inclusive-Tour – teils mit Audioguide, teils mit einem Touristenführer (Erw. plus 1 Kind unter 14 Jahren 14,50 €; Senioren & Studenten 12 €) – umfasst das Innere des Doms, die Katakomben, den Südturm und den Nordturm. Die meisten Besucher besichtigen das Dominnere mittels eines Audioguides (4,90 €).

Auf der Website des Stephansdoms (www.stephanskirche.at) findet man ein Programm für besondere Konzerte und Veranstaltungen. Aufgrund der begleitenden Choralmusik ist zudem die 10.30-Uhr-Messe (in den Schulferien im Juli und August um 9.30 Uhr) sehr beeindruckend.

Messen werden bis zu sieben Mal täglich gehalten; große Teile des Hauptschiffs sind dann für den Publikumsverkehr gesperrt. Von Juli bis September kann dieses wiederum nur per Führung (selbstgeführt oder mit Guide) besichtigt werden.

KATAKOMBEN DES STEPHANSDOMS
Karte S. 60 f.

☎ 515 52 3526; www.stephanskirche.at; 1., Stephansplatz; Führung Erw./Kind unter 14 Jahren 4,50/1,50 €; ⊕ Mo–Sa 10–11.30 & 13.30–16.30, So 13.30–16.30 Uhr; Ⓤ U1, U3 Stephansplatz

Rund um den Dom befand sich auf dem heutigen Stephansplatz früher ein Friedhof. Doch als in den 1730er-Jahren Pest- und Grippeepidemien Europa heimsuchten, ordnete Karl VI. die Schließung des Friedhofs an. Künftig wurden die Toten in neuen Grabstätten unter dem Stephansdom beerdigt, die im 19. Jh. schließlich ihren Beinamen Katakomben erhielten. Heute liegen hier in einem Massengrab und einem Beinhaus die sterblichen Überreste tausender Pestopfer begraben. Zudem sind zahlreiche Urnen zu sehen, in denen die inneren Organe der Habsburger bestattet wurden. Eines ihrer vielen Privilegien bestand nämlich darin, nach dem Tod in mehrere Teile „zerlegt" zu werden: Ihre Herzen in der Augustinerkirche in der Hofburg (s. S. 76) und die restlichen Körperteile in der Kaisergruft (s. S. 66).

SÜDTURM DES STEPHANSDOMS
Karte S. 60 f.

☎ 515 52 3520; www.stephanskirche.at; 1., Stephansplatz; Erw./Kind unter 14 Jahren 3,50/1 €; ⊕ 9–17.30 Uhr; Ⓤ U1, U3 Stephansplatz

Zur Grundsteinlegung des Südturms im Jahr 1359 soll Rudolf IV. Spaten und Kelle aus Silber benutzt haben. Beide gehörten bis zu ihrem Verschwinden im 15. Jh. angeblich zum Domschatz. Ursprünglich sollten zwei Türme gebaut werden, doch der Südturm geriet schließlich so hoch, dass für einen zweiten nur wenig Platz blieb. 1433, nach 75 Jahren mühevoller Arbeit, wurde der 136,7 m hohe Turm schließlich fertiggestellt. Steigt man die 343 Stufen hinauf, bietet sich von der schmalen Aussichtsplattform ein Panoramablick über die Dächer der Inneren Stadt.

DIE PUMMERIN DES STEPHANSDOMS Karte S. 60 f.

☎ 515 52 3520; www.stephanskirche.at; 1., Stephansplatz; Erw./Kind unter 14 Jahren 4,50/1,50 €; ⊕ Mitte Jan.–Juni & Sept.–Dez. 8.15–16.30, Juli & Aug. 8.15–18 Uhr; Ⓤ U1, U3 Stephansplatz

Ursprünglich sollte der Stephansdom mit einem zweiten Turm versehen werden. Da das Geld jedoch knapp und der gotische Stil aus der Mode gekommen war, wurden die Arbeiten eingestellt und dem nur halbfertigen Nordturm 1579 eine Renaissancekuppel aufgesetzt. Österreichs größte Glocke, die neue, stolze 21 t schwere Pummerin, wurde hier 1952 aufgehängt, nachdem sie aus den Resten der 1711 angefertigten Vorgängerglocke gegossen worden war. Der Nordturm ist per Aufzug zugänglich.

DOM- & DIÖZESANMUSEUM
Karte S. 60 f.

☎ 515 52 3689; 1., Stephansplatz 6; Erw./Kind unter 14 Jahren/Familie 7/3/16 €; ⊕ Di–Sa 10–17 Uhr; Ⓤ U1, U3 Stephansplatz

Das Wiener Dom- und Diözesanmuseum ist eine Schatzkammer religiöser Kunstwerke aus einer Zeitspanne von über 1000 Jahren. Die Sammlung birgt einmalige Stücke wie

INNERE STADT

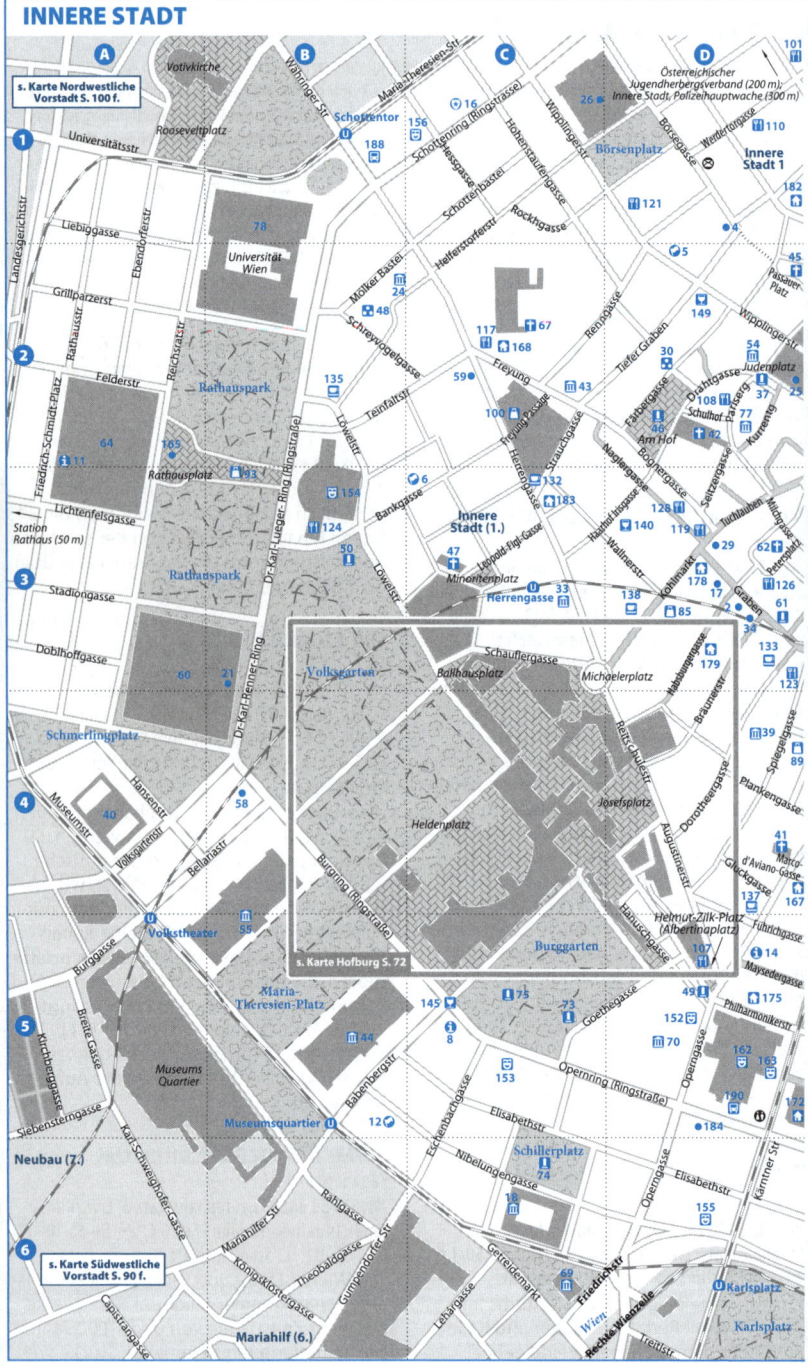

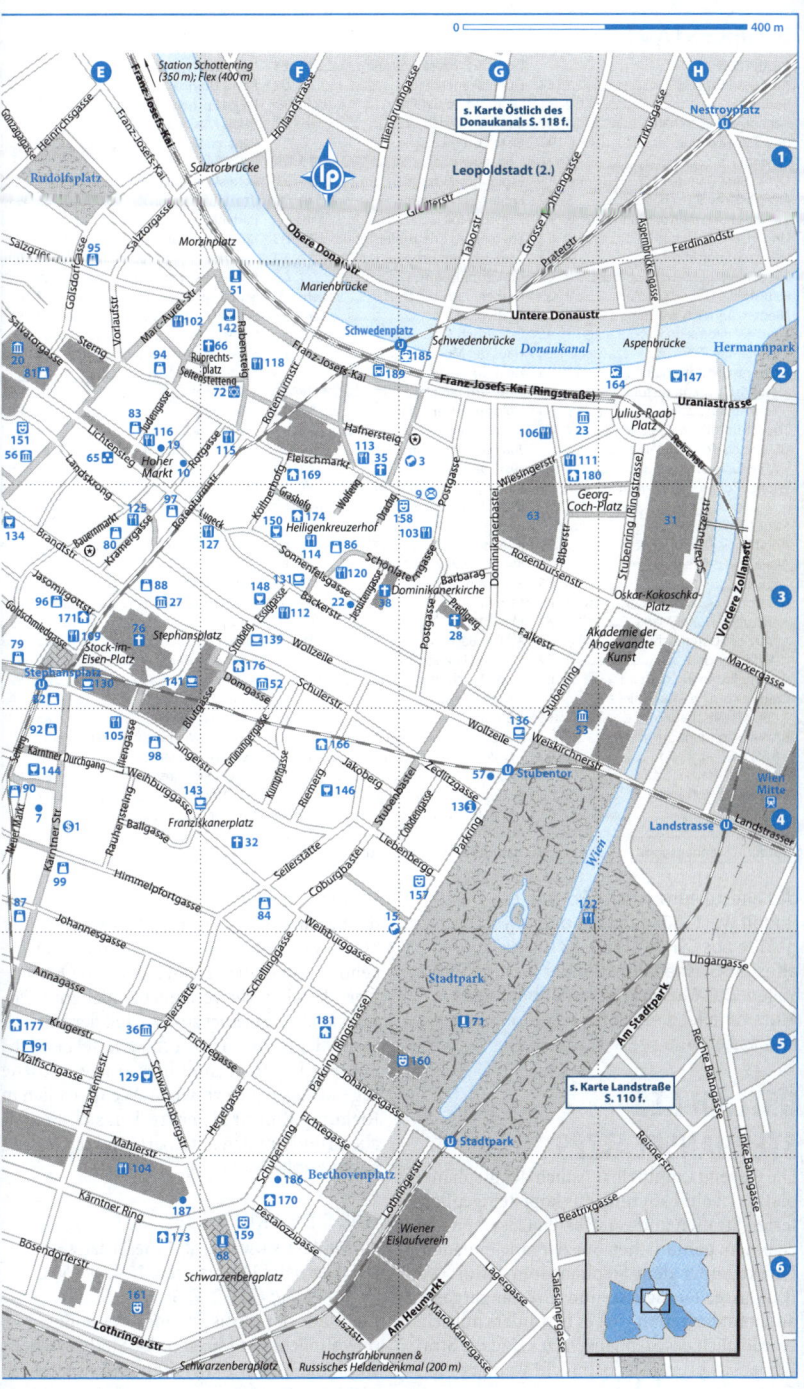

INNERE STADT

PRAKTISCHES
American Express	**1**	E4
Berlitz	**2**	D3
Kanadische Botschaft	**3**	G2
City Segway Tours	(siehe 190)	
Cityrama	**4**	D1
DDSG Blue Danube	(siehe 185)	
Französische Botschaft	**5**	D2
Vienna Line (Stadtrundfahrt)	(siehe 190)	
Ungarische Botschaft	**6**	C3
Inlingua-Sprachschule	**7**	E4
Jugendinfo	**8**	C5
Hauptpost	**9**	G3
Niederösterreich Werbung	**10**	E2
Touristeninformation am Rathaus	**11**	A2
Vienna-Ring-Tram	(siehe 189)	
Slowenische Botschaft	**12**	B5
Slowakische Zentrale für Tourismus	**13**	G4
Tourist-Info Wien	**14**	D5
US-Botschaft, Konsularische Abteilung	**15**	F4
Wiener Polizei, Hauptwache	**16**	C1

SEHENSWERTES (S. 57)
Adolf Loos' Öffentl. Toiletten	**17**	D3
Akademie der Bildenden Künste	**18**	C6
Am Hof	(siehe 46)	
Ankeruhr – Hoher Markt	**19**	E2
Archiv des Österreichischen Widerstands	**20**	E2
Athena-Brunnen	**21**	B3
Österreichische Akademie der Wissenschaften	**22**	F3
BAWAG Contemporary/ BAWAG Foundation	**23**	G2
Pasqualati-Haus	**24**	B2
Böhmische Hofkanzlei	**25**	D2
Börse-Palais	**26**	C1
Pummerin	(siehe 76)	
Südturm Stephansdom	(siehe 76)	
Dom- & Diözesanmuseum	**27**	E3
Dominikanerkirche	**28**	G3
Dr.-Ignaz-Seipel-Platz	(siehe 38)	
Equitable-Palais	(siehe 82)	
Erste Österreichische Sparkasse	**29**	D3
Esperanto-Museum	(siehe 33)	
Feuerwehrzentrale	**30**	D2
Fleischmarkt	(siehe 35)	
Ehemaliges Kriegsministerium	**31**	H3
Franziskanerkirche	**32**	F4
Globenmuseum	**33**	C3
Graben	(siehe 61)	
Grabenhof	**34**	D3
Griechisch-Orthodoxe Kirche	**35**	F2
Haus der Musik	**36**	E5
Helmut-Zilk-Platz (Albertinaplatz)	(siehe 49)	
Holocaust-Denkmal	**37**	D2
Jesuitenkirche	**38**	F3
Jüdisches Museum	**39**	D4
Justizpalast	**40**	A4
Kaisergruft (Kapuzinergruft)	**41**	D4
Kapuzinerkirche	(siehe 41)	
Kirche am Hof	**42**	D2
Kunstforum	**43**	C2
Kunsthistorisches Museum	**44**	B5
Maria am Gestade	**45**	D2
Mariensäule	**46**	D2
Minoritenkirche	**47**	C3
Mölker Bastei	**48**	B2
Mahnmal gegen Krieg und Faschismus	**49**	D5
Kaiserin-Elisabeth-Statue	**50**	B3
Morzinplatz & Denkmal für die Opfer des Faschismus	**51**	F2
Mozarthaus Wien	**52**	F3
Museum für angewandte Kunst	**53**	G4
Museum Judenplatz	**54**	D2
Naturhistorisches Museum	**55**	B5
Neidhart-Fresken	**56**	E2
Palais Dumba	**57**	G4
Palais Epstein	**58**	B4
Palais Kinsky	**59**	C2
Parlament	**60**	A3
Pestsäule	**61**	D3
Peterskirche	**62**	D3
Postsparkasse	**63**	G3
Rathaus	**64**	A2
Römer Museum – Hoher Markt	**65**	E2
Ruprechtskirche	**66**	F2
Schottenkirche	**67**	C2
Schwarzenbergplatz	**68**	F6
Secession	**69**	C6
Staatsopernmuseum	**70**	D5
Stadtpark & Johann-Strauss-Denkmal	**71**	G5
Stadttempel	**72**	F2
Franz-Josef-Denkmal	**73**	C5
Friedrich-Schiller-Denkmal	**74**	C6
Mozart-Denkmal	**75**	C5
Stephansdom	**76**	E3
Stephansdom, Katakomben	(siehe 76)	
Uhrenmuseum	**77**	D2
Universität, Hauptgebäude	**78**	B1

SHOPPEN (S. 145)
Altmann & Kühne	**79**	E3
Art Up	**80**	E3
Atelier Naske	**81**	E2
Augarten Wein	**82**	E3
Austrian Delights	**83**	E2
British Bookshop	**84**	F4
Freytag & Berndt	**85**	D3
Freyung-Weihnachtsmarkt	(siehe 117)	
Heiligenkreuzerhof-Weihnachtsmarkt	**86**	F3
J&L Lobmeyr	**87**	E4
Manner	**88**	E3
Markt Freyung	(siehe 117)	
Meinl am Graben	(siehe 119)	

das älteste europäische Porträt, das Herzog Rudolf IV. (1360) darstellt, oder zwei Glasgefäße aus Syrien (1280–1310), die zu den ältesten Glasbehältnissen der Welt gehören sollen. Das Museum ist ein unbedingtes Muss für alle, die sich für religiöse Kunst interessieren.

ÖSTLICH DES STEPHANSPLATZES

Die Gegend unmittelbar östlich des Stephansplatzes ist ein Labyrinth aus kopfsteingepflasterten Straßen und versteckten Gässchen, die zu einem gemütlichen Spaziergang einladen. Direkt hinter dem Stephansdom – dort wo Blutgasse, Domgasse und Grünangergasse aufeinandertreffen – ist es besonders hübsch. Nordöstlich des Stephansplatzes sind die Straßen etwas breiter, jedoch nicht weniger reizvoll. Der Heiligenkreuzerhof, auf dem einer der bezauberndsten Weihnachtsmärkte (S. 155) der Stadt stattfindet, und die Schönlaterngasse gehören dabei zu den einladendsten Örtchen. Der Fleischmarkt verläuft parallel zum Donaukanal und gehört zu dem Teil der Inneren Stadt, der früher als Griechenviertel bezeichnet wurde. Heute sind hier einige hübsche Jugendstilgebäude zu sehen. Weiter östlich in Richtung Ringstraße erstrecken sich Freiflächen rund um den Stadtpark und das Museum für angewandte Kunst (S. 64).

HAUS DER MUSIK Karte S. 60 f.
☎ 516 48-0; www.hdm.at; 1., Seilerstätte 30; Erw./Kind unter 12 Jahren/erm. 10/5,50/8,50 €; ⏰ 10–22 Uhr; 🚇 1, 2 🚌 3A

Das Haus der Musik ist eines der außergewöhnlicheren Museen der Stadt. Auch wenn einige der Aktivitäten und Ausstel-

INNERE STADT

Mühlbauer	**89**	D4
Oberlaa	**90**	E4
Opern Confiserie	**91**	E5
Österreichische Werkstätten	**92**	E4
Rathausplatz-Weihnachts- markt	**93**	B3
Shakespeare & Co	**94**	E2
Unger und Klein	**95**	E1
Vienna Bag	(siehe 131)	
Wein & Co	**96**	E3
Weltladen	**97**	E3
Woka	**98**	E4
Wolford	**99**	E4
Xocolat	**100**	C2

ESSEN 🍴		(S. 157)
Aubergine	**101**	D1
Aurelius	**102**	E2
Beim Czaak	**103**	G3
Billa	**104**	E6
Billa	**105**	E4
Billa	**106**	G2
Bio-Markt Freyung	(siehe 117)	
Bitzinger Würstelstand am Albertinaplatz	**107**	D5
Bodega Marqués	**108**	D2
DO & CO Stephansplatz	**109**	E3
EN	**110**	D1
Expedit	**111**	G2
Figlmüller	**112**	F3
Griechenbeisl	**113**	F3
Hollmann Salon	**114**	F3
Kiang	**115**	F2
Limes	**116**	E2
Markt Freyung	**117**	C2
Maschu Maschu	**118**	F2
Meierei im Stadtpark	(siehe 122)	
Meinl's Restaurant	**119**	D3
Österreicher im MAK	(siehe 53)	
Restaurant Bauer	**120**	F3
Soupkultur	**121**	D1
Steirereck im Stadtpark	**122**	G4

Trzesniewski	**123**	D3
Vestibül	**124**	B3
Wrenkh	**125**	D3
Yohm	**126**	D3
Zanoni & Zanoni	**127**	F3
Zum Schwarzen Kameel	**128**	D3

AUSGEHEN & NACHTLEBEN 🍷☕		(S. 181)
1516 Brewing Company	**129**	E5
Aida	**130**	E3
Café Alt Wien	**131**	F3
Café Central	**132**	C3
Café Hawelka	**133**	D3
Café Korb	**134**	E3
Café Landtmann	**135**	B2
Café Prückel	**136**	G4
Café Sacher	(siehe 175)	
Café Tirolerhof	**137**	D4
Demel	**138**	D3
Diglas	**139**	F3
Esterházykeller	**140**	D3
Haas & Haas	**141**	F3
Jazzland	**142**	F2
Kleines Café	**143**	E4
Loos American Bar	**144**	E4
Passage	**145**	C5
Porgy & Bess	**146**	F4
Urania	**147**	H2
vis-a-vis	**148**	F3
Why Not?	**149**	D2
Zwölf-Apostel-Keller	**150**	F3

MUSIK & THEATER 🎭		(S. 203)
Artis International	**151**	E2
Bundestheaterkassen	**152**	D5
Burg Kino	**153**	C5
Burgtheater	**154**	B3
Cinemagic	**155**	D6
De France	**156**	C1
Gartenbaukino	**157**	G4
Kammeroper	**158**	G3

Kasino am Schwarzenbergplatz	**159**	F6
Kursalon	**160**	G5
Musikverein	**161**	E6
Staatsoper	**162**	D5
Wien-Ticket Pavillon	**163**	D5

SPORT & AKTIVITÄTEN		(S. 213)
Badeschiff	**164**	H2
Wiener Eistraum	**165**	A2

SCHLAFEN 🛏		(S. 219)
Appartements Riemergasse	**166**	F4
Aviano	**167**	D4
Benediktushaus	**168**	C2
DO & CO	(siehe 109)	
Holmann Beletage	**169**	F2
Hotel am Schubertring	**170**	F6
Hotel am Stephansplatz	**171**	E3
Hotel Bristol	**172**	D5
Hotel Imperial	**173**	E6
Hotel Kaertnerhof	**174**	F3
Hotel Sacher	**175**	D5
König von Ungarn	**176**	F3
Pension am Operneck	**177**	D5
Pension Nossek	**178**	D3
Pension Pertschy	**179**	D3
Pension Riedl	**180**	G2
Radisson SAS Palais Hotel	**181**	F5
Schweizer Pension	**182**	D1
Style Hotel	**183**	C3

TRANSPORT		(S. 243)
Avis	**184**	D5
DDSG Blue Danube	**185**	G2
Europcar	**186**	F6
Hertz	**187**	E6
Schottentor, Nachtbushaltestelle	**188**	B1
Schwedenplatz, Nachtbushaltestelle	**189**	F2
Staatsoper, Nachtbushaltestelle	**190**	D5
Twin City Liner	(siehe 185)	

lungsstücke besucherfreundlicher gestaltet sein könnten, wird hier das Thema Musik auf amüsante und interaktive Weise sowohl jungen als auch älteren Besuchern nahegebracht.

Im ersten Stock befinden sich die historischen Archive der Wiener Philharmoniker. Hier gibt es eine gekürzte Fassung des weltberühmten Neujahrskonzerts zu hören, außerdem können Besucher mittels eines sonderbaren interaktiven Geräts durch Würfeln ihren eigenen Walzer komponieren. Im zweiten Stock kann man dann in der sogenannten Sonosphere in die Welt der Klänge eintauchen. Zum Programm gehören allerlei Instrumente, interaktive Gerätschaften und Touchscreens. Hier kann man sein Hörvermögen testen und mittels vorgefertigter Klänge seine eigene CD kreieren (7 €).

Der dritte Stock ist den klassischen Komponisten Wiens gewidmet. Für Unterhaltung sorgt dabei der „virtuelle Dirigent": Ein Video der Wiener Philharmoniker folgt den Bewegungen eines Dirigentenstabs, der von einem Besucher geführt wird.

Gelegentlich bietet das Museum auch spezielle Kinderprogramme an – Infos dazu gibt's auf der Website.

MOZARTHAUS WIEN Karte S. 60 f.

☎ 512 17 91; www.mozarthausvienna.at; 1., Domgasse 5; Erw./erm. & Kind unter 14 Jahren 9/7 €; ⏱ 10–19 Uhr; Ⓤ U1, U3 Stephansplatz 🚌 1A

Das Mozarthaus Wien, in dem der weltbekannte Komponist zweieinhalb glückliche und produktive Jahre verbrachte, ist die Mozartattraktion der Stadt schlechthin. Vor ein paar Jahren wurde das Museum komplett neu gestaltet. Seitdem bietet es informative Einblicke in die insgesamt zehn Wiener Jahre Mozarts. Ein Stockwerk ist der Gesellschaft des späten 18. Jhs. gewidmet, wobei bekannte Persönlichkeiten des Hofes und Mozarts Leben näher beleuchtet werden. Teil der Ausstellung sind z. B. die Freimaurer, für die Mozart mehrere Stücke schrieb. Auch Mozarts Laster – seine Frauengeschichten, sein Hang zum Glücksspiel und seine Verschwendungssucht – werden nicht ausgeklammert, was der Ausstellung eine gewisse Würze verleiht. Eine andere Etage konzentriert sich auf Mozarts Musik und auf ihre Einflüsse. Hier schrieb der Komponist zudem die Oper *Die Hochzeit des Figaro,* die in Wien zunächst gnadenlos durchfiel, in Prag dann jedoch ein Sensationserfolg wurde. In einem anderen Raum ist eine surreale holografische Darstellung von Szenen aus der *Zauberflöte* zu sehen. Das letzte Stockwerk ist mit einigen Möbelstücken aus der damaligen Zeit ausgestattet und soll eine Vorstellung von Mozarts Wohnung vermitteln. Im Eintrittspreis ist ein äußerst interessanter Audioguide enthalten.

MUSEUM FÜR ANGEWANDTE KUNST
Karte S. 60 f.

☎ 711 36-0; www.mak.at; 1., Stubenring 5; Erw./Kind & Jugendl. unter 19 Jahren/erm. 7,90/frei/5,50 €; Mi-So 10–18, Di 10-24 Uhr; U3 Stubentor 2

Das Museum für angewandte Kunst, besser bekannt als MAK, verfügt über eine umfangreiche Sammlung von Alltagsgegenständen, die gleichzeitig Kunst darstellen. Im MAK befindet sich außerdem das ausgezeichnete Café Österreicher im MAK (S. 165). Das Gebäude selbst stammt aus dem Jahr 1871 und ist mit seiner Neurenaissance-Architektur und den wunderschönen Decken ein Hingucker für sich.

Jeder Ausstellungsraum ist einem bestimmten Stil oder einer speziellen Region gewidmet, z. B. der Renaissance, dem Barock, dem Orientalismus, Historismus, Empire, Jugendstil und den originellen Metallarbeiten der Wiener Werkstätte. Das Untergeschoss wiederum beherbergt die Studiensammlung. Hier sind die Exponate nach Materialien geordnet, nämlich Glas und Keramik, Metall, Holz sowie Textilien. Das Spektrum reicht von antiken orientalischen Statuen bis zu Sofas – besonders auffällig ist dabei das in Form von roten Lippen. Bei einigen besonders bemerkenswerten Porzellan- und Glasgegenständen illustrieren Gussformen den jeweiligen Herstellungsprozess.

Am Samstag ist der Eintritt frei, Führungen (2 €) wiederum finden samstags um 11 Uhr statt.

FRANZISKANERKIRCHE Karte S. 60 f.
☎ 512 45 7811; 1., Franziskanerplatz; Eintritt frei; 7–20 Uhr; U1, U3 Stephansplatz

Die prachtvolle Franziskanerkirche birgt architektonische Überraschungen. Von außen betrachtet erfüllt sie alle Merkmale eines Renaissancebaus aus dem frühen 17. Jh., das Innere schmücken jedoch jede Menge Gold- und Marmorverzierungen, die aus dem Barockzeitalter etwa 100 Jahre später stammen. Hinter dem eindrucksvollen Hochaltar, der in Form eines Triumphbogens gestaltet wurde, versteckt sich die älteste Orgel Wiens. Sie wurde 1642 von Johann Wöckherl erbaut und wird gerade restauriert. Wenn alles planmäßig verläuft, wird ihr himmlischer Klang wieder ab etwa 2011 erklingen.

FLEISCHMARKT Karte S. 60 f.
1.; U1, U3 Stephansplatz

Um das Jahr 1700 siedelten sich griechische Händler rund um den Fleischmarkt an, der sich so mit der Zeit zum Zentrum des Griechenviertels entwickelte. Ihr Lieblingstreffpunkt war das Griechenbeisl (s. S. 164), das heute eines der beliebtesten (und touristischsten) Beisl der Stadt ist. Mit der Zeit zogen einige reichere Griechen weiter in Richtung Ringstraße und bauten dort größere Wohnsitze. Einer der Einwanderer, der Industrielle und Politiker Nikolaus von Dumba, gab 1866 den Bau des Palais Dumba (Karte S. 60 f.; Parkring 4) in Auftrag. Seit Anfang des 20. Jhs. prägen daher hübsche Jugend-

top picks
DIE INNERE STADT MIT KINDERN
- Globenmuseum (S. 77)
- Haus der Musik (S. 62)
- Museen in der Neuen Burg – Hofjagd- und Rüstkammer (S. 76)
- Museum für Völkerkunde (S. 77)
- Naturhistorisches Museum (S. 75)
- Spanische Hofreitschule – Morgenarbeit (S. 71)

stilgebäude das traditionelle Griechenviertel um den Fleischmarkt. Das Haus Nr. 14 mit seinen Gold- und Stuckverzierungen wurde zwischen 1889 und 1899 von Ferdinand Dehm und Franz Olbricht errichtet, in Nr. 7 (Max Kropf; 1899) verbrachte der Hollywoodregisseur Billy Wilder einen Teil seiner Kindheit (1914–1924). Arthur Baron entwarf die Häuser Nr. 1 und 3 (1910).

GRIECHISCH-ORTHODOXE KIRCHE
Karte S. 60 f.

☎ 533 38 89; 1., Fleischmarkt 13; Eintritt frei; ۞ Mo–Sa 11–15, So 11–13 Uhr; Ⓤ U1, U4 Schwedenplatz 🚋 1, 2

Wiens größte griechisch-orthodoxe Kirche wurde 1861 im Auftrag der griechischen Gemeinde errichtet. Ihr Inneres zieren glänzende byzantinische Elemente, auf einem Deckenfresko sind von Goldwirbeln gezierte Propheten zu sehen. Der Hochaltar wiederum weist insgesamt 13 vergoldete Paneele auf, ein Torweg führt zum Heiligtum der Kirche. Heute gehören der griechisch-orthodoxen Gemeinde Wiens 10 000 Mitglieder an.

BAWAG CONTEMPORARY/ BAWAG FOUNDATION Karte S. 60 f.

☎ 534 53-0; www.bawag-foundation.at; 1., Franz-Josefs-Kai 3; Eintritt frei; ۞ 14–20 Uhr; 🚋 1, 2

In der von der BAWAG (Bank für Arbeit und Wirtschaft) finanzierten Galerie werden Werke zeitgenössischer nationaler und internationaler Maler ausgestellt. Der Schwerpunkt liegt dabei auf Künstlern, die in den 1970er-Jahren geboren wurden. Die Ausstellungen wechseln regelmäßig und berücksichtigen alle möglichen Kunstgattungen, von Skulpturen bis hin zu Fotografie und Film.

DOMINIKANERKIRCHE Karte S. 60 f.

☎ 512 91 74; 1., Postgasse 4; Eintritt frei; ۞ 7–19 Uhr; Ⓤ U3 Stubentor 🚋 1, 2, 🚌 2A

Die ersten Dominikaner kamen im Jahr 1226 auf Einladung des Babenbergers Leopold VI. nach Wien. Ihre erste Kirche stand bereits dort, wo die heutige Dominikanerkirche zu finden ist. Im Zuge der Ersten Türkenbelagerung 1529 wurde sie teilweise abgetragen, um mit dem dadurch gewonnenen Gestein die Stadtmauer zu verstärken. Das heutige, 1634 geweihte Gotteshaus war einst die erste barocke Kirche Wiens. Der Entwurf stammt größtenteils von italienischen Architekten und Künstlern, das großzügige Innere mit seinen weißen Stuckarbeiten und Fresken ist äußerst sehenswert.

DR.-IGNAZ-SEIPEL-PLATZ Karte S. 60 f.

1.; Ⓤ U1, U3 Stephansplatz

Der frühere Universitätsplatz war einst das Herz des alten Wiener Universitätsviertels. Heute ist in dem Gebäude der alten Uni die Österreichische Akademie der Wissenschaften (☎ 515 81-0; www.oeaw.ac.at; Dr. Ignaz-Seipel-Platz 2; Eintritt frei; ۞ Mo–Fr 7–18 Uhr) untergebracht. Bereits in den 1420er-Jahren war hier eine Universität errichtet worden, das heutige Gebäude ist jedoch aufgrund von Mitte des 18. Jhs. durchgeführten Restaurationsarbeiten vom Stil des Spätbarocks geprägt. Gegenüber steht die Jesuitenkirche (☎ 512 5232-0; Dr. Ignaz-Seipel-Platz 1; Eintritt frei; ۞ Mo–Sa 7–19, So 8–20 Uhr), die frühere Universitätskirche aus dem Jahr 1627. 1703 gestaltete sie der italienische Architekt und Maler Andrea Pozzo (1642–1709) im barocken Stil um und schuf die aufsehenerregende Trompe-l'Œil-Kuppel und andere Deckenfresken. Läuft man unter der Kuppel hindurch, löst sich Pozzos Illusion in Wohlgefallen auf.

STADTPARK & JOHANN-STRAUSS-DENKMAL Karte S. 60 f.

1., 03; Ⓤ U4 Stadtpark 🚋 D

Der Stadtpark wurde 1862 eröffnet. Durch die hübsche Grünanlage mit Teich im Zentrum schlängeln sich kleine Pfade. Nur einen Steinwurf vom Zentrum entfernt kann man hier bestens spazieren gehen oder etwas Sonne tanken. Wiener, die in der Inneren Stadt arbeiten, verbringen in dem Park gerne ihre Mittagspause. Er erstreckt sich zwischen Ring und Wienfluss, der in den Donaukanal mündet, teilweise bis hin zum Bezirk Landstraße (S. 108). Die berühmteste der vielen Statuen, die den Park schmücken (darunter eine von Schindler, Bruckner und Schubert), ist das Johann-Strauss-Denkmal, eine von einem weißen Bogen gezierte goldene Statue von Johann Strauss (Sohn). Normalerweise erkennt man sie am Ansturm vor allem japanischer Touristen.

POSTSPARKASSE Karte S. 60 f.

☎ 534 53 33088; www.ottowagner.at; 1., Georg-Coch-Platz 2; Museum Erw./Kind unter 10 Jahren/erm. 5/frei/3,50 €; ۞ Mo–Fr 9–17, Sa 10–17 Uhr; Ⓤ U1, U4 Schwedenplatz 🚋 1, 2

65

Das berühmte Gebäude der Postsparkasse ist das Werk Otto Wagners, der von 1904 bis 1906 und wiederum von 1910 bis 1912 verantwortlicher Architekt war. Die Jugendstilarchitektur und seine Materialwahl waren für die damalige Zeit innovativ. So wird die graue Marmorfassade von 17 000 Metallnägeln zusammengehalten. Das Innere zieren futuristisch anmutende Heizungsrohre aus Aluminium und nackte Stahlstützen. Das kleine Museum an der Rückseite der Schalterhalle zeigt wechselnde Designausstellungen, Themen sind beispielsweise Bürogebäude oder raffinierte Küchengeräte.

EHEMALIGES KRIEGSMINISTERIUM
Karte S. 60 f.

1., Stubenring 1; U1, U4 Schwedenplatz 1, 2
Das ehemalige Kriegsministerium ist ein recht kühl wirkendes Militärgebäude aus dem Jahr 1913, in dem heute verschiedene Bundesministerien untergebracht sind. Es stellt einen interessanten Kontrast zu Otto Wagners innovativer Postsparkasse direkt gegenüber dar. Tatsächlich hatte sich Wagner auch für dieses Bauvorhaben beworben, man hatte seinen Entwurf jedoch abgelehnt, weil er nicht den Vorgaben entsprach. Ludwig Baumanns Konstruktion musste übrigens um ein zusätzliches Stockwerk erweitert werden, damit der Bau die Fassade samt dem geradezu absurd großen Doppeladler tragen konnte.

SCHWARZENBERGPLATZ Karte S. 60 f.
01, 03; U4 Stadtpark oder Karlsplatz
Der Schwarzenbergplatz erstreckt sich über die Ringstraße hinweg bis zum Bezirk Landstraße (s. S. 108). An der Nordseite erhebt sich die Statue Karl Philipps von Schwarzenberg, der die gegen Napoleon verbündeten Truppen in der Völkerschlacht bei Leipzig (1813) anführte. Die Südseite wiederum zieren ein steinerner Hochstrahlbrunnen und das Russische Heldendenkmal. Der Brunnen wurde 1873 anlässlich der Fertigstellung der ersten Hochquellenwasserleitung Wiens in Betrieb genommen. Das Denkmal wiederum ist mit folgender Widmung auf Russisch versehen: „Ewiges Heil den Helden der Roten Armee, die gefallen sind im Kampf gegen die deutsch-faschistischen Landräuber – für die Freiheit und Unabhängigkeit Europas". Für ein Kriegsdenkmal ist dieses Exemplar bemerkenswert elegant und ansehnlich. Ob es den Wienern nun gefällt oder nicht, der Staatsvertrag von 1955 zwischen Österreich und den Alliierten bestimmt den Erhalt derartiger Denkmäler.

KÄRNTNER STRASSE & UMGEBUNG

Die Kärntner Straße stellt die Hauptverbindungsstraße zwischen dem Stephansplatz und der Staatsoper dar. Früher diente sie als Durchgangsstraße für Händler, die in Wien verkehrten, in den 1970er-Jahren wurde sie dann zur ersten Fußgängerzone der Stadt und zugleich zu der Einkaufsmeile schlechthin. Auf dem parallel verlaufenden Neuen Markt, dem früheren Blumenmarkt, befindet sich die Hauptattraktion der Gegend, die Kaisergruft. Mitten auf dem Platz steht eine Replik von Georg Raphael Donners wunderschönem Providentia-Brunnen (1739). Da Maria Theresia Angst um die Originalfiguren hatte, wurden sie 1773 entfernt; seit 1921 befinden sich im Unteren Belvedere (s. S. 109).

KAISERGRUFT (KAPUZINERGRUFT)
Karte S. 60 f.

512 68 53; 1., Neuer Markt; Erw./Kind unter 14 Jahr/erm. 5/2/4 €; 10–18 Uhr; U1, U3 Stephansplatz 2A
Die Kaisergruft unterhalb der Kapuzinerkirche ist die letzte Ruhestätte der Habsburger – wenn auch nur teilweise, schließlich liegen ihre Herzen und Organe in der Augustinerkirche bzw. im Stephansdom bestattet. Die 1633 fertiggestellte Gruft war eine Idee von Kaiserin Anna (1585–1618). Sie und ihr Mann Kaiser Matthias (1557–1619) waren die ersten, die hier bestattet wurden. Seitdem wurden fast alle Angehörigen der Habsburger Dynastie hier begraben, wobei es drei namhafte Ausnahmen gibt: Karl I., der letzte österreichische Kaiser, liegt in Madeira begraben, wo er im Exil starb. Marie Antoinette, eine Tochter von Maria Theresia, fand ihre letzte Ruhe in Paris. Und die sterblichen Überreste des Herzogs von Reichstadt, Sohn von Napoleon und dessen zweiter Frau Marie Louise, wurden zu Propagandazwecken 1940 von den Nationalsozialisten nach Paris gebracht.

Mode ändert sich, das gilt selbst für die letzten Ruhestätten der Habsburger. So rangieren die Gräber von schlicht und schnörkellos bis hin zu kunstvoll verziert und barock-pompös. Zur letztgenannten

Kategorie gehören etwa der gewaltige Doppelsarkophag von Maria Theresia und Franz I. Stephan sowie das eindrucksvolle Grab von Karl VI.; beide sind das Werk von Balthasar Moll.

AKADEMIE DER BILDENDEN KÜNSTE
Karte S. 60 f.

☎ 588 16-0; www.akademiegalerie.at; 1., Schillerplatz 3; Erw./Kind unter 10 Jahren/erm. 6/frei/3,50 €; ⓥ Di–So 10–18 Uhr; Ⓤ U1, U2, U4 Karlsplatz Ⓓ D, 1, 2, 62

Die Akademie der bildenden Künste wird von Besuchern oft übersehen. Die Ausstellung konzentriert sich auf klassische deutsche, flämische und niederländische Maler und zeigt Werke von solch bedeutenden Künstlern wie Hieronymus Bosch, Rembrandt, Van Dyck, Rubens, Tizian, Francesco Guardi und Cranach dem Älteren. Das absolute Highlight ist Boschs eindrucksvolles und zugleich schauerliches Triptychon *Das jüngste Gericht* (1504–1508), dessen linke Tafel die Vertreibung Adams und Evas aus dem Paradies zeigt, während in der Mitte und auf der rechten Tafel die Qualen in der Hölle dargestellt sind. Das Gebäude selbst hat eine hübsche Fassade, entworfen wurde es von Theophil Hansen (1813–1891), der mit dem Bau des Parlaments zu Ruhm gelangt war. Hier ist immer noch die Kunsthochschule untergebracht, die übrigens auch dafür bekannt wurde, dass sie Adolf Hitler zweimal ablehnte und Egon Schiele aufnahm (wenn der auch froh war, sie so schnell wie möglich wieder verlassen zu können). Direkt vor der Akademie steht ein Friedrich-Schiller-Denkmal.

Ein Audioguide ist für 2 € zusätzlich erhältlich. Führungen (3 €) finden von Oktober bis Juni sonntags um 10.30 Uhr statt.

SECESSION Karte S. 60 f.

☎ 587 53 07; www.secession.at; 1., Friedrichstraße 12; Eintritt Ausstellung & Fries Erw./erm. 8,50/5 €, nur Ausstellung 5/4 €; ⓥ Di–So 10–18 Uhr; Ⓤ U1, U2, U4 Karlsplatz

1897 verließen 19 progressive Künstler das Künstlerhaus, brachen damit mit dem künstlerischen Establishment und gründeten die Wiener Secession (S. 40). Ihr Ziel war es, aktuelle Trends der zeitgenössischen Kunst aufzuzeigen und sich vom Historismus zu lösen. Zu den Secessionisten gehörten Klimt, Josef Hoffman, Kolo Moser und Joseph M. Olbrich, ein Schüler Otto Wagners.

Olbrich erhielt den ehrenvollen Auftrag, das neue Ausstellungszentrum der Secessionisten zu gestalten. Es wurde nur ein Jahr später errichtet und verband karge Funktionalität mit verspielten Elementen.

Das Gebäude unterscheidet sich stark von der Architektur auf der Ringstraße. Auffälligstes Merkmal ist dabei eine kunstvolle goldene Kuppel, die ein Türmchen auf dem Dach ziert und sicherlich Besseres verdient als den Spitznamen „Goldkohl", den ihr manche Wiener geben. Weitere Elemente sind die medusenartigen Masken mit sich windenden Schlangen anstelle von Ohrläppchen über der Tür, die minimalistischen Steineulen, die von den Wänden hinunterblicken, und die großen Keramiktöpfe an der Vorderseite, die von Schildkröten getragen werden.

Bei der 14. Ausstellung, die 1902 in dem Gebäude stattfand, war der berühmte *Beethovenfries* von Klimt zu sehen. Das 34 m lange Werk sollte nur vorübergehend ausgestellt werden und war ursprünglich als schmückendes Rahmenprogramm zu Max Klingers Beethovendenkmal, dem eigentlichen Highlight, vorgesehen. Zum Ende der Ausstellung wurde es dann von einem Privatsammler gekauft, in acht Teile zerlegt (zu den Materialien gehörten Gips, Schilf und Holzlatten) und in das Wohnhaus des Käufers überführt. 1973 erwarb die Regierung den Fries und seit 1983 ist er nun im Untergeschoss ausgestellt. In dem Raum ausgelegte Broschüren erläutern die verschiedenen grafischen Elemente des Werkes, das von Richard Wagners Interpretation von Beethovens 9. Sinfonie inspiriert ist. In einem kleinen Vorraum vor dem eigentlichen Ausstellungsraum wird die Geschichte des Gebäudes dargestellt. Während des Ersten Weltkriegs diente es als Lazarett, im Zweiten Weltkrieg wurde es von den Deutschen während deren Rückzug in Brand gesteckt. Die goldene Kuppel überstand übrigens das Feuer. Das Erdgeschoss dient nach wie vor seinem ursprünglichen Zweck, beherbergt also wechselnde Ausstellungen zeitgenössischer Kunst.

STAATSOPERNMUSEUM Karte S. 60 f.

☎ 514 44 2250; 1., Goethegasse 1; Erw./Kind & Jugendl. unter 19 Jahren/Senior 3/2/2,50 €, mit Besichtigung der Staatsoper 6,50/3,50/5,50 €; ⓥ Di–So 10–18 Uhr; Ⓤ U1, U2, U4 Karlsplatz Ⓓ D, 1, 2, 62

Das der Wiener Hochkultur gewidmete Museum behandelt die Geschichte der vergangenen letzten 50 Jahre der Staatsoper. Die Ausstellung besteht größtenteils aus Fotos und illustriert u. a. Karajans achtjährige Amtszeit als Dirigent. Opernfans kommen hier voll auf ihre Kosten und können z. B. Porträts der großen Stars bewundern. Wer mit der Materie nicht ganz so viel anfangen kann, hat vielleicht an ein paar originellen Exponaten wie Dame Margot Fonteyns verschlissenen Ballettschuhen eine Freude. Einen Besuch des Museums kombiniert man am besten mit einer Besichtigung der Staatsoper (S. 207).

HELMUT-ZILK-PLATZ (ALBERTINAPLATZ) Karte S. 60 f.
1.; U1, U3 Stephansplatz, U4 Karlsplatz

Auf dem hübschen Platz zwischen Staatsoper und Albertina (S. 75) steht das eindrucksvolle Mahnmal gegen Krieg und Faschismus, das Alfred Hrdlicka 1988 erschuf. Die Anordnung heller Granitfiguren soll an jüdische und alle anderen Opfer von Krieg und Faschismus erinnern. Die dunkle, gedrungene Gestalt, die mit Stacheldraht umwickelt ist, stellt einen den Boden schrubbenden Juden dar; der gräulich-schwarze Stein stammt aus dem Konzentrationslager Mauthausen.

VOM STEPHANSPLATZ ZUR HOFBURG

Der Stephansplatz und die Hofburg sind miteinander durch die zwei geschäftigen Fußgängerzonen Graben und Kohlmarkt verbunden. Letzterer endet am Michaelerplatz bzw. am Michaelertor, einem der zentralen Zugangstore zur Hofburg. Zu den Highlights gehören hier die – meistens extrem teuren – Läden, ein paar hübsche Jugendstilbauten und das Jüdische Museum. Antiquitätenliebhaber wiederum kommen in abseits gelegenen Antiquitätenviertel zwischen Seilergasse und Habsburgergasse auf ihre Kosten.

JÜDISCHES MUSEUM Karte S. 60 f.
535 04 31; www.jmw.at; 1., Dorotheergasse 11; Erw./erm. & Kinder 6,50/4 €; So–Fr 10–18 Uhr; U1, U3 Stephansplatz

Das Jüdische Museum nimmt drei Stockwerke des Palais Eskeles ein und dokumentiert mittels Hologrammen und diversen anderen Exponate die Geschichte der Juden in Wien, von den ersten Ansiedlungen am Judenplatz im 13. Jh. bis heute. Das Erdgeschoss beherbergt die Max-Berger-Sammlung, eine umfangreiche Zusammenstellung von Judaica. Daneben zeigt das Museum Wechselausstellungen und 21 Hologramme stellen die Geschichte der Wiener Juden dar. Im Schaudepot im dritten Stock ist eine riesige Sammlung von Torakronen, Tafeln, Schofaroth und anderen Wertgegenständen zu sehen, die von den Nazis 1938 konfisziert wurden. Im Eintrittspreis ist ein Audioguide enthalten, außerdem gibt es sonntags kostenlose Führungen durch die Sonderausstellungen (14 & 15 Uhr) und durch alle übrigen Ausstellungsräume (16 Uhr). Das Kombiticket (Erw./Kind 10/6 €) berechtigt zur Besichtigung des Museums, des Stadttempels (S. 82) und des Museums Judenplatz (S. 81).

GRABEN Karte S. 60 f.
1.; U1, U3 Stephansplatz

Der Graben zweigt vom Stock-im-Eisen-Platz, einem kleinen Platz neben dem Stephansplatz, ab. Die Straße markiert den Verlauf des von den Römern errichteten Schutzgrabens zur Sicherung von Vinodoba. 1192 füllte Leopold V. den Graben auf und ließ eine Festungsmauer bis zur Freyung bauen. Er finanzierte den Bau mit dem Lösegeld, das er für die Freilassung seines Erzrivalens Richard Löwenherz kassiert hatte. Dieser war zuvor auf einer Burg in der Nähe von Dürnstein an der Donau festgehalten worden.

Bekannt ist der Graben für die sich eindrucksvoll in die Höhe windende Pestsäule oder auch die im Jugendstil errichteten öffentlichen Toiletten von Adolf Loos. Die 1692 geschaffene Pestsäule gedenkt des Endes der Pest. Entworfen von Johann Bernhard Fischer von Erlach, gehört sie zu den schönsten ihrer Art in ganz Europa.

Zu den architektonischen Schätzen, nach denen man auf dem Graben Ausschau halten sollte, gehört das Equitable-Palais im Neorenaissance-Stil (Nr. 3); den kunstvoll gestalteten Innenhof zieren ungarische Zsolnay-Fliesen. Bemerkenswert ist zudem ein durch eine Glaseinfassung geschützter, altersschwacher Holzklotz an der Ostseite des Gebäudes. Der Legende nach schlugen im Mittelalter Gesellen, die sich auf die Walz begaben, hier einen Nagel ein; das sollte ihnen eine sichere Heimkehr garantieren. Weitere bemerkenswerte Gebäude sind die neoklassizistische Erste Österreichische Sparkasse (1836) an der Ecke der Tuchlauben,

STILLE ECKEN

Im Sommer wird mit großer Sicherheit in der Inneren Stadt ein ordentliches Gedränge herrschen, ein paar stille Ecken finden sich jedoch immer:

Blutgasse bis Stubenbastei Gleich östlich des Stephansplatzes trifft man auf ein Labyrinth aus größtenteils kopfsteingepflasterten Straßen.

Heiligenkreuzerhof & Schönlaterngasse Die sich windende Schönlaterngasse nordöstlich des Stephansplatzes wird von hohen Barockbauten gesäumt und führt zum Heiligenkreuzerhof, einem inmitten einer Wohngegend gelegenen ruhigen Platz, auf dem der authentischste Weihnachtsmarkt der Stadt stattfindet (S. 155).

Ruprechtsplatz und Umgebung Nördlich des Stephansplatzes befinden sich das alte Judenviertel und eine der ältesten Kirchen Wiens, der Ruprechtskirche (S. 82).

Maria am Gestade und Umgebung Nördlich des Stephansplatzes wacht die schöne gotische Kirche Maria am Gestade (S. 82) über einen Treppenaufgang, der zum idyllischen Concordiaplatz führt.

Am Hof bis Judenplatz Die engen verschlungenen Straßen nordwestlich des Stephansplatzes werden von schicken Fassaden gesäumt.

---

an der eine vergoldete Biene Sparsamkeit und Fleiß symbolisiert, und der Grabenhof (1876; Nr. 14), den Otto Wagner nach Entwürfen von Otto Thienemann im Jugendstil errichtete.

PETERSKIRCHE Karte S. 60 f.

☎ 533 64 33; www.peterskirche.at; 1., Petersplatz; Eintritt frei; Mo–Fr 10–20, Sa & So 9–21 Uhr; U1, U3 Stephansplatz 1A, 2A, 3A

Die Peterskirche unmittelbar nördlich des Grabens wurde 1733 nach den Plänen des gefeierten Barock-Architekten Johann Lukas von Hildebrandt erbaut. Sie ist nicht die erste Barockkirche Wiens – diese Ehre gebührt der Dominikanerkirche (S. 65) –, noch gilt sie als prächtigste, wird sie doch diesbezüglich knapp von der Karlskirche (S. 86) geschlagen. Dennoch sollte man unbedingt einen Blick in das Innere der Kirche werfen, in dem ein Kuppelfresko von Johann Michael Rottmayr und ein vergoldeter Altar zu bewundern ist, auf dem der Leidensweg des Märtyrers Johannes Nepomuk dargestellt ist.

HOFBURG & UMGEBUNG

Wien wurde gebaut, um zu beeindrucken – schließlich hatten die Habsburger einen Hang zum Pomp und Wien war einst Kaiserstadt und eine Bastion des Abendlandes (hätten die Osmanen Wien nach der zweiten Belagerung Ende des 17. Jhs. erobert, hätten sie einen Großteil Europas unter ihre Kontrolle gebracht). Die Hofburg, von vielen verschiedenen Architekten gestaltet und seit dem 13. Jh. regelmäßig umgebaut, ist das letzte sichtbare Symbol des österreichischen Kaiserreichs. Sie war Residenz der Habsburger, deren Herrschaft in Österreich 1282 mit Rudolf I. begann und 1918 unter Karl I. mit dem Untergang der Donaumonarchie endete. Heute sind hier die österreichische Präsidentschaftskanzlei und verschiedene ausgezeichnete Museen untergebracht. Flankiert wird die Hofburg von einer hübschen Parklandschaft.

RÖMISCHE RUINEN – MICHAELERPLATZ Karte S. 72

U3 Herrengasse 2A, 3A

Mitten auf dem von prachtvollen Bauten eingefassten Michaelerplatz sind römische Ruinen zu sehen, die früher eine Art Bordell für Soldaten gewesen sein sollen. Der runde, kopfsteingepflasterte Platz ist meistens fest in der Hand von fotografierwütigen Touristen, Ticketverkäufern und Fiakern – an einem heißen Sommertag können die Menschenmenge und der Duft von Pferdemist einen geradezu überwältigen. Sieht man jedoch von dem Gedrängel und dem nicht sehr erfreulichen Geruchserlebnis ab, gehört der Michaelerplatz zu den hübschesten Plätzen der Stadt.

MICHAELERKIRCHE Karte S. 72

☎ 533 80 00; www.michaelerkirche.at; 1., Michaelerplatz; Eintritt frei; 7–22 Uhr; U3 Herrengasse 2A, 3A

Die Michaelerkirche stammt aus dem 13. Jh. und ist somit – von den römischen Ruinen abgesehen – das älteste Gebäude am Michaelerplatz. Der interessanteste Teil der Kirche ist die Krypta, die Besucher im Rahmen einer 40-minütigen Führung besichtigen können. Diese finden von Ostern bis Oktober montags bis samstags jeweils um 11 und 13.30 Uhr statt. Aus Respekt vor den Toten ist das Fotografieren nicht erlaubt. Im Mittelpunkt der Führungen steht – wenig überraschend – das Thema Tod. Man bekommt Särge zu sehen, die teilweise so zerfallen sind, dass einen die Überreste ihrer Bewohner angucken; die Särge selbst sind teilweise mit gläsernen Deckel verschlossen. Zudem gibt es mehrere adlige Mumien, die aufgrund der speziellen Luft in der Krypta gut erhalten sind. Hier wurden übrigens in unmittelbarer Nähe zur Habsburgerresidenz nur die Reichen und Adligen beigesetzt, im Gegensatz zu den Katakomben im Stephansdom also keine Pestopfer begraben.

LOOSHAUS Karte S. 72
1., Michaelerplatz 3; Mo–Mi & Fr 8 oder 9–15, Do 9–17.30 Uhr; U1, U3 Stephansplatz
Das von Adolf Loos entworfene modernistische Juwel wurde 1911 fertiggestellt. Es war so gar nicht nach Franz Josephs Geschmack. Die bewusst einfach gehaltene

ORIENTIERUNGSHILFE FÜR DIE HOFBURG

Die Hofburg (Karte S. 72) präsentiert sich als Ansammlung nahezu absurd monumentaler Bauten, die die Macht ihrer Besitzer repräsentieren sollten. Den Habsburgern, der führenden Dynastie Österreichs und ab dem 15. Jh. des Heiligen Römischen Reichs, war dies ein großes Anliegen, schließlich wollten sie bei Untertanen und Besuchern einen bleibenden Eindruck hinterlassen. Auf gewöhnlich Sterbliche wirkt die Anlage schlicht überwältigend. Da kann man schon mal den Drang verspüren, angesichts der Monumentalbauten vor lauter Ehrfurcht in die Knie zu gehen, bevor man sich dann in Erinnerung ruft, dass in unserer heutigen Zeit solch eine Reaktion wohl etwas seltsam wirken könnte …

Südlich des Michaelerplatzes – also links der Hofburg, wenn man auf diese blickt – erstreckt sich ein weiterer hübscher Platz, der Josephsplatz, benannt nach Kaiser Joseph II. Als Schauplatz des Filmes Der Dritte Mann gelangte er zu cineastischem Weltruhm: Vor dem Palais Pallavicini (Josefsplatz 5) ereignete sich der vermeintliche Unfall Harry Limes. Mitten auf dem Platz erhebt sich ein Reiterdenkmal für Kaiser Joseph II. Am bzw. nahe dem Josephsplatz finden sich außerdem die Albertina (S. 75), die Augustinerkirche (S. 75) und die Nationalbibliothek (S. 76).

Wer sich der Hofburg vom Michaelerplatz aus nähert und damit einen Zugang nutzt, der einst dem Kaiser vorenthalten war, durchquert man das Michaelertor und den neubarocken Michaelertrakt. Der Teil des Gebäudes zum Michaelerplatz hin ist von mehreren Statuen gesäumt, die Herkules beim Bezwingen verschiedener Kreaturen zeigen. Der Eingang wird außerdem von hübschen Springbrunnen eingerahmt, die die Macht der Erde und die Macht des Wassers darstellen. Die Intention der Auftraggeber der Anlage ist also nicht allzu schwer zu durchschauen – jede Menge Muskelspiele und tiefschürfende Metaphern. Der Eingang führt in einen wunderschönen, von einer Kuppel gekrönten Durchgang. Links gelangt man zur Spanischen Hofreitschule (S. 71) und dem dazugehörigen Besucherzentrum. Rechts findet sich der Eingang zu den Kaiserappartements und dem Sisi-Museum (S. 71).

Läuft man weiter geradeaus, gelangt man zum weitläufigen Inneren Burghof (In der Burg). Ihn ziert eine Statue Kaiser Franz' II. (I.), des letzten Kaisers des Heiligen Römischen Reichs, nachdem Napoleon 1806 den Niedergang desselbigen begründet hatte; zwei Jahre zuvor hatte sich Franz zum ersten Kaiser von Österreich ausgerufen.

Der älteste Teil der Hofburg ist der Schweizerhof. Benannt wurde er nach den Schweizergarden, die die Anlage unter der Herrschaft Maria Theresias beschützten. In ihn gelangt man über das Schweizertor im Renaissancestil, einem Durchgang von 1553 an der linken, südlichen Seite des Inneren Burghofs. Der aus dem 13. Jh. stammende Hof führt zur Burgkapelle (S. 71) und zur Schatzkammer (S. 71). Die Gebäude rings um den Schweizerhof werden als Alte Burg bezeichnet.

Läuft man vom Inneren Burghof weiter geradeaus, gelangt man zum Heldenplatz und zur Neuen Burg, die zwischen der zweiten Hälfte des 19. Jhs. und dem Ersten Weltkrieg erbaut wurde. Zu dieser Zeit war der Stern der Habsburger bereits im Sinken begriffen. Pläne zum Bau eines zweiten Flügels, der der gewölbten Fassade an der Südwestseite des Heldenplatzes gleichen sollte, wurden nie umgesetzt, was den Platz etwas unausgewogen erscheinen lässt. In der Neuen Burg sind das Museum für Völkerkunde (S. 77) und die drei Neue-Burg-Museen (S. 77) untergebracht. Dem Balkon wurde eine mehr als zweifelhafte Ehre zuteil: Hier hielt Hitler 1938 nach dem Anschluss Österreichs vor Zigtausend jubelnden Wienern eine Kundgebung.

Auf dem Heldenplatz geben sich die Denkmäler des Prinzen Eugen (bei der Neuen Burg) und des Erzherzogs Karl ein ewiges Stelldichein. Der Bildhauer Anton Fernkorn schuf beide Werke. Über der Aufgabe, die Statue Eugens auszubalancieren, soll er regelrecht wahnsinnig geworden sein. Seine geniale Lösung: Der Schweif des Rosses ruht auf dem Boden und sorgt so für Standfestigkeit.

Durchquert man schließlich das Burgtor (1821–1824), erreicht man den Maria-Theresien-Platz. Dort flankieren Kunsthistorisches Museum (S. 74) und Naturhistorisches Museum (S. 75) die Statue von Maria Theresia.

Fassade empfand er als schweren Affront. Deshalb ordnete er an, alle Palastfenster, von denen aus sie gesehen werden konnte, mit Vorhängen zu verdecken. Wegen der fehlenden Fensterbrüstungen sprachen Kritiker von einem „Haus ohne Augenbrauen". So mussten die Arbeiten eingestellt werden, bis Loos sich schließlich bereit erklärte, zehn Fenstereinfassungen hinzuzufügen. Heute gilt der Bau weithin als Meisterwerk; im Erdgeschoss beherbergt es eine Bank, in den oberen Stockwerken Sonderausstellungen.

KAISERAPPARTEMENTS Karte S. 72

☎ 533 75 70; www.hofburg-wien.at; 1., Eingang unter Michaelerkuppel, für Gruppen über Kaisertor am Inneren Burghof; Erw./Kind & Jugendl. unter 19 Jahren/Student 9,90/5,90/8,90 €; Sept.–Juni 9–17.30, Juli & Aug. 9–18 Uhr; U3 Herrengasse 2A, 3A

Die Kaiserappartements waren einst die offiziellen Wohngemächer von Kaiser Franz Joseph I. und Kaiserin Elisabeth, besser bekannt unter ihrem Spitznamen Sisi. Der erste Bereich, das Sisi Museum, ist Österreichs beliebtester Kaiserin und den sie umgebenden Mythos gewidmet. Die Ausstellung versucht, die wahre Persönlichkeit der oft missverstandenen, unnahbaren und schwermütigen Kaiserin vorzustellen. Natürlich werden dabei auch all die hübschen Gewänder und der glitzernde Schmuck gezeigt ebenso wie die Rekonstruktion von Sisis luxuriösem Eisenbahnwaggon; das Original kann im Technischen Museum (S. 129) besichtigt werden. Daneben sind in dem Museum auch ein Nachbau ihres persönlichen Fitnessraums samt Ringen und Reck zu sehen, der von ihrem Schlankheitswahn zeugt. Außerdem sind viele der berühmten Porträts der Kaiserin und ihre Totenmaske ausgestellt, die nach ihrer Ermordung in Genf 1898 hergestellt wurde.

Die Besichtigung der angrenzenden Silberkammer ist im Eintrittspreis enthalten. Das größte Silberservice reicht für ganze 140 Tischgäste. Auch ein Audioguide ist im Eintrittspreis inbegriffen. Eine Besichtigung der Silberkammer oder des Sisi Museums kombiniert mit den Kaiserappartements kostet für Erwachsene 12,40 €, für Studenten 11,40 € und für Kinder 6,90 €.

SCHATZKAMMER Karte S. 72

☎ 525 24-0; www.khm.at; 1., Schweizerhof; Erw./Kind & Jugendl. unter 19 Jahren/erm. 12/frei/9 €; Mi–Mo 10–18 Uhr; U3 Herrengasse 2A, 3A

Die Schatzkammer enthält weltliche und kirchliche Schätze von ungeheurem Wert und enormer Pracht. Schon allein die beeindruckend kostbaren Kronjuwelen verschlagen einem den Atem. Bei einem Gang durch die verschiedenen Räume kann man unzählige wunderschöne Schmuckstücke bewundern, etwa eine Rose aus Gold, diamantbesetzte türkische Säbel, einen kolumbianischen Smaragd mit 2680 Karat und natürlich die Krönung der Sammlung, die Reichskrone.

In der holzgetäfelten Geistlichen Schatzkammer ist eine Sammlung von seltenen und wahrhaft außergewöhnlichen religiösen Relikten zu sehen: Splitter des Kreuzes Jesu, einer der Nägel, die bei der Kreuzigung verwendet wurden, ein Dorn aus der Dornenkrone Jesu und ein Tischtuch vom Letzten Abendmahl.

Ein Audioguide kostet 3 € extra und ist seinen Preis mehr als wert. Zudem gibt es eine kurze kostenlose Audiotour. Das Kombiticket „Schätze der Habsburger" beinhaltet den Eintritt ins Kunsthistorische Museum und in die Neue Burg und kostet 18 €. Für einen Rundgang durch die Schatzkammer sollte man je nach Interesse 30 Minuten bis zwei Stunden einplanen.

BURGKAPELLE Karte S. 72

☎ 533 99 27; www.hofburgkapelle.at; 1., Schweizerhof; Eintritt 1,50 €; Mo–Do 11–15, Fr 11–13 Uhr; U3 Herrengasse 2A, 3A

Die Burgkapelle stammt aus dem 13. Jh. und wurde von 1447 bis 1449 im gotischen Stil umgebaut. Während des Barocks verschwanden die gotischen Elemente größtenteils, lediglich die gewöhlbte hölzerne Chorempore blieb als Zeugnis erhalten. Zwischen September und Juni findet sonntags um 9.15 Uhr die Messe mit den Wiener Sängerknaben (S. 206) statt. Im Juli und August ist die Kapelle mitunter für Besucher geschlossen, am besten informiert man sich in diesem Zeitraum rechtzeitig.

SPANISCHE HOFREITSCHULE Karte S. 72

☎ 533 90 31; www.srs.at; 1., Michaelerplatz 1; Vorführungen 23–143 €; U3 Herrengasse 2A, 3A

Die weltberühmte Spanische Hofreitschule ist eine echte Wiener Institution, die durch und durch an die Zeit der Habsburger

HOFBURG

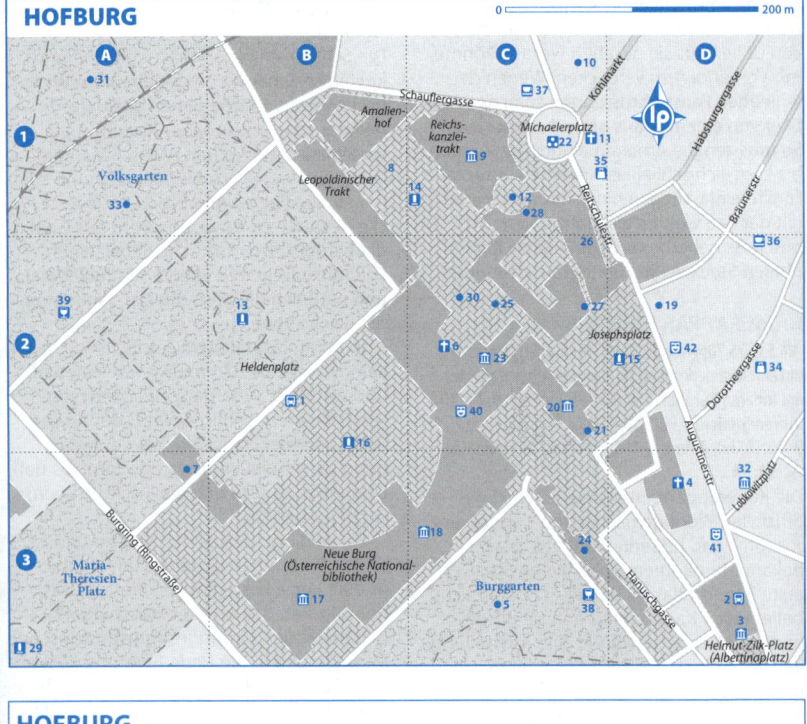

HOFBURG

PRAKTISCHES
Oldtimer-Bustours	**1**	B2
Redbus City Tours	**2**	D3

SEHENSWERTES (S. 69)
Albertina	**3**	D3
Augustinerkirche	**4**	D3
Burggarten	**5**	C3
Burgkapelle	**6**	C2
Burgtor	**7**	A3
Ephesos-Museum	(siehe 18)	
Hofjagd- und Rüstkammer (Waffensammlung)	(siehe 18)	
Innerer Burghof (In der Burg)	**8**	B1
Kaiserappartements	**9**	C1
Loos-Haus	**10**	C1
Michaelerkirche	**11**	C1
Michaelertor & Michaelertrakt	**12**	C1
Denkmal für Erzherzog Karl	**13**	B2
Denkmal für Kaiser Franz II. (I.)	**14**	C1
Denkmal für Joseph II.	**15**	D2
Denkmal für Prinz Eugen von Savoyen	**16**	B2
Museum für Völkerkunde	**17**	B3
Nationalbibliothek	(siehe 18)	
Neue-Burg-Museen	**18**	C3
Österreichisches Filmmuseum	(siehe 41)	
Palais Pallavicini	**19**	D2
Papyrusmuseum	(siehe 18)	
Prunksaal	**20**	C2
Prunksaal, Eingang	**21**	C2
Römische Ruinen am Michaelerplatz	**22**	C1
Sammlung Alter Musikinstrumente	(siehe 18)	
Schatzkammer	**23**	C2
Schmetterlinghaus	**24**	C3
Schweizerhof	**25**	C2
Silberkammer	(siehe 9)	
Sisi Museum	(siehe 9)	
Spanische Hofreitschule	**26**	C2
Spanische Hofreitschule, Eingang (Besucher der Morgenarbeit)	**27**	C2
Spanische Hofreitschule, Büro	**28**	C1
Denkmal für Maria Theresia	**29**	A3
Schweizertor	**30**	C2
Theseustempel	**31**	A1
Theatermuseum	**32**	D3
Volksgarten	**33**	A1

SHOPPEN (S. 145)
Dorotheum	**34**	D2
Loden-Plankl	**35**	C1

AUSGEHEN & NACHTLEBEN (S. 181)
Café Bräunerhof	**36**	D2
Café Griensteidl	**37**	C1
Palais Palffy	(siehe 42)	
Palmenhaus	**38**	C3
Volksgarten Pavillon	**39**	A2

MUSIK & THEATER (S. 203)
Konzertsäle in der Hofburg	**40**	C2
Österreichisches Filmmuseum	**41**	D3
Palais Palffy	**42**	D2

---

erinnert. Die unvergleichliche Show wird von Lipizzanerhengsten aufgeführt. Einst wurden sie im kaiserlichen Gestüt bei Lipizza gezüchtet, daher ihr Name (s. S. 73). Die eleganten Tiere tanzen zu klassischer Musik ein Pferdeballett, während das Publikum unter schimmernden Kronleuchtern von Säulen getragenen Balkonen bzw. den preiswerteren Stehplätzen aus in die Manege blickt.

Es gibt verschiedene Möglichkeiten, die Lipizzaner zu bewundern. Die Vorführun-

DIE GESCHICHTE DER WEISSEN PFERDE

Die Geschichte der Lipizzanerhengste reicht bis in die Zeit um 1520 zurück. Damals brachte Ferdinand I. die ersten Pferde aus Spanien an den kaiserlichen Hof. Sein Sohn Maximilian II. erwarb in den 1560er-Jahren dann weitere Tiere und 1580 gründete Erzherzog Karl II. schließlich ein kaiserliches Gestüt in Lipizza (Lipica, heutiges Slowenien), dem die Pferde ihren Namen verdanken. Die österreichische Dynastie sah sich nicht grundlos in Spanien nach Pferden um. Die iberische Halbinsel galt damals als Hochburg der Pferdezucht – eine Tradition, die die Mauren schon im 7. Jh. begründet hatten. Anfang des 10. Jhs. wurden die Pferde mit einer italienischen Rasse – ebenfalls mit spanischem Blut – gekreuzt und nur etwa 50 Jahre später genossen die Lipizzaner bereits den Ruf, zu den edelsten Pferderassen Europas zu gehören.

Ursprünglich waren die Pferde nicht weiß oder hellgrau, sondern hatten viele verschiedene Farben. Tatsächlich kam die Zucht von weißen Hengsten erst im 19. Jh. in Mode, als man die Züchtung mit arabischen und anderen Rassen kreuzte und die Pferde mit großer Sorgfalt auswählte.

Über die Jahrhunderte hinweg führten Naturkatastrophen und vor allem Kriege dazu, dass die Lipizzaner mehrere Male aus dem ursprünglichen Gestüt im slowenischen Lipica evakuiert werden mussten, so etwa während des Ersten Weltkriegs im Jahr 1915. Einige der Pferde wurden nach Laxenburg vor den Toren Wiens gebracht, andere nach Böhmen, das zur damaligen Zeit noch zum Territorium der Habsburgermonarchie gehörte. Als diese 1918 zusammenbrach, ging Lipica an Italien über und die Pferde wurden zwischen Österreich und Italien aufgeteilt. Die Italiener führten das Gestüt in Slowenien, während die Österreicher ihre Pferde nach Piber in der Nähe von Graz brachten, wo seit 1798 Pferde für das Reichskavallerie gezüchtet worden waren. Hier kreuzte man nun die Hengste mit englischen Rassen. Und noch heute stammen die weißen Hengste der Spanischen Hofreitschule aus Piber.

Nach dem Ersten Weltkrieg wurde die Geschichte rund um die Lipizzaner verworrener, entstanden doch auf dem Boden der untergegangenen Großreiche neue Nationen. In Österreich, Ungarn, Tschechien, Italien und Jugoslawien wurden eigene Rassen gezüchtet, selbst in Rumänen gab es Lipizzanergestüte. Nach dem Anschluss Österreichs konfiszierten Hitlers Truppen das Gestüt in Piber und begannen, Pferde für militärische Zwecke und Packesel (!) zu züchten. Zudem vereinten sie die verschiedenen Gestüte, die sich auf den von ihnen beherrschten Territorien befanden. So landeten die Lipizzaner aus Piber schließlich im böhmischen Hostau.

Als sich die Rote Armee 1945 dem Gebiet näherte, beschlagnahmten die Amerikaner die Lipizzaner und andere Pferde in Kostau und brachten sie in das ländliche und sicherere Oberösterreich. Sie fürchteten, die Tiere könnten in die Hände der Sowjets fallen und – so eine der absurden Ängste – im Kochtopf enden. Diese angebliche „Rettung" der Lipizzaner diente übrigens als Vorlage zu dem ziemlich kitschigen Walt-Disney-Film *Flucht der weißen Hengste* von 1963. 1952 wurden die Pferde schließlich nach Piber zurückgebracht. Aufgrund der turbulenten Geschichte sind Lipizzanerrassen in einigen wenigen europäischen Länder beheimatet, darunter natürlich immer noch in Slowenien, das seit 2007 20-Cent-Münzen mit Lipizzanermotiven prägen lässt.

gen sind zweifellos die eindrucksvollste Variante. Die Eintrittskarten müssen allerdings mehrere Monate im Voraus reserviert werden; Stehplätze sollte man mindestens einen Monat im Voraus buchen. Auf der Website findet man die Termine und kann Tickets bestellen. Die Vorstellungen finden in der Regel von Mitte Februar bis Juni und von Ende August bis Dezember samstags und sonntags um 11 Uhr statt. Während der Sommerpause gibt es für Touristen das spezielle Programm „Piber meets Vienna".

Besucher können sich auch die Morgenarbeit ansehen (Erw./Student & Kind/Senior/Fam. 12/6/9/24 €; Jan.–Juni & Mitte Aug.–Dez. Di–Sa 10–12 Uhr; aktuelle Termine auf der Website); während des Trainings kann man dabei kommen und gehen, wann man will. Zudem gibt es Führungen (Erw./Student & Kind/Senior 16/8/13 €; Di–So 14, 15 & 16 Uhr) durch die Vorführungshalle, die Stallungen und andere Teile der Anlage und ein Kombiticket, das Morgenarbeit und Führung (Erw./Studenten & Kinder/Senioren 26/12/20 €) beinhaltet.

Im Besucherzentrum (Di–Fr 9–16, Fr an Vorführungstagen bis 19 Uhr) am Michaelerplatz sind Tickets erhältlich, Eintrittskarten für die Morgenarbeit werden außerdem während des Trainings an der Kasse am Josephsplatz verkauft.

THEATERMUSEUM Karte S. 72

☎ 525 24 610; www.theatermuseum.at; 1., Lobkowitzplatz 2; Erw./Kind & Jugendl. unter 19 Jahren/erm. 4,50/frei/3,50 €; Di–So 10–18 Uhr; U1, U2, U4 Karlsplatz 3A

Das Palais Lobkowitz, in dem das Theatermuseum untergebracht ist, ist mindestens ebenso sehenswert wie das Museum selbst. Das barocke Gebäude wurde zwischen 1691 und 1694 errichtet und war das erste seiner Art in Wien. Benannt ist es nach der Adelsfamilie, die ab 1753 dort residierte.

DAS KUNSTHISTORISCHE MUSEUM

Wer diese Topattraktion gebührend würdigen möchte, sollte für einen Besuch mindestens drei Stunden reservieren. Wer ausreichend Zeit hat, kauft sich am besten gleich das für alle sieben angeschlossenen Museen gültige Jahresticket (29 €; s. S. 58) und kann so den Museumsbesuch auf mehrere Tage ausdehnen; das Ticket berechtigt außerdem zum Eintritt ins Museum für Völkerkunde, Theatermuseum, in die Neue Burg, die Wagenburg, die Schatzkammer und den Theseustempel (zeitgenössische Kunst). Das Kombiticket „Schätze der Habsburger" kostet 18 € und berechtigt zur Besichtigung der Schatzkammer und der Neuen Burg. Auch beim Eintritt zum Kunsthistorischen Museum ist der Eintritt zu den Museen der Neuen Burg inbegriffen; gleiches gilt auch umgekehrt (S. 76).

Audioguides, Führungen & Bücher

Die Audioguides (3 €) sind ihr Geld mehr als wert. Alle zwei Monate wird ein Programm mit kostenlosen Führungen herausgegeben, das am Serviceschalter erhältlich ist; dort gibt es zudem einen nützlichen Plan des Museums (0,50 €). Im Museumsshop gibt es informative, farbenprächtige Bücher über die ausgestellten Werke, z. B. das exzellente Buch *Kunsthistorisches Museum Wien* (12,90 €).

Das Gebäude

Als in den 1850er-Jahren die Planungen zur Umgestaltung der Ringstraße begannen, nutzten die Habsburger die Gelegenheit dazu, ihre umfangreiche Kunstsammlung unter einem Dach zu vereinen. Der deutsche Architekt Gottfried Semper (1803–1879) und der Österreicher Karl Freiherr von Hasenauer (1833–1894) entwarfen den Bau im Stil der Neorenaissance, der 1891 fertiggestellt wurde. Schon beim Betreten des Gebäudes wird man von der Kuppelhalle mit ihrer kreisförmigen Öffnung auf das, was einen erwartet, passend eingestimmt. Steigt man den Treppenaufgang hoch, kann man auf halbem Weg Antonio Canovas Werk (1757–1822) *Theseus im Kampf mit den Kentauren* bewundern; die Marmorgruppe stammt aus dem Jahr 1819, ist also älter als das Museum selbst. Darüber hinaus zieren die Wände Fresken, die bedeutende europäische Künstler darstellen, z. B. Dürer, Rembrandt und Raffael. Auf beiden Seiten der Halle werden auf Tafeln die jeweiligen Maler genannt. Die Decke ist das Werk des Ungarn Mihály Munkácsy (1844–1900). Hans Makart (1840–1884) schuf die halbkreisförmigen Stichkappen, starb jedoch, bevor er mit der Decke beginnen konnte. Gustav Klimt (1862–1918), sein jüngerer Bruder Ernst Klimt (1864–1892) und Franz Matsch (1861–1942) kreierten die Gemälde, die von den Säulen durchbrochen werden.

Orientierung

Die Ägyptisch-Orientalische Sammlung befindet sich im Westflügel rechts des Haupteingang, zunächst sollte man jedoch Kuppel und Freskomalereien auf sich wirken lassen. Die Kunstkammer im Westflügel ist wegen Restaurationsarbeiten bis voraussichtlich Ende 2012 geschlossen – normalerweise sind hier Seltenes und Kurioses, exotische und rare Materialien zu sehen. Die Gemäldegalerie im ersten Stock ist der wichtigste Teil des Museums. Im Ostflügel sind Gemälde deutscher, niederländischer und flämischer Maler ausgestellt, darunter so weltbekannter Künstler wie Pieter Bruegel der Ältere (1525–1569), Albrecht Dürer (1471–1528), Peter Paul Rubens (1577–1640) und Rembrandt (1606–1669). Im Westflügel wiederum sind Werke von Malern wie Tizian (ca. 1485–1576), Raffael (1483–1520), Caravaggio (1571–1610) u. v. a. zu bewundern. Die Audioguides runden das Kunsterlebnis mit den nötigen Infos ab.

Der Eroicasaal mit seinen Fresken aus den Jahren 1724 bis 1729 ist zweifellos das Prunkstück. In dem Bankettsaal dirigierte Beethoven höchstpersönlich die erste Aufführung seiner 3. Sinfonie.

In dem Palais gibt es sowohl Dauer- als auch Sonderausstellungen zur Geschichte des österreichischen Theaters. Die Dauerausstellung ist Gustav Mahler gewidmet, wobei die Schwerpunkte regelmäßig wechseln. In einem kleinen Raum, der sich versteckt hinten im 1. Stock befindet, sind verschiedene Marionetten des Puppenspielers Richard Teschner ausgestellt. Die kunstvoll gearbeiteten Figuren stellen alles mögliche dar – von Zauberern bis Orang-Utans – und erinnern entfernt an die javanischen Holzpuppen des *Wayang Golek*. Sie werden oft für Vorstellungen genutzt; an der Eintrittskasse kann man sich nach den Zeiten erkundigen.

KUNSTHISTORISCHES MUSEUM (KHM) Karte S. 60 f.

☎ 525 24-0; www.khm.at; 1., Maria-Theresien-Platz; Erw./Kind & Jugendl. unter 19 Jahren/erm. 12/frei/9 €; Di–So 10–18, Do 10–21 Uhr; U2 Museumsquartier D, 1, 2

Ein Besuch des Kunsthistorischen Museums ist zweifellos ein Höhepunkt jeder Wienreise. Hier sind Werke der bedeutendsten Maler, Bildhauer und Kunsthandwerker Europas ausgestellt. Zum Programm gehören die Ägyptisch-Orientalische und die Antikensammlung mit jahrtausendealten Skulpturen, unzählige Antiquitäten, eine Münzsammlung und hübsche Kuriositäten aus der Renaissance und dem Barock (dieser Bereich war zum Zeitpunkt der Recherchen wegen lang angelegter Restaurationsarbeiten geschlossen). Dies alles wäre schon Grund genug, mindestens einen halben Tag für den Besuch des Museums einzuplanen. Doch die Besucher erwartet noch ein weiteres Highlight: Die eindrucksvolle Bildergalerie zeigt Werke von flämischen, niederländischen, italienischen, deutschen und anderen Meistern aus dem 16. und 17. Jh. – also aus einer Zeit, zu der die Habsburger eine regelrechte Sammelwut entwickelten.

NATURHISTORISCHES MUSEUM (NHM) Karte S. 60 f.

☎ 521 77-0; www.nhm-wien.ac.at; 1., Burgring 7; Erw./Kind & Jugendl. unter 19 Jahren/Student 10/frei/5 €; Do–Mo 9–18.30, Mi 9–21 Uhr; U2, U3 Volkstheater D, 1, 2

Das Naturhistorische Museum ist das naturwissenschaftliche Gegenstück zum Kunsthistorischen Museum und kaum weniger beeindruckend. Es gibt eine ganze Reihe außergewöhnlicher Exponate zu sehen: Mineralien und Meteoriten, verschiedene in Gefäßen ausgestellte Tierpräparate und faszinierende Venusfiguren aus der Steinzeit. Highlights der Edelsteinsammlung in Raum IV sind der kolumbianische Smaragd, der ein Geschenk des Aztekenherrschers Montezuma an den spanischen Eroberer Hernán Cortés gewesen sein soll, und ein Edelsteinstrauß Maria Theresias für ihren Gemahl Franz Stephan. Besondere Beachtungen verdient außerdem die 25 000 Jahre alte Statuette der Venus von Willendorf, die in ihrer eigenen Holzhütte samt einem altsteinzeitlichen Jäger auf dem Dach und mit Soundeffekten in Szene gesetzt wird. Die Statuette der Fanny aus Stratzing (auch Venus vom Galgenberg) stammt aus dem Jahr 32 000 v. Chr. und galt lange als älteste erhaltene Figurenplastik der Welt – diesen Titel hat ihr inzwischen eine Dame von der Schwäbischen Alb streitig gemacht. Wenn sie nicht gerade woanders ausgestellt wird, ist das Original der „Tanzenden Fanny" in einer Vitrine auf der linken Seite im Raum 11 zu sehen. Ihren merkwürdigen Spitznamen verdankt die Figur übrigens der ungewöhnlichen Pose, die angeblich an die österreichische Ballerina Fanny Elßler erinnert. Für die kleinen Besucher zwischen fünf und 14 Jahren gibt es eine Kinderecke.

ALBERTINA Karte S. 72

☎ 534 83-0; www.albertina.at; 1., Helmut-Zilk-Platz 1; Erw./Kind & Jugendl. unter 19 Jahren/Student/Senior 9,50/frei//8 €; Do–Di 10–10, Mi 10–21 Uhr; U1, U2, U4 Karlsplatz 3A

Einst nutzten die Habsburger die Albertina als kaiserliches Gästezimmer, heute gehört die hier untergebrachte grafische Sammlung zur größten der Welt. Die Sammlung, die 1768 Herzog Albert von Sachsen-Teschen, ein Schwiegersohn Maria Theresias, begründete, umfasst die eindrucksvolle Zahl von 1,5 Mio. Drucken und 50 000 Zeichnungen, darunter 145 Werke von Albrecht Dürer (mehr als jedes andere Museum besitzt), 43 von Raffael, 70 von Rembrandt und 150 von Schiele. Darüber hinaus sind Arbeiten von Leonardo da Vinci, Michelangelo, Peter Paul Rubens, Michael Bruegel, Paul Cézanne, Pablo Picasso, Henri Matisse, Gustav Klimt und Oskar Kokoschka zu bewundern.

Die im Archiv gelagerte gewaltige Sammlung von Grafiken, architektonischen Skizzen, Fotografien, Drucken und Zeichnungen dient als Grundstock für thematische Wechselausstellungen. 2009 wurden diese durch eine sensationelle Dauerausstellung namens Meisterwerke der Moderne ergänzt, bei der sich die ganz Großen der Kunst des 20. Jhs. und der zeitgenössischen Kunst – darunter Chagall, Nolde, Jawlensky und viele andere – ein Stelldichein geben.

In der Albertina ist außerdem das Österreichische Filmmuseum beheimatet (S. 211).

VOLKSGARTEN Karte S. 72

1., Dr.-Karl-Renner-Ring; Eintritt frei; April–Okt. 6–22, Nov.–März 6–20 Uhr; U3 Volkstheater, Herrengasse 46 2A, 48A

Der Volksgarten erstreckt sich zwischen Burgtheater und Heldenplatz. An sonnigen Tagen lädt er zu entspannten Stunden zwischen ehrwürdigen Rosenbüschen und prachtvollen Statuen ein. Im Nordosten steht der frisch renovierte, strahlend weiße Theseustempel, eine verkleinerte Kopie des Originals in Athen. Er wurde für die von Napoleon in Auftrag gegebene Theseusstatue Canovas errichtet, die heute das Treppenhaus des Kunsthistorischen Museums ziert. Unweit des Tempels finden sich ein Denkmal für Kaiserin Elisabeth und der Volksgarten-Club (S. 199).

BURGGARTEN Karte S. 72

1., Burgring; Eintritt frei; April–Okt. 6–22, Nov.–März 6–20 Uhr; U2 Museumsquartier, U2, U3 Volkstheater D, 1, 2 2A, 57A
Versteckt hinter der Hofburg liegt der Burggarten, eine grüne Oase abseits der Hektik auf der Ringstraße und in der Inneren Stadt. Die Mozartstatue aus Marmor ist das bekannteste Denkmal des Parks, eine weitere Statue verkörpert Kaiser Franz Joseph in Uniform. Zwischen Innerer Stadt und Burggarten befinden sich das Schmetterlingshaus und das beliebte Palmenhaus (S. 184).

AUGUSTINERKIRCHE Karte S. 72

533 70 99; 1., Augustinerstraße 3; Eintritt frei; U1, U3 Herrengasse 2A, 3A
Die Augustinerkirche aus dem 14. Jh. gehört zum älteren Teil der Hofburg. Die gewölbte Decke zeugt von ihren gotischen Ursprüngen. Der schlicht gehaltene Innenraum wurde im 17. Jh. im Barockstil umgestaltet, 1784 jedoch wieder mit dem ursprünglichen gotischen Stil versehen. Der steinerne neugotische Hochaltar stammt aus dem Jahr 1870. An der Längswand rechts der Eingang befindet sich ein prächtiges pyramidenförmiges Grab, in dem Erzherzogin Maria Christina, eine Tochter Maria Theresias, ihre letzte Ruhestätte fand. Entworfen wurde es von Antonio Canova, der u. a. mit dem Werk *Theseus im Kampf mit den Kentauren* Berühmtheit erlangte (s. S. 74). Bekannt ist die Augustinerkirche jedoch eher als Aufbewahrungsort für die Herzen von 54 habsburgischen Herrscher. Die entsprechenden Urnen können im Herzgrüftel (Führung Erw./Kind 2,50/1,75 €; So etwa 12.30 Uhr nach der Messe, an anderen Tagen nach Absprache) besichtigt werden.

In der Kirche werden regelmäßig abendliche Klassikkonzerte gegeben. Zudem wird die sonntägliche Messe um 11 Uhr von Chor und Orchester begleitet. Termine für die regelmäßig stattfindenden Chorproben hängen an der Kirchentür aus.

MUSEEN IN DER NEUEN BURG Karte S. 72

525 24-0; 1., Heldenplatz; Erw./Kind & Jugendl. unter 19 Jahren/erm. 12/frei/9 €; Mi–So 10–18 Uhr; D, 1, 2 2A

In der Sammlung Alter Musikinstrumente, dem ersten von drei Museen in der Neuen Burg, sind Instrumente aller Formen und Größen ausgestellt. Ihre Anfänge gehen auf den vorausdenkenden Erzherzog Ferdinand von Tirol zurück, der seltene Instrumente sammelte. Heute gehört sie zu den schönsten Renaissance-Sammlungen der Welt. Besucher mit musikalischer Ader werden begeistert sein: Zu sehen sind etwa Hörner in Schlangenform oder kunstvoll verzierte Violinen. Bei ein paar historischen Instrumenten können ambitionierte Besucher sogar mal selbst Hand anlegen.

Der Eintrittspreis gilt auch für die beiden anderen Museen. Das Ephesos-Museum zeigt Artefakte aus Ephesos und Samothrake, die angeblich 1900 vom osmanischen Sultan gespendet wurden, nachdem österreichische Archäologen die berühmte Stätte in der Türkei ausgegraben hatten. Prunkstück der Sammlung ist ein Fries aus dem 2. Jh. v. Chr., auf dem die Niederlage der Parther gegen die römische Armee unter Lucius Verus (161 v. Chr.) dargestellt ist. Die Hofjagd- und Rüstkammer gilt als eine der weltweit schönsten Sammlungen ihrer Art. Die meisten Stücke – manche davon sind imposante Zeugnisse der frühen Waffenkunst – stammen aus dem 15. und 16. Jh. Hier kommen sowohl Kinder als auch Erwachsene auf ihre Kosten.

Audioguides kosten 3 €. Im Eintrittspreis für das Kunsthistorische Museum sind die Museen der Neuen Burg (S. 74) enthalten.

NATIONALBIBLIOTHEK Karte S. 72

534 10-0; www.onb.ac.at; 1., Josefsplatz 1; Erw./Kind & Jugendl. unter 19 Jahren/erm./Fam. 7/frei/4,50/12,50 €; Di, Mi, Fr–So 10–18, Do 10–21 Uhr; U3 Herrengasse 2A, 3A
Die Nationalbibliothek, einst die kaiserliche Bibliothek, ist heute die größte Bibliothek Österreichs. Eigentlicher Grund für einen Besuch der heiligen Hallen ist der von Karl VI. in Auftrag gegebene Prunksaal. Der Entwurf für den barocken Saal stammt von Johann Bernhard Fischer von Erlach, der jedoch im Jahr der Grundsteinlegung verstarb. So vollendete 1735 sein Sohn Joseph das Bauvorhaben. Die Wände nehmen in Leder gebundene Werke ein, der obere Teil der Bücherregale wird von einem elegant geschwungenen Holzbalkon flankiert. Seltene, alte Werke (überwiegend aus dem 15. Jh.) sind in Glasvitrinen ausgestellt – mit aufgeschlagenen Seiten, damit die kunst-

top picks
KOST' NIX: DIE INNERE STADT
- Archiv des Österreichischen Widerstands (S. 83)
- Augustinerkirche (S. 76)
- BAWAG Contemporary/BAWAG Foundation (S. 65)
- Hauptgebäude der Universität (S. 79)
- Justizpalast (S. 79)
- Museum für angewandte Kunst (kostenloser Eintritt am Samstag; S. 64;)
- Plätze, Gärten & Denkmäler der Hofburg (S. 68)
- Ringstraße (S. 81 & S. 134)
- Stephansdom (Okt.–Juni; S. 58)

voll gestalteten Blätter auch bewundert werden können. Eine Statue Karls VI. wacht unter der zentralen Kuppel, das Deckenfresko von Daniel Gran stellt die Apotheose des Kaisers dar.

Kombitickets für den Prunksaal, das Globenmuseum (S. 77), das Esperantomuseum (S. 77) und das Papyrusmuseum kosten 12/9,50 € (Erw./erm.) und sind sieben Tage gültig.

GLOBENMUSEUM Karte S. 60 f.
☎ 534 10 710; www.onb.ac.at; 1., Herrengasse 9, 1. Stock; Erw./Kind & Jugendl. unter 19 Jahren/erm./Fam. 5/frei/3/8 €; Di, Mi, Fr–So 10–18, Do 10–21 Uhr; U3 Herrengasse 2A, 3A

Zu den Museen der Nationalbibliothek gehört auch dieses kleine, der Kartografie gewidmete Museum. Es ist in dem ehemaligen Palais Mollard untergebracht. Die Globen und Karten der Sammlung stammen größtenteils aus dem 19. Jh., einige Stücke sind jedoch noch einige Jahrhunderte älter. Bemerkenswert ist z. B. der Globus, den Mercator 1541 für Kaiser Karl V. anfertigte. Neben dem Original ist eine interaktive Nachbildung aufgebaut, mittels der man – zugegebenermaßen nicht allzu präzise – Einblicke in die Welt des 16. Jhs. erhält.

PAPYRUSMUSEUM Karte S. 72
☎ 534 10 420; www.onb.ac.at; 1., Heldenplatz, Neue Burg; Erw./Kind & Jugendl. unter 19 Jahren/erm./Fam. 3/frei/2,50/4,50 €; Di, Mi, Fr–So 10–18, Do 10–21 Uhr; U3 Herrengasse 2A, 3A

Auch das Papyrusmuseum gehört zu den Museen der Nationalbibliothek. Ausgestellt ist eine Sammlung von 200 Fragmenten alter beschriebener Papyrusrollen. Da Papyrus vor allem im alten Ägypten als Schreibmaterial genutzt wurde, liegt der Fokus der Ausstellung auch auf dem Land am Nil und den Kulturen, die es beeinflussten. Zudem sind andere Materialien, die dem Schreiben dienten, zu sehen, etwa Pergament und Ton. Eines der Highlights ist ein Fragment einer auf Ton festgehaltener Notenfolge, die den Choral zu *Orestes* darstellt, einer von Euripides geschriebenen Tragödie.

ESPERANTOMUSEUM Karte S. 60 f.
☎ 534 10 730; www.onb.ac.at; 1., Herrengasse 9, EG; Erw./Kind & Jugendl. unter 19 Jahren/erm./Fam. 3/frei/2,50/4,50 €; Di, Mi, Fr–So 10–18, Do 10–21 Uhr; U3 Herrengasse 2A, 3A

Das oft übersehene Esperantomuseum gehört ebenfalls zu den Museen der Nationalbibliothek und ist größtenteils der künstlichen Weltsprache gewidmet, die 1887 von Ludvik Zamenhof entwickelt wurde. Zu den Exponaten gehört das erste in Esperanto verfasste Buch, das Zamenhof selbst schrieb. Zudem werden weitere interessante linguistische Erzeugnisse thematisiert. Ein Multimediagerät führt beispielsweise in die Grundzüge der aus *Star Trek* bekannten klingonischen Sprache ein; so werden übersetzte Verse aus Shakespeares *Hamlet* rezitiert.

MINORITENKIRCHE Karte S. 60 f.
☎ 533 41 62; 1., Minoritenplatz; Eintritt frei; April–Okt. 8–18, Nov.–März 8–17 Uhr; U3 Herrengasse

Die gotische Minoritenkirche stammt aus dem 13. Jh. und wurde wie viele andere österreichische Kirchen im Barockstil umgestaltet. Wem der Kirchturm etwas kurz vorkommt, der leidet nicht etwa unter einem Knick in der Optik: Die Türken „kürzten" ihn bei einem Angriff 1529. Der Hingucker im Inneren ist ein Mosaik mit einer Kopie von da Vincis *Letztem Abendmahl*, das von Napoleon in Auftrag gegeben wurde. In der Kirche finden das ganze Jahr über klassische Konzerte und Chorproben statt. Die Termine sind meist draußen angeschlagen; Konzertkarten kosten etwa 20 €.

MUSEUM FÜR VÖLKERKUNDE Karte S. 72
☎ 534 30-0; www.ethno-museum.ac.at; 1., Heldenplatz; Erw./Kind & Jugendl. unter 19 Jahren/erm. 8/frei/6 €; Mi–Mo 10–18 Uhr; D, 1, 2 2A

Im vor ein paar Jahren umgebauten Museum für Völkerkunde werden Kinder jede Menge Spaß haben. Die hellen, clever genutzten Ausstellungsräume stoßen aber auch bei erwachsenen Besuchern auf positive Resonanz. Die Ausstellung widmet sich außereuropäischen Kulturen und ist nach Regionen und Volksstämmen aufgeteilt. U. a. erfährt man allerlei Wissenswertes über Länder wie China, Japan und Korea oder auch polynesische, indianische und Inuit-Kulturen.

SCHMETTERLINGHAUS Karte S. 72

☎ 533 85 70; www.schmetterlinghaus.at; 1., Burggarten; Erw./Kind 3–6 Jahre/Student/Senior 5,50/3/4,50/5 €; April–Okt. Mo–Fr 10–16.45, Sa & So 10–18.15, Nov.–März 10–15.45 Uhr; U1, U2, U4 Karlsplatz D, 1, 2, 62

Das Schmetterlinghaus teilt sich das private Jugendstil-Gewächshaus der Habsburger (1901) mit dem Palmenhaus (S. 184) und ist vielleicht nur etwas für echte Schmetterlingliebhaber. Hier schwirren Hunderte der possierlichen Tierchen herum; im zugehörigen Shop ist folgerichtig alles rund um das Thema Schmetterling erhältlich. Sobald man die schwere Türe an der Kasse hinter sich geschlossen hat, erwartet einen ein warmes und fast unerträglich feuchtes Klima. Die Artenvielfalt und die Ausstellungsfläche ist eher begrenzt. Das Haus liegt am Burggarten direkt hinter der Neuen Burg.

NÖRDLICH DER HOFBURG

In der Gegend nördlich der Hofburg befinden sich das Wiener Rathaus im Nordwesten und der nördliche Teil der Inneren Stadt, also das von vielen Palais und Kirchen durchzogene Viertel zwischen Michaelerplatz und Schottentor. In dem interessanten Stadtteil findet man auch die historischen Plätze Freyung und Am Hof, die noch aus der Zeit der Römer stammen.

PARLAMENT Karte S. 60 f.

☎ 401 10 2400; www.parlament.gv.at; 1., Dr.-Karl-Renner-Ring 3; Führung Erw./Kind & Jugendl. unter 19 Jahren/erm. 4/1/2 €; U2, U3 Volkstheater D, 1, 2, 46, 49

Das Parlamentsgebäude gegenüber dem Volksgarten thront majestätisch über der Ringstraße. Die 1883 von Theophil Hansen entworfene neoklassizistische Fassade mit den griechischen Pfeilern wird nur noch

PARLAMENTSFÜHRUNGEN

Die etwa einstündigen Parlamentsführungen finden von September bis Mitte Juli montags bis donnerstags um 11, 14, 15 und 16 Uhr, freitags um 11, 13, 14, 15 und 16 Uhr sowie samstags stündlich von 11 bis 16 Uhr statt. In den übrigen Monaten gibt es von Montag bis Samstag zwischen 11 und 16 Uhr zur jeden vollen Stunde eine Führung. Ein Kombiticket für eine Parlamentsführung und den Eintritt ins Palais Epstein kostet 7/3 € (Erw./erm. & Kind).

vom wunderschönen Athenebrunnen Karl Kundmanns übertroffen.

Im Besucherzentrum (Eintritt frei; Mo–Fr 8.30–18.30, Sa 9.30–16.30 Uhr) direkt hinter dem Brunnen erläutern Videoclips und interaktive Bildschirme die politische Geschichte der österreichischen Republik und die Funktionsweise des Parlaments.

SCHOTTENKIRCHE Karte S. 60 f.

☎ 534 98 600; 1., Freyung; Kirche Eintritt frei, Museum Erw./Kind/Student 5/1/4 €; Di–Sa 11–17 Uhr; U2 Schottentor 1A

Die Schottenkirche am nördlichen Ende der Herrengasse wurde von Benediktinermönchen gegründet, die wahrscheinlich aus Scotia Maior (Irland) stammten. Die heutige Fassade stammt aus dem 19. Jh., das Innere schmücken wunderschöne Deckenfresken und Terrakottaverzierungen. Das Hauptschiff ist nur während der Gottesdienste zugänglich, die täglich um 12 und von 18 bis 19 Uhr stattfinden, allerdings kann man durch die Eingangstüren einen kleinen Blick ins Innere werfen. Ein kleines Kunstmuseum im angeschlossenen Kloster zeigt religiöse Werke aus der Kirche und dem Kloster. Die meisten Besucher interessieren sich jedoch mehr für den Kirchenladen (Mo–Fr 10–18, Sa 10–17 Uhr), der selbstgebrannten Schnaps, selbstgemachten Honig und Marmeladen verkauft.

Freitags findet auf der Freyung ein Bauernmarkt (S. 166) mit Bio-Erzeugnissen aus Niederösterreich statt.

RATHAUS Karte S. 60 f.

☎ 525 50; www.wien.gv.at; 1., Rathausplatz; Eintritt frei; Führungen Mo, Mi & Fr 13 Uhr; U2 Rathaus D, 1, 2

In puncto Größe stiehlt das Rathaus allen anderen Gebäuden auf der Ringstraße die Show. Der 1883 fertiggestellte neugotische Bau wurde nach dem Vorbild flämischer

Rathäuser von Friedrich von Schmidt entworfen. Rechnet man die Fahne des Ritters auf der Turmspitze mit, erreicht der Hauptturm eine Höhe von 102 m. Die sieben Innenhöfe kann man auf eigene Faust erkunden, die Innenräume mit den roten Teppichen, riesigen Spiegeln und Fresken sind jedoch nur im Rahmen einer Führung zu besichtigen. Die Führungen starten am Informationsbüro des Rathauses am Friedrich-Schmidt Platz. Im größten Innenhof finden manchmal Konzerte statt.

Der Rathausplatz ist Schauplatz von einigen viel besuchten Veranstaltungen, z.B. dem Christkindlmarkt (S. 155), das Film Festival (S. 18) und dem Wiener Eistraum (S. 215).

PALAIS EPSTEIN Karte S. 60 f.

☎ 401 10 2400; www.palaisepstein.at; 1., Dr.-Karl-Renner-Ring 1; Führung Erw./Kinder & Jugendl. unter 19 Jahren/erm. 4/1/2 €; Führung Mitte Sep.–Mitte Juli Sa 11 & 14 Uhr; D, 1, 2, 46, 49 48A

Das Palais Epstein, das wie das Parlamentsgebäude von Theophil von Hansen entworfen wurde, war zunächst Wohnsitz der angesehenen jüdischen Familie Epstein, ehe diese es 1873 wegen finanzieller Probleme verkaufen musste. Während der Zeit der Viermächteverwaltung nach dem Zweiten Weltkrieg diente das Gebäude den Sowjets unter dem Spitznamen „Tor nach Sibirien" als berüchtigte Zentrale – rund 1000 Österreicher wurden von hier aus nach Sibirien deportiert. Heute beherbergt das Palais einen Teil des Parlaments. Das prachtvolle Innere mit dem vierstöckigen Glasatrium und die Räume der Beletage sind nur per Führung zu besichtigen. Eines der Highlights ist das Spielzimmer mit seiner kunstvoll vergoldeten Decke und den kreisförmigen Fresken; Hansen ließ sich hier von Elementen der Kirche Santa Maria dei Miracoli in Venedig inspirieren. Tickets, die eine zweistündige Führung durch das Palais und das Parlament umfassen, kosten 7/3 € (Erw./erm. & Kind). Während Parlamentssitzungen finden keine Führungen statt.

HAUPTGEBÄUDE DER UNIVERSITÄT
Karte S. 60 f.

☎ 4277-0; www.univie.ac.at; 1., Dr.-Karl-Lueger-Ring 1; Eintritt frei; Mo–Fr 7–22, Sa 7–19 Uhr; U2 Schottentor 37, 38, 40, 41, 42, 43, 44

Wiens altehrwürdige Universität wurde 1365 gegründet – als zweite im Heiligen Römischen Reich (die erste war die Prager Karlsuniversität). Heute sind an ihr rund 85 000 Studenten eingeschrieben, von denen früher oder später jeder diesen Bau betreten wird. Großherzog Rudolf IV. (1339–1365) ließ sich beim Bau von der Pariser Sorbonne inspirieren. Gott sei Dank musste er nicht miterleben, wie 1520 während der Reformation seine „Sorbonne" von der Kirche einverleibt wurde. Tatsächlich prägten über die Jahrhunderte hinweg Machtkämpfe zwischen der Kirche und säkularen Einrichtungen die Geschichte der Wiener Universität. Als Maria Theresia in der Zeit der Aufklärung Mitte des 18. Jhs. die Loslösung der österreichischen Universitäten von der Kirche durchsetzte, läutete sie damit quasi die modernen Zeiten im Universitätsleben ein. Die erste Frau wurde jedoch erst 1897 zum Studium zugelassen. In der NS-Zeit musste etwa die Hälfte der Professoren und Dozenten ihr Amt niederlegen, teils wegen ihrer politischen Einstellung, teils wegen ihrer Rassenzugehörigkeit.

Es gibt einstündige Führungen (☎ 427 71 7524; Sa 10.30 & Do 18 Uhr; Erw./Senior & Student 5/3,50 €) durch die Arkaden, die teils aus der Neorenaissance aus dem späten 19. Jh., teils aus dem Neobarock stammen, durch den Lesesaal und, wenn gerade zugänglich, durch den hübschen Festsaal. Los geht's beim Pförtnerbüro in der Eingangshalle.

Direkt gegenüber der Universität befinden sich die Votivkirche (s. S. 106) und die Mölker Bastei, einer der wenigen erhaltenen Abschnitte der alten Stadtmauern.

JUSTIZPALAST Karte S. 60 f.

☎ 521 52-0; 1., Schmerlingplatz 11; Mo–Fr 8–16 Uhr; U2, U3 Volkstheater 46 2A, 48A

Der 1881 fertiggestellte Justizpalast ist Sitz des Obersten Gerichtshofs. Das eindrucksvolle Gebäude im Stil der Neorenaissance ist auch von innen hübsch anzuschauen – wenn man es nicht gerade in Handschellen betritt. Vor der Besichtigung muss man Sicherheitsmaßnahmen wie an einem Flughafen über sich ergehen lassen. Danach erwartet einen dann die 23 m hohe Haupthalle mit ihren prachtvollen Treppenaufgängen, Arkaden, einem Glasdach und einer überdimensionalen Justitia-Statue samt Schwert und Gesetzesbuch. Nachdem Mitglieder der rechtsgerichteten Frontkämpfervereinigung, die des Doppelmordes angeklagt waren, unerwartet freigesprochen wurden, stürmte eine aufgebrachte

Masse im Juli 1927 das Gebäude und begann, Gerichtsakten in Brand zu setzen. Bald schlugen die Flammen aus den Fenstern, woraufhin die etwa 600 Polizisten das Feuer auf die Demonstranten eröffneten. Mindestens 89 Menschen wurden dabei getötet, Hunderte verletzt. 1945 hatte schließlich der Befehlshaber der vier Besatzungsmächte im Justizpalast seine Zentrale. Die Kantine im Obergeschoss ist übrigens für Besucher zugänglich und hat eine tolle Aussicht auf die Hofburg zu bieten.

KUNSTFORUM Karte S. 60 f.

☎ 537 33 26; www.bankaustria-kunstforum.at; 1., Freyung 8; Erw./17–27 Jahre/Senior/Fam. 9/6/7,50/20 €; ⏱ Sa–Do 10–19, Fr 10–21 Uhr; Ⓜ U3 Herrengasse 🚌 2A, 3A

Das Privatmuseum im Kunstforum wird pro Jahr von etwa 300 000 Menschen besucht – und das aus gutem Grund. So gehören interessante Sonderausstellungen zum Programm, die sich meist der Moderne und Postmoderne widmen. Eine dieser Ausstellungen der letzten Jahre konzentrierte sich beispielsweise auf das Thema „Essen in der Kunst des Stilllebens"; dabei wurden 90 Werke aus dem 16. bis 20. Jh. ausgestellt, darunter von Cézanne und Picasso.

AM HOF Karte S. 60 f.

1.; Ⓜ U3 Herrengasse, U2 Schottentor 🚌 1A

Das Herzogsgeschlecht der Babenberger (S. 21) residierte einst in einer Festung an dem Platz Am Hof bei der Bognergasse, bevor sie im späten 13. Jh. in die Hofburg umzogen. Römische Ausgrabungen sind an der Feuerwehrzentrale (☎ 505 87 47-0; 01, Am Hof 9; wegen Umbau geschl.) zu sehen. Die Fassade von Haus Nr. 11 schmückt eine golden bemalte Kanonenkugel, ein Relikt von der Türkenbelagerung im Jahr 1683. Das frühere Jesuitenkloster Kirche Am Hof (☎ 533 83 94; Eintritt frei; ⏱ Mo–Sa 8–12, So 16.30–18 Uhr) auf der Südostseite ziert eine Barockfassade. Diese ist dem gotischen Vorgängermodell nachempfunden, das während eines Feuers beschädigt wurde. Das weitläufige Kirchenschiff wird von weißen Säulen gesäumt und Goldverzierungen geschmückt. Hier verkündete 1806 ein kaiserlicher Bote das Ende des Heiligen Römischen Reichs, über das die Habsburger seit 1438 mit kurzer Unterbrechung geherrscht hatten. Mitten auf dem Platz steht die der hl. Jungfrau geweihte Mariensäule aus dem Jahr 1667.

PASQUALATI-HAUS Karte S. 60 f.

☎ 535 89 05; 1., Mölker Bastei 8; Erw./Kind77er & Jugendl. unter 19 Jahren/erm. 2/frei/1 €; ⏱ Di–So 10–13 & 14–18 Uhr; Ⓜ U2 Schottentor 🚌 37, 38, 40, 41, 42, 43, 44

Zwischen 1804 und 1814 wohnte Beethoven im vierten Stock dieses Hauses – was eigentlich nichts besonderes ist, wohnte er doch in den 35 Jahren, die er in Wien lebte, an etwa 80 verschiedenen Orten. Allerdings sind nicht alle zu Museen gemacht wurden. Dieses schon: Es besteht aus den beiden Zimmer Beethovens, in denen er u.a. die 4., 5. und 7. Sinfonie und die Oper *Fidelio* komponierte, und zwei weiteren Räumen der Nachbarswohnung. Zu sehen sind Bilder und Artikel und ein paar persönliche Gegenstände des Komponisten. Das Haus ist nach seinem langjährigen Besitzer Josef Benedikt Freiherr von Pasqualati benannt.

PALAIS KINSKY Karte S. 60 f.

1., Freyung 4; ⏱ Mo–Fr 10–18 Uhr; Ⓜ U2 Schottentor 🚌 1A

Das Palais Kinsky mit seiner klassischen Barockfassade wurde 1716 von Hildebrandt errichtet. Äußerst bemerkenswert ist das kunstvolle dreistöckige Treppenhaus links des ersten Innenhofs, dessen elegantes Geländer auf jedem Absatz mit Statuen geschmückt ist. Das fantasievolle Deckenfresko zieren rundliche Cherubim, barbusige Schönheiten und die üblichen Muskelprotze. Das Palais beherbergt heute Kunstläden und schicke Restaurants.

VOM JÜDISCHEN VIERTEL ZUM KANAL

Das alte jüdische Viertel erstreckt sich rund um den Judenplatz nördlich vom Stephansplatz. Man erreicht es von der nordöstlichen Ecke des Platzes Am Hof über einige niedliche, kopfsteingepflasterte Gassen, die an idyllischen Eckchen vorbeiführen. Den Judenplatz säumen kunstvolle Gebäuden aus dem Barock und dem 19. Jh., jahrhundertelang war er das Zentrum des jüdischen Lebens. Ausgrabungen förderten Reste einer mittelalterlichen Synagoge von 1420 zutage, die nun im Museum Judenplatz zu sehen sind.

Zwischen Judenplatz und Schottenring im Norden sind die Straßen weniger hübsch. Der Teil der Inneren Stadt zwischen Judenplatz und Donaukanal wiederum hat einige attraktive Ecken zu bieten, besonders den Passauer

Platz, den Hohen Markt und den Ruprechtsplatz. Auf dem Weg zum Kanal durchquert man ein Viertel mit jeder Menge Bars: das „Bermudadreieck". Tagsüber geht's hier ruhig und beschaulich zu, spätabends aber tummeln sich angetrunkene Feierwütige und es kann etwas ruppiger werden.

MUSEUM JUDENPLATZ Karte S. 60 f.
☎ 535 04 31; www.jmw.at; 1., Judenplatz 8; Erw./erm. 4/2,50 €; ☼ So–Do 10–18, Fr 10–14 Uhr; 🚌 2A, 3A

Prunkstück des zweiten jüdischen Stadtmuseums sind die ausgegrabenen Überreste der mittelalterlichen Synagoge, die einst am Judenplatz stand. 1420 erbaut, sollte ihr kein langes Leben beschieden sein. So ordnete Herzog Albrecht V. 1421 aus „Hass und Unverständnis" bereits ihre Zerstörung an. Zu besichtigen sind die in gedämpftes Licht getauchten Grundmauern der Synagoge und ein kleines Modell des Gebäudes. Nach Betreten des Museums bekommen die Besucher Kopfhörer; dann geht's hinunter in einen Vorführraum, wo ein zwölfminütiges informatives Video über das Judentum, die Synagoge und das jüdische Viertel gezeigt wird. Nächster Programmpunkt sind die Ausgrabungen. Außerdem können Besucher die Datenbanken nach vermissten Freunden oder Verwandten durchforsten. Das Kombiticket (Erw./erm. & Kind 10/6 €) berechtigt zum Besuch des Museums, des Stadttempels (S. 82) und des Jüdischen Museums (S. 68).

HOLOCAUSTDENKMAL Karte S. 60 f.
1., Judenplatz; 🚌 2A, 3A

Bestimmendes Element des Judenplatzes ist das Holocaustdenkmal. Das helle, blockhafte Mahnmal soll der 65 000 österreichischen Juden gedenken, die während des Holocaust ums Leben kamen. Das im Jahr 2000 enthüllte Werk der britischen Bildhauerin Rachel Whiteread soll eine „namenlose Bibliothek" darstellen. Der Entwurf als Bücherschrank, in dem die Bücher mit dem Rücken nach hinten eingestellt sind, steht für die nicht erzählten Geschichten der Holocaustopfer. Auf den Bodenplatten sind die Namen der österreichischen Konzentrationslager eingraviert. An der Nordseite des Judenplatzes befindet sich die frühere

DIE RINGSTRASSE

Die Ringstraße – kurz nur der Ring – ist eine breite, von Bäumen gesäumte Allee, die einen großen Teil der Inneren Stadt umschließt. Sie verläuft entlang der geschleiften Stadtmauer aus dem 16. Jh., die ursprünglich durch einen Graben zusätzlich geschützt war. Hinter diesem erstreckte sich eine weitläufige, freie Fläche, die schräg abfiel und es den Verteidigern erleichterte, die ungeschützten Angreifer abzuwehren. Wer in den Vorstädten außerhalb der Befestigung lebte, musste im Falle eines Angriffs fliehen oder sich dem Kampf stellen. Wie in vielen anderen europäischen Städten des Mittelalters wurde auch in Wien alles materiell Wertvolle innerhalb einer Stadtmauer geschützt. Und im Falle von Wien war das eine Menge.

Mitte des 19. Jhs. war die Festung überflüssig geworden und das Glacis zu Exerzier- und Parkanlagen umfunktioniert worden. Kaiser Franz Joseph I. entschied schließlich, dass an dessen Stelle prachtvolle öffentliche Gebäude entstehen sollten, waren diese doch besser geeignet, die Macht und den Reichtum des Habsburger Reiches widerzuspiegeln. Die Ringstraße wurde von 1858 bis 1865 angelegt – und schon im folgenden Jahrzehnt waren die meisten der imposanten Gebäude, die heute die belebte Straße säumen, bereits im Bau. Franz Joseph griff für die Verwirklichung seiner Pläne tief in die Tasche. Seine ambitionierte architektonische Wunschliste beinhaltete den Bau des Börse Palais (1877; Karte S. 60), der Staatsoper (1861–1869 erbaut; S. 207), der Gebäude des Musikvereins (1867–1869) und des heutigen MAK (1868–1871; S. 64), der Akademie der bildenden Künste (1872–1876; S. 67), des Naturhistorischen Museums (1872–81; S. 75), des Rathauses (1872–1883; S. 78), des Kunsthistorischen Museums (1872–1891; S. 74), des Parlaments (1873–1883; S. 78), des Hauptgebäudes der Universität Wien (1873–1884; S. 79), des Burgtheaters (1874–1888; S. 208), des Justizpalastes (1875–1881; S. 79) und der Heldenplatz-Flügel der Neuen Burg (1881–1908; S. 76).

Der Erste Weltkrieg brach aus und das Kaiserreich ging unter, bevor Franz Josephs ehrgeizige Pläne vollständig umgesetzt werden konnten. So wurde ein weiterer Flügel der Hofburg nie gebaut, der direkt an der Ringstraße errichtet werden sollte und den heutigen Volksgarten einnehmen würde. Zudem sollten der Palast und die großen Museen gegenüber durch einen majestätischen Fußweg miteinander verbunden werden, der auf Bögen über die Ringstraße geführt hätte. Auch dieses Bauvorhaben wurde nie umgesetzt.

Um das ganze Ausmaß des Bauprojekts zu erfassen, sollte man zumindest einen Teil der Ringstraße zu Fuß erkunden. Der gesamte Ring ist etwa 5 km lang, der prachtvollste Abschnitt zwischen Universität und Oper misst jedoch weniger als 2 km. Weitere Infos gibt's auf S. 134.

Böhmische Hofkanzlei. Ihre eindrucksvolle, von Johann Bernhard Fischer von Erlach geschaffene Fassade ist um die Ecke von der Wipplingerstraße aus zu sehen.

ANKERUHR AM HOHEN MARKT
Karte S. 60 f.

1., Hoher Markt; U1, U3 Stephansplatz 1A, 2A 3A

Auf Wiens ältestem Platz, dem einstigen Zentrum des römischen Außenpostens, steht die Ankeruhr. Das im Jugendstil gehaltene Meisterwerk wurde 1911 von Franz von Matsch geschaffen und verdankt seinen Namen der Anker-Versicherung, die es in Auftrag gab. In zwölf Stunden durchlaufen die Figuren einmal die Uhr und zeigen dabei auf einer linearen statischen Minutenanzeige die genaue Zeit an. Die Figuren stellen u. a. Marcus Aurelius dar, den römischen Kaiser, der 180 n. Chr. vermutlich in Wien starb, ferner Josef Haydn, Prinz Eugen von Savoyen und Maria Theresia. Erläuterungen zu den Figuren findet man auf einer Tafel an der Wand darunter. Um 12 Uhr mittags zieht die Uhr jede Menge Besucher an – dann paradieren alle Figuren zu passender Orgelmusik.

RÖMERMUSEUM AM HOHEN MARKT
Karte S. 60 f.

☎ 535 56 06; 1., Hoher Markt 3; Erw./Kind & Jugendl. unter 19 Jahren/erm. 4/frei/3 €; Di–So 9–18 Uhr; U1, U3 Stephansplatz 1A, 2A 3A

Was würden wohl die alten Römer dazu sagen, dass sich Reste ihres Außenpostens hinter einem Restaurant am Hohen Markt verstecken müssen? Bei der kleinen Ansammlung römischer Ruinen aus der Zeit vom 1. bis 5. Jh. soll es sich um Relikte der Offiziersquartiere des römischen Legionärslagers in Vindobona handeln. Zu besichtigen sind zerbröckelnde Mauern, geflieste Fußböden und eine kleine, aber feine Sammlung von Artefakten, die während der Ausgrabungen zutage gefördert wurden. Heute sind die Ruinen übrigens ein Außenposten des Wiener Stadtmuseums.

RUPRECHTSKIRCHE Karte S. 60 f.

☎ 535 60 03; www.ruprechtskirche.at; 1., Seitenstettengasse 5; Eintritt frei; Mo–Fr 10–12, Mo, Mi & Fr 15–17 Uhr; U1, U3 Stephansplatz 1A, 2A 3A

Einige Schritte nördlich des Ruprechtsplatzes steht die Ruprechtskirche. Sie wurde wohl zwischen 1130 und 1170 über den Resten eines Vorgängerbaus erbaut, was sie zur ältesten Kirche Wiens macht. Der untere Teil des Turms stammt aus dem 12. Jh., das Dach aus dem 15. Jh. und die Eisentür im Renaissance-Stil auf der Westseite aus den Jahren um 1530. Vor allem von außen bietet die Kirche mit ihrer ungewöhnlich schlichten Fassade, den efeubedeckten Außenmauern und den kopfsteingepflasterten Wegen einen hübschen Anblick. Doch auch das hübsche Innere mit dem romanischen Kirchenschiff aus dem 12. Jh. kann sich durchaus sehen lassen.

MARIA AM GESTADE Karte S. 60 f.

☎ 533 95 94-0; http://maria-am-gestade.redemptoristen.at; 1., Passauer Platz; U1, U3 Stephansplatz 1A, 2A 3A

Die Kirche Maria am Gestade wurde um 880 von Schiffern der Donau aus Holz errichtet. Im 14. Jh. mauserte sie sich dann zu einer steinernen gotischen Schönheit. Wegen des steilen Untergrundes wurde das Kirchenschiff schmaler gebaut als der Altarraum und mit einer leichten Krümmung versehen. Als Napoleon 1805 nach Wien kam, nutzte er die Kirche als Lagerstätte für seine Waffen und als Stallung für seine Pferde. Der Innenraum mit der gotischen Gewölbedecke, dem gotischen Flügelaltar und den hübschen bunten Glasfenstern im hinteren Bereich ist nur während Gottesdiensten zugänglich: montags bis samstags um 7 und 11 Uhr und sonntags zwischen 7 und 12 Uhr. Zu der an einem ruhigen Eckchen der Inneren Stadt gelegenen Kirche führt ein hübscher Treppenaufgang.

STADTTEMPEL Karte S. 60 f.

☎ 531 04 170; www.ikg-wien.at; 1., Seitenstettengasse 4; Öffnungszeiten variieren; U1, U4 Schwedenplatz 1, 2 2A

Der Stadttempel ist Wiens bedeutendste Synagoge. Sie wurde 1826 fertiggestellt, nachdem Joseph II. den Wiener Juden im Toleranzpatent von 1782 das Recht zur Ausübung ihrer Religion zugestanden hatte. Dies ebnete den Weg zu einer Emanzipation der Juden und verhalf ihnen zu mehr Wohlstand. Der Hauptgebetssaal ist im eleganten Biedermeierstil gehalten und bietet Platz für 500 Personen; er wird von zwölf ionischen Säulen gesäumt und von einer Kuppel bekrönt. Besucher jüdischen Glaubens können sich (auch auf Hebräisch) telefonisch bei der Synagoge über die Zeiten der Gottesdienste erkundigen. Vor der Besichtigung wird man von einem Sicherheitssystem erfasst und muss seinen Ausweis vorzeigen.

Einstündige Führungen (☎ 535 04 31 130; Erw./erm. 3/2 €; ◷ 11.30 & 14 Uhr) werden vom Jüdischen Museum veranstaltet. Treffpunkt ist vor der Synagoge, besichtigt werden ein 2002 errichtetes Denkmal für die jüdischen Holocaustopfer und der Hauptsaal. Im Kombiticket für das Jüdische Museum (S. 68) und das Museum Judenplatz (S. 81) ist der Eintritt für den Stadttempel bereits enthalten.

MORZINPLATZ Karte S. 60 f.

01; Ⓤ U1, U4 Schwedenplatz 🚋 1, 2 🚌 2A
Der Morzinplatz liegt am Donaukanal zwischen Salztorbrücke und Marienbrücke. Hier, am Standort der früheren Gestapozentrale Wiens, befindet sich das Denkmal für die Opfer des Faschismus (1985). Es zeigt den Davidstern und das Rote Dreieck und erinnert so an die Opfer unter den Juden und politischen Gefangenen.

UHRENMUSEUM Karte S. 60 f.

☎ 533 22 65; www.wienmuseum.at; 1., Schulhof 2; Erw./Kind & Jugendl. unter 19 Jahren/erm. 4/frei/2 €; ◷ Di–So 10–18 Uhr; Ⓤ U3 Herrengasse 🚌 1A, 2A, 3A

Das städtische Uhrenmuseum fristet sein tickendes Dasein hinter der Kirche am Hof. Es wurde 1921 im Hafenhaus, einem der ältesten Gebäude Wiens, eröffnet. Seine drei Stockwerke biegen sich geradezu unter dem Gewicht von ganzen 21 200 Uhren verschiedener Couleur, darunter sowohl Exemplare aus dem 15. Jh. als auch eine Computeruhr von 1992. Echte Prunkstücke sind die Uhren aus dem Biedermeier und der Belle Epoque. Zu vollen Stunden ist es hier übrigens vorbei mit der ruhigen Museumsatmosphäre, Geräuschempfindliche sollten diese Zeiten also lieber meiden. Am ersten und dritten Sonntag im Monat sind sowohl Eintritt als auch Führungen (10 & 11 Uhr) umsonst.

NEIDHARTFRESKEN Karte S. 60 f.

☎ 535 90 65; 1., Tuchlauben 19; Erw./Kind/Student/Senior 6/frei/3/4 €; ◷ Di 10–13, Di & Fr–So 14–18 Uhr; 🚌 2A, 3A

Ein unscheinbares Haus an den Tuchlauben verbirgt in seinem Inneren ein bemerkenswertes Schmuckstück: die ältesten erhaltenen weltlichen Wandmalereien Wiens. Die kleinen Fresken aus dem Jahr 1398 erzählen in bunten, lebendigen Szenen von der Geschichte des Minnesängers Neidhart von Reuental (1180–1240) und vom Leben im Mittelalter. Die Fresken sind zwar etwas verblasst und nur noch fragmentarisch enthalten, jedoch angesichts ihres Alters immer noch in einem sehr guten Zustand. Das Gebäude ist ein städtisches Museum.

ARCHIV DES ÖSTERREICHISCHEN WIDERSTANDS Karte S. 60 f.

☎ 228 94 69; www.doew.at; 1., Wipplingerstraße 8; Eintritt frei; ◷ Mo–Do 9–17 Uhr; 🚌 2A, 3A

Das Archiv des österreichischen Widerstands ist im Alten Rathaus untergebracht und dokumentiert den wenig bekannten Widerstand, den es im Land gegen die NS-Herrschaft gab. Etwa 2700 Widerstandskämpfer wurden von den Nazis umgebracht, Tausende mehr in KZs deportiert. Die Ausstellung erläutert die nationalsozialistischen Lehren zu Homosexualität, „unwertem Leben", Konzentrationslagern und Zwangsarbeit, zudem geben viele Fotos und Erinnerungsstücke Eindrücke über die Zeit vor und nach dem Anschluss Österreichs. Eine bewegende und äußerst wertvolle Erfahrung.

VON PLATZ ZU PLATZ IN DER INNEREN STADT
Stadtspaziergang
1 Zollamtssteg

Der Zollamtssteg ist eine Fußgängerbrücke, die über den Wienfluss führt. Unter ihr verläuft eine Bahnbrücke aus dem Jahr 1900. Die zwei grünen, sich diagonal kreuzenden Brücken sind nicht nur für Eisenbahn-Begeisterte ein ungewöhnliches Fotomotiv.

2 Georg-Coch-Platz

Der Platz erstreckt sich zwischen Otto Wagners im Jugendstil erbauter Postsparkasse (S. 65) und dem prachtvollen ehemaligen Kriegsministerium (S. 66). Er ist zwar nicht gerade ein Hingucker, bietet jedoch einen eindrucksvollen Blick auf viele verschiedene Bauten aus dem frühen 20. Jh.

3 Dr.-Ignaz-Seipel-Platz

Der Dr.-Ignaz-Seipel-Platz (S. 65), der frühere Universitätsplatz, gehört zu Wiens interes-

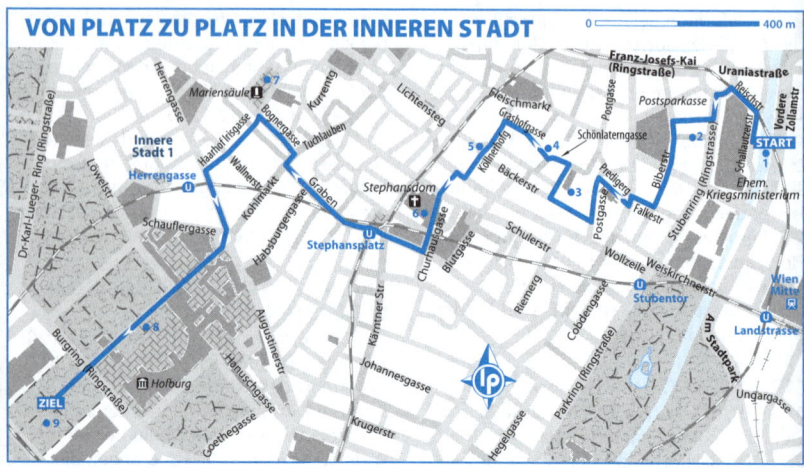

VON PLATZ ZU PLATZ IN DER INNEREN STADT

ROUTENINFOS

Start Zollamtsteg
Ziel Maria-Theresien-Platz
Strecke 3 km
Dauer 90 Minuten
Anspruch Leicht
Snack unterwegs Beim Czaak (S. 166)

santesten Plätzen. Benannt ist er nach dem österreichischen Kanzler Ignaz Seipel (1876–1932), der von 1926 bis 1929 regierte. Als Sohn eines Fiaker-Fahrers geboren, wurde er später Universitätsprofessor und Theologe. In der Zeit des „Roten Wiens" gründete er eine antimarxistische Front (siehe S. 29).

4 Heiligenkreuzerhof

Der Heiligenkreuzerhof stammt aus dem späten 17. und frühen 18. Jh. und gehört zu einem der schönsten Fleckchen der Stadt. Sein Name geht auf den Zisterzienser-Orden zurück, der sich hier einst ansiedelte und die barocke, mit Kuppel versehene Kapelle am Eingang der Schönlaterngasse errichtete. Das Fundament des malerischen Platzes reicht sogar bis ins 12. Jh. zurück.

5 Lugeck

Der Platz wird von einer Statue Johannes Gutenbergs (1400–1468), des Erfinders des Buchdrucks, geschmückt und diente wohl um das 13. Jh. für die alte Festung als eine Art Ausguck. Ein altes Liedchen beschreibt ihn folgendermaßen: „Ans Lugeck kam ich von ungefähr, da gingen Kaufleut' hin und her, in fremder Kleidung bunterlei, und sprachen fremde Sprachen dabei."

6 Stephansplatz

Vom Stephansplatz aus werden alle Entfernungen zum Zentrum der Hauptstadt gemessen. Und natürlich thront hier der Stephansdom (S. 58), das gotische Gotteshaus der Stadt schlechthin. Ruhig geht es auf dem belebten Platz eigentlich nie zu.

7 Am Hof

Der Platz Am Hof (S. 80) mit der Mariensäule fristet unberechtigterweise ein wenig das Dasein eines Mauerblümchens. So wird er trotz der hübschen Straßen und Gassen, die ihn umgeben, oft übersehen.

8 Heldenplatz

Der Heldenplatz, einer der vielen Plätze innerhalb der Hofburg (S. 70), war und ist traditionell Schauplatz politischer Veranstaltungen. 1938 hielt Hitler hier vor einer ekstatischen Masse seine berühmte Rede zum Anschluss Österreichs.

9 Maria-Theresien-Platz

In den Wochen vor Weihnachten zeigt sich der Maria-Theresien-Platz in seiner vollen Pracht: Dann findet hier der Christkindlmarkt (S. 155) statt und man kann neben der Statue der recht drallen Maria Theresia an seinem Glühwein nippen.

SÜDWESTLICHE VORSTADT

Ausgehen & Nachtleben S. 188; Essen S. 167; Shoppen S. 151; Schlafen S. 224

Das Leben der Wiener spielt sich größtenteils in den dicht besiedelten Vorstädten ab. Taucht man tiefer in diese ein (d. h. bewegt man sich abseits der Ringstraße), spürt man schnell ihren Sog. Zunächst scheint alles ganz normal, doch irgendwann bemerkt man, dass man mitten in eine Art dunkle Seite des urbanen Herzens geraten ist. Hier geben sich alteingesessene Vorstädter in urigen Beisln oder Kaffeehäusern die Klinke in die Hand, hier läuft der Wiener mit seinem trockenen Humor zur Höchstform auf und hier zeigt sich das Wiener Leben von seiner wahren Seite: alltäglich, morbid und recht bizarr zugleich – eben das ganz normale Vorstadtleben.

Wieden (4. Bezirk), Margareten (5.), Mariahilf (6.) und Neubau (7.) liegen südwestlich der Inneren Stadt und haben jede Menge Läden, Sehenswürdigkeiten und Unterhaltungsmöglichkeiten zu bieten. Hier kann man bestens essen gehen, ausgehen und seinen Spaß haben.

Wieden, insbesondere die Gegend rund um den Karlsplatz, wartet direkt an der Schwelle zur Inneren Stadt mit viel Sehenswertem auf. Hier befindet sich das größte Stadtmuseum (Wien Museum) sowie der Naschmarkt, das am Wienfluss gelegene kulinarische Paradies der Stadt. Rund um die Kreuzung von Schleifmühlgasse und Margaretenstraße gibt es zahlreiche Bars und Clubs, die die Gegend zu einer tollen Ausgehadresse machen. Das Grenzland zwischen Wieden und Margareten ist zudem bei der alternativen Szene gerade schwer angesagt.

Margareten wirkt zunächst recht beengend und ändert – wie alle Vorstädte – alle paar Blocks sein Stadtbild. Irgendwann werden die Wohnhäuser langsam weniger, bevor von dem Charakter der Gegend nicht mehr viel übrig bleibt und der Bezirk in den belebten Gürtel beim früheren Südbahnhof, der gerade zu Wiens Hauptbahnhof umgebaut wird, übergeht. Auch hier gibt's jede Menge Einkaufs- und Ausgehmöglichkeiten.

Überquert man den Wienfluss in Richtung Norden nach Mariahilf, gelangt man zunächst in die Gegend rund um die Gumpendorfer Straße. Sie war früher recht heruntergekommen und den Stadtplanern eher ein Dorn im Auge, doch die Ansiedlung alternativ-schicker Bars und Läden hat hier für jede Menge frischen Wind gesorgt, insbesondere in der Gegend östlich des Hauses des Meeres, einem in einem Flakturm (s. S. 113) untergebrachten Zoo für Meerestiere. Im Süden des Bezirks verläuft ein Teil des Naschmarktes.

Weiter nördlich endet der 5. Bezirk abrupt an der Mariahilfer Straße, der Einkaufsmeile der Stadt schlechthin. Der Westbahnhof/BahnhofCity Wien West thront am Westende der Straße (die Straße geht allerdings dahinter noch ein Stück weiter). Das in der Inneren Stadt gelegene Ende der Mariahilfer Straße wiederum führt ins MuseumsQuartier, ein weitläufiges Kulturareal mit jeder Menge Museen. Wer gerne Menschen beobachtet, ist dort genau richtig: Hier gibt's Studenten, Büroangestellte, Männer mit spitzen Schuhen und Koteletten, Frauen im Alternativ-Schick, blasse Stubenhocker, die sich an einem Sommerabend ins Freie trauen, und vergnügte Kinder – schließlich ist hier für wirklich jeden etwas dabei. Die meisten Wiener kommen hierher, um einfach mal abzuschalten.

Das MuseumsQuartier liegt eigentlich im Bezirk Neubau und geht direkt in den Spittelberg über. Der Spittelberg mit seinen engen Kopfsteinstraßen, den Biedermeierhäusern und einigen Läden, Bars und Restaurants war früher eine eigenständige Gemeinde. Heute sind die Grundstückspreise in dem hübsch hergerichteten Viertel kaum noch zu bezahlen. Der Spittelberger Weihnachtsmarkt gehört mit den vielen Kunsthandwerkständen zu den schönsten der Stadt, die Wiener lassen sich hier gerne mal ein Glas Glühwein schmecken. Ein Streifzug durch die Neubaugasse führt dann in ein lebendiges Viertel mit eigenwilligen Secondhand- und Alternativläden.

Die U-Bahn-Linie U4 verläuft entlang des Wienflusses und stellt eine praktische West-Ost-Verbindung her. Von den Stationen an der Wienzeile gelangt man nach einem kurzen Fußmarsch nördlich oder südlich des Naschmarktes in die anderen Bezirke. Die Buslinie 13A verbindet die Pilgramgasse in Margareten mit Neubau.

All diese geschäftigen Vorstädte haben jede Menge Kultur und unbezahlbare Einblicke in das Wiener Alltagsleben zu bieten – so wird jeder Besucher dort höchstwahrscheinlich jede Menge Zeit verbringen.

HITLER IN WIEN

Hitler wurde 1889 im oberösterreichischen Braunau am Inn unter dem Namen Adolf Schicklgruber geboren (sein Vater ließ den Namen ändern, als die Familie 1893 nach Deutschland übersiedelte). Mit 17 Jahren ging Hitler nach Wien. Hier verbrachte er sechs unstete, von Armut und Erfolglosigkeit geprägte Jahre, bevor er sich schließlich nach München aufmachte, um dort sein Glück zu versuchen. In *Mein Kampf* beschrieb er seine Wiener Jahre später als die Zeit, die in ihm eine einschneidende Wandlung bewirkt hätte; er sei von einem „schwachen Weltbürger" zu einem „fanatischen Antisemiten" geworden. Ob das etwas damit zu tun hatte, dass er zweimal von der Akademie der bildenden Künste abgelehnt wurde, weil man seine eingereichten Arbeiten für ungenügend befand, verriet er nicht. Obwohl Hitler überzeugt davon war, dass er durch die richtige Ausbildung zu einem großen Künstler hätte werden können, tröstete er sich in einem Brief an einen Freund mit der Aussage, dass das Schicksal wohl etwas anderes mit ihm vorhabe, was sich ja leider im schlimmsten Sinne bewahrheitete.

1938 kehrte Hitler an der Spitze der deutschen Wehrmacht für kurze Zeit nach Wien zurück, um sich von der begeisterten Menge auf dem Heldenplatz feiern zu lassen. Am nächsten Tag reiste er bereits wieder ab.

SÜDLICH DER MARIAHILFER STRASSE

Südlich der geschäftigen, aber recht charakterlosen Mariahilfer Straße liegt die Gumpendorfer Straße mit vielen interessanten Läden, Bars und Restaurants. Der Naschmarkt erstreckt sich an der Linken und Rechten Wienzeile und zieht hungrige Wiener aus der ganzen Stadt an. Der Karlsplatz östlich davon präsentiert sich als großflächiges Areal aus Grünflächen, geschäftigen Straßen und jeder Menge Sehenswürdigkeiten wie das Wien Museum, Otto Wagners Stadtbahn-Pavillons und der barocken Karlskirche, die sich jeder Wienbesucher anschauen sollte.

KARLSKIRCHE Karte S. 90 f.

☎ 712 44 56; www.karlskirche.at; 4., Karlsplatz; Erw./Kinder unter 10 Jahren/erm. 6/frei/4 €; Mo–Sa 9–12 & 13–18, So 13–17.30 Uhr; U1, U2, U4 Karlsplatz

An der südöstlichen Ecke des Resselparks erhebt sich die Karlskirche, die schönste Barockkirche Wiens. Das imposante Bauwerk verdankt seine Entstehung einem Gelübde, das Karl VI. 1713 nach dem Ende der Pestepidemie abgab, und wurde zwischen 1716 und 1739 nach einem Entwurf von Johann Bernhard Fischer von Erlach errichtet und von dessen Sohn Joseph vollendet. Die gewaltigen Säulen am Eingang sind nach dem Vorbild der Trajanssäule in Rom gestaltet und zeigen Szenen aus dem Leben des hl. Karl Borromäus, der Pestkranke in Italien pflegte. Ihm ist auch die ganze Kirche geweiht. Die riesige ovale Kuppel erreicht eine Höhe von 72 m. Im Eintrittspreis enthalten ist die Besichtigung des Borromäus-Museums und einer kleinen Ausstellung mit religiösen Kunstwerken und Kleidungsstücken, die der Heilige getragen haben soll. Das Beste ist jedoch der Lift in der Kuppel, der einen Blick auf die kunstvoll gestalteten Fresken von Johann Michael Rottmayr erlaubt. Die Altartafel stammt von Sebastiano Ricci und zeigt die Aufnahme Marias in den Himmel. Vor der Kirche befindet sich ein Teich mit einer Plastik von Henry Moore aus dem Jahr 1978.

WIEN MUSEUM Karte S. 90 f.

☎ 505 87 47-0; www.wienmuseum.at; 4., Karlsplatz 5; Erw./Kinder & Jugendl. unter 19 Jahren/Student/erm. 6/frei/3/4 €; Di–So 10–18 Uhr; U1, U2, U4 Karlsplatz D, 1, 2, 62 4A

Das Wien Museum bietet erkenntnisreiche Einblicke in die Entwicklung der Stadt, von der Vorzeit bis zum heutigen Tag. Dabei wird ein Bogen von wichtigen Persönlichkeiten zur Stadt selbst geschlagen. Die Exponate und immer zwei Wechselausstellungen sind auf drei Stockwerke verteilt. Los geht's im Erdgeschoss rechts vom Eingang. In diesem Abschnitt wird die Zeit von 5600 v. Chr. bis zum Ende des Mittelalters behandelt. Zu sehen sind u. a. originell verzierte mittelalterliche Helme und eine umfangreiche Sammlung von Sandsteinfiguren, die Mitte des 19. Jhs. aus dem Stephansdom entfernt wurden. Der erste Stock beschäftigt sich mit der Zeit der Renaissance und des Barock; gezeigt wird zudem ein faszinierendes Modell der Inneren Stadt während ihrer mittelalterlichen Glanzzeit. Auch die beiden Türkenbelagerungen werden gebührend gewürdigt. Der zweite Stock deckt die Zeit vom Biedermeier bis zum 20. Jh. ab. Eine zweites Modell der Inneren Stadt samt interessanter historischer

Fotos zeigt zudem die Auswirkungen der Ringstraßen-Erschließung.

NASCHMARKT Karte S. 90 f.

6., Linke Wienzeile/Rechte Wienzeile zw. Getreidemarkt & Kettenbrückengasse; Mo–Fr 6–19.30, Sa 6–18 Uhr; U4 Kettenbrückengasse
Wiens bekanntster Markt hat seine Ursprünge im 18. Jh. als Bauernmarkt. Damals wurde der Obstmarkt von der Freyung hierher verlegt. Ein 1793 erlassenes Gesetz besagte, dass Obst und Gemüse, das auf dem Landweg in die Stadt kam, auf dem Naschmarkt verkauft werden musste, wohingegen auf dem Seeweg transportierte Waren auf den Schiffsdecks verkauft werden durften. Schließlich fanden exotische Früchte ihren Weg auf den Markt, die Vorgängermodelle der heutigen Wurststände wurden errichtet und Abschnitte eingerichtet, in denen Kohle, Holz und landwirtschaftliche Geräte und Werkzeuge zum Verkauf standen. Den Namen Naschmarkt erhielt er offiziell im Jahr 1905, wenige Jahre nachdem nach Entwürfen von Otto Wagner die Wienfluss in ein künstliches Betonbett gelegt worden war. Das umstrittene Projekt erwies sich als Segen für den Naschmarkt, da er nun weiter expandieren konnte. 1965 gab es dann Pläne, ihn abzureißen, die jedoch nicht verwirklicht wurden. Heute hat der Naschmarkt nicht nur kulinarische Köstlichkeiten, sondern auch einen jeden Samstag stattfindenden Flohmarkt zu bieten.

STADTBAHN-PAVILLONS Karte S. 90 f.

505 87 478 5177; 4., Karlsplatz; Erw./Kinder & Jugendl. unter 19 Jahren/erm. 2/frei/1 €; April–Okt. Di–So 10–18 Uhr; U1, U2, U4 Karlsplatz D, 1, 2, 62 4A
Über dem Resselpark am Karlsplatz thronen zwei der schönsten Bauten Otto Wagners, die Stadtbahn-Pavillons. Sie wurden 1898 errichtet, also zu einer Zeit als Wagner am ersten öffentlichen Wiener Nahverkehrssystem (1893–1902) arbeitete. Die Pavillons mit ihren floralen Motiven und Vergoldungen über einer Konstruktion aus Stahl und Marmor sind prächtige Repräsentanten des Jugendstils. Der westliche Pavillon beherbergt heute eine Ausstellung zu Wagners berühmtesten Bauten, Kirche am Steinhof (S. 141) und Postsparkasse (S. 66), beides echte Jugendstilmeisterwerke. Im östlichen Pavillon befindet sich der Club U (S. 184).

GENERALI-STIFTUNG Karte S. 90 f.

504 98 80; www.gfound.or.at; 4., Wiedner Hauptstraße 15; Erw./erm. 6/3 €; Di, Mi, Fr–So 11–18, Do 11–20 Uhr; U1, U2, U4 Karlsplatz 62
Die Generali-Stiftung ist eine hübsche Galerie, in der sorgfältig ausgewählte Stücke aus der insgesamt 1400 Werke umfassenden Sammlung gezeigt werden. Der Schwerpunkt liegt auf Performance und Konzeptkunst von Mitte bis Ende des 20. Jhs. Der Eingang zum Ausstellungssaal liegt im hinteren Durchgang eines Wohnhauses. Führungen finden donnerstags um 18 Uhr statt und kosten 2 €. Dienstags zahlen Studenten keinen Eintritt und donnerstags ab 18 Uhr kostet er für alle Besucher 3 €.

KUNSTHALLE PROJECT SPACE
Karte S. 90 f.

521 89 33; www.kunsthallewien.at; 4., Treitlstraße 2; Eintritt frei; 16–24 Uhr; U1, U2, U4 Karlsplatz D, 1, 2, 62
Nachdem die Kunsthalle ihr neues Heim im MuseumsQuartier bezogen hatte, wurde dieser Glaskasten hier errichtet und 2001 eröffnet. Gezeigt werden Wechselausstellungen aufstrebender Nachwuchskünstler, auf der Website findet man das Programm und aktuelle Änderungen der Öffnungszeiten. Nach einem Besuch der Ausstellung kann man bestens im Kunsthallencafé (S. 188) nebenan entspannen.

SCHUBERT STERBEWOHNUNG
Karte S. 90 f.

581 67 30; www.wienmuseum.at; 4., Kettenbrückengasse 6; Erw./Kinder & Jugendl. unter 19 Jahren/erm. 2/frei/1 €; Mi & Do 10–13 & 14–18 Uhr; U4 Kettenbrückengasse 59A
Hier, in der Wohnung seines Bruders Ferdinand, verbrachte Franz Schubert 1828

top picks

SÜDWESTLICHE VORSTADT MIT KINDERN

- Dschungel Wien (S. 95)
- Haus des Meeres (S. 89)
- Hofmobiliendepot – Spielplatz (S. 96)
- Wien Museum (S. 86)
- Zoom (S. 95)

MIT ÖSTERREICHS KRIMIKÖNIGIN IN MARGARETEN

Ein Serienkiller treibt in den Straßen von Margareten in Wiens südwestlicher Vorstadt sein Unwesen. Orlando, ein Transvestit mit Sisi-Frisur, wird fast zum zweiten Opfer des Mörders. Katharina Kafka, eine Kellnerin mit Roma-Wurzeln vom Café Cuadro, wird in die Suche nach dem Täter hineingezogen. Mord und Gewalt in einer realen Umgebung gerade mal einen Steinwurf von dem Ort entfernt, an dem Stadtplaner Otto Wagner dem Wienfluss sein steinernes Bett verpasste – so beginnt *Schön Tod*, der 13. Kriminalroman von Edith Kneifl, der österreichischen Krimikönigin. Der Roman wurde für den Wiener Krimi-Preis nominiert.

Edith Kneifl schwebt durch die Tür des Cuadro, gegen die zweistelligen Minustemperaturen mit einer dicken Winterjacke geschützt. „Margareten verändert sich", erzählt sie uns bei einer Tasse Kaffee. Ein Grund für diesen Wandel ist möglicherweise das Atelier, das das Wiener Architekturbüro Coop Himmelb(l)au in dem Distrikt eröffnete, glaubt sie. Heute sind die Werkstätten, Fabriken und die Arbeiterklientel in Margareten bei jungen Künstlern und Designern schwer angesagt. Edith Kneifl ist einer der größten Fans des Bezirks. „Margareten hat das Flair einer Großstadt", sagt sie, „und je näher man dem Gürtel kommt, desto wilder und multikultureller wird es. Dieser Mix aus vielen Kulturen in der Vorstadt wirkt sich auch auf Wien aus." Später erzählt sie von ihrer Zeit in Städten wie San Francisco und New York, die größer sind als Wien, wo sie erlebte, was Multikulti bedeutet.

Als wir von den Großen der Kriminalliteratur sprechen, fallen Namen wie Raymond Chandler, Dashiell Hammett, Stieg Larsson und Sara Paretsky, Mitbegründerin des Netzwerks Sisters in Crime. „Lange Zeit kopierten unsere männlichen Kollegen Chandler und Hammett, schrieben von männlichen Helden, von kettenrauchenden Einzelgängern, die sich allein durchs Leben kämpften. Unsere Protagonisten sind realistischer, normale Frauen, die alltägliche Probleme haben wie z. B. mit ihrem Mann oder ihren Kindern."

Bevor Kneifl sich ganz der Schriftstellerei widmete, arbeitete sie als Psychologin. Ihr Sammelband *Tatort Wien* umfasst die Geschichten von 16 Wiener Autorinnen, in deren Mittelpunkt männliche Opfer – meist Ehemänner und Liebhaber – stehen. Das, so sagt sie lachend, war nicht wirklich Absicht, sondern ergab sich einfach so. Ein interessanter Aspekt an *Schön Tod* ist, dass Charaktere aus Margareten mitspielen, die es auch im wirklichen Leben gibt. So taucht beispielsweise Stefan Gergely auf, der Besitzer des Cuadro und anderer Restaurants, ebenso wie Frau Klaric vom Secondhand-Laden am Margaretenplatz und viele mehr. „Das Ganze war ein Experiment, ich wollte ausprobieren, ob es funktioniert. Das ist mein erster Roman, in dem reale Personen mitspielen", sagt sie.

Später an diesem Morgen zeigt sie uns ihr Margareten. Dabei kommen wir an einigen Schauplätzen ihrer fiktionalen Verbrechen vorbei. („Der Park, in dem die Leiche gefunden wurde, ist dort."). Wir machen einen Abstecher zum Pischinger Abholmarkt, wo es die billigere Variante von Wiens bekannten Manner-Waffeln gibt. Wir legen einen Stopp bei Fredys Feuerhalle an der Margaretenstraße ein, einem früheren Beisl und heutigen Kiosk, wo der hartgesottene Einheimische sich sein Bier oder auch Härteres schmecken lässt. Wir laufen an den besten Schinkenladen Wiens (Thum Schinkenmanufaktur) vorbei und werfen einen Blick in Frau Poldis Apotheke, einem offensichtlichen Relikt aus den Zeiten von Laudanum und Kopfwehpulver, das mit Frau Poldis Pensionierung dem Stadtteil wohl irgendwann verloren gehen wird.

„Der Vater von Herrn Gergely", sagt Edith Kneifl später, „war der Erfinder der Brausetablette." Dann verabschiedet sie sich und hüpft in den nächsten Bus, der mit einem röchelnden Husten in die eisige Kälte über den von Stadtplaner Otto Wagner in ein Betonbett gelegten Fluss verschwindet. Es war ein kalter Tag heute in Margareten – verdammt kalt, und so starren die Trinker ins Leere, mit ihren eisigen Händen ihr Bier umklammernd ...

Die genannten Orte:

- Cuadro (S. 171)
- Midinette (Karte S. 90 f.; 5., Margaretenstraße 84) Frau Klarics Antiquitäten- und Secondhandladen; direkt daneben gibt's eine interessante Boutique für Secondhandmode.
- Fredys Feuerhalle (Karte S. 90 f.; 5., Margaretenstraße 97) Für ein schnelles Bierchen unter Kennern.
- Thum Schinkenmanufaktur (Karte S. 90 f.; ☎ 544 25 41; http://thum-schinken.at/; 5., Margaretenstraße 126) Kleiner, aber feiner Laden, in dem es Mangalitza-Schinken und viele andere Schinkensorten gibt.
- Pischinger Abholmarkt (Karte S. 90 f.; 5., Pilgramgasse 24) Hier stehen die Waffeln denen der bekannteren Wiener Marke „Manner" in nichts nach.

---

die letzten Tage vor seinem Tod, 40, um genau zu sein. Er war schwer krank – er litt möglicherweise an Typhus oder an Syphilis – komponierte jedoch weiter und schrieb eine Reihe von Klaviersonaten sowie sein letztes Werk, *Der Hirt auf dem Felsen*. In der Wohnung sind zwar nur wenige persönliche Gegenstände des Komponisten zu sehen (beispielsweise eine Kopie des letzten von ihm geschriebenen Briefs), dafür werden seine letzten Tage mit interessanten Exponaten und Musik dokumentiert.

BESTATTUNGSMUSEUM
abseits der Karte S. 90 f.

☎ 501 95-0; www.bestattungwien.at; 4., Goldeggasse 19; Erw./erm. 4,50/2,50 €; ◷ Mo–Fr 12–15 Uhr; 🚇 D 🚌 13A

Das Museum ist der hohen Kunst der Bestattung gewidmet. Dabei führt es in weniger schauriger Weise an das Thema heran als das Pathologisch-anatomische Bundesmuseum (S. 99) oder das Josephinum (S. 99) und dokumentiert anhand von Fotos, Dokumenten und Exponaten die Geschichte der Bestattung in der für seine morbide Seite bekannten Stadt.

HAUS DES MEERES Karte S. 90 f.

☎ 587 14 17; www.haus-des-meeres.at; 6., im Esterhazypark, Fritz-Grünbaumplatz 1; Erw./Kinder unter 6 Jahren/6–15 Jahre/erm. 12,50/4/5,90/9,60 €; ◷ Fr–Mi 9–18, Do 9–21 Uhr; 🚇 U3 Neubaugasse 🚌 13A, 14A

Okay, im Haus des Meeres kann man zwar nicht mit Haien planschen, aber solch ein maritimer Streichelzoo wäre wohl auch ein echter Versicherungsschreck. Jeden Donnerstag um 18 Uhr traut sich allerdings dann doch einer der Mitarbeiter ins Haifischbecken. Insgesamt hat einen das Museum auf den ersten Blick zwar nicht gerade vom Hocker, es bietet jedoch interessante Einblicke in das Leben der Eidechsen, Haie, Krokodile und Schlangen sowie einiger Fisch- und auch Spinnenarten. Besuchermagneten sind die Hai- und Piranhafütterungen mittwochs und sonntags um 15 Uhr sowie die Reptilienfütterung sonntags um 10 und donnerstags um 19 Uhr. Zu sehen gibt's außerdem ein tropisches Glashaus mit niedlichen Affen und einem kleinen Regenwald. Der Zoo ist in einem Flakturm (S. 113) untergebracht, was Besuchern die Gelegenheit gibt, sich das Innere der Monolithen mal genauer anzuschauen.

HAYDNHAUS Karte S. 90 f.

☎ 596 13 07; 6., Haydngasse 19; Erw./Kinder & Jugendl. unter 19 Jahren/erm. 4/frei/3 €; ◷ Di–So 10–13 & 14–18 Uhr; 🚇 U3 Zieglergasse 🚌 57A

Die Ausstellung in Haydns letztem Wohnsitz ist recht bescheiden, wurde aber 2009 neu gestaltet. Der Schwerpunkt liegt auf dem Leben des Komponisten in Wien und in London im späten 18. und frühen 19. Jh. Haydn wohnte während der ereignisreichen Zeit von Napoleons Besatzung in Wien. Der kleine Garten ist für Besucher zugänglich und dem Original nachempfunden.

WIENZEILENHÄUSER VON OTTO WAGNER Karte S. 90 f.

6., Linke Wienzeile & Köstlergasse; 🚇 U4 Kettenbrückengasse

Wegen der Gefahr von Überflutungen in den umliegenden Gebieten wurde der Wienfluss im späten 19. Jh. reguliert. Damit verlor er allerdings komplett und für immer sein natürliches Aussehen. Zur gleichen Zeit entwickelte Otto Wagner die Idee, das Gebiet zwischen Karlsplatz und Schönbrunn in eine Prachtstraße zu verwandeln. Seine Vision wurde nie umgesetzt und heute plätschert hier ein Bach in einem Flussbett aus Beton vor sich hin – gelinde gesagt nicht gerade ein Glanzstück Wagners. Dafür säumen einige hübsche Wagner-Gebäude die Linke Wienzeile. Das Majolikahaus an Nr. 40 (1899) ist das schönste; es ist komplett mit glasierten Keramikplatten vertäfelt, die Blumenmotive schmücken. Das zweite dieser Jugendstilprachtbauten ist das Eckhaus

PARALLELWELTEN

Wiens Vorstädte haben immer eine besondere Rolle im urbanen Gefüge der Stadt gespielt. Jede hat ihre eigene Geschichte, so entstand die eine aus einem Kloster an der Landstraße, die andere aus einem Grundstück des niederen Adels in Alsergrund. Zur Wende des 20. Jhs. entwickelten sich dann die Wiener Vorstädte zu eigenen kleinen Mikrokosmen. Hauptauslöser dafür war das Industriezeitalter.

Die Hauptstadt spiegelte die gesellschaftlichen Unterschiede der damaligen Zeit wider. In der Inneren Stadt residierte größtenteils der Adel, die gehobene Mittelklasse wiederum suchte sich rund um die neu ausgebaute Ringstraße ihr Domizil. Jenseits davon wohnte der weniger wohlhabende Mittelstand in den Vorstädten, der Arbeiterklasse wiederum blieben dann äußere Randgebiete und die Außenbezirke hinter dem Gürtel. So trafen in den Vorstädten Angehörige verschiedener Gesellschaftsschichten aufeinander. Fred Heller, jüdischer Journalist und Schriftsteller, beschrieb sie 1918 als Randbezirke mit dunklen, an Straßenbahnlinien verlaufenden Landschaften. Andere charakterisierten sie als anarchische, verrückte und düstere Orte mit einem gewissen Hang zum Laster – heute passt diese Beschreibung wohl eher auf die Gegend direkt außerhalb des Gürtels.

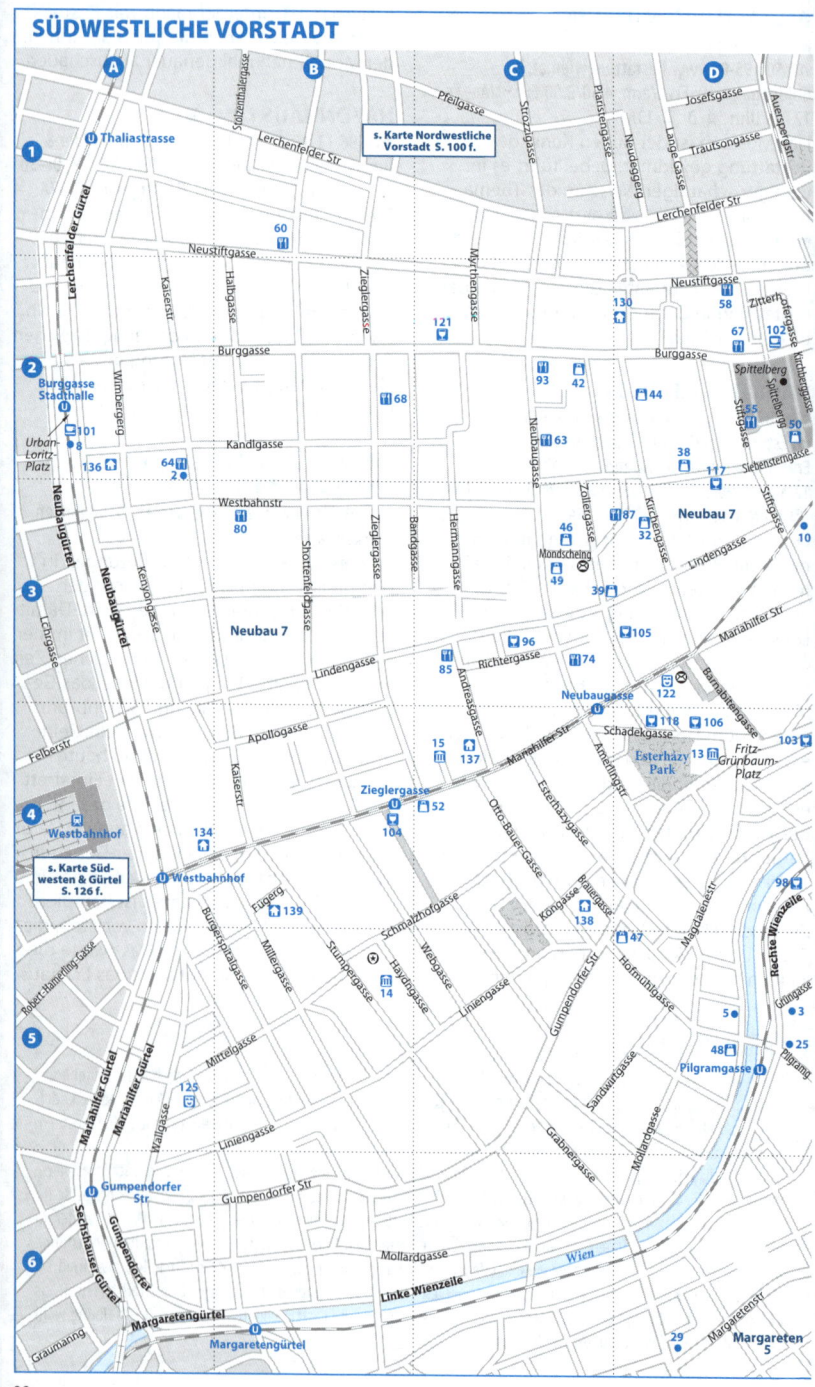

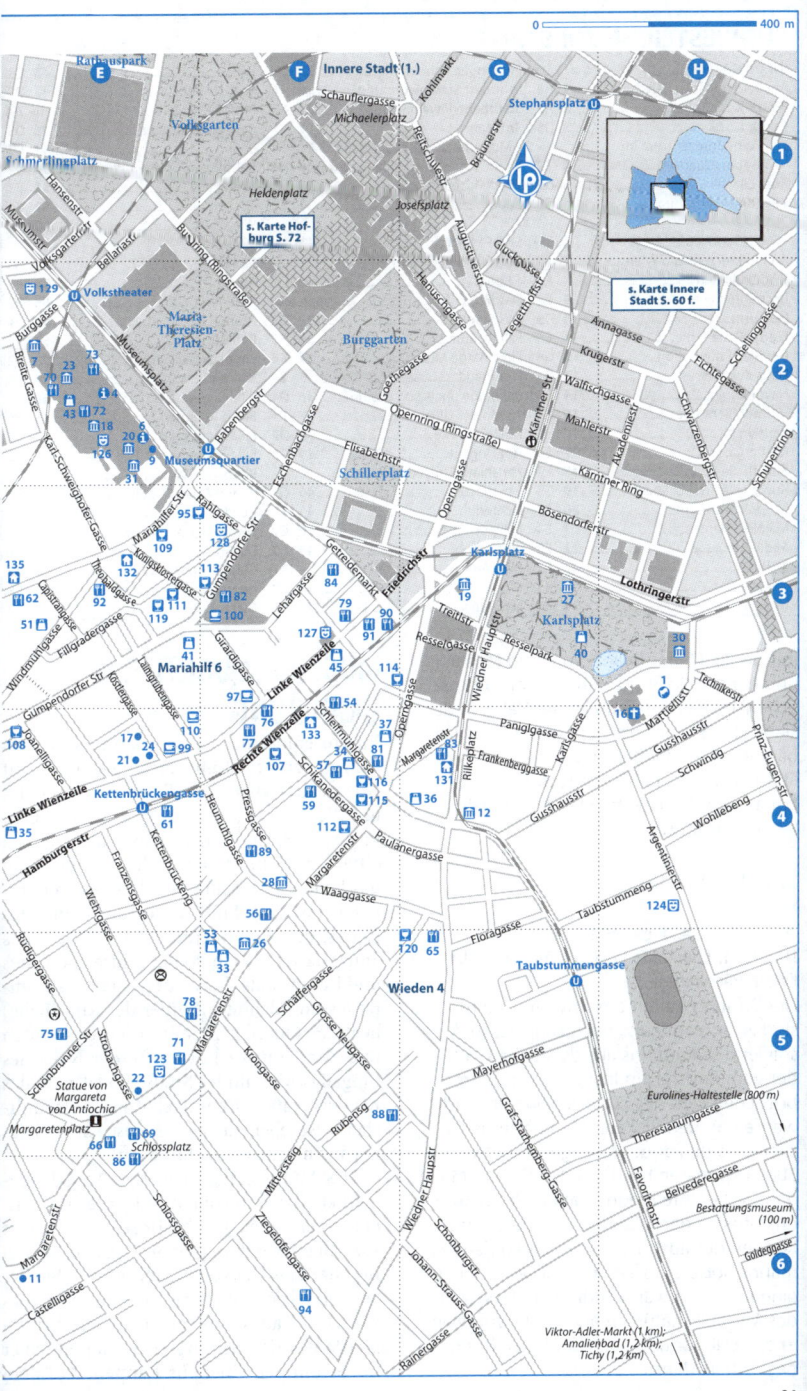

SÜDWESTLICHE VORSTADT

INFORMATION
- Australische Botschaft **1** H3
- Bizeps **2** A2
- Faktor i **3** D5
- MQ Point (Infozentrum im MuseumsQuartier) **4** E2
- Rosa Lila Villa **5** D5
- WienXtra-Kinderinfo **6** E2

SEHENSWERTES (S. 85)
- Architekturzentrum Wien **7** E2
- Bücherei Wien **8** A2
- Dschungel Wien **9** E2
- Flakturm **10** D3
- Fredys Feuerhalle **11** E6
- Generali Foundation **12** G4
- Haus des Meeres **13** D4
- Haydnhaus **14** B5
- Hofmobiliendepot **15** C4
- Karlskirche **16** H4
- Köstlergasse 3 .... **17** E4
- Kunsthalle **18** E2
- Kunsthalle Project Space **19** G3
- Leopold Museum **20** E2
- Majolika-Haus **21** E4
- Midinette **22** E5
- MUMOK **23** E2
- Naschmarkt ....(siehe 45)
- Nr. 38 Linke Wienzeile **24** E4
- Pischinger Abholmarkt **25** D5
- Schubert Sterbewohnung **26** F5
- Stadtbahn Pavillons **27** G3
- 3rd Man Museum **28** F4
- Thum Schinkenmanufaktur **29** D6
- Wien Museum **30** H3
- Zoom **31** E2

SHOPPEN (S. 145)
- Buchhandlung Walther König ....(siehe 4)
- Das Möbel ....(siehe 102)
- Das Studio **32** D3
- Fair Kleidung **33** F5
- Flo Vintage Mode **34** F4
- Flohmarkt **35** E4
- gabarage upcycling design **36** G4
- Göttin des Glücks **37** F4
- Holzer Galerie **38** D2
- Hot Dogs **39** C3
- Karlsplatz-Christkindlmarkt **40** G3
- Lichterloh **41** E3
- Lollipop **42** C2
- Lomoshop **43** E2
- Mon Ami ....(siehe 111)
- Mot Mot **44** D2
- Naschmarkt **45** F3
- Park **46** C3
- Phili's - With Love **47** D5
- Piccini Piccolo Gourmet ....(siehe 79)
- Rave Up **48** D5
- Shu! **49** C3
- Spittelberg-Christkindlmarkt **50** D2
- Teuchtler **51** E3
- Thalia **52** C4
- Wie Wien **53** F5

ESSEN (S. 157)
- Amacord **54** F3
- Amerlingbeisl **55** D2
- Aromat **56** F4
- Babettes **57** F4
- Bangkok **58** D2
- Beograd **59** F4
- Billa-Supermarkt **60** B1
- Billa-Supermarkt **61** E4
- Billa-Supermarkt **62** E3
- Billa-Supermarkt **63** C2
- Biomarkt Maran **64** A2
- Chang Asian Noodles **65** G5
- Cuadro **66** E5
- Die Burgermacher **67** D2
- Do-An ....(siehe 76)
- Gaumenspiel **68** B2
- Gergely's **69** E5
- Glacis Beisl **70** E2

---

mit der Nr. 38, das Reliefs von Kolo Moser und kunstvolle Bronzefiguren von Othmar Schimkowitz ziert. Ganz in der Nähe, in der Köstlergasse 3, steht das einfachere dritte Gebäude. Wer schließlich noch die Funktionalität von Wagners Bauten testen will, steigt hinab zur schön gestalteten U-Bahn-Station Kettenbrückengasse.

3RD MAN MUSEUM
Karte S. 90 f.

☎ 586 48 72; 4., Pressgasse 25; Erw./Kind 10–16 Jahre/erm. 7,50/4/6 €; ◔ Sa 14–18 Uhr; Ⓤ U4 Kettenbrückengasse

Die Öffnungszeiten des Privatmuseums sind zwar recht kurz, doch Fans des in Wien spielenden Kultfilms aus dem Jahr 1948, der vom British Film Institute zum besten britischen Film des 20. Jhs. gewählt wurde, werden an den Plakaten, Erinnerungsstücken und den anderen insgesamt etwa 3000 Exponaten rund um den Dritten Mann ganz sicher ihre Freude haben. Produktionsfotos an den Wänden illustrieren das Können des australischstämmigen Kameramanns Robert Krasker, der für seine Arbeit einen Oscar gewann. Indirekt befasst sich das Museum natürlich auch mit dem Wien in der Zeit vor und nach der Entstehung des *Dritten Manns*.

MUSEUMSQUARTIER & UMGEBUNG

Im MuseumsQuartier, oder kurz MQ, einem der zehn größten Kulturareale weltweit, trifft Barock auf Cyberspace. Trotz des Hypes, das um die Anlage gemacht wird, ist sie absolut originell und einzigartig. Auf den etwa 60 000 m² Ausstellungsfläche befinden sich das Leopold Museum, das Museum moderner Kunst (MUMOK), die Kunsthalle, das Zoom, das Architekturzentrum Wien, das Tanzquartier Wien sowie zahlreiche Cafés und Restaurants. Im vorderen Teil des Komplexes und dahinter (hinter der Kunsthalle) liegt das Quartier 21 mit vielen Geschäften und Sonderausstellungen. In der Nähe des Eingangs Mariahilfer Straße findet man das Kindertheater Dschungel Wien. Erstaunlicherweise leben hier auch Menschen, und das in ganz normalen Wohnungen.

Das MQ hat die schwierige Aufgabe gemeistert, Tradition und Avantgarde miteinander zu verbinden. Der historische Teil besteht aus früheren Stallungen aus 1725, die Johann Bernhard Fischer von Erlach entwarf. Sie sollen 600 Pferden Platz geboten haben und es gab zwei Räume, die allein für die Privatpferde des Kaisers vorgesehen waren, einer für Schimmel, einer für Rappen. Auf dem

SÜDWESTLICHE VORSTADT

Haas Beisl	71	E5
Halle	72	E2
Kantine	73	E2
Maschu Maschu II	74	C3
Motto	75	E5
Naschmarkt Deli	76	F4
Neni	77	F4
ON	78	E5
Piccini Piccolo Gourmet	79	F3
Podium	80	D3
Point of Sale	81	F4
Ra'mien	82	F3
Restaurant Collio	83	G4
Saigon	84	F3
Schon Schön	85	C3
Shanghai Tan	(siehe 82)	
Silberwirt	86	E6
St. Josef	87	D3
Tancredi	88	F5
Ubl	89	F4
Umar	90	F3
Urbanek	91	F3
Vapiano	92	E3
Zu den Zwei Liesln	93	C2
Zum Alten Fassl	94	F6

AUSGEHEN	**(S. 181)**	
Aux Gazelles	95	E3
Blue Box	96	C3
Café Drechsler	97	F3
Café Leopold	(siehe 20)	
Café Rüdigerhof	98	D4
Café Savoy	99	E4
Café Sperl	100	F3
Café Willendorf	(siehe 5)	
Canetti	101	A2
Club U	(siehe 17)	
Das Möbel	102	D2
Ebert's Cocktail Bar	103	D4
Elektro Gönner	104	B4
Europa	105	D3
Futuregarden Bar & Art Club	106	D4
Goodmann	107	F4
Joanelli	108	E4
Kunsthallencafé	(siehe 18)	
Lutz	109	E3
Mango Bar	110	E4
Mon Ami	111	F4
Orange One	112	F4
Phil	113	F3
Rotes Bar	(siehe 129)	
Roxy	114	F3
Schikaneder	115	F4
Sekt Comptoir	116	F4
Siebensternbräu	117	D2
Tanzcafé Jenseits	118	D4
Titanic	119	E3
Top Kino Bar	(siehe 128)	

Wieden Bräu	120	G5
Wirr	121	C2

MUSIK, THEATER & KINO	**(S. 203)**	
English Cinema Haydn	122	D3
Filmcasino	123	E5
Radiokulturhaus	124	H4
Raimund Theater	125	A5
Schikaneder	(siehe 115)	
Tanzquartier Wien	126	E2
Theater an der Wien	127	F3
Top Kino	128	F3
Volkstheater	129	E2

SPORT & AKTIVITÄTEN	**(S. 213)**	
Kletteranlage Flakturm	(siehe 13)	

SCHLAFEN	**(S. 219)**	
Altstadt	130	D2
Das Triest	131	G4
Das Tyrol	132	E3
Hotel Drei Kronen	133	F4
Hotel Fürstenhof	134	A4
Österreichischer Jugendherbergswerk	135	E3
Pension Carantania	136	A2
Pension Hargita	137	C4
Pension Kraml	138	C4
Westend City Hostel	139	B4

rechteckigen Haupthof finden oft Happenings statt, zudem gibt es hier sowohl im Sommer als auch im Winter jede Menge Veranstaltungen (weitere Infos auf der Website: www.m-q.at). Besonders beliebt ist die Anlage in den Sommermonaten, wenn sich die Besucher auf postmodernen Sitzmöbeln von der Sonne wärmen lassen. Bisher erstrahlten die Möbel jedes Jahr in einer anderen Farbe, in Zukunft soll aber ein bunter Mix entstehen.

Hinter dem MuseumsQuartier beginnen die kopfsteingepflasterten Straßen des Spittelbergs. In Neubau sollte man die Zollergasse, Kirchengasse, Neubaugasse oder auch Lindengasse entlangbummeln, dort gibt es tolle und originelle Shoppingmöglichkeiten.

LEOPOLD MUSEUM Karte S. 90 f.
525 70-0; www.leopoldmuseum.org; 7., Museumsplatz 1; Erw./Kinder unter 7 Jahren/Student/Senior/Fam. (2 Erw. & 3 Kinder unter 18 Jahren) 10/frei/6,50/7,50/20 €; Fr–Mo & Mi 10–18, Do 10–21 Uhr; U2 Museumsquartier, U2, U3 Volkstheater 2A, 48A

Es ist sicherlich Geschmackssache, welches Ziel man im MQ zuerst ansteuert, das Leopold Museum ist jedoch zweifellos das beliebteste. Das Museum ist nach Rudolf

MQ-TICKETS & INFORMATIONEN

Das MQ versammelt auf seinem Areal zahlreiche erstklassige Museen, die ihren Schwerpunkt jeweils auf dem 20. und 21. Jh. haben. Wenn man mehrere davon besuchen möchte, lohnt sich der Kauf eines der Kombitickets. Sie sind am MQ Point (523 58 81-17 31, innerhalb von Österreich 0820-600 600; www.mqw.at; 7., Museumsplatz 1; 10–19 Uhr) erhältlich.

- MQ Kombi Ticket (25 €) Berechtigt zum Eintritt in alle Museen außer dem Zoom (dort zahlt man dafür den ermäßigten Preis), zudem gibt's 30 % Rabatt für Veranstaltungen im Tanzquartier Wien.
- MQ Art Ticket (21,50 €) Gültig für das Leopold Museum, das MUMOK und die Kunsthalle, zudem zahlt man für das Zoom und das Tanzquartier ermäßigten Eintritt.
- MQ Duo Ticket (17 €) Deckt den Eintritt fürs Leopold Museum und das MUMOK ab, fürs Zoom und Tanzquartier gibt's Ermäßigung; bei der flexiblen Variante kann man sich einfach aus allen Museen zwei aussuchen.
- MQ Family Ticket (2 Erw. & 2 Kinder unter 13 Jahren 29 €) Gültig für das MUMOK und das Leopold Museum, fürs Zoom und Tanzquartier zahlt man ermäßigten Eintritt.

Leopold (1925–2010) benannt, einem Wiener Augenarzt, der 1950 als junger Student sein erstes Werk von Egon Schiele (1890–1918) zu einem Spottpreis erwarb und dann eine gewaltige Privatsammlung – hauptsächlich von österreichischen Werken des 19. Jhs. und der Moderne – zusammentrug. 1994 verkaufte er die gesamte Sammlung von insgesamt 5266 Gemälden für 160 Mio. € an den österreichischen Staat (einzeln verkauft hätten die Werke übrigens 574 Mio. € eingebracht) und das Leopold Museum war geboren.

Das Gebäude steht mit seiner weißen Sandsteinfassade, den offenen Flächen – das 21 m hohe, glasbedeckte Atrium ist besonders schön – und den von natürlichem Licht durchfluteten Räumen in starkem Kontrast zum MUMOK gegenüber. In Anbetracht von Rudolf Leopolds Vorliebe für Schiele ist es kein Wunder, dass das Museum die weltweit größte Sammlung von Werken dieses Künstlers besitzt. Sie umfasst auch Zeichnungen und Grafiken Schieles. Die Originalgemälde sind allerdings so lichtempfindlich, dass sie nur selten gezeigt werden. Kopien wiederum werden oft ausgestellt.

Auch andere Künstler sind gut vertreten etwa Albin Egger-Lienz (1868–1926), Richard Gerstl (1883–1908) und Österreichs drittbedeutendster Expressionist Oskar Kokoschka (1886–1980). Zudem gehören Werke von Loos, Hoffmann, Otto Wagner, Waldmüller und Romako zur Ausstellung.

Audioguides (dafür Ausweis mitbringen) kosten 3 €, zudem gibt's samstags und sonntags um 15 Uhr und donnerstags um 18 Uhr kostenlose Führungen. Das Kombiticket für Leopold Museum und Kunsthistorisches Museum kostet 17/11 € (Erw./erm.). Im Obergeschoss befindet sich das Café Leopold (S. 190).

top picks

KOST' NIX: SÜDWESTLICHE VORSTADT

- Führungen im Leopold Museum (S. 93)
- Museumsquartier – Innenhof (S. 92)
- Naschmarkt & Wienzeilenhäuser von Otto Wagner (S. 87 und S. 89)
- Spittelberg (S. 85)

MUMOK Karte S. 90 f.

☎ 525 00-0; www.mumok.at; 7., Museumsplatz 1; Erw./Student & Kind & Jugendl. unter 19 Jahren/Senioren 9/frei/7,20 €; Fr–Mi 10–18, Do 10-21 Uhr; U2 Museumsquartier, U2, U3 Volkstheater 49 2A, 48A

Die dunkle Basaltfassade und die kantigen Ecken des Museums moderner Kunst stehen in starkem Kontrast zum historischen Antlitz des MQ. Im Inneren wartet das MUMOK mit der besten Sammlung Wiens für Kunst des 20. Jhs. auf, wobei der Schwerpunkt auf Fluxus, dem Neuen Realismus, Pop-Art und Fotorealismus liegt. Die 9000 Stücke umfassende Sammlung hat zudem erstklassige Werke des Expressionismus, Kubismus, des Minimalismus und des Wiener Aktionismus (S. 45) zu bieten, die jeweils im Wechsel und mit verschiedenen Themenschwerpunkten ausgestellt werden. Manchmal finden jedoch Sonderausstellungen mit gänzlich anderem Fokus statt. Was bei einem Rundgang wohl jedem Besucher ins Auge sticht, sind vor sich hin dösende Wärter (sie sind nicht Teil einer Performance), Fotos von grausam deformierten Babys, eine Videosequenz, auf der ein Mann von einer wunderschönen Frau an einer Hundeleine über einen Fußgängerübergang geführt wird, nackte, mit Salat und anderen Köstlichkeiten beschmierte Körper, ein Mann, der seinen eigenen Hintern malträtiert, ein Akt der Selbstgeißelung in einem Hörsaal sowie eine Nahaufnahme eines urinierenden Penis. Und das wirklich schwer Verdauliche kommt erst noch … Andere bekannte Künstler, die in dem Museum vertreten sind – Picasso, Paul Klee, René Magritte, Max Ernst und Alberto Giacometti – sind im Vergleich dazu angenehm brav.

KUNSTHALLE Karte S. 90 f.

☎ 521 89 33; www.kunsthallewien.at; 7., Museumsplatz 1; Halle 1 Erw./Kind unter 13 Jahren/erm. 7,50/frei/6 €, Halle 2 6/frei/4,50 €, Kombiticket 10,50/8,50 €; Fr–Mi 10–19, Do 10–21 Uhr; U2 Museumsquartier U2, U3 Volkstheater 49, 2A, 48A

Die zwischen dem Leopold Museum und dem MUMOK gelegene Kunsthalle umfasst mehrere Ausstellungsräume, in denen zeitgenössische österreichische und internationale Kunst gezeigt wird. Architektonisch mag sie nicht ganz so eindrucksvoll wirken wie das Tate Modern in London oder das

EINE LEHMGRUBE IN NEUEM GLANZ

Heute würde man es kaum für möglich halten, doch der hübsch gestaltete östliche Teil von Mariahilf rund um die Windmühlengasse und das MuseumsQuartier war einst eine Lehmgrube, die durch die Ziegelproduktion entstanden war. Deswegen wurde die Gegend früher „Laimgrube" genannt. Ein steil abfallender Teil am Wienfluss wurde außerdem als „Saugraben" oder häufiger als „An der Wien" bezeichnet. An allen Straßen, deren Namen die Silbe „mühl" enthalten (beispielsweise die Schleifmühlgasse), standen früher Mühlen. Zudem zierten Obstgärten und Weinberge das Gebiet hinunter bis zur Vertiefung des Wienflusses. Heute zeugen nur noch ein paar enge Gassen und einige Treppenaufgänge bei der Mariahilfer Straße von jener Zeit. Die Rahlgasse führt übrigens zu einigen guten Restaurants und Bars.

Die Lehmgrube weitete sich allmählich bis zum Spittelberg aus, was dazu führte, dass sich dessen ursprüngliches Landschaftsbild aus vor den Stadtmauern gelegenen malerischen Weiden und Bauernhöfen änderte. Zur Mitte des 17. Jhs. wurde Spittelberg wegen der vielen Kroaten, die sich hier ansiedelten, mit dem Spitznamen Crobotendörfl bedacht. Als die Türken in jenem schicksalhaften Herbst des Jahres 1683 den Spittelberg besetzten (darüber kamen sie übrigens nicht hinaus), wurden die Häuser durch die Bewohner, die sie nicht den Türken preisgeben wollten, oder durch den feindlichen Angriff größtenteils zerstört. Mitte des 19. Jh. war der Spittelberg dann berüchtigt für Straßenprostitution. Doch sogar das Laster scheint ein Verfallsdatum zu haben, denn im 21. Jh. gilt der Spittelberg mit seinen kopfsteingepflasterten Straßen als erstklassiges Bauland.

Pariser Centre Pompidou, doch die hohen Wände, offenen Flächen und die Funktionalität machen die Kunsthalle zu einer der erstklassigsten Ausstellungsflächen Europas. Die Ausstellungen, die drei bis sechs Monate laufen, haben ihren Schwerpunkt auf Fotografien, Video, Film, Installationen und neuen Medien. Am Wochenende ist der Eintritt 1 € teurer, dafür ist eine Führung im Preis enthalten. Die samstäglichen Führungen (Halle 1 um 15 Uhr, Halle 2 um 16 Uhr) haben einen Themenschwerpunkt, die am Sonntag (gleiche Zeiten) geben einen allgemeinen Überblick.

ARCHITEKTURZENTRUM WIEN
Karte S. 90 f.

☎ 522 31 15; www.azw.at; 7., Museumsplatz 1; 1 Ausstellung Erw./Student 7/4,50 €, 2 Ausstellungen 9/6,50 €; 🕐 10–19 Uhr; Ⓤ U2 Museumsquartier, U2, U3 Volkstheater 🚋 49 🚌 2A, 48A
Das Architekturzentrum Wien nimmt einen großen Teil des MQ nördlich des MUMOK ein und umfasst drei Hallen, in denen Wechselausstellungen, eine Bibliothek und ein Café untergebracht sind. Die Ausstellungen legen ihren Schwerpunkt auf internationale architektonische Entwicklungen und wechseln regelmäßig. Die umfangreiche Bibliothek ist montags, mittwochs und freitags von 10 bis 17.30 und samstags und sonntags bis 19 Uhr für Besucher zugänglich. Das Architekturzentrum organisiert außerdem regelmäßig sonntägliche Stadtführungen zu architektonischen Stilen. Im Voraus reservieren! Auf der Website gibt's Infos zu Terminen und Preisen.

Das separat geleitete Design Forum (☎ 524 49 49-0; www.designforum.at; 7., Museumsplatz 1; Erw./erm. 2/1 €; 🕐 Mo–Fr 10–18, Sa & So 11–18 Uhr) hält, was es verspricht – Ausstellungen zu österreichischem Design.

ZOOM Karte S. 90 f.

☎ 524 79 08; www.kindermuseum.at; 7., Museumsplatz 1; 🕐 Programme Di–So 8.30–16, Ticketschalter Mo–Fr 8–16, Sa & So 9.30–15.30 Uhr; Ⓤ U2 Museumsquartier U2, U3 Volkstheater 🚌 2A
Das Kindermuseum Zoom bietet Spiel, Spaß und Kunst. Die Kinder werden an verschiedene Themen herangeführt und dürfen selbst gestalten, Dinge zerbrechen, zeichnen, erkunden, einfach kreativ sein. Das Museum hat verschiedene Bereiche. Im Abschnitt „Ausstellung" gibt's alle sechs Monate wechselnde Ausstellungen (Eintritt frei), im „Atelier" (Kinder 5 €, 1 Erw. frei, 2 Erw. 3,50 €) können sich angehende Picassos selbst ausprobieren, im „Trickfilmstudio" (Kinder 5 €, Erw. frei) werden Multimediaworkshops angeboten und im „Ozean" spielerisch motorische, soziale und kognitive Fähigkeiten der Kinder geschult (Kinder 3 €, 1 Erw. frei, 2 Erw. 2,50 €). Man sollte im Voraus beim Ticketbüro buchen. Die Programme richten sich an Kinder zwischen acht Monaten und 14 Jahren und dauern etwa anderthalb Stunden.

DSCHUNGEL WIEN Karte S. 90 f.

☎ 522 07 2020; www.dschungelwien.at; 7., Museumsplatz 1; Erw./Kind & Jugendl. unter 18 Jahren 12/7,50 €; Ⓤ U2 Museumsquartier, U2, U3 Volkstheater 🚌 2A

In dem Kindertheater stehen verschiedene Tanz- und Theaterveranstaltungen auf dem Programm. Die regulären Shows beginnen täglich meistens um 10 oder 10.30 Uhr sowie um 14.30 und um 16.30 Uhr. Bei Abendvorstellungen zahlen auch Erwachsene den ermäßigten Eintritt.

HOFMOBILIENDEPOT Karte S. 90 f.
☎ 524 33 570; www.hofmobiliendepot.at; 7., Andreasgasse 7; Erw./Kind & Jugendl. unter 19 Jahren/erm./Fam. 6,90/4,50/5,50/16 €; Di–So 10–18 Uhr; U3 Zieglergasse

Das Hofmobiliendepot ist ein Lager für Möbel aus der Hofburg, aus Schönbrunn, aus dem Schloss Belvedere und anderen Habsburgerschlössern. Zudem gibt es hier verschiedene Möbelstücke aus dem späten 20. Jh. Die Sammlung nimmt drei Stockwerke ein und ist sowohl etwas für Designexperten als auch für Normalsterbliche. Im dritten Stockwerk sind über ein Dutzend Zimmer wunderschön im Biedermeierstil des frühen 19. Jhs. gestaltet und Besucher dürfen sogar auf ein paar Stühlen probesitzen. Insgesamt handelt es sich um die größte Sammlung von Biedermeiermöbeln weltweit. Im vierten Stock gibt es Jugendstilmöbel u. a. von Wagner, Loos und Hoffmann.

Der Eintritt für das unberechtigterweise oft übersehene Museum ist im Sisi Ticket (S. 58) inbegriffen.

BÜCHEREI WIEN Karte S. 90 f.
☎ 400 08 4500; www.buechereien.wien.at; 7., Urban-Loritz-Platz; Mo–Fr 11–19, Sa 11–17 Uhr; U6 Burggasse-Stadthalle 6, 18

Die Wiener Hauptbücherei liegt oberhalb einer Haltestelle der U-Bahn-Linie 6. Der pyramidenartige Treppenaufgang führt zu den gewaltigen zweistöckigen Eingangstüren. Dort sitzt man buchstäblich Oben im gleichnamigen Café (S. 191), von dem man eine tolle Aussicht in Richtung Süden hat.

ZWEI KLÖSTER & EIN WALZER ZUR KARLSKIRCHE
Stadtspaziergang
1 Volkstheater
Das Volkstheater (S. 209) wurde um die Wende zum 20. Jh. gebaut und ist eine gute Alternative zum etwas elitäreren Burgtheater (S. 208). Gebaut wurde es im neoklassizistischen Stil.

2 Mechitaristengasse
Die kopfsteingepflasterte Mechitaristengasse hat zwei interessante Bauwerke zu bieten. Eines davon ist das Mechitaristenkloster (☎ 523 64 17; 7., Mechitaristengasse 4; nach Absprache), in dem armenisch-katholische Mönche leben, deren Vorgänger 1805 aus dem italienischen Triest hierher kamen. In dem Museum ist eine 40 000 Stücke fassende Münzsammlung zu sehen. Diese sowie die elegante Bibliothek können nach vorheriger Absprache besichtigt werden. In der Mechitaristengasse 5 wurde zudem der Mitbegründer des Wiener Walzer Joseph Lanner (1801–43) geboren.

3 Monastiri (ehemaliges Kloster)
In Wien gibt es historische Innenhöfe im Überfluss, dieses Exemplar ist jedoch zweifellos das schönste des Bezirks Neubau. Früher beherbergte das Gebäude ein Kloster, heute sind hier und in dem dazugehörigen Innenhof eine Bäckerei, ein Café und ein Restaurant, in denen man im Sommer auch im Freien speisen kann, untergebracht.

4 Spittelberg
Die malerischen kopfsteingepflasterten Straßen des Spittelbergs haben eine enorme Entwicklung durchgemacht, seit die Türken 1683 hier alles zerstörten. Viele Jahre lebten hier größtenteils nicht gerade betuchte Studenten und Künstler. Heute bestimmen die hübschen Biedermeierhäuser das Bild, erstaunlich viele von ihnen sind übrigens immer noch renovierungsbedürftig oder sogar unbewohnt.

5 MuseumsQuartier
Mit seinem riesigen Innenhof, den zahlreichen Museen und guten Bars und Restaurants hat sich das MQ (S. 92) seit 1998 zu einem der dynamischsten Kulturareale Europa entwickelt. Das ganze Jahr über finden im Innenhof verschiedene Veranstaltungen statt und die Architektur besticht durch einen originellen Mix aus Barock und Moderne. Teile des MQ waren früher kaiserliche Stallungen (1725).

6 Ecke Getreidemarkt & Gumpendorfer Straße
Dieser Teil Wiens bestand früher aus Obstgärten und Weinbergen, die schräg zum Wienfluss abfielen. Von hier aus sind die majestätische Karlskirche und die filigrane goldene Kuppel des Secessionsgebäudes (S. 67) mit dem berühmten Fries von Gustav Klimt in der Ferne zu sehen.

ZWEI KLÖSTER & EIN WALZER ZUR KARLSKIRCHE

ROUTENINFOS

Start Volkstheater
Ziel Karlskirche
Strecke 3,5 km
Dauer 2 Std.
Anspruch Leicht
Snack unterwegs Naschmarkt (S. 169)

7 Naschmarkt

Der Markt mit seiner traumhaften Lage geht auf das späte 18. Jh. zurück. Abrissplänen der Stadtplaner knapp entkommen, besteht er heute aus zahlreichen Ständen. Viele der größeren Stände, wie der von Neni (S. 169), sind mehrstöckig und haben einige der leckersten kulinarischen Köstlichkeiten der Stadt zu bieten.

8 Stadtbahn-Pavillons

In diesem Teil der Stadt ist überall die architektonische Handschrift Otto Wagners zu sehen. Er „bezwang" den widerspenstigen Wienfluss und entwarf diese zwei Jugendstilpavillons (S. 87). Sie gehören zu seinen schönsten Werken und stammen aus dem Jahr 1898, also aus einer Zeit, zu der in Wien gerade das erste öffentliche Verkehrssystem aufgebaut wurde.

9 Karlskirche

Die in ihrer ganzen barocken Pracht erstrahlende Karlskirche (S. 86) ist die schönste ihrer Art in Wien und wurde 1738 fertiggestellt. Mittels des Aufzugs im Inneren können Besucher in die Kuppel aufsteigen und die Fresken von Johann Michael Rottmayr von Nahem betrachten. Nicht für schwache Nerven …

NORDWESTLICHE VORSTADT

Ausgehen & Nachtleben S. 191; Essen S. 173; Shoppen S. 155; Schlafen S. 226

Nördlich von Neubau bilden der zentral gelegene Bezirk Josefstadt (8.) sowie Alsergrund (9.) die nordwestliche und nördliche Grenze der Vorstädte, die die Innere Stadt säumen. In der Josefstadt gibt es im Gegensatz zum Alsergund nur wenige Sehenswürdigkeiten, in beiden Bezirken findet man aber jede Menge Bars und Restaurants.

Im Vergleich zu den anderen Vorstädten ist die Josefstadt relativ jung. Erst Mitte des 17. Jhs. entstanden in den Wiesen, Feldern und Weinbergen Häuser und Geschäfte. Ab Ende des 17. Jhs., nachdem die Türken ein zweites Mal geschlagen waren, entdeckten einige Adlige und Wohlsituierte die Vorzüge des Vorstadtlebens. Dass sie erst recht spät zu dieser Erkenntnis gelangten, hat einen einfachen Grund: 1704 begann Leopold I. mit dem Bau einer neuen Befestigungsanlage (der heutige Gürtel), wodurch das Gebiet außerhalb der alten Festung (der heutigen Ringstraße) zu einer beliebten Wohngegend für gut Betuchte wurde. Zudem gab es hier sehr viel mehr Platz, den man für den kostspieligen Bau weitläufiger prächtiger Schlossanlagen nutzen konnte. Beispiel dafür ist das Palais Schönborn in Josefstadt (nicht zu verwechseln mit dem Schloss Schönbrunn), in dem heute das Museum für Volkskunde untergebracht ist.

Im Alsergrund wurde 1588 in einem Garten in der Nähe des Schottentors die erste Kartoffel Wiens vom bekannten niederländischen Botaniker Carolus Clusius (alias Charles de l'Ecluse; s. S. 105) angebaut, der bei der Einführung der Nutzpflanze in Europa eine bedeutende Rolle spielte. Wie in der Josefstadt sprossen auch im Alsergund im 18. Jh. jede Menge Palais aus dem Boden, nachdem die osmanischen Türken keine Bedrohung mehr für das Hab und Gut der Wohlhabenden darstellten. Das Palais-Museum im Palais Liechtenstein dokumentiert diesen regelrechten Wettlauf um das schönste Barockschlösschen.

Ab etwa der Mitte des 19. Jhs. zog die weniger betuchte Mittelklasse in die Josefstadt, insbesondere in den Süden und den Westen rund um den Gürtel. Auch heute ist diese Gegend noch etwas schäbiger und baufälliger. Je näher man der Ringstraße kommt, desto mehr Gebäude im Biedermeierstil sind zu sehen.

Im Alsergrund gibt es jede Menge Sehenswertes wie das Palais Liechtenstein, das Sigmund Freud Museum und einige interessante Kirchen. Seit 1998 dient das alte Allgemeine Krankenhaus (kurz: Altes AKH), das auch zuvor schon das Hauptgebäude der Universität (S. 79) als Studienstandort entlastete, als weitläufiger Universitätscampus – das hat dem Bezirk neues Leben eingehaucht. Heute gibt es hier viele Bars und preisgünstige Lokale, deren Stammklientel Studenten, frisch gebackene Hochschulabsolventen und junge Dozenten sind. Der Unicampus zählt übrigens zu den interessantesten seiner Art auf der Welt. Einen Kontrast dazu bildet der ebenfalls im Alsergrund gelegene, außergewöhnliche Fernwärme-Komplex. Die Müllverbrennungsanlage wurde von Friedensreich Hundertwasser in ein farbenprächtiges Bauwerk verwandelt.

Die U6 fährt ab dem Westbahnhof entlang des Gürtels. Die nützlichsten Straßenbahnverbindungen der Gegend sind die Straßenbahnlinien 5 ab dem Westbahnhof und D ab der Ringstraße in Richtung Liechtenstein Park.

ALTES AKH & JOSEFSTADT

Der Universitätscampus Altes AKH liegt am südlichen Rand des Alsergrunds an der Grenze zur Josefstadt. Der heutige Campus blickt auf eine interessante Geschichte zurück. Ursprünglich stand auf dem Gelände neben vielen anderen Gebäuden ein Armenhaus aus dem 17. Jh., das Joseph II. im späten 18. Jh. in ein allgemeines Krankenhaus umbauen ließ. Die Hofbereiche 1 bis 7 gehörten alle zum Krankenhaus, das von Joseph Gerl entworfen und 1784 eröffnet wurde. Die Innenhöfe kamen im frühen 19. Jh. dazu, später wurden sie von modernen Gebäuden flankiert. Heute wirkt der Campus wie eine Ministadt. Zur Anlage gehören das Pathologisch-anatomische Bundesmuseum, ein Museum über die Ge-

top picks

NORDWESTLICHE VORSTADT MIT KINDERN

- Altes AKH – Spielplatz (s. oben)
- Liechtenstein Museum – Gärten (S. 103)
- Pathologisch-anatomisches Bundesmuseum (S. 99)

schichte der Medizin, ein hübsches Bethaus, das heute als jüdische Gedenkstätte dient, ein toller Spielplatz und ein Supermarkt, Restaurants und Bars, in denen Studenten, Dozenten und auch ganz normale Besucher einkaufen, essen und sich ein Gläschen genehmigen können. In Hof 1 wird sogar ein Christkindlmarkt (o. S. 155) veranstaltet. Die miteinander verbundenen Innenhöfe machen den Campus zu einem attraktiven, idyllischen Ort, der zum Erkunden oder zum Entspannen einlädt. Ach ja, nachts wird hier durchaus mal lautstark gefeiert.

Zu den interessanten Straßen in der Josefstadt gehören die Josefstädter Straße (die Hauptstraße) und die Piaristengasse und Lange Gasse mit Secondhand- und Antiquitätenläden.

JOSEPHINUM Karte S. 100 f.

☎ 427 76 3401; 9., Währinger Straße 25; Erw./erm. 2/1 €; ⊙ Eintritt Mo & Di 9–16, Mi–Sa 10–18, Führung Do 11 Uhr; 🚋 37, 38, 40, 41, 42

Die interessantesten Ausstellungsstücke des Museums über die Geschichte der Medizin befinden sich im ersten Stock. Es handelt sich um Wachsmodelle des menschlichen Körpers, die vor mehr als 200 Jahren Felice Fontana und Paolo Mascagni anfertigten. Die Modelle wurden in der Akademie der medizinischen Chirurgie verwendet. Die Einrichtung war 1785 von Joseph II. gegründet worden, um die Fertigkeiten der nur dürftig ausgebildeten Armeechirurgen zu verbessern. Drei der Ausstellungsräume erinnern stark an Filmkulissen zu einem Horrorstreifen. Ein ausgestelltes Buch erläutert die Ursachen von Sadismus, ein anderes zeigt übliche Körperpositionen von erhängten Menschen. Hier heißt es, sein Frühstück erst einmal gut zu verdauen und dann die faszinierende Ausstellung auf sich wirken lassen. Zu sehen gibt's außerdem eine umfangreiche Sammlung von medizinischen Instrumenten (der Erste-Hilfe-Kasten war damals hoffentlich wirklich nur der allerletzte Ausweg), Fotos und interessanten Bildern, auf denen Operationen zu sehen sind.

PATHOLOGISCH-ANATOMISCHES BUNDESMUSEUM Karte S. 100 f.

☎ 406 86 72; www.narrenturm.at; 9., Spitalgasse 2; Erw./Kind & Jugendl. unter 19 Jahren 2/frei €; ⊙ Mi 15–18, Do 8–11, am 1. Sa des Monats 10–13 Uhr; 🚋 5, 33, 37, 38, 40, 41, 42

top picks

KOST' NIX: NORDWESTLICHE VORSTADT

- Altes AKH & Bethaus (S. 99 & unten)
- Liechtenstein Museum – Gärten (S. 103)
- Piaristenkirche (S. 102)
- Servitenkirche & Servitenviertel (S. 105)

Das Pathologisch-anatomische Bundesmuseum ist im Narrenturm untergebracht, der von 1784 bis 1866 als Irrenanstalt diente, und ist definitiv nichts für schwache Nerven und empfindliche Mägen. Zu sehen sind in Formaldehyd eingelegte medizinische Kuriositäten und Abnormitäten sowie Wachsmodelle von allerlei ekligen Krankheiten. Führungen (Erw./erm. & Kind unter 14 Jahren 4/3 €) dauern 45 Minuten, haben aber keine festen Anfangszeiten – einfach vor Ort nachfragen oder vorher anrufen. Der Narrenturm selbst stammt aus dem Jahr 1784 und ist ein hübsches, kreisrundes Gebäude im neoklassizistischen Stil, das von dem französisch-österreichischen Architekt Isidore Canevale (1730–86) entworfen wurde.

BETHAUS Karte S. 100 f.

9., Spitalgasse 2, Innenhof 6 – Altes AKH; Eintritt frei; 🚋 5, 33, 37, 38, 40, 41, 42

Das kleine jüdische Gebetshaus mit Glasdach auf dem Universitätscampus Altes AKH lädt zum Innehalten ein. Es wurde 1903 für jüdische Patienten des Krankenhauses errichtet und 1938 von Anhängern der Nationalsozialisten schwer beschädigt. Später diente das Gebäude als Transformatorraum, bis es dann in den 1970er-Jahren komplett umgebaut wurde. Heute ist es Kunstwerk und Gedenkstätte zugleich. Auf dem transparenten Fußboden ist die Geschichte des Bethauses dokumentiert. Die erste Glasschicht zeigt den Originalentwurf Max Fleischers von 1903, die zweite einen Text der Gestapo über die Wiener Pogrome von 1938 und die dritte einen Plan der Trafostation. Das Zeltdach ist wieder die Glasversion von Fleischers Originalentwurf. Verantwortliche Künstlerin war die bulgarischstämmige Minna Antova, die es schaffte, dem Gebäude eine gewisse Verletzlichkeit zu verleihen. Meist ist es verschlossen, man kann jedoch von außen hineinschauen.

NORDWESTLICHE VORSTADT

PRAKTISCHES		
Allgemeines Krankenhaus	1	C5
Frauenbüro	2	D7
Hauptquartier der Wiener Polizei	3	D6

SEHENSWERTES	(S. 98)	
Bethaus	4	D6
Kinderspielplatz	5	D6
Fernwärme	6	E1
Josephinum	7	D5
Liechtenstein Museum	8	E4
Museum für Volkskunde	9	C7
Pathologisch-Anatomisches Bundesmuseum	10	D5
Pfarrenkirche	11	C7
Rossauer Kaserne	12	F5
Schubert Geburtshaus	13	D3
Servitenkirche	14	E5
Sigmund Freud Museum	15	E5
Strudlhofstiege	16	D5
Votivkirche	17	E6

SHOPPEN	(S. 145)	
Christkindlmarkt im Alten AKH	18	D6
K&K Schmuckhandel	19	D8

ESSEN	(S. 157)	
Bagel Station	20	E6
Billa-Supermarkt	21	B7
Billa-Supermarkt	22	C6
Billa-Supermarkt	23	E5
Billa-Supermarkt	24	C4
Billa-Supermarkt	25	D6
Curryinsel	26	D8
Flein	27	D5
Gasthaus Wickerl	28	E5
Gu	29	C7
Kim Kocht	30	C4
Konoba	31	C8
Pars	32	B8
Scala	33	E5
Schnattl	34	D7
Side Step	35	D7
Stomach	36	F4
Summer Stage	37	F5
Suppenwirtschaft	38	E5
Weinkellerei Enrico Panigl	39	B7
Wiener Deewan	40	E6
Xocolat	41	E5

AUSGEHEN	(S. 181)	
Alte AKH	42	D6
B72	43	B6
Café Berg	44	E6
Café Carina	45	B7
Café Concerto	46	B7
Café Florianihof	47	C7
Café Hummel	48	B7
Café Stein	49	E6
Chelsea	50	B8
Frauencafé	51	D8
Halbestadt Bar	52	C3
Masl	53	C7
Miles Smiles	54	C7
rhiz	55	B7
Shiraz	56	C2
Wein & Wasser	57	B7
Weinstube Josefstadt	58	C8
WUK	59	C4

MUSIK, THEATER & KINO	(S. 203)	
International Theatre	60	E5
Jirsa Theater Karten Büro	61	D6
Schauspielhaus	62	E5
Theater in der Josefstadt	63	C8
Vienna's English Theatre	64	D8
Volksoper	65	C4
Votivkino	66	E6
Wiener Residenzorchester	67	D8

SPORT & AKTIVITÄTEN	(S. 213)	
Temporärer Eislaufplatz	68	D7

SCHLAFEN	(S. 219)	
Baroness	69	C6
Cordial Theaterhotel	70	D8
Hotel Rathaus Wein & Design	71	D8
Levante Laudon	72	D7
Pension Wild	73	D8

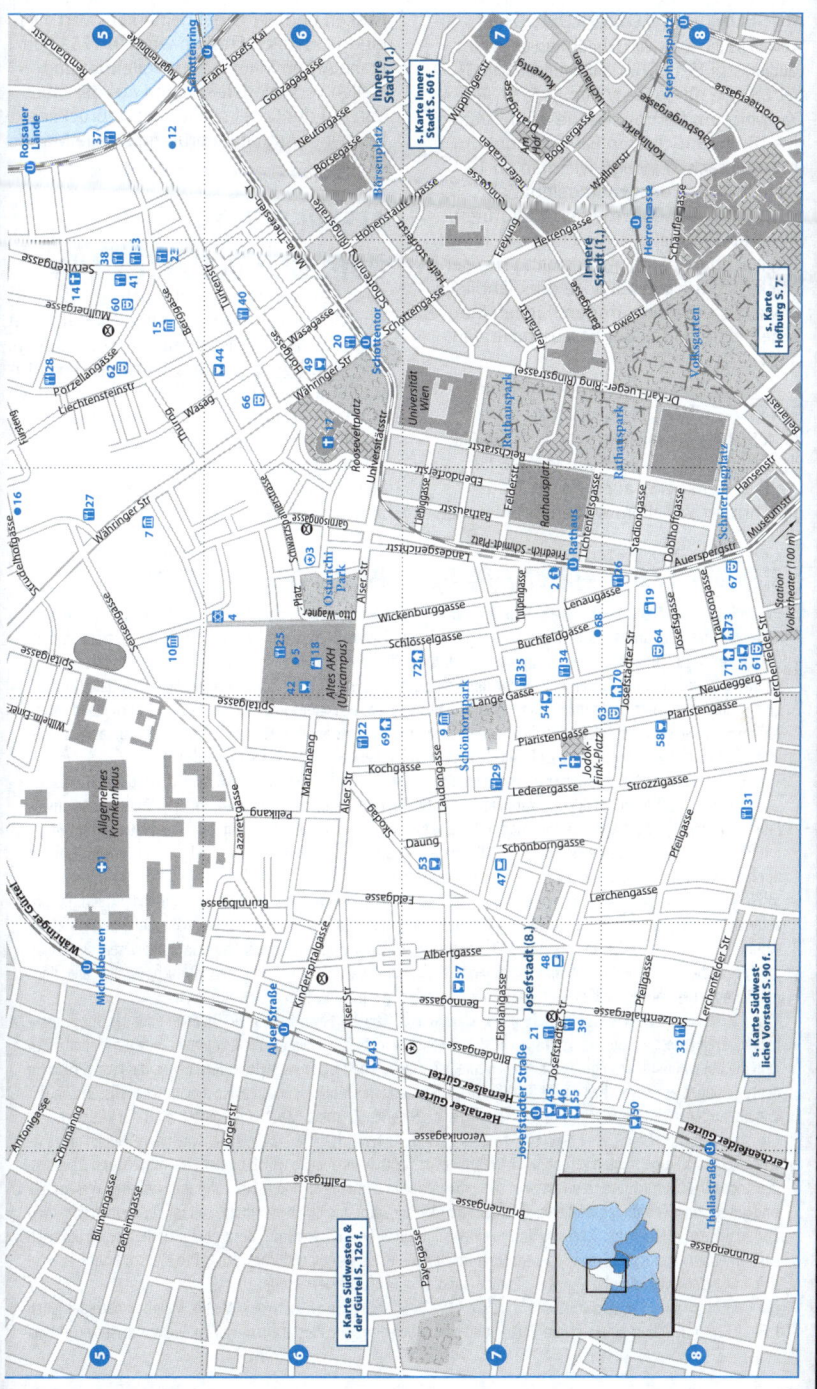

MUSEUM FÜR VOLKSKUNDE Karte S. 100 f.
☎ 406 89 05; www.volkskundemuseum.at; 8., Laudongasse 15-19; Erw./Kind/Student/Fam. 5/frei/2/9 €; Di–So 10–17 Uhr; 5, 33 13A

Das Museum für Volkskunde ist im Anfang des 18. Jhs. errichteten Palais Schönborn untergebracht. Es zeigt, wie man im 18. und 19. Jh. auf dem Land gelebt hat, zudem sind handgearbeitete Skulpturen, Bilder und Möbel aus ganz Österreich und den Nachbarstaaten ausgestellt. Viele der Stücke schmücken religiöse oder ländliche sowie die allgegenwärtigen floralen Motive. Regelmäßig finden Sonderausstellungen statt.

PIARISTENKIRCHE Karte S. 100 f.
☎ 405 04 25; www.mariatreu.at; 8., Jodok-Fink-Platz; Eintritt frei; 8–18 Uhr; J 13A

Die Piaristenkirche, auch „Maria Treu" genannt, ist vor allem wegen ihrer Deckenfresken und der Orgel bemerkenswert. Die eindrucksvollen Fresken wurden 1753 von Franz Anton Maulbertsch vollendet und stellen verschiedene Szenen aus der Bibel dar. Auf der Orgel spielte Anton Bruckner bei seiner Aufnahmeprüfung für die Musikakademie.

ALSERGRUND – NÖRDLICH DES ALTEN AKH

Der Alsergrund erstreckt sich größtenteils nördlich des Unicampus Altes AKH und hat einige Top-Sehenswürdigkeiten zu bieten. Die Highlights sind das Liechtenstein Museum und das Sigmund Freud Museum, doch auch die gewaltige Müllverbrennungsanlage (Fernwärme Wien) in Spittelau, die unter Hundertwassers Händen zu einem ganz speziellen architektonischen Leckerbissen wurde, ist einen Abstecher wert.

SIGMUND FREUD – DER MANN, DER UNSERE TRÄUME DEUTETE

Frau Scholz-Strasser, was vermittelt das Sigmund Freud Museum seinen Besuchern? Das Museum ist absolut einzigartig, da man hier Freuds Originalwartezimmer sowie das Domizil, in dem er sich im 19. Jh. aufhielt, erleben kann. Dort hat er unser Verständnis des menschlichen Wesens verändert und neu definiert. Besucher erhalten hier jede Menge Informationen über Freuds Leben, seine Arbeit und sein soziales Umfeld, dies ist aber auch ein Ort, den man erfühlen kann. Manche sagen, sie können in den Räumen immer noch Freuds Atem spüren. Die Ausstellungen beleuchten die Theorien Freuds und die Umstände, unter welchen sie Gestalt annahmen. Z. B. haben wir einmal eine Ausstellung zu Freuds Nachbarn zusammengestellt – sie verschwanden 1938.

Welche Exponate des Museums sind wichtig, um Freud und die Zeit, in der er lebte, zu verstehen? In jedem Fall das Wartezimmer. Außerdem ein 20-minütiger Videozusammenschnitt mit Kommentaren von Freuds Tochter Anna. Er zeigt Sigmund Freud und seine Familie ganz privat im Wien der 1930er-Jahre, wie er mit Hilfe von Marie Bonaparte ins Exil ging und seine letzten anderthalb Lebensjahre in London. Der Film wurde bisher nur hier und in London gezeigt, niemals im Fernsehen oder im Kino.

Wie viel Zeit sollte man für einen Besuch einrechnen? Etwa eine Stunde oder mehr. Es gibt einen 50-minütigen Audioguide, im Shop sind jedoch auch Infobroschüren erhältlich für alle, die tiefer in die Materie eintauchen möchten. Zudem gibt es etwa 300 Exponate in Schriftform, man kann hier also jede Menge lesen, wenn man möchte. In diesem Fall sollte man mindestens anderthalb Stunden einplanen. Viele unserer Besucher wollen allerdings nur die Aura des Hauses auf sich wirken lassen und geben sich schon mit 15 Minuten zufrieden.

Was können wir heute noch von Sigmund Freud lernen? Seine Theorien über das Unbewusste haben gezeigt, dass wir über uns selbst nicht so viel Kontrolle haben, wie wir glauben. Er entwickelte ein Modell, nach dem die Überwindung von Aggression eine kulturelle Errungenschaft ist. Er zweifelte jedoch daran, dass wir wirklich in der Lage sind, dies zu erreichen und ließ die Frage letztendlich offen. Außerdem war er ein dynamischer Wissenschaftler und überarbeitete im Laufe seines Lebens ständig seine Theorien. Er stand dazu, wurde jedoch oft dafür kritisiert.

Ist der Mensch aus der Sicht Freuds ein gefährliches Wesen? Menschen haben einen unwahrscheinlich stark ausgeprägten Vergnügungstrieb, eine Art Sucht, wenn man so will. Eros, den Lebenstrieb, und Thanatos, den Todestrieb, betrachtete Freud als zwei sich ergänzende und interagierende Aspekte des menschlichen Wesens. Sie sind miteinander verbunden, verlieren sie jedoch ihr Gleichgewicht und ihre Verbindung, kommt der Mensch vom Weg ab und findet nicht mehr zurück. Es kommt zu einem unzügelten Ausbruch des Todestriebes, was den Zwang auslösen kann, morden zu müssen. Eros wiederum steht für Harmonie, Freude , unendliches Glück. Der Mensch trägt beides in sich. Es ist eine hoch komplexe, düstere Theorie, für die Freud oft kritisiert wurde.

Hat Freud die Grausamkeiten der NS-Zeit vorausgesehen? Meiner Meinung nach auf jeden Fall. 1932 wurde Albert Einstein vom Völkerbund darum gebeten, eine Person auszuwählen und mit dieser ein Thema

FÜHRUNGEN & EVENTS IM LIECHTENSTEIN MUSEUM

Führungen durch die Wechselausstellungen im Liechtenstein Museum kosten 4 € und beginnen freitags um 15 und sonntags um 11.30 Uhr. Sonntags findet außerdem ein klassisches Konzert statt. Der Preis für beides (30 €) beinhaltet den Eintritt für die Dauer- und Wechselausstellung, eine Führung, die um 13.30 Uhr beginnt, Mittagessen oder Kaffee und Kuchen zwischen 11 und 14 Uhr im Palaisrestaurant sowie das Konzert an sich. Es findet jeweils um 11 und um 15 Uhr im Herkulessaal statt.

Die kürzeste Route, um vom Palais Liechtenstein zum Alten AKH zu gelangen, führt über die Strudlhofgasse und die Strudlhofstiege (S. 107), einem eindrucksvollen Treppenaufgang im Jugendstil aus dem Jahr 1910, der erst kürzlich restauriert wurde.

LIECHTENSTEIN MUSEUM Karte S. 100 f.
☎ 319 57 670, Konzertreservierungen 319 57 67-252; www.liechtensteinmuseum.at; 9., Fürstengasse 1; Erw./Kind & Jugendl. unter 16 Jahren 10 €/frei; Fr.–Di 10–17 Uhr; D 40A

Bis zum Jahr 1938 residierte die Liechtensteiner Fürstenfamilie in Wien, doch nach dem Anschluss Österreichs zogen sie sich schnell in ihr eigenes kleines Fürstentum zurück. In der Eile blieben einige ihrer Besitztümer zurück und erst gegen Ende des Zweiten Weltkriegs konnte sie ihre Sammlung barocker Meisterwerke nach Vaduz bringen.

Nachdem sie viele Jahre in erster Linie als Staubfänger diente, wird die Privatsammlung von Fürst Hans-Adam II. von Liechtenstein nun wieder ausgestellt: 2004 wurde das Liechtenstein Museum eröffnet. Sie umfasst etwa 200 Gemälde und 50 Skulpturen aus der Zeit von 1500 bis 1700.

in einem Briefwechsel zu diskutieren. Er wählte Sigmund Freud. Einsteins Frage war: „Gibt es eine Möglichkeit, die Menschen von dem Unheil des Kriegs zu befreien?" In seinem Brief nahm Freud die Terrorherrschaft der Nazis und den Ausbruch des Zweiten Weltkriegs vorweg, ohne beides direkt anzusprechen. Nach Hitlers Machtübernahme in Deutschland 1933 wurden Freuds Bücher von den Nazis verbrannt.

Der Titel eines von Freuds Büchern lautet „Der Witz und seine Beziehung zum Unbewussten". Hatte Sigmund Freud auch eine weniger ernste Seite? Er hatte Humor und wusste mit Sprache präzise umzugehen. Zudem war er zutiefst einfühlsam, insbesondere beim Umgang mit Menschen mit seelischen Leiden. Seine Empathie in Kombination mit seinen psychoanalytischen Techniken waren zweifellos Grundvoraussetzungen für seine Psychoanalyse.

Welche Seite Freuds sagt Ihnen weniger zu? Sein konservatives Frauenbild, für das er im 20. Jh. und heute scharf kritisiert wurde und wird. Das Frauenbild in seinen Theorien ist eindimensional. Ein weiterer Aspekt ist seine Meinung zu Homosexualität, die er als Abweichung von „normalem" sexuellen Verhalten ansah. Obwohl er viele exzentrische und ungewöhnliche Frauen als Patientinnen hatte – Marie Bonaparte oder Lou Andreas-Salomé, die Tochter eines russischen Generals z. B. – stellte Freud Frauen in seinen Theorien aus einer eindimensionalen Sicht dar.

Ging Freud selbst irgendwann einmal einer lasterhaften Versuchung nach? Nein, er verlobte sich, heiratete Martha und das war's dann auch schon.

Was würde Freud im heutigen Wien denken und tun? Und vor allem, was würde er dazu sagen? Wahrscheinlich, dass es ihm zu laut, zu schnell, zu hektisch ist.

Hatte er ein Lieblingsbeisl? Wir wissen, dass Freud fast nie in Kneipen ging. Seine Frau kochte für ihn, er hielt seine Sprechstunden ab und zog sich zum Essen in seine privaten Gemächer zurück. Die Beisln waren eher beliebt bei Schriftstellern, Dichtern oder Philosophen, also Menschen ohne feste Arbeitszeiten. Allerdings haben wir auch Fotos von ihm in Heurigen. Zudem gibt es zwei oder drei Fotos, die ihn in Weinstuben im Wienerwald zeigen, obwohl er dort keinen Wein trank. Er liebte die Weinberge, hatte dort immer Ferienhäuser und unternahm lange Spaziergänge. Dann ging er wohl auch schon mal zu einem Heurigen.

Sein Lieblingskaffeehaus? Das Café Korb im 1. Bezirk. Dort hat sich in den letzten 100 Jahren nicht viel verändert.

Würden wir Sigmund Freud heute eher in der Hofburg oder im MUMOK-Museum für Moderne Kunst antreffen? Freud war eher der Hofburgtyp. Er interessierte sich kaum für zeitgenössische Kunst oder Architektur. Oft werden wir gefragt: „Warum interessierte er sich nicht für Egon Schiele oder andere Expressionisten?" Er tat es einfach nicht. Ihm hätten die klassischen Ausstellungen im Ephesos Museum in der Hofburg gefallen oder die Nationalbibliothek. In dieser Hinsicht war Sigmund Freud ziemlich konservativ.

Ein Interview mit Inge Scholz-Strasser, Direktorin des Sigmund Freud Museum (S. 105) und Vorstandsvorsitzende der Sigmund Freud Privatstiftung.

Das Gebäude wurde als Palais konzipiert, nicht als Museum, deswegen sind ein paar Orientierungshilfen recht nützlich. Im Erdgeschoss in der Nähe des westlichen Treppenaufgangs (vom Eingang aus links) befindet sich die Bibliothek der Herrenappartements. Sie umfasst etwa 100 000 Bücher und ist in einem prachtvollen, neoklassizistischen Saal untergebracht, den Fresken von Johann Michael Rottmayr sowie eine kaiserliche Uhr aus dem Jahr 1795 schmücken. Von der Bibliothek aus gelangt man durch die italienisch gestaltete Sala Terrena zu den Galerien I und III, in denen Wechselausstellungen gezeigt werden. Es gibt auch einen Zugang neben dem östlichen Treppenaufgang (in der Nähe der Garderobe). Danach erklimmt man eben jenen Treppenaufgang, den wie sein westliches Gegenstück Rottmayr-Fresken zieren, die während Restaurationsarbeiten 2003 entdeckt wurden.

Im Obergeschoss befindet sich der Herkulessaal. Seinen Namen verdankt er den Herkulesmotiven der Deckenfresken des berühmten römischen Malers Andrea Pozzo (1642–1709). Ein Teil der palaiseigenen Sammlung wird in den Galerien IV und X gezeigt. Sie beginnen am östlichen Treppenaufgang (rechts), enden am westlichen Treppenaufgang und säumen die Halle an drei Seiten. Die Sammlung ist übrigens außerordentlich beeindruckend: Sieben miteinander verbundene Galerien führen den Besucher durch 200 Jahre Kunstgeschichte. Los geht's im Jahr 1500 mit frühen italienischen Tafelbildern in der Galerie IV. In der Galerie V sind dann Porträtmalereien aus der späten Gotik und der Renaissance ausgestellt; eines der Highlights ist Raffaels *Porträt eines Mannes* (1503). Das Prunkstück des Obergeschosses ist die Galerie VII, die Peter Paul Rubens' *Decius-Mus-Zyklus* (1618) zeigt. Der Zyklus besteht aus acht fast lebensgroßen Gemälden, die das Leben und den Tod von Decius Mus darstellen. Der römische Konsul opferte sich, um seinen Legionen den Sieg auf dem Schlachtfeld zu sichern. Galerie VIII ist gänzlich Rubens und der flämischen Barockmalerei gewidmet. Noch mehr Rubenswerke sind in Galerie IX ausgestellt, hier hängen Porträts Seite an Seite mit Gemälden von Van Dyck und Frans Hals. Den Überschwang und die Lebenslust, die Rubens Werk *Porträt der Clara Serena Rubens* (1616, Galerie VIII) ausstrahlt, zeigen das Genie des großen Meisters. Galerie X bildet schließlich einen runden Abschluss mit Kunsthandwerk aus Elfenbein, niederländischen Stillleben und dem weltweit wertvollsten Möbelstück, dem florentinischen Badminton Cabinet. Es wurde in den 1720er-Jahren für den britischen Adligen Henry Somerset, 3. Herzog von Beaufort, angefertigt.

In der grünen, hübsch gestalteten Gartenanlage des Palais können sich Kinder mal so richtig austoben – und wann kann man das schon mal vor solch historischer Kulisse. Im späten 17. Jh. legte man sie zunächst im Barockstil an, bevor sie dann schließlich im 18. Jh. zu einem englischen Garten umgestaltet wurde (d. h. jede Menge Wasser, große Bäume und eine etwas wilde Optik). Die Mischung aus barocker und englischer Landschaftsgärtnerei, die die Anlage heute prägt, stammt aus dem 19. Jh.

SIGMUND FREUD MUSEUM Karte S. 100 f.
☎ 319 15 96; www.freud-museum.at; 9., Berggasse 19; Erw./erm. & Kind/Senior 7/4,50/5,50 €; Juli–Sept. 9–18, Okt.–Juni 9–17 Uhr; D
Mit Sigmund Freud war das so wie mit einer bahnbrechenden Erfindung – einmal da, gab es keinen Weg mehr zurück. Die Wohnung, in der er von 1891 bis zu seiner erzwungenen Abreise 1938 nach dem Einmarsch der Nazis lebte und arbeitete, ist heute ein Museum, das dem Vater der Psychoanalyse gewidmet ist. Zu den Expo-

AUF DEN SPUREN VON FREUD IM CAFÉ KORB

Um das Freudsche Wienprogramm abzurunden, empfiehlt sich ein Besuch in seinem Lieblingscafé, dem Café Korb (Karte S. 60 f.; ☎ 533 72 15; www.cafekorb.at; 1., Brandstätte 9; kleine Gerichte 4–8,50 €; Mo–Sa 8–24, So 11–23 Uhr; U1, U3 Stephansplatz;). Das Café Korb war schon immer in Familienbesitz und vieles ist heute wie damals noch genauso. Trotzdem hat es ein paar moderne Elemente hinzugewonnen. Mittlerweile gibt es eine Kegelbahn im Keller und eine Kunst-Lounge im Untergeschoss. Die umgebauten Toiletten wurden im postmodernen Stil gestaltet. Gelegentlich finden hier künstlerische Veranstaltungen statt, was das Café zu einem der interessantesten Kaffeehäuser Wiens macht. Die Schriftstellerin Elfriede Jelinek sagte übrigens einmal, dass es hier den besten Apfelstrudel der Stadt gäbe, ein Lob, das auch das Time Magazine einst aussprach.

KARL CLUSIUS – EIN MANN UND SEINE KARTOFFELN

Der Alsergrund hat in der Geschichte der guten alten Kartoffel eine nicht unbedeutende Rolle gespielt. 1588 wurde nämlich in einem Garten in der Nähe des Schottentors die erste Kartoffel Wiens von Karl Clusius alias Charles de l'Ecluse gepflanzt. Clusius war ein bekannter niederländischer Botaniker, den die Habsburger nach Wien geholt hatten. Er spielte eine wichtige Rolle bei der Verbreitung der damals noch als exotisch geltenden Kartoffel und damit für deren Siegeszug in Europa.

Während er bei Pflanzen seinen grünen Daumen unter Beweis stellte – vor der Kartoffel hatte er sich in seiner niederländischen Heimat erfolgreich mit Tulpen beschäftigt und damit letztendlich die sogenannte Tulpenmanie ausgelöst – verlief sein Leben im Alsergrund weniger glücklich. Vor seiner Ankunft erkrankte er mit 24 Jahren an Wassersucht, die jedoch mit Hilfe von Chicorée geheilt werden konnte. Mit 39 fiel er bei einem Aufenthalt auf der Iberischen Halbinsel (ja, genau dort, wo die bekannten Lipizzaner ihren Ursprung haben) vom Pferd und brach sich seinen rechten Arm. Kurz danach stürzte er erneut und brach sich das rechte Bein. Zurück im Alsergrund verrenkte er sich den linken Fuß. Acht Jahre später verrenkte er sich die rechte Hüfte. Die Ärzte konnten ihm nicht helfen und so humpelte er lange Zeit an Krücken durch seinen Kartoffelgarten, was schließlich zum Hüftbruch führte. Die dadurch verursachte Immobilität hatte außerdem eine chronische Verstopfung und sogenannte Steinschmerzen (wahrscheinlich Nieren- oder Gallensteine) zur Folge. Alle Überlieferungen sind sich einig, dass er während seiner Zeit in Diensten der Habsburger also nicht gerade Glück hatte … und so zog er nach 14 Jahren im Alsergrund in die niederländische Stadt Leiden (welch passender Name!), um dort eine Professorenstelle anzunehmen. Hier starb er 1609.

Und so kann man in einer Enzyklopädie über Kräutermedizin aus dem 19. Jh. nachlesen: „Welch eine Schande, dass ein Mann mit solchen Verdiensten der erste Märtyrer der Botanik werden sollte."

naten gehören verschiedene seiner Habseligkeiten, und auch Freuds Leidenschaften – reisen, rauchen, antike Kunst sammeln – werden ausführlich behandelt. Zudem stehen überall ägyptische und buddhistische Statuen herum. Die Ausstellungsstücke werden durch Infotafeln erläutert, zudem sind am Ticketschalter Audioguides (2 €) erhältlich. Der zweite Stock wird für Sonderausstellungen genutzt.

SERVITENKIRCHE Karte S. 100 f.

☎ 317 61 95-0; www.rossau.at; 9., Servitengasse 9; Eintritt frei; ⊙ nur zum Gottesdienst; Ⓤ U4 Rossauer Länder 🚋 D

Das auffälligste Bauwerk des Servitenviertels, eines kleinen Gebiets mit kopfsteingepflasterten Gassen, mit Bars, Restaurants und Läden einige Blocks von der Ringstraße entfernt, ist die Servitenkirche aus dem Jahr 1677. Sie überlebte als einzige außerhalb der Inneren Stadt gelegene Kirche die zweite Türkenbelagerung 1683. Das barocke Innere und das Kirchenschiff sind stilistisch an die Karlskirche angelehnt. Leider ist die Kirche nur zur Messe geöffnet (die Anfangszeiten der Gottesdienste stehen auf der Website), ansonsten bleibt ein kurzer Blick von außen durch die Eisengitter. Das angrenzende Kloster ist eine Oase der Ruhe, insbesondere der Innenhof, in den man durch die Tür an der linken Seite gelangt.

FERNWÄRME-ANLAGE Karte S. 100 f.

☎ 313 26-0; 9., Spittelauer Lände 45; Eintritt frei; Führungen nach Vereinbarung; Ⓤ U4, U6 Spittelau 🚋 D

Die Fernwärme-Anlage ist ein typisches Wiener Kind. Innen eine schnöde Müllverbrennungsanlage, aber das Äußere schmückt ein buntes Zusammenspiel verschiedener Farben und Formen, das von einem funkelnden Schornstein samt kunstvoll verzierter goldener Kugel gekrönt wird. Natürlich – das kann nur das Werk von Friedensreich Hundertwasser sein und sollte deswegen auch gebührend betrachtet werden. In der Eingangshalle gibt es kostenlose Ausstellungen von oder über einheimische Künstler und im Sommer werden im Hof Open-Air-Konzerte veranstaltet, manche im Rahmen des Jazz Fest Wien (s. S. 17). Wer Glück hat, erwischt gerade eine Führung und erfährt so mehr über die wunderschön aufgewertete Müllverbrennungsanlage.

SCHUBERT GEBURTSHAUS Karte S. 100 f.

☎ 317 36 01; 9., Nussdorfer Straße 54; Erw./Kind & Jugendl. unter 19 Jahren/erm. 2/frei/1 €; ⊙ Di–So 10–13 & 14–18 Uhr; 🚋 37, 38

Das Haus, in dem Schubert 1797 (und zwar in der Küche) geboren wurde, war zu jener Zeit unter dem Namen *Zum roten Krebsen* bekannt. Schubert dürfte daran wohl keine große Erinnerung gehabt haben, denn seine Familie zog bereits fünf Jahre später in eine andere Wohnung um. Abgesehen von einer Brille des Komponisten hat das Museum auch nur wenige Exponate zu bieten. Für Schubertfans lohnt sich ein Abstecher vielleicht trotzdem, denn natürlich gibt es hier ein bisschen Musik zu hören. Sonderbarerweise sind in ein paar der Zimmer die Biedermeiergemälde von Adalbert Stifter (1805–68) ausgestellt, obwohl die beiden Künstler bis auf ein ähnliches Alter (und das ist wohl eher der Verdienst der Mütter der beiden großen Meister) nichts gemein haben.

ROSSAUER KASERNE Karte S. 100 f.
9., Rossauer Lände 1; U2, U4 Schottenring 31

Der gewaltige aus rotem Backstein errichtete Gebäudekomplex dient in gewissem Sinne immer noch seinem ursprünglichen Zweck, denn heute beherbergt er neben Polizeidienststellen und der Wiener Verkehrsleitzentrale auch das Bundesministerium für Landesverteidigung. Die ursprünglichen Kasernen wurden 1848 nach der Revolution errichtet. Das Bauwerk entbehrt mit seinen auf Mittelalter gemachten Türmchen und den eindrucksvollen Eingängen nicht einer gewissen Kreativität. Im Zweiten Weltkrieg wurde die Anlage bei einem Bombenangriff beschädigt und danach wieder aufgebaut.

VOTIVKIRCHE Karte S. 100 f.
9., Rooseveltplatz; Eintritt frei; Di–Sa 9–13 & 16–18, So 9–13 Uhr; U2 Schottentor 37, 38, 40, 41, 42, 43, 44

Im Jahr 1853 entging Franz Joseph I. nur knapp dem Mordanschlag eines Ungarn, dessen Dolch am Kragen des Kaisers abglitt. Aufgrund dieser glücklichen Rettung wurde der Bau der Votivkirche in Auftrag gegeben. Heinrich von Ferstel entwarf das zweitürmige, neogotische Gebäude, das 1879 fertiggestellt wurde. Das recht düstere Innere schmücken Fresken und kugelförmige Kandelaber. In der Taufkapelle befindet sich das Grabmal des Grafen Niklas Salm, der bei der erfolgreichen Verteidigung gegen die Türken im Jahr 1529 eine wichtige Rolle spielte. Das bemerkenswerteste Exponat des kleinen Kirchenmuseums (406 11 92; Erw./erm. 3,90/2,90 €; Mo–Fr 16–18, Sa 10–13 Uhr) ist ein Antwerpener Altar aus dem Jahr 1460.

DIE PALAISROUTE
Stadtspaziergang
1 Galerie am Roten Hof
In Wien leben viele russische Einwanderer und die Galerie am Roten Hof (406 31 07; www.am rotenhof.at; 8., Piaristengasse 1; Mo–Fr 13–19, Sa 11–15 Uhr) ist einer ihrer kulturellen Treffpunkte. In der Privatgalerie ist zeitgenössische russische Kunst ausgestellt, zudem werden hier wichtige Feiertage wie Ostern gefeiert.

2 Theater in der Josefstadt
Bereits 1788 entstand hier das erste Theater. Später wurde es von Josef Georg Kornhäusel im Biedermeierstil umgestaltet und zu den Klängen von Beethovens *Die Weihe des Hauses* wiedereröffnet. Beethoven selbst dirigierte das Stück, das er speziell für das Theater komponiert hatte (s. S. 209).

3 Palais Auersperg
Nachdem die Bedrohung durch die Türken abgewehrt war, sprossen im nordwestlichen Stadtinneren Palais wie Pilze aus dem Boden. Das Palais Auersperg (8., Auerspergstraße 1) stammt etwa aus dem Jahr 1708. In den 1720er-Jahren wurde es von Johann Lukas von Hildebrandt, bekannt als Architekt des Schloss Belvedere, im Barockstil umgestaltet. Heute ist das prächtige Innere nur mittels einer Einladung zu einer der oft stattfindenden, opulenten Feiern zu bestaunen.

4 Piaristenkirche
In der Piaristenkirche (S. 102) gibt es eine Orgel, die von Anton Bruckner gespielt wurde, und eindrucksvolle Fresken aus dem 18. Jh. zu sehen, die schönsten in diesem Teil der Stadt.

5 Palais Damian
Seinen Namen verdankt das in der Langen Gasse 53 gelegene Palais seinem einstigen Besitzer Karl von Damian, der den Bau im Jahr 1700 in Auftrag gab. Mit der Zeit wurde es erweitert und Mitte des 19. Jhs. dann zu einem Sanatorium umgebaut. Im Zweiten Weltkrieg hatten die Wiener Sängerknaben hier ihren Sitz. Heute gibt's im Inneren nicht viel zu sehen, denn es beherbergt die Kriegsopferfürsorge.

6 Palais Schönborn
Das Palais (1706–11) ist ein weiteres Werk von Johann Lukas von Hildebrandt und be-

herbergt heute das Museum für Volkskunde (S. 102) mit seinen Ausstellungen ländlichem Leben und folkloristischer Kunst. In dem von einem Bogengang gezierten Garten fanden Theatervorstellungen statt. Um ihn schön grün zu halten, wurde eine Rohrleitung aus Ottakring gelegt. Später, im Jahr 1760, erhielt das Palais seinen neoklassizistischen Giebel.

ROUTENINFOS

Start Piaristengasse
Ziel Servitenkirche
Strecke 3,2 km
Dauer 90 Min.
Anspruch Leicht
Snack unterwegs Gasthaus Wickerl (S. 174)

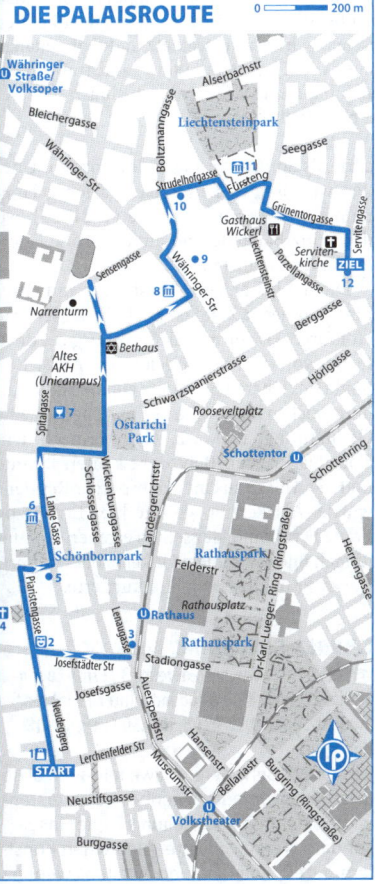

DIE PALAISROUTE

7 Altes AKH

Der Campus Altes AKH (S. 102) mit seinen wunderschönen Innenhöfen gehört wohl zu den interessantesten seiner Art überhaupt. Auf der anderen Seite des Innenhofs 1 befinden sich das als Mahnmal dienende Bethaus (Innenhof 6; S. 99) und der Narrenturm (S. 99).

8 Josephinum

Das Josephinum (S. 99) gehört zu den außergewöhnlicheren Attraktionen der Stadt. Anhand von künstlichen Körpermodellen sowie jeder Menge interessanter Bücher über so faszinierende Themen wie Sadomasochismus werden Besucher in die Geschichte der Medizin eingeführt. Wer den menschlichen Körper in all seiner Schönheit und vor allem Hässlichkeit liebt, kommt hier voll auf seine Kosten.

9 Palais Clam-Gallas

Das Palais (Währinger Straße 32–36) samt seiner Gartenanlage wurde in den Jahren 1834 und 1835 im neoklassizistisch-revivalistischen Stil errichtet und beherbergt heute das Französische Kulturinstitut. Direkt nach dem Zweiten Weltkrieg wurde es von US-Truppen besetzt, danach machten es die Franzosen zu dem, was es heute ist. Das Restaurant Flein liegt praktischerweise ganz in der Nähe (s. S. 174).

10 Strudlhofstiege

Der geschwungene Treppenaufgang im Jugendstil (S. 98) von 1910 führt auf die Liechtensteinstraße und wird von zwei Springbrunnen geschmückt. Nachts sorgen Lichter für eine romantische Beleuchtung. Benannt ist die Strudlhofstiege nach Peter von Strudl, der Wien im späten 16. und frühen 17. Jh. in die Zeit des Hochbarocks führte.

11 Palais Liechtenstein

Das prachtvolle Palais wurde zwischen 1690 und 1712 errichtet und beherbergt heute das Liechtenstein Museum (S. 103). Die weitläufigen Gärten, ursprünglich im Barockstil gehalten und im 19. Jh. im englischen Stil umgestaltet, sind ein Paradebeispiel für perfektionierte Landschaftsgärtnerei.

12 Servitenviertel

Das Viertel in der nordwestlichen Vorstadt gehört zweifellos zu den schönsten der Stadt. Über der kopfsteingepflasterten Servitenstraße thront die Servitenkirche (S. 105) und im wunderschönen angrenzenden Kloster kann man bestens entspannen.

LANDSTRASSE

Ausgehen & Nachtleben S. 194; Essen S. 176; Schlafen S. 227

Die Landstraße (3. Bezirk) ist der größte Bezirk innerhalb des Gürtels und grenzt im Osten an den Donaukanal und im Westen an Wieden. Er hat zwei verschiedene Gesichter: Rund um die Ringstraße wimmelt es nur so von Bauten aus dem 19. Jh., während im Süden einfache Wohnsiedlungen zu finden sind. Verbindungsglied zwischen den beiden gegensätzlichen Gegenden ist die Landstraßer Hauptstraße, die ab dem Bahnhof Wien Mitte in Richtung Süden verläuft. Der Bahnhof, von dem aus Züge zum Flughafen verkehren, soll bis 2012 in eine gläserne, kastenförmige Konstruktion verwandelt werden – im Moment präsentiert er sich als recht unattraktive Baustelle. Der Abschnitt der Landstraßer Hauptstraße, der zur U-Bahn-Station Rochusgasse führt, und die umliegende Gegend sind der interessanteste Teil. So gibt es am Rochusplatz einen Bauernmarkt und mehrere Lokale.

In Richtung Süden geht die Landstraßer Hauptstraße in den Landstraßer Gürtel über. Der Bezirk an sich erstreckt sich jedoch – im Gegensatz zu anderen Vorstadtbezirken – darüber hinaus bis nach Simmering am südlichen Stadtrand Wiens. Hier stehen die Gasometer, vier gewaltige Gastanks, die in eine Anlage mit Studentenwohnheim, Läden und einem Unterhaltungskomplex verwandelt wurden.

Im Bezirk Landstraße, den seine vielen Facetten so interessant machen, gibt es viel Sehenswertes, etwa die Bauten von Friedensreich Hundertwasser. Eigentliches Highlight ist jedoch das Schloss Belvedere und der Schlossgarten. In den Bezirk gelangt man ganz einfach über den Abschnitt der Ringstraße in der Inneren Stadt zwischen Schwarzenbergplatz und Donaukanal.

Die praktischsten U-Bahn-Stationen auf der Landstraßer Hauptstraße sind Landstraße/Wien Mitte (U3 & U4) sowie Rochusplatz (U3). Die Straßenbahnlinie D fährt ab der Ringstraße über das Belvedere zum Südbahnhof, dem zukünftigen Hauptbahnhof.

SCHLOSS BELVEDERE & UMGEBUNG

Das Belvedere gilt als eines der schönsten Barockschlösser der Welt. Johann Lukas von Hildebrandt entwarf die Anlage für den brillanten Militärstrategen Prinz Eugen von Savoyen, der die Türken im Venezianisch-Österreichischen Türkenkrieg (1714–1718) besiegte und zum Nationalhelden wurde. Zunächst entstand das Untere Belvedere (1714–16) mit einer angeschlossenen Orangerie als Sommerresidenz des Prinzen. Über den weitläufigen Landschaftsgarten gelangt man zum Oberen Belvedere (1721–23), wo der Prinz Bankette und andere große Feierlichkeiten veranstaltete.

Die Schlossanlage überstrahlte mit ihrer Pracht zu jener Zeit fast noch die kaiserliche Hofburg. Das wurmte die Habsburger, zumal Eugen von dem höher gelegenen Aussichtspunkt des Oberen Belvedere auf die Stadt hinunterblicken konnte. So war es sicherlich eine Genugtuung, als Maria Theresia nach dem Tod des Prinzen Belvedere kaufen konnte und die Anlage zu einer Habsburger Residenz wurde. Als Letzter wohnte hier Erzherzog Franz Ferdinand, der seinen eigenen Hof unterhielt und mit seinem Onkel in der Hofburg, Kaiser Franz Joseph I., konkurrierte.

LANDSTRASSE – DAS SCHARLACHRENNEN

Der heutige Bezirk Landstraße wurde von den Wienern erstmals besiedelt, nachdem dort ein Nonnenkloster nicht weit von der heutigen U-Bahn-Station Stubentor errichtet worden war. Ab etwa 1200 entwickelte sich der Kern des späteren Bezirks rund um den Rochusplatz und die Rochuskirche (Karte S. 110 f.). Ab etwa 1400 säumten die heute geschäftigen Rennweg Weinberge, im Jahr 1600 wurde hier dann ein Übungsschießplatz errichtet. Seinen Namen verdankt der Rennweg einem örtlichen Pferderennen. So wurde zwischen 1382 und 1534 das sogenannte Scharlachrennen auf der Hauptstraße abgehalten.

OBERES BELVEDERE Karte S. 110

☎ 795 57-0; www.belvedere.at; 3., Prinz-Eugen-Straße 27; Erw./Kind & Jugendl. unter 19 Jahren/Student/Senior 9,50/frei/6,50/7,50 €; ⏰ 10–18 Uhr; 🚋 D

Das Obere Belvedere ist zweifellos ein absolutes Muss für jeden Wienbesucher, erstens wegen der Kunstausstellung, in der insbesondere Werke von österreichischen Künstlern gezeigt werden, und zweitens wegen des prachtvollen Barockschlosses. Sein von Historischem und Modernem geprägtes Innere führt Besucher durch eine Art Zeitreise. In der Eingangshalle wird man von Säulen tragenden Herkulesfiguren begrüßt, den Treppenaufgang, der vom Eingang in den ersten Stock führt, schmücken Heldentaten von Alexander dem Großen.

Zu den Prunkstücken gehören Gemälde von Gustav Klimt, darunter sein berühmtes Werk *Der Kuss* (1908) und *Judith* (1901), sowie Biedermeierbilder von Ferdinand Georg Waldmüller (1793–1865) und Werke moderner Künstler vom Kaliber eines Hans Makart (1840–84), Friedensreich Hundertwasser (1928–2000), Fritz Wotruba (1907–75) und vielen mehr.

Im Westflügel des Oberen Belvedere sind einige beeindruckende spätgotische Skulpturen und Tafeln aus dem 15. und 16. Jh. ausgestellt. Die Barockzeit wird von den eindrucksvollen, manchmal verstörenden Bildern von Johann Michael Rottmayr (1654–1730) und Paul Troger (1698–1762) repräsentiert sowie von den bizarren, fratzenschneidenden Charakterköpfen von Franz Xaver Messerschmidt (1736–83).

Äußerst sehenswert ist auch der Marmorsaal mit kunstvollen Stuck- und Freskoverzierungen und dem traumhaften Blick über den Park und Wien. Audioguides gibt's für 4 €, 30-minütige Führungen für 3 €.

UNTERES BELVEDERE Karte S. 110

☎ 795 57-0; www.belvedere.at; 3., Rennweg 6; Erw./Kind & Jugendl. unter 19 Jahren/Student/Senior 9,50/frei/6,50/7,50 €; Do–Di 10–18, Mi 10–21 Uhr; 71

KOMBITICKETS FÜRS SCHLOSS BELVEDERE

Das Belvedere beherbergt die Österreichische Galerie. Sie erstreckt sich auf das Untere Belvedere und die Orangerie, in denen Spezialausstellungen gezeigt werden, und das Obere Belvedere, in dem insbesondere österreichische Kunst vom Mittelalter bis heute zu sehen ist. Ein Kombiticket (Erw./Kind & Jugendl. unter 19 Jahren/Student/Senior 13,50/frei/9,50/10,50 €) gilt für das Obere und Untere Belvedere, die Orangerie, den Prunkstall, den Augarten Contemporary (in Leopoldstadt; s. S. 120) sowie die Prunkräume und ist einen Tag lang gültig. Weitere Informationen gibt's vor Ort oder auf der Website. Das 20er Haus gehört zur Belvedere-Anlage und wird gerade zu einem Forum für Kunst von 1945 bis heute umgebaut.

Das zwischen 1714 und 1716 errichtete Untere Belvedere ist ein echter barocker Leckerbissen. Zu den Highlights gehören Prinz Eugens frühere Gemächer und sein Zeremoniensäle, der Groteskensaal (heute ist hier der Museumsshop untergebracht), ein zweiter Marmorsaal, die Marmorgalerie und das Goldene Zimmer. Sowohl hier als auch in der umgebauten Orangerie, von deren Gang man Prinz Eugens Privatgemächer und das Obere Belvedere überblicken kann, werden Sonderausstellungen gezeigt. Audioguides kosten 3,50 €.

Der an die Orangerie angeschlossene Prunkstall beherbergt eine Sammlung österreichischer Kunst aus dem Mittelalter mit religiösen Motiven, Altarbildern und Statuen.

GESTOHLENE SCHÄTZE

Nach dem Anschluss Österreichs 1938 mussten viele jüdische Familien aus dem Land fliehen, woraufhin sich die Nazis ihrer Besitztümer bemächtigten. Eine dieser unglückseligen Familien waren die Bloch-Bauers. Teil ihrer wertvollen Sammlung waren fünf Originalbilder von Klimt, darunter das Bildnis *Adele Bloch-Bauer I* (1907).

Die gestohlenen Gemälde hingen im Oberen Belvedere, bis Anfang des Jahres 2006 ein US-Schiedsgericht verfügte, dass die österreichische Regierung die Gemälde ihrer eigentlichen Besitzerin, Adele Blochs Nichte und Erbin Maria Altmann, zurückgeben musste. Der österreichische Staat wiederum fühlte sich ebenfalls als rechtmäßiger Besitzer, da die 1925 verstorbene Adele Bloch verfügte hatte, dass sie an die Nationalgalerie gespendet werden sollten. Ihr Ehemann jedoch, der 1945 im Exil starb, wollte, dass sie wieder in den Familienbesitz zurückgegeben werden.

Die Gemälde wurden in den USA freudig in Empfang genommen, während Österreich den Verlust eines Teils seines kulturellen Erbes betrauerte. Der Regierung wurden die Bilder zum Kauf angeboten, doch der Preis von 100 Mio. US$ wurde als zu hoch angesehen. Tatsächlich wäre es ein echtes Schnäppchen gewesen – allein das Bild *Adele Bloch-Bauer I* wurde später für 135 Mio. US$ versteigert, dem zum damaligen Zeitpunkt höchsten Preis, der jemals für ein Gemälde gezahlt worden war. Heute hängt es in der Neuen Galerie in New York, einem deutscher und österreichischer Kunst gewidmetem Museum.

LANDSTRASSE

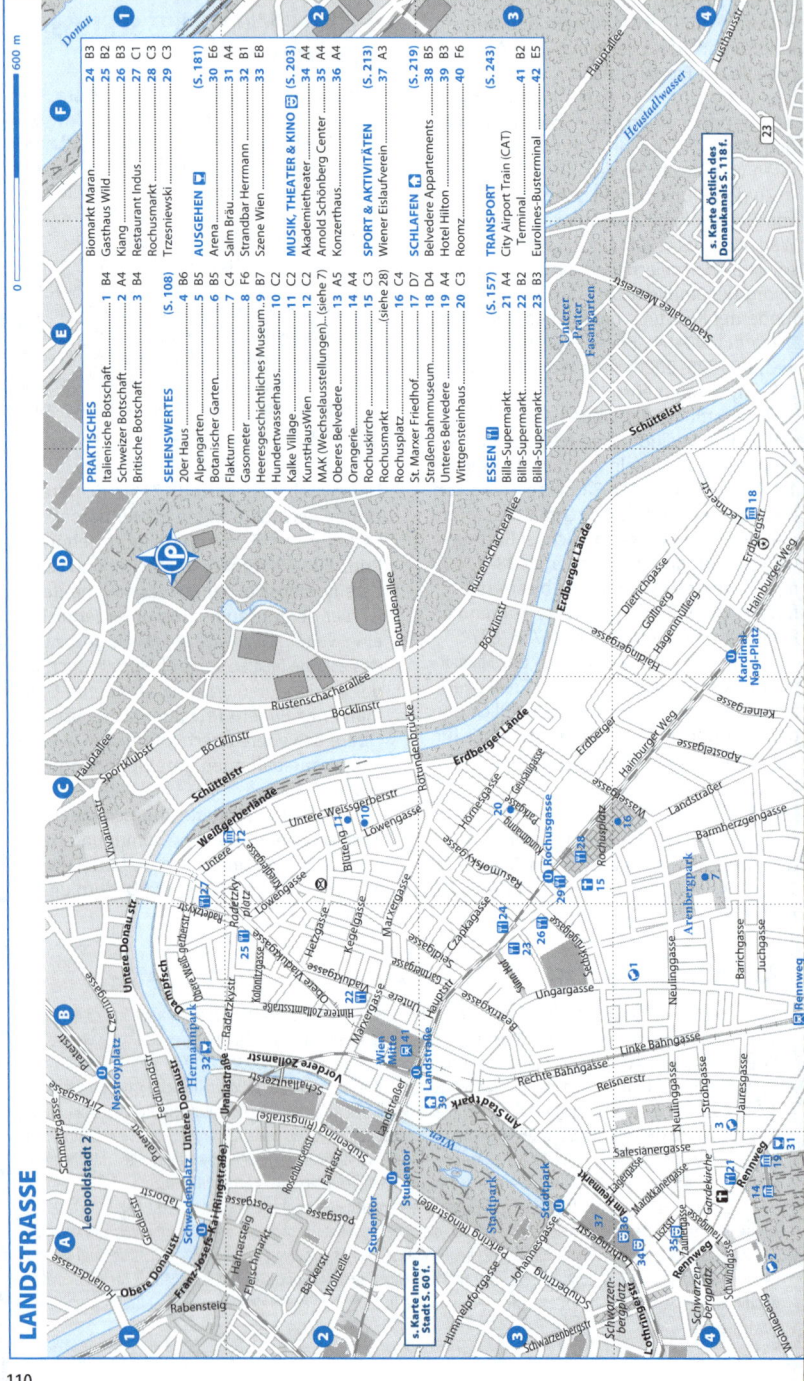

PRAKTISCHES	
Italienische Botschaft	1 B4
Schweizer Botschaft	2 A4
Britische Botschaft	3 B4

SEHENSWERTES	(S. 108)
20er Haus	4 B6
Alpengarten	5 B5
Botanischer Garten	6 B5
Flakturm	7 C4
Gasometer	8 F6
Heeresgeschichtliches Museum	9 B7
Hundertwasserhaus	10 C2
Kalke Village	11 C2
KunstHausWien	12 C2
MAK (Wechselausstellungen)	(siehe 7)
Oberes Belvedere	13 A5
Orangerie	14 A4
Rochuskirche	15 C3
Rochusmarkt	(siehe 28)
Rochusplatz	16 C4
St. Marker Friedhof	17 D7
Straßenbahnmuseum	18 D4
Unteres Belvedere	19 A4
Wittgensteinhaus	20 C3

ESSEN	(S. 157)
Billa-Supermarkt	21 A4
Billa-Supermarkt	22 B2
Billa-Supermarkt	23 B3
Biomarkt Maran	24 B3
Gasthaus Wild	25 B2
Kiang	26 B3
Restaurant Indus	27 C1
Rochusmarkt	28 C3
Trzesniewski	29 C3

AUSGEHEN	(S. 181)
Arena	30 E6
Salm Bräu	31 A4
Strandbar Hermann	32 B1
Szene Wien	33 E8

MUSIK, THEATER & KINO	(S. 203)
Akademietheater	34 A4
Arnold Schönberg Center	35 A4
Konzerthaus	36 A4

SPORT & AKTIVITÄTEN	(S. 213)
Wiener Eislaufverein	37 A3

SCHLAFEN	(S. 219)
Belvedere Appartements	38 B5
Hotel Hilton	39 B3
Roomz	40 F6

TRANSPORT	(S. 243)
City Airport Train (CAT) Terminal	41 B2
Eurolines-Busterminal	42 E5

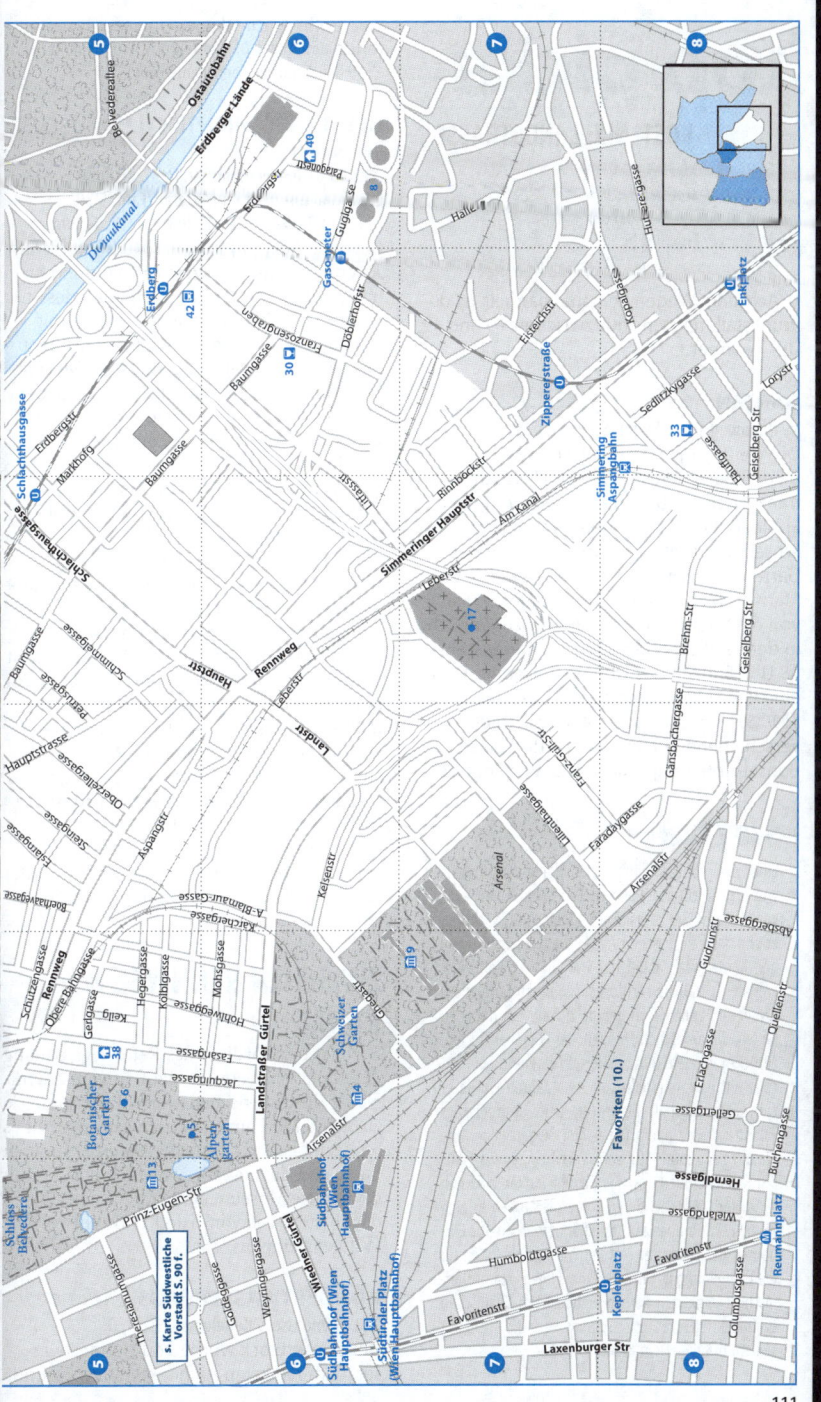

top picks

KOST' NIX: LANDSTRASSE

- Gasometer (S. 114)
- Hundertwasserhaus (S. 112)
- Schloss Belvedere – Gärten (unten)
- St. Marxer Friedhof (S. 113)

Achtung: Wegen Personalmangels ist der Prunkstall meistens nur zwischen 10 und 12 Uhr geöffnet.

GÄRTEN

3., Rennweg/Prinz-Eugen-Straße; D, 71
Der weitläufige Garten zwischen den beiden Belvederes wurde im klassischen französischen Stil angelegt und wird von Sphinxfiguren und anderen mythischen Wesen gesäumt. Die Öffnungszeiten des Gartens ändern sich fast monatsweise. Von März bis Mitte August ist er auf jeden Fall von 6.30 bis mindestens 20 Uhr zugänglich, in den restlichen Monaten bis mindestens 18 Uhr. Südlich des Oberen Belvedere liegt ein kleiner Alpengarten (Karte S. 110 f.; Erw./erm. 3,20/2,50 €; April–Juli 10–18 Uhr) mit 3500 verschiedenen Pflanzenarten und einer Bonsai-Abteilung. Nördlich davon liegt der viel größere, zur Wiener Universität gehörende Botanische Garten (Karte S. 110 f.; Eintritt frei; 9 Uhr–1 Std. vor Sonnenuntergang).

HEERESGESCHICHTLICHES MUSEUM
Karte S. 110

795 61-0; www.hgm.or.at; 3., Arsenal; Erw./Kind unter 10 Jahren/erm./Fam. 5,30/frei/3,30/7,30 €; 9–17 Uhr; 18 69A

Nach der Revolution von 1848 befand Franz Joseph I. seine Mittel der Verteidigung für ungenügend und ordnete den Bau des Arsenals an. Die weitläufige Kaserne mit Munitionslager wurde 1856 im neobyzantinischen Stil errichtet. Die hübsche Fassade täuschte über den eigentlichen Zweck der Festung hinweg, nämlich jeden künftigen Volksaufstand im Keim zu ersticken. Zur gleichen Zeit ließ Franz Joseph das Heeresgeschichtliche Museum im Arsenal einrichten. Damit ist es das älteste öffentliche Museum Wiens.

Auch das Innere des Baus mit der gewölbten Decke, den Fresken und den maurischen Säulen ist durchaus einen Besuch wert, auch wenn man sich sonst nicht für Militärisches interessiert. Die Ausstellung ist teilweise etwas veraltet, aber gerade die Art der Darstellung sagt viel über Österreichs (Militär-)Geschichte aus. Es werden Kriege und deren Auswirkungen auf Wien dargestellt, z. B. die zwei Türkenbelagerungen. Im Sarajevo-Raum ist das Auto ausgestellt, in dem der Thronfolger Franz Ferdinand (1863–1914) im Juli 1914 bei einem Aufenthalt in der bosnischen Hauptstadt ermordet wurde, und auch seine blutige Uniform ist zu sehen.

ZWISCHEN RENNWEG & KANAL

Die Gegend nördlich des Rennwegs entlang des Kanals hat etwas unauffälligere, wenngleich durchaus sehenswerte Touristenziele zu bieten. Für Hundertwasser-Anhänger gibt's im Bezirk Landstraße in der Nähe der Inneren Stadt und des Kanals das bedeutendste ihm gewidmete Museum der Stadt. Genau südlich davon steht das von Adolf Loos entworfene Wittgensteinhaus.

HUNDERTWASSERHAUS Karte S. 110
3., Löwengasse & Kegelgasse; 1, 0
Der Häuserblock wurde von Hundertwasser, dem radikalen Architekten und Freund

---

PRINZ EUGEN

Einer der größten militärischen Helden Österreichs wurde gar nicht dort geboren. Prinz Eugen von Savoyen (1663–1736) kam in Paris auf die Welt. Nachdem er von der französischen Armee wegen seiner geringen Körpergröße abgelehnt worden war, verließ er Frankreich 1683 und schloss sich der habsburgischen Armee an. Eugen kam gerade richtig, um dabei zu helfen, die türkischen Truppen, die Wien belagerten, zurückzudrängen. Ihm wurde sein eigenes Regiment zugeteilt und innerhalb von zehn Jahren wurde er zum Feldmarschall befördert. Sein strategisches Talent kam vor allem bei seinen Siegen gegen die Türken bei Zenta 1697 zum Vorschein, sowie während seiner Eroberungszüge auf dem Balkan zwischen 1714 und 1718, als deren Folge die Türken in eine kleine Ecke Europas zurückgedrängt wurden. Die Einnahme der Belgrader Festung war entscheidend für die Beendigung des Kriegs. Prinz Eugens staatsmännische Fähigkeiten kamen zudem beim Spanischen Erbfolgekrieg zum Einsatz, damals verhandelte er mit seinem früheren Heimatland.

ungleichmäßiger Flächen, gestaltet. Heute ist er eine der begehrtesten Adressen Wiens, auch wenn man hier nur zur Miete wohnen kann, da die Stadt Inhaberin ist. Das Innere ist für Besucher nicht einzusehen, dafür kann man aber das ebenfalls von Hundertwasser entworfene Kalke Village (www.kalke-village.at; 9–19 Uhr) auf der anderen Straßenseite besichtigen. Die ehemalige Michelin-Fabrik beherbergt heute überteuerte Cafés, Souvenirshops und Kunstläden und ist in typischer Hundertwasser-Manier gestaltet: bunte Keramik und der radikale Verzicht auf gerade Linien.

KUNST HAUS WIEN Karte S. 110

712 04 95; www.kunsthauswien.com; 3., Untere Weißgerberstraße 13; Erw./Kind & Jugendl. 11–18 Jahre/erm. 9/4,50/7 €, inkl. Sonderausstellungen Erw./erm. & Kind 12/9 €; 10–19 Uhr; 1, O

Das KunstHausWien ist mit seiner auffälligen Keramikverzierung, den kurvigen Linien und den bunten Fliesen eine weitere kreative Schöpfung Hundertwassers. Es ist größtenteils dem Künstler selbst gewidmet und zeigt seine Gemälde, Grafiken, Wandbilder sowie seine philosophischen, ökologischen und architektonischen Sichtweisen. Die Galerie hat zudem auch erstklassige Wechselausstellungen anderer Künstler zu bieten. Auf dem Dach erwartet Besucher dann eine schattige Grasfläche inmitten von Bäumen.

Montags kostet der Eintritt nur die Hälfte (Feiertage sind aber ausgenommen), Führungen durch die Dauerausstellung sind im Preis inbegriffen und finden sonntags um 12 Uhr statt.

top picks
LANDSTRASSE MIT KINDERN

- Heeresgeschichtliches Museum (S. 112)
- Schloss Belvedere – Gärten (S. 109)
- Straßenbahnmuseum (unten)

ST. MARXER FRIEDHOF Karte S. 110

3., Leberstraße 6-8; Juni–Aug. 7–19, Mai & Sept. 7–18, April & Okt.7–17, Nov.–März 7 Uhr–Sonnenuntergang; 71 74A

Der St. Marxer Friedhof wird auch als Biedermeierfriedhof bezeichnet, da zu jener Zeit alle 6000 Grabstätten angelegt wurden. Heute ist er eine Pilgerstätte für Fans von Mozart, der im Dezember 1791 in einem namenlosen Grab ohne das Beisein von Familienangehörigen beigesetzt wurde. Mit der Zeit geriet die Grabstätte in Vergessenheit und auch der Versuch von Mozarts Witwe, sie ausfindig zu machen, blieb erfolglos. Dafür wurde an der Stelle, an der er am wahrscheinlichsten begraben liegt, ein Denkmal errichtet, das Mozartgrab. Es besteht aus einer abgebrochenen Säule und einer ausrangierten Engelsfigur aus Stein. Im Mai ist es hier besonders schön, denn dann verwandeln Lilien den Friedhof in ein weißes Blumenmeer.

STRASSENBAHNMUSEUM Karte S. 110

786 03 03; www.wiener-tramwaymuseum.org; 3., Erdbergstraße 109; Erw./Kind unter 15 Jahren/erm. 6/frei/5 €; Mai–Sept. Sa & So 10–17 Uhr; U3 Schlachthausgasse 18 77A

FLAKTÜRME

Es kann einem einen ganz schönen Schrecken einjagen, wenn man um eine Ecke biegt und plötzlich vor einem gigantischen Relikt des Zweiten Weltkriegs steht: einem Flakturm. 1943 und 1944 zur Verteidigung gegen Luftangriffe errichtet, stehen die nackten Betonmonolithe wie schlafende Riesen in den Wiener Wohnbezirken. Abgesehen von ihrer Verteidigungsfunktion konnten darin auch bis zu 30 000 Soldaten untergebracht werden und sie verfügten über ein unterirdisches Krankenhaus, eine Munitionsfabrik sowie eine eigene Wasser- und Stromversorgung. Der obere Teil ist jeweils mit vier Maschinengewehrstellungen versehen, die eine gewisse abstruse Ähnlichkeit mit Mickymaus-Ohren aufweisen. Die Türme waren für die Ewigkeit gebaut, so sind sie mit ihren 5 m dicken Wänden aus Stahlbeton so gut wie unzerstörbar. Mittlerweile sind sie unter Denkmalschutz gestellt worden. Deshalb stehen sie auch heute noch völlig schnörkellos als stumme und unbequeme Zeugen der NS-Zeit in der Landschaft.

Sechs Flaktürme gibt es, zwei im Augarten (S. 117), einen gleich hinter der Mariahilfer Straße im Esterházypark (er beherbergt das Haus des Meeres, S. 89) und ein weiterer hinter dem MuseumsQuartier in der Stiftskaserne (Karte S. 90 f.). Von den letzten beiden im Arenbergpark (Karte S. 110 f.) wird einer vom MAK für Sonderausstellungen genutzt (711 36-231;Eintritt 5,50 €; Mai–Nov. So 14–18 Uhr); der Eintritt umfasst eine Führung durch das Ungetüm, auch wenn einen die Ausstellung nicht so interessiert, lohnt sich also die Investition.

Mit rund 80 Straßenbahnen gehört das Straßenbahnmuseum zu den weltweit größten seiner Art. Wer sich für Züge und Straßenbahnen interessiert, wird hier seine Freude haben: Die umfangreiche Sammlung reicht von einem von Pferden gezogenen Wagen von 1871 bis zur neuesten von Porsche designten Straßenbahn, die heute durch Wien fährt. Als Zugabe gibt's außerdem ein paar Busse zu sehen. Viele der auf Hochglanz polierten Ausstellungsstücke können auch von Innen erkundet werden.

GASOMETER Karte S. 110

www.wiener-gasometer.at; 3., Guglgasse 6-14; Mo, Di, Do & Fr 9.30–19, Mi 9.30–20, Sa 10–18 Uhr; U3 Gasometer

Die vier runden Gasbehälter aus Sandstein sind 75 m hoch – da würde sogar das Riesenrad reinpassen. Von 1899 bis 1969 versorgten sie die Stadt mit Gas, dann wurden sie umgebaut. Heute beherbergen sie 615 Wohnungen, ein Studentenwohnheim, einen Veranstaltungssaal, ein Kino und einen – recht durchschnittlichen – Einkaufskomplex. Vier Architektenteams arbeiteten an dem Projekt zur urbanen Erneuerung, wobei sich jedes jeweils um die Gestaltung eines Gasometers samt Glasdach kümmerte.

Der französische Stararchitekt Jean Nouvelle errichtete in seinem Gasometer elf turmartige Wohnblöcke, die bis unters Glasdach reichen, das Wiener Architektenbüro Coop Himmelb(l)au versah sein Modell, das ein Studentenwohnheim und eine Veranstaltungshalle umfasst, mit einem schildartigen Zubau, Gasometer C wiederum wurde von dem Wiener Architekten Manfred Wehdorn recht traditionell gestaltet, wohingegen sein Landsmann Wilhelm Holzbauer sich von dem Konzept eines zentralen Innenhofs löste und im Gasometer D drei separate Grünflächen schuf. Die Idee ist toll, vor allem bei einem kurzen Blick aus einem vorbeifahrenden Zug; doch im Prinzip fühlt man sich gerade im belebtesten Abschnitt (den Läden in der Nähe der U-Bahn) wie in einem gewöhnlichen Einkaufszentrum mit ein paar Büros – letztendlich ist es ja auch nicht anderes.

WITTGENSTEINHAUS Karte S. 110

713 31 64; 3., Parkgasse 18; Eintritt frei; Mo–Do 10–12 & 15–16.30 Uhr; U3 Rochusgasse

Das von Paul Engelmann – einem Schüler von Adolf Loos – und dem Philosophen Ludwig Wittgenstein entworfene Gebäude erinnert mit seinen geraden Linien und dem gestuften Design an den Bauhausstil. Heute hat hier die bulgarische Botschaft ihren Sitz und das Haus kann nur zu bestimmten Zeiten oder nach vorheriger Vereinbarung besichtigt werden. Fotografieren ist verboten.

VOM BAROCK BIS HUNDERTWASSER
Stadtspaziergang mit Straßenbahnfahrt

1 Palais Schwarzenberg

Hinter dem Schwarzenbergplatz liegt das Palais Schwarzenberg. Der Entwurf des Barockschlosses stammt von Johann Lukas von Hildebrandt, dem Belvedere-Architekten, und geht auf das Jahr 1697 zurück. Im frühen 18. Jh. wurden dann Johann Bernhard Fischer von Erlach und sein Sohn Joseph mit der Fertigstellung beauftragt. Heute beherbergt das Palais ein Luxushotel.

2 Belvedere-Gärten

Während das Obere Belvedere (S. 108) und das Untere Belvedere (S. 109) von Hildebrandt entworfen wurden, hat die Belvedere-Gärten, die sich bestens für einen Spaziergang eignen (Eintritt frei), der Gartenarchitekt und *maître fontainier* (Brunnenmeister) Dominique Girard (1680–1738) gestaltet.

3 Hauptbahnhof Wien & Bahnorama

Der frühere Südbahnhof präsentierte sich zur Zeit der Recherche als äußerst eindrucksvolles Trümmerfeld, das man fast schon als Industriekunst bezeichnen könnte. Hier entsteht gerade der neue Hauptbahnhof Wien, der ab 2012 schrittweise den Betrieb aufnehmen soll. Schon bald, nämlich Ende 2010, können Besucher bis zur 2015 geplanten Fertigstellung eine 40 m hohe Aussichtsplattform auf einem schmucken Holzturm (der danach selbstverständlich wiederverwendet wird) erklimmen. Teil dieses Bahnorama genannten Projekts sind außerdem Ausstellungen im neuen Bahnhof.

4 20er Haus

Das 20er Haus diente ursprünglich als Pavillon für die Expo 1958. Er wurde hierher

VOM BAROCK BIS HUNDERTWASSER

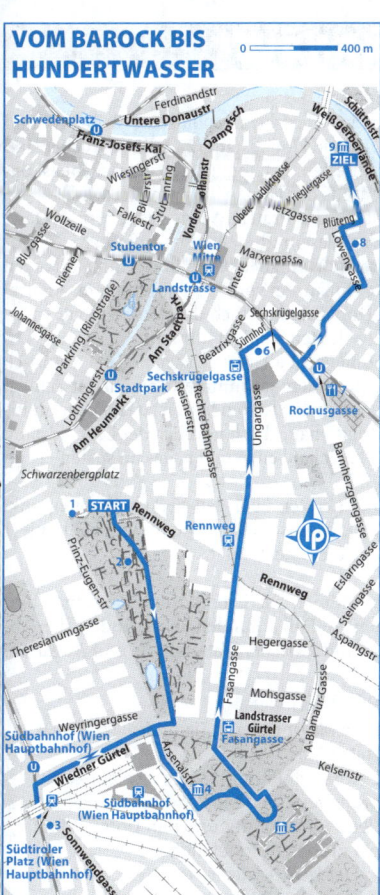

ROUTENINFOS

Start Palais Schwarzenberg
Ziel KunstHausWien
Transportmittel 🚋 O (zwischen Fasangasse & Sechskrügelgasse)
Strecke 5,5 km (1,2 km per Straßenbahn)
Dauer 3 Std.
Anspruch Leicht
Snack unterwegs Trzesniewski (S. 176)

dem Jahr 1856 untergebracht. Die eindrucksvolle Anlage lädt zu Erkundungstouren ein.

6 Sünnhof

Für diese Touretappe fährt man mit der Straßenbahnlinie O zur Sechskrügelgasse. Dort erstreckt sich zwischen Ungarstraße und Landstraßer Hauptstraße am Mercure Hotel in der Nähe der Ungargasse 13 der Sünnhof, eine schicke Biedermeierpassage mit einigen Läden und Restaurants sowie dem Mercure Hotel. Schon seit dem frühen 19. Jh. wird er als Gewerbehof genutzt.

7 Rochusmarkt

Auf dem Rochusplatz befindet sich der Rochusmarkt (S. 176), der größte Markt des Viertels. Hier kann man das bunte Treiben auf sich wirken lassen und sich an einem der Stände stärken.

8 Hundertwasserhaus

Das Hundertwasserhaus (S. 112) ist in einer ehemaligen Michelinfabrik untergebracht und beherbergt heute Mietwohnungen. Es weist all die typisch unkonventionellen Erkennungsmerkmale seines Erschaffers auf, Friedensreich Hundertwasser.

9 Kunst Haus Wien

Im Kunst Haus Wien (S. 113), dem bedeutendsten Hundertwasser-Museum, wimmelt es nur so von Zitaten des Künstlers. Einige sind einfach nur nervtötend didaktisch oder auf eine kitschige Form idealistisch („Jeder Regentropfen ist ein Kuss des Himmels"), manche regen allerdings durchaus zum Nachdenken an.

---

gebracht und vom MUMOK (S. 94) als zeitgenössisches Museum genutzt, bis es schließlich ins MuseumsQuartier umzog. Dann wurde das Gebäude umgebaut und soll 2011 mit einer zeitgenössischen Ausstellung mit Werken des österreichischen Bildhauers Fritz Wotruba eröffnet werden.

5 Heeresgeschichtliches Museum

Das Museum (S. 112) ist in dem gewaltigen, im neobyzantinischen Stil erbauten Arsenal aus

ÖSTLICH DES DONAUKANALS

Ausgehen & Nachtleben S. 194; Essen S. 176; Shoppen S. 155; Schlafen S. 227

Das Gebiet östlich des Donaukanals verteilt sich auf vier Bezirke: Leopoldstadt (2. Bezirk) und Brigittenau (20.) sowie auf Teile von Floridsdorf (21.) und Donaustadt (22.). Für Besucher sind die Leopoldstadt und die Donaustadt am interessantesten. Letztere ist Teil eines Gebiets, das von Einheimischen als Transdanubien (lat. für „jenseits der Donau") bezeichnet wird.

Attraktivstes Ausflugsziel der Gegend ist zweifellos der Prater, Wiens große, grüne Oase, in der ein weiteres Wahrzeichen der Stadt steht: das Riesenrad. Beliebt ist außerdem die Donauinsel, ein Erholungsgebiet mit Stränden, Wassersportmöglichkeiten und kilometerlangen Wander-, Fahrrad- und Inlinerwegen. Auch die Alte Donau, ein vom Fluss abgetrennter Altarm, steht bei Besuchern hoch im Kurs. Das restliche Donaustadt östlich der Alten Donau ist als Wohngegend mit breiten Straßen und 1950er-Jahre-Bauten weniger attraktiv.

Die Leopoldstadt liegt von den vier Bezirken der Inneren Stadt am nächsten und hat historisch und kulturell gesehen auch am meisten zu bieten. Nachdem jahrhundertelang hauptsächlich europäische Juden das Bild prägten, hat sich der Bezirk in den letzten Jahren zu einer der multikulturellsten Ecken der Stadt entwickelt (s. S. 116). Brigittenau, gleich nördlich der Leopoldstadt, ist größtenteils ein Wohnbezirk und ist zum Teil auf Neuland entstanden, das im späten 19. Jh. durch die Donauregulierung gewonnen wurde.

Von der Leopoldstadt gelangt man zum Prater am besten über den Verkehrsknotenpunkt Praterstern (U1 & U2), wobei die U1 weiter zur Donauinsel fährt. Die Straßenbahnlinie 1 verbindet die südlichen Teile von Prater und Ringstraße miteinander.

LEOPOLDSTADT

Wenn die New Yorker Freiheitsstatue die Freiheit symbolisiert, sich ein besseres Leben aufzubauen, so steht das Wiener Riesenrad für das Recht eines jeden Menschen, sinnlos durch die Luft zu schweben und dabei jede Menge Spaß zu haben. Das Ganze ist auf jeden Fall ein fantastisches Erlebnis.

Neben dem Prater hat die Leopoldstadt zudem den Augarten zu bieten. In der barocken Parkanlage befindet sich Museum, dass zur Belvedere-Gruppe (S. 108) gehört. Ein paar kleinere Museen gibt es im Bezirk auch, das skurrilste ist der Wiener Kriminalgeschichte gewidmet. Die Leopoldstadt kann man bestens zu Fuß erkunden, insbesondere den Abschnitt zwischen Taborstraße und Augarten.

PRATER Karte S. 118 f.
www.wiener-prater.at; Eintritt frei; Ⓤ U1, U2 Praterstern

Der Begriff Prater bezieht sich auf zwei grundverschiedene Parkflächen, nämlich den Wurstelprater und den Unteren Prater, ein grünes Waldgelände.

Der **Wurstelprater** (Karte S. 118 f.), auch Volksprater genannt, ist ein großer Vergnügungspark mit allen möglichen Schaustellerattraktionen von modernen

---

DAS JÜDISCHE ERBE DER LEOPOLDSTADT

Die heutige Leopoldstadt entstand 1624, als unter Ferdinand II. wachsamen Augen ein ummauertes jüdisches Ghetto errichtet wurde. Benannt ist der Bezirk jedoch nach dem Habsburger Leopold I., der für seinen Antisemitismus bekannt war und die Juden 1670 aus ihrem Ghetto vertrieb, ihre Synagoge zerstörte und an ihrer Stelle die **Leopoldkirche** (Karte S. 118 f.) errichten ließ.

Die Juden hatten in Wien lange als Sündenböcke herhalten müssen und waren nach ihrer Vertreibung im 15. Jh. (s. S. 24) erst nach und nach zurückgekommen, um sich wieder in der Gegend anzusiedeln. Im 18. und 19. Jh. erlebte Wien erneut einen Zustrom von Juden, insbesondere aus Osteuropa. Die Leopoldstadt war damals extrem dicht besiedelt, zudem gehörten die Lebensbedingungen zu den schlimmsten der Stadt. Das war jedoch alles nichts, verglichen mit dem Schicksal, das die Bewohner unter den Nazis erfuhren: Sie vertrieben die gesamte jüdische Bevölkerung und ließen den Bezirk verlassen zurück.

Seit dem Beginn des 21. Jhs. gibt es einen neuen Zustrom, und Juden leben hier nun Seite an Seite mit Einwanderern aus der Türkei und vom Balkan, die sich in den letzten Jahrzehnten in der Leopoldstadt angesiedelt haben. Auf dem **Karmelitermarkt** (S. 177), dem beliebten Lebensmittelmarkt des Bezirks, findet man neben koscheren Lebensmittel auch solche, die den muslimischen Gesetzen entsprechen, und viele andere Produkte aus der ganzen Welt.

Achterbahnen über Karussells bis zu Hauden-Lukas-Geräten, die gut und gerne aus dem frühen 20. Jh. stammen könnten. Boxautos, Gokarts, Geisterbahnen, Spielhallen und Minigolfattraktionen gibt's in Hülle und Fülle, ebenso wie Würstchen- und Zuckerwatteständer.

Tickets für die Fahrgeschäfte des Praters kosten etwa 1 bis 5 €. In der Mitte des Parks und rund um das Rondeau und den Calafattiplatz sind außerdem farbenprächtige, bizarr deformierte Figuren von Menschen und Tieren zu bewundern.

Manch einen Besucher wird allerdings der Untere Prater, ein 6 km² großes Waldgebiet, mehr ansprechen. Es war früher das kaiserliche Jagdgebiet und wurde gemeinsam mit dem heutigen Wurstelprater erstmals 1766 von Joseph II. der Öffentlichkeit zugänglich gemacht. Hier gehen die Wiener gerne spazieren oder sie joggen, fahren Rad, skaten oder entspannen sich auf den sonnendurchfluteten Rasenflächen oder in den schattigen Alleen. Auch wenn der Park von sehr vielen Menschen genutzt wird, findet sich hier immer ein ruhiges Plätzchen, vor allem im südwestlichen Teil.

Auch Österreichs größtes Fußballstadion, das Ernst-Happel-Stadion (S. 217), befindet sich auf dem Pratergelände. In der Nähe des Riesenrads beginnt die 4 km lange Liliputbahn, die zwischen Wurstelprater und Ernst-Happel-Stadion verkehrt. Einen düsteren Moment in der Geschichte des Praters kennen viele übrigens nicht: Nachdem Hitler 1939 in Polen einmarschiert war, wurden Wiener mit polnischen Vorfahren hinter einem der Stände gefangen gehalten und während der Naziherrschaft in Österreich trieb man hier Juden vor ihrer Deportation zusammen.

RIESENRAD Karte S. 118 f.

☎ 729 54 30; www.wienerriesenrad.com; 2., Prater 90; Erw./Kind 3–14 Jahre/Fam. 8,50/3,50/21 €; ☼ Mai–Sept. 9–23.45, März, April & Okt. 10–21.45, Nov–Feb 10–19.45 Uhr; Ⓤ U1 Praterstern ◎ 0, 5, 21

Das Riesenrad thront als modernes Wahrzeichen der Stadt über Wien. Das 65 m hohe Rad wurde 1897 vom Engländer Walter B. Basset konstruiert. Eine volle Umdrehung der 430 t schweren Anlage dauert rund 20 Minuten – genügend Zeit, um fantastische Aufnahmen von der unter einem liegenden Stadt zu machen. Das Riesenrad wurde durch die Bombenangriffe

KOMBITICKETS FÜRS RIESENRAD

Die verschiedenen Kombitickets für das Riesenrad (s. linke Spalte), eine magische Show namens „Miraculum", den Donauturm (S. 122), die Liliputbahn (s. linke Spalte) und den Tiergarten Schönbrunn (S. 128) können sich durchaus lohnen, vor allem wenn man mit Kindern unterwegs ist. Das Ticket für das Riesenrad und die Miraculum-Show kostet 11,50/7 € (Erw./Kinder), fürs Riesenrad und die Liliputbahn 9,90/4,20 €, für Riesenrad und Tiergarten 16,50/7 € und für Riesenrad und Donauturm 11/6,10 €.

1945 teilweise zerstört und dreht sich seit der Restaurierung nur noch mit 15 statt 30 Waggons. Mittlerweile schmückt es eine eindrucksvolle Beleuchtung und am Sockel befindet sich ein Café.

Das Wahrzeichen wurde auch auf der Kinoleinwand berühmt. So ist es Schauplatz jener Szene in *Der dritte Mann*, in der Holly Martins schließlich auf Harry Lime trifft. Auch Szenen des James-Bond-Films *Der Hauch des Todes* sowie von Richard Linklaters *Before Sunrise*, einem faszinierenden, in großen Teilen in Wien aufgenommenen Film, wurden hier gedreht.

Im Ticket inbegriffen ist der Eintritt in das sogenannte Panorama; in ausrangierten Kabinen des Riesenrads werden anhand von Modellen Szenen aus der Stadtgeschichte nachgestellt, darunter das römische Wien und die Türkenbelagerungen.

AUGARTEN Karte S. 118 f.

www.kultur.park.augarten.org; 3., Obere Augartenstraße; ☼ April–Okt. 6 Uhr–Sonnenuntergang, Nov.–März ab 6.30 Uhr; ◎ 31 ◎ 5A

Den malerischen Park von 1775 durchziehen weitläufige Wiesen und Baumalleen. Hier kann man Fußball spielen, die Kids auf dem Spielplatz toben lassen, die Porzellanmanufaktur (S. 120) oder die Kunstausstellung (S. 117) besichtigen oder sich im Juli und August im Kino Unter Sternen (S. 211) einen Film ansehen. Zudem proben die Wiener Sängerknaben im Palais Augarten. Kinder finden erfahrungsgemäß die düsteren Flaktürme (Karte S. 110 f.) in der nördlichen und westlichen Ecke am spannendsten; mehr zu den Türmen gibt's auf S. 113. Die Wiener setzen sich verständlicherweise immer wieder für ihren „Erlustigungsort" ein, der über die Jahr hinweg öfter von Bauprojekten bedroht wurde (s. S. 120).

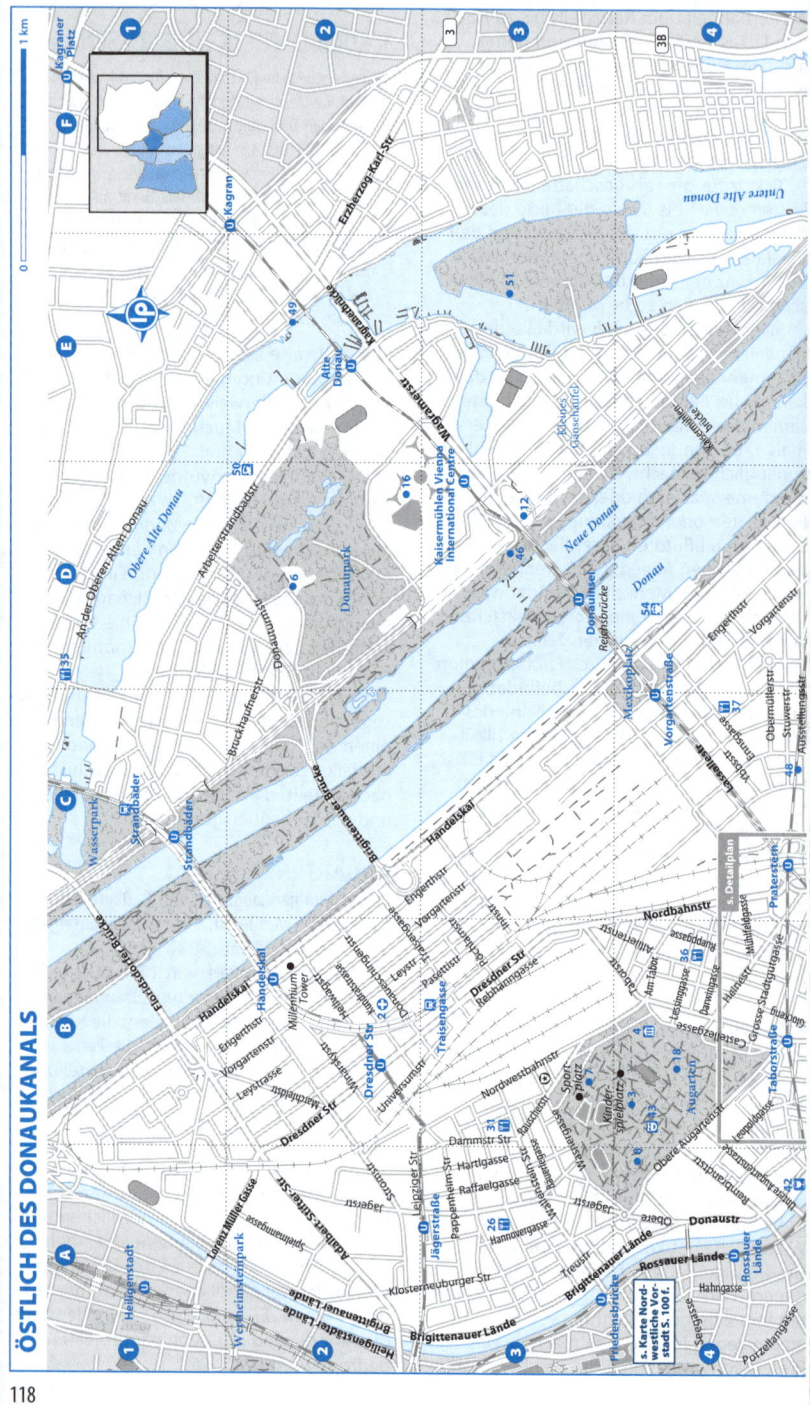

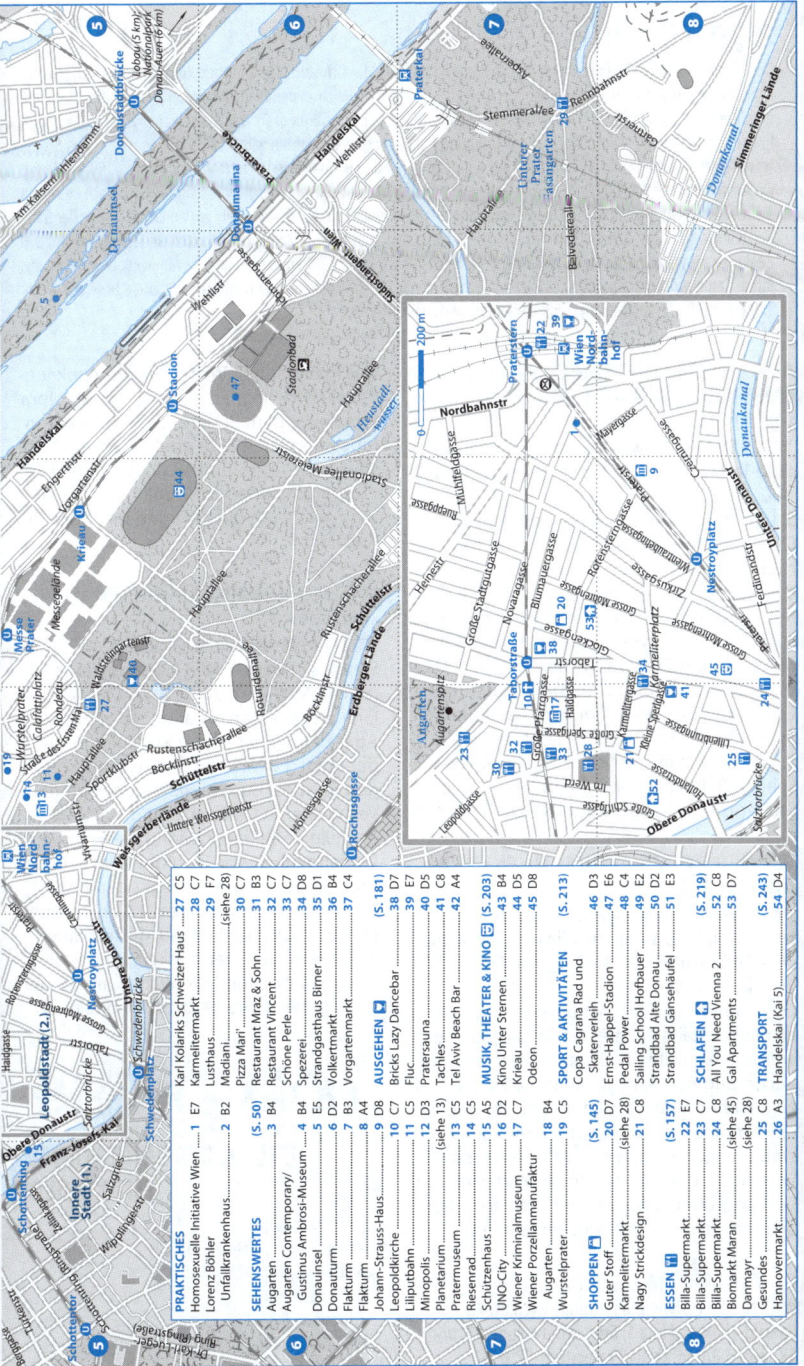

PROTEST IN DEN BÄUMEN

Der barocke Augarten ist eine Parkanlage in der Leopoldstadt, der sich vom gewöhnlichen Konzept perfekt angelegter Landschaftsgärten abhebt. Barockliebhaber werden sich wahrscheinlich an den zwei monströsen, im Zweiten Weltkrieg erbauten Flaktürmen (S. 113) innerhalb der Anlage stören. Der „Erlustigungsort" für jeden war eine Idee von Joseph II. und musste schon oft um seine Existenz kämpfen. Anfang der 1970er-Jahren gab es z. B. Pläne zum Bau einer Schule sowie eines Senioren- und Kinderheims auf dem Parkgelände, die dann wieder verworfen wurden. 1999 wiederum wollte der jüdische Sportverein SC Hakoah hier einen Sportplatz anlegen, doch auch diese Pläne wurden nach Protesten nicht verwirklicht. Derzeit planen die Wiener Sängerknaben den Bau einer Konzerthalle am Augartenspitz in der Nähe der Taborstraße, was dazu geführt hat, dass die Gegner des Bauplatzes besetzten. Die Arbeiten sollten eigentlich 2009 beginnen, verzögerten sich jedoch aufgrund der Proteste. Im März 2010 wurden Gegner des Projekts gewaltsam aus ihrem Camping-Lager am Augartenspitz vertrieben, woraufhin sie in die Bäume kletterten und diese besetzt hielten. Trotz dieser Proteste schreiten die Bauarbeiten am Augartenspitz voran.

AUGARTEN CONTEMPORARY/ GUSTINUS AMBROSI MUSEUM
Karte S. 118 f.

☎ 216 86 1621; www.belvedere.at; 2., Scherzergasse 1a; Erw./erm. 5/3,50 €; Do–So 11–19 Uhr; 2, 5

Skulpturen des österreichischen Bildhauers Gustinus Ambrosi (1893–1975) sind das Highlight der Ausstellung im Atelier des in der westlichen Ecke des Augartens gelegenen Museums. Neben seinen Werken sind auch Skulpturen von anderen europäischen Künstlern des 20. und 21. Jhs. zu sehen. Das Museum beherbergt zudem die Augarten Contemporary, in der Sonderausstellungen internationaler Künstler gezeigt werden.

Der Eintritt ins Atelier ist im Ticket fürs Schloss Belvedere inbegriffen (Erw./Senior/Student/Kind 13,50/10,50/9,50 €/frei; S. 108).

WIENER PORZELLANMANUFAKTUR AUGARTEN Karte S. 118 f.

☎ 211 24-200; www.augarten.at; 2., Obere Augartenstraße 1, Schloss Augarten; Führung Erw./Kind unter 10 Jahren/erm. 12/3/6 €; Mo–Fr 9.30–17 Uhr; 31 5A

Die Wiener Porzellanmanufaktur Augarten ist die zweitälteste ihrer Art in Europa. Hier werden exquisite Stücke mit fantasievollen Verzierungen gefertigt, die in Laden (S. 147) zu erstehen sind. Täglich um 10 Uhr finden einstündige Führungen durch die Anlage statt, bei denen man erfährt, wie aus Kaolin, Feldspat und Quarz durch Modellieren, Gießen, Löten, Glasieren und Bemalen die zerbrechlichen Kunstwerke entstehen.

PLANETARIUM Karte S. 118 f.

☎ 729 54 94; www.planetarium-wien.at; 2., Oswald-Thomas-Platz 1; Erw./ Kind & Jugendl. unter 18 Jahren 8/6 €; U1 Praterstern 0, 5

Das Planetarium, Wiens Tor zu unbekannten Welten, liegt am Rand des Wurstelpraters hinter dem Riesenrad. Vorführungen gibt's normalerweise um 9.30 oder 10 Uhr sowie um 11, 15 und 18 oder 19 Uhr. Das Programm ändert sich regelmäßig, meistens geht's um die Erde und ihre Rolle im Kosmos.

WIENER KRIMINALMUSEUM
Karte S. 118 f.

☎ 214 46 78; www.kriminalmuseum.at; 2., Große Sperlgasse 24; Erw./Kind & Jugendl. unter 18 Jahren/erm. 5/2/4 €; Do–So 10–17 Uhr; 2 5A

Eine weitere Manifestation der morbiden Ader der Wiener ist das Kriminalmuseum der Stadt. Es wirft einen sensationsgierigen Blick auf das Thema Verbrechen und Verbrecher in Österreich und stellt mit gruseligem Behagen Mordfälle aus der Vergangenheit vor. So gibt es die Schädel früherer Verbrecher, ja sogar den Kopf eines Kriminellen aus dem 18. Jh. in einem Einweckglas zu sehen. Ausgestellt sind außerdem die Totenmasken von hingerichteten Mördern und die Waffen, mit denen sie angeblich ihre Verbrechen begingen.

top picks
ÖSTLICH DES DONAUKANALS MIT KINDERN

- Alte Donau (S. 121)
- Augarten – Spielplatz (S. 117)
- Donauinsel (S. 121)
- Minopolis (S. 122)
- Riesenrad (S. 117)
- Planetarium (linke Spalte)

JOHANN-STRAUSS-HAUS Karte S. 118 f.
☎ 214 01 21; www.wienmuseum.at; 2., Praterstraße 54; Erw./Kind & Jugendl. unter 19 Jahren/erm. 2/frei/1 €; Di–So 10–13 & 14–18 Uhr; U1 Nestroyplatz 5A

Johann Strauss (Sohn) wohnte von 1863 bis 1878 in der Praterstraße 54. Dort komponierte er unter hohen Decken den Walzer „An der schönen blauen Donau". In dem Gebäude, das heute als städtisches Museum dient, sind eine recht ordentliche Sammlung zu Strauss und Erinnerungsstücke rund um das Thema Bälle zu sehen, darunter eine Amati-Geige, die ihm gehört haben soll, und Ölgemälde aus seiner letzten Wohnung, die im Zweiten Weltkrieg zerstört wurde. Die Zimmer sind mit Möbeln aus seiner Zeit eingerichtet.

PRATERMUSEUM Karte S. 118 f.
☎ 726 76 83; 2., Oswald-Thomas-Platz 1; Erw./Kind & Jugendl. unter 19 Jahren/erm. 2/frei/1 €; Fr–So 10–13 & 14–18 Uhr; U1 Praterstern 0, 5, 21

Im Gebäude des Planetariums ist ein städtisches Museum untergebracht, das die Geschichte des Wurstelpraters und des angrenzenden Waldgebietes nachzeichnet. So lebendig und bunt es im Prater immer zuging – das Museum hat leider nur eine recht dröge Mischung aus Fotos und Geschichten zu bieten, die überwiegend aus dem 19. Jh. stammen. Interessant sind lediglich die alten Spielautomaten, von denen manche immer noch funktionieren.

DONAUSTADT

Die Donaustadt (22. Bezirk) ist der größte Wiener Bezirk. Er umfasst einen Teil der begradigten Donau, die langgestreckte Donauinsel und den Altarm der Donau, der heute als Erholungsgebiet genutzt wird. Ansonsten wird sie von endlos erscheinenden Wohnblocks und der modernen UNO-City, die als UN-Amtssitz dient, geprägt.

DONAUINSEL Karte S. 118 f.
22.; U1 Donauinsel

Die langgezogene Donauinsel erstreckt sich über ca. 21,5 km vom gegenüberliegenden Klosterneuburg im Norden bis zum Nationalpark Donau-Auen im Süden. Sie teilt die Donau, wodurch ein vom Hauptfluss getrennter Nebenarm, die Neue Donau, entstanden ist. Die Insel wurde 1970 angelegt und ist mit den langen Strandabschnitten (ohne viel Sand), die sich perfekt zum Schwimmen, für Bootsfahrten und zur Not auch zum Wasserskifahren eignen, ein echtes Wiener Wasserparadies. Die Spitzen der Insel sind als FKK-Bereiche ausgewiesen. Anhänger der Freikörperkultur können dort spazieren gehen, Rad fahren oder auch skaten. Betonierte Wege durchziehen die gesamte Insel und man kann Fahrräder oder Inlineskates ausleihen. Die Wege säumen Restaurants und Imbissbuden, die meisten Bars – zusammen unter dem Namen Sunken City oder Copa Cagrana bekannt – gibt es jedoch in der Nähe der Reichsbrücke und des Bahnhofs Donauinsel (U1). Ende Juni findet das Donauinselfest (S. 17) statt. Weitere Infos zu Outdoor-Aktivitäten gibt's auf S. 214.

top picks

KOST' NIX: ÖSTLICH DES DONAUKANALS

- Augarten (S. 117)
- Donauinsel (linke Spalte)
- Wurstelprater & Unterer Prater (S. 116)

ALTE DONAU Karte S. 118 f.
22., Untere Alte Donau; U1 Alte Donau U6 Untere Alte Donau

Die Alte Donau, ein vom Hauptfluss abgeschnittener Altarm der Donau, ist von der Neuen Donau durch einen Landstreifen getrennt. Ein Drittel der Alten Donau gehört zum Bezirk Floridsdorf. Der Arm war bis 1875 Teil des Flussbetts der Donau, dann wurde mittels künstlich geschaffener Überschwemmungsgebiete die Donau in ihre heutige, regulierte Form gebracht. Jetzt kann man in dem 160 ha großen Wasserareal bestens segeln, Boot fahren, schwimmen, spazieren gehen, angeln und im Winter eislaufen – wenn es kalt genug ist. An manchen Abschnitten ist die Alte Donau frei zugänglich, an anderen wurden städtische Strandbäder errichtet, die in etwa von Mai bis September geöffnet sind. Das größte ist das Strandbad Gänsehäufel (S. 216), das auf einer an die Alte Donau angrenzenden Insel liegt. Auf der Insel gibt's einen FKK-Bereich, Schwimmbecken und Zugang zum See.

LOBAU Karte S. 53
22, S7, 907, S80, 910 Lobau

Hier kann man abseits der Menschenmassen erholsame Sommertage verbringen. Die Lobau liegt am südlichen Ende der Donaustadt und umfasst ein dicht bewachsenes Strauch- und Waldgebiet, das dem westlichen Teil des Nationalparks Donau-Auen entspricht, sowie ein paar Industriewerke und zahlreiche kleine Seen. Im Sommer macht sich Wiens alternative Szene zum Nacktbaden in die Lobau auf.

NATIONALPARK DONAU-AUEN
Karte S. 53

☎ 400 04 9495; www.donauauen.at; 22., Dechantweg 8; Anfang März–Ende Okt. Mi–So 10–18 Uhr; 91A, 93A

Der Nationalpark Donau-Auen wurde 1996 gegründet und umfasst 93 km². Er verläuft in schmalen Streifen an beiden Seiten der Donau vom Stadtrand Wiens bis zur slowakischen Grenze. Fast 60 % des Gebiets bestehen aus Wald und etwa 25 % aus Seen und Wasserwegen. Der Park wurde gegründet, um das Gebiet zu schützen, nachdem der geplante Bau eines Wasserkraftwerks in Hainburg es gefährdete. Hier gibt es eine reiche Flora und Fauna, darunter 700 Arten von Farnen und Blütenpflanzen, sowie eine große Population von Eisvögeln, die sich von den 50 hier lebenden Fischarten ernähren. Am Nordeingang des Parks kann man im Nationalparkhaus Touren buchen, auf der Website gibt's weitere Infos, außerdem kann man online reservieren. Einige Touren sind umsonst, anderen kosten etwa 10/5 € (Erw./Kind). Treffpunkt für Bootsausflüge (☎ 400 04 9480; Erw./Kind 10/4 €; Abfahrt Mai–Okt. 9 Uhr) in den Nationalpark ist die Salztorbrücke. Sie dauern viereinhalb Stunden und müssen im Voraus reserviert werden.

DONAUTURM Karte S. 118 f.

☎ 263 35 72; www.donauturm.at; 22., Donauturmstraße 4; Erw./Kind unter 14 Jahren 5,90/4,30 €; 10–22 Uhr; U1 Kaisermühlen Vienna International Centre 20B

Mit 252 m ist der Donauturm im Donaupark Wiens höchstes Bauwerk, gefolgt vom Millennium Tower mit 202 m. Das sich drehende Restaurant auf 170 m Höhe bietet einen fantastischen Panoramablick auf die Stadt und das Umland, auf der Speisekarte stehen altbewährte Wiener Klassiker. Kombitickets für Donauturm und Riesenrad kosten 11,40/5,90 € (Erw./Kind). Mutige können vom Turm einen Bungee-Sprung wagen, Infos gibt's auf der Website.

UNO-CITY Karte S. 118 f.

☎ 260 60 3328; www.unvienna.org; 22., Wagramer Straße 5; Erw./Kind/erm. 6/2/4 €; Mo–Fr 11 & 14 Uhr; U1 Kaisermühlen Vienna International Centre

Vienna International Centre ist der offizielle Name der UNO-City, die viele internationale Organisationen beherbergt, vor allem aber das drittgrößte UNO-Büro der Welt. Etwa einstündige Führungen durch die Konferenzsäle und Ausstellungen über UNO-Aktivitäten geben Einblicke in eine Welt, die sich normalerweise hinter geschlossenen Türen abspielt. Der Komplex entsprach 1979 den damaligen Vorstellungen von einer modernen Welt und wirkt deshalb heute überholt. Das Gelände hat extraterritorialen Status, deshalb muss man bei einem Besuch einen Ausweis dabeihaben.

MINOPOLIS Karte S. 118 f.

☎ 0810 970 270; www.minopolis.at; 22., Wagramerstraße 2; Erw./Kind 6/15 €, 2 Std. vor Schließung Erw./Kind frei/6 €; Mai–Sept. Fr 14–19, Sa & So 13–19, Okt.–April Fr 14–19, Sa & So 10–18 Uhr; U1 Kaisermühlen Vienna International Centre

In dem Themenpark für Kinder können sich die kleinen Besucher einen Tag lang wie Erwachsene fühlen. Im 6000 m² großen Park gibt es Straßen, Gebäude, Läden und Autos sowie 26 Stationen, die über Infos und Aktivitäten zu verschiedenen Berufen anbieten – so können die Kleinen z. B. Journalist, Feuerwehrmann oder Arzt spielen. Sie erhalten Eurolinos, die Währung von Minopolis, die sie selbst verwalten können. Das Ganze ist zwar ziemlich kommerziell aufgezogen, scheint den Kindern aber viel Spaß zu machen.

VOM DONAUKANAL DURCH DIE LEOPOLDSTADT

Stadtspaziergang

1 Schwedenbrücke

Über die hässliche Betonbrücke gelangt man in die Leopoldstadt. Ihr Vorläufer wurde 1819 aus Holz gebaut, ihren heutigen Namen erhielt sie erst 100 Jahr später in Erinnerung an die humanitäre Hilfe für Wiener Kinder, die Schweden nach dem Ersten Weltkrieg leistete.

VOM DONAUKANAL DURCH DIE LEOPOLDSTADT

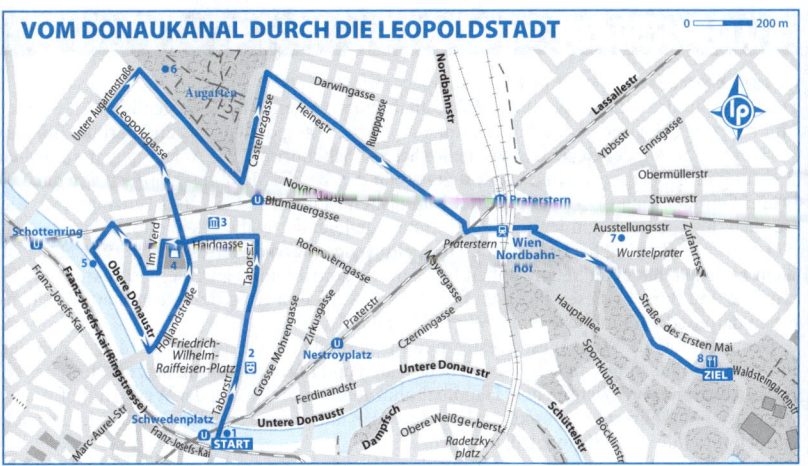

ROUTENINFOS

Start Schwedenbrücke
Ziel Prater
Strecke 7 km
Dauer 3 Std.
Anspruch Mittel
Snack unterwegs Karl Kolariks Schweizer Haus (S. 178)

2 Odeon

Das Odeontheater (S. 206) wurde in den 1880er-Jahren im italienischen, neoklassizistischen Stil erbaut, jedoch im Zweiten Weltkrieg stark zerstört. Erst nach vier Jahrzehnten, in den 1980er-Jahren, hat man es wieder aufgebaut. Heute bringt es Theaterstücke, Opern und Tanzaufführungen auf die Bühne.

3 Wiener Kriminalmuseum

Das kleine, aber interessante Wiener Kriminalmuseum (S. 120) vereint reißerische Geschmacklosigkeit mit ein bisschen blutrünstigem Horror und passt mit seinen makaberen Exponaten bestens ins morbide Wien.

4 Karmelitermarkt

Die Leopoldstadt wirkt durch die Weitläufigkeit manchmal etwas verlassen. Eine Ausnahme ist der Karmelitermarkt (S. 177), ein geschäftiger, jedoch nicht überfüllter Markt mit Ständen, Restaurants und kulinarischen Spezialitäten, die für den ein oder anderen schon fast zu traditionell hergestellt werden – wie wär's z. B. mit Pferdewurst (S. 177)?

5 Schützenhaus

Das am Donaukanal gelegene Gebäude aus dem Jahr 1908 wurde von Otto Wagner entworfen. Früher stand hier das Kaiserbad, das jedoch dann für das Schützenhaus Platz machen musste. Es gibt Pläne, den recht heruntergekommenen Bau in ein Café zu verwandeln, davon ist bisher jedoch noch nichts zu sehen.

6 Augarten

Der hübsch angelegte Augarten (S. 117) ist Wiens ältester Barockgarten. Er war bereits 1712 in Planung, wurde jedoch erst 1775 der Öffentlichkeit zugänglich gemacht. Zu besichtigen gibt es hier zwei der Wiener Flaktürme, das Augarten Contemporary/Gustinus Ambrosi Museum (S. 120) und die Wiener Porzellanmanufaktur Augarten (S. 120).

7 Wurstelprater

Der etwas kitschige, aber viel Spaß versprechende Wurstelprater (S. 116) ist der vergnügliche Teil des Praters und hat jede Menge Fahrgeschäfte zu bieten, das bekannteste ist das Wiener Riesenrad (S. 117).

8 Karl Kolariks Schweizer Haus

Wen es nach einer ordentlichen Portion Schweinshaxen samt Budweiser-Bier vom Fass gelüstet, der ist hier genau richtig. In Karl Kolariks Schweizer Haus (S. 178) kann man sich sowohl drinnen als auch im Außenbereich herzhafte österreichische Küche schmecken lassen. Dazu gibt's sogar eine köstliche hauseigene Bierschokolade.

SÜDWESTEN & GÜRTEL

Ausgehen & Nachtleben S. 194; Essen S. 177; Shoppen S. 156; Schlafen S. 228

Das Gebiet umfasst die südwestlich des Westbahnhofs gelegenen Bezirke Meidling (12. Bezirk) und Hietzing (13.) und verläuft in Richtung Norden entlang des Gürtels und darüber hinaus.

Hauptattraktion der Gegend ist zweifellos Schloss Schönbrunn. Die Anlage liegt in südlicher Richtung im Nobelbezirk Hietzing und grenzt an den Bezirk Meidling. Nördlich von Schönbrunn befinden sich die Arbeiterviertel Rudolfsheim-Fünfhaus (15.) und Penzing (14.), die westlich des Gürtels beginnen und deren innere Teile in der Nähe des Westbahnhofs liegen. Nördlich von Penzing liegt Ottakring (16.), ein weiteres vorgelagertes Arbeiterviertel. Es ist dicht besiedelt, hat einen relativ hohen Immigrantenanteil und es gibt hier ein paar gute Restaurants und Bars. In diesen Bezirken findet man zwar kaum typische Touristenattraktionen, erhält dafür jedoch Einblicke in das Wiener Vorstadtleben.

Der BahnhofCity Wien West/Westbahnhof liegt direkt am Gürtel und wurde zur Zeit der Recherche gerade umgebaut. Hier sollen neue Läden und Büros entstehen. Bis zur schrittweisen Inbetriebnahme von Wiens neuem Hauptbahnhof ab Ende 2012 bleibt der Westbahnhof Wiens wichtigster Verkehrsknotenpunkt für den nationalen und internationalen Zugverkehr. Danach werden hier nur noch Regionalzüge verkehren.

Nördlich des Westbahnhofs wird's auf dem Gürtel zunehmend verruchter. Rund um die inneren Bezirke säumen ihn schon einige Rotlicht-Clubs, hier ist die Dichte jedoch noch beträchtlicher. Im Bereich Neubaugürtel fühlen sich gerade weibliche Besucher eventuell nicht so wohl, doch Durchhalten lohnt sich: Rund um die U-Bahn-Station Josefstädter Straße gibt es jede Menge Bars und Restaurants in den Hochbahnbögen. Weiter westlich rund um den Brunnenmarkt im Bezirk Ottakring, in dem viele türkischstämmige Einwanderer leben, kann man gut shoppen, essen und ausgehen. Die wichtigste Verkehrsverbindung der Gegend ist die U6. Die Straßenbahnlinien 52 und 58 wiederum verkehren zwischen Schönbrunn und dem Westbahnhof.

Westlich vom Gürtel wird die Stadt zunehmend weitläufiger, bis sie schließlich in die Außenbezirke des Großraums Wien übergeht. Besucher verbringen ihre Zeit hier aber größtenteils mit der Erkundung der Schloss- und Parkanlage von Schönbrunn. Lohnenswert ist zudem ein Streifzug durch die Seitensträßchen des alten Hietzing; die Gegend, insbesondere zwischen Gloriettegasse und Lainzer Straße, schmücken moderne und im Biedermeierstil erbaute Villen von Adolf Loos, Josef Hoffmann und Friedrich Ohmann.

SCHÖNBRUNN & UMGEBUNG

In puncto kaiserlicher Pracht muss sich Schloss Schönbrunn samt Gärten vielleicht nicht mal Versailles geschlagen geben. Dabei ist das Barockschloss trotz seiner eindrucksvollen Ausmaße nur eine verkleinerte Version des Palastes, der eigentlich geplant war.

Der Name des Schlosses stammt von dem „Schönen Brunnen", der hier um eine Quelle herum gebaut worden war. Kaiser Matthias (1557–1619) hatte sie während einer Jagd entdeckt. Kaiser Ferdinand II. ließ dann 1637 ein Lustschloss errichten, das aber bereits 1683 von den Türken wieder zerstört wurde. Bald darauf beauftragte Leopold I. den Architekten Johann Bernhard Fischer von Erlach mit dem Bau einer luxuriösen Sommerresidenz. Der Baumeister entwickelte ambitionierte Pläne, nach denen eine riesige Schlossanlage auf dem Hügel, wo heute die Gloriette steht, errichtet werden sollte und die Versailles deutlich in den Schatten gestellt hätte. Das überstieg jedoch die kaiserliche Finanzkraft und so wurde eine abgespeckte Version erbaut, die im Jahr 1700 fertiggestellt wurde.

Als Maria Theresia 1740 den Thron bestieg, bestimmte sie Schönbrunn zum Sitz ihrer Fa-

HIGHWAY TO HELL: DER GÜRTEL

Der die Vorstädte umgebende Gürtel mit seinen breiten Asphaltstraßen wurde ursprünglich 1704 als Festungswall errichtet, sollte jedoch nie seinen eigentlichen Zweck erfüllen. Stattdessen diente er als Zollgrenze, zudem fingen die gut Betuchten nun mit dem Bau von Palais in den inneren Vorstädten an, die vorher als zu unsicher galten. Im Gegensatz zur Ringstraße floss hier jedoch nie das richtig große Geld, und so machte der Gürtel in seiner Geschichte nicht wegen seiner ästhetischen Reize von sich reden, sondern eher wegen seiner Funktion als Vergnügungsviertel von sich reden. Trotz teilweise erfolgreicher Bürgerinitiativen zur Verschönerung der Gegend rund um den Westbahnhof bleibt der Gürtel auch weiterhin seinem Ruf als eher zwielichtige, triste Gegend treu.

TICKETS FÜRS SCHLOSS SCHÖNBRUNN

Wer in Schönbrunn mehrere Sehenswürdigkeiten besichtigen möchte, für den lohnt sich der Kauf eines der Kombitickets. Die Preise sind in der Sommer- (April–Okt.) und Wintersaison unterschiedlich. Am besten kauft man sein Ticket online (www.schoenbrunn.at); dazu muss man es einfach ausdrucken und dann am Eingang vorzeigen. (Infos zum Sisi Ticket gibt's auf S. 58).

Während der Sommersaison ist der Classic Pass (Erw./Kind & Jugendl. unter 19 Jahren/erm./Fam. 17,90/10,90/16/ 38,90 €) erhältlich; er umfasst eine Grand Tour im Schloss Schönbrunn, einen Besuch des Kronprinzengartens sowie des Irrgartens und Labyrinths, die Besichtigung der Gloriette samt Aussichtsterrasse und einen Besuch der Hofbackstube Schönbrunn (24 100 300; 8,90 €/Pers ; Mitte März–Okt. 10–17 Uhr, Vorführungen jede Std.), wo man bei der Zubereitung von Apfelstrudel zuschauen und das Ergebnis dann bei einer Tasse Kaffee genießen kann. Beim Classic Pass Light (13,90/9,50/13,50/33 €) ist die Apfelstrudel-Show nicht dabei. Die Hofbackstube Schönbrunn im Café Residenz kann auch separat besichtigt werden. Der Gold Pass (Erw./Kind & Jugendl. unter 19 Jahren/erm. 36/18/36 €) wiederum ist in der Sommersaison erhältlich und umfasst die Grand Tour, den Kronprinzengarten, den Tiergarten, das Palmenhaus, das Wüstenhaus, die Wagenburg, die Gloriette, Irrgarten & Labyrinth sowie die Hofbackstube Schönbrunn. Beim Winter Pass (Erw./Kind & Jugendl. unter 19 Jahren & erm. 25/12 €) gehören Grand Tour, Tiergarten, Palmenhaus, Wüstenhaus, Wagenburg, Gloriette sowie Irrgarten & Labyrinth zum Programm.

milie und ihres Hofes. Der junge Architekt Nicolas Pacassi wurde mit der Renovierung und Erweiterung des Schlosses beauftragt. Die Arbeiten wurden schließlich nach Maria Theresias Vorstellungen zwischen 1744 und 1749 durchgeführt. Der Innenbereich wurde im Rokokostil gestaltet und die Anlage auf 2000 Räume sowie um eine Kapelle und ein Theater erweitert. Erst unter Kaiser Joseph II. wurde die Fassade in dem berühmten Schönbrunnergelb gestrichen, das auch an vielen anderen Bauten aus dieser Zeit in ganz Österreich zu sehen ist.

Die Habsburger blieben nicht die einzigen berühmten Bewohner des Schlosses, so verlebte Napoleon hier zwei Kurzaufenthalte, und zwar in den Jahren 1805 und 1809. Karl I., der letzte österreichische Kaiser, begründete schließlich das Ende der Habsburger Wohnsitzes, als er 1918 im Blauen Chinesischen Salon von seinen Ämtern zurücktrat. Danach ging Schönbrunn in den Besitz der neuen Republik über. Im Zweiten Weltkrieg wurde die Anlage bei Bombenangriffen beschädigt, die Aufbauarbeiten waren 1955 abgeschlossen.

SCHLOSS SCHÖNBRUNN Karte S. 126 f.

811 13-0; www.schoenbrunn.at; 13., Schloss Schönbrunn; Imperial Tour mit Audioguide Erw./ Kind & Jugendl. unter 19 Jahren/erm. 9,50/6,50/ 8,50 €, Grand Tour mit Audioguide 12,90/8,90/ 11,40 €, Grand Tour mit Führung 14,40/9,90/ 12,90 €; Juli–Aug. 8.30–18 Uhr, April–Juni & Sept.–Okt. 8.30–17, Nov.–März 8.30–16.30 Uhr; U4 Schönbrunn, U4 Hietzing 10, 58 10A

Während das Schloss Belvedere (s. S. 108) vor allem eine erstklassige Kunstsammlung und prachtvolle Säle zu bieten hat, liegt der Fokus bei einer Führung durch das Schloss Schönbrunn auf dem Bau selbst, insbesondere auf seinen Habsburger Bewohnern. Besucher bekommen elegante Räume zu sehen und erhalten Einblicke in die Gewohnheiten und Marotten von Österreichs bekanntester Familie.

Von den 1441 Räumen, die das Schloss beherbergt, können 40 besichtigt werden. Die Imperial Tour umfasst 26 davon, wer die Grand Tour gebucht hat, zeigt im letzten Raum sein Ticket vor und darf dann auch die restlichen Gemächer bestaunen. Die Große Galerie, Teil beider Führungen, wird übrigens bis Ende 2012 renoviert. Trotz der recht hohen Preise lohnen sich beide Führungen, schließlich geben sie interessante Einblicke in das opulente Leben während des Barocks und des 19. Jhs. Das Schloss ist gerade im Sommer ein sehr beliebtes Touristenziel, deswegen wird auf die Tickets die Zeit gedruckt, zu der man loslegen darf. Oft muss man etwas warten, am besten kauft man seine Eintrittskarte also gleich bei der Ankunft und vertrödelt sich die Zeit dann bei einem Spaziergang durch den Park.

SCHÖNBRUNNER SCHLOSSPARK
Karte S. 126 f.

13., Schloss Schönbrunn; Eintritt frei; April–Okt. 6 Uhr–Sonnenuntergang, Nov.–März 6.30 Uhr–Sonnenuntergang; U4 Schönbrunn, U4 Hietzing 10, 58 10A

Der wunderschöne, akkurat gepflegte Schlossgarten ist im französischen Stil

SÜDWESTEN & GÜRTEL

PRAKTISCHES
Botschaft der Tschechischen Republik...1 B6

SEHENSWERTES (S. 124)
Gloriette	2	B7
Hietzinger Tor (Schloss Schönbrunn)	3	A6
Hietzinger Friedhof	4	A8
Hofbackstube Schönbrunn	5	B6
Hofpavillon Hietzing	6	B6
Irrgarten & Labyrinth	7	B7
Kindermuseum	8	B6
Kronprinzengarten	9	C6
Neptunbrunnen	10	B7
Palmenhaus	11	A7
Römische Ruinen	12	B7
Schloss Schönbrunn	13	B6
Schöner Brunnen	14	B7
Technisches Museum	15	C6
Tiergarten	16	B7
Wagenburg	17	B6
Wüstenhaus	18	A6

SHOPPEN (S. 145)
Brunnenmarkt	(siehe 26)	
Gold n' Guitars	19	A6
Schönbrunner Christkindlmarkt	20	B6
Staud's	21	D3
Yppenmarkt/Yppenplatz	22	D3

ESSEN (S. 157)
An-Do	(siehe 22)	
Billa-Supermarkt	23	C3
Billa-Supermarkt	24	C6
Billa-Supermarkt	25	B6
Brunnenmarkt	26	D3
Kent	27	D3
Meidlinger Markt	28	D7
Noi	(siehe 22)	
Quell	29	D6
Saigon	30	D3

AUSGEHEN & NACHTLEBEN	(S. 181)
10er Marie	31 B3
Bach	32 C3
Buschenschank Stippert	33 B3
Café Gloriette	(siehe 2)
Losch	34 D6
Metropo	35 D2
Reigen	36 B6
Stadthalle	37 D4
U4	38 C7
Yppenplatz	(siehe 22)

MUSIK, THEATER & KINO	(S. 203)
Breitenseer Lichtspiele	39 B4
Marionettentheater	40 B6
Orange.ie	41 C6
Schlosstheater Schönbrunn	(siehe 13)

SCHLAFEN	(S. 219)
Altwienerhof	42 D6
Boutiquehotel Stadthalle	43 D5
Do Step Inn	44 D5
Womtat's	45 D5
Womtat's	46 D5

TRANSPORT	(S. 243)
Westbahnhof – Flughafenbus	47 D5

top picks

KOST' NIX: SÜDWESTEN & GÜRTEL

- Hietzinger Friedhof (S. 129)
- Hofpavillon Hietzing (S. 129)
- Schönbrunner Schlossgarten (S. 125)
- U6 – den Gürtel entlang (S. 129)

gestaltet. Im Sommer erstrahlt er in allen möglichen Farben, im Winter dominieren Grau- und Brauntöne, wobei beides auf seine Art schön ist. Die Parkanlage wurde 1779 von Joseph II. für die Öffentlichkeit zugänglich gemacht. Zwischen den raster- und sternförmigen Alleen, die von 1750 bis 1755 angelegt wurden, versteckt sich allerlei Sehenswertes. Zwischen 1772 und 1780 gab Ferdinand Hetzendorf dem Park nach Anweisungen von Joseph II. seinen letzten Schliff; hinzu kamen so 1778 die nachgebauten Römischen Ruinen, eine typische Anwandlung der beginnenden Romantik, 1781 der Neptunbrunnen, ein wildes Ensemble von Figuren aus der griechischen Mythologie, und als Höhepunkt 1775 die Gloriette (Zugang zur Dachterrasse Erw./Kind/Student 2/1,40/1,70 €; Juli & Aug. 9–19, April–Juni & Sept. 9–18, Okt. 9–17 Uhr). Der Blick von der Gloriette in Richtung Schloss auf das am Horizont leuchtende Wien gehört zu den eindrucksvollsten Ausblicken der Stadt. Man kann auch auf die Dachterrasse steigen, dort ist der Ausblick allerdings nur geringfügig besser.

Der Schöne Brunnen, nach dem das Schloss benannt wurde, plätschert heute aus dem Steinkrug einer Nymphe in der Nähe der römischen Ruinen. Die 630 m langen Wege des parkeigenen Irrgartens (Erw./Kind/Student 2,90/1,70/2,40 €; Juli & Aug. 9–19, April–Juni & Sept. 9–18, Okt. 9–17 Uhr) wurden im klassischen Stil angelegt und sind dem Originalirrgarten nachempfunden, der sich hier von 1720 bis 1892 erstreckte. Direkt daneben liegt das Labyrinth, ein Spielplatz mit Spielen, Klettervorrichtungen und einem gigantischen Spiegelteleskop.

Östlich vom Schloss erstreckt sich der Kronprinzengarten (Erw./Kind/Student 2/1,40/1,70 €; Juli & Aug. 9–18, April–Juni, Sept. & Okt. 9–17 Uhr). Er wurde nach dem Vorbild des Barockgartens angelegt, der sich Ende des 18. Jhs. hier befand, und nach Kronprinz Rudolf benannt, dessen Appartements im Erdgeschoss lagen.

KINDERMUSEUM Karte S. 126 f.

☎ 811 13 239; www.schoenbrunn.at/kinder; 13., Schloss Schönbrunn; Erw./Kind & Jugendl. unter 19 Jahren/erm./Fam. 6,50/4,90/5/17 €; Sa, So & Schulferien 10–17 Uhr; U4 Schönbrunn, U4 Hietzing 10, 58 10A

Schönbrunns Kindermuseum befasst sich standesgemäß mit dem Thema Kaisertum. Anhand von Exponaten und verschiedenen Aktivitäten entdecken die jungen Besucher den Alltag am Habsburger Hof. Danach können sie sich als Prinzen und Prinzessinnen verkleiden und die Dienstboten (also ihre Eltern) herumkommandieren. Außerdem gibt es Spielzeuge und naturwissenschaftliche und archäologische Ausstellungsstücke, die die Kids mühelos bei Laune halten. Führungen (Erw./Kind/Fam. 6,50/4,90/17 €) finden um 10.30, 13.30 und 15 Uhr statt.

WAGENBURG Karte S. 126 f.

☎ 525 24-0; 13., Schloss Schönbrunn; Erw./Kind & Jugendl. unter 19 Jahren/erm. 6/frei/4 €; April–Okt. 9–18, Nov.–März 10–16 Uhr; U4 Schönbrunn 10A

Die Wagenburg zeigt kaiserliche Prachtschlitten. Ausgestellt sind zahlreiche Kutschen, darunter Kaiser Franz Stephans Krönungskutsche mit Blattgoldverzierungen, Fenstern aus venezianischem Glas und gemalten Cherubim; insgesamt wiegt sie eindrucksvolle 4000 kg. Bemerkenswert ist außerdem die niedliche Kinderkutsche, die für Napoleons Sohn gebaut wurde – mit „Kotflügeln" in Form von Adlerschwingen und Bienenmotiven.

PALMENHAUS Karte S. 126 f.

☎ 877 50 87406; 13., Maxingstraße 13b; Erw./Student, Kind & Jugendl. unter 18 Jahren 4/3 €; Mai–Sept. 9.30–18, Okt.–April 9.30–17 Uhr; U4 Hietzing 10, 58, 60

Das Palmenhaus wurde 1882 von Franz Segenschmid als Nachbau des Palmenhauses in den Londoner Kew Gardens errichtet. Innen wächst ein beachtlicher Dschungel aus tropischen Pflanzen aus aller Welt. Das Kombiticket für Palmenhaus und Wüstenhaus (S. 129) kostet 6 € pro Person.

TIERGARTEN Karte S. 126 f.

☎ 877 92 94; www.zoovienna.at; 13., Maxingstraße 13b; Erw./Senior & Kind 14/6 €; April–Sept. 9–18.30, März & Okt. 9–17.30, Feb. 9–17, Nov.–Jan. 9–16.30 Uhr; U4 Hietzing 10, 58, 60

Der Tiergarten Schönbrunn wurde 1752 als Menagerie von Franz Stephan begründet und ist der älteste Zoo der Welt. Hier leben etwa 750 Tiere aller Größen und Arten, seit 2003 übrigens auch Riesenpandas. Seit einiger Zeit gibt es auch einen Heimtierpark, in dem die artgerechte Haltung von Kaninchen, Meerschweinchen, Wellensittich & Co. vorgestellt wird.

Glücklicherweise wurden die meisten der früher viel zu engen Käfige mittlerweile umgebaut und erweitert. Der Grundriss des Zoos erinnert an das Rad eines Fahrrads: Die Wege bilden die Speichen, im Mittelpunkt steht ein achteckiger Pavillon. Er stammt aus dem Jahr 1759 und diente als kaiserliches Frühstückszimmer. Die Fütterungszeiten verteilen sich über den ganzen Tag, wer wann dran ist, wird ausgehängt.

WÜSTENHAUS Karte S. 126 f.
☎ 877 92 94 390; 13., Maxingstraße 13b; Erw./Kind & Student & Senior 4/2,50 €; ⊗ Mai–Sept. 9–18, Okt.–April 9–17 Uhr; Ⓤ U4 Hietzing 🚋 10, 58, 60

Das kleine Wüstenhaus in der Nähe des Palmenhauses wurde im ehemaligen und lange ungenutzten Sonnenuhrhaus eingerichtet und beherbergt nachgebaute Wüstenlandschaften. Es gibt vier Bereiche, Nordafrika und Naher Osten, Afrika, Nord- und Südamerika sowie Madagaskar. Zu sehen sind seltene Kakteen und Wüstentiere wie der ostafrikanische Nacktmull. Das Kombiticket für Palmenhaus (S. 128) und Wüstenhaus kostet 6 € pro Person.

TECHNISCHES MUSEUM Karte S. 126 f.
☎ 899 98-0; www.technischesmuseum.at; 14., Mariahilfer Straße 212; Erw./Kind & Jugendl. unter 19 Jahren/erm. 8,50/frei/7 €; ⊗ Mo–Fr 9–18, Sa & So 10–18 Uhr; 🚋 52, 58

Das Technische Museum gibt es seit 1918. Heute präsentiert es sich als moderne Ausstellungsfläche mit dem Schwerpunkt auf den Fortschritten in Wissenschaft und Technologie. Es gibt zahlreiche Gerätschaften, mit denen Besucher Experimente machen und Phänomene nachstellen können, am interessantesten sind jedoch die Ausstellungsstücke aus vergangenen Zeiten. Dazu gehören z. B. ein Mercedes Silberpfeil von 1950, ein Ford T-Modell aus dem Jahr 1923 sowie Hochräder. Zudem gibt es eine Instrumentensammlung, die jedoch klein ist und sich hauptsächlich auf Keyboards kon-

top picks
SÜDWESTEN & GÜRTEL MIT KINDERN
- Kindermuseum (S. 128)
- Technisches Museum (linke Spalte)
- Tiergarten (S. 128)

zentriert, deswegen sind Musikinteressierte mit den Museen der Neuen Burg (S. 76) besser bedient. Neben der Dauerausstellung gibt es zusätzlich Sonderausstellungen. Insgesamt gesehen lohnt sich der Besuch, und zwar nicht nur für Technikfreaks. Im Minibereich gibt's jede Menge Spielzeuge und Aktivitäten für kleine Besucher, speziell für Kinder zwischen zwei und sechs Jahren.

HOFPAVILLON HIETZING Karte S. 126 f.
13., Schönbrunner Straße; Ⓤ U4 Hietzing 🚋 10, 58, 60

Der Hofpavillon in Hietzing wurde zwischen 1898 und 1899 von Otto Wagner als Teil des öffentlichen Verkehrssystems errichtet. Ursprünglich war er als Privatbahnhof des kaiserlichen Hofes vorgesehen. Das kunstvolle, holzgetäfelte Innere ist dementsprechend elegant und wurde von Wagner in Zusammenarbeit mit Josef Olbrich entworfen. Die weiße, mit Schmiedearbeiten verzierte Fassade ist kaum zu übersehen. Das Gebäude befindet sich unmittelbar östlich der Haltestelle Hietzing der U4, ist allerdings in recht baufälligem Zustand und deswegen wegen Renovierungsarbeiten geschlossen.

HIETZINGER FRIEDHOF Karte S. 126 f.
☎ 877 31 07; 13., Maxingstraße 15; Eintritt frei; ⊗ Mai–Aug. 7–20, April & Sept. 7–19, März & Okt. 7–18, Nov.–Feb. 8–17 Uhr; 🚋 10, 60 🚌 56B, 58B, 156B

Anhänger der Wiener Secession werden den Weg zum Hietzinger Friedhof gerne auf sich nehmen, um einigen der bedeutendsten Mitglieder der Künstlergruppe ihren Tribut zu zollen. So liegen hier beispielsweise Klimt, Moser und Wagner begraben. Auch der austrofaschistische Politiker Engelbert Dollfuß, der 1934 ermordet wurde, sowie der Komponist Alban Berg fanden hier ihre letzte Ruhe.

UNTER DER GÜRTELLINIE & DEN GÜRTEL ENTLANG

Stadtspaziergang

1 Schönbrunner Schlosspark
Dieser Teil der Stadt wurde im 14. Jh. Katterburg genannt. Damals gab es hier noch eine Mühle und Weinberge, später wurde das Gebiet zum Jagdrevier von Maximilian II. Ab 1695 legte dann der Franzose Jean Trehet das Vorgängermodell des heutigen Schönbrunner Schlossparks (S. 125) an, der erst später im Barockstil umgestaltet wurde.

2 Palmenhaus
Die Habsburger hatten sehr viele Interessen, so liebten sie beispielsweise neben dem Jagen auch das Sammeln – was praktisch war, da sie ziemlich weit rumkamen. Zu den bevorzugten Objekten gehörten neben Ländern auch Pflanzen aus der ganzen Welt. Unter Kaiser Franz Joseph I. wurde im späten 19. Jh. die kaiserliche Sammlung im Palmenhaus (S. 128) zusammengetragen.

3 Gloriette
Bei einem Streifzug durch die idyllische Natur rund um den Tiergarten (S. 128) wird einem die frühere Funktion der Palastgärten als Jagdgebiet vor Augen geführt. Von der Gloriette (S. 128) aus konnten die früheren Herrscher dann bestens auf die barocke Pracht im Vordergrund und den Pöbel in den Vorstädten dahinter blicken. Auch heute noch ist der Ausblick traumhaft.

4 Neptunbrunnen
Der monumentale Neptunbrunnen liegt an der Hauptachse des Schlossparks. Er stellt eine Felsgrotte dar, die Figuren der griechischen Mythologie schmücken. Neptun im Zentrum wird von Meeresnymphen, Meerespferden und anderen mythologischen Elementen umringt.

5 Technisches Museum
Das Technische Museum (S. 129) ist in einem restaurierten neoklassizistisch-revivalistischen Bau von 1913 untergebracht. Das Gebäude selbst ist das beste Symbol für die Technologie, die es beherbergt, denn es war zu seiner Zeit mit der allerneuesten Stromversorgung ausgestattet. Das Glasdach im Inneren schafft einen angenehmen Kontrast zu dem ganzen Monumentalismus.

ROUTENINFOS
Start Schloss Schönbrunn – Haupteingang
Ziel Yppenmarkt/Yppenplatz
Transportmittel 52, 58 (Winckelmannstraße zum Westbahnhof), U6 (zw. Westbahnhof & Josefstädter Straße)
Strecke 8 km
Dauer 3 Std.
Anspruch Mittel
Snack unterwegs Kent (S. 179)

UNTER DER GÜRTELLINIE & DEN GÜRTEL ENTLANG

6 BahnhofCity Wien West & Westbahnhof
Wiens wichtiger Verkehrsknotenpunkt wird gerade unter Erhalt des ursprünglichen 1950er-Baus umgebaut. Zur Anlage gehören eine gläserne Vorhalle, ein Hotel und natürlich alle möglichen Geschäfte. Die Österreichischen Bundesbahnen (ÖBB) haben ausgegeben, dass der Bahnhof zukünftig ein Ort zum Reisen, Arbeiten und Einkaufen sein soll. Die Zuhälter aus dem Rotlichtviertel werden zum Glück nicht in das Projekt integriert, könnten aber vielleicht zu Infopersonal umgeschult werden …

7 Der Gürtel
Der westliche Gürtel gilt schon lange als der Problembezirk der Stadt, so prägen hier Zuhälter, Prostituierte, Menschenhändler, Drogenhändler und ein hässlicher Bahnhof das Bild. Es bleibt zu hoffen, dass der neue BahnhofCity Wien das Image etwas verbessern wird.

8 Stadtbahnbögen in der Josefstädter Straße
Nachdem das Stadtbahnnetz aufgebaut worden war, errichtete Otto Wagner Anfang des 20. Jhs. die hübschen Haltestellen im Jugendstil. Heute findet man im Bereich bei der Unterführung rund um die Stadtbahnbögen in der Josefstädter Straße jede Menge Kneipen, eine der beliebtesten ist das Rhiz (s. S. 192).

9 Yppenmarkt/Yppenplatz
Mit dem Brunnenmarkt (S. 179) und Lokalen wie dem Staud's (S. 156), dem Noi (S. 178) und dem An-Do (S. 178) ist die bunte und geschäftige Gegend rund um den Yppenplatz ein echtes Muss für Feinschmecker. Das Motto: Erkunden und genießen!

GROSSRAUM WIEN

Ausgehen & Nachtleben S. 195; Essen S. 178; Schlafen S. 229

Der Großraum Wien umfasst einen langen Streifen von Vorstädten, die die Stadt im Süden, Westen und Norden umgeben. Elf Bezirke liegen außerhalb des Gürtels, der Trennungslinie zwischen den inneren Vorstädten und den äußeren Vororten, von denen alle ein eigenes Flair haben. Während nahe des Gürtels gelegene Bezirke noch ein urbanes, innerstädtisches Stadtbild zeigen, wird es weiter draußen zunehmend dörflich. (Zur besseren Übersichtlichkeit sind nahe dem Gürtel gelegene Bezirke im Westen im Kapitel „Südwesten & Gürtel" zu finden; s. S. 124.)

In Favoriten und Simmering, zwei der drei Bezirke am südlichen Stadtrand, gibt es ein paar größere Parks und den atmosphärischen Wiener Zentralfriedhof. Das weitläufige Liesing liegt in der südwestlichen Ecke Wiens. Im Stadtteil Mauer gibt es eine Reihe von Heurigen, und der Wienerwald (s. S. 141) sowie der Lainzer Tiergarten sind nicht weit von dem Bezirk entfernt. Weiter nördlich erstrecken sich Penzing, Ottakring und Hernals vom Gürtel bis zum Wienerwald. Die Bezirke sind sich ziemlich ähnlich mit ihren weitläufigen, bis an den Wienerwald heranreichenden Wohngebieten und von verschiedenen Einwanderern (u. a. Türken, Serben, Kroaten und Afrikanern) geprägten, dicht besiedelten Vierteln in der Nähe des Gürtels.

Nördlich von Hernals liegen Währing und Döbling, zwei der wohlhabenderen Bezirke Wiens. Die äußeren Gebiete von Döbling sind durch Weinberge und Heurige geprägt. Manche der Weinlokale sind sehr touristisch, andere wiederum traditionell und urgemütlich. Obwohl Klosterneuburg bereits außerhalb der Stadtgrenzen liegt, findet es seinen Platz in diesem Kapitel – schließlich ist der Ort nah genug für einen entspannten Nachmittagsausflug.

Floridsdorf, Wiens nördlichster Stadtteil, ist ein typischer Arbeiterbezirk mit wenigen Sehenswürdigkeiten, doch immerhin werden hier 30 % des Wiener Weins hergestellt. Am interessantesten sind die Viertel Strebersdorf und Stammersdorf, die für ihre traditionellen Heurigen (S. 183) bekannt sind. Unmittelbar außerhalb der Stadtgrenzen, aber von Floridsdorf mit öffentlichen Verkehrsmitteln gut zu erreichen, liegt der Bisamberg, ein runder Hügel, der aus der Ebene ragt. Er ist mit Weinbergen bedeckt und von Wander- und Radwegen durchzogen – also perfekt für einen netten Tagesausflug für Wein- und Naturliebhaber.

SÜDLICHES WIEN

Neben dem im Jugendstil erbauten Amalienbad (s. S. 216) am bunten, geschäftigen Reumannplatz ist der Zentralfriedhof die Hauptattraktion der südlichen Bezirke.

ZENTRALFRIEDHOF Karte S. 53

☎ 760 41-0; 11., Simmeringer Hauptstraße 232-244; Eintritt frei; ☼ Infozentrum Mo–Sa 8–15, Friedhof Mai–Aug. 7–20, April & Sept. 7–19, März & Okt. 7–18, Nov.–Feb. 8–17 Uhr; 🚊 6, 71
Der Friedhof hat drei Eingangstore. Tor I liegt gegenüber vom Schloss Concordia (S. 179) und führt zu den alten jüdischen Gräbern. Über Tor II, den Haupteingang, gelangt man zu den Ehrengräbern und zur Dr.-Karl-Lueger-Gedächtniskirche. Tor III liegt schließlich in der Nähe der protestantischen und neuen jüdischen Gräber. Das Informationszentrum und eine Karte des Friedhofs sind an Tor II zu finden.

Die Ehrengräber befinden sich direkt hinter Tor II. Neben berühmten Komponisten liegen hier u. a. Hans Makart, die Architekten Theophil Hansen und Adolf Loos sowie etwas weiter hinten links der Popstar Falco (Hans Hölzel) begraben.

Hinter der Dr.-Karl-Lueger-Gedächtniskirche, ganz am Ende des Friedhofs, erinnern Gedenktafeln an die Opfer der beiden Weltkriege. Über das ganze Friedhofsgelände verteilt finden sich weitere Mahnmale zu verschiedenen historischen Ereignissen.

BÖHMISCHER PRATER Karte S. 53

10., Laaer Wald; 🚌 68A
Der Böhmische Prater, eine winzige, veraltete Version des Wurstelpraters (S. 116), ist nur eine kurze Fahrt vom Reumannplatz entfernt. Die Karussells und Hau-den-Lukas-Geräte erinnern an längst vergangene Zeiten und zeigen, wie man sich vor dem Zeitalter der Computerspiele so vergnügt hat.

WASSERTURM FAVORITEN Karte S. 53

☎ 599 59 31006; 10., Windtenstraße 3; 🚊 1
Der hoch aufragende Turm wurde 1889 erbaut und ist alles, was von dem Pump-

(Fortsetzung auf S. 141)

WIEN ENTDECKEN –
ZU FUSS, MIT RAD & TRAM

Wien bezaubert seine Besucher mit prachtvoller Architektur, wundervollen Grünflächen, romantischen Gassen und glitzernden Flüssen und Kanälen. Eine Entdeckungsreise wird zum Fest für alle Sinne. Für jedes Alter und jeden Geschmack ist das Passende dabei: Man kann sich zurücklehnen und entspannt mit den öffentlichen Verkehrsmitteln durch die Stadt kurven, in der Inneren Stadt durch Straßen und Gassen schlendern oder bei einer Radtour oder einem Spaziergang in den Vorstädten ein gutes Gewissen für die nächste kulinarische Leckerei schaffen. Mit der Straßenbahn gondelt man auf dem Ring einmal ums Stadtzentrum herum, fährt an majestätischen Wahrzeichen vorbei und entdeckt praktisch an jeder Haltestelle neue eindrucksvolle Bauten – von den weißen Spitzen der Votivkirche bis zum imposanten Burgtor und der Schar der wartenden Fiaker. Ein kurzer Weg zu den Hügeln am Stadtrand, und schon befindet man sich, noch innerhalb der Stadtgrenzen, inmitten von Weinbergen. Hier versüßen einem Heurigen, Beethoven-Erinnerungen und die weite Aussicht das Wandern. Die sagenhafte Donau verbirgt sich im Osten, kommt aber in den Blick, wenn man über die Brücken radelt, die Insel zwischen dem Strom und dem Kanal erkundet und die Müllverbrennungsanlage bestaunt, die – man glaubt es kaum – ein wahres Kunstwerk ist. Und wer Carol Reeds Filmklassiker *Der dritte Mann* mag, wird es lieben, Graham Greenes Inspirationen nachzuspüren und die Originalschauplätze nun live und in Farbe zu sehen.

Straßenbahnen am Schwarzenbergplatz

MIT DER TRAM AUF DEM RING

Ein einmaliges Erlebnis in Wien ist die Fahrt mit der Tram auf der Ringstraße vorbei an vielen prachtvollen Bauten. Tipp: Wen es nicht stört, einmal umzusteigen, der kann die herkömmliche Straßenbahn nehmen und gegenüber der touristischen Vienna Ring Tram einiges sparen: An der Staatsoper (Nr. 8) hüpft man von der Straßenbahnlinie 1 in die 2 – man wird ohnehin aussteigen, um ein paar Fotos zu schießen!

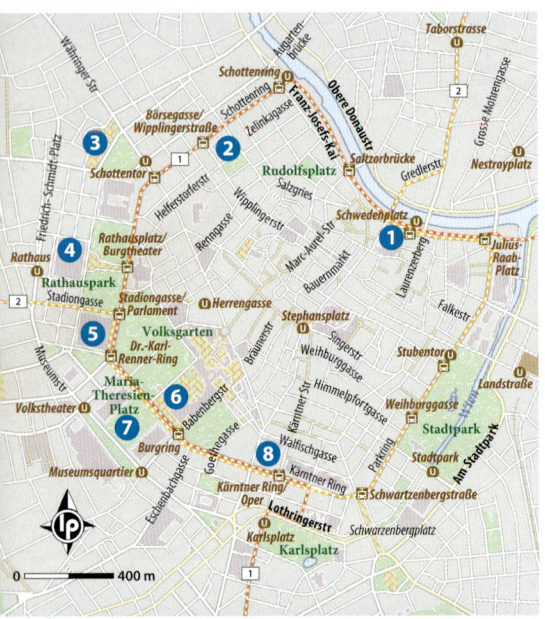

❶ Denkmal für die Opfer des Faschismus
Vor dem düsteren Skulpturenblock mit Davidstern und Rotem Dreieck, der den Standort der ehemaligen Gestapo-Zentrale (S. 83) markiert, sollte man innehalten, bevor man die Rotenturmstraße überquert, um in die Straßenbahnlinie 1 Richtung Stefan-Fadinger-Platz einzusteigen.

❷ Wiener Börse (Alte Börse)
Zur Linken kommt die Wiener Börse in den Blick, ein schönes, rotes Backsteingebäude mit weißen Verzierungen, das von dem renommierten Ringstraßen-Architekten Theophil von Hansen entworfen wurde.

❸ Votivkirche
An der Haltestelle Schottentor erblickt man zur Rechten die beiden himmelhoch aufragenden Spitztürme der Votivkirche. Das wundervolle neugotische Gebäude (S. 106) ist der Kathedrale von Chartres nachempfunden.

❹ Rathaus & Rathausplatz
Erblickt man zur Rechten die Türme eines faszinierenden, flämisch wirkenden neugotischen Gebäudes, hat man den Rathausplatz mit seinem namensgebenden Bauwerk erreicht (S. 78). Hier finden alljährlich der Life Ball, Weihnachtsmärkte, das Film Festival und der Wiener Eistraum statt.

❺ Parlament & Pallas-Athene-Brunnen
Die neoklassizistische Fassade des Nationalparlaments (S. 78) mit den majestätischen griechischen Säulen kommt rechts in den Blick, davor steht der Pallas-Athene-Brunnen. Die vier Figuren zu Füßen der Göttin symbolisieren die Donau, den Inn, die Elbe und die Moldau als die vier wichtigsten Flüsse des Habsburgerreiches.

❻ Äußeres Burgtor
Das majestätische Burgtor (S. 68), als Denkmal für den Sieg in der Völkerschlacht bei Leipzig 1813 errichtet, taucht zur Linken auf. Durch das neuromanische Tor gelangt man zur Hofburg.

❼ Maria-Theresien-Platz
Direkt gegenüber dem Burgtor dominiert die Statue der Kaiserin Maria Theresia den Platz. Sie war die einzige Frau auf dem Habsburger Thron. Die Papiere in ihrer linken Hand symbolisieren die Pragmatische Sanktion von 1713, dank derer sie den Thron besteigen konnte (S. 68).

❽ Staatsoper
Heute wird das prachtvolle Neorenaissancegebäude der Staatsoper (S. 207) allseits geschätzt. Bei seiner Fertigstellung nannten es die Wiener „das Königgrätz der Architektur" – in Anspielung auf die Schlacht von 1866, bei der Österreich von Preußen katastrophal geschlagen worden war.

MUSIK, WEIN & DIE DONAU

Von der Spitze des Kahlenbergs bis zum kopfsteingepflasterten Nussdorf führt der Weg auf dieser leichten Wanderung an Weinbergen und Beethoven-Gedenkstätten vorbei. Unterwegs schweift der Blick weit über die Donau und Wien. Nach getaner „Arbeit" kann man sich schließlich in gastfreundlichen Heurigen laben. Na dann, Prost!

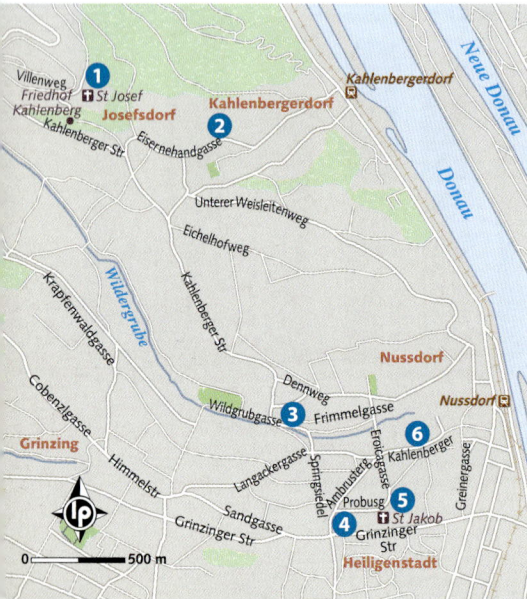

❶ Kahlenberg
Mit dem Bus 38A gelangt man zum Kahlenberg, auf dem man einen weiten Blick auf die Donau, auf Wien und die ausgedehnten Weinberge hat. Beim Abstieg über die gewundene Kahlenberger Straße kommt man an dem unter Bäumen versteckten kleinen Friedhof Kahlenberg vorbei. An der Kreuzung sollte man die wunderbare Aussicht bewundern, ehe man links in die Eisernenhandgasse abbiegt.

❷ Heuriger Hirt
Etwas weiter den Hügel hinunter gelangt man zu dem abgeschiedenen Heurigen (S. 194), in dem man seine Eindrücke verarbeiten, etwas essen und sich ein Glas Wiener Wein genehmigen kann. Um zur Kahlenberger Straße zurückzukommen, geht's steil bergauf zum Unteren Weisleitenweg, einem unbefestigten Weg, der nach links durch die Weinberge führt.

❸ Beethoven-Denkmal
Der Kahlenberger Straße folgen, bis die ersten Häuser auftauchen und die Straße eine scharfe Rechtskurve macht. Unmittelbar hinter der

Frimmelgasse links halten, um zur Beethovens Ruhe zu gelangen, einer Büste des Komponisten von 1863. Beethoven pflegte in dieser Gegend Erholungsspaziergänge zu unternehmen, deswegen das Denkmal. Nun geht es über den Schreiberbach, den kleinen Bach gleich südlich vom Denkmal, und dann südwärts auf der Springsiedelgasse weiter.

❹ Beethoven-Wohnung Heiligenstadt

Nun geht es nach links in die Rudolf-Kassner-Gasse und dann rechts in die Armbrustergasse. Von ihr geht links die Probusgasse ab, eine idyllische Straße mit hübschen Wohnhäusern, zu denen auch jenes gehört, in dem der Komponist seine 2. Sinfonie schrieb (S. 142).

❺ Heuriger Mayer am Pfarrplatz

An dem kleinen Platz am Ende der Straße hat in einem Biedermeierhaus, in dem einst Beethoven wohnte, der authentische, friedliche Heurigen (S. 195) sein Zuhause. Am Platz steht auch die Kirche St. Jakob (geöffnet 13.30–16.30 Uhr), eine der ältesten Kirchen außerhalb der Innenstadt. Sie wurde im 17. Jh. auf romanischen Grundmauern wiedererrichtet.

❻ Nussdorf

Vom Pfarrplatz geht es über die Eroicagasse nordwärts zur Kahlenberger Straße und nach Nussdorf hinein, wo zahlreiche weitere Heurige zu finden sind. Einen Besuch lohnt der Heurige der Familie Kierlinger (Kahlenberger Straße 20; 15.30–24 Uhr), deren Riesling und Weißburgunder ständig Auszeichnungen einheimsen.

RADTOUR DURCH PARKS & AUEN

Auf dieser Radtour geht's durch die beliebtesten Parks der Stadt und zu ihren Flüssen und Kanälen. Die Tour hat keine großen Steigungen, folgt überwiegend gut markierten Radwegen und ist daher praktisch für alle gut zu meistern.

❶ Schwedenplatz
Vom großen Verkehrsknotenpunkt Schwedenplatz geht es nordwärts am Westufer des Donaukanals entlang – und zwar nicht auf der Straße, sondern auf dem Rad- und Wanderweg direkt am Kanal. Hinter dem lebendigen, offenen Freizeitgelände der Summer Stage (S. 174) nahe der Rossauer Brücke die Fahrradrampe zur Linken nehmen und den Kanal überqueren!

❷ Fernwärme
Weiter führt der Weg zur Fernwärme, der ungewöhnlichsten Müllverbrennungsanlage (S. 105), die eine Stadt besitzt. In der 1991 errichteten Anlage wird Müll verbrannt, um Wasser zu erhitzen.

❸ Donauinsel
Der Ausschilderung zur Donauinsel (S. 121) folgen: Auf der Gürtelbrücke überquert man den Kanal, folgt der Leipzigerstraße bis zur Universumstraße und biegt dort links ab. An der Winarskystraße rechts einbiegen und dem Weg zur Nordbahnbrücke folgen, die die Donau und die Neue Donau überspannt.

❹ Strandgasthaus Birner
Am östlichen Ende der Nordbahnbrücke führt der Weg zur Arbeiterstrandbadstraße hinunter. Man wendet sich nach links in den Birnersteig, überquert die Fußgängerbrücke und legt eine Pause in dem kleinen Lokal (S. 178) mit Blick auf die Alte Donau ein.

❺ Donauturm
Anschließend geht es zurück und links in die Arbeiterstrandbadstraße bis zum Donaupark. Erst dem zweiten Hinweisschild zum Donauturm folgen, mit 252 m Wiens höchstem Gebäude (S. 122). Die Antenne auf der Betonnadel senden Handy- und Radiosignale.

❻ UNO-City
Man fährt auf dem Weg zwischen den Wolkenkratzern (S. 122) hindurch. Die kolossalen, geschwungenen Gebäude aus den 1970er-Jahren sind der Sitz der drittgrößten UNO-Verwaltung. An der Reichsbrücke rechts abbiegen und die hohe Brücke über die Neue Donau zur Donauinsel überqueren. Auf der Insel selbst kann man jeden Weg nach links nehmen, der einem zusagt.

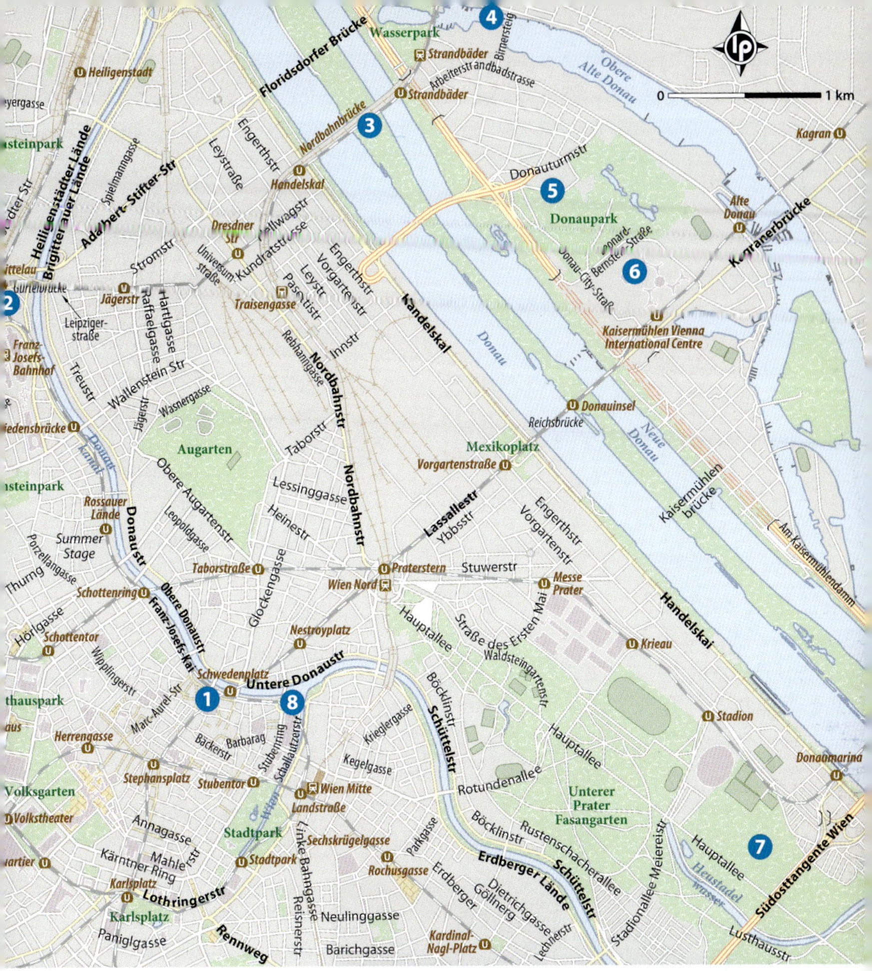

❼ Prater

Weiter geht's bis zur Praterbrücke. Hier überquert man erneut die Donau und folgt dann der Ausschilderung zum Prater (S. 116), Wiens beliebtester Erholungsfläche mit dem Riesenrad (S. 117) und dem Vergnügungspark Wurstelprater. Auf der Hauptallee des Parks geht es dann weiter bis zur Endstation der Straßenbahnlinie 1.

❽ Urania

Nun geht es links in die Rotunden-Allee, auf der Rotundenbrücke über den Kanal und dann rechts, bis man die Bar Urania (S. 184) am Kanal erreicht. Hier kann man bei Kaffee oder einem Bier die Erlebnisse der Fahrt Revue passieren lassen.

RICHARD NEBESKY

DER DRITTE MANN

Das Katz-und-Maus-Spiel zwischen Harry Lime und Holly Martins führte durch das mit Schutt übersäte Wien der Nachkriegszeit. Der düster-stimmungsvolle Film zeigt manche der berühmtesten Wahrzeichen der Stadt, darunter natürlich auch das Riesenrad. Es lohnt sich, den Schauplätzen des Filmklassikers nachzuspüren.

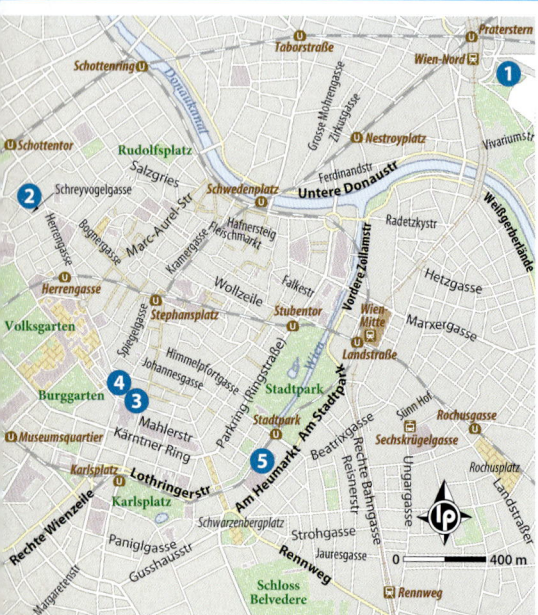

❶ Riesenrad
Auf dem Riesenrad (S. 117) verriet Lime seinem früheren Freund, was er von den „Ameisen" unten hielt. Von oben betrachtet, wirken die Menschen am Boden tatsächlich so klein.

❷ Schreyvogelgasse 8
Vom Praterstern nimmt man die U1 zum Schottentor, läuft dann Richtung Rathaus und biegt links in die Schreyvogelgasse ein. In einer mitreißenden Szene mit einer Katze erblickte Martins hier ein Gespenst – das Gesicht von Harry Lime, das kurz aus dem Schatten des Tors auftauchte.

❸ Hotel Sacher
Im berühmten Hotel Sacher (S. 221) wohnte Martins im Film. Tatsächlich kam Graham Greene hier die Idee zu seinem Drehbuch: Beim Mittagessen unterhielt er sich mit Beamten des britischen Geheimdienstes über den Penicillinschmuggel durch die Abwasserkanäle Wiens.

❹ Café Mozart
Da das Café noch beschädigt war, wurden die Szenen nicht hier gedreht. Allerdings war das Café Mozart (Albertinaplatz 2, 8–24 Uhr) direkt gegenüber dem Sacher Greenes Stammcafé in Wien. Hier arbeitete er am Drehbuch.

❺ Beethovenplatz
Man geht die Krugerstraße hinunter, biegt links in die Seilerstätte und dann rechts in die Fichtegasse ein. Der sinnierende Bronze-Beethoven des deutschen Bildhauers Caspar Clemens von Zumbusch ist in der Anfangsszene des Films zu sehen.

(Fortsetzung von S. 132)

werk übriggeblieben ist, das Wien früher mit Wasser aus den Alpen versorgte. Die leuchtend gelb-rote Ziegelfassade schmücken hübsche Türmchen und gelegentlich gibt es Führungen. Gleich südlich liegt das Erholungsgebiet Wienerberg. Früher befand sich dort die größte Ziegelbrennerei Europas, heute liegt hier ein öffentlicher Park.

FRIEDHOF DER NAMENLOSEN
Karte S. 53

☎ 0664-623 56 64; 11., Alberner Hafen; 🚌 76A
Der Friedhof liegt an der Donau am Stadtrand Wiens. Er wurde 1900 von engagierten Freiwilligen angelegt. Sie beerdigten hier nicht identifizierbare Leichen (oft Unfall- oder Suizidopfer), die die Donau an Land gespült hatte. Eine Szene des Films *Before Sunrise* spielt auf diesem Friedhof.

WESTLICHES WIEN
Im westlichen Teil Wiens ist ein echtes Meisterwerk Otto Wagners zu finden, die Kirche am Steinhof. Majestätisch thront sie auf dem Gelände eines psychiatrischen Krankenhauses. Ebenfalls lohnende Ausflugsziele sind das Naturschutzgebiet Lainzer Tiergarten mit der Hermesvilla, zudem kann man in den Wäldern Wanderungen unternehmen.

KIRCHE AM STEINHOF Karte S. 53
☎ 910 60 11 007; 14., Baumgartner Höhe 1; Kirchenführung Erw./Kind unter 15 Jahren/erm. 6/frei/4 €; ⏰ Führung Sa 15–16, für Besucher geöffnet Sa 16–17 Uhr; 🚌 47A, 48A

Die außergewöhnliche Jugendstilkirche befindet sich auf dem Gelände des Psychiatrischen Krankenhauses der Stadt Wien und wurde von 1904 bis 1907 errichtet. Ihre Pracht und ihr besonderes Flair machen sie zu einem der faszinierendsten Werke von Otto Wagner. Koloman Moser steuerte die Mosaikfenster bei und das Dach wird von einer kupfernen Kuppel bekrönt, die wegen ihrer ehemals Gold schimmernden Farbe der Kirche den Spitznamen *Lemoniberg* einbrachte. Das Werk zeigt Wagners Vorliebe für scharfe Kanten und Funktionalität, so ist der Fußboden leicht geneigt, damit eventuell eindringendes Wasser abfließen kann. Trotz des Pragmatismus ist das Bauwerk eindrucksvoll. Die Anlage selbst und viele der Krankenhausgebäude wurden auch im Jugendstil gestaltet. Die Jugendstil-Führung am Lemoniberg (Erw./Kind unter 15 Jahren/erm. 10/frei/6 €; ⏰ April–Sept. Fr 15.30–17 Uhr) startet im Foyer des Direktionsgebäudes und umfasst alle Highlights, also auch Wagners Meisterwerk.

LAINZER TIERGARTEN Karte S. 53
13., Hermesstraße; Eintritt frei; ⏰ 8 Uhr–Sonnenuntergang; 🚌 60B 🚊 60

Mit 25 km² ist der Lainzer Tiergarten der größte (und wildeste) Park Wiens. Tiergarten heißt er wegen der Wildschweine, Rehe, Buntspechte und Eichhörnchen, die in dem dichten Waldgebiet frei leben. Im Sommer weiden hier außerdem die berühmten Lipizzanerpferde. Abgesehen von den tollen Wandermöglichkeiten gehören zu den Attraktionen des Parks die Hermesvilla (S. 142) und die Hubertuswarte (508 m), eine Aussichtswarte auf dem Kaltbründlberg.

DER WIENERWALD

Der Wienerwald, ein 45 km langes bewaldetes Gebirge, das im Nordwesten und Südosten die Hauptstadt säumt, wurde von Johann Strauss (Sohn) 1868 in seinem Konzertwalzer „Geschichten aus dem Wienerwald" verewigt. Für die Wiener und für Besucher ist der Wienerwald ein tolles, in der Natur gelegenes Erholungsgebiet. Auf der Website des Wiener Magistrats (www.wien.gv.at/umwelt/wald/freizeit/wandern) sind neun Stadtwanderwege beschrieben, von denen einige auch in den Wald führen. Für den 7,2 km langen Stadtwanderweg 4 benötigt man etwa drei Stunden. Er ist eine besonders schöne Variante, um zur Jubiläumswarte (S. 142) zu gelangen. Dafür packt man einfach ein bisschen Proviant ein, fährt mit der Straßenbahnlinie 49 zur Bahnhofstraße, läuft dort in Richtung der Bahnlinie, die zur Rosentalgasse fährt, und folgt dann einfach den Schildern. Ab der Jubiläumswarte führt der Wanderweg hauptsächlich durch Vororte, die nettere Variante ist es also, einfach den gleichen Weg wieder zurückzugehen. Infos zu einer Heurigen-Tour in den Norden gibt's auf S. 136.

Man kann den Wienerwald auch auf einer der vielen Mountainbikestrecken erkunden. Auf der Website www.mbike.at gibt's Routen und Karten.

Im Wienerwald kommen häufig Zecken vor, die Lyme-Borreliose und Meningitis übertragen können. Wer eine Wander- oder Mountainbiketour im Sommer plant, ist mit einer Meningitis-Impfung auf der sicheren Seite.

HERMESVILLA Karte S. 53

☎ 804 13 24; 13., Lainzer Tiergarten; Erw./erm. & Kind & Jugendl. unter 19 Jahren 5/2,50 €; ⊙ Ende März–Okt. Di–So 10–18 Uhr; 🚌 60B 🚋 60

Die Hermesvilla wurde von Kaiser Franz Joseph I. als Geschenk für seine Frau in Auftrag gegeben. Er wollte dadurch die kriselnde Ehe der beiden retten. Der Bau, der von 1882 bis 1886 dauerte, wurde von Karl von Hasenauer geleitet. Bei der Innengestaltung wirkten Gustav Klimt und Hans Makart mit. Das Gebäude ist ziemlich überladen und ähnelt mehr einem Schloss als einer Villa. Das gilt besonders für das Schlafzimmer der Kaiserin Elisabeth, dessen Decken und Wände Motive aus Shakespeares *Sommernachtstraum* zieren.

Trotz aller Pracht und Annehmlichkeiten verfehlte die Villa die erhoffte Wirkung: Elisabeth konnte sich nie richtig mit ihr anfreunden und hielt sich nur selten in Wien auf. Doch immerhin gab sie der Villa den Namen ihres griechischen Lieblingsgott. Heute ist die Hermesvilla ein städtisches Museum.

ERNST FUCHS PRIVATSTIFTUNG
Karte S. 53

☎ 914 85 75; www.ernstfuchs-zentrum.com; 14., Hüttelbergstraße 26; Erw./erm. 11/6 €; ⊙ Di–Fr & So 10–18 Uhr; 🚌 35B, 148, 152

Das kleine Museum liegt etwa 2 km nördlich vom Bahnhof Hütteldorf (U4) und stellt Ernst Fuchs' (geb. 1930) wunderliche Bilder, Grafiken und Skulpturen aus, die allesamt wie im Drogenrausch entstanden wirken. Fast noch interessanter als die Werke ist allerdings die Villa, die die Sammlung beherbergt. Sie wurde 1888 von Otto Wagner errichtet, dann von Fuchs vor dem Abriss gerettet und 1972 restauriert. Heute strahlt sie wieder in ihrem alten Glanz. Im Park, der von der Straße aus zu sehen ist, stehen einige interessante Statuen, Keramikarbeiten sowie das kunstvoll verzierte, von Fuchs entworfene Brunnenhaus. Hinter der Hausnummer 28 verbirgt sich eine weitere hübsche Villa von Otto Wagner.

JUBILÄUMSWARTE Karte S. 53

16., Pelzer Rennweg; 🚌 46B, 148

Die aus Beton gebaute Jubiläumswarte erhebt sich über den grünen Baumkronen des Wienerwalds. Von der höchsten Plattform hat man eine tolle Aussicht auf fast ganz Wien, an einem windigen Tag kann der Aufstieg allerdings ganz schön kräftige Adrenalinschübe auslösen. Hin- und Rückweg dauern weniger als drei Stunden – im Kasten Wienerwald (S. 141) gibt's weitere Informationen.

NÖRDLICHES WIEN

Wie ihre Pendants im Westen erstrecken sich die nördlichen Bezirke bis in den Wienerwald hinein und sind vor allem durch Weinberge und Natur geprägt. Die Heurigen sind hier durchaus eine Kneipentour wert. Die wohlhabenden Bezirke Währing und Döbling reichen weit in das Hügelland nördlich der Stadt hinein. Vier der beliebtesten Weingegenden der Stadt – Neustift am Walde, Sievering, Grinzing und Nußdorf – liegen hier im Norden. Auch wenn viele Weinschenken in Grinzing und auch vermehrt in Neustift am Walde Busladungen von Touristen mit scheußlicher Musik und billigen Shows abspeisen, gibt es in der Gegend durchaus auch hübsche Heurige. Besonders Nussdorf ist sehr malerisch und hat an der Hauptstraße, der Kahlenberger Straße, eine ganze Reihe traditioneller Weinstuben zu bieten. Beethoven verbrachte einen großen Teil seiner Wiener Zeit in dieser Gegend. Am Pfarrplatz befindet sich eine seiner vielen Wohnungen, in der heute der Heurige „Mayer am Pfarrplatz" untergebracht ist. Ganz in der Nähe gibt's eine weitere Beethoven-Wohnung. Auf einer Wanderung von Kahlenberg nach Nussdorf (s. S. 136) kann man wunderbar einen Teil des Nordens erkunden.

BEETHOVEN-WOHNUNG
HEILIGENSTADT Karte S. 53

☎ 370 54 08; 19., Probusgasse 6; Erw./Kind & Jugendl. unter 19 Jahren/erm. 2/frei/1 €; ⊙ Di–So 10–13 & 14–18 Uhr; 🚋 D 🚌 38A

Es war die fortschreitende Schwerhörigkeit, die den großen Komponisten später vollständig ertauben lassen sollte, die Beethoven ins schöne Heiligenstadt verschlug; er erhoffte sich in der hier angesiedelten Kuranstalt Besserung. In dieser Wohnung schrieb das musikalische Genie seine 2. Sinfonie. Die hier gezeigten Ausstellungsstücke, darunter eine Totenmaske des Komponisten, sind zwar eher etwas für eingefleischte Beethovenfans, allerdings lässt sich ein Abstecher zu der Wohnung bestens mit einem Besuch im Mayer am Pfarrplatz (S. 195) und beim Karl-Marx-Hof (S. 143) verbinden.

KARL-MARX-HOF Karte S. 53

19., Heiligenstädter Straße 82-92; Ⓤ U4 Heiligenstadt 🚆 D

Gegenüber vom U-Bahnhof Heiligenstadt der U4 steht eines der größten Werke des Roten Wiens (S. 29), der Karl-Marx-Hof. Die eindrucksvolle, in Blassrosa und Gelb gehaltene Wohnanlage erstreckt sich auf fast 1 km entlang der Heiligenstädter Straße und wurde von Karl Ehn, einem Schüler Otto Wagners, zwischen 1927 und 1930 errichtet. Ursprünglich umfasste sie etwa 1600 Wohnungen, zudem gibt's Gemeinschaftseinrichtungen und Innenhöfe. Im Bürgerkrieg 1934 war die mittlerweile restaurierte Anlage das Zentrum des sozialistischen Widerstands.

KAHLENBERG Karte S. 53

19., Höhenstraße; 🚌 38A

Wie jeder Pole stolz zu erzählen weiß, waren es nicht die Wiener, die die Türken bei der zweiten Belagerung im September 1683 zurückdrängten, sondern deutsche und polnische Soldaten unter der Führung des polnischen Königs Jan III. Sobieski. Am Kahlenberg begann die Schlacht, bevor seine Truppen schließlich weiter in die Wiener Vorstädte zogen.

Mit einer Höhe von 484 m bietet der Kahlenberg eine fantastische Aussicht über Wien bis hin zu den Kleinen Karpaten in der Slowakei. Heute steht auf dem Berg die von einem polnischen Pfarrer geleitete St.-Josef-Kirche. Daneben liegen ein modernes Hotel und ein Restaurantkomplex.

Eine etwa gleich tolle Aussicht bietet der idyllischere Leopoldsberg (19., Höhenstraße; 🚌 38A), 1 km weiter die Höhenstraße entlang. Auf seinem Gipfel gibt es eine kleine befestigte Kirche und ein Café. Für den Heimweg bietet sich bei beiden Bergen der Abstieg zu Fuß an, der durch die Weinberge bis nach Nussdorf führt; weiter Infos stehen auf S. 136.

GEYMÜLLERSCHLÖSSEL Karte S. 53

☎ 479 31 39; 18., Pötzleinsdorfer Straße 102; Erw./Kind & Jugendl. unter 19 Jahren/erm. 7,90/ frei/5,50 €; 🕘 Mai–Nov. So 11–18 Uhr; 🚆 41 🚌 41A

Das Geymüllerschlössel ist nach seinem ersten Besitzer, dem Bankier und Kaufmann Johann Jakob Geymüller, benannt. Es ist der wohl schönste Biedermeierbau Österreichs. Um 1808 von einem unbekannten Architekten errichtet, vereint es typisch für die damalige Zeit gotische, indische und arabische Elemente. Das Innere mit floralen Motiven und anmutiger Linienführung ist sehr gut erhalten. Das Gebäude beherbergt eine Sammlung des MAK's (S. 64), die etwa 160 Wiener Uhren von 1760 bis zur zweiten Hälfte des 19. Jhs. sowie Möbel aus der Zeit von 1800 bis 1840 umfasst. Das Geymüllerschlössel liegt recht weit außerhalb, am besten verbindet man den Besuch mit einem Ausflug in den Wienerwald (S. 141).

EROICAHAUS Karte S. 53

☎ 505 8747 85 173; 19., Döblinger Hauptstraße 92; Erw./Kind & Jugendl. unter 19 Jahren/erm. 2/ frei/1 €; 🚆 37 🚌 10A, 39A

Beethoven verlebte nur eine kurze, aber dafür höchst produktive Zeit im Eroicahaus. So entstand hier im Sommer 1803 seine 3. Sinfonie, die den Beinamen Eroica trägt. Das Haus ist heute ziemlich leer und es sind keinerlei Habseligkeiten des großen Komponisten ausgestellt, dafür kann man der *Eroica* lauschen und ein paar Aquarelle und Landkarten betrachten. Das Eroicahaus ist ein städtisches Museum und nur nach Voranmeldung zu besichtigen.

KIRCHE ZUR HEILIGSTEN DREIFALTIGKEIT Karte S. 53

☎ 888 50 03; www.georgenberg.at; 23., Georgsgasse/Rysergasse; Eintritt frei; 🕘 Sa 14–20, So 9–16.30 Uhr; 🚌 60A

Die aus Betonblöcken erbaute Kirche zur Heiligsten Dreifaltigkeit ist ein wirklich außergewöhnliches Bauwerk. Das recht pragmatische Gebäude scheidet die Geister: Manche finde es einfach nur hässlich, andere sehen in ihm den Triumph der Moderne über den Konformismus. Über die gewaltige Präsenz des Werkes gibt es jedoch keinerlei Diskussionen. Bekannter ist es übrigens unter dem Namen „Wotrubakirche" nach ihrem Architekten Fritz Wotruba, der sie 1976 fertigstellte.

SHOPPEN

top picks

- **Art Up** (S. 149)
- **Austrian Delights** (S. 149)
- **gabarage upcycling design** (S. 151)
- **Holzer Galerie** (S. 154)
- **Hot Dogs** (S. 154)
- **Oberlaa** (S. 148)
- **Staud's** (S. 156)
- **Wie Wien** (S. 152)

Tipps von Travellern für Traveller – www.lonelyplanet.com/vienna

SHOPPEN

Wienbesuche ohne Shoppen sind einfach undenkbar. Die örtliche Boutiquenszene explodiert geradezu; es entstehen lauter Läden für hochwertige, einzigartige Kreationen junger Designer zu gemäßigten Preisen (ein unvollständiges Verzeichnis gibt's unter www.7tm.at). Dies gilt vor allem für Kirchen-, Neubau- und Lindengasse in Neubau. Am Nordrand von Neubau gibt's auch viele der typischen Wiener Altwaren- bzw. Antiquitätengeschäfte sowie Jugendstil-Ausstellungsräume voller Möbel und Schmuck. In Secondhandschätzen und Trödeltrash zu stöbern ist Pflicht! Das Highlight ist aber der riesige Flohmarkt (s. Kasten S. 150) neben dem Naschmarkt, der samstags zahllose Schnäppchenjäger anlockt. Ein Mix aus staubigen Dachbodenfunden aus der Vorstadt und wirklich wertvollen, schönen Antiquitäten sorgt dabei für ein typisches Wiener Einkaufserlebnis. Ein solches hat auch, wer im bekannten Wiener Auktionshaus Dorotheum (S. 149) auf echte Antikmöbel, Schmuck und Kunst bietet. Die Straßen zwischen Dorotheum und Albertinaplatz sind super, um durch Galerien zu bummeln. Zudem kann man dort prima nach alten Feuerwaffen, Rüstungen, Porzellanwaren und alter oder zeitgenössischer Kunst suchen.

Rund um den winzigen Hohen Markt und den Bauernmarkt in der Inneren Stadt sind noch mehr Modeläden und Kleinboutiquen ansässig, z. B. die Designerkooperative Art Up (S. 149). Viele davon verkaufen Bekleidung, Accessoires oder Lebensmittel aus lokaler Produktion. Außerhalb vom Ring sind Mariahilf, Josefstädter Straße und Neubau (vor allem die Neubaugasse und die Westbahnstraße) die besten Adressen für eine nette Shoppingtour am Nachmittag: Dort gibt's jede Menge schräge Einzelstücke und interessante Boutiquen.

Kärntner und Mariahilfer Straße bieten außer den großen internationalen Ketten kaum Besonderes. Doch abseits dieser beiden Haupteinkaufsmeilen finden sich einige tolle Läden mit regionalen Spezialitäten wie handgemachten Puppen, Kunstschmiedearbeiten, Lederwaren, Porzellan oder Keramik.

Die Beschreibungen in diesem Kapitel sind nach Stadtvierteln und Warengruppen sortiert.

PRAKTISCHE INFORMATIONEN

Öffnungszeiten

Wiener Geschäfte haben meist an sechs Wochentagen (Mo–Fr 9–18.30, Sa bis 17 Uhr) geöffnet. Teilweise kann man länger (Do od. Fr bis 20 bzw. 21 Uhr) und am Sonntagnachmittag shoppen. In diesem Kapitel werden nur anderslautende Öffnungszeiten erwähnt.

Mehrwertsteuer

Österreichs Mehrwertsteuer (MWST) von 20 % gilt für die meisten Waren und Dienstleistungen. In den angegebenen Preisen sind normalerweise alle anfallenden Steuern enthalten. Normalerweise gilt dies selbst für Servicegebühren in Hotels und Restaurants.

Privatleute aus der Schweiz und anderen Nicht-EU-Ländern, die für über 75,01 € eingekauft haben, können sich die Mehrwertsteuer zurückerstatten lassen. Hierzu muss im jeweiligen Geschäft beim Kauf die österreichische Ausfuhrbescheinigung Nr. U34 ausgefüllt werden (Reisepass mitbringen). An der EU-Grenze ist die Bescheinigung samt angeheftetem Originalkaufbeleg dem Zoll zum Abstempeln vorzulegen. Zur Auszahlung schickt man dann das ausgefüllte Formular samt eigener Bankverbindung an den Händler zurück oder sucht ein Rückerstattungsunternehmen auf (z. B. am Wiener Flughafen; Details unter www.global-blue.com). Nach Abzug einer Bearbeitungsgebühr werden normalerweise 13 % des Einkaufspreises zurückerstattet. Achtung: Beim Schweizer Zoll ist eventuell eine Einfuhrsteuer zu bezahlen (Details unter www.ezv.admin.ch)!

Feilschen

In normalen Läden wird nicht gefeilscht. Bei Gebrauchtwaren ist das aber oft möglich und auf dem Flohmarkt (S. 150) absolut Pflicht.

INNERE STADT

BRITISH BOOKSHOP Karte S. 60 f.   Bücher
☎ 512 19 45-0; www.britishbookshop.at; 1., Weihburggasse 24; 🚇 1, 2
Der British Bookshop hat Wiens größtes Sortiment von englischsprachigen Fach-

und Lehrbüchern. Hinzu kommen Kinderbücher, DVDs und eine große, gut sortierte Belletristikabteilung.

FREYTAG & BERNDT

Karte S. 60 f. Bücher, Karten & Stadtpläne

☎ 533 86 85; www.freytagberndt.at; 1., Kohlmarkt 9; Ⓤ U3 Herrengasse 🚌 2A, 3A

Freytag & Berndt ist die beste Adresse, wenn es um Karten und Reiseführer geht. Es gibt eine Menge Karten (u. a. detaillierte zum Wandern) von und Führer zu Wien und Österreich. Auch für Europa und die übrige Welt sind Reiseführer im Angebot.

SHAKESPEARE & CO Karte S. 60 f. Bücher

☎ 535 50 53; www.shakespeare.co.at; 1., Sterngasse 2; ⏰ Mo–Sa 9–21 Uhr; 🚌 2A, 3A

Der wunderbar unübersichtliche Buchladen in einer charmanten Ecke abseits der Judengasse hat Wiens beste Auswahl seltener Titel und englischsprachiger Literatur. Abgedeckt werden die Bereiche Geschichte, Kultur sowie klassische und moderne Belletristik. Das Sortiment über bzw. aus Österreich steht separat. Persönlicher, freundlicher Service.

AUSTRIAN DELIGHTS

Karte S. 60 f. Essen & Trinken, Geschenke

☎ 532 16 61; www.austriandelights.at; 1., Judengasse 1a; ⏰ Mo–Fr 11–19, Sa 11–18 Uhr; Ⓤ U1, U3 Stephansplatz

Die österreichischen bzw. regionalen Spezialitäten (u. a. tolle Süßwaren, Wein, Schnaps, Cognac, Marmelade, Konfitüre, Chutney, Honig, Essig, Öl) stammen hauptsächlich von kleinen Produzenten. Sie sind in der Hauptstadt sonst nirgends zu bekommen und dürfen fast alle probiert werden. Das meiste wird von Hand oder dem Ladenbesitzer zufolge „schon ewig von österreichischen Großmüttern" hergestellt. Unbedingt die perlenden und normalen Schilcher-Weine aus der Rebsorte Blauer Wildbacher kosten: Dieser säuerlich-fruchtige Rosé ist außerhalb Österreichs kaum erhältlich.

MANNER Karte S. 60 f. Essen & Trinken, Geschenke

☎ 513 70 18; www.manner.com; 1., Stephansplatz 7; ⏰ So–Fr 10–21, Sa 9.30–20.30 Uhr; Ⓤ U1, U3 Stephansplatz

Wiens beliebteste Süßigkeit Manner, eine wunderbare Kombination aus Waffeln und Haselnusscreme, gibt es seit 1898. Selbst dieses Unternehmen hat nun einen eigenen Laden, der im firmentypischen Pfirsichrosa gehalten ist. Die Produkte – übrigens super Snacks für lange Sightseeingtouren – gibt's in allen möglichen Varianten und Packungsgrößen. Eine zweite Filiale ist am Wiener Flughafen (☎ 7007 335 40; Terminal C; tgl. 7–20 Uhr).

MEINL AM GRABEN

Karte S. 60 f. Essen & Trinken, Wein

☎ 532 33 34; www.meinlamgraben.at; 1., Graben 19; ⏰ Mo–Fr 8–19.30, Sa 9–18 Uhr; Ⓤ U1, U3 Stephansplatz 🚌 1A, 2A, 3A

Wiens prestigeträchtigstes Feinkosthaus gehört zu dem berühmten gleichnamigen Restaurant (S. 162). Hochwertige Lebensmittel wie Schokolade oder Konfekt dominieren das Erdgeschoss, weiter oben lockt stattdessen eine eindrucksvolle Käse- und Aufschnittauswahl. Die ausgezeichnete Weinabteilung führt einheimische sowie europäische Lesen und Fruchtliköre. Wer möchte, kann sich in Meinl's Weinbar (⏰ Mo–Sa 11–24 Uhr) im Keller, die mit entspannter und stilvoller Atmosphäre aufwartet, ein Gläschen gönnen.

AUGARTEN WIEN

Karte S. 60 f. Glas & Porzellan

☎ 512 14 94; www.augarten.at; 1., Stock-im-Eisen-Platz 3; ⏰ Mo–Fr 9.30–17 Uhr; Ⓤ U1, U3 Stephansplatz

Aus der Wiener Porzellanmanufaktur Augarten kommt das feinste Porzellan der Stadt. Am hübschesten sind die im traditionellen Design handbemalten Schmuckwaren, Vasen und Geschirrteile. Die eher hohen Preise beginnen bei ca. 80 € für eine kleine Vase. Die Website informiert über Manufakturführungen.

J & L LOBMEYR Karte S. 60 f. Glas & Porzellan

☎ 512 05 08; www.lobmeyr.at; 1., Kärntner Straße 26; ⏰ Mo–Fr 10–19, Sa 10–18 Uhr; Ⓤ U1, U3 Stephansplatz

Ein wunderschön verziertes Treppenhaus mit schmiedeeisernen Geländern zieht sich durch eines der opulentesten Wiener Geschäfte: Im Lüsterlicht des Atriums glitzern – irgendwie ungeordnet – Biedermeierstücke, Loos-Barsets sowie hochwertige und kunstvolle Glas- und Porzellanwaren. Die Firma ist seit dem frühen 19. Jh. im Geschäft und wurde 1860 zum exklusiven Hofglaswarenhändler. Heute produziert sie eher im Werkstätte-Stil.

ÖSTERREICHISCHE WERKSTÄTTEN
Karte S. 60 f.   Glas & Porzellan, Schmuck, Accessoires

☎ 512 24 18; www.austrianarts.com; 1., Kärntner Straße 6; Ⓜ U1, U3 Stephansplatz

Die Österreichischen Werkstätten (gegründet 1945) verkaufen ausschließlich Artikel, die von österreichischen Firmen und Designern hergestellt bzw. entworfen wurden. Bemerkenswert sind z. B. die Glaswaren des seit 1946 existierenden Familienunternehmens Kisslinger im Stil von Klimt und Hundertwasser, Peter Wolfes traditionellere Glaswaren im Tiroler Stil und natürlich die weltberühmten Weingläser von Riedel.

LODEN-PLANKL Karte S. 72   Kleidung

☎ 533 80 32; www.plankl.at; 1., Michaelerplatz 6; ⏰ März–Juni & Sept.–Dez. Mo–Sa 10–18 Uhr, Jan.–Feb. & Juli–Aug. 10–17 Uhr; Ⓜ U3 Herrengasse 🚌 2A, 3A

Christopher-Plummer-Fans aufgepasst: Diese 180 Jahre alte Institution kleidet Kunden à la Familie von Trapp ein. Neben handgeschneiderten, bestickten Dirndln und Blusen stapeln sich hier auch Umhänge, Hochkragenjacken und Joppen aus Hirschwildleder oder Loden (traditionelle Streich- bzw. Kammgarnwolle) – modern oder als traditionelle Varianten, wobei Letztere wohl mehr nostalgischen Charme aufweisen.

ALTMANN & KÜHNE Karte S. 60 f.   Konfiserie

☎ 533 09 27; 1., Graben 30; Ⓜ U1, U3 Stephansplatz

Die kleine Konfiserie verbreitet einen Hauch von guter alter Zeit, u. a. weil die handgemachten Verpackungen der Konfekt- und Süßigkeitensorten 1928 von der Wiener Werkstätte entworfen wurden. Seit über 100 Jahren werden hier Bonbons nach Geheimrezept von Hand hergestellt.

OBERLAA Karte S. 60 f.   Konfiserie, Konditore

☎ 513 29 36; www.oberlaa-wien.at; 1., Neuer Markt 16, ⏰ 8–20 Uhr; Ⓜ U1, U3 Stephansplatz

Manche Einheimische schwören, dass Oberlaa in seinen insgesamt neun lokalen Filialen die besten Süßwaren Wiens verkauft – ein Prädikat, das angesichts der harten Konkurrenz nicht einfach zu verdienen ist. Zweifellos gibt's hier aber die schönsten Pralinenverpackungen der Stadt. Andere Wiener Makronen können sich nicht mit den knallbunten „LaaKronen" in den Geschmacksrichtungen Pistazie, Zitrone oder Himbeere messen. Es gibt sie einzeln und in herrlichen Zusammenstellungen.

OPERN CONFISERIE Karte S. 60 f.   Konfiserie

☎ 512 19 10; 1., Kärntner Straße 47; ⏰ Mo–Sa 9–19, So 11–18 Uhr; Ⓜ U1, U2, U4 Karlsplatz 🚋 D, 1, 2 🚌 59A, 62

Die altmodische Konfiserie mitten an der belebten Kärntner Straße bietet eine riesige Auswahl handgemachter Trüffelpralinen, bunter Fruchtgummis und Marzipan in allen möglichen Formen. Die Bachalm-Schokoladen mit Zutatenstücken werden von Hand in Österreich hergestellt. Es gibt sie in Standardgeschmacksrichtungen (z. B. Pistazie), aber auch mit eher ungewöhnlichen Zutaten (Rosenblätter, Shiitakepilze).

XOCOLAT Karte S. 60 f.   Konfiserie

☎ 535 43 63; www.xocolat.at; 1., Freyung 2; ⏰ Mo–Fr 10–18, Sa 10–17, So 12–17 Uhr; Ⓜ U3 Herrengasse 🚌 1A

Dekadenz in Opulenz bzw. ein Schokopalast in einem echten Palast: Diese gehobene Konfiserie in der prächtigen Freyung-Passage des Palais Ferstel kredenzt Schokoladen in rund 40 von Hand hergestellten Sorten – sie sind wunderschön dekoriert und teilweise echte essbare Kleinkunstwerke. Ihre Produktionsstätte kann besichtigt werden (s. S. 174).

WOKA Karte S. 60 f.   Lamper

☎ 513 29 12; www.woka.at; 1., Singerstrasse 16; Ⓜ U1, U3 Karlsplatz

Die originalgetreuen Lampenrepliken folgen Entwürfen von Adolf Loos, Kolo

---

top picks
SCHOKOLADE & KUCHEN

- **Aida** (S. 185) Tolle Kuchen und Süßwaren in herrlichem Retro-Ambiente.
- **Altmann & Kühne** (s. oben) Weltberühmte Bonbons nach 100 Jahre alten Rezepten.
- **Café Sacher** (S. 186) Die gleichnamige Torte gehört bei Tausenden Wienbesuchern zum Pflichtprogramm.
- **Demel** (S. 186) Berühmte Konditorei mit Jugendstileinrichtung und einem Kuchen-Designstudio, das man besichtigen kann.
- **Oberlaa** (s. rechte Spalte) Prächtig verpackte Pralinen und Kekse.

Moser, Josef Hoffmann und Konsorten. So vermitteln sie die Designästhetik von Wiener Werkstätte, Bauhaus, Art déco und Secessionismus auf spektakuläre Weise.

ART UP Karte S. 60 f. — Mode & Accessoires

☎ 535 50 97; www.artup.at; 1., Bauernmarkt 8; Mo–Fr 11.30–18.30, Sa 11–17 Uhr, Ⓤ U1, U3 Stephansplatz

Das Art Up gibt einen aktuellen Überblick über das moderne Wiener Modedesign. Dank eines Kooperativenkonzepts können hier Designer (zum Recherchezeitpunkt rund 40) ihre Kreationen anbieten, um in der Modewelt Fuß zu fassen. Das Ergebnis ist ein kunterbunter Mix aus eleganten Klamotten, schrägen Accessoires (z. B. Kunstrasentaschen oder -krawatten), Keramikwaren und größeren Kunstwerken. Das Ganze bezeugt die Lebendigkeit der lokalen Mode- und Designerszene. Für frische Energie und Motivation sorgen dabei Wiener Modeschulabsolventen, und auch das wachsende Vertrauen in das Können der einheimischen Talente befeuert die positive Entwicklung.

MÜHLBAUER Karte S. 60 f. — Mode & Accessoires

☎ 512 22 41; www.muehlbauer.at; 1., Seilergasse 10; Ⓤ U1, U3 Stephansplatz

Mühlbauer verziert seit 1903 Wiener Köpfe und verkörpert die Leichtigkeit, mit der man Hüte im 21. Jh. tragen sollte: Cool, aber nicht unnahbar, glamourös, aber nicht verstaubt. Glockenhüte, Pillbox-Hütchen, Kappen und sogar Hauben – all dies gibt's hier in traditionell angehauchten Modellen mit topmoderner farblicher und Detailgestaltung.

top picks
EINKAUFSMEILEN

- **Josefstädter Straße** Altmodische Einkaufsstraße mit typischen Läden, die von Altwaren (Antiquitäten) bis hin zu Edelsteinen alles Mögliche verkaufen.
- **Kärntner Straße** Schwer beliebte Haupteinkaufsmeile in der Inneren Stadt.
- **Kohlmarkt** Glitzer, so weit das Auge reicht, und dahinter die herrliche Hofburg.
- **Neubaugasse & Lindengasse** Paradiesisches Jagdrevier für Secondhand-Fans mit ungewöhnlichen Läden.
- **Mariahilfer Straße** Wiens größte, stark besuchte Shoppingmeile mit vielen Großketten.

VIENNA BAG Karte S. 60 f. — Mode & Accessoires

☎ 513 11 84; www.viennabag.at; 1., Bäckerstraße 7; Ⓤ U1, U3 Stephansplatz 🚌 1A, 2A, 3A

Seit 2001 produziert Vienna Bag unkonventionelle, aber funktionelle Hand- und Schultertaschen. Ob strahlend bunt oder schwarz: Alle Varianten sind stabil, leicht, waschbar und schick.

WELTLADEN

Karte S. 60 f. — Mode & Accessoires, Geschenke

☎ 535 28 86; www.weltlaeden.at; 1., Lichtensteg 1; Ⓤ U1, U4 Schwedenplatz 🚋 1, 2

Weil sie ein reines Fair-Trade-Sortiment führen, kann man in Weltläden verantwortungsbewusst Taschen, Teller, Kaffee, Kleinmöbel, Schmuck, Skulpturen, Accessoires, Schals und Gewürze kaufen. Wienbesucher stoßen wohl zwangsläufig irgendwo auf

ANTIQUITÄTENAUKTIONEN

Während in London wohl keiner mal eben bei Sotheby's vorbeischaut, ist es in Wien ganz normal, mal zu gucken, was im Dorotheum (Karte S. 72; ☎ 515 60-0; www.dorotheum.com; 1., Dorotheergasse 17; Mo–Fr 10–18, Sa 9–17 Uhr; 🚌 2A, 3A) gerade angeboten wird. Es gehört zu den größten Auktionshäusern Europas und bildet die Spitze des Wiener Antiquitätenhandels, gewissermaßen den reichen Onkel des Flohmarkts. In einer Mischung aus Museum und glanzvollem Garagenverkauf sind die Räume mit allem Möglichen und Unmöglichen angefüllt: antikem Spielzeug, Geschirr, Autographen, antiken Waffen, alten Meistern und anderem.

Das Angebot wechselt wöchentlich, und nicht alles ist unbezahlbar teuer – auch erschwingliche Zierstücke für den Haushalt sind mit dabei. Im zweiten Stock befindet sich eine riesige Antiquitätengalerie, wo alles Preisschilder hat und ohne Versteigerung an Ort und Stelle gekauft werden kann.

Eine Auktion zu beobachten macht Spaß, auch wenn man nicht mitsteigern will. Die Termine für Auktionen und Besichtigungen kann man online abrufen oder an der Rezeption im Erdgeschoss erfragen. Wer nicht selbst bieten will, kann einen Agenten beauftragen. Der Auktionspreis versteht sich üblicherweise ohne Mehrwertsteuer, die also zusätzlich entrichtet werden muss (s. S. 146).

eine der sieben lokalen Filialen; diese hier liegt aber am zentralsten.

WOLFORD Karte S. 60 f.   Mode & Accessoires
☎ 512 87 31; www.wolford.com; 1., Kärntner Straße 30; Ⓤ U1, U3 Stephansplatz
Als vielleicht bekannteste österreichische Modemarke ist Wolford (gegründet 1949) für hochwertige Strumpfwaren berühmt. Das riesige Angebot umfasst z. B. fantasievoll gemusterte Feinstrumpfhosen, lange Feinstrümpfe (mit oder ohne Halter) und Kniestrümpfe. Hinzu kommen Netzstrümpfe in allen Farben, Bodys und Bademode. Wolford hat mehrere Ableger in Wien.

ATELIER NASKE KARTE S. 60 F.   Schmuck
☎ 316 39 31; www.goldkunst.at; 1., Wipplingerstraße 7; Mi & Do 14.30–18.30, Mo & Di 15.30–18.30 Uhr; Ⓤ U1, U3 Stephansplatz
Elke Naskes Leidenschaft für Schmuck ist mitreißend: Sie hämmert beispielsweise Schmetterlingsanhänger, perfekt geformte Ringe oder Manschettenknöpfe mit Edelsteineinsätzen höchst akribisch von Hand. Wenn sie einen Auftrag bekommen hat, fertigt Elke zunächst ein Testmodell aus (günstigerem) Silber an. So stellt sie sicher, dass das Endprodukt einwandfrei passt bzw. hängt und den Kunden wie gewünscht ziert.

MÄRKTE

Die Globalisierung schreitet voran, multinationale Ketten verdrängen alteingesessene Geschäfte und zwingen unabhängige Händler in die Frührente. Doch in Wien ist das traditionelle Marktwesen immer noch lebendig, wächst und gedeiht. Fast jeder Bezirk hat mindestens einen Markt, auf dem von Montag bis Samstag Frisches angeboten wird, oft abgestimmt auf die unterschiedlichen ethnischen Gruppen, die in der Gegend wohnen. An einigen Stellen gibt es Bauernmärkte. Am Samstagmorgen kommen Bauern aus dem Umland her, um ihre Ware anzubieten: frisches Obst und Gemüse, Schinken und Speck, Eier, selbstgebrannten Schnaps und Schnittblumen. Weitere Infos gibt's im Kapitel Essen ab S. 157.

Das sind die besten Märkte:

Naschmarkt (Karte S. 90 f.; 6., Linke Wienzeile & Rechte Wienzeile; Mo–Fr 6–18.30, Sa 6–17 Uhr; Ⓤ U1, U2, U4 Karlsplatz, U4 Kettenbrückengasse) *Der* Wiener Markt schlechthin. Er erstreckt sich über mehr als 500 m an der Linken Wienzeile entlang zwischen den U-Bahnstationen Kettenbrückengasse und Karlsplatz. Das westliche Ende nahe der Kettengasse hat mehr zu bieten. Hier gibt es alle Arten von Fleisch, Obst und Gemüse (auch schwer zu findendes Exotisches), außerdem Gewürze, Wein, Käse und Oliven, Spezialitäten aus Indien und Nahost und prima Kebabs und Falafel. Der Stand für Essig und Öl bietet 24 Sorten von Obst- und Gemüseessig, elf Balsamicos und 20 aromatisierte Öle. Am Ostende läuft der Markt aus mit Ständen, die indische Stoffe, Schmuck und Kitsch verkaufen.

Brunnenmarkt (Karte S. 126 f.; 16., Brunnengasse; Mo–Fr 6–18.30, Sa 6–14 Uhr; Ⓤ U6 Josefstädter Straße 🚋 2, 44) Der Brunnenmarkt ist der größte Straßenmarkt Wiens und spiegelt die ethnische Vielfalt des Viertels wider. Die meisten Händler haben ihre Wurzeln in der Türkei oder im Balkan. Es werden Obst und Gemüse verkauft, es gibt aber auch Klamotten – hier findet man das Hulk Hogan-T-Shirt, das man schon immer haben wollte. Die Dönerbuden sind klasse (s. Kent S. 179). Samstags findet auf dem nahen Yppenplatz der beste Bauernmarkt Wiens statt.

Flohmarkt (Karte S. 90 f.; 5., Kettenbrückengasse; Sa Sonnenaufgang–16 Uhr; Ⓤ U4 Kettenbrückengasse) Dieser Flohmarkt ist einer der besten Europas und sollte bei einem Wienbesuch nicht fehlen. Er findet samstags am Südwestende des Naschmarkts statt. Dann scheint hier halb Wien zusammenzukommen, um zu gucken oder in Tonnen von Antiquitäten, Trödel und Plunder zu wühlen. Der Markt erstreckt sich über viele Standreihen, an denen Bücher, Kleidung, Platten, alte Elektrogeräte, alte Postkarten, Verzierungen und Teppiche angeboten werden. Der Markt ist stimmungsvoll – eher wie Bazare in Osteuropa: Die Waren liegen durcheinander, manchmal auf dem Bürgersteig. Man sollte früh hingehen, denn das Gedränge wird schnell größer. Die Standbetreiber kennen den Wert ihrer Waren und wissen, dass der Markt eine Touristenattraktion ist, deshalb sind die Forderungen hoch – feilschen!

Karmelitermarkt (Karte S. 118 f.; 2., Im Werd; Mo–Fr 6–18.30, Sa 6–14 Uhr; Ⓤ U2 Taborstraße 🚋 2 🚌 5A) Der Karmelitermarkt ist ein Markt mit einer langen Tradition und spiegelt die ethnische Vielfalt der Gegend wider. Man sieht chassidische Juden mit dem Fahrrad koschere Nahrungsmittel einkaufen. Der Markt auf einem Platz mit viel sehenswerter Architektur ist an Werktagen ruhig, bietet aber eine gute Auswahl an fremdländischen Imbissständen. Am Samstag findet auf dem Platz ein Bauernmarkt statt.

Markt Freyung (Karte S. 60 f.; 1., Freyung; Fr & Sa 8–19.30 Uhr; Ⓤ U2 Schottentor, 🚌 1A) Auf dem Markt in der Freyung werden ausschließlich Produkte von Biobauern angeboten. Verglichen mit den oben aufgelisteten Märkten geht's hier sehr gemächlich zu.

UNGER UND KLEIN Karte S. 60 f.   Wein
☎ 532 13 23; www.ungerundklein.at; 1., Gölsdorfgasse 2; Mo–Fr 15–24, Sa 17–24 Uhr; 1, 2 2A, 3A

Trotz internationaler Ausrichtung ist das kleine, aber feine Weinsortiment hauptsächlich europäisch und umfasst auch Österreichs beste Lesen. Bei Letzteren reicht das Spektrum von teuren Boutiquesorten bis hin zur „Grabbeltischware". Hinzu kommt eine kleine, entspannte Weinbar, die ihr anständiges Sortiment glasweise ausschenkt und an Freitag- sowie Samstagabenden stark besucht ist.

WEIN & CO Karte S. 60 f.   Wein
☎ 535 09 16; www.weinco.at; 1., Jasomirgottstraße 3–5; Mo–Sa 10–2, So 11–24 Uhr; U1, U3 Stephansplatz

Eine hochwertige, vielfältige Auswahl macht dies zur wohl besten Quelle Wiens für gute Tropfen: Lesen aus der alten und neuen Welt gibt's hier genauso wie viele österreichische Sorten. Dank der super Sonderangebote muss man hier eigentlich immer ein Schnäppchen. Tipp: Die Weinbar mit Blick von der Terrasse auf den Stephansdom schenkt am „Happy Sunday" (11–16 Uhr) glasweise zum halben Preis aus. Wein & Co verkauft auch Zigarren und hat insgesamt acht Filialen in Wien.

SÜDWESTLICHE VORSTADT
SÜDLICH DER MARIAHILFER STRASSE

THALIA Karte S. 90 f.   Bücher
☎ 595 45 50; www.thalia.at; 6., Mariahilfer Straße 99; Mo–Mi 9.30–19, Do–Fr 9.30–20, Sa 9.30–18 Uhr; U3 Zieglergasse

Wiens größter Buchladen ist vierstöckig und beherbergt sogar ein Café. Der „International Bookshop" im hinteren Erdgeschoss führt neben vielen englischsprachigen Bestsellern auch ein paar Titel auf Spanisch, Französisch, Italienisch und Russisch.

PICCINI PICCOLO GOURMET
Karte S. 90 f.   Essen & Trinken, Wein
☎ 587 52 54; 6., Linke Wienzeile 4; Mo–Fr 9–18.30, Sa 8.30–14 Uhr; U1, U2, U4 Karlsplatz

Piccini handelt liebevoll und mit größter Sorgfalt mit den feinsten, frischesten Lebensmitteln aus Italien und ist gleichzeitig ein Spitzenrestaurant (s. S. 168). Wein, zahllose Trockennudelvarianten sowie rund 20 verschiedene Salami-, Oliven- und Ölsorten werden hier verkauft.

FAIR KLEIDUNG Karte S. 90 f.   Kleidung
☎ 599 35 27; 5., Kettenbrückengasse 3; Mi–Fr 14–18, Sa 10–16 Uhr; 59A

Hier gibt's hauptsächlich handgefertigte wundervoll gemusterte Baby-, Kinder- und Damenkleidung. Die Einzelstücke aus fair gehandelten und verarbeiteten Materialien stammen meist von österreichischen Kleindesignern, von denen viele aus Wien sind.

GÖTTIN DES GLÜCKS Karte S. 90 f.   Kleidung
☎ 358 74 15; 4., Operngasse 32; www.goettindesgluecks.com; Di–Fr 12–19, Sa 11–18 Uhr; 59A

Österreichs erstes reines Fair-Fashion-Label hält sich an das Fair-Trade-Prinzip und kooperiert deshalb mit nachhaltig arbeitenden Produzenten (z. B. in Indien oder auf Mauritius). Das Ergebnis sind attraktive Herren- und Damenmode (Pullover, Hemden, Röcke, Shorts) aus weicher Baumwolle – stilvoll-lässige Klamotten, die so bequem sind wie Nachtwäsche. Traumhafte Schlafanzüge, die sofort zu gemütlichen Nickerchen animieren, gibt es übrigens auch.

GABARAGE UPCYCLING DESIGN
Karte S. 90 f.   Möbel & Accessoires
☎ 585 76 32 20; www.gabarage.at; 4., Schleifmühlgasse 6; Mo–Fr 10–18, Sa 10–15 Uhr; 59A

Bei gabarage dreht sich alles um Recycling-Design, Ökologie und soziale Verantwortung: Alte Dichtungen werden zu Ohrringen, ehemalige Mülltonnen zu Tischen oder Stühlen, Werbeplanen zu Tragetaschen und Büroordner zu Lehnstühlen. Auch Menschen bekommen hier eine Chance auf ein neues Leben: Nach erfolgreichem Entzug arbeiten hier frühere Drogenabhängige, die im Rahmen der hauseigenen Beschäftigungstherapie ein Jahr lang diverse Fähigkeiten erwerben.

LICHTERLOH Karte S. 90 f.   Möbel & Accessoires
☎ 581 83 06; www.lichterloh.com; 6., Gumpendorfer Straße 15–17; Mo–Fr 11–18.30, Sa 11–16 Uhr; 57A

Zwischen 1900 und 1970 wurden die zahlreichen Kultmöbel des riesigen, ultracoolen Ladens z. B. von Eames, Thonet oder Mies van der Rohe entworfen. Selbst wenn man keine elegante dänische Anrichte mit nach Hause schleppen möchte, lohnt sich ein Blick in diese Galerie für modernes Möbeldesign.

FLO VINTAGE MODE
Karte S. 90 f. Mode & Accessoires
☎ 586 07 73; www.vintageflo.com; 4., Schleifmühlgasse 15a; Mo–Fr 10–18.30, Sa 10–15.30 Uhr; 59A

Schon fast eine Schande: Trotz seiner glamourösen Geschichte hat Wien nur wenige echte Vintageklamottenläden. Die Auswahl hier wird sorgfältig und wunderschön präsentiert. Sie reicht von perlenbestickten Jugendstil-Meisterwerken und dem New Look der 1950er- bzw. 1960er-Jahre bis hin zu Designermode der 1970er- oder 1980er-Jahre (alphabetisch sortiert von Armani bis Zegna). Preise und Qualität sind hoch.

PHILI'S – WITH LOVE
Karte S. 90 f. Mode & Accessoires
☎ 504 50 16-00; www.phili-s.com; 6., Gumpendorfer Straße 71; Mo–Fr 10–19, Sa 9–16 Uhr; U4 Pilgramgasse 57A

Girlie-Fans finden hier z. B. verspielte Regenschirme in Pink, glamourösen Glitzerschmuck und Kapuzenpullis, Turnschuhe oder Stiefel mit Blumenmustern. Hinzu kommen noch andere, sorgfältig ausgewählte Kleinigkeiten von hippen Herstellern aus aller Welt. Selbst wer nicht auf so süßlich-kitschigen Kram steht, wird von den supercoolen, topmodernen Trage- und Handtaschen des Berliner Kultlabels Apfelsina begeistert sein.

WIE WIEN
Karte S. 90 f. Mode & Accessoires, Geschenke
☎ 0699-113 49 33 8; www.wiewien.at; 5., Kettenbrückengasse 5; Mo–Fr 14–19, Sa 11–18 Uhr; 59A

Ein einzigartiger Wiener Laden: Jeder Artikel repräsentiert die Stadt auf irgendeine Weise. Das Angebot reicht von toller Keramik mit Prater-Riesenrad-Bild über Malbücher voller Wienmotive bis hin zu schrägen Ansteckern und T-Shirts, die Wahrzeichen wie Naschmarkt oder Stephansdom zeigen.

RAVE UP Karte S. 90 f. Musik
☎ 596 96 50; www.rave-up.at; 6., Hofmühlgasse 1; U4 Pilgramgasse; 13A

Freundliches Personal, viel neues Vinyl und eine große Auswahl belohnen einen Abstecher zu Rave Up. Dieser Importspezialist für britische und amerikanische Independent-/Alternative-Musik bietet auch jede Menge Elektro-, Hip-Hop- und Retroscheiben an. Vor dem Kaufen kann man reinhören.

TEUCHTLER Karte S. 90 f. Musik
☎ 586 21 33; 8., Windmühlgasse 10; Mo–Fr 13–18, Sa 10–13 Uhr; 57A

Hier könnte es genau die LP geben, nach der man schon die halbe Welt abgesucht hat: Dieser wirklich wunderbare Plattenladen (gegründet 1948) wird heute in dritter Generation geführt und ist eine Wiener Institution. Der Eigentümer schätzt, dass in den vollgestopften Wandregalen ca. 500 000 Schallplatten stehen. Teuchtler kauft und tauscht auch Vinyl oder CDs – auch seltene und nicht mehr erhältliche Titel.

MUSEUMSQUARTIER & UMGEBUNG

BUCHHANDLUNG WALTHER KÖNIG
Karte S. 90 f. Bücher
☎ 512 85 88 0; 7., Museumsplatz 1; Mo–Sa 10–19, So 12–19 Uhr; U2, U3 Volkstheater 48A

Diese vornehmen 250 m² mit Barockelementen und lichtreflektierenden Zinkregalen sind ein Muss für Bildbandfans. Sie beherbergen ein riesiges Bücherangebot zu den Themen Kunst, Fotografie, Mode

---

top picks
MADE IN WIEN

- **Art Up** (S. 149) Hier gibt's Highlights des lokalen (Mode-)Designs.
- **Augarten Wien** (S. 147) Traditionelles, sehr hochwertiges Porzellan – Vorsicht, Miniaturpudel!
- **Perzys Schneekugeln** (S. 154) Original und am allerbesten.
- **Vienna Bag** (S. 149) Schicke, robuste Allzwecktaschen.
- **Wie Wien** (s. rechte Spalte) Handgemachte, komplett kitschfreie Souvenirs.

SHOPPEN MIT LUCIE

„Drei universelle Dinge trotzen allen Sprachbarrieren: Liebe, Musik und Shoppen." Lucies Philosophie zahlt sich aus: Seit 2008 veranstaltet die frühere New Yorker Modestylistin ständig spezielle Shoppingtouren in Wien (www.shoppingwithlucie.com; ca. 25 €/3 Std.) – inspiriert von Einheimischen, die eigene Produkte herstellen, auf Nachhaltigkeit achten und etwas erschaffen, das es nur hier gibt (oder einer Kombi aus diesen drei Faktoren). Vor jeder Tour bekommt man ein Care-Paket: eine individualisierte Karte mit allen besuchten Shops (falls man auf eigene Faust noch mal hin will), einen eigens zusammengestellten Stapel Visitenkarten und einen Gutschein mit zweiwöchiger Gültigkeit, der bei allen abgeklapperten Läden 10 bis 20 % Rabatt einbringt

Wie unterscheiden sich die beiden Touren, die Sie anbieten? Eine deckt die Innere Stadt (1. Bezirk) ab. Dabei wird nach avantgardistischem Schmuck, Topmode, Accessoires und kulinarischen Köstlichkeiten gestöbert – zumeist bei österreichischen Designern und Konfisieren. Die zweite Tour führt normalerweise nach Neubau (7. Bezirk) und Umgebung. Hier bekommt man einen Überblick über kreative Designerläden, die Mode und Accessoires teilweise direkt vor Ort herstellen – ergänzt durch Designer, die umweltfreundliche, fair gehandelte Materialien verwenden. So kann man Außergewöhnliches und Nachhaltiges kaufen.

Wo können Fans ungewöhnlicher Boutiquen am besten bummeln? Definitiv im 7. Bezirk (Neubau). Dort stoße ich jedes Mal auf Neueröffnungen, und das Erkunden der atmosphärischen Gassen ist sehr entspannend. Beispielsweise kommt man samstags auf der belebten Mariahilfer Straße (wo alle großen Ketten vertreten sind) kaum voran. Einen Block weiter verläuft jedoch parallel dazu die ruhige, reizende Lindengasse mit vielen faszinierenden, kleinen Läden.

Was mögen Sie außer den Einkaufsmöglichkeiten am meisten an Wien? Die Tatsache, dass die meisten Dinge hochwertig sind und oft einen persönlichen Touch haben. Zudem schätze ich, dass die Wiener generell verantwortungsbewusst kaufen und auf eine nachhaltige Lebensweise achten. Davon zeugen die vielen umweltfreundlichen Geschäfte.

Und Ihre Zukunftspläne? Gerade denke ich über zwei Zusatztouren nach: Einerseits sollen acht tolle Skaterläden abgeklappert werden, bei der anderen geht es um Einrichtungsdesign. Wiens Shoppingszene bietet noch zahllose weitere Überraschungen. Es macht Spaß, das ganze Angebot zu zeigen.

Ein Interview mit Lucie Lamster-Thury

---

und Designtheorie, das auch tolle Titel zur Kunst- und Designgeschichte Österreichs bzw. Wiens umfasst.

LOMOSHOP Karte S. 90 f. Fotografie
☎ 523 70 16; 7., Museumsplatz 1; Mo–So 11–19 Uhr; U2, U3 Volkstheater 48A
Im MuseumsQuartier unterhält die Lomographic Society's (www.lomography.com) ihren allerersten Shop, der als Zentrum des weltweiten Lomo-Kults gilt. So bekommt man hier alle möglichen Lomo-Kameras, Geräte und -Acessoires. Original russische Lomos kosten ca. 160 €, Einweg-Lomos sind schon für 14 € zu haben. Falls noch Inspiration benötigt wird: Eine ganze Wand ist mit Lomo-Fotos dekoriert.

MOT MOT
Karte S. 90 f. Kleidung, Mode & Accessoires
☎ 924 27 19; www.motmotshop.com; 7., Kirchengasse 36; Di–Fr 12–19, Sa 12–17 Uhr; 49 13A
Ein Ehepaar kreiert hier individuelle Klamotten mit Spaßfaktor. Dabei werden T- oder Sweatshirts von American Apparel jeweils in Handarbeit mit Siebdrucken versehen. Zur Auswahl stehen über 20 Motive (das wirkt wie aus einem Comicband entsprungen) und Farben. Die beiden ehemaligen Grafikdesigner verkaufen auch Becher, Anstecker, Poster und Kunstbücher. Ihre Schöpfungen haben bereits prominentes Interesse geweckt: Kürzlich entstanden hier Poster für The Kills und die Black Eyed Peas.

LOLLIPOP Karte S. 90 f. Konfiserie
☎ 526 33 38; 7., Burggasse 57; Mo–Fr 7.30–20, Sa 8–20, So 10–20 Uhr; 13A, 48A
Die altmodische, für dieses Viertel so typische Konfiserie produziert traditionelle und neumodische Süßwaren. Da ist auch für anspruchsvollste Naschkatzen garantiert etwas dabei!

DAS MÖBEL Karte S. 90 f. Möbel & Accessoires
☎ 524 94 97; www.dasmoebel.at; 7., Burggasse 10; 10–1 Uhr; U2, U3 Volkstheater 48A
Das Möbel ist eher Bar als Geschäft (s. S. 190), präsentiert aber ein paar der unkonventionellsten und originellsten Einrichtungsgegenstände Wiens. Aktuelle Werke

einheimischer Künstler oder Designer füllen den Laden und sind allesamt käuflich. Direkt am Eingang hängen besonders bemerkenswerte Taschen, die ebenfalls in Wien entworfen und hergestellt werden.

HOLZER GALERIE
Karte S. 90 f.　　　　　Möbel & Accessoires, Schmuck
☎ 412 64 17; www.galerieholzer.at/; 7., Siebensterngasse 32; Mo–Fr 10–12 & 14–18, Sa 10–17 Uhr; 49

Holzer ist die beste Adresse für hochwertige, hochglanzpolierte Möbel, Schmuckwerk, Lampen und Kunstwerke aus der Art-déco- oder Jugendstilperiode. Wer z. B. diese Josef-Hoffmann-Anrichte einfach haben muss, kann sie sich nach Hause liefern lassen. Alternativ findet man hier auch leichter transportablen Schmuck im Art-déco-Stil.

DAS STUDIO Karte S. 90 f.　　Mode & Accessoires
☎ 941 11 41; www.das-studio.at/; 7., Kirchengasse 17; Di–Fr 12–19, Sa 11–17 Uhr; 49 13A

An der dynamischen Kirchengasse liegt dieses Mekka der jungen Wiener Modeszene. Die hiesigen Kollektionen stammen z. B. von Igor Zeus, Monikova, Milch oder Shinyblink. Ebenfalls vertreten ist das Fair-Trade-Label Göttin des Glücks (S. 151) – beispielsweise mit kreativen Kleidern bzw. Hemden aus zusammengenähten recycelten Socken, die außergewöhnlich stilvoll wirken.

HOT DOGS Karte S. 90 f.　　Mode & Accessoires
☎ 236 88 14; www.thehotdogs.org/; 7., Zollergasse 12; Di–Fr 13–19, Sa 11–17 Uhr; U3 Neubaugasse 13A

top picks
SCHAUFENSTERBUMMELN

Viele Kostbarkeiten in opulenten Läden machen Wien zu einem Paradies für Schaufensterbummler. Man respektiert hier die Kunst des Bummelns – wer nur gucken will, wird niemals zum Kaufen oder Gehen gedrängt.

- **Buchhandlung Walther König** (S. 152) Eher Bibliotheks- als Buchladenfeeling: Im MuseumsQuartier findet man hier Titel zur Kunst und Architektur Wiens bzw. Österreichs.
- **Dorotheum** (S. 149) Auktionshaus mit gebrauchten Antiquitäten und Schätzen.
- **Freyung-Passage** In der prächtigen Einkaufspassage heißt es z. B. Schokolade von Xocolat (S. 148), gemeißelte Jugendstilfriese, Marmorskulpturen und einen Springbrunnen bestaunen.
- **J & L Lobmeyr** (S. 147) Glitzernder Palast voller exquisiter Waren.
- **Lichterloh** (S. 151) Retro-Möbelklassiker, die jedes Loft zieren – zu entsprechend hohen Preisen.

Bei den individuell geschneiderten, figurbetonten Damenklamotten dominieren weiche Linien und hochwertige Stoffe (wie Rohseide, feine Wolle oder fließende Strukturbaumwolle). Dennoch kosten die meisten Stücke maximal 200 €. Am winzigen Tisch in der Mitte des Miniladens näht Eigentümerin und Designerin Mandarina ihre neuesten Kreationen zusammen.

PARK Karte S. 90 f.　　Mode & Accessoires
☎ 526 44 14; www.park.co.at/; 7., Mondscheingasse 20; Mo–Fr 10–19, Sa 10–18 Uhr; 49 13A

SCHNEEKUGELN

Es gibt viele Nachahmer, aber nur ein Original: die Perzy-Schneekugel. Im Jahr 1900 kam Erwin Perzy I. in seiner Wiener Werkstatt auf die Idee, eine Kugel zu bauen, worin sich ein Miniaturkirchlein befand. Zusammen mit einer Flüssigkeit und etwas Reis entstand beim Schütteln der Eindruck, in der Miniaturlandschaft würde es schneien. Die Kugel war sofort der Renner – sogar Kaiser Franz Joseph soll begeistert gewesen sein.

Mehr als 100 Jahre später blüht die Firma weiterhin und befindet sich immer noch in Familienbesitz: Erwin Perzy III., der Enkel des Schneekugel-Erfinders, ist der derzeitige Chef des Unternehmens. Die Produkte der Firma sind um die Erde gegangen und auch in berühmte Hände gelangt – zu Bill Clintons Amtseinführung wurde eine Perzy-Schneekugel angefertigt, in der wirkliches Konfetti vom Ereignis drin ist. Einzelstücke wurden auch für die Filme *Citizen Kane*, *Heidi* und *True Lies* hergestellt.

In einer Welt, in der Tausende von Billigsouvenirs von den Fließbändern laufen, ist es erfreulich und überraschend, dass die Schneekugeln alle weiterhin in Handarbeit gemacht werden. In der Werkstatt befindet sich Perzys Schneekugelmuseum (Karte S. 53 f.; ☎ 486 43 41; www.viennasnowglobe.at/; 17., Schumanngasse 87; Mo–Do 9–15 Uhr; 9, 42), wo es Schneekugeln zu sehen gibt. Besichtigung nach Voranmeldung.

WEIHNACHTSMÄRKTE

Ab Mitte November tauchen überall in Wien Christkindlmärkte auf. Die Atmosphäre und der Stil liegen zwischen kitschig und skurril, aber ein paar Dinge haben alle Märkte gemeinsam: viele Besucher, viele Weihnachtsgeschenke zum Kaufen, Glühwein-, Kartoffelpuffer- und Maronistände. Die meisten Märkte schließen einen oder zwei Tage vor Weihnachten.

Zu den besten Weihnachtsmärkten gehören:

Altes AKH (Karte S. 100 f.; 🚋 43, 44) Der bei Studenten beliebte Markt nimmt eine Ecke des größten Hofs des Alten AKH ein. Für die Kleinen gibt's einen Streichelzoo und einen von Pferden gezogenen Schlitten.

Freyung (Karte S. 60 f.; Ⓤ U2 Schottentor 🚌 1A) Die Stände der Freyung bieten österreichisches Kunsthandwerk – man versucht hier mit einigem Erfolg, die gute alte Zeit wieder aufleben zu lassen.

Heiligenkreuzerhof (Karte S. 60 f.; Ⓤ U1, U4 Schwedenplatz 🚋 alle Richtung Schwedenplatz) Der von vielen übersehene Markt ist der vielleicht authentischste und skurrilste der Weihnachtsmärkte. Er findet hinter der Schönlaterngasse statt, versteckt in einer Wohnanlage.

Karlsplatz (Karte S. 90 f.; Ⓤ U1, U2 U4 Karlsplatz) An den Ständen in der Nähe der Karlskirche werden überwiegend kunsthandwerkliche Geschenkideen angeboten. Die Leute versammeln sich um Feuer in Metallfässern und schlürfen ihren Glühwein.

Rathausplatz (Karte S. 60 f.; 🚋 1, 2) Auf dem Platz vor dem Rathaus findet der wohl größte und touristischste Weihnachtsmarkt Wiens statt. Die meisten angebotenen Weihnachtsgeschenke sind unglaublich kitschig, aber munter geht es schon zu, und der Glühwein fließt in Strömen.

Schönbrunn (Karte S. 126 f.; Ⓤ U4 Schönbrunn, 🚌 10A) Der Kreis der Stände direkt vor dem Schloss verkauft im Allgemeinen recht teure Artikel, aber es gibt viele Events für Kinder und täglich um 18 Uhr ein klassisches Konzert (an Wochenenden mehr).

Spittelberg (Karte S. 90 f.; Ⓤ U2, U3 Volkstheater 🚋 49 🚌 48A) In den heimeligen, kopfsteingepflasterten Gassen des Viertels Spittelberg findet dieser Markt statt, der traditionell bei den Wienern besonders beliebt ist. Die Stände bieten gutes Kunsthandwerk, aber nicht zu den niedrigsten Preisen. Wie kalt es auch ist, die Leute versammeln sich scharenweise vor den Glühweinständen, besonders vor dem Lux und dem Plutzerbräu.

Als seriöser Designerstore führt Park auch Fashionbücher und -zeitschriften. Auf nüchternen, komplett weißen 480 m² gibt's hier ansonsten moderne Mode (z.B. von Hussein Chalayan oder Raf Simons) und tolle japanische 2k-T-Shirts (www.2ktshirts.com) nach Entwürfen verschiedener Künstler.

SHU! Karte S. 90 f. Schuhe

☎ 523 14 49; 7., Neubaugasse 34; 🕙 Di–Fr 12–18, Sa 12–17 Uhr; 🚋 49 🚌 13A

shu! bedient Damen und Herren seit über zehn Jahren. Zu guten Preisen erbeuten Schuhfans hier die neuesten Modelle von Marken wie Camper, Vic Matie oder Gidigio.

NORDWESTLICHE VORSTADT

K&K SCHMUCKHANDEL

Karte S. 100 f. Schmuck

☎ 408 99 53; 8., Josefstädter Straße 5; 🕙 Mo–Fr 10–18, Sa 10–14 Uhr; 🚋 2 🚌 13A

In dieser riesigen Schatztruhe stapeln sich überall Halbedelsteine, Chinoiserie und Perlen aus polierter Koralle, Perlmutt oder Holz. Angeboten werden Halsketten, Ohrringe, Armreifen und Armbänder. Alternativ kann man sich seinen Traumschmuck extra aus selbst ausgesuchten Steinen anfertigen lassen.

ÖSTLICH DES DONAUKANALS

GUTER STOFF

Karte S. 118 f. Mode & Accessoires

☎ 338 43 57; http://guterstoff.com; 2., Glockengasse 8a; 🕙 Di–Fr 11–13 & 14–18, Sa 11–13 Uhr; Ⓤ U2 Taborstraße

Der Name ist Programm und steht für Fair-Trade-Fashion von einer Handvoll Labels. Darunter sind z.B. Move At (handgenähte Ledertaschen und -geldbörsen aus Wien), Earth Positive oder Continental Clothing. Letztere produzieren lässige Streetwear. Die hauseigenenen „Lochpimpungen" (Applikationen) in verschiedenen Stilen, Farben Formen hauchen verschlissenen klamotten neues Leben ein.

NAGY STRICKDESIGN
Karte S. 118 f.   Mode & Accessoires

☎ 925 13 74; 2., Krummbaumgasse 2–4; Di, Mi & Fr 14–19, Do & Sa 14–20 Uhr; 5A

Christa Nagys gestreifte Strickwaren aus Baumwolle oder Viskose sind gleichermaßen klassisch und topaktuell. Die schmeichelhaften Designs in fröhlichen Farben gibt's für warme und kalte Tage. Hinzu kommen Leinenhosen und -röcke in erfrischend bunter, lässig geschnittener Auswahl.

SÜDWESTEN & GÜRTEL

STAUD'S Karte S. 126 f.   Essen & Trinken

☎ 406 88 05-21; http://stauds.com; 16., Yppenplatz; Di–Sa 8–12.30, Fr auch 15.30–18 Uhr; U6 Josefstädter Straße 2, 44

Seit über 30 Jahren produziert das Familienunternehmen neben Marmelade auch eingelegtes Obst und Gemüse. Obwohl Supermärkte andere Marken günstiger verkaufen, gibt's hier die bei Weitem beste Qualität in ganz Wien. Super für Besuche ist der Samstagmorgen, wenn Hochbetrieb auf dem nahegelegenen Brunnenmarkt (s. Kasten S. 150) herrscht.

GOLD N' GUITARS
Karte S. 126 f.   Musikinstrument

☎ 877 49 80; www.gitarrenwerkstatt.at; 13., Maxingstraße 2; Mo–Fr 10–12.30 & 14–18, Sa 9–12.30 Uhr; U4 Hietzing 10, 58

Eigentümer und Gitarrenbauer Michael Eipeldauer ist ein einzigartiger Wiener: Er restauriert und verkauft Kontragitarren (alias Schrammelgitarren), die z. B. für Volksmusik und Jazz verwendet werden. Diese Instrumente haben neben einem normal bundierten Hals noch einen zweiten bund- und griffbrettlosen Hals für Basstöne. Prachtstück zum Zeitpunkt der Recherche war ein Biedermeier-Modell aus den 1840er-Jahren. Die Preise liegen zwischen 1600 € (gebraucht) und 3500 € (neu). Auf den Ladenständern glitzern auch stilvolle, gebrauchte DDR-Gitarren (z. B. von Musima) und klassische Jazzklampfen von Arthur Lang.

ESSEN

top picks

- **Aubergine** (S. 163)
- **Die Burgermacher** (S. 173)
- **Neni** (S. 169)
- **ON** (S. 170)
- **Österreicher im MAK** (S. 165)
- **Restaurant Mraz & Sohn** (S. 177)
- **Silberwirt** (S. 168)
- **Steirereck im Stadtpark** (S. 163)
- **Urbanek** (S. 171)

Tipps von Travellern für Traveller – www.lonelyplanet.com/vienna

ESSEN

Einer der anregendsten Aspekte eines Wienbesuchs ist die lokale Küche, die momentan dank einer Welle talentierter Chefköche wie Heinz Reitbauer vom Steirereck im Stadtpark (S. 163), Tommy Möbius vom Restaurant Bauer (S. 163), Markus Mraz vom Restaurant Mraz & Sohn in Brigittenau (S. 177) und Thomas Dorfer vom Landhaus Bacher in Mautern (an der Donau in Niederösterreich, gegenüber von Krems; s. S. 236) eine Renaissance erlebt. Zu diesem Revival gehört auch ein Trend der Rückkehr zum Altbewährten in der Wiener Küche – das beste Beispiel sind die „Beisln" (ein Wort aus dem Jiddischen, das „kleines Haus" bedeutet), die traditionellen Schänken, in denen gute Hausmannskost mindestens genauso wichtig ist wie Bier oder guter Wein.

Die sommerliche Besucherflut nach Wien hat dazu beigetragen, dass die Zahl und Vielfalt der Restaurants wächst. Morgens, mittags und abends vor der Wahl zu stehen, was man jetzt essen möchte, gehört zum Wien-Erlebnis mit dazu – und die Auswahl ist wirklich groß. Außerdem wichtig ist die Frage, ob man in einem richtigen Restaurant oder beispielsweise in einem Beisl (S. 160) speisen will. Und man muss sich entscheiden, ob man sich mit einem Mittagsmenü begnügen oder sich auf ein großes Diner einlassen will. Obwohl heute frische Lebensmittel zu allen Jahreszeiten eingeflogen werden, spielen frische saisonale Erzeugnisse aus der Region in der guten Wiener Küche immer noch eine entscheidende Rolle.

GESCHICHTE

Ein Schlaukopf bemerkte einmal, das Gute an der Geschichte sei, dass sie schon so alt wäre. Die Geschichte der klassischen Wiener Küche war immer von fremden Einflüssen und Neuerungen geprägt. Das Rezept für das Wiener Schnitzel (das echte ist ein Kalbsschnitzel) soll einer inzwischen bestrittenen Legende zufolge Feldmarschall Radetzky 1857 aus Mailand mitgebracht haben. Gulasch stammt aus Ungarn, die dazu servierten Klöße sind hingegen der böhmischen Küche zu verdanken. Der Tafelspitz, das feine gekochte Fleisch vom Rind, das mit geriebenem Meerrettich serviert wird, war die Lieblingsspeise des Kaisers Franz Josef, der ausländischen Gästen bei Empfängen in Schönbrunn immer französische Gerichte vorsetzte. Privat allerdings ließ er sich Wiener Schnitzel und Tafelspitz schmecken.

Die ausgeprägte Vorliebe der Wiener für guten Kaffee und die Tradition des Kaffeehauses (in dem es auch kleine Gerichte gibt) ist den osmanischen Türken geschuldet, die das exotische Gebräu 1683 bei der Belagerung Wiens im Gepäck hatten. Die klassische Wiener Küche entstand, indem Gerichte aus all den Ländern übernommen wurden, in denen die Habsburger herrschten. Diese Gerichte passte man dann an den heimischen Geschmack an und fügte sie der Tradition bei. Gleichzeitig ließ man sich von den kulinarischen Hauptstädten der Welt anregen,

top picks
WIENS BESTE SCHNITZEL

- Figlmüller (S. 164)
- Gasthaus Wickerl (S. 174)
- Schloss Concordia (S. 179)
- Zu den Zwei Liesln (S. 172)
- Zum Alten Fassl (S. 170)

beispielsweise von Paris, einem der wenigen Orte, wo die Habsburger nie das Sagen hatten. So entstand aus all den verschiedenen Einflüssen jene Küche, die man heute noch in der österreichischen Hauptstadt genießen kann.

SPEZIALITÄTEN
Klassische Küche

Das bekannteste Wiener Gericht ist zweifellos das Wiener Schnitzel. Das ebenfalls weithin bekannte Gulasch, dessen beste Variante das Rindergulasch ist, wird in der Meierei im Stadtpark (s. Kasten S. 162) ausgezeichnet zubereitet. Tafelspitz hat vielleicht nicht die Welt erobert, ist aber zumindest in den deutschsprachigen Ländern weit verbreitet. Er wird mit Suppengrün gekocht und anschließend mit Meerrettich serviert. In „Neo-Beisln" (s. S. 160) gibt man diesem Gericht gern eine moderne Note.

GUMMIBÄRCHENGULASCH

Heinz Reitbauer, der Chefkoch des Steirereck im Stadtpark (S. 163), schwört bei Gulasch auf „Entschleunigung" – soll heißen: langsame Zubereitung. Die vor einiger Zeit im *Stern* vorgestellten Ideen, mit denen manche Leute ein Gulasch aufpeppen, dürften wohl kaum seine Begeisterung wecken. Da gibt's Freunde der asiatischen Küche, die meinen, Papayasaft könne einem Gulasch nicht schaden, Toskana-Verrückte, die Olivenöl dazutun, und sogar Leute, die wegen der richtigen Konsistenz Gummibärchen in den Sud geben (das ist mal richtig daneben). Wieder andere geben *osso bucco* – also einen schlichten Markknochen – mit hinzu, weil das Mark die Sauce sämiger macht. Auf alle Fälle kann also in einem Gulasch mehr drin sein, als man auf den ersten Blick vermutet.

Beuschel (ein Gericht aus Innereien, meist aus Lunge und Herz vom Kalb, in einer sauren Rahmsauce) ist ein weiteres Gericht, das in Beisln angeboten wird. Im Restaurant Aubergine (S. 163) bereitet Chefkoch Florian Hrachowina es verfeinert mit Schnecken und Schneckenkaviar zu. In der Meierei im Stadtpark wird dieses Lungenhaschee mit Schnittlauchknödeln gereicht.

Einfachere klassische Gerichte, denen man begegnet, sind Backhendl (gebratenes, paniertes Hähnchen; in der Halle werden davon in der Regel diverse Versionen aufgetischt – s. S. 172), Zwiebelrostbraten, Schinkenfleckerln (im Ofen überbackener Nudelteig mit Schinken) oder Bauernschmaus (kalte Fleischplatte).

Unter den Nachspeisen stehen Kaiserschmarrn (Pfannkuchen, häufig mit Rosinen) und Apfelstrudel ganz oben auf der Liste, im Sommer sind auch Marillenknödel beliebt.

Saisonale & regionale Produkte

In den letzten Jahren geht der Trend zum Gebrauch saisonaler und regionaler Lebensmittel (das eine geht meist Hand in Hand mit dem anderen) und zum langsamen Garen. Das Interesse der Kundschaft daran ist groß. Vor mehreren Jahren hat Andreas Gugumuck die Wiener Tradition der Schneckenzucht neu belebt, und heute servieren die Spitzenrestaurants seine Produkte (s. Kasten S. 160). Aus dem üppigen, häufig übersehenen Kamptal, einem Seitental des Donautals, beliefert Robert Paget die Wiener Küche mit feinem Ziegenkäse und Büffelmozarella aus Bioproduktion (s. S. 237). Wien ist auch berühmt für sein Gemüse. Dass Gugumuck in seine Anbaufolge auch das traditionelle Wiener Suppengrün integriert hat, ist dafür das beste Beispiel.

Hauptstädte leben von ihren „Hinterhöfen", den umliegenden ländlichen Gebieten, und Wien ist da keine Ausnahme. Schinken vom Mangalica-Schwein, dem Wollschwein (s. Urbanek, S. 171, und Thum Schinkenmanufaktur, S. 88) liefern u. a. das Burgenland und die Steiermark. Die besten Marillen, also Aprikosen, kommen aus der Wachau im Donautal, wo rund 180 Obstbauern gegen Mitte Juli die Früchte ernten und die Wiener Gourmets in einen Marillentaumel stürzen – die Zeit ist übrigens auch prima für einen Besuch in der Wachau. Der Spargel aus dem Marchfeld im südlichen Weinviertel kommt Ende April auf den Wiener Tisch, und Rindfleisch aus dem Waldviertel (min. zehn Tage abgehangen) servieren Beisln wie der Silberwirt (S. 168) das ganze Jahr über.

Restaurants wie Die Burgermacher (S. 173) oder der Hollmann Salon (S. 165) – Ersteres ein Bio-Burger-Laden, Letzteres ein gehobenes, auf Bioprodukte setzendes Restaurant – besorgen sich ihr Fleisch selbst in der Region, im Fall des Hollmann Salon speziell aus dem Waldviertel. Toni Mörwalds Restaurant Zur Traube in Feuersbrunn (s. Kasten S. 238) ist ein gutes Beispiel, wenn es um die saisonale Abwechslung auf der Speisekarte geht. Zu Beginn des Jahres steht Fisch, darunter regional produzierte Forelle, auf dem Speiseplan, im April Lamm, ab Ende Mai Spargel, im August Schwammerln (Pfifferlinge) und im September und Oktober Ente beziehungsweise Wild. Seinen krönenden Abschluss findet das kulinarische Jahr im November und Dezember mit Gänsebraten.

WOHIN ZUM ESSEN?

Die verschiedenen Viertel Wiens bieten eine große Auswahl von Restaurants. In der Inneren Stadt gibt es jede Menge Optionen, insbesondere rund um den Stephansplatz und in den Straßen, die hinunter zum Donaukanal führen. Eine Reihe ausgezeichneter Lokale, in denen sich mittags die Börsenhändler drängen, finden sich in der Nähe des Börsenplatzes und in den umliegenden Straßen.

Die größte Vielfalt gibt es jedoch in der südwestlichen Vorstadt: Die Imbissstände am Naschmarkt und in den Straßen drumherum sind regelrechte Restaurants. Nicht überse-

SLOW FOOD: DIE RENAISSANCE EINER WIENER TRADITION

Andreas Gugumuck kennt sich mit Schnecken aus. Vor mehreren Jahren begann der ehemalige Angestellte der IT-Branche mit der Schneckenzucht und hauchte damit einer alten Wiener Tradition neues Leben ein. Heute beliefert Gugumuck Wiens feinste Restaurants mit Schnecken und Schneckenkaviar – den überraschend delikaten weißen Eiern der Schnecken. Vor ein paar Hundert Jahren, so erzählt er, gab es einen Schneckenmarkt am Graben. Schnecken galten seinerzeit als Armenspeise; man schätzte sie wegen ihres gesunden, proteinreichen Fleischs.

Wir stehen am Rand des offenen Schneckengeheges von der Größe eines Basketballplatzes. Die Schnecken ruhen im Schatten zwischen frischem Gras, Kräutern und Suppengemüse. Es ist Mitte April. Noch sind nicht alle Tiere aus dem Winterschlaf, den sie im Boden vergraben zubringen, erwacht.

Auf dem Gelände werden zwei Schneckenarten gezüchtet: *Helix pomatia*, die in Mitteleuropa verbreitete Weinbergschnecke, deren Fleisch einen wildartigen Geschmack hat, und *Helix aspersa*, die Gefleckte Weinbergschnecke, die am häufigsten in Frankreich gefunden wird. Jungschnecken dieser Art werden importiert und in Wien herangezogen.

„Die Weinbergschnecken kommen Ende März oder im April aus der Erde und beginnen sofort mit der Begattung", erläutert Gugumuck und durchsucht mit Kennerblick die Anlage nach einem Paar. Mit etwas Glück entdecken wir gleich drei Schnecken beim Geschlechtsakt. „Die Befruchtung erfolgt meist im Mai. Der Akt dauert ungefähr zwölf Stunden. Die Tiere sind Zwitter: Sie befruchten sich gegenseitig und legen dann innerhalb von etwa 20 Tagen rund 40 bis 50 Eier, aus denen ungefähr 30 Jungschnecken schlüpfen. Die Tiere sind Experten im Überleben."

Er nimmt eine Schnecke hoch, die langsam aus ihrem Haus hervorkommt. Hinter der Schnecke auf Andreas Gugumucks Hand sehe ich die weiten Wiesen von Rothneusiedl, einem Ortsteil von Favoriten am Südrand der österreichischen Hauptstadt. Hier gibt es tatsächlich Slow Food – im Wortsinn.

Man kann Andreas' Schneckenfarm im Rahmen einer einstündigen Führung (office@wienerschnecke.at; 10, Rosiwalgasse 44; 10 €; Mai–Okt. So 14.30 Uhr, Reservierung erforderlich) besichtigen; ein Schneckenkebab und ein Glas Wein dazu gibt's auch.

---

hen darf man auch die großartigen Lokale im MuseumsQuartier und dessen Umgebung. In der nordwestlichen Vorstadt lockt die hübsche Servitengasse mit ein paar guten Lokalen, während der Universitätscampus „Altes AKH" und die Lokale rund um die Währinger Straße von einem studentischen Publikum frequentiert werden. Am Gürtel gibt es nur wenige wirklich gute Restaurant, doch macht das Angebot am Yppenplatz diese Öde mehr als wett. Östlich des Donaukanals findet man in der Leopoldstadt westlich der Taborstraße eine ganze Menge ordentlicher Restaurants, und auch im Bezirk Landstraße gibt es eine ganze Menge, vor allem rund um den Rochusmarkt. Wo auch immer man sich gerade befindet, gutes Essen ist stets in der Nähe!

Die Lokale unterscheiden sich natürlich nicht nur hinsichtlich ihres Angebots, sondern auch anhand der Preise. In den traditionellen Kaffeehäusern, in denen die Kellner nicht nur über ihre Tische, sondern quasi über die ganze Welt herrschen, gibt's meist Traditionelles von durchschnittlicher Qualität (s. S. 182).

Beisln

Diese einmaligen Wiener Institutionen sind schlichte Wirtshäuser mit Holztäfelung, Kachelöfen, einfachen Tischen und herzhaften Wiener Gerichten wie Schnitzel oder Tafelspitz, aber auch Kaiserschmarrn. In jüngerer Zeit sind auch etwas teurere „Neo-Beisln" hinzugekommen, Lokale, die alte Rezepte etwas abwandeln; unsere Favoriten stehen im Kasten auf S. 161. Wien besitzt jede Menge Beisln, und die meisten setzen heute wieder auf saisonale und regionale Gerichte. In der Regel handelt es sich um preisgünstige Mittelklasserestaurants (ca. 15–25 € für ein Zwei-Gänge-Menü, manchmal inkl. Getränk).

Heurige

Die Heurigen sind zwanglose Weinschenken, die sich überwiegend am Stadtrand befinden. Hier gibt's reichhaltige Büfetts mit Salaten und Schweinefleisch und natürlich viel heurigen Wein. Zu den herausragenden Beispielen zählen das Zawodsky (S. 197) und das Göbe (S. 194). Mehr über Heurige findet sich auf S. 182.

Restaurants

Wer fein oder zwanglos speisen will, findet in Wien prima Restaurants. Getreu der Habsburgertradition sind Restaurants mit französisch beeinflusster Küche immer etwas teurer. Dafür bekommt man dort aber auch Schnecken, die in Wien mit Liebe und Sorgfalt gezüchtet werden, sowie mancherorts (z. B.

im Restaurant Aubergine, S. 163) sogar Schneckenkaviar (jawohl, die Schneckeneier). Am anderen Ende der Preisskala stehen zwanglose, alternative oder ausgefallene Lokale wie das The Point of Sale (S. 170) oder die Kantine (S. 173), wo man preisgünstig essen und kostenlos über WLAN surfen kann. Und außerdem gibt es auch noch viele ausländische Restaurants und Imbisse, so dass man auch auf Sushi oder eingelegte Früchte nach Punjab-Art nicht verzichten muss.

VEGETARIER & VEGANER

Veganer kommen in den Wiener Restaurants kaum auf ihre Kosten, allenfalls in einigen wenigen billigen Lokalen und Imbissen können sie fündig werden. Vegetarier jedoch bekommen problemlos Gerichte mit Hülsenfrüchten und Bohnen, Obst und Milchprodukten. Das preisgünstige Restaurant (mit Take Away) Die Burgermacher (S. 173) und das Mittelklasse-Beisl Hollmann Salon (S. 165) verwenden Biozutaten. Auf dem Naschmarkt (S. 169) und auf weiteren Bauernmärkten (s. Kästen „Märkte & Supermärkte" zu jedem Viertel) findet man viel Auswahl für ein vegetarisches Picknick und Essen, das man mitnehmen oder vor Ort verzehren kann. In den Läden der Kette Biomarkt Maran kann man sich mit frischem Bio-Obst und -Gemüse sowie sonstigen vegetarischen Lebensmitteln eindecken.

KOCHKURSE

Wem es in Wien geschmeckt hat und wer einige Gerichte zu Hause nachkochen will, bekommt hier Tipps von erfahrenen Köchen und angehenden Kochstars:

Babettes (Karte S. 90 f.; ☎ 585 51 65; www.babettes.at; 4, Schleifmühlgasse 17; Mo–Fr 10–19, Sa 10–17 Uhr) Abendkurse (110–120 €) zu diversen Kochstilen, darunter ein wienerischer und ein vegetarischer; am Ende steht ein Feinschmeckermahl.

Gesundes (Karte S. 118 f.; ☎ 219 53 22; www.gesundess.at; 02, Lilienbrunngasse 3; Kurs 77 €; U1, U4 Schwedenplatz N) Abendkurse zur vegetarischen, veganen bzw. makrobiotischen Küche; alles rund ums gesunde Essen.

Noi (☎ 403 13 47; www.restaurantnoi.net; 16, Yppenplatz; Kurs 100–120 €; U6 Josefstädter Straße 2) Die Nachmittagskurse gelten einem bestimmten Thema oder einem Gericht der Saison. In der Regel werden Biozutaten verwendet. S. auch S. 178.

Wrenkh (☎ 533 15 26; 01, Bauernmarkt 10; Kurs ab 48 €; U1, U3 Stephansplatz) Hier kann man von einem ange-

top picks
BESTE BEISLN

Traditionelle *Beisln:*
- Beim Czaak (S. 166)
- Figlmüller (S. 164)
- Gasthaus Wickerl (S. 174)
- Griechenbeisl (S. 164)

Neo-*Beisln:*
- Glacis Beisl (S. 172)
- Hollmann Salon (S. 165)
- Silberwirt (S. 168)

sehenen, auf Vegetarisches spezialisierten Wiener Chefkoch lernen. Es gibt auch Tipps fürs Frühstück. S. auch S. 164.

PRAKTISCH & KONKRET
Öffnungszeiten

In Wien bekommt man zu jeder Tages- und Nachtzeit etwas zu essen. Die Cafés sind in der Regel von 8 bis 24 Uhr und die Restaurants von 11 bis 15 sowie von 18 bis 23 oder 24 Uhr geöffnet. Frühstück gibt es üblicherweise von 7 bis 10 Uhr, mancherorts aber auch bis zum Mittag oder sogar bis zum späten Nachmittag. Mittagessen erhält man zwischen 11 und 15 Uhr (die Küchen schließen mancherorts um 14.30 Uhr) und Abendessen zwischen 18 und 23 Uhr. Abweichende Öffnungszeiten einzelner Restaurants sind im Text angegeben. Viele Restaurants legen einen Ruhetag ein, meist sonntags oder montags. Außerhalb der üblichen Öffnungszeiten kann man sich in Pizzaläden, an Würstchenständen (ein paar sind fast rund um die Uhr geöffnet) und in den überwiegend türkischen Kebabgrills (auch Essen zum Mitnehmen) verpflegen.

Preise

Es bleibt jedem selbst überlassen, wie viel er ausgeben will. Selbstverständlich hängt das kulinarische Erlebnis davon ab, was man zu zahlen bereit ist, aber da frische, regionale Zutaten im Trend liegen, kann man auch in Billigrestaurants durchaus sehr gut essen. Wer getreu Gary Cooper um 12 Uhr mittags speist, kommt in den Vorteil der Mittagsmenüs, bei denen zwei Gänge üblicherweise weniger als 15 € kosten. Mit einem Glas Wein zum Essen

PREISE

Die Angaben beziehen sich auf ein Zwei-Gänge-Menü ohne Getränke.

€€€	mehr als 30 €
€€	15–30 €
€	unter 15 €

zahlt man in den meisten Mittelklasserestaurants für zwei Gänge zwischen 20 und 30 €.

Die Lokale in diesem Kapitel sind nach Vierteln und innerhalb dieser Abschnitte preislich absteigend geordnet. Die angegebenen Preise beziehen sich auf ein Zwei-Gänge-Menü (ohne Getränke).

Reservierung

Wenn man in einem bestimmten Restaurant essen will, sollte man reservieren. Wo dies besonders empfehlenswert ist, haben wir das unten in dem Abschnitt zum jeweiligen Restaurant eigens angemerkt. Eine Alternative ist, den Restaurantbesuch in die Randzeiten – zu Beginn oder gegen Ende der Öffnungszeit – zu verlegen.

Trinkgeld

Beim Trinkgeld ist es üblich, den Rechnungsbetrag um etwa 10 % aufzurunden – außer in den seltenen Fällen, in denen der Service einfach schlecht war. Man teilt nach dem Erhalt der Rechnung dem Kellner einfach mit, auf welchen Betrag er rausgeben soll. In nobleren Restaurants lässt man das Trinkgeld in der Faltkarte mit der Rechnung zurück. Manchmal verlangen Restaurants einen Extrabetrag für Brot und Ähnliches; dieses sogenannte Gedeck schlägt mit rund 2 € zu Buche.

Selbstversorger

Neben Supermärkten wie denen des Lokalmatadors Billa gibt es in vielen Wiener Vierteln auch Bauernmärkte (die besten sind bei jedem Viertel in einem Kasten genannt). Der größte dieser Märkte ist der Naschmarkt in der südwestlichen Vorstadt, zu dem Gourmets aus der ganzen Stadt kommen.

Rauchen

Manche Traveller könnten sich an dem Zigarettenqualm in Wiener Restaurants stören. Theoretisch müssen größere Gaststätten separate Raucher- und Nichtraucherzimmer anbieten, außer in Fällen, in denen das nicht machbar ist. In der Realität wird diese Vorschrift aber nur lückenhaft umgesetzt, und häufig gibt es einfach Raucher- und Nichtraucherbereiche, die nicht durch eine Wand abgegrenzt sind. Mancherorts funktioniert das, anderswo liegt überall blauer Dunst in der Luft. In letzter Zeit wurde diesbezüglich allerdings schärfer durchgegriffen, sodass sich die Situation für Nichtraucher verbessert. In dem Führer verwenden wir das Nichtrauchersymbol für Restaurants, in denen das Rauchen komplett untersagt ist oder wirklich separate Nichtraucherräume zur Verfügung stehen.

INNERE STADT

Dank der großen Restaurantdichte bietet die Innere Stadt für alle Hungrigen etwas. Zwar sind viele Lokale auf Touristen ausgerichtet, aber das ist gar nicht so schlecht, weil die besten von ihnen typisch wienerische Küche zu erschwinglichen Preisen servieren. Am oberen Ende der Preisskala finden sich hier im Zentrum auch einige der modernsten und innovationsfreudigsten Restaurants.

JULIUS MEINL AM GRABEN
Karte S. 60 f. International €€€

☎ 532 33 34; www.meinlamgraben.at; 1., Graben 19; Hauptgerichte ab 30 €, 3-Gänge-Menü 35 €; Mo–Fr 8–20, Sa 9–20 Uhr; U1, U3 Stephansplatz 1A, 2A, 3A; V

Das Meinl kombiniert Cuisine von erstklassiger Qualität mit einer Weinkarte, die ihresgleichen sucht, und Ausblick auf den Graben. Chefkoch Joachim Gradwohl zaubert aus frischesten Zutaten verführeri-

---

GULASCH, KÄSE & FRÜHSTÜCK

Die ans Steirereck im Stadtpark (S. 163) angeschlossene Meierei im Stadtpark (☎ 713 31 68; http://steirereck.at; Am Heumarkt 2a; Mo–Fr 8–23, Sa & So 9–19 Uhr; V) serviert bis 12 Uhr umfangreiche Frühstücksmenüs. Solche Frühstücksmenüs kosten hier zwischen 18,50 und 22,50 €. Mittags erhält man eine Auswahl klassischer Wiener Gerichte (nur Mo–Fr 11.30–16.30 Uhr, Hauptgerichte 9,50–14,50 €) mit ungewöhnlichem Dreh. Manchmal steht da auch frisches Gemüse im Mittelpunkt. Berühmt ist das Restaurant aber vor allem für sein Gulasch (nur werktags) und seine 120 Käsesorten. Werktags ab 17 und am Wochenende ab 11.30 Uhr gibt's ein Vier-Gänge-Menü (39 €).

sche Gerichte, oft mit feinen mediterranen Saucen und süßen Aromen. Die Kellner sind fast schon pingelig professionell, aber die Stimmung ist erstaunlich relaxt: Man kann sogar gemütlich auf den Sofas sitzen und die Pestsäule bewundern. Meinls Weinbar im Weinkeller ist bis 24 Uhr geöffnet. Vor Ort befindet sich auch das gleichnamige geschätzte Delikatessengeschäft (S. 147).

STEIRERECK IM STADTPARK
Karte S. 60 f.   Österreichisch €€€

☎ 713 31 68; http://steirereck.at/; 3., Steirereck im Stadtpark; Hauptgerichte 24–44 €, 5-/6-Gänge-Menü 95/105 €; Mo–Fr 12–14.30 & 18.30–24 Uhr; U3 Stubentor 1, 2

Das schon lange bestehende Steirereck wagte schon vor einiger Zeit den Umzug in ein aus dem frühen 20. Jh. stammendes ehemaliges Molkereigebäude im schönen Stadtpark. Otto Wagners Ufergestaltung an der Wien sorgt für eine ungewöhnlich schöne Kulisse bei einem eleganten Dinner. Mittags und abends gibt es Fünf- oder Sechs-Gänge-Menüs (in der Regel mit zwei Alternativen pro Gang) mit saisonalen österreichischen Gerichten. Der angemessene Wein zum Essen schlägt mit zusätzlichen 53/63 € (5/6 Gänge) zu Buche.

DO & CO STEPHANSPLATZ
Karte S. 60 f.   International €€€

☎ 535 39 69; 1., Stephansplatz 12, Haas-Haus; Hauptgerichte 19–28,50 €; 12–15 & 18–24 Uhr; U1, U3 Stephansplatz; V

Das DO & CO ist das Lieblingsrestaurant der Wiener Politiker und der Geschäftswelt. Raffinierte Beleuchtung, Loungemöbel und hellbraune Lampenschirme sorgen für einen leichten Retro-Touch, nette Extras sind das Tafelsilber und der Blick auf den Stephansdom. Auf der internationalen Karte stehen neben österreichischen Spezialitäten als Highlight Gerichte aus vielen Ländern Asiens, aber auch uruguayisches Rindfleisch mit Kartoffelpüree und Perlzwiebeln in einer karamellisierten Sauce (26 €).

AUBERGINE
Karte S. 60 f.   Französisch, Österreichisch €€€

☎ 968 31 83; 1., Gonzagagasse 14; Hauptgerichte 1–24 €, 3-Gänge-Mittagsmenü 21,50 €, 3- bis 5-Gänge-Abendmenü 42–62 €; Jan.–Nov. Mo–r 11.30–14.30 & 18–24 Uhr, Dez. zusätzl. Sa 18–24 Uhr; U2 Schottentor 1

Im Restaurant Aubergine wird man mit

top picks
NOBEL SPEISEN

- **Aubergine** (s. linke Spalte) Ein Mix aus Wiener Stil und mediterranem Edel-Bistro: Holz und Schiefertafeln prägen das Bild.
- **Hollmann Salon** (S. 165) Überwiegend große Sitzbänke (kein Ort für intime Gespräche) in gehobenem Ambiente; erstklassige Plätze im Hof.
- **Julius Meinl am Graben** (S. 162) Bastion der gehobenen traditionellen Küche.
- **Restaurant Bauer** (s. unten) Trauliches, verführerisches Restaurant.
- **Steirereck im Stadtpark** (s. linke Spalte) Modern und international; ein eindrucksvolles Restaurant mit Terrasse und Garten.

einer delikaten, gesalzenen und marinierten Scheibe der gleichnamigen Eierfrucht als Vorspeise begrüßt. Danach geht es in ein kulinarisches Wunderland, z. B. mit Kalbsbeuscheln, dünnen Scheiben von Kalbsinnereien, begleitet von Schnecken und Schneckenkaviar (16,80 €). Schneckenkaviar ist weniger salzig als der Kaviar vom Stör und platzt nicht beim Draufbeißen. Auf der Speisekarte stehen außerdem viele delikate Fleischgerichte und Beilagen. Die Weinkarte ist ellenlang: Sie bietet rund 800 österreichische Flaschenweine. Zum Abendessen sollte man reservieren.

RESTAURANT BAUER
Karte S. 60 f.   Französisch €€€

☎ 512 98 71; 1., Sonnenfelsgasse 17; Hauptgerichte 26–34 €; Mo 18–24, Di–Fr 12–15 & 18–24 Uhr; U1, U3 Stephansplatz

Das trauliche exquisite französische Restaurant hat eine kleine, saisonal ausgerichtete Karte und die entspannte Atmosphäre eines Nobel-Bistros. Der Inhaber Walter Bauer und sein Chefkoch Tommy Möbius – beide gefeierte Helden der österreichischen Restaurantszene – ergänzen die französische Ausrichtung durch Einflüsse aus dem Mittelmeerraum, z. B. aus Spanien. Auf der Speisekarte finden sich Köstlichkeiten, ab und zu beispielsweise Taubenbrust.

AURELIUS Karte S. 60 f.   Italienisch, Kroatisch €€€
☎ 535 55 24; 1., Marc-Aurel-Straße 8; Antipasti 8,50–10,50 €, Hauptgerichte 19,90–23,90 €;

◷ Mo–Sa 11.30–14.30 & 18–23 Uhr; Ⓤ U1, U3 Stephansplatz; Ⓥ

Das stilvolle italienische und kroatische Restaurant hat dank seiner fantastischen Auswahl von Antipasti, Meeresfrüchte- und Rindfleischgerichten eine Menge treuer Stammkunden. Als Vorspeise gibt es beispielsweise gebratene Calamari auf Rucola- und Tomatensalat (9 €), als Hauptgang Charolais-Rind mit Pfifferlingen (21,90 €). Im Sommer kann man draußen in dem kleinen Garten dinieren. Die Bar ist bis gegen 1 Uhr geöffnet.

VESTIBÜL Karte S. 60 f. — International €€€
☎ 532 49 99; 1., Dr.-Karl-Lueger-Ring 2; Hauptgerichte 16–24 €, Abendmenü ab 39 €; ◷ Mo–Fr 11–24, Sa 18–24 Uhr; 🚌 D, 1, 2; Ⓥ

Marmorsäulen, Kronleuchter und eine prächtige verspiegelte Bar zieren das Innere des Vestibül, das im Südflügel des Burgtheaters residiert. Bei den Speisen liegt der Schwerpunkt auf regionalen und saisonalen Produkten, so beim Biorind aus dem Waldviertel oder bei der Presswurst aus Mangalitza-Schinken. Reservierung empfohlen.

ZUM SCHWARZEN KAMEEL
Karte S. 60 f. — International €€
☎ 533 81 25; 1., Bognergasse 5; Sandwiches ca. 3 €, Suppen 6 €, Hauptgerichte 21–33 €, 3-Gänge-Menü 33 €; ◷ Mo–Sa 8.30–24 Uhr; 🚌 1A, 2A

Das Schwarze Kameel ist ein bunter Mix aus Delikatessenladen, Sandwichlokal und schicker Weinbar. Die meist gut betuchten Gäste knabbern an ihren Snacks, während sie vor der schwierigen Entscheidung stehen, welchen Wein von der umfangreichen Karte sie bestellen wollen. Suppen gibt's zum Mitnehmen, größere Gerichte werden im holzgetäfelten Raum oben serviert.

YOHM Karte S. 60 f. — Asiatisch €€
☎ 533 29 00; 1., Petersplatz 3; Hauptgerichte 13,50–28 €, 3-Gänge-Menü 19,90–35 €; ◷ 12–15 & 18–24 Uhr; Ⓤ U1, U3 Stephansplatz 🚌 2A; Ⓥ

Eine typische Szene im Yohm: Schwarz gekleidete Kellner schweben von Tisch zu Tisch und schenken wunderbaren österreichischen Wein nach, während die Gäste bei zeitgenössischen asiatischen Gerichten den tollen Blick auf die Peterskirche genießen. Sushi dominiert die Karte, man sollte aber auch die ungewöhnlicheren Angebote in Erwägung ziehen: Udon-Nudeln mit schottischem Lachs oder Entenbraten mit frischer Minz- und Pflaumensauce. Die Tagesmenüs sind werktags günstiger.

EXPEDIT Karte S. 60 f. — Italienisch €€
☎ 512 33 13 23; 1., Wiesinger Straße 6; Hauptgerichte 8–25 €; ◷ Mo–Sa 10–1, So 10–22 Uhr; 🚌 1, 2

Das Expedit macht erfolgreich auf ligurische Osteria und ist eines der beliebtesten italienischen Restaurants in Wien. Das Ladendekor mit Regalen voller Pesto, Öl, Oliven und Wein aus Ligurien wirkt sauber und schick und schafft eine geschäftige, aber zwanglose Atmosphäre. Jeden Tag kommen neue saisonale Gerichte auf die Karte – aber immer sind die Fleisch-, Fisch- und vegetarischen Gerichte ausgezeichnet. Eine Reservierung wird empfohlen. Das angeschlossene Expedit-Lager im selben Gebäude bietet Essen zum Mitnehmen.

GRIECHENBEISL Karte S. 60 f. — Beisl €€
☎ 533 19 77; 1., Fleischmarkt 11; Hauptgerichte 11–24 €; ◷ 11–1 Uhr; Ⓤ U1, U4 Schwedenplatz 🚌 1, 2, 21

Das älteste Gasthaus Wiens wurde 1447 eröffnet, zählte Personen wie Ludwig van Beethoven, Franz Schubert und Johannes Brahms zu seinen Gästen und darf daher zu Recht auf Touristen ausgerichtet sein. Die uralten gewölbten und holzgetäfelten Räume sowie die unter dem Fußabstreifer am Eingang eingekerkerte Figur des lieben Augustin sorgen für Gemütlichkeit. Auf der Karte stehen alle klassischen Wiener Gerichte. Im Sommer ist der von Pflanzen umrahmte Garten vorn ein klasse Plätzchen.

FIGLMÜLLER Karte S. 60 f. — Beisl €€
☎ 512 61 77; 1., Wollzeile 5; Hauptgerichte 7–15 €; ◷ 11–22.30 Uhr, Aug. geschl.; 🚌 1A

Wien und die Wiener wären ohne das Figlmüller ein Stück ärmer. Das berühmte Beisl liefert einige der größten und besten Schnitzel der Stadt. Die ländlich-rustikale Deko wirkt angesichts der Lage zwar etwas aufgesetzt, und es gibt auch kein Bier, sondern nur Wein vom eigenen Weinberg, aber hier zu essen ist ein einmaliges Erlebnis.

WRENKH Karte S. 60 f. — Vegetarisch €€
☎ 533 15 26; 1., Bauernmarkt 10; Hauptgerichte 8,50–19,50 €, Mittagsmenüs 9,50–10,50 €; ◷ Mo–Fr 12–16 & 18–22, Sa 18–22 Uhr; Ⓤ U1, U3 Stephansplatz; ✗ Ⓥ

EIN STÜCK ITALIEN IN DER INNEREN STADT

Eine *der* Adressen in der Inneren Stadt ist Zanoni & Zanoni (Karte S. 60 f.; ☎ 512 79 79; 01, Lugeck 7; Eis ab 2 €; ⌚ 7–24 Uhr; 🚌 1A, 2A, 3A). Die italienische Gelateria und Pasticceria hat prima Öffnungszeiten (und das ganzjährig) ideal, wenn man spätabends plötzlich Lust auf ein Dessert hat. Der Laden bietet rund 35 Sorten sehr sahniges Eis. Man bekommt außerdem Frühstück und gute Kuchen und Cremetorten. Sonntags kann man hier wunderbar zwischen den Leuten sitzen, Kaffee trinken und den Tag planen.

Das Wrenkh war jahrelang das innovativste vegetarische Restaurant und ist auch heute noch hochmodern. Vor Kurzem hat Besitzer Christian Wrenkh nun auch noch ein paar Fleisch- und Fischgerichte mit ins Programm genommen. Qualität und Aufmachung sind oft exzellent, und alles wird aus Biozutaten zubereitet. Gegessen wird vorn in dem munteren Eingangsbereich mit seinen Glaswänden und plaudernden Gästen, oder intimer im mit Sitznischen ausgestatteten ruhigeren Hinterzimmer.

HOLLMANN SALON Karte S. 60 f. Neo-Beisl €€

☎ 961 19 60 40; www.hollmann-salon.at; 1., Grashofgasse 3; Hauptgerichte 14–19 €, 3- bis 4-Gänge-Menü 29–39 €; ⌚ Mo–Sa 12–15 & 18–22, Sa ab 10 Uhr; Ⓤ U1, U3 Stephansplatz, U3 Stubentor 🚌 71; ✖ 🔊 Ⓥ

Im außerordentlich schönen Heiligenkreuzerhof verbindet dieses Restaurant das Flair eines Landhauses mit städtischem Schick. Das saftige Biofleisch stammt aus dem Waldviertel nördlich der Donau. Die Karte wechselt jeden Monat, um sicherzustellen, dass stets die besten saisonalen Produkte der regionalen Anbieter auf den Tisch kommen. Ein Vier-Gänge-Menü kann mit Hasenfilet beginnen, man kann den Hasen aber auch als Hauptgang wählen. Gegessen wird überwiegend an Gemeinschaftstischen; Küchenschluss ist um 21 Uhr. Zum Abendessen sollte man vorab reservieren. Kuchen und Brot sind hausgemacht. Im Sommer wird auch draußen serviert.

ÖSTERREICHER IM MAK
Karte S. 60 f. Österreichisch €€

☎ 714 01 21; 1., Stubenring 5; Mittagsmenü 6,40 €, Hauptgerichte 14,50–20,80 €; ⌚ 8.30–1 Uhr; Ⓤ U3 Stubentor 🚌 1, 2

Das im Museum für angewandte Kunst (s. S. 64) residierende Österreicher im MAK ist die Schöpfung Helmut Österreichers, eines der führenden Köche des Landes, der viel zum Trend zurück zu den Wurzeln der österreichischen Küche beigetragen hat. Er geht allerdings über die Tradition hinaus, indem er klassische Wiener Gerichte wie Tafelspitz durch exotische (oder jedenfalls nicht aus der Region stammende) Zutaten ergänzt. Das Restaurant besteht aus zwei Teilen: einer Loungebar vorne, wo von 8.30 bis 11 Uhr auch Frühstück angeboten wird, und dem nach hinten gelegenen eleganteren Restaurant. Drinnen entsteht durch schicke Gestaltung ein modernes Flair.

LIMES Karte S. 60 f. International €€

☎ 905 800; 1., Hoher Markt 10; kleine Gerichte 5,50–12 €, Hauptgerichte 12–22,50 €; ⌚ Mo–Fr 11–24, Sa 10–24 Uhr; Ⓤ U1, U3 Stephansplatz 🚌 1A, 2A, 3A

Das Limes ist eines der beliebtesten Wiener Lokale mit internationalen Speisen und Getränken. Die Atmosphäre ist relaxt. Serviert werden eine gute Auswahl von Flaschenweinen und ein paar offene sowie rund ein Dutzend Cocktails. Das Speisenangebot ist bunt: Sardellensalat, Büffelmozzarella, Prosciutto, Pasta, Lamm und Steak vom Angus-Rind (22,50 €). Die Küche ist von 11.30 bis 22.30 Uhr geöffnet.

EN Karte S. 60 f. Japanisch €€

☎ 532 44 90; 1., Werdertorgasse 8; Mittagsmenü 8,20–9,70 €, Hauptgerichte 9–23 €; ⌚ Mo–Sa 11.30–14.30 & 17.30–22.30 Uhr; 🚌 3A; Ⓥ

Ein Koch aus Tokio und ein Küchenteam aus Hokkaido betreiben dieses außerordentlich entspannte japanische Restaurant in einer ruhigen Ecke der Inneren Stadt. Die vielen Sushi-Varianten (z. B. Tintenfisch und süße Shrimps) zählen zu den besten in Wien. Die Gyoza sind lecker, warmer Sake oder *genmaicha* (grüner Tee mit geröstetem Reis) passen ideal zum Essen. Tagsüber ist Rauchen strikt untersagt.

BODEGA MARQUÉS Karte S. 60 f. Spanisch €€

☎ 533 91 70; 1., Pariserstraße 1; Tapas 2,80–14.50 €; ⌚ Mo–Sa 17–1 Uhr; 🚌 2A, 3A

Calamari, *Gambas* (Garnelen) und über 30 verschiedene Tapas direkt aus Spanien machen die Bodega Marqués zu einer ausgezeichneten mediterranen Option in der Inneren Stadt. 120 Weine, gewölbte Decken und gedämpfte Beleuchtung sorgen für eine romantische Atmosphäre – außer freitag- und samstagabends, wenn Live-Flamenco auf dem Programm steht. Steaks und gemischte Tapas kosten als Hauptgerichte zwischen 16,50 und 35 €.

BEIM CZAAK Karte S. 60 f. Beisl €
☎ 513 72 15; 1., Postgasse 15; Mittagsmenü 6,90–7,90 €, Hauptgerichte 8–16,50 €; Mo–Sa 11–24 Uhr; U1, U4 Schwedenplatz 1, 2
Im Gegensatz zu stärker touristisch ausgerichteten Beisln in der Inneren Stadt ist das Beim Czaak authentischer und schlichter eingerichtet. Wie zu erwarten, dominieren Fleischgerichte wie das Waldviertler Schnitzel (mit gebratenem Speck, Zwiebeln und Pilzen) oder das leckere Hausschnitzel (mit Schinken, Käse, Pilzen und Zwiebeln) die Karte, doch gibt es auch typisch wienerische vegetarische Speisen wie Eiernockerln oder Spinatknödel. Im Sommer kann man im kleinen Vorhof an Tischen unter Sonnenschirmen sitzen.

KIANG Karte S. 60 f. Asiatisch €
☎ 533 08 56; 1., Fleischmarkt 6; kleine Gerichte 2–3,90 €; Mo–Sa 11.30–23.15 Uhr; U1, U3 Stephansplatz; V
Es gibt drei Kiangs in Wien (Filiale in der Landstraße s. S. 176), aber die Filiale in der Nähe des Stephansplatzes bietet sich besonders für einen kleinen Happen zwischendurch an. Das sehr gute Sushi zum Mitnehmen, die Currys (teils vegetarisch), die Nudelgerichte und auch die Frühlingsrollen – wenn nicht gerade ausverkauft – sind erstaunlich günstig. Möchte man Sushi und Sashimi sitzend in aller Ruhe genießen, sollte man aber lieber das Kiang im Bezirk Landstraße aufsuchen, wo das Ambiente entspannter ist. Die Preise für die Hauptgerichte sind in allen Filialen gleich (11,80–19,50 €).

MASCHU MASCHU
Karte S. 60 f. Orientalisch, Israelisch €
☎ 533 29 04; 1., Rabensteig 8; Hauptgerichte 3,50–8 €; 9.30–24 Uhr; U1, U4 Schwedenplatz 1, 2, 21; V
Schneller Service, entspannte Atmosphäre und köstliche Falafel, Hummus und Salate sind der Schlüssel zu Maschu Maschus Erfolg. Die Filiale am Rabensteig mit ihren wenigen Tischen ist eher ein Takeaway, während die Filiale in Neubau ein richtiges Restaurant zum Hinsetzen ist (s. S. 172).

SOUPKULTUR Karte S. 60 f. Suppen & Salate €
☎ 532 46 28; 1., Wipplingerstraße 32; Suppen 3,90–4,50 €, Salate 5,80–7,20 €; Mo–Do 11.30–15.30, Fr 11.30–15 Uhr; 1A, 3A; V
Das Soupkultur ist bei Büroangestellten beliebt, die schnell einen gesunden Happen essen wollen. Aus Bioprodukten und aromatischen Gewürzen werden pro Woche acht verschiedene Suppen und acht Salate gezaubert, z. B. rote Linsensuppe oder traditionell ungarisches Gulasch, Caesar-Salad oder Hühnchen-Orangen-Salat. Es gibt zwar ein paar (eher symbolische) Sitzplätze, aber man nimmt das Essen besser mit, denn gleich um die Ecke liegt ein grüner Park.

BITZINGER WÜRSTELSTAND AM ALBERTINAPLATZ Karte S. 60 f. Würstelstand €
1., Albertinaplatz; Wurst 2,80–3,50 €; Nov.–März 10–4 Uhr, April–Okt. 24 Std.; U1, U2, U4 Karlsplatz D, 1, 2, 62
Wien hat zwar sehr viele Würstelstände, aber der hinter der Staatsoper bietet ein besonderes Schauspiel: Fein herausgeputzte Operngänger machen sich hier nach den Vorstellungen mit dem Weinglas in der Hand an den Tischen über die Würstchen her. Drum gibt's hier auch Moët & Chandon (19,90 €/0,2 l)! Weniger Betuchte halten sich an den Hauswein (2,80 €) oder das Stiegl Goldbräu (2,90 €). Der beste Platz im Winter ist der an der beheizten Theke.

TRZESNIEWSKI Karte S. 60 f. Sandwiches €
☎ 512 32 91; 1., Dorotheergasse 1; belegte Brötchen ab 2,80 €/100 g; Mo–Fr 8.30–19.30, Sa 9–17 Uhr; U1, U3 Stephansplatz

---

BAUERNMÄRKTE & SUPERMÄRKTE

Markt Freyung (Karte S. 60 f.; 1., Freyung; Mai–Mitte Nov. Di, Mi & Do 10–18.30 Uhr; 1A) Lebensmittelmarkt.

Bio-Markt Freyung (Karte S. 60 f.; Fr & Sa in allen ungeraden Kalenderwochen 8–19.30 Uhr; 1A) Biomarkt.

Billa In der Biberstraße (Karte S. 60 f.; Biberstraße 15; 2), am Kärntner Ring (Karte S. 60 f.; Kärntner Ring 9–13; 1, 2, D) sowie in der Singerstraße (Karte S. 60 f.; Singerstraße 6; U3, U1 Stephansplatz) vorhanden.

Der wohl beste Sandwichladen Österreichs versorgt seit mehr als 100 Jahren die ganze Stadt mit belegten Schwarzbrotscheiben – selbst Kafka war Stammgast. Zur Wahl stehen 21 dicke Beläge, z. B. Paprika, Thunfisch mit Ei, Lachs oder schwedischer Hering. Es gibt aber auch fertig vorbereitete Sandwiches. Am besten gleich ein paar nehmen, denn in zwei Bissen sind sie weg! Sechs weitere Filialen verteilen sich über das Stadtgebiet (s. S. 176).

SÜDWESTLICHE VORSTADT

Die vier innerstädtischen Bezirke Wieden, Margareten, Mariahilf und Neubau haben so viele Restaurants zu bieten, dass man schon zwei Leben bräuchte, um sie alle kennenzulernen. Auf dem geschäftigen Naschmarkt finden sich Lebensmittel aus aller Herren Länder: Hier kann man sich alles für ein Picknick holen oder sich auch an den Tischen der Stände zum Essen niederlassen. Südlich der Wien gibt es großartige Optionen in Wieden und Margareten – oft sind sie alternativ angehaucht oder verströmen eine vorstädtische Atmosphäre. Gute Restaurants jeder Art und Preisklasse gibt es in Mariahilf rund um der Gumpendorfer Straße und vor allem in Neubau im und rund um das MuseumsQuartier sowie am Spittelberg. Hungern braucht man in diesem Teil Wiens definitiv nicht!

SÜDLICH DER MARIAHILFER STRASSE

Das Gebiet südlich der Mariahilfer Straße ist ein Paradies für Feinschmecker. Hier gibt's den Naschmarkt und eine Reihe toller Restaurants südlich der Wien in Margareten und Wieden.

RESTAURANT COLLIO
Karte S. 90 f. Italienisch €€€
☎ 589 18 82; 4., Wiedner Hauptstraße 12; Hauptgerichte 11,90–24,90 €, 2-Gänge-Mittagsmenü 15 €, 5-Gänge-Menü 48,90 €; Mo–Fr 12–14.30 & 18.30–22, Sa 18.30–22 Uhr; U4 Kettenbrückengasse, Karlsplatz 1, 62;
Das feine italienische Restaurant im Hotel Stadt Triest in Wieden hat mit Parkettböden, braunen Polsterbänken und sanfter Musik aus den Lautsprechern eine Wohnzimmeratmosphäre. Gestaltet wurden die

top picks
DIE BESTEN LOKALE IM VIERTEL

- **Die Burgermacher** (S. 173) Hausgemachte Bio-Burger.
- **Haas Beisl** (S. 160) Ein echtes Beisl!
- **Neni** (S. 169) Ein kulinarisches Ethno-Erlebnis auf dem Naschmarkt.
- **ON** (S. 170) Asiatische Küche, entspannt, sehr gut gerade auch, wenn man alleine unterwegs ist.
- **Point of Sale** (S. 170) oder **Kantine** (S. 173) Alternativ, für Snacks, mit WLAN.
- **Restaurant Collio** (s. linke Spalte) Nobles Restaurant im Wohnzimmerstil.
- **Silberwirt** (S. 168) Neo-Beisl.

Räume von dem britischen Innenarchitekten Sir Terence Conran, der auch dem Café Drechsler (S. 189) seinen Stempel aufdrückte. Das Essen braucht sich hinter dem erstklassigen Design nicht verstecken und ist zudem noch außerordentlich preisgünstig. Wie alle sehr guten Wiener Restaurants ändert auch das Collio seine Speisekarte regelmäßig und saisonabhängig. Im kalten Februar kann man sich beispielsweise mit Ente in Feigensenf und gebratener Polenta (17,90 €) aufwärmen. Der Schwerpunkt liegt zwar auf venezianischen Gerichten, aber es wird ein weites und interessantes kulinarisches Gebiet abgedeckt.

GERGELY'S
Karte S. 90 f. Steaks €€
☎ 544 07 67; 5., Schlossgasse 21; Hauptgerichte 15–30 €; Di–Sa 18–1 Uhr; U4 Pilgramgasse
Das Gergely's ist das Flaggschiff von vier um den Schlossplatz verteilten Restaurants (anschauen sollte man sich auch den Garten mit hübschen Bäumen, Sitzplätzen und einem Traktor). Es residiert in einem Kellergewölbe aus dem 14. Jh. und hat sich auf Rindersteaks aus erstklassigem Fleisch heimischer und internationaler Herkunft spezialisiert. Das Glanzstück ist das 500 g schwere T-Bone-Steak vom US-amerikanischen Hereford-Rind (30 €), aber es gibt Steaks jeder Herkunft und gewünschten Größe und dazu viele Saucen und Beilagen.

MOTTO
Karte S. 90 f. International €€
☎ 587 06 72; 5., Schönbrunner Straße 30; Hauptgerichte 10–23 €; Mo–Do & So 18–2, Fr & Sa 18–4 Uhr; U4 Pilgramgasse 59A

Die Mischung aus asiatischer, österreichischer und italienischer Küche ist der Grund für den lang anhaltenden Erfolg des Motto. Zu den leckeren Spezialitäten gehören Hähnchen-Satay mit Erdnusssauce und Korianderreis oder fachkundig zubereitete steirische Backhähnchen. Faszinierend ist auch das Filetsteak mit Schoko-Chilli-Sauce. Das Restaurant ist beliebt, auch in der Schwulen- und Lesbenszene, deswegen empfiehlt es sich, zu reservieren. Hinein kommt man durch die abweisende Chromtür in der Rüdigergasse.

BEOGRAD Karte S. 90 f. Serbisch €€
☎ 587 74 44; 4., Schikanedergasse 7; Hauptgerichte 8,90–19,10 €; Do–Di 11.30–2 Uhr; U4 Kettenbrückengasse 1, 62

Die Hälfte der Bilder an den Wänden hängt schief, aber das gehört mit zum Charme dieses exzentrischen Restaurants in Wieden. Hier geht es balkanmäßig und manchmal ausgelassen zu: Auf den Tischen finden sich rote Rosen, im Hauptsaal steht ein Klavier, ein Geiger kratzt auf seinem Instrument, und ein drahtiger Bursche entlockt seinem Harmonium sonderbare Töne. Dazu summt er leise, während ihm begeisterte Gäste Geldscheine in sein Instrument stecken. Die Gerichte sind sehr reichhaltig und die Zutaten frisch und von ausgezeichneter Qualität. Eine Spezialität sind die guten ćevapčići.

UMAR Karte S. 90 f. Fisch €€
☎ 587 04 56; 4., Naschmarkt 76; Mittagsmenü 12–13 €, Hauptgerichte 13–30 €; Mo–Sa 11–24 Uhr; U1, U2, U4 Karlsplatz

Das Umar ist eines der besten Fischrestaurants in der Stadt und serviert an seinem großen Stand auf dem Naschmarkt frischen, direkt aus Italien und der Türkei importierten Seefisch. Man kann zwischen ganzen Fischen, Muscheln in Weißweinsauce und gebratenen Riesengarnelen mit Kräuterbutter wählen. Den kulinarischen Genuss runden wirklich gute Weine aus der Wachau (S. 232) ab.

PICCINI PICCOLO GOURMET
Karte S. 90 f. Italienisch €€
☎ 587 52 54; 6., Linke Wienzeile 4; Hauptgerichte 8–19 €; Mo–Fr 11–19.30, Sa 10.30–15.30 Uhr; U1, U2, U4 Karlsplatz; V

Mit dem Begriff „Gourmet" wird heutzutage ja allerlei Schindluder getrieben, und überall werden Gourmetpizzas, Gourmetsandwiches und Gourmetburger angepriesen. Hier allerdings nimmt man die Sache ernst: Das Piccini hat die besten Antipasti der Stadt. Es gibt rund 40 verschiedene Röllchen, Fischzubereitungen und gefüllte Gemüsesnacks. Hier weiß man *Brunello* und *Vino Nobile* zu unterscheiden – dass es 60 verschiedene Weine gibt, ist nicht zu verachten. Der zugehörige Laden verkauft schon seit 1856 importierte Lebensmittel aus Italien.

TANCREDI Karte S. 90 f. Neo-Beisl €€
☎ 941 00 48; 4., Große Neugasse 5; Mittagsmenü 7,50–15 €, Hauptgerichte 7,80–19,80 €; Mo 11.30–14.30, Di–Sa 11.30–14.30 & 18–24 Uhr; 1, 62;

Das ehemalige Beisl serviert regionale und saisonale Spezialitäten, Fischgerichte, Speisen aus Bioprodukten und eine große Auswahl österreichischer Weine. Pastellgelbe Wände, gebeizte Holzböden und altmodische Armaturen sorgen für eine harmonische Umgebung. Im Sommer sind die Plätze im Garten, wo Bäume Schatten spenden, schnell besetzt. Der Eingang befindet sich in der Rubengasse.

HAAS BEISL Karte S. 90 f. Beisl €€
☎ 586 25 52; 5., Margaretenstraße 74; Hauptgerichte 6,80–14,90 €; Mo–Fr 11–24 Uhr; U4 Kettenbrückengasse 1, 62

Das kleine, sehr traditionelle Beisl in Margareten hat zwar nicht die modischen, kulinarischen Feinheiten eines Neo-Beisls zu bieten, ist dafür aber absolut authentisch. Hier kann man in sehr nachbarschaftlicher Atmosphäre gut essen. Klassiker wie Kalbsbeuschel oder Konditorwaren werden hier nach altbewährter Art zubereitet, aber die Stammgäste kommen vor allem wegen der Selleriesuppe her. Über der Bar hängen die Trophäen, die die Fußballer des Haas gewonnen haben. Sie sind zwar nicht mehr jung, aber noch jung genug, wie die gewonnenen Pokale beweisen. Die Toiletten geben sich künstlerisch.

SILBERWIRT Karte S. 90 f. Neo-Beisl €€
☎ 544 4907; 5., Schlossgasse 21; Hauptgerichte 7,40–14,50 €; 12–24 Uhr; U4 Pilgramgasse; V

Das stimmungsvolle Neo-Beisl gehört zu den vier Restaurants am Schlossplatz und serviert traditionelle Wiener Gerichte, überwiegend aus regionalen und/oder Biozutaten. Neben toskanischem Cordon Bleu (mit Prosciutto, Mozzarella und Basilikum; 10,40 €), Wiener Schnitzel (13,40 €), Forelle aus der Region mit Kürbiskernbutter und frischen Kräutern (12,80 €) oder Schenkeln vom steirischen Maishähnchen (8,40 €) gibt es auch Leber, vegetarische und österreichische Nudelgerichte. Der nach hinten gelegene Schankgarten gehört zu den besten in Wien. Neben dem Silberwirt befindet sich eine Pizzeria (geöffnet 12–24 Uhr).

NENI Karte S. 90 f.　　Orientalisch, Israelisch €€
☎ 585 20 20; 6., Naschmarkt 510; Frühstück 4–8,50 €, Salate & Snacks 4–11 €, Hauptgerichte 9–15 €; Mo–Sa 8–24 Uhr; U4 Kettenbrückengasse 57A; V
Einige der „Stände" des Naschmarkts haben schon Ausmaße wie das Belvedere – das gilt auch für das Neni. Das Areal im Erdgeschoss dient überwiegend als Café und Bar, im oben gelegenen Essbereich gibt es leckere Gerichte mit Schwerpunkt auf nahöstlicher Küche. Man kriegt z. B. geschmorte Aubergine mit Ingwer und Chilli (9 €), gut zubereitete Lammkoteletts mit Polenta und Trüffeln (14 €) oder ein Hülsenfrüchteragout mit Preiselbeeren und Reis (9,50 €). An den meisten Abenden sind die Tische heiß begehrt, deswegen vorher reservieren oder außerhalb der Spitzenzeiten vorbeischauen! Frühstück gibt es bis 14 Uhr.

SAIGON Karte S. 90 f.　Vietnamesisch, Asiatisch €€
☎ 585 63 95; 6., Getreidemarkt 7; Mittagsmenü 7 €, Hauptgerichte 8,20–16,90 €; Di–Sa 11.30–23 Uhr; U1, U2, U4 Karlsplatz
Das Saigon war eines der ersten asiatischen Restaurants in Wien und ist nach wie vor eines der besten. Es gibt eine große Auswahl von Reis- und Nudelgerichten, darunter köstliches *Pho Tai Bo* (Nudelsuppe mit Rindfleisch). Eine zweite Filiale liegt in Ottakring (s. S. 179) in bequemer Nähe zum Brunnenmarkt.

RA'MIEN Karte S. 90 f.　　　　　Asiatisch €€
☎ 585 47 98; 6., Gumpendorfer Straße 9; Hauptgerichte 7–16 €; Di–So 11–24 Uhr, Aug. geschl.; U2 Museumsquartier 57A; V
Minimalismus in Weiß und Grau bestimmt das Design im Ra'mien. Viele hippe junge Menschen stürzen sich hier auf heiße Nudeln. Die Karte bietet eine Auswahl von thailändischen, japanischen, chinesischen und vietnamesischen Nudelsuppen und Reisgerichten. Da das Lokal abends schnell voll wird, sollte man reservieren, wenn man nicht warten will. In der bis mindestens 2 Uhr geöffneten Loungebar unten legen regelmäßig DJs auf. Gleich nebenan bietet das angeschlossene **Shanghai Tan** (Karte S. 90 f.; ☎ 585 49 88; 6., Gumpendorfer Straße 9; Dim Sum 3,50–4,50 €, Mittagsmenü 6,90–9,50 €, Hauptgerichte 9,50–13,80 €; Mo–Sa 11.30–15 & 18–2 Uhr) Sushi/Sashimi, Nudelsuppen, gebratene Nudeln, Satay und andere asiatische Gerichte an. Das Erdgeschoss ist als Opiumhöhle eingerichtet (aber ohne Opium): ein entspannender Bereich mit versteckten Winkeln und Sitzkissen.

VAPIANO Karte S. 90 f.　　　　Italienisch €€
☎ 581 12 12; 1., Theobaldgasse 19; Hauptgerichte 6,50–9,50 €; Mo–Sa 11–24, So 12–23 Uhr; U2 Museumsquartier; V
Die italienische Cafeteriakette bietet Pizza, hausgemachte Pasta und Salate an. Man schnappt sich an der Eingangstür eine Karte und trifft seine Wahl an den Theken, wo das flinke junge Personal das Gericht vor den Augen der Gäste zubereitet. Beim Verlassen gibt man an der Tür seine Karte ab und zahlt. Super sind der Raum zum Windelnwechseln und die langen Öffnungszeiten, weniger schön die oft drangvolle Enge beim Essen und der nervige Geräuschpegel.

CHANG ASIAN NOODLES
Karte S. 90 f.　　　　　　　　　　Asiatisch €
☎ 961 92 12; 4., Waaggasse 1; Mittagsmenü 6,90–7,10 €, Hauptgerichte 7,20–10 €; Mo–Sa 11.30–15 & 17.30–23 Uhr; 1, 62; V

BAUERNMÄRKTE & SUPERMÄRKTE

Naschmarkt (Karte S. 90 f.; Mo–Fr 6–19.30, Sa 6–18 Uhr; U4 Kettenbrückengasse) Zwischen dem Getreidemarkt und der Kettenbrückengasse erstreckt sich Wiens größter Lebensmittelmarkt.

Biomarkt Maran (Karte S. 90 f.; ☎ 526 58 86 18; 7., Kaiserstraße 57–59; Mo–Do 8–19, Fr 8–19.30, Sa 8–18 Uhr; 5) Klasse Biomarkt.

Billa Hat Filialen in der Rechten Wienzeile (Karte S. 90 f.; Rechte Wienzeile 39; U4 Kettenbrückengasse), in der Mariahilfer Straße (Karte S. 90 f.; Mariahilfer Straße 35; 49 13A), in der Schottenfeldgasse (Karte S. 90 f.; Schottenfeldgasse 87; 48A) sowie in der Neubaugasse (Karte S. 90 f.; Neubaugasse 56; 48A).

Das Chang ist ein kleines, schon lange bestehendes asiatisches Lokal, einen kurzen Fußmarsch von der Inneren Stadt entfernt. Es ist hell, offen, unkompliziert und sehr entspannt, der Service schnell und aufmerksam. Nudeln (gebraten oder in der Suppe) sind auf der Speisekarte allgegenwärtig. Diese deckt ganz Asien ab (zumindest von China bis Singapur) und bietet Huhn, Zwerg- und Riesengarnelen sowie vegetarische Gerichte. Alle Gerichte sind auch zum Mitnehmen. Das angeschlossene Entenrestaurant nebenan (Hauptgerichte 13–16 €) hat die gleichen Öffnungszeiten.

NASCHMARKT DELI
Karte S. 90 f. Amerikanisch €

☎ 585 08 23; 4., Naschmarkt 421; Sandwiches 4–7 €, Hauptgerichte 6–12 €; Mo–Sa 7–24 Uhr; U4 Kettenbrückengasse

Unter den vielen interessanten Ständen an der Wien zeichnet sich das Naschmarkt Deli durch seine köstlichen Snacks aus. Sandwiches, Falafel, große Baguettes und schnelle Suppen (die Linsensuppe ist zu empfehlen) dominieren das Speiseangebot, vor allem aber die vielen Frühstücksgerichte. Am Samstagmorgen drängen sich Gäste in der Glasbox und warten auf ihr kontinentales oder englisches Frühstück.

UBL Karte S. 90 f. Beisl €

☎ 587 64 37; 4., Pressgasse 26; Hauptgerichte 9–15 €; Mi–So 12–14 & 18–24 Uhr; 59A;

Dieses Beisl ist ein beliebter Treffpunkt der Wiedener. Die Speisekarte ist gespickt mit typischen Wiener Gerichten wie Schinkenfleckerln und Schweinsbraten; es gibt vier Arten Schnitzel und das ganze Jahr über saisonale Gerichte. Nach einem deftigen Mahl kommt der Magen mit einem Zwetschgenwasser wieder zur Ruhe. Der ruhige Garten mit seinen Schatten spendenden Bäumen ist im Sommer wunderschön.

POINT OF SALE Karte S. 90 f. Fast Food €

☎ 941 63 97; 4., Schleifmühlgasse 12; kleine Gerichte 6,90–11,90 €; 7–1 Uhr; U4 Kettenbrückengasse, 1, 62;

Im alternativen Viertel Wiedens an der Schwelle nach Margareten lockt das Point of Sale ein buntes Publikum an: mit kleinen Gerichten von Hähnchen-Satay über Pasta bis hin zu Burgern. Vorn im Mezzaningeschoss sitzt man auf Polstern, an den Seiten stehen Bänke und nach hinten hinaus normale Stühle. Man kann hier sehr ordentlich essen, im Netz surfen, um die nächste Anlaufstelle zu finden, oder auch einfach nur bei einem Drink abhängen. Auch für Vegetarier und Veganer wird gut gesorgt. Das Frühstück ist gut und bis 15 Uhr erhältlich.

AROMAT Karte S. 90 f. International €€

☎ 913 24 53; 4., Margaretenstraße 52; Menüs 7,90 €, Hauptgerichte 10–15 €; Di–So 17–23 Uhr, Mitte Juli–Aug. geschl.; 59A

Der Schwerpunkt in diesem witzigen, kleinen Lokal liegt auf oberösterreichischer und vietnamesischer Küche, aber die Karte ändert sich täglich mit der Laune des Kochs. Eine offene Küche, schlichte Resopaltische, Armaturen aus den 1950er-Jahren, eine große Glasfront und die schwarze Kreidetafel, auf der die Speisen angeschrieben sind, prägen das charmante Ambiente. Auch Gäste mit Glutenunverträglichkeit können hier fündig werden. Die freundlichen Angestellten sorgen für eine gastliche Kneipenatmosphäre.

ON Karte S. 90 f. Asiatisch €€

☎ 585 49 00; 5., Wehrgasse 8; Mittagsmenü 7,50–8,50 €, Hauptgerichte 9–16,30 €; Mo–Sa 12–24, So 12–22.30 Uhr; 59A

Das ON gilt zu Recht als das beste österreichisch-asiatische Fusion-Restaurant in der südlichen Vorstadt. Es herrscht ein entspanntes und freundliches Flair. Zum Auftakt bringen die jungen Angestellten gratis Brot mit kalt gepresstem Olivenöl und ein paar Garnelenhappen. Die Speisekarte bietet typische Neo-Beisl-Gerichte wie Hähnchenleber mit Chilli, *gan-bien* (gebratene Rindfleischstreifen) oder Forelle mit Ingwer. Die Gerichte wechseln je nach Saison und Laune des Küchenchefs. Der kleine, trauliche Garten ist im Sommer angenehm. Wer abends kommen will, sollte reservieren.

ZUM ALTEN FASSL Karte S. 90 f. Beisl €€

☎ 544 42 98; 5., Ziegelofengasse 37; Mittagsmenü 5,70–6,80 €, Hauptgerichte 7,50–13,90 €; Mo–Fr 11.30–15 & 17–1, Sa 17–1, So 12–15 & 17–24 Uhr; 13A

Mit dem privaten Garten inmitten einer Wohngegend und der polierten Holzeinrichtung – Markenzeichen eines gut geführten Beisls – lohnt das Alte Fassl einen

Besuch, und sei es nur auf ein Getränk. Doch außerdem gibt es hier typische Wiener Gerichte und regionale Spezialitäten wie Eierschwammerl oder Blunzengröstl. In der entsprechenden Jahreszeit bereitet der Koch besonders gern Zanderfilet zu. Von 1974 bis 1982 lebte der Sänger Falco in dem Gebäude – eine Plakette markiert das Haus.

AMACORD
Karte S. 90 f.   Österreichisch, International €

☎ 587 47 09; 5., Rechte Wienzeile 15; Frühstück 5,10–12,80 €, Hauptgerichte 8,90–14,90 €; 10–2 Uhr; U1, U2, U4 Karlsplatz, 59A; V
Das kleine Lokal verdankt seine Beliebtheit der aufgeräumten Stimmung, dem freundlichen Personal, dem gemütlichen gewölbten Raum und dem guten, preisgünstigen Essen. Neben typischen Wiener Gerichten gibt es eine gute Auswahl italienischer Pastagerichte, ein paar Currys und Ragouts sowie eine Menge Salate. Manchem könnte der Rauch auf die Nerven gehen, der im Lauf des Abends den ganzen Raum füllt. Am Samstagmorgen ist kein freier Platz zu finden. Wer hier essen will, sollte außerhalb der Spitzenzeiten kommen.

CUADRO Karte S. 90 f.   International €

☎ 544 75 50; 5., Margaretenstraße 77; Snacks & Hauptgerichte 4,20–9,20 €; Mo–Sa 8–24, So 9–23 Uhr; U4 Pilgramgasse; V
Das Cuadro ist ein stilvolles Café und Lokal, das für viele seiner Speisen Biozutaten verwendet und das durch sein Markenzeichen, den Cuadro-Burger aus heimischem Rindfleisch (4,20 €), berühmt geworden ist. Es gibt aber auch vegetarische und asiatische Burger-Variationen. Darüber hinaus bekommt man kleine, typisch wienerische Gerichte, gegrillte Garnelen vom Spieß, Salate, Pasta und Sandwiches.

DO-AN Karte S. 90 f.   Café €

☎ 585 82 53; 6., Naschmarkt 412; Frühstück 5–7 €, Salate 4,80–6,60 €; Mo–Sa 7–24 Uhr; U4 Kettenbrückengasse; V
Das im Zentrum des Naschmarkts gelegene Do-An bietet einen bunten Mix aus Sandwiches, Reis- und Nudelgerichten, köstlichen Salaten und Fleischgerichten sowie einigen türkischen Spezialitäten zu erschwinglichen Preisen an. Viele Leute kommen gleich morgens wegen der internationalen Frühstücksangebote: Das „amerikanische"

ist allerdings eher ein typisch englisches Frühstück; das kontinentale besteht aus Brot und Belag. Wie auch das Naschmarkt Deli (S. 170) ist das Do-An ein rechteckiger Glaswürfel mit vielen Stammgästen, die es sich in den sonnigen Ecken bei entspannter Stimmung gemütlich machen.

URBANEK Karte S. 90 f.   Österreichisch €

☎ 5872 080; 4., Naschmarkt 46; Schinken mit Brot 3,60 €; Mo–Do 9–18.30, Fr ab 8, Sa 7.30 16 Uhr; U1, U2, U4 Karlsplatz;
Bei Urbanek gibt es Fleisch in allen Varianten: geräuchert, eingesalzen, gebraten und roh. Die Atmosphäre ist exklusiv, aber relaxed. Hier kann man sich mit einem Glas Wein (rund 5 €) in eine Ecke setzen und sich vielleicht ein Scheibchen vom Magaltza-Schwein genehmigen – dieses Wollschwein wird wegen seines delikaten Schinkens geschätzt. Viele der angebotenen Spezialitäten, so auch das Roastbeef, sind Bioware, und auch die Käseauswahl kann sich sehen lassen. Der Laden ist zwar so klein, dass man sich kaum umdrehen kann, aber der Besuch lohnt sich, weil der Aufschnitt hier zu den besten der Stadt gehört.

MUSEUMSQUARTIER & UMGEBUNG

Im Gebiet nördlich der Wien gibt es ebenfalls viele Restaurants aller Art, darunter einige gute Optionen direkt im MuseumsQuartier.

SCHON SCHÖN Karte S. 90 f.   International €€

☎ 0699-15 37 77 01; 7., Lindengasse 53; 3- bis 6-Gänge-Menü 36–46 €; Di–Sa 11–23 Uhr; U3 Zieglergasse
In diesem Lokal in Neubau zu essen, ist ein geselliges Erlebnis. Da es nur einen Tisch (für ca. 20 Pers.) gibt, kommt man mit seinen Sitznachbarn leicht ins Gespräch. Die kreative Karte bietet täglich etwas anderes, immer aber ein paar vegetarische und Fleisch- sowie Fischgerichte. Die Betreiber sind schwul, aber alle Gäste sind willkommen. Im Erdgeschoss gibt es einen schicken Loungebereich (geöffnet Do–Sa 19–2 Uhr).

GAUMENSPIEL Karte S. 90 f.   International €€

☎ 526 11 08; 7., Zieglergasse 54; Hauptgerichte 17,50–21,50 €, Menüs 32–40 €; Mo–Sa 18–24 Uhr; 49 48A; V

Das Gaumenspiel ist ein makelloses, modernes Beisl, dessen Speisekarte alle drei Wochen wechselt. Gekocht wird international mit starkem mediterranen Einschlag, man bekommt aber auch Dinge wie geschmorten Kalbskopf mit Polenta, Kartoffelklößen und Artischocken. Der Innenraum ist hell gestaltet; die wenigen Tische auf dem Bürgersteig sind im Sommer heiß begehrt. Reservierung empfohlen!

GLACIS BEISL Karte S. 90 f. Neo-Beisl €€

☎ 526 56 60; 7., Museumsplatz; Hauptgerichte 8,90–17,60 €; 11–2 Uhr; U2, U3 Volkstheater, U2 Museumsquartier; V

Das Glacis Beisl versteckt sich halb hinter dem Gebäude an der Breiten Straße im MuseumsQuartier (vom MUMOK aus den Schildern folgen). In diesem Beisl bekommt man ein authentisches Gulasch, ein ausgezeichnetes Wiener Schnitzel und weitere, sehr ordentliche typisch österreichische Gerichte, zu denen die ausgezeichneten österreichischen Rot- und Weißweine prima passen. Wenn man irgendwo in der Gegend übernachtet, könnte dieses Beisl zum Stammlokal avancieren.

HALLE Karte S. 90 f. International €€

☎ 523 70 01; 7., Museumsplatz 1; Mittagsmenü 6,80–8,50 €, Hauptgerichte 6,90–16,50 €; 10–2 Uhr; U2, U3 Volkstheater, U2 Museumsquartier; V

Die von den Betreibern des Motto (S. 167) geführte Halle ist das vielseitige Lokal in der Kunsthalle, in dem die Köche kaum zur Ruhe kommen: Erst um 24 Uhr werden Töpfe und Pfannen aufgehängt. Die Einrichtung verblüfft mit vielen optischen Überraschungen wie zylindrischen Lampen und niedrigen Tischen. In der Küche werden Antipasti, Pasta, Salate, mehrere österreichische Gerichte (Backhähnchen, aber kein Wiener Schnitzel) sowie asiatische Gerichte gezaubert. An heißen Sommertagen muss man um die Tische im Freien zwischen der Kunsthalle und dem MUMOK kämpfen. Verkauft wird auch Noan-Olivenöl (9,90 €), der Erlös fließt in Projekte für Kinder.

PODIUM Karte S. 90 f. International €€

☎ 522 15 87; 7., Westbahnstraße 33; 2-Gänge-Mittagsmenü 8,50 €, Hauptgerichte 9–12 €; Mo–Fr 11–1, Sa 18–1 Uhr; 49; V

In dem Designerrestaurant mit Bar im modischen Bezirk Neubau sitzt man auf Lolli-Stühlen an der Glasfront oder macht es sich auf den großen, gemütlichen Sofas im hinteren Teil bequem. Das Podium hat eine kurze, aber einfallsreiche Karte, auf der zuweilen alles Mögliche von Hamburgern bis zu Kürbiscurry mit Basmatireis steht. Alle paar Monate wird sie gewechselt. Das Tagesmenü hingegen wechselt täglich. Die Leute schauen häufig auch nur auf ein Getränk und einen Schwatz vorbei. Die Stimmung ist künstlerisch und relaxt.

MASCHU MASCHU II

Karte S. 90 f. Orientalisch, Israelisch €€

☎ 990 47 13; 7., Neubaugasse 20; Hauptgerichte 7,20–16,50 €; 10.30–24 Uhr; U3 Neubaugasse; V

Die zweite Filiale des Maschu Maschu ist kein Imbiss wie jene in der Inneren Stadt, sondern ein richtiges Restaurant mit (bei gutem Wetter) sonnigen Sitzplätzen auf dem Bürgersteig und einer Karte, bei der Lammgerichte im Vordergrund stehen. Hier bekommt man einige der besten Falafel in ganz Wien.

ZU DEN ZWEI LIESLN Karte S. 90 f. Beisl €

☎ 523 32 82; 7., Burggasse 63; Mittagsmenü 4,90–5,30 €, Hauptgerichte 6–11,90 €; 11–23 Uhr; 48A

Das klassisch-legendäre und dazu preisgünstige Beisl zählt schon seit Jahrzehnten Berühmtheiten, Politiker, Büroangestellte und Studenten zu seinen Gästen. Sechs Schnitzel-Varianten stehen auf der Karte (das Hausschnitzel mit Gorgonzola, Schinken und Peperoni ist klasse), es gibt aber auch andere wienerische Gerichte, darunter sogar zwei vegetarische Optionen. Die Holztäfelung, die einfachen Holzstühle und die karierten Tischtücher sorgen drinnen für eine urige, gemütliche Atmosphäre; man kann aber auch im Innenhof sitzen, wo Bäume Schatten spenden.

BANGKOK Karte S. 90 f. Thailändisch €

☎ 526 52 01; 7., Neustiftgasse 15; Currys 8,60–10,50 €; Mo–Sa 17.30–22.30 Uhr; U2, U3 Volkstheater 46; V

Die rosa Vorhänge mögen gewöhnungsbedürftig sein, und im Sommer wirkt das Holzinterieur ziemlich düster, aber die Thai-Currys (vegetarisch mit Tofu und traditionell mit Fleisch) gehören zu den besten der Stadt. Beliebt sind auch die thailändischen Nudelgerichte. Da das Lokal ganz in der

Nähe des MuseumsQuartier liegt, kann man auch leicht nach dem Abendessen noch auf ein Getränk vorbeikommen. Das Essen gibt's auch zum Mitnehmen.

AMERLINGBEISL Karte S. 90 f. Beisl €
☎ 526 16 60; 7., Stiftgasse 8; Mittagsmenü 5 €, Hauptgerichte 7–10 €; 9–2 Uhr; U2, U3 Volkstheater 48A

Das Amerlingbeisl ist ein hübsches Lokal in der Fußgängerzone von Spittelberg, die von kopfsteingepflasterten Gassen und urigen Läden geprägt ist. Zu essen gibt's solide österreichische Kost und ein paar italienische Pastagerichte. Der Innenhof des Beisls ist eine wahre Oase; an milden Sommerabenden wird das Dach eingefahren, sodass man sich wie im Freien fühlt.

DIE BURGERMACHER Karte S. 90 f. Burger €
☎ 0699-11 58 95 99; 7., Burggasse 12; Burger 5,80–8,80 €; Di–Sa 11.30–22.30 Uhr; U2, U3 Volkstheater 46; ✗ V

Der Innenraum des kleinen, alternativen Burger-Lokals ist schlicht, stilvoll und bequem. Die Burger werden aus Bioprodukten zubereitet; es gibt sie mit Fleisch und vegetarisch. Wer keinen Tisch bekommt – der Laden ist beliebt –, setzt sich entweder auf die Bank an der Seite oder nimmt seinen Burger mit, im Sommer z. B. ins nahe MuseumsQuartier.

ST. JOSEF Karte S. 90 f. Vegetarisch €
☎ 526 68 18; 7., Mondscheingasse 10; kleines/großes Menü 6,80/8,20 €; Mo–Fr 8–17, Sa 8–16 Uhr; 49 13A; ✗ V

In diesem Viertel gibt es viele Angebote für Vegetarier, aber im St. Josef steht täglich ein anderes Thema im Mittelpunkt (z. B. indische Küche), und man hat die Wahl zwischen einem kleinen und einem großen Teller mit den jeweiligen Köstlichkeiten. Das Lokal wirkt spartanisch-kantinenartig, was zu seinem Charme beiträgt. Wer nicht weiß, womit er anfangen soll, fragt das superfreundliche Personal.

KANTINE Karte S. 90 f. Café €
☎ 523 82 39; 7., Museumsplatz 1; Suppen 2,90–5,90 €, Wraps 5,10–6,40 €, kleine Gerichte 7,20–8,90 €; Mo–Do 9–2, Fr & Sa 9–4, So 9–24 Uhr; U2 Museumsquartier, U2, U3 Volkstheater; 📶 V

Die noble Cafébar in den ehemaligen kaiserlichen Privatstallungen ist das entspannteste Lokal im MuseumsQuartier. Hinten stehen ein paar alte Sofas, auf denen man sitzen kann, während man im Netz surft. Wer will, sucht sich einen Cocktail aus dem großen Angebot aus und macht es sich dann auf der Außenterrasse am Hauptplatz des MuseumsQuartiers gemütlich. Das wie die meisten Lokale im MuseumsQuartier vielseitige Café eignet sich prima als Treffpunkt, bevor man gemeinsam weiterzieht.

NORDWESTLICHE VORSTADT

In der nordwestlichen Vorstadt gibt es eine ganze Reihe von Restaurants für jeden Geldbeutel, davon ein paar auch auf dem Universitätscampus des Alten AKH und rund herum. Der Hof 1 (Eingang über die Alser Straße; s. S. 98) ist der wichtigste Hof, wenn es ums Essen und Trinken geht, und bietet auch einen großen Kinderspielplatz. In der Servitengasse finden sich einige elegante Cafés und Restaurants der mittleren Preisklasse; im Sommer kann man hier gut herumschlendern oder sich auf eine Bank setzen und das Leben an sich vorbeiziehen lassen.

KIM KOCHT Karte S. 100 f. Asiatisch €€€
☎ 319 02 42; 9., Lustkandlgasse 4; Mittagsgericht 8 €, Mittagsmenü 39 €, Abendmenü 42–62 €; Di–Fr 12–15 & 18–24 Uhr; U6 Währinger Straße-Volksoper 40, 41, 42

Die koreanisch-japanische Küche des Kim Kocht wird in Wiens kulinarischen Kreisen wegen ihrer Originalität, Qualität und kreativen Präsentation hoch geschätzt. Die Drei- bis Fünf-Gänge-Menüs ändern sich ständig. Häufig bildet Fisch den Hauptgang; durchgängig werden Biozutaten verwendet. Das Restaurant ist zwar kürzlich in ein größeres Lokal umgezogen, aber nach wie vor sollte man einen Monat im Voraus reservieren. Das Kim Kocht veranstaltet auch Kochkurse.

WEINKELLEREI ENRICO PANIGL
Karte S. 100 f. Italienisch €€€
☎ 406 52 18; 8., Josefstädter Straße 91; Hauptgerichte 19–25 €; 18–1 Uhr; U6 Josefstädter Straße 2 13A

Das Weinrestaurant hat zwar nur eine kleine Karte, serviert aber köstliche Gerichte wie Thunfisch mit einer Steinpilz-Trüffel-Sauce und gebratener Polenta (19,90 €). Es herrscht ein echt rustikales

SUMMER STAGE

Eine der interessantesten Optionen in den wärmeren Monaten (Mai–Sept.) ist die Summer Stage (Karte S. 100 f.), wenn alljährlich Imbissbuden und Bühnen an den Ufern des Donaukanals aufgeschlagen werden. Hier herrscht eine muntere Feststimmung, und es gibt regelmäßig klassische und Jazzkonzerte. Standort ist die Roßauer Lände; geöffnet ist von Mai bis September abends von 17 bis 1 Uhr (die U4 bis Roßauer Lände nehmen).

Flair bis hin zu den Holzböden, erweitert um Kunstwerke des Wiener Postmodernisten Hermann Nitsch. Neben gutem Essen und Kunst ist auch der Wein ein Grund, hierher zu kommen: Zur Wahl stehen 150 Tröpfchen aus Österreich und Italien.

SCHNATTL Karte S. 100 f. International €€€
☎ 405 34 00; 8., Lange Gasse 40; Hauptgerichte 18–23 €, vegetarische Menüs 33 €, 3-Gänge-Menüs 38 €; Mo–Fr 18–24 Uhr; 2 13A; V
Obwohl nur werktags geöffnet, ist das Schnattl eine Institution in der Josefstadt, besonders unter den Künstlern des nahegelegenen Theaters in der Josefstadt (s. S. 209). Die idyllischen Plätze im offenen Hof sind ideal, um im Sommer abends draußen zu speisen, und drinnen sorgt die einfache Holztäfelung für lockeres Ambiente. Es gibt saisonal wechselnde Gerichte wie Rinderroulade mit Schinken oder Lammfilet mit Polenta, gewürzt mit Bärlauch (beides 22 €).

KONOBA Karte S. 100 f. Dalmatinisch €€
☎ 929 41 11; 8., Lerchenfelder Straße 66-68; Hauptgerichte 11–19 €; So–Fr 11–14 & 18–24, Sa 18–24 Uhr; 46
Nur wenige Restaurants in der Stadt können es mit den Fischspezialitäten des Konoba aufnehmen. Der dalmatinische Koch kennt sich bestens aus und bringt absolut frische Fische auf den Tisch. Häufig stehen Zander und Goldbrasse auf der Karte, zudem gibt es eine gute Auswahl saisonaler Gerichte. Der offene Innenraum hat eine freundliche Atmosphäre.

STOMACH Karte S. 100 f. Österreichisch €€
☎ 310 20 99; 9., Seegasse 26; Hauptgerichte 10–18 €; Mi–Sa 16–24, So 10–22 Uhr; U4 Roßauer Lände
Das Stomach überzeugt schon seit Jahren mit gutem Essen. Auf der Karte stehen Fleisch- und vegetarische Gerichte wie steirischer Rinderbraten, Kürbiscremesuppe und saisonal auch Wildschwein- und Rehbraten. Das Interieur ist authentisch ländlich, und der zugewucherte Garten bildet eine schöne Kulisse. Der Name „Stomach" leitet sich übrigens von der Fleischerei Tomaschek ab, die früher hier ansässig war. Reservieren wird dringend empfohlen!

GASTHAUS WICKERL Karte S. 100 f. Beisl €
☎ 317 74 89; 9., Porzellangasse 24a; Mittagsmenü 6,20 €, Hauptgerichte 7,90–16 €; Mo–Fr 9–24, Sa 10–24, So 10–16 Uhr; D
Das schöne Beisl mit Holzeinrichtung und freundlich-gemütlicher Atmosphäre serviert saisonale Gerichte wie Kürbiscremesuppe und Kürbisgulasch im Herbst, Marillenknödel im Sommer und Spargel im Frühling. Außerdem gibt's typische Wiener Gerichte wie Tafelspitz, Zwiebelrostbraten, Kalbs- und Schweineschnitzel.

SCALA Karte S. 100 f. Italienisch €€
☎ 310 20 79; 9., Servitengasse 4; Pasta- & Fleischgerichte 8,20–16,90 €; 11–24 Uhr; D
Das Scala ist ein lässiges italienisches Restaurant, wo man es sich an Regentagen mit Pasta, einer Pizza oder etwas Substanziellerem gemütlich machen und sich bei einem Glas Wein aufwärmen kann. Im Sommer kann man draußen sitzen. In der Servitengasse gibt es außerdem eine Reihe von Cafés und Bars. Im Xocolat (Servitengasse 5; Mo–Fr 10–18, Sa 9–13 Uhr) werden Schokoladen hergestellt und verkauft, die zu den besten der Stadt zählen (s. auch S. 148).

FLEIN Karte S. 100 f. Österreichisch €€
☎ 319 76 89; 9., Boltzmanngasse 2; Hauptgerichte 7–18 €; 11.30–15 & 17.30–23.30 Uhr; 37, 38, 40, 41, 42
Im Flein gibt's täglich wechselnde kreative Gerichte, für Vegetarier z. B. Zucchini-Quiche und Eierschwammerl-Risotto und für Fleischesser grillte Calamari und Lammstelze in Kräutermarinade. Der kleine Garten, der an das Französische Kulturinstitut angrenzt, ist trotz der Nähe zur stark befahrenen Währinger Straße friedlich und ruhig. Im Sommer sollte man reservieren.

PARS Karte S. 100 f. Persisch €€
☎ 405 82 45; 8., Lerchenfelder Straße 148; Mittagsmenü 7,90–9,90 €, Hauptgerichte 10,50–17,80 €; Mo–Sa 11–24 Uhr; 46

Das Pars ist ein beliebter Treffpunkt der in Wien lebenden Iraner. Serviert werden authentische persische Gerichte wie *schekampareh* (mit Fleisch gefüllte Aubergine) und *lubiapolo* (Bohnen, Lamm und Reis) sowie diverse Kebabs (*Şiş Kebab, Adana Kebap, Kabab Kubideh*) und dazu mehr als 30 Sorten österreichischen Qualitätsweins.

GU Karte S. 100 f. Asiatisch €€

☎ 402 63 33; 8., Ledergasse 16; Mittagsgerichte 4,90–7,50 €, Abendessen 8,90–14,80 €; Mo–Fr 11.30–15 & 17.30–23, Sa 12–23 Uhr; U6 Josefstädter Straße 2 13A;

Im Gu kann man sich für Ausflüge nach Alsergrund und in die Josefstadt mit Nudeln, Reis und asiatischen Currys stärken – mittags und, wenn man klug wählt, abends ist das dazu noch sehr günstig. Ein Hühnchen-Curry mit Kokosmilch kostet rund 9 €, und alles, was vom Tagesessen nicht verkauft wurde, kann abends noch zum Mittagspreis bestellt werden. Das Gu strebt zwar nicht nach höheren kulinarischen Weihen, bietet aber sättigende, anständige Gerichte.

CURRYINSEL Karte S. 100 f. Ceylonesisch €€

☎ 406 92 33; 8., Lenaugasse 4; Currys 3,20–4,40 €, Hauptgerichte 6,90–13,50 €; Di–Fr 17–24, Sa & So 11–24 Uhr; U2 Rathaus 2;

Gebäck aus gebratenem Reis und Dampfnudeln aus Reis und Weizenmehl bilden die Grundlage der ceylonesischen Currys dieses Restaurants. Aus den vielen Angeboten auf der Karte kann man die verschiedenen Arten Currys auswählen und kombinieren, wobei einem das Personal gerne hilft. Auf der Karte stehen außerdem einige teurere Fleischgerichte und ein gemischter Curryteller (13,50 €) mit fünf Gemüse- und zwei Fleischcurrys sowie Beilagen.

SUPPENWIRTSCHAFT
Karte S. 100 f. Suppen & Salate €

☎ 317 67 45; 9., Servitengasse 6; Suppen 4,50–5,80 €; Mo–Fr 11.30–18 Uhr; D;

Die schicke kleine Suppenküche mit Sitzplätzen und Takeaway-Theke bereitet hauptsächlich Suppen zu, daneben aber auch ein paar Currys und Salate. Die Speisekarte wechselt wöchentlich – vielleicht stehen ja gerade russischer Borschtsch und Erbsensuppe auf dem Plan? Alle Gerichte werden täglich frisch mit Zutaten vom Naschmarkt gekocht. Der Laden passt gut zum feinen Stil und Flair der Servitengasse – wenn man hier ist, sollte man sich die Servitenkirche (S. 105) anschauen und in den Kreuzgängen herumspazieren.

BAGEL STATION Karte S. 100 f. Fast Food €

☎ 276 30 88; 9., Währinger Straße 2-4; Bagels 1,70–4,20 €; Mo–Fr 8–19, Sa & So 10–17 Uhr; U2 Schottentor 37, 38, 40, 41, 42, 43, 44;

Studenten der nahegelegenen Uni decken sich in diesem zu einer Kette gehörenden Treffpunkt mit guten Bagels im New Yorker Stil ein, hängen ab, surfen mit ihren Laptops im Netz und lernen vielleicht sogar. Bei Kaffee, Muffins und Bagels kann man sich hier erholen und die weitere Erkundung des Viertels planen, seine E-Mails checken oder den Laden auch mal kurz als mobiles Büro nutzen.

SIDE STEP Karte S. 100 f. Spanisch €

☎ 0676-782 02 30; 8., Lange Gasse 52; Tapas 3–11,60 €; Mo–Sa 18–2, So 18–1 Uhr; U2 Rathaus, 13A

40 warme und kalte Tapas sowie 20 offene Weine garantieren einen netten Besuch beim Spanier in der Josefstadt. Neben dem Wein locken Lammbällchen in Tomatensauce, Shrimps in Knoblauchsauce oder Ziegenkäse mit hausgemachter Olivenpaste. Das Backsteinambiente, die entspannte Stimmung und der ausgezeichnete Grappa runden das Ganze ab.

WIENER DEEWAN Karte S. 100 f. Pakistanisch €

☎ 925 11 85; 9., Liechtensteinstraße 10; 11–23 Uhr; U2 Schottentor 37, 38, 40, 41, 42, 43, 44

BAUERNMÄRKTE & SUPERMÄRKTE

Brunnenmarkt (S. 179) Der den Bezirken Josefstadt und Alsergrund am nächsten gelegene große Bauernmarkt in Ottakring.

Billa Supermärkte der Kette finden sich in der Alser Straße (Karte S. 100 f.; Alser Straße 4; 5), im Hof der Universität und in der Alser Straße 23 (Karte S. 100 f.; 5), in der Josefstädter Straße (Karte S. 100 f.; Josefstädter Straße 78; U6 Josefstädter Straße), am Währinger Gürtel (Karte S. 100 f.; Währinger Gürtel 104; U6 Währinger Straße-Volksoper) sowie in der Berggasse (Karte S. 100 f.; Berggasse 26-28; D).

Das pakistanische Essen wird unter dem Motto „Essen gut, Stimmung gut" zubereitet. Und das zweite Motto lautet: „Iss was du magst, zahl was du willst." Drei vegetarische und drei Fleischgerichte werden täglich für das Büfett vorbereitet. Preise werden nicht festgesetzt; wer will, kann sich von allem etwas nehmen. Die meisten Gäste zahlen großzügig, denn die Gerichte wie *lamb karah* (Curry mit Lammwürfeln), *tinda* (Kürbiscurry) oder *dhal masur* (rotes Linsen-Dhal) sind ausgezeichnet und würzig. Die Atmosphäre ist sehr entspannt, genauso wie das Personal.

LANDSTRASSE

GASTHAUS WILD Karte S. 110 f. Neo-Beisl €€

☎ 920 94 77; 3., Radetzkyplatz 1; Mittagsmenü 7,50 €, Hauptgerichte 8,80–17,50 €; 9–1 Uhr; 1, 0; Ⓥ

Das frühere Billig-Beisl hat sich in jüngerer Vergangenheit zu einem großartigen Neo-Beisl gemausert. Der dunkle, holzgetäfelte Innenraum mit hat sein traditionelles Erscheinungsbild behalten. Auf der Speisekarte stehen Wien-typische Gerichte wie Gulasch und Schnitzel mit Erdäpfelsalat, aber auch Kalbsfilet mit Klößen, die mit Blutwurst gefüllt sind. Das Angebot wechselt regelmäßig, die Stimmung ist entspannt, das Personal zuvorkommend und die Weinauswahl gut.

KIANG Karte S. 110 f. Asiatisch €€

☎ 715 34 70; 3., Landstraßer Hauptstraße 50; kleine Gerichte 5,40–7,80 €, Hauptgerichte 11,20–17,80 €, Sushi & Sashimi 11,80–19,50 €; 11.30–15 & 18.30–23.30 Uhr; U3 Rochusgasse; Ⓥ

Das ultramoderne panasiatische Restaurant in der Nähe vom Rochusplatz ist entspannt und geräumig. Sushi und Sashimi sind gut. Die *Sha cha*-Nudelsuppe mit Rindfleisch kostet 10,80 €. Im Sommer kann man auch draußen sitzen. Neben einem mongolischen Lammgericht mit Pitta-Brot stehen chinesische, thailändische und japanische Speisen auf der Karte. Das Kiang hat auch Filialen in der Inneren Stadt (s. S. 166).

RESTAURANT INDUS
Karte S. 110 f. Indisch, Pakistanisch €€

☎ 713 43 44; 3., Radetzkystraße 20; Hauptgerichte 11,50–15 €; Mo–Fr & So 11.30–14.30 & 18–23, Sa 18–23 Uhr; 1, 0; Ⓥ

BAUERNMÄRKTE & SUPERMÄRKTE

Rochusmarkt (Karte S. 110 f.; 3., Landstraßer Hauptstraße 37; Mo–Fr 6–19.30, Sa 6–17 Uhr; U3 Rochusgasse) Auf dem größten Markt im Bezirk Landstraße gibt es hauptsächlich Gemüse- und Imbissstände.

Biomarkt Maran (Karte S. 110 f.; ☎ 710 98 84 28; 3., Landstraßer Hauptstraße 37; Mo–Do 8–19, Fr 8–19.30, Sa 8–18 Uhr; U3 Rochusgasse) Hier sind Biolebensmittel und Naturkosmetika im Sortiment.

Billa Supermärkte der Kette gibt es in der Unteren Viaduktgasse (Karte S. 110 f.; Untere Viaduktgasse 4; U3, U4 Wien-Mitte), an der Landstraßer Hauptstraße (Karte S. 110 f.; Landstraßer Hauptstraße 32; 74A) sowie am Rennweg (Karte S. 110 f.; Rennweg 9; 71) nahe dem Belvedere.

Ein paar freundliche Dekorationen wie Blumen oder Nippes in den Regalen würden das vom Innenarchitekten Martin Hess gestaltete Interieur abrunden. Die Stimmung und das Essen sind aber ausgezeichnet. Das *saag gosht* (Curry mit Lamm und Spinat) kostet 11,90 €. Wen es trotz der schrägen, unregelmäßigen Decke und des hellen Innenraums nicht drinnen hält, der kann hinten draußen im Garten sitzen.

TRZESNIEWSKI Karte S. 110 f. Sandwiches €

☎ 715 28 19; 3., Rochusmarkt 8–9; belegte Brote ab 2,80 €/100 g; Mo–Fr 8.30–19, Sa 8.30–17 Uhr; U3 Rochusgasse; Ⓥ

Diese Filiale von Wiens berühmtem Sandwichladen am Rochusmarkt ist einer der vielen Imbisse, bei denen man auf die Schnelle etwas essen oder mitnehmen kann. Die Qualität und die Preise sind genauso wie in der Filiale in der Inneren Stadt (s. S. 166).

ÖSTLICH DES DONAUKANALS

Das Gebiet östlich des Donaukanals erlebte einen Aufschwung, nachdem vor einigen Jahren die U-Bahn dorthin ausgebaut wurde. Zwei kulinarisch interessante Gegenden sind der Karmelitermarkt (Karte S. 118 f.) und der Volkertplatz gleich westlich der Nordbahnstraße.

RESTAURANT MRAZ & SOHN
Karte S. 118 f.　　　　　　　Österreichisch, International €€€

☎ 0664-419 64 47; www.mraz-sohn.at; 20., Wallensteinstraße 59; Hauptgerichte 28–30 €, 3- bis 9-Gänge-Menü 38–89 €; Mo–Fr 11–15 & 19–24 Uhr; 33, 5

Mraz & Sohn ist kein Fantasiename: Das Lokal wird tatsächlich von der Familie geführt. Chefkoch Markus Mraz ist der kreative Kopf, dem das Restaurant seine Sterne, Kochmützen etc. für innovative Schöpfungen verdankt. Die Speisekarte wechselt alle paar Monate; im Frühjahr gibt es herrlich zubereiteten Rehbraten mit Sesamcreme, Spitzkohl und Wakame-Salat. Das Restaurant hat einen Nichtraucherbereich; im Sommer kann man draußen sitzen. Das Restaurant zählt zu den besten Wiens. Reservieren!

RESTAURANT VINCENT
Karte S. 118 f.　　　　　　　　　　　International €€€

☎ 214 15 16; 2., Große Pfarrgasse 7; Hauptgerichte 20–30 €, 10-Gänge-Menü 98 €; Mo–Sa 18–24 Uhr; U2 Taborstraße 2 5A;

Das Vincent war einst ein Studentenlokal, entdeckte dann aber eine höhere Berufung: die Wiener mit gutem Essen zu versorgen. Heute trägt es einen Michelin-Stern und serviert eine interessante Auswahl von Gerichten à la carte und von Menüs, deren Gänge von den Gästen flexibel kombiniert werden können. Der Schwerpunkt liegt auf saisonalen und klassischen Produkten wie Lamm, Rind, Geflügel und Fasan, allesamt fachkundig zubereitet. Aber auch vor Ort gezüchtete Schnecken sind im Angebot. Das Ambiente vorn ist historisch und traditionell, der hintere Raum wirkt kahl. Es gibt auch noch Plätze im Atriumbereich.

SPEZEREI Karte S. 118 f.　　　Tapas, Mediterran €€

☎ 218 47 18; 2., Karmeliterplatz 2; Tapas 6,90–10,90 €; Mo–Sa 11.30–23 Uhr; U2 Taborstraße 2 5A; V

Die kleine Vinothek und mediterrane Tapasbar hat sich auf spanische Fischtapas (6,90–9,90 €), Focaccia, Panini (ab 4,70 €) und Qualitätsweine spezialisiert. Deren Auswahl kann sich sehen lassen: Es gibt rund ein Dutzend offene und mehrere Hundert Flaschenweine, darunter vier Hausmarken. Die ganze Wand ist mit den Weinen bestückt, die hauptsächlich aus Österreich stammen. Im Sommer kann man sich mit einem Glas oder einer Flasche nach draußen setzen und die Sonne genießen. (Der Karmeliterplatz liegt an der Taborstraße – nicht mit dem Karmelitermarkt verwechseln!)

MADIANI Karte S. 118 f.　　　　　　　Georgisch €

☎ 0664-456 12 17; 2., Karmelitermarkt 21–24; Vorspeisen 3,90–8,50 €, Menüs 7,50–8,50 €; Mo–Fr 8.30–22, Sa 8–14 Uhr; 2 5A; V

Das unprätentiöse georgische Restaurant mit Essen zum Mitnehmen und Sitzplätzen drinnen und draußen serviert eine fantastische Melanzanirolle (Auberginenrolle) mit Frischkäse und Roter Beete sowie einen traditionellen Bohnensalat mit frischen Kräutern und Granatapfelkernen. Im Restaurant herrscht eine schlichte Caféatmosphäre – perfekt, um sich vom Einkaufsbummel über den Karmelitermarkt zu erholen. Ab 15 Uhr gibt es auch festgelegte Menüs.

DANMAYR Karte S. 118 f.　　　　　　Italienisch €

☎ 0664-345 71 13; 2., Karmelitermarkt 37-39; Antipasti 5–7,50 €; Juni–Sept. Di–Fr 11–22, Sa 9–14 Uhr, Okt.–Mai Di–Fr 11–19 Uhr; 2 5A; V

Das kleine Imbisslokal auf dem Karmelitermarkt, dessen Speisen auch zum Mitnehmen sind, bietet eine köstliche Auswahl vorwiegend süditalienischer Antipasti wie

BAUERNMÄRKTE & SUPERMÄRKTE

Die folgenden vier sind die wichtigsten Lebensmittelmärkte in der Gegend:

Karmelitermarkt (Karte S. 118 f.; 2., Karmelitermarkt; Mo–Fr 6–19.30, Sa 6–17 Uhr)

Volkertmarkt (Karte S. 118 f.; 2., Volkertplatz; Mo–Fr 6–19.30, Sa 6–17 Uhr; 2)

Vorgartenmarkt (Karte S. 118 f.; 2., Ennsgasse; Mo–Fr 6–19.30, Sa 6–17 Uhr; 5, 0) Zwischen dem Donaukanal und der Donau.

Hannovermarkt (Karte S. 118 f.; 20., Hannovergasse; Mo–Fr 6–19.30, Sa 6–17 Uhr; 33) In Brigittenau.

Biomarkt Maran (Karte S. 118 f.; ☎ 212 58 10; 2., Taborstraße 10; Mo–Fr 8–19, Sa 8–18 Uhr; 2) Günstig gelegene Filiale dieser Kette mit Biokost.

Billa Supermärkte der Kette gibt es am Bahnhof Praterstern/Wien Nord (Karte S. 118 f.; U1 Praterstern), in der Taborstraße (Karte S. 118 f.; Taborstraße 8A; 2) sowie in der Oberen Augartenstraße (Karte S. 118 f.; Obere Augartenstraße 50; 5A).

TYPISCHE WIENER GERICHTE ÖSTLICH DES DONAUKANALS

Die kulinarische Szene östlich des Kanals ist zwar in Bewegung geraten, aber die typischen Gerichte für den herzhaften Appetit gibt es immer noch. Alle genannten Restaurants haben Mittelklassepreise.

Strandgasthaus Birner (Karte S. 118 f.; ☎ 271 53 63; 21., An der Oberen Alten Donau 47; Hauptgerichte 5,70–12 €; Sommer 9–23 Uhr, Winter 9–22 Uhr; U6 Floridsdorf 26) Tolles Essen mit Blick über die Alte Donau.

Karl Kolarik's Schweizer Haus (Karte S. 118 f.; ☎ 728 01 52; 2., Prater 116; Hauptgerichte 6,40–15,80 €; 11–23 Uhr; U1, U2 Praterstern/Wien Nord 5, O) Wiens erste Adresse für Schweinshachsen.

Lusthaus (Karte S. 118 f.; ☎ 728 95 65; 2., Freudenau 254; Hauptgerichte 9–16 €; Mai–Sept. Mo, Di, Do & Fr 12–23, Sa & So 12–18 Uhr, Okt.–April Do–Di 12–18 Uhr; 77A;) Ein Essen im eleganten Ambiente des früheren Jagdschlosses der Habsburger lässt sich prima mit einem Praterspaziergang verbinden.

gerösteten Paprikasalat sowie Schinken, Salami und Mortadella aus Wildschweinfleisch. Im Sommer kann man an den Tischen draußen am Marktplatz sitzen und dem Treiben zuschauen. Mancher wird entsetzt auf das Gewimmel am Nachbarstand schauen, wo Räucherfleisch und Würstchen aus Pferdefleisch angeboten werden.

SCHÖNE PERLE Karte S. 118 f. Neo-Beisl €
☎ 243 35 93; 2., Große Pfarrgasse 2; Mittagsmenü 7 €, Hauptgerichte 4–16 €; Mo–Fr 12–23, Sa & So 10–23 Uhr; U2 Taborstraße 2 5A; V
Die Schöne Perle ist ein schlichtes Restaurant, in dem man alles von Linsensuppe über Tafelspitz bis zu Fisch- und vegetarischen Gerichten bekommt. Für alle Speisen werden Bioprodukte verwendet. Es gibt österreichische Weine und eine große Auswahl von Säften. Ungewöhnlich für ein Wiener Restaurant ist, dass Kinder willkommen, aber Hunde verboten sind.

PIZZA MARI' Karte S. 118 f. Pizzeria €
☎ 0676-687 49 94; 2., Leopoldgasse 23a; Pizza 5,90–8,50 €; Di–Sa 12–23 Uhr; U2 Taborstraße 2 5A; V
Die Küche in dieser Pizzeria hat von 14.30 bis 18 Uhr geschlossen, die Pizzaauswahl ist nicht groß, und Sardellen gibt's einfach nicht, was seltsam ist in einer Pizzeria. Abgesehen von diesen Nachteilen kann man aber nicht meckern: Die Pizzas gehören zu den besten diesseits des Kanals, die als Beilagen gereichten preisgünstigen Salate sind frisch, und in dem freundlichen Ambiente fühlt man sich gleich wie zu Hause.

SÜDWESTEN, GÜRTEL & GROSSRAUM WIEN

Dieser Teil Wiens umfasst von Nord nach Süd ein großes Gelände am Gürtel, hat aber bis zum munteren Yppenplatz recht wenig zu bieten. Der entschädigt dann aber wunderbar für die Öde weiter südlich. Draußen im Wiener Umland gibt es einige ausgezeichnete Heurigen, wo man sein Essen und den Wein in ländlicher Umgebung genießt. Einige Anregungen finden sich auf S. 182.

NOI Karte S. 126 f. International €€
☎ 403 13 47; www.restaurantnoi.net; 16., Yppenplatz; Mittagsmenü ca. 8 €, Hauptgerichte 13,50–19 €, Abendmenüs 23–31 €; Di–Fr 11–24, Sa 9–24, So 10–17 Uhr; U6 Josefstädter Straße 2; V
Die Holzböden und Holzmöbel sowie die entspannende Musik bilden die ideale Kulisse für die aus Biozutaten zubereiteten Feinschmeckergerichte. Die Karte wechselt wöchentlich. Es gibt Leckereien wie Hühnchenterrine mit Kürbispesto, Speckstreifen und Radieschensalat, gefolgt von Hühnerschenkeln in einer leichten Rosmarinsauce mit Selleriepüree und Feigenbiskuit (27,50 €). Das Spitzenrestaurant bietet auch Überraschungsmenüs, bei denen die Kellner entscheiden, wer was erhält, wobei berücksichtigt wird, wenn jemand Vegetarier ist. Das Restaurant ist elegant, aber bodenständig. Wer sicher sein will, abends einen Tisch zu bekommen, sollte reservieren.

AN-DO Karte S. 126 f. Fisch €€
☎ 308 75 76; 16., Yppenmarkt 11–15; Hauptgerichte 11–29 €, Pasta mit Meeresfrüchten 12–14,50 €; 8–23 Uhr; U6 Josefstädter Straße, 2; V
Die Wiener waren gespannt, was das neue Fischrestaurant An-Do in der Nähe des Brunnenmarkts bieten würde. Kenner

mögen das Lokal. Wer den Oktopus mit Peperonata und Polenta (13,80 €) bestellt, bekommt tatsächlich ein tentakelbewehrtes Untier, das direkt aus einem Jules-Verne-Roman stammen könnte. Mit der Fischsuppe (8 €) beginnend, kann man sich praktisch durch den ganzen Atlantik essen. Die Qualität ist ausgezeichnet, das Personal entspannt und effizient. Dank der Nähe zum Yppenmarkt und den Viadukten der U6 kann man nach dem Essen von hier aus prima zu einem Kneipenbummel starten.

SCHLOSS CONCORDIA (KLEINE OPER WIEN) Karte S. 126 f. Österreichisch €€
☎ 769 88 88; 11., Simmeringer Hauptstraße 283; Hauptgerichte 6,50–14 €, Mittagsmenü 8,75 €; 10–1 Uhr; 71, 72; V

Der gigantische steinerne Christus, der die Gäste am Eingang begrüßt, ist durchaus angemessen, da der Zentralfriedhof gleich gegenüberliegt. Er stimmt auch gut auf das Innere ein, das mit seinen alten Holzböden, riesigen Spiegeln und dem Buntglasdach abends im Kerzenschein ziemlich gruselig wirkt. Der zugewucherte Garten hinter dem Haus trägt dazu noch bei. Die Speisekarte freut Fleischliebhaber: Es gibt jede Menge Schnitzel. Wer mächtig zuschlagen will, bestellt das „Degustationsmenü", einen riesigen Teller mit diversen Schnitzeln. Glücklicherweise gibt es aber auch viele Angebote für Vegetarier.

SAIGON Karte S. 126 f. Asiatisch €
☎ 408 74 36; 16., Neulerchenfelder Straße 37; Hauptgerichte 6–16 €; 11.30–22 Uhr; U6 Josefstädter Straße J

Die zweite Filiale des Saigon (die andere befindet sich in Mariahilf, s. S. 169) prunkt mit einem riesigen, kitschigen Wandbild und bietet asiatische (hauptsächlich vietnamesische) Gerichte, die zu den besten in Wien zählen und auf hausgemachten Nudeln basieren. Scharfes Rindfleisch, Ente mit Ananas und viele Nudelsuppen sind die Markenzeichen des Restaurants.

QUELL Karte S. 126 f. Beisl €
☎ 893 24 07; 15., Reindorfgasse 19; Hauptgerichte 5,90–13,90 €; Mo–Fr 11–24 Uhr; 12A, 57A; V

Im Quell, einem traditionellen Beisl im vorstädtischen Rudolfsheim-Fünfhaus ist die Zeit stehengeblieben. Der holzgetäfelte Innenraum scheint seit Jahren unverändert, die Holzleuchter und Kachelöfen wären im Museum für Volkskunde nicht fehl am Platz, und manche Gäste wirken, als kämen sie schon Jahrzehnte her. Die Speisekarte ist typisch wienerisch. Schweinskotelett und Schnitzel nehmen darauf einen prominenten Platz ein, doch gibt es auch überraschend viele Fisch- und vegetarische Gerichte. Das gute Personal und die ruhigen Sitzplätze draußen an der Straße tragen zusätzlich zur guten Stimmung bei.

KENT Karte S. 126 f. Türkisch €
☎ 405 91 73; 16., Brunnengasse 67; Hauptgerichte 5–10 €; 6–2 Uhr; U6 Josefstädter Straße J; V

Kent ist türkisch für „kleine Stadt" – ein passender Name für dieses immer gut besuchte, ständig wachsende türkische Restaurant. Im Sommer ist der schattige Garten einer der schönsten Plätze Wiens, und das Essen ist immer klasse. Zu den Highlights der langen Speisekarte gehören *Şiş Kebabı*, *Ispanakli Pide* (längliche türkische Pizza mit Schafskäse, Ei und Spinat) und die *Büyük Meze Tabagı* (ein Vorspeisenteller von der Größe eines Hauptgerichts mit gebackenen Auberginen, Mohrrüben, Zucchini, gefüllten Weinblättern, grünen Bohnen, Hummus und anderen Spezialitäten). Besonderen Zuspruchs erfreuen sich auch die vegetarischen Gerichte und die Frühstücksauswahl. Alle Speisen können auch mitgenommen werden. Wer nachts dann noch Lust auf etwas Süßes hat, geht in die türkische Bäckerei nebenan. Die ist sieben Tage in der Woche rund um die Uhr geöffnet.

BAUERNMÄRKTE & SUPERMÄRKTE

Brunnenmarkt (Karte S. 126 f.; 16., Brunnengasse; Mo–Fr 6–19.30, Sa 6–17 Uhr; U6 Josefstädter Straße 2) Einer der besten Gemüse- und Lebensmittelmärkte Wiens mit vielen türkischen und einigen Bioproduktständen.

Meidlinger Markt (Karte S. 126 f.; 12., Niederhofstraße; Mo–Fr 6–19.30, Sa 6–17 Uhr; U6 Niederhofstraße 10A) In Meidling.

Billa Filialen der Kette finden sich in der Nisselgasse nahe Schönbrunn (Karte S. 126 f.; Nisselgasse 4; U4 Hietzing), in der Anschützgasse (Karte S. 126 f.; Anschützgasse 26; 57A) sowie in der Thaliastraße (Karte S. 126 f.; Thaliastraße 85; 46).

AUSGEHEN & NACHTLEBEN

top picks

- **Halbestadt Bar** (S. 192)
- **Loos American Bar** (S. 185)
- **Café Drechsler** (S. 189)
- **10er Marie** (S. 195)
- **Pratersauna** (S. 198)
- **Rote Bar** (S. 200)

Tipps von Travellern für Traveller – www.lonelyplanet.com/vienna

AUSGEHEN & NACHTLEBEN

Entspannen bei einem Glas Wein oder Bier, durch die Zeit reisen in uralten Kaffeehäusern: Alkohol- bzw. koffeinhaltige Getränke zu genießen, während man hitzig diskutiert oder fröhlich beisammen sitzt, nimmt in den Herzen und Hirnen der Wiener einen besonderen Platz ein. Außerdem hat es großen Einfluss auf die kulturelle Identität der Stadt. Obwohl deren Bewohner hochwertige Drinks auch gerne mal außerhalb einnehmen, vergessen sie niemals, dass sie in der Welthauptstadt des Kaffees leben: Wiens Kaffeehäuser sind so berühmt wie seine klassische Musik und eine Attraktion für sich. Es gibt eine verwirrende Anzahl örtlicher Kaffeehäuser, und alle haben sie ihr ganz eigenes Flair und Ambiente.

Wiener lieben Wein und trinken daher häufiger welchen als Bier. Rund 7 km² Weinberge innerhalb der Stadtgrenzen machen Wien zur weltgrößten Weinbaumetropole. Die rustikalen Heurigen bzw. lokaltypischen Weinstuben der Außenbezirke versorgen gierige Gäste an warmen Sommerabenden mit „neuem" (meist einjährigem) Wein.

In der Wiener Barszene wird der Großteil der hier verbrauchten Biermenge konsumiert. Sie bietet etwas für sämtliche Altersstufen, Vorlieben und Stimmungen. Egal ob familienfreundliche Kleinbrauerei, Studentenkneipe oder vornehme Weinbar – Wien hat's. Dabei verschwimmen oft die Grenzen zwischen Bar und Restaurant, Nachtclub und Kaffeehaus. Kurz gesagt: Etwas trinken kann man überall – wo man dann tatsächlich aufschlägt, hängt von der eigenen Stimmung ab.

Neben Wiens charakteristischen Kaffeehäusern und Heurigen sind in diesem Kapitel auch alle anderen Ausgehoptionen genannt, von schicken Cocktailbars bis hin zu schäbigen Kaschemmen. Die Beschreibungen sind dabei nach Stadtvierteln und Kategorien sortiert.

In alphabetischer Reihenfolge werden außerdem die Highlights des Wiener Nachtlebens erwähnt. Die örtliche Clubszene hat etwas für jeden Geschmack auf Lager – vom Tanzen zu Elektrobeats in einer ehemaligen Sauna bis hin zum poppigen Mainstream-Schwof unter glitzernden Kronleuchtern. In einem unterirdischen Laden mit Kultstatus kommen auch Hardcore-Technofans auf ihre Kosten. Wer seine Füße lieber schont und stattdessen etwas Livemusik hören möchte, kann sich zwischen spitzenmäßiger Klassik und Modern Jazz alles Mögliche zu Gemüte führen. Wienweit spielen zudem ständig einheimische Bands in schlichten, kleinen Clubs.

AUSGEHEN
WOHIN GEHEN?
Kaffeehäuser

Die Wiener Kaffeehäuser sind legendär. Sie prägen das Leben in Wien und sind Oasen im hektischen Alltag. Hier kann man bei Kaffee und Kuchen oder auch bei größeren Gerichten neue Energie tanken und dazu gemütlich die Zeitung oder ein Buch lesen.

Schon seit Jahrhunderten zieren Kaffeehäuser die Wiener Gassen. Der Legende nach haben die Türken 1683 Kaffeebohnen auf ihrem Rückzug zurückgelassen. Bereits 1685 eröffnete das erste Kaffeehaus in der Rotenturmstraße 14 im 1. Bezirk. Trotzdem wurden sie erst Ende des 19. Jhs. so richtig beliebt – und dann gab es über 600 Cafés in der ganzen Stadt. Der Boom ist über die Jahre nur wenig abgeflaut, denn die Wiener schätzen ihre Kaffeerituale und -häuser wie eh und je.

Das Wiener Kaffeehaus kommt in vielen Gestalten daher: Die berühmten, noblen Häuser des 19. Jhs. – etwa das Café Central und das Café Griensteidl – werden wunderbar ergänzt durch Perlen des Jugendstils wie das Café Sperl, dazu kommen Institutionen der Nachkriegszeit: z. B. das Café Prückel und das Café Bräunerhof. Die allgegenwärtigen Konditoreien wie das Aida ziehen hauptsächlich älteres Publikum an, und auch die amerikanische Kette Starbucks hat hier Filialen – die Einheimischen aber bevorzugen ihre Lieblingskaffeehäuser und besuchen diese regelmäßig und mit fast schon religiösem Eifer.

Trotz aller Unterschiede ist eines in allen Kaffeehäusern gleich: die Ruhe. Es geht langsam zu, sogar die Rauchschwaden wabern hier noch träger vor sich hin. Man kann in ausliegenden Zeitungen und Zeitschriften lesen und wird nicht zu einem zweiten Kaffee gedrängt. Die Wiener Kellner markieren übrigens ihr Territorium: Sie sind arrogant, von einer Minute auf die andere plötzlich mürrisch (speziell wenn wieder irgendwo das Handy klingelt), und dann wieder überaus zuvorkommend.

Obwohl der Kaffee hier das Wichtigste ist, bieten die meisten Kaffeehäuser eine Speise- und eine ordentliche Wein- und Bierkarte an, sodass sie eine gute Option für einen Happen zu essen, eine ganze Mahlzeit oder einen Drink abgeben.

Heurige

Wie Beisln (kleine Kneipen oder Restaurants) und Kaffeehäuser sind auch die Heurigen ein wichtiger Bestandteil der Wiener Kultur- und Gastronomieszene. Die rustikalen Häuser gibt es schon seit dem Mittelalter, aber erst durch Joseph II. wurden sie zu dem, was sie heute sind. Er gestattete den Winzern 1784, ihren Wein offiziell und direkt vom eigenen Gut aus zu verkaufen – eine Reform, die sich als überaus erfolgreich erwies. Die Heurigen sind seitdem nicht mehr wegzudenken.

Heurige kann man normalerweise an den „Buschn" (ein grüner Kranz oder Zweig) über der Tür erkennen. Die Einrichtung ist meistens rustikal, mit einfachen Tischen und Bänken und einem großen Garten oder Innenhof. Essen gibt's als Buffet. Schweinebraten, Blutwurst, eingelegtes Gemüse, Kartoffelsalat und Strudel gehören zu den gängigen Gerichten im Heurigen. Unbedingt probieren sollte man den Schwarzwurzelsalat und die Senfgurken. Der Wein, der im Heurigen natürlich die Hauptrolle spielt, wird vom Betreiber selbst hergestellt und ist normalerweise ein Jahr alt. Er ist ziemlich herb und schmeckt am besten zusammen mit einem Glas Wasser. Sturm (benannt nach seiner trüben Farbe und seiner „stürmischen" Wirkung) ist neuer Wein: gegorener Traubensaft, der trügerisch süß, aber sehr lecker schmeckt. Er wird von Anfang September bis Mitte Oktober ausgeschenkt. Buschenschanken sind eine Variation des Heurigen, die am Stadtrand zu finden sind und nur ein paar Wochen im Jahr offen haben (meistens im September). Die Familienbetriebe bieten eine kleine Auswahl von Wein und Essen. Die Stadtheurigen sind innerhalb der Stadtgrenzen und oft äußerst einfache Häuser mit winzigen Innenhöfen oder mehrstöckige Keller.

Die Heurigen sind besonders in den Weinanbaugebieten in und um Wien angesiedelt. Im Norden hat Grinzing einige zu bieten, allerdings wimmelt es hier von Touristengruppen, kitschiger Musik und Pseudo-Kunsthandwerk. Das benachbarte Neustift am Walde fährt inzwischen eine ähnliche Schiene wie Grinzing. Das zwischen zwei Hügeln eingezwängte Sievering hat sich dagegen noch eine authentische Atmosphäre bewahrt. Im altertümlichen Nußdorf gibt's einige einladende Heurige, die auch von Wienern besucht werden, und der höher gelegene Kahlenberg ist zwar etwas schwerer zu erreichen, aber die Aussicht ist die Mühe wert.

Die meisten Heurigen im Westen sind in Ottakring mitten im bebauten Stadtgebiet, aber sie haben trotzdem eine wunderschöne Aussicht und friedliche Gärten. In Mauer, einem kleinen Vorort am südwestlichen Ende der Stadt, gibt's ein paar wenige traditionelle Heurige. Die Lange Gasse in Mauer ist ein guter Ausgangspunkt.

Jenseits der Donau im Norden produzieren die beiden Orte Strebersdorf und Stammersdorf rund 30 % des Wiener Weins und sind somit die größten Weinanbaugebiete der Stadt. Die Heurigen hier sind viel traditioneller und es verirren sich kaum Touristen hierher.

Viele Heurige sind nur einen Teil des Jahres oder nur einmal im Monat geöffnet, was ein bisschen verwirrend sein kann. Am besten informiert man sich unter www.heurigenkalender.at; in diesem Kalender steht, was wann offen ist.

Bars, Kneipen & mehr

Wien besitzt eine brummende Barszene. Viele Läden engagieren regelmäßig DJs und füllen sich ab ca. 21 Uhr. Je nach Wochentag geht der Betrieb teilweise bis 4 Uhr oder länger. Anderswo ist ab 1 Uhr allmählich weniger und um 2 Uhr gar nichts mehr los.

Bars, Kneipen und Nachtclubs (Details zu den Nachtclubs s. S. 197) sind stellenweise in ganz Wien zu finden. Weil die Stadt übersichtlich ist und ein super Nahverkehrssystem hat, ist es leicht, die Location zu wechseln. Obwohl die Innere Stadt scheinbar immer bevölkert ist, beschränkt sich ihre kleine Nightlife-Szene auf wenige erlesene Bars. Die zahllosen Optionen des Bermudadreiecks im alten jüdischen Viertel sind stark touristisch geprägt. Wiener Nachteulen bevorzugen neuerdings die Leopoldstadt (2. Bezirk) östlich des Donaukanals. Die „Underground"-Atmosphäre der dortigen Bars und Nachtclubs zieht einen kunterbunten Mix aus Studenten und Künstlern an. Der Naschmarkt sowie dessen nahe Nachbarn Wieden und Mariahilf (südwestliche Vorstadt) haben zusammen die meisten Bars. Vor allem Schleifmühlgasse, Gumpendorfer Straße und der Großteil von

Neubau bieten eine gute Auswahl. Weitere Bars ballen sich im Umkreis der U-Bahn-Stationen Josefstädter und Nussdorfer Straße am Gürtel. Viele davon sind in Räumlichkeiten unter den Stadtbahnbögen (halbrunden Gleisviadukten) untergebracht und führend in Sachen Elektrosound oder Livemusik. Andere geben sich dagegen glamourös als elegante Cocktail- und Weinbars.

Der Sommeranfang lockt viele Nachtschwärmer raus ins Freie. Sehr beliebt sind dann z. B. das Alte AKH (Karte S. 100 f.) mit Bars und schattigem Hof oder der städtische Markt Yppenplatz (Karte S. 126 f.) in Ottakring. Aktuell ist auch die Neudefinition des Donaukanals als Barmeile sehr erfolgreich: Die Summer Stage (S. 174) und das Flex (S. 197) zählen dabei zu den Veteranen, und Locations wie die Strandbar Herrmann (S. 193) geben dem Wasserweg ein ganz neues Gesicht. Das gilt auch für das Badeschiff (S. 216), das im Sommer tagsüber ein Schwimmbad ist. Abends und im Winter wird der Laderaum des Kahns aber zu *der* Location für Soul, Jazz und House.

PRAKTISCHE INFORMATIONEN

Öffnungszeiten

Innerhalb der Wiener Ausgeh- und Nightlife-Szene sind die Öffnungszeiten sehr unterschiedlich. Werktags öffnen die meisten Kaffeehäuser zur Frühstückszeit, um irgendwann zwischen 19 und 24 Uhr zu schließen. Manche haben am Wochenende länger oder sonntags kürzer geöffnet. Bars und Kneipen empfangen die ersten Gäste allgemein um 16 oder 17 Uhr. Werktags schließen sie um etwa 2 Uhr, der Wochenendbetrieb geht dagegen oft bis 4 Uhr oder länger. Allerdings haben ziemlich viele Locations ganztägig geöffnet. Manche kleineren Bars schließen etwas früher (werktags/Wochenende ca. 24/2 Uhr). Heurige öffnen oft unregelmäßig, nur im Sommer oder jeden zweiten Monat – dann aber von ca. 14 oder 15 bis 24 Uhr (Sa & So teilweise ab 12 Uhr). Nachtclubs können meist ab ca. 19 oder 20 bis 3 oder 4 Uhr besucht werden. Häufig ist dies aber nur von Mittwoch oder Donnerstag bis Sonntag möglich.

Preise

Je nach Viertel und Location bezahlt man für ein normales Bier etwa 2 bis 5 €. Fast überall verlangen trendige Kaffeehäuser für ein kleines Bier (0,2 l) etwa 2,50 € – in der Inneren Stadt sind die Preise eben höher. Kaffee kostet rund 2 (Espresso) bis 3 oder 4 € (Melange, Latte) pro Tasse. Einheimischer Wein ist in Wien recht erschwinglich: Anständige österreichische Lesen sind ab ca. 3 € pro Glas zu haben, in gehobenen Weinbars wird's aber teurer. Spirituosen gibt's dagegen kaum für wenig Geld – die Startpreise liegen etwa zwischen 7 (einfache Mixgetränke) und 9 € oder mehr (Cocktails).

Trinkgeld

In Wien sind Trinkgelder Standard. Kleinere Rechnungen unter 10 € werden normalerweise auf den nächsten vollen Betrag aufgerundet; gegebenenfalls gibt's noch einen Euro extra. Bei größeren Summen sind 5 bis 10 % Trinkgeld üblich. Wer lange bleibt oder zusätzlich etwas isst, sollte in Richtung der 10 % gehen.

INNERE STADT

CLUB U Karte S. 60 f. Bar, Nachtclub
☎ 505 99 04; 4., Künstlerhauspassage; 21–4 Uhr; U1, U2, U4 Karlsplatz D, 1, 2 59A, 62
Der kleine Mix aus Bar und Nachtclub nimmt einen von Otto Wagners Stadtbahnpavillons (S. 87) am Karlsplatz ein. Er ist bei Studenten beliebt und engagiert regelmäßig DJs. Vom herrlichen Außensitzbereich blickt man auf den Park und die Pavillons.

PALMENHAUS Karte S. 72 Bar, Café
☎ 533 10 33; 1., Burggarten; März–Okt. tgl. 10–2 Uhr, Jan.–Feb. Mo & Di geschl., sonst verkürzte Öffnungszeiten; U1, U2, U4 Karlsplatz D, 1, 2 59A, 62
Hohe Bogendecken, Glaswände und Stahlträger machen das wunderschön restaurierte viktorianische Palmenhaus zu einer von Wiens attraktivsten Locations. Trotz der meist gut betuchten Gäste ist das Ambiente entspannt und einladend. Im Sommer draußen zu sitzen, ist Pflicht. Gelegentlich sind Clubnächte angesagt.

URANIA Karte S. 60 f. Bar
☎ 713 30 66; 1., Uraniastraße 1; Mo–Sa 9–2, So 9–24 Uhr; 1, 2
Ein weiterer Neuzugang der ständig wachsenden Barszene am Kanal, das Urania, befindet sich im 1. Stock eines renovierten Kino- und Sternwartenkomplexes. Es punk-

et z. B. mit schickem, schlichtem Dekor, langer Cocktailkarte und Kanalblick aus luftiger Höhe.

VOLKSGARTEN PAVILLON
Karte S. 72   Bar, Freiluftbar

☎ 532 09 07; 1., Burgring 1; April–Mitte Sept. 11–2 Uhr; U2, U3 Volkstheater 1, 2, 46, 49, D

Neben dem Nachtclub Volksgarten (S. 199) ist der reizende Pavillon im Stil der 1950er-Jahre die zweite Ausgehoption im gleichnamigen Park. Dienstags bevölkern zahllose Abendgäste den beliebten Garten mit Blick auf den Heldenplatz.

LOOS AMERICAN BAR
Karte S. 60 f.   Cocktailbar

☎ 512 32 83; 1., Kärntner Durchgang 10; So–Mi 12–4, Do–Sa 12–5 Uhr; U1, U3 Stephansplatz

Die Adresse für Cocktailklassiker in der Inneren Stadt: Die winzige Schuhschachtel mit höchstens 20 Sitzplätzen wurde 1908 von Adolf Loos entworfen und hat äußerst talentierte Barmixer. Vom Boden bis zur Decke glänzen hier Onyx und poliertes Messing, und Spiegelwände lassen den Raum deutlich größer wirken. Vorsicht: Wer nur kurz die Einrichtung begaffen möchte, wird fix vor die Tür gesetzt.

AIDA Karte S. 60 f.   Café

☎ 512 29 77; 1., Stock-im-Eisen-Platz 2; Mo–Sa 7–20, So 9–20 Uhr; U1, U3 Stephansplatz

Diese Kultkonditorei schickt Kaffeefans auf Zeitreise. Ihre rosa-braune Farbgebung erstreckt sich bis hinunter zu den Kellnersocken und passt perfekt zum Retro-Dekor im Stil der 1950er-Jahre. Die meisten Gäste sind schon lange pensioniert. Am besten kombiniert man eine Melange mit einer der etwa 30 Kuchensorten und begibt sich nach oben, um das Treiben auf der Kärntner Straße zu beobachten. In ganz Wien gibt es insgesamt 29 dieser Aida-Juwelen.

CAFÉ ALT WIEN Karte S. 60 f.   Kaffeehaus

☎ 512 52 22; 1., Bäckerstraße 9; So–Do 10–2, Fr & Sa 10–3 Uhr; U1, U3 Stephansplatz 1A, 3A;

Düster, unkonventionell und voller Charakter – diese klassische Kaschemme zieht vor allem Studenten und Künstlertypen an. Zudem gibt sie einen Gesamtüberblick über anstehende Wiener Events: Alle verfügbaren Wände sind mit Postern zu Shows, Konzerten oder Ausstellungen zugekleistert. Dunkles Brot und Bier ergänzen das legendäre Gulasch optimal.

CAFÉ BRÄUNERHOF Karte S. 72   Kaffeehaus

☎ 512 38 93; 1., Stallburggasse 2; Mo–Fr 8–21, Sa 8–19, So 10–19 Uhr; 2A, 3A

Das authentische Kaffeehaus genießt bei Fans dieses Lokaltyps ein gewisses Ansehen. Mit verrauchten Wänden, schmalen Tischen, mürrischem Personal und großer Zeitungsauswahl hat es sich seit seinen Tagen als Stammcafé der österreichischen Literaturgröße Thomas Bernhard kaum verändert. An Wochenenden und Feiertagen finden hier Klassikkonzerte von 15 bis 18 Uhr statt.

CAFÉ CENTRAL Karte S. 60 f.   Kaffeehaus

☎ 533 37 64 26; 1., Herrengasse 14; Mo–Sa 7.30–22, So ab 10 Uhr; U3 Herrengasse

Im schwer geschichtsträchtigen Café Central spielte einst Trotzky Schach, und Literaturgrößen der Jahrhundertwende (z. B. Karl Kraus, Hermann Bahr) trafen sich hier regelmäßig zum Kaffeetrinken. Obwohl das eindrucksvolle Ambiente mit Marmorsäulen, Bogendecken und glitzernden Kronleuchtern heute eher Touristen als Einheimische anzieht, lohnt sich ein kurzer Blick hinein. Jeden Tag wird live Klaviermusik (17–22 Uhr) gespielt. Der Gipsgast mit

---

EUROPAS LETZTE RAUCHERBASTION

Wien qualmt: Obwohl in Europa während des letzten Jahrzehnts strenge Rauchverbote eingeführt wurden, gilt in Österreich seit 2009 ein Kompromiss mit mehreren Alternativen. Alle Betreiber von Lokalen unter 50 m² können diese selbst zur Raucher- oder Nichtraucherzone erklären. Ab 80 m² muss ein abgetrennter Nichtraucherbereich mit angemessener Lüftung vorhanden sein. Innerhalb des Schlupflochs zwischen 50 und 80 m² Lokalgröße umgehen die meisten Wirte das Gesetz mit verschiedenen Begründungen, z. B. indem sie architektonische Hindernisse anführen. Real hat das Teilverbot kaum Auswirkungen: Eine effektive Trennung zwischen Raucher- und Nichtraucherbereichen ist fast nirgends vorhanden. Viele Wiener qualmen und scheren sich nicht um Gesundheitsrisiken oder die Auswirkungen des Passivrauchens. Obwohl gelegentlich Gerüchte über Änderungen in der rauchigen Luft hängen, ist in den meisten Bars, Nachtclubs und Kaffeehäusern mit dickem blauem Dunst zu rechnen (s. auch S. 162).

dem Walrossbart nahe der Tür stellt den Dichter Peter Altenberg dar.

CAFÉ GRIENSTEIDL Karte S. 72   Kaffeehaus

☎ 535 26 92; 1., Michaelerplatz 2; ⏰ 8–23.30 Uhr; Ⓜ U3 Herrengasse 🚍 2A, 3A
Das einstige Stammlokal der Wiener Literaten des 19. Jhs. steht in prestigeträchtiger Position zwischen Hofburg und Looshaus. Heute kommen vor allem Touristen hierher. Nichtsdestotrotz lockt das Griensteidl immer noch mit Jugenstillampen, hölzernen Sitzgarnituren und riesigen Fenstern, durch die man das Treiben auf dem Michaelerplatz beobachten kann.

CAFÉ HAWELKA Karte S. 60 f.   Kaffeehaus

☎ 512 82 30; 1., Dorotheergasse 6; ⏰ Mo & Mi–Sa 8–2, So ab 10 Uhr; Ⓜ U1, U3 Stephansplatz
Zuerst weiß man kaum, was all der Terz soll – die schmutzigen Bilder, zerfetzten Poster, die Wände mit braunen Flecken, die verrauchte Luft und die überfüllten Tische wirken nicht allzu attraktiv. Doch auf den zweiten Blick wird klar, dass der Clou das gesellige Verhältnis zwischen Freunden und völlig Fremden ist. Als traditioneller Künstler- und Autorentreff deckt das Hawelka die ganze Palette der Wiener Gesellschaft ab. Gäste müssen ständig weiterrücken, um am Tisch Platz für Neuankömmlinge zu schaffen. Wer eine Konfirmandenblase besitzt, muss aufpassen: Der organisationswütige, betagte Wirt besetzt jeden freien Stuhl sofort neu.

CAFÉ LANDTMANN Karte S. 60 f.   Kaffeehaus

☎ 241 00; 1., Dr.-Karl-Lueger-Ring 4; ⏰ 7.30–24 Uhr; Ⓜ U2 Schottentor 🚋 1, 37, 38, 40, 41, 42, 43, D; 📶
Politiker wie Theatergänger schätzen die elegante Einrichtung in direkter Nähe zu Burgtheater, Rathaus und Parlament. Die tolle Auswahl von Kaffeespezialitäten wird durch eine Dessertkarte mit Klassikern wie Sachertorte oder Apfelstrudel ergänzt. Zudem gibt's hier ein großes, internationales Zeitungsspektrum und live gespielte Klaviermusik (So–Di 20–23 Uhr).

CAFÉ PRÜCKEL Karte S. 60 f.   Kaffeehaus

☎ 512 61 15; 1., Stubenring 24; ⏰ 8.30–22 Uhr; Ⓜ U3 Stubentor 🚋 1, 2
Sein einzigartiges Dekor grenzt das Prückel etwas von anderen Wiener Kaffeehäusern ab: Statt pompöser Pracht findet man hier eine komplette Origineinrichtung aus den 1950er-Jahren. Die traulichen Sitzecken, die unnahbaren Kellner, die starken Koffeingetränke und die diätkillenden Kuchen sind reizvoll – dasselbe gilt für die live gespielte Klaviermusik (Mo, Mi & Fr 19–22 Uhr). Der Qualm ist hier teilweise lästig; zum Glück gibt es ein Nichtraucherzimmer im hinteren Bereich.

CAFÉ SACHER Karte S. 60 f.   Kaffeehau

☎ 541 56-0; 1., Philharmonikerstraße 4; ⏰ 8–23.30 Uhr; Ⓜ U1, U2, U4 Karlsplatz 🚋 D, 1, 2 🚍 59A, 62
Jeder zweite Tourist möchte hier unbeding hin. Warum? Wegen der gefeierten Sachertorte (4 €). Diese reichhaltige Schokotorte mit Aprikosenmarmelade war einst das Lieblingsgebäck von Kaiser Franz Josef. Ehrlich gesagt ist das Sacher kein sonderlich authentisches Café. Dennoch erfreut es die Massen mit prächtiger Einrichtung, vielen Kellnern und fürstlichem Ambiente.

CAFÉ TIROLERHOF Karte S. 60 f.   Kaffeehau

☎ 512 78 33; 1., Führichgasse 8; ⏰ Mo–Sa 7–22, So 9.30–20 Uhr; 🚍 3A
Reizend restauriertes Jugendstildekor und hausgebackener Apfelstrudel machen das Café Tirolerhof zu einer einladenden Option in der Inneren Stadt. Verglichen mit anderen traditionellen Kaffeehäusern ist die Bedienung hier nicht ganz so schroff. Weiterer Pluspunkt: Die Albertina (S. 75) liegt genau gegenüber.

DEMEL Karte S. 60 f.   Kaffeehau

☎ 535 17 17; 1., Kohlmarkt 14; ⏰ 10–19 Uhr; 🚍 2A, 3A
Das elegante, majestätische Café in Sichtweite der Hofburg war einst Stadtgespräch, bedient aber heute hauptsächlich Touristen. Nichtsdestotrotz ist die Qualität so hoch wie früher. Die anderen Süßwaren

---

top picks

ÖSTERREICHS WEINE PROBIEREN!

- vis-a-vis (S. 188)
- Wein & Wasser (S. 192)
- Sekt Comptoir (S. 190)
- Joanelli (S. 188)

sind kreativ gestaltet: Das Schaufenster zeigt wechselnde Arrangements von essbaren Kunstwerken (z. B. Ballerinen, detailliert gearbeitete Bonsais). Spezialität des Hauses ist die Anna-Demel-Torte aus Schokolade und Nougat, die es bezüglich der Kalorien mit der Sachertorte aufnehmen kann.

DIGLAS Karte S. 60 f. — Kaffeehaus
☎ 512 57 65; 1., Wollzeile 10; ⏱ 8–22.30 Uhr; Ⓤ U1, U3 Stephansplatz 🚌 1A
Schicke Sitzecken mit roten Samtbezügen, scharfzüngige Kellner, eine ellenlange (gute) Kaffeekarte und aufgetakelte alte Damen kennzeichnen das Diglas als klassisches Kaffeehaus. Den hiesigen Kuchen eilt ihr Ruf voraus: Manche behaupten, sie seien die besten der Stadt. Auch der Apfelstrudel sucht seinesgleichen. Die anderen Speisen sind lecker und eher Snacks; das Angebot geht aber dank diverser ungarischer Gerichte über die üblichen Wiener Spezialitäten hinaus. Live Klaviermusik (Mo–Mi, Fr & Sa 19–22 Uhr).

HAAS & HAAS Karte S. 60 f. — Kaffeehaus, Teestube
☎ 512 26 66; 1., Stephansplatz 4; ⏱ Mo–Fr 8–20, Sa 8–18.30 Uhr; Ⓤ U1, U3 Stephansplatz 🚌 1A
Wiens führende Teestube begrüßt Gäste mit dem Duft von Tees aus aller Welt: Ob grün, aromatisiert, mit Kräutern, Assam, Ceylon oder Darjeeling – die Auswahl scheint endlos. Der schattige Garten hinten bietet Zuflucht vor Wind, Regen, Sonne und Touristentrubel. Von den bequem gepolsterten Sitzgelegenheiten des Vordersalons blickt man auf den Stephansdom. Wer lieber Kaffee trinkt, bekommt hier z. B. Latte Macchiato.

KLEINES CAFÉ Karte S. 60 f. — Kaffeehaus
1., Franziskanerplatz 3; ⏱ 10–2 Uhr; Ⓤ U1, U3 Stephansplatz
Das Kleine Café mit dem winzigen Innenraum wurde in den 1970er-Jahren von dem Architekten Hermann Czech entworfen. Sein Bohème-Flair erinnert an Wiens aufregende Jugendstilzeit. Die super Außentische am Franziskanerplatz sind im Sommer wohl die beliebtesten in der Inneren Stadt.

ESTERHÁZYKELLER Karte S. 60 f. Stadttheuriger
☎ 533 34 82; 1., Haarhof 1; ⏱ Mo–Fr 11–23, Sa & So 16–23 Uhr; Ⓤ U3 Herrengasse 🚌 1A
Gleich abseits vom Kohlmarkt versteckt sich der Esterházykeller in einem ruhigen Hof. Sein riesiges Kellergeschoss ist ziemlich vollgestellt, doch nach ein paar Gläsern des guten Weins – übrigens direkt aus dem Keller von Schloss Esterházy in Eisenstadt – scheint das niemand mehr zu stören. Das rustikale Dekor mit mittelalterlichen Waffen und landwirtschaftlichen Werkzeugen riecht nach Kitsch. Dafür entschädigen die Sitzecken mit hölzernen Trennwänden. Im Gegensatz zu den meisten Heurigen serviert der Esterházykeller auch Bier.

ZWÖLF APOSTELKELLER
Karte S. 60 f. Stadttheuriger
☎ 512 67 77; 1., Sonnenfelsgasse 3; ⏱ 11–24 Uhr; Ⓤ U1, U3 Stephansplatz 🚌 1A

KAFFEEGLOSSAR

„Einen Kaffee, bitte!" kommt in den meisten Wiener Kaffeehäusern nicht gut an: Bereits der erste Blick auf die Karte offenbart eine unermessliche Auswahl, die zumindest kurz studiert werden will. Gute Kaffeehäuser servieren ihr Koffeingebräu zusammen mit einem Glas Wasser und einer kleinen Süßigkeit auf einem Silbertablettchen.

Hier ein Auszug aus dem Standardkaffeeangebot:

Brauner – schwarz mit einem winzigen Schuss Milch
Einspänner – im Glas und mit Schlagsahne
Fiaker – *Verlängerter* (s. unten) mit Rum und Schlagsahne
Kapuziner – mit etwas Milch und eventuell ein paar Schokostreuseln
Maria Theresia – mit Orangenlikör und Schlagsahne
Masagran oder *Mazagran* – kalter Kaffee mit Eis und Maraschino-Likör
Melange – Wiener Klassiker und Cappuccino-Pendant; mit Milch und eventuell extra Schlagsahne
Mocca (bzw. *Mokka*) oder *Schwarzer* – schwarzer Kaffee
Pharisäer – starker *Mocca* mit Schlagsahnehaube und einem separaten Glas Rum
Türkischer – im Kupfertässchen mit Kaffeesatz und Zucker
Verlängerter – mit heißem Wasser verdünnter *Brauner*
Wiener Eiskaffee – kalter Kaffee mit Vanilleeis und Schlagsahne

Trotz der vielen Touristen hat sich der Zwölf Apostelkeller jede Menge Charme, Würde und Authentizität bewahrt – samt muffeliger Kellner. Dies liegt vor allem an den eigentlichen Räumlichkeiten in einem riesigen, mehrstöckigen, schummrigen Keller. Die oft lebhaft-laute Stimmung wird durch traditionelle Heurigenmusik (tgl. ab 19 Uhr) befeuert.

VIS-A-VIS Karte S. 60 f. — Weinbar
☎ 512 93 50; 1., Wollzeile 5; Di–Sa 16.30– 22.30 Uhr; 1A

Am Ende einer schmalen, hübschen Passage verbirgt sich diese winzige Weinbar direkt gegenüber vom berühmten Beisl Figlmüller (S. 164). Obwohl es nur knapp zehn Sitzplätze gibt, schenkt sie über 350 Lesen aus, die größtenteils aus Österreich stammen – abgerundet durch Tapas, Antipasti und Feinschmecker-Oliven. Perfekt, um sich von einem Tag Sightseeing zu erholen!

SÜDWESTLICHE VORSTADT
Südlich der Mariahilfer Straße

ELEKTRO GÖNNER Karte S. 90 f. — Bar
☎ 208 66 79; 6., Mariahilfer Straße 101; So–Do 19–2, Fr & Sa 19–4 Uhr; U3 Zieglergasse

Abseits der Mariahilfer Straße versteckt sich diese schlichte Bar, in der abwechslungsreiche Musik gespielt wird, im Hinterbereich eines Hofes. Sie gehört Architekten und ist bei diesem Berufsstand sehr beliebt. Abgesehen von gelegentlichen Kunstinstallationen im Hinterzimmer ist die Einrichtung größtenteils überschaubar und kahl.

FUTUREGARDEN BAR & ART CLUB
Karte S. 90 f. — Bar, Nachtclub
☎ 585 26 13; 6., Schadekgasse 6; Mo–Sa 18–2, So ab 20 Uhr; U3 Neubaugasse, 13A

Weiße Wände, offene Bar, einfache Möbel: In Wien gibt's kaum eine spartanischere Location. Bis auf gelegentliche Ausstellungen lokaler Künstler ist der „Discowürfel" an der Decke das einzige Deko-Element. Endzwanziger und Dreißiger genießen hier Elektrosounds in cooler Atmosphäre.

JOANELLI Karte S. 90 f. — Bar, Weinbar
☎ 311 84 04; 6., Gumpendorfer Straße 47; 18–2 Uhr; U3 Neubaugasse

Wiens ältester Eissalon (man beachte das betagte Originalschild über dem Eingang!) hat sich in einen künstlerisch geprägten Treffpunkt mit relaxter Musik verwandelt. Durch das bunte Licht (rosa oder gelb) entstehen Schatten auf den schlichten weißen Resopaltischen und den kahlen Wänden. Die über 20 Spitzenweine auf der Karte werden glasweise ausgeschenkt und stammen fast alle aus Österreich. Das sachkundige Personal hilft bei der Entscheidung zwischen Blauburgunder und Veltiner Außerdem gibt es ein ausgewachsenes Cocktail- und Bierangebot.

KUNSTHALLENCAFÉ Karte S. 90 f. — Bar, Café
☎ 587 00 73; 4., Treitlstraße 2; 10–2 Uhr; U1, U2, U4 Karlsplatz D, 1, 2 59A, 62

Das Kunsthallencafé lockt mit seinem hohen Coolnessfaktor, den DJs und seiner Nähe zum Kunsthalle Project Space (S. 87) entspannte Künstlertypen an. Die großen Sofas sind zwar schnell besetzt, aber an den vielen kleinen Tischen kann man ebenso einen gemütlichen Abend zubringen. Die Terrasse mit noch mehr Sofas wird im Sommer zur riesigen Freiluft-Lounge.

LUTZ Karte S. 90 f. — Bar, Nachtclub
☎ 585 36 46; 6., Mariahilfer Straße 3; Mo–Fr ab 8, Sa ab 9, So ab 10 Uhr; U3 Neubaugasse 13A;

Obwohl das Lutz ein ganztägig geöffnetes Café mit moderner, offener Innenarchitektur ist, kommt man am besten abends hierher und setzt sich möglichst an die durchgängigen Fenster, um auf die belebte Mariahilfer Straße hinunterschauen zu können. Diese Bar für jeden Geschmack und alle Altersstufen punktet mit ihrer super Lage im Herzen des Shoppingbezirks. Am Wochenende öffnet hier zusätzlich ein Kellerclub (ab 21.30 Uhr) mit Musik von House bis Disco.

MON AMI Karte S. 90 f. — Bar
☎ 585 01 34; 6., Theobaldgasse 9; Mo–Sa 16–1 Uhr; U4 Neubaugasse

Das Schild täuscht: Der frühere Hunde- und Katzensalon ist heute eine reizende Bar im Stil der 1960er-Jahre. Ihre entspannten, unaffektierten Gäste schätzen die super Cocktails sowie die kleine, aber feine Bier-, Wein- und Snackkarte. Der Laden im hinteren Bereich verkauft bis 22 Uhr die Kreationen von Jungdesignern. So sind es kaum zehn Schritte vom fetzigen neuen Oberteil bis zum nächsten Drink.

ORANGE ONE Karte S. 90 f.
Bar

☎ 586 22 20; 4., Margaretenstraße 26; ⌚ ab 16 Uhr; 🚌 59A

Das ehemalige Gasthaus war einst Anlaufstelle von Sandlern und Alkoholikern. Nach einer Komplettrenovierung hat es sich selbst als moderne, erwachsene Bar mit typischem Retro-Vibe neu erfunden. Abends legen meist DJs auf, und zwischendurch werden unkonventionelle Filme auf die hintere Wand projiziert. An Winterabenden verbringen Qualmhasser hier am besten nicht allzu viel Zeit.

PHIL Karte S. 90 f.
Bar, Café

☎ 581 04 89; 6., Gumpendorfer Straße 10–12; ⌚ Di–So 9–1, Mo 17–1 Uhr; 🚌 57A

Diese Retro-Bar mit superfreundlichem Personal erinnert an ein Ostberliner Lokal und zieht Bohemiens an, die gerne auf Omas alten Kitschmöbeln herumlümmeln. Die Möbel sind allesamt käuflich – ebenso die 70er-Jahre-Fernseher, Bücher, DVDs und Schallplatten. Das Phil ist also mehr ein Laden als eine Bar. Die Atmosphäre könnte nicht entspannter sein.

SCHIKANEDER Karte S. 90 f.
Bar

☎ 585 58 88; 4., Margaretenstraße 22–24; ⌚ 18–4 Uhr; 🚌 59A

In der schäbigen Bar sorgen meist nur Filme (Details auf S. 211) auf den weißen Wänden für Farbe: Das Studenten- und Künstlerpublikum trägt fast ausschließlich schwarz. Das schmälert die energiegeladene Atmosphäre aber nicht, die weit bis in die frühen Morgenstunden anhält.

TANZCAFÉ JENSEITS
Karte S. 90 f.
Bar, Nachtclub

☎ 587 12 33; 6., Nelkengasse 3; ⌚ Mo–Sa 21–4 Uhr; Ⓤ U3 Neubaugasse 🚌 13A

Die Einrichtung mit roten Samtbezügen erinnert an ein Bordell aus den 1970er-Jahren und erzeugt ein behagliches Ambiente. Freitags und samstags ist die winzige Tanzfläche voller relaxter Nachtschwärmer, die zu Soul und Funk lässig umeinander herumscharwenzeln.

TOP KINO BAR Karte S. 90 f.
Bar

☎ 208 30 00; 6., Rahlgasse 1; ⌚ 10–2 Uhr; Ⓤ U2 Museumsquartier 🚌 57A

Die angenehm entspannte Bar im Foyer des Top Kino (S. 211) zieht ein elegantes Al-ternativ-Publikum an. Ihr Soundtrack passt zum stark retrolastigen Dekor. Als eine der besseren tschechischen Pilssorten tritt Kozel hier gegen die leckersten Lagerbiere Österreichs an.

top picks
KAFFEE & KLASSIK

Eine Handvoll Kaffeehäuser veranstaltet regelmäßig Klassikkonzerte. Dieser typische Wiener Zeitvertreib für gemütliche Nachmittage oder Abende kostet nur soviel wie eine Tasse Kaffee (falls man nicht noch die halbe Kuchentheke leerfuttert).

- Café Bräunerhof (S. 185)
- Café Central (S. 185)
- Café Landtmann (S. 186)
- Café Prückel (S. 186)
- Diglas (S. 187)

EBERT'S COCKTAIL BAR
Karte S. 90 f.
Cocktailbar

☎ 586 54 65; 6., Gumpendorfer Straße 101; ⌚ So–Do 18–2, Fr & Sa 19–4 Uhr; Ⓤ U3 Neubaugasse

Die stilvolle, modern-minimalistische Bar mit innovativer Cocktailkarte ist am Wochenende extrem stark besucht. Hier wird gewieft geschüttelt: Alle Mixkünstler sind auch Lehrer an der benachbarten Barkeeperschule. Das Musikspektrum reicht von Elektro bis Jazz. Mit einem Ticket des English Cinema Haydn (S. 210) bekommt man jederzeit einen Cocktail für 5,50 €.

CAFÉ DRECHSLER Karte S. 90 f.
Kaffeehaus

☎ 587 85 80; 6., Linke Wienzeile 22; ⌚ Mo 8–2, Di–Sa 3–2, So 3–24 Uhr; Ⓤ U4 Kettenbrückengasse

Eines von Wiens lebendigsten Kaffeehäusern feierte nach umfangreicher Renovierung eine höchst eindrucksvolle Wiedereröffnung: Im Drechsler hat Sir Terence Conran mit Tresen- und Tischplatten aus poliertem Marmor, Leuchtkörpern im Bauhausstil und weiß getünchten Holzpaneelen sein Können bewiesen – stilvoll und unverkennbar wienerisch. Klassische Cafégerichte werden hier durch Gulasch ergänzt, das genauso legendär ist wie der Sound des Haus-DJs. Die Musik wechselt alle paar Stunden und sorgt stets für fröhliche, hippe Atmosphäre.

CAFÉ RÜDIGERHOF Karte S. 90 f. Kaffeehaus
☎ 586 31 38; 5., Hamburgerstraße 20; 9–2 Uhr; U4 Kettenbrückengasse

Die Fassade ist ein Paradebeispiel für Jugendstil-Architektur, doch das Mobiliar und die Inneneinrichtung könnten der US-Fernsehserie *I Love Lucy* (1951) entsprungen sein. Das Rüdigerhof punktet mit heimeliger, familiärer Atmosphäre und großer, schattiger Terrasse. Am Samstagmorgen füllt es sich fix mit Naschmarkt-Shoppern.

CAFÉ SAVOY Karte S. 90 f. Kaffeehaus
☎ 586 73 48; 6., Linke Wienzeile 36; Mo–Fr 8–2, Sa 9–2 Uhr; U4 Kettenbrückengasse;

Dieser alteingesessene Schwulentreff wirkt eher wie ein traditionelles Café. Vor allem wegen der Nähe zum Naschmarkt ist das Samstagspublikum normalerweise sehr gemischt. Ansonsten tummeln sich hier Männer aller Altersstufen.

CAFÉ SPERL Karte S. 90 f. Kaffeehaus
☎ 586 41 58; 6., Gumpendorfer Straße 11; ganzjährig Mo–Sa 7–23 Uhr, Sept.–Juni So 11–20 Uhr; 57A;

Herrliche Jugendstilelemente, die gewaltigen Ausmaße, schnuckelige Sitzecken und die entspannte Atmosphäre machen das Sperl zu einem der attraktivsten Wiener Kaffeehäuser. Ebenso reizvoll ist die Karte, auf der z. B. die leckere Sperl-Torte aus Mandelmasse und Milchschokolade steht. Diese heißt es zu starkem Kaffee und Zeitungslektüre vertilgen – ganz so wie die übrigen Gäste, die sich hier Tagträumen hingeben und Leute beobachten.

CAFÉ WILLENDORF Karte S. 90 f. Schwulenbar
☎ 587 17 89; 6., Linke Wienzeile 102; Mo–Sa 18–2, So 10–15 & 18–2 Uhr; U4 Pilgramgasse 13A

Eine von Wiens bedeutendsten Schwulen- und Lesbenbars befindet sich in der rosafarbenen Rosa Lila Villa (S. 252). An diesem beliebten Treffpunkt kann man prima plaudern, etwas essen oder einen Drink nehmen. Über den Sommer ist auch der reizende Innenhofgarten offen.

MANGO BAR Karte S. 90 f. Schwulenbar
☎ 587 44 48; 6., Laimgrubengasse 3; 21–4 Uhr; U4 Kettenbrückengasse 57A

Das Mango lockt sein junges, oft rein männliches Publikum z. B. mit guter Musik und freundlichem Personal an. Gäste können sich gegenseitig in den vielen Spiegeln taxieren. Dies ist *der* Ausgangspunkt für große Wiener Partynächte!

SEKT COMPTOIR Karte S. 90 f. Weinba
☎ 432 53 88; www.sektcomptoir.at; 4., Schleifmühlgasse 19; Mo–Fr 16–22, Sa 10–17 Uhr; 59A

Echt prickelnd: Als Produzent eines österreichischen Spitzensekts serviert das Burgenländer Weingut Szigeti seine Hausmarke nur in dieser winzigen, holzgetäfelten Weinbar. Vom nahen Naschmarkt kommen schwer schleppende Einkäufer oft scharenweise auf ein oder mehrere Gläschen auf dem Bürgersteig hierher. Der Perltrunk ist so berauschend, dass die meisten Gäste einfach breit grinsen und sich kichernd in die beengte Bar hineinquetschen. Diese schließt recht früh und betreibt ein paar Türen weiter einen Laden (Schleifmühlgasse 23; Mo–Fr 10.30–18, Sa 10–17 Uhr).

MuseumsQuartier & Umgebung

BLUE BOX Karte S. 90 f. Ba
☎ 523 26 82; 7., Richtergasse 8; So–Do 10–2, Fr & Sa 10–4 Uhr; U3 Neubaugasse 13A

Vom verrauchten, schäbigen Look darf man sich nicht abschrecken lassen: Der scheint schon ewig ein elementarer Teil des Blue-Box-Ambientes zu sein. Da der Laden zu klein für eine Tanzfläche ist, grooven die meisten Gäste sitzend zu den Beats der regelmäßig auflegenden DJs. Super Frühstück gibt's hier auch (Di–So 10–17 Uhr).

CAFÉ LEOPOLD Karte S. 90 f. Bar, Café
☎ 523 67 32; 7., Museumsplatz 1; So–Mi 9–2, Do–Sa bis 4 Uhr; U2 Museumsquartier, U2, U3 Volkstheater 2A, 48A;

Die beste Bar des MuseumsQuartiers nimmt den obersten Stock des Leopold Museums (S. 93) ein. Zur vornehmen Inneneinrichtung gehört ein Wintergarten mit Blick auf den Platz des MuseumsQuartiers. Die Atmosphäre ist eher wie in einem Nachtclub als wie in einer Bar – von Montag bis Samstag legen DJs auf.

DAS MÖBEL Karte S. 90 f. Bar, Café
☎ 524 94 97; 7., Burggasse 10; 10–1 Uhr; U2, U3 Volkstheater 48A;

Das tolle Mobiliar besteht komplett aus kaufbaren Einzelstücken einheimischer Designer. Ob Freischwinger oder Surfbrettbank: Die Wahl eines passenden Plätzchens ist hier bereits das halbe Vergnügen. Leuchtkörper, Taschen und diverser Krimskrams komplettieren die Einrichtung und sind ebenfalls allesamt käuflich (s. S. 153).

EUROPA Karte S. 90 f. Bar, Café

☎ 526 33 83; 7., Zollergasse 8; 9–5 Uhr; U3 Neubaugasse 🚌 13A; 📶

Diese langjährige Institution des 7. Bezirks kommt zu jeder Tages- und Nachtzeit entspannt rüber. Bei Sonnenschein kann man Kaffee und Essen zusammen mit anderen Relaxenden an den Tischen am Fenster genießen. Abends setzt man sich dann zu DJ-Sounds an die Bar. Das Frühstück (tgl. 9–15 Uhr) kuriert Verkaterte und wird sonntags als üppiges Buffet (9,50 €) angerichtet.

WIRR Karte S. 90 f. Bar

☎ 929 40 50; www.wirr.at; 7., Burggasse 70; Mo–Mi 11–2, Do & Fr 11–4, Sa & So 10 Uhr–open end; 🚌 48A

In der bunten, unkonventionellen Bar sind Sitzplätze am Wochenende oft rar – vor allem die auf den bequemen Sofas. Unter den Werken einheimischer Künstler an den Wänden befindet sich z. B. eine bizarre Krawattensammlung. In den großen, offenen Räumen gibt es zudem leichte Snacks. Die Clubpartys (60ies-Pop bis Balkan-Beats) im Untergeschoss sind immer gut besucht.

OBEN Karte S. 90 f. Kaffeehaus

☎ 522 06 88; www.oben.at; 7., Urban-Loritz-Platz 2a; Mo–Sa 10–21 Uhr; U6 Burggasse Stadthalle 🚋 6, 18, 49

Eines der wenigen hiesigen Lokale mit Blick auf die Dächer der Stadt nimmt die Dachterrasse der Bücherei Wien (S. 96) ein: Vom ruhigen Oben aus schaut man weit über den Wiener Süden. Wegen wechselnder Essensqualität ist dies jedoch eher ein Ort für Kaffee oder Cocktails mit Aussicht.

NORDWESTLICHE VORSTADT

B72 Karte S. 100 f. Bar, Nachtclub

☎ 409 21 28; www.b72.at; 8., Hernalser Gürtel 72; So–Do 20–4, Fr & Sa 20–6 Uhr; U6 Alser Straße 🚋 43, 44

Das B72 ist nach seiner Adresse am Bogen 72 benannt. Sein Unterhaltungsprogramm

top picks

SCHWULEN- & LESBENTREFFS

- **Café Berg** (S. 192) Freundlich, offen und mit einer Szenebüchersammlung.
- **Café Savoy** (S. 189) Die Atmosphäre eines traditionellen Wiener Cafés plus etwas Pep.
- **Café Willendorf** (S. 190) Hausbar der Rosa Lila Villa; stets gesellig und einladend.
- **Mango Bar** (S. 190) Stets beliebt und jeden Abend geöffnet.

mit unkonventionellen Livebands, Alternative-Beats und Albumpräsentationen zieht vor allem jüngere Besucher an. Das Backsteingewölbe mit mächtigen Glaswänden ist typisch für die meisten Bars am Gürtel – genauso wie die dicke, verrauchte Luft und der schäbige Look.

CAFÉ STEIN Karte S. 100 f. Bar, Café

☎ 319 72 41; 9., Währinger Straße 6–8; Mo–Sa 7–1, So ab 9 Uhr; U2 Schottentor 🚋 1, 37, 38, 40, 41, 42, 43, D; 📶

Tagsüber ist das dreistöckige Café mit der umfangreichen Ganztageskarte ein beliebter Treffpunkt von Studenten der nahen Universität. Die DJ-Sounds am Abend genießen aber eher städtische Angestellte mit deutlich mehr Geld. Im Sommer gibt's auch Freilufttische mit super Blick auf die Votivkirche (S. 106).

CHELSEA Karte S. 100 f. Bar, Nachtclub

☎ 407 93 09; www.chelsea.co.at; 8., Lerchenfelder Gürtel 29–31; Mo–Sa 18–4, So ab 16 Uhr; U6 Thaliastraße 🚋 46

Der alte, bissige Hund am Gürtel, das Chelsea, ist ein Favorit der Studenten- und Alternativ-Szene: Poster und Undergroundkram zieren die Wände. Falls gerade keine Bands spielen, sorgen DJs für die volle Dröhnung – meist mit Indie, manchmal aber auch mit Techno. Live übertragene Fußballspiele der Champions League oder englischen Premier League werden hier recht gern mit britischem und irischem Fassbier begossen.

MAS! Karte S. 100 f. Bar

☎ 403 83 24; www.restaurante-mas.at; 8., Laudongasse 36; Mo–Sa 18–2, So 10–24 Uhr; 🚋 5, 33

Diese Designerbar ist auf Cocktails und mexikanisches Essen spezialisiert. Ihre Gäste sind meist wohlhabend und gestylt. An der langen, schimmernden Bar mit der mächtigen Lichtinstallation stehen hohe, wacklige Hocker. Für etwas traulichere Abende empfehlen sich dagegen die niedrigen Tische mit Schummerbeleuchtung. Der legendäre „mexikanische Sonntagsbrunch" (18 €, *All-you-can-eat*-Buffet; 10–16 Uhr) kombiniert Cajun-Frühstücksgerichte mit englischen und amerikanischen Speisen. Zweimal täglich ist Happy Hour (18–20 & 23–24 Uhr).

RHIZ Karte S. 100 f. Bar, Nachtclub
☎ 409 25 05; 8., Lerchenfelder Gürtel 37–38; Mo–Sa 18–4, So 18–2 Uhr; U6 Josefstädter Straße 2, 33;

Die Inneneinrichtung mit Backsteinbögen und Glaswänden erinnert an viele andere Bars unterhalb der Linie U6. Wegen seines Status als Stammlokal der Wiener Elektroszene lässt das Rhiz die Konkurrenz aber größtenteils hinter sich. Im Winter lauschen hier schwarz gekleidete Schluckspechte und Alternativ-Typen scharenweise den Klängen von DJs oder Livebands. Im Sommer ist es im großen Außensitzbereich supervoll.

HALBESTADT BAR Karte S. 100 f. Cocktailbar
☎ 319 47 35; 9., Stadtbogen 155; Mo–Do 18–2, Fr 19–2, Sa & So bis 4 Uhr; U6 Nussdorferstraße

Der tadellose, vollkommen arroganzfreie Service greift bereits an der Glastür: Diese wird einem bei Bedarf geöffnet, man wird hineingeleitet, bekommt den Mantel abgenommen und Hilfe bei der Getränkeauswahl. Über 500 Flaschen zieren die Wände des winzigen Raums unter dem Bogen. Die anbetungswürdigen Barkeeper kreieren deliziöse Kunstwerke, die geschüttelt und in hübsche Trinkgefäße gegossen werden. Drinks mit südpazifischem Touch gibt's in polynesischen Keramikkelchen, Sekt in flachen Retro-Champagnergläsern.

SHIRAZ Karte S. 100 f. Cocktailbar, Wasserpfeifenbar
☎ 335 55 55; 9., Stadtbogen 185; 18–2 Uhr; U6 Nussdorferstraße

Diese Kombi aus Nachtclub, Shisha- und Cocktailbar hat etwas von 1001 Nacht. Auf vornehmen Samtsofas kann man hier gemütlich eine Wasserpfeife rauchen und rot-goldene Orienttapeten bewundern, die bis zum Backsteingewölbe des Stadtbogens hinaufreichen. Dazu gibt's exotische Mixgetränke und verschiedene Weine aus Österreich und der neuen Welt. Getanzt wird draußen zu internationalen DJ-Sounds.

CAFÉ FLORIANIHOF Karte S. 100 f. Kaffeehaus
☎ 402 48 42; 8., Florianigasse 45; Mo–Fr 8–24 Sa & So 10–20 Uhr; 5, 33;

Das kinderfreundliche Café in Josefstadt serviert Essen mit vielen Biozutaten und eine große Auswahl an Fruchtsäften. Werke lokaler Maler setzen bunte Akzente auf den kahlen weißen Wänden. Im Sommer sind die Tische an der Straße schnell voll.

CAFÉ HUMMEL Karte S. 100 f. Kaffeehaus
☎ 405 53 14; 8., Josefstädter Straße 66; Mo–So 7–24, So ab 8 Uhr; 5, 33;

Das einfache, klassische Kaffeehaus mit so typisch arroganten Kellnern hat viele Stammgäste aus Josefstadt. Zu starkem Kaffee wird selbst gebackener Kuchen serviert. Im Sommer kann man hier gut ein paar Stunden draußen sitzen und bei der Lektüre internationaler Zeitungen die Passanten auf der Josefstädter Straße beobachten.

FRAUENCAFÉ Karte S. 100 f. Lesbenbar
☎ 406 37 54; 8., Lange Gasse 8; Do & Fr 18–24 Uhr, öffnet auch für Sonderveranstaltungen; 46

Diese heimelige, relaxte Cafébar ist Frauen, Lesben und Transsexuellen vorbehalten. Sie ist ein langjähriger Favorit der Wiener Lesbenszene und liegt abseits der Schwulen- und Lesbenbars um die Rosa Lila Villa.

CAFÉ BERG Karte S. 100 f. Schwulenbar
☎ 319 57 20; 9., Berggasse 8; Okt.–Juni 10–1 Uhr, Juli–Sept. 10–24 Uhr; U2 Schottentor, 37, 38, 40, 41, 42, 43, 44 40A;

Die führende Schwulenbar der Stadt heißt auch alle anders gepolten Besucher willkommen. Moderne Eleganz und einige von Wiens freundlichsten Angestellten sorgen für entspannte Atmosphäre. Der Hausbuchladen Löwenherz (Mo–Fr 10–19, Sa 10–17 Uhr) hat ein stattliches Angebot an schwulenspezifischen Büchern und Zeitschriften.

WEINSTUBE JOSEFSTADT
Karte S. 100 f. Stadtheuriger
☎ 406 46 28; 8., Piaristengasse 27; 16–24 Uhr, Jan.–März geschl.; 2 13A

Die Weinstube Josefstadt zählt zu Wiens schönsten Stadtheurigen. Im verwilderten Garten – einer grünen Oase zwischen Wohnblocks aus Beton – stehen Tische zwischen den Bäumen und Büschen. Das typische Menü umfasst eine Buffetauswahl und viele günstige Fleischgerichte (z. B. Hähnchenflügel für nur 1 €). Freundliche, gut angeheiterte Einheimische kehren hier gratis ein. Die Weinstube liegt sehr versteckt: Einziger Hinweis auf ihre Existenz ist der metallene Buschn über dem Eingang.

WEIN & WASSER Karte S. 100 f. Weinbar

☎ 403 53 45; 8., Laudongasse 57; ⓧ Mo–Sa 18–1 Uhr; Ⓤ U6 Josefstraße 🚋 5

Außerhalb der Heurigenszene ist dies die beste Wiener Adresse, um österreichischen Wein zu kosten, denn nach hauseigener Philosophie wird Wissen über gute Tropfen stets an Gäste weitergegeben. Das Personal erläutert die große Auswahl mit über 20 heimischen Lesen, die glasweise ausgeschenkt werden. Ausländische Weine finden sich im internationalen Abschnitt der Karte. Gedämpftes gelbes Licht und Kerzen verleihen dem Backsteingewölbe eine entspannte Atmosphäre. Knabberzeug und Tapas runden das Angebot ab.

LANDSTRASSE

STRANDBAR HERRMANN
Karte S. 110 f. Strandbar

3., Herrmannpark; ⓧ April–Anfang Okt. 10–2 Uhr; 🚋 0, 1, 2; 🛜

BLAUBURGUNDER- & BOCKBIERVERWIRRUNG

Österreichischer Wein

Weil sie immer beliebter werden, werden Österreichs Weine nun auch verstärkt im Ausland ausgeschenkt (vor allem in Großbritannien). Auf Wiener Restaurant- und Barkarten stehen jedoch ein paar der außergewöhnlichsten Sorten.

Bekannteste österreichische Lesen:
Blauer Burgunder Pendant zum Pinot Noir; komplexer, fruchtiger Roter aus dem Umkreis des Neusiedler Sees.
Blaufränkisch Trockener, leichter Roter mit hohem Tanningehalt; wächst am besten im zentralen und südlichen Burgenland.
Grüner Veltliner Starker, frischer Weißer mit einem Hauch von Birne und Zitrusfrüchten; innerhalb Österreichs am weitesten verbreitet.
Müller-Thurgau Milder, oft blumiger Weißer aus Niederösterreich und dem Burgenland.
Riesling Fruchtiger Weißer mit hohem Säuregehalt; wird vor allem im Donautal produziert.
St. Laurent Dunkler, samtiger Roter aus dem gleichnamigen Dorf in Bordeaux.
Weißburgunder Aromatischer, lecker säuerlicher Weißer mit leichtem Mandeltouch; wächst vor allem im Burgenland.
Welschriesling Fruchtig-frischer Weißer mit leichtem Gewürzaroma; Hauptanbaugebiete sind Burgenland und Niederösterreich.
Zweigelt Vollmundiger Roter mit intensivem Kirscharoma; wächst in allen Weinbauregionen Österreichs.

Österreichisches Bier

Zwar trinken die Wiener am liebsten Wein, doch Bier ist sehr wichtig für die kulturelle Identität der Stadt. Typische Sorten sind z. B. Gösser, Ottakringer, Puntigamer, Stiegl, Wieselburger und Zipfer. Wer sich nicht entscheiden kann, bestellt einfach *g'mischt* (halb Helles, halb Dunkles).

Bekannteste österreichische Biere:
Bockbier Superstarkes Lager mit bis zu 12 % Vol. Alkohol, das einen glatt vom Stuhl haut; rund um Weihnachten und Ostern erhältlich.
Dunkles Dickflüssiges, stark aromatisches, dunkles Bier.
Helles Weit verbreitetes Blondes mit leichtem Hopfengeschmack; quasi Lager mit Biss.
Märzen Rötliches Bier mit kräftigem Malzaroma.
Pils Sehr frisch und stark, aber oft bitter.
Weizen oder **Weißbier** Vollmundiges Kristall- bzw. Hefeweizen (hell oder dunkel) mit leicht süßlichem Geschmack; manchmal mit Zitronenscheibe im Glas serviert.
Zwickel Ungefiltertes, naturtrübes Bier; sollte immer frisch genossen werden.

Die brummende Strandbar scheint nicht am Donaukanal, sondern direkt am Meer zu liegen. An heißen Sommerabenden werden der Sand und die Strandkörbe von zahllosen feierwütigen Wienern bevölkert. Decken liegen bereit; gelegentlich laufen Filme. Wer des Abhängens leid ist, kann eine Partie Boule spielen. Belanglos, aber cool: Der umliegende Herrmannpark ist nach Emanuel Herrmann (1839–1902) benannt, der einst die Ansichtskarte erfand.

ÖSTLICH DES DONAUKANALS

FLUC Karte S. 118 f. Bar, Livemusikclub
www.fluc.at; 2., Praterstern 5; 18–4 Uhr; U1, U2 Praterstern 0, 5
Das Fluc liegt in einer zwielichtigen Ecke (der Praterstern ist manchmal nicht ganz sicher) und erinnert stark an eine Fertigbau-Schulbaracke. Mehr Anarchie hat das Wiener Nachtleben wohl kaum zu bieten – allerdings völlig stressfrei und ohne das Risiko körperlicher Gewalt. Studenten in Schwarz, kaputte Alkoholiker und Freiberufler jenseits der 30 teilen sich das entkernte Gebäude gelegentlich mit Fernsehstars. Jeden Abend legen DJs auf oder spielen Liveacts; der Schwerpunkt liegt auf Elektrosounds.

TACHLES Karte S. 118 f. Bar, Café
212 03 58; 2., Karmeliterplatz 1; 17–2 Uhr; U2 Taborstraße 2;
Die unkonventionelle holzgetäfelte Cafébar liegt am Hauptplatz der aufkeimenden Leopoldstadt. Hier treffen sich intellektuelle, relaxte Einheimische in entspanntem Ambiente und genießen slawische Häppchen (z. B. Piroggen, Borschtsch). Manchmal finden Lesungen oder Livekonzerte statt: Am letzten Donnerstag des Monats treten stets Jungmusiker im großen Kellerraum auf.

SÜDWESTEN & GÜRTEL

CAFÉ GLORIETTE Karte S. 126 f. Kaffeehaus
879 13 11; 13., Gloriette; 9–1 Uhr; U4 Schönbrunn, Hietzing
Das Café Gloriette belegt die neoklassizistische Gloriette von 1775, die hoch auf

HEURIGER GÖBEL Neal Bedford

Einer der wenigen Designer-Heurigen in Wien ist Göbel (außerhalb der Karte S. 53 f.; 294 84 20; www.weinbau goebel.at; 21., Stammersdorfer Kellergasse 151; Mo & Mi–Sa ab 16, So ab 11 Uhr, Öffnungszeiten variieren, Website besuchen; Bus 228, 233), eine Schöpfung des Besitzers Peter Göbel. Er hat sich seine zwei Talente, das Weinmachen und die Architektur, zunutze gemacht und betreibt einen Heurigen, der seinen Gästen nicht nur hervorragenden Wein ausschenkt (80 % seiner Weine sind rot, manche von ihnen gehören zu den besten Wiens), sondern auch mit der schlichten Gestaltung aus weißen Wänden, klaren Linien, dunklen Holztischen und diskretem Licht überzeugt. Der Vollblutwinzer hat das Weingut seiner Familie 1991 in dritter Generation übernommen, den Heurigen 1996. Das sagt Peter Göbel zur Wiener Heurigenszene:

„Die Wiener lieben ihre Heurigen, weil sich bei ihnen nicht viel ändert. Feste Bestandteile sind immer ein Garten, ein Hof, ein Buffet und Wein vom eigenen Weinberg. Ein Heuriger steht für Freizeitvergnügen, Wochenende, Erholung, Familienausflüge – oder einfach nur für einen kurzen Besuch auf ein Glas Wein.

Mit den vielen neuen Restaurants in der Stadt und den ganzen Open-Air-Events hat die Attraktivität der traditionellen Heurigen abgenommen. Deshalb hat sich die Heurigenkultur angepasst und versucht, mit der Zeit zu gehen. Spezielle Gerichte werden angeboten, und es gibt Infos im Netz. Trotzdem halten traditionelle Heurige das alte Konzept aufrecht.

Ich finde, wenn man in einen Heurigen geht, sollte man alles trinken, besonders die Spezialitäten. Wien hat verschiedene Böden und Mikroklimata zu bieten, was bedeutet, dass viele Spielarten an Wein parallel existieren und jeder Winzer seine ganz speziellen Tropfen herstellt. Am besten einfach fragen! Und beim Essen sollte man probieren, was gut aussieht und was man nicht kennt – das ist ja das Gute an einem Buffet. Das ist das Abenteuer.

Mein Lieblingswein aus unserer eigenen Produktion ist der Zweigelt „Alte Reben". Er entspricht meiner Vorstellung von einem Wiener Wein – nicht international, sondern sehr autonom, am Anfang etwas distanziert und kompliziert, aber mit der Zeit erkennt man seine Qualitäten. Ein sehr persönlicher Wein! Aber ich mag auch den Grünen Veltliner aus der Wachau und dem Kamptal (Donautal).

Wenn Sie einen traditionellen Heurigen erleben wollen, besuchen Sie entweder eines der hier empfohlenen Häuser oder fahren Sie einfach auf gut Glück in eine der Weingegenden an den Stadträndern und gehen Sie in irgendein Lokal, an dem ein Buschn an der Tür hängt. Bei Letzterem ist natürlich nichts über die Qualität des Heurigen gesagt – dann muss man es eben nehmen, wie es kommt – das Abenteuer!"

einem Hügel hinter dem **Schloss Schönbrunn** (S. 125) zum Vergnügen Maria Theresias errichtet wurde. Das Schloss, dessen herrliche Gärten und die nördlichen Bezirke sorgen hier für einen der wohl schönsten Panoramablicke Wiens. Nach einem kurzen, aber heftigen Marsch bergauf ist das Gloriette eine willkommener Rastplatz.

LO:SCH Karte S. 126 f. Schwulenbar

☎ 895 99 79; www.club-losch.at; 15., Fünfhausgasse 1; Fr & Sa 22–2 Uhr; U6 Gumpendorfer Straße 57A

Obwohl hier normalerweise nur Männer ihren Lederfetisch ausleben, steigen samstagabends manchmal Unisex-Partys. Werktags öffnet das Lo:sch zuweilen für Sonderveranstaltungen.

10ER MARIE Karte S. 126 f. Stadtheuriger

☎ 489 46 47; 16., Ottakringerstraße 222–224; Mo–Sa 15–24 Uhr; U3 Ottakring 2, 10, 46

Wiens ältester Heuriger brummt seit 1740. Wo einst Schubert, Strauss und Kronprinz Rudolf das eine oder andere Glas kippten, tummelt sich heute ein toller Mix aus Einheimischen und Touristen. Das familiengeführte Lokal ist so rustikal, wie es ein Heuriger sein sollte. Und trotzdem erspart es Gästen den langen Weg zum äußersten Stadtrand. Ein paar Schnitzelvarianten ergänzen das typische Buffet.

BUSCHENSCHRANK STIPPERT
Karte S. 126 f. Stadtheuriger

☎ 486 89 17; 16., Ottakringerstraße 225; Mi–Sa 15–24, So 10–13 Uhr; U3 Ottakring 2, 10, 46

Der schlichte Heurige mit den traditionellen Gerichten und dem frechen Personal scheint eine Zeitmaschine zu sein. In urigem Landhüttenambiente blickt man auf einen uralten grünen Kachelofen in der Mitte, der früher die Küche per Holzfeuer beheizte.

GROSSRAUM WIEN

ECKERT außerhalb der Karte S. 53 f. Heuriger

☎ 292 25 96; 21., Strebersdorfer Straße 158, Strebersdorf; jeden 2. Monat & 1. Hälfte Dez. (plus/minus ein paar Tage) Mo–Sa ab 14, So ab 10 Uhr; 26

Von der Endstation der Straßenbahnlinie 26 sind es nur zehn Gehminuten bis zum Eckert im Herzen von Strebersdorf. Wer der Rußbergstraße nordwärts folgt und am Strebersdorfer Platz nach rechts abbiegt, erreicht diese Mischung aus Traditionslokal und Kunstzentrum. Bilder einheimischer Maler zieren die Wände, und einmal pro Monat ist Livemusik von Jazz bis Rock'n'Roll angesagt. Zudem gibt es oft Lesungen und man kann sich durch den Weinkeller führen lassen. Kinder toben hier meist frei herum.

EDLMOSER Karte S. 53 f. Heuriger

☎ 889 86 80; www.edlmoser.at; 23., Maurer Lange Gasse, Maurer; April–Nov. (ca. jeweils 2. Monatshälfte) 14.30–24 Uhr; 60

Das Edlmoser wird von dem dynamischen Jungwinzer Michael Edlmoser geführt, der bei der renommierten kalifornischen Ridge Winery in die Lehre gegangen ist. Was er selbst „Cultweine" nennt, basiert auf einer Kombination aus Weltoffenheit und tiefer Liebe zur österreichischen Tradition. Diese guten Tropfen gibt's in einem 400 Jahre alten Haus mit klaren Einrichtungslinien und modernen Holzmöbeln, das genau wie Edlmosers Weine für eine Verbindung zwischen Alt und Neu steht. Wer will, kann auch im rebengesäumten Garten unter dem gelbem Tuchdach sitzen.

HIRT Karte S. 53 f. Heuriger

☎ 318 96 41; 19., Eisernenhandgasse 165, Kahlenberg; jeden 2. Monat & 1. Hälfte Dez. Mi–Sa 14 Uhr–open end, So ab 10 Uhr; 38A

Dieser schlichte Heurige versteckt sich zwischen den Rebenreihen am Osthang des Kahlenbergs. Einfache Holztische, ein kleines Buffet und spartanischer Service verleihen ihm eine traditionelle Atmosphäre. Am frühen Abend kann man hier super ein paar Gläser Wein mit Blick auf Kahlenbergerdorf und den 21. Bezirk jenseits der Donau genießen. Der schnellste Weg zum Hirt führt vom Gipfel des Kahlenbergs über den **Stadtwanderweg Kahlenberg–Nussdorf** (s. S. 136).

MAYER AM PFARRPLATZ
Karte S. 53 f. Heuriger

☎ 370 12 87; 19., Pfarrplatz 2, Nussdorf; Mo–Sa 16–24, So ab 11 Uhr; 38A

Das Mayer liegt ca. 1,5 km von der U-Bahn-Station Heiligenstadt (U4) entfernt. Obwohl hier vor allem Reisegruppen einkehren, wirkt dieser Heurige bis heute authentisch. Dafür sorgen z. B. ruhiges Ambiente, Reben am Gemäuer und etwas Geschichte: 1817 wohnte hier Beethoven. Zudem gibt's Livemusik (tgl. 19–23 Uhr) und einen großen, schattigen Hintergarten mit Kinderspielplatz.

REINPRECHT Karte S. 53 f. Heuriger
☎ 320 14 71; 19., Cobenzlgasse 22, Grinzing; ⊙ Mitte Feb.–Mitte Dez. 15.30–24 Uhr; 🚌 38A
Das ehemalige Kloster im Herzen von Grinzing ist ein heller Stern am düsteren Heurigenhimmel in dieser Ecke. Mit großem Garten, üppigem Buffet und Livemusik zieht es bis heute ein Massenpublikum an. Dennoch wird Qualität hier durchweg ganz groß geschrieben: Das Reinprecht wurde über die Jahre mehrfach ausgezeichnet und serviert ein paar der besten Weine Wiens. Zudem zeigt es mit 3500 Exemplaren die größte Korkensammlung Europas.

SCHMIDT außerhalb der Karte S. 53 f. Heuriger
☎ 292 66 88; 21., Stammersdorfer Straße 105, Stammersdorf; ⊙ Do–Sa 15–24, So ab 14 Uhr, 2. Woche Mai, 4. Woche Juli & 1. Woche Aug. geschl.; 🚋 31 🚌 30A
Dieser renommierte Heurige in Stammersdorf führt wunderbaren Muskateller und Grünen Veltliner. Außerdem veranstaltet er Weinproben mit lokalen Lesen und serviert rund um den Martinstag (11. Nov.) sein traditionelles Martinigansl (Martinsgans). Das Schmidt liegt wenige Gehminuten nordwestlich der Endstation von Straßenbahnlinie 31. Ab der Endhaltestelle von Stadtbuslinie 30A läuft man etwa gleich weit in Richtung Südosten.

SIRBU Karte S. 53 f. Heuriger
☎ 320 59 28; 19., Kahlenberger Straße 210, Kahlenberg; ⊙ Mitte April–Mitte Okt. Mo–Sa 15–24 Uhr; 🚌 38A
Wie das Hirt (S. 195) liegt das Sirbu ruhig zwischen an den Reben am Kahlenberg und bietet ebenfalls einen Panoramablick auf den Großraum Wien. Seit einigen Jahren keltert es ein paar der erfolgreichsten Weine Österreichs. Der Garten ist ein perfektes Plätzchen zum Relaxen an sonnigen Nachmittagen.

WEINGUT AM REISENBERG
Karte S. 53 f. Heuriger
☎ 320 93 93; 19., Oberer Reisenbergweg 15, Grinzing; ⊙ Mai–Sept. Fr 17–24, Sa & So 13–24 Uhr, Okt.–Dez. Mi–Sa 18–24 Uhr; 🚌 38A
Das durch und durch moderne Gebäude mit großen Fenstern und durchgestyltem Backsteininterieur gehört zur Generation der neuen Heurigen. Statt einem traditionellen österreichischen Buffet gibt's hier italienische und vegetarische Gerichte, die am besten im grünen Garten mit Blick auf den Großraum Wien vertilgt werden. Das Ganze liegt gleich nördlich vom Dorf Grinzing auf einem steilen Hügel. Der gut zehnminütige Anmarsch erfolgt über die Cobenzlgasse und den Oberen Reisenbergweg. Wer Letzteren weitere 20 Minuten hinaufstapft, erreicht Cobenzl. Dort warten ein Café und noch bessere Aussicht auf Wien.

WEINGUT SCHILLING
außerhalb der Karte S. 53 f. Heuriger
☎ 292 41 89; 21., Langenzersdorferstraße 54, Strebersdorf; ⊙ geradzahlige Monate Mo–Fr 16–24, Sa & So ab 15 Uhr; 🚋 26
An warmen Abenden ist das Schilling stark besucht. Dafür sorgt z. B. der große Garten mit direktem Blick auf die weitläufigen Rebkulturen am Bisamberg. Doch auch die hiesigen Qualitätsweine tragen zur Beliebtheit bei. Auf freundliche Anfrage finden Weinkellerführungen statt. Von der Endstation der Straßenbahnlinie 26 sind es 15 Gehminuten bis zum Schilling: Einfach entlang der Rußbergstraße nordwärts zur Langenzersdorferstraße laufen und dieser kurz in Richtung Westen folgen.

WIENINGER außerhalb der Karte S. 53 f. Heuriger
☎ 292 41 06; 21., Stammersdorfer Straße 78, Stammersdorf; ⊙ März–Ende Juli & Mitte Aug.–Dez. Mi–Fr 15–24, Sa & So ab 12 Uhr; 🚋 31 🚌 30A
Bus 30A stoppt ein paar Gehminuten östlich dieses familiengeführten Heurigen in Stammersdorfs Zentrum. Die Speisen vom üppigen BioBuffet mit großer vegetarischer Auswahl werden zu fruchtig-leichtem Hauswein in entspannter, lokaltypischer Atmosphäre genossen.

ZAHEL Karte S. 53 f. Heuriger
☎ 889 13 18; 23., Maurer Hauptplatz 9, Mauer; ⊙ ganzjährig jeweils 1. Monatshälfte 11.30–24 Uhr; 🚌 60
Einer der ältesten Wiener Heurigen, das Zahel, ist in einem 250 Jahre alten Bauernhaus am Maurer Hauptplatz untergebracht. Das Buffet hier strotzt vor Wiener Spezialitäten und saisonalen Gerichten, und der Wein wird auch für den Genuss zu Hause verkauft. Das Zahel hat zeitweise wochen-

ang geschlossen. In diesem Fall marschiert man am besten zur Maurer Langen Gasse zwei Blocks weiter südlich – da gibt's mehere Alternativen.

ZAWODSKY Karte S. 53 f. *Heuriger*
☎ 320 79 78; 19., Reinischgasse 3, Döbling; ☼ März–Nov. Mo & Mi–Fr 17–24, Sa & So ab 4 Uhr; 🚃 38

Das Zawodsky liegt nur einen 1,5 km langen Fußweg von Grinzings Touristenfallen entfernt, hat aber deutlich mehr Atmosphäre: Schlichte Picknicktische stehen hier zwischen Apfelbäumen und Weinstöcken. Die kleine Auswahl von kalten und warmen Fleischgerichten wird durch verschiedene Salate ergänzt. Um von Grinzing aus hierher zu kommen, zunächst der Strassergasse folgen und entlang des winzigen Rosenwegs zur Linken an der Kaasgrabenkirche (alias Mariä Schmerzen) vorbeilaufen. Rechts zweigt dann die Reinischgasse ab.

BUSCHENSCHRANK HUBER
Karte S. 53 f. *Stadtheuriger*
☎ 485 81 80; 16., Roterdstraße 5; ☼ Di–Sa 15–24 Uhr; 🚃 10, 44

Am Fuß des Wilhelminenbergs steht ein richtig vornehmer Heuriger: Steife weiße Tischtücher verleihen dem ansonsten traditionellen, holzgetäfelten Huber ein gehobenes Ambiente. Am riesigen Buffet können sich die größtenteils älteren Gäste an der sensationellen Salat-, Fleisch- und Süßspeisenauswahl bedienen.

NACHTLEBEN
CLUBS

Da die Wiener nicht gerade als wilde Diskonudeln bekannt sind, ist die örtliche Nachtclubszene relativ klein. Klein heißt aber nicht schlecht: Alle Locations decken viele verschiedene Musikrichtungen ab und haben hervorragende DJs, sodass sich wahrscheinlich immer etwas Passendes findet. Die meisten Einheimischen hassen Schlangestehen, überfüllte Tanzflächen und happige Grundpreise. Deshalb hat Wien eher trauliche Nachtclubs, bombastische Großraumdiskos sind selten. Je nach DJ kann der Eintrittspreis sehr stark schwanken: zwischen 0 und 15 €.

Weil der Unterschied zwischen Bar und Nachtclub in Wien oft verschwimmt, fällt eine klare Definition schwer. Die meisten modernen Bars engagieren regelmäßig DJs. Manche – darunter das Europa (S. 191), das Tanzcafé Jenseits (S. 189), das Café Leopold (S. 190) und das Wirr (S. 191) – haben auch kleine, aber stets volle Tanzflächen.

Die örtliche Clubszene mag zwar klein sein, doch Qualität geht bekanntlich über Quantität. Einheimische DJs (z. B. Kruder & Dorfmeister, Sofa Surfers) beschallen vollgestopfte Wiener Nachtclubs regelmäßig an der Seite internationaler Kollegen.

AUX GAZELLES Karte S. 90 f.
☎ 585 66 45; www.auxgazelles.at; 6., Rahlgasse 5; ☼ Do–Sa 23–4 Uhr; Ⓤ U2 Museumsquartier; 🚃 57A

Diese Disko-Bar ist herrlich im maurischen Stil dekoriert und zieht hübsch zurechtgemachte Gäste an. Das Musikprogramm besteht aus verschiedenen sanften Ethno-Sounds. Viele Schummerecken und niedrige, bequeme Sofas bieten bei Bedarf Rückzugsmöglichkeiten. Der Rest des riesigen Ladens beherbergt einen Mix aus Restaurant, Bar und Deli. Sogar ein Hamam (orientalisches Dampfbad; s. S. 214) ist vorhanden. Das Aux Gazelles zählt zu den wenigen Wiener Nachtclubs mit striktem Dresscode.

BACH Karte S. 126 f.
☎ 0676-844 260 214; www.bach.co.at; 16., Bachgasse 21; ☼ Mi–Sa 20–3 Uhr; 🚃 9, 46

Das Bach ist ein Undergroundclub am äußeren Rand von Ottakring. Neben Techno-DJs sind hier regelmäßig Liveacts aus ganz Europa am Werk. Das authentische, entspannte Publikum trägt eher Gammellook. Die Tanzfläche ist klein und traulich.

BRICKS LAZY DANCEBAR Karte S. 118 f.
☎ 216 37 01; www.bricks.co.at; 2., Taborstraße 38; ☼ 20–4 Uhr; Ⓤ U2 Taborstraße; 🚃 2

Diese Bar-Disko-Kombi mit roter Retro-Vinyleinrichtung lockt vor allem Twens auf ihre kleine, schnuckelige Tanzfläche. Das bunte Musikprogramm der DJs reicht von zeitlosen Danceklassikern der letzten 40 Jahre bis zu Electro, Indie und Alternative. Cocktails zum halben Preis gibt's montagabends bzw. täglich bis 22 Uhr.

FLEX Karte S. 53 f.
☎ 533 75 25; www.flex.at; 1., Donaukanal, Augartenbrücke; ☼ Okt.–April tgl. 18–4 Uhr, Mai–Sept. Mo–Sa 20–4 Uhr; Ⓤ U2, U4 Schottenring; 🚃 1, 2, 31

Das Flex verzeichnet heute mehr dem Mainstream angehörende Gäste als in seinen Anfangstagen. Dennoch hat es sich einen Hauch seiner früheren Schneidigkeit und den Ruf als bester Nachtclub der Stadt bewahrt. Das Soundsystem sucht in Wien – manchen zufolge sogar europaweit – seinesgleichen. Der Grundpreis ist meist niedrig, und so etwas wie einen Dresscode kennt man hier nicht. Das monatliche DJ-Programm mit lokalen Legenden und internationalen Stars wird immer wieder durch Liveacts ergänzt. Zu den beliebtesten Abenden zählen „Messed Up" (Mo; für echte Technofans) und „London Calling" (Mi & Fr; Alternative & Independent). Im Sommer bevölkern fröhliche Partypeople scharenweise die Picknicktische am Kanal.

GOODMANN Karte S. 90 f.

☎ 967 44 15; www.goodmann.at; 4., Rechte Wienzeile 23; Mo–Fr 3–10, Sa & So 3–12 Uhr; U4 Kettenbrückengasse 59A

Das Goodmann ist etwas für Nachtschwärmer, die bis zum frühen Morgen tanzen wollen. Im Obergeschoss des kleinen Clubs gibt's bis 8 Uhr Essen, und im Keller tummeln sich vergnügt Nachteulen aller Art und jedes Alters.

PALAIS PALFFY Karte S. 72

☎ 512 56 81; www.palais-palffy.at; 1., Josefsplatz 6; Do–Sa ab 21 Uhr; U3 Herrengasse

Der 550 m² große Club nimmt zwei Stockwerke eines berühmten alten Gebäudes ein, in dem außerdem klassische Konzerte stattfinden (s. S. 207). Die Lounge-Bar im Erdgeschoss führt über 700 Spirituosen. Dort funkeln Tausende winziger „Edelsteine" unter den 80 000 Swarovski-Kristallen eines 12 m hohen Kronleuchters. Die luxuriöse Disko einen Stock darüber glitzert nicht ganz so heftig. Das Publikum wird mit Electro und Pop (Do), House (Fr) oder Oldies und aktuellen Dancehits (Jetlag Club; Sa) beschallt.

PASSAGE Karte S. 60 f.

☎ 961 88 00; www.sunshie.at; 1., Babenberger Passage, Burgring 1; Di & Mi 20–4, Do 21–4, Fr & Sa 22–6 Uhr; D, 1, 2

Für Wiener Verhältnisse kommt das Passage einem Großraumclub am nächsten. Vornehmes Interieur, sanfte Farbtöne und die heißblütige Atmosphäre locken die Schönen der Stadt inklusive Gefolge hierher – ebenso jede Menge Balz- und Trinkwütige. Die recht mainstreammäßige Musik (R&B, Hip-Hop, House) ist so laut, dass sie den Verkehrslärm der direkt darüber verlaufenden Ringstraße mühelos übertönt. Der „Disco Fever Tuesday" zählt zu den beliebtesten Abenden. Nach 22 Uhr (Fr & Sa 23 Uhr) ist mit Warteschlangen und muskelbepackten, schwarz gekleideten Türstehern zu rechnen.

PRATERSAUNA Karte S. 118 f.

☎ 729 19 27; www.pratersauna.tv; 2., Waldsteingartenstraße 135; Jan.–April Fr & Sa 22–6 Uhr, Mai–Sept. Mi–So 21–6 Uhr; U1, U2 Praterstern

Die ehemalige Sauna vereint heute ein Schwimmbad, ein Café, ein Bistro und einen Nachtclub. Geschwitzt wird also auf der Tanzfläche! Vor oder nach dem Abgrooven zum Electrosound internationaler DJs kann man Lichtinstallationen und Performancekunst bewundern. An warmen Abenden verlagert sich der Betrieb auf die Terrasse, in den Garten und an den Pool. Wer Abkühlung braucht, darf baden gehen.

ROXY Karte S. 90 f.

☎ 961 88 00; www.roxyclub.at; 4., Operngasse 24; Do–Sa 23–4 Uhr; U1, U2, U4 Karlsplatz, 59A

Das Roxy war jahrelang ein Trendsetter und ist immer noch beliebt, manchmal auch durchaus tonangebend. DJs aus Wiens Electronica-Szene treten regelmäßig auf. An den meisten Abenden ist es schwer, Platz auf der kleinen Tanzfläche zu finden. Man kann hier also einen netten Abend verbringen, aber in großem Gedränge.

TITANIC Karte S. 90 f.

☎ 587 47 58; www.titanicbar.at; 6., Theobaldgasse 11; Di–Sa 23–6 Uhr; U2 Museumsquartier, 57A

Dieser Club ist ganz die alte Schule mit Türstehern und Rausschmeißern (einigermaßen konservativ anziehen!), aber sobald man an diesen Spaßbremsen vorbei ist, geht's los. Die beiden großen Tanzflächen füllen sich schnell mit Leuten, die zu Mainstream-Clubmusik, R'n'B und Disco-Klassikern der 1980er-Jahre abtanzen wollen. Nett, allerdings nicht jedermanns Sache.

U4 Karte S. 126 f.

☎ 817 11 92; www.u-4.at; 12., Schönbrunner Straße 222; Mo 20 Uhr–open end, Di–So ab 22 Uhr; U4 Meidling Hauptstraße, 10A

Das U4 war die Geburtsstätte des Techno in Wien und seine Langlebigkeit beweist seine Fähigkeit, mit der Zeit zu gehen. Ein ziemlich junges studentisches Publikum kommt regelmäßig hierher. Die Musik ist zwar nicht mehr so trendig und innovativ wie früher, aber die Massen sind damit zufrieden.

VOLKSGARTEN Karte S. 72
☎ 532 42 41; www.volksgarten.at, 1., Durgring 1; Di–Sa, keine festen Öffnungszeiten; U2, U3 Volkstheater, D, J, 1, 2

Der sehr beliebte Club in erstklassiger Lage in der Nähe der Hofburg zieht ein Publikum an, das sehen und gesehen werden will. Die lange Cocktailbar ist perfekt zum Leutebeobachten, die Musik ist ein abwechslungsreicher Mix aus Hip-Hop, House, Salsa und Reggae, wenn auch nicht besonders innovativ. Die Öffnungszeiten wechseln, und man muss sich gut anziehen, um an den Türstehern vorbei zu kommen.

WHY NOT? Karte S. 60 f.
☎ 535 11 58; www.why-not.at; 1., Tiefer Graben 22; Fr & Sa 22–4 Uhr; U3 Herrengasse 1A, 2A

Das Why Not? ist einer der wenigen Clubs, die ausschließlich auf die Schwulenszene ausgerichtet sind. Der kleine Club füllt sich schnell mit überwiegend jungen Schwulen, die möglichst viel Spaß haben wollen.

LIVEMUSIK

Früher war Wien die Endstation für Bands, die durch Europa tourten, heute geht es von hier aus weiter nach Osteuropa. Stars und Newcomer spielen regelmäßig auf den Bühnen der Stadt, das ganze Jahr über gibt es eine gesunde Mischung aus Jazz, Rock (Alternative und Mainstream) und Weltmusik. Plakate und Flyer, die Konzerte ankündigen, sind überall zu finden – man kann eigentlich gar nichts verpassen. Konzerte der internationalen Stars sind oft ausverkauft, aber es laufen überall Leute herum, die noch Karten anbieten.

Die Locations sind klein, die Leute aber meist so zivilisiert, dass man sich nach vorn kämpfen kann und nicht in eine Ecke gequetscht wird. In Konzerte einheimischer Künstler kommt man schon ab 5 €, manche sind kostenlos. Für Konzerte mit internationalen Stars muss man schon mal bis zu 50 € hinblättern – meist liegen die Preise aber zwischen 15 und 25 €.

In Bars und Clubs, vor allem im Flex (S. 197), Rhiz (S. 192), Chelsea (S. 191) und B72 (S. 191) treten auch regelmäßig tourende Bands auf. Festivals wie das Donauinselfest (s. S. 17) oder das Jazz Fest Wien (s. S. 17) sind ebenfalls ausgezeichnete Gelegenheiten, um österreichische oder internationale Talente zu sehen.

ARENA Karte S. 110 f.
☎ 798 85 95; www.arena.co.at; 3., Baumgasse 80; U3 Erdberg

Hier wurde ein Schlachthaus für musikalische Live-Acts und Filmvorführungen umgebaut – einer der merkwürdigeren Veranstaltungsorte der Stadt. Auf der Freilichtbühne gibt es von Mai bis September neben Kino Hardrock, Rock, Heavy Metal, Reggae und Soul. Im Winter treten die Bands in einer der beiden Hallen auf. Einmal im Monat findet das beliebte „Iceberg" statt, da geht's um 1970er-deutsch-britischen New Wave.

CAFÉ CARINA Karte S. 100 f.
☎ 406 43 22; www.cafe-carina.at; 8., Josefstädter Straße 84; Mo–Do 18–2, Fr & Sa 18–4 Uhr; U6 Josefstädter Straße, 2, 33

Das kleine, verrauchte und auf nette Art schmuddelige Carina ist eine Bar, in der man einen Drink nimmt und Musik hört. Fast jeden Abend treten einheimische Bands auf, kaum eine Armlänge von dem in der Regel begeisterten Publikum entfernt. Gespielt werden Folk, Jazz oder Country.

CAFÉ CONCERTO Karte S. 100 f.
☎ 406 47 95; www.cafeconcerto.at; 16., Lerchenfelder Gürtel 53; Di–Sa 19–4 Uhr; U6 Josefstädter Straße, 2, 33

Das Concerto ist ebenfalls eine der Bars am Gürtel, in denen einheimische Livemusiker auftreten. Häufig steht Jazz auf dem Programm, aber auch DJs legen oft auf. Sowohl der Keller als auch die Bar im Untergeschoss werden für Konzerte genutzt, auch wenn die Akustik im Keller nicht so furchtbar toll ist. Oft ist der Eintritt kostenlos.

JAZZLAND Karte S. 60 f.
☎ 533 25 75; www.jazzland.at; 1., Franz-Josefs-Kai 29; Mo–Sa 19–2 Uhr, Juli & Aug. ab 19.30 Uhr; U1, U4 Schwedenplatz, 1, 2

Das Jazzland ist seit über 30 Jahren eine Institution der Wiener Jazzszene. Die Musik umfasst das ganze Jazzspektrum, im Back-

WIENER LOKALBRAUEREIEN

Dank dem stets frischen Bier und der feierlustigen Atmosphäre sind Wiener Lokalbrauereien ideal für herrliche Ausgehabende. Meist werden hier viele verschiedene und direkt vor Ort produzierte Hausbiere serviert und dazu üppige, typisch österreichische Gerichte. Die glänzenden Braukessel aus Messing werden oft stolz zur Schau gestellt.

1516 Brewing Company (Karte S. 60 f.; ☎ 961 15 16; www.1516brewingcompany.com; 1., Schwarzenbergstraße 2; ⓥ 11–2 Uhr; 🚇 D, 1, 2 🚌 3A) Ungefilterte Biere, einige ungewöhnliche Spezialitäten (z. B. Heidi's Blueberry Ale) und große Zigarrenauswahl. Populär bei städtischen Angestellten und UN-Mitarbeitern.

Fischer Bräu (Karte S. 53 f.; ☎ 369 59 49; www.fischerbraeu.at; 19., Billrothstraße 17; ⓥ Mo–Sa 16–1, So 11–1 Uhr; 🚇 38 🚌 35A) Helles Lager (ganzjährig) plus eine neue Biersorte alle vier bis sechs Wochen. In dem großen, bei den Wienern sehr beliebten Garten werden sonntags stets stark besuchte Jazz-Livekonzerte veranstaltet.

Salm Bräu (Karte S. 110 f.; ☎ 799 59 92; www.salmbraeu.com; 3., Rennweg 8; ⓥ 11–24 Uhr; 🚌 71) Braut eigenes Helles, Pils, Märzen, G'mischts und Weizen (Details zu diesen Sorten finden sich auf S. 193) gleich neben dem Schloss Belvedere. Der Laden ist sehr beliebt und hat eine Happy Hour (Mo–Fr 15–17, Sa 12–16 Uhr).

Siebensternbräu (Karte S. 90 f.; ☎ 523 86 97; www.7stern.at; 7., Siebensterngasse 19; ⓥ 10–24 Uhr; 🚌 49) Große Brauerei mit allen Standardsorten – ergänzt durch Rauchbier (Malztrocknung über offener Flamme), Hanf- und Chilibier. In den wärmeren Monaten ist der versteckte Garten hinten besonders toll.

Wieden Bräu (Karte S. 90 f.; ☎ 586 03 00; www.wieden-braeu.at; 4., Waaggasse 5; ⓥ Mo–So 11.30–24 Uhr, Juli & Aug. Sa, So & Feiertag 16–24 Uhr; 🚌 1, 62; 🛜) Helles, Märzen, Hanfbier (jeweils ganzjährig) und ein paar saisonale Sorten (z. B. Ingwerbier). Happy Hour von 17.30 bis 19.30 Uhr.

---

steinambiente tritt eine prima Mischung aus einheimischen und internationalen Jazzgrößen auf.

METROPOL Karte S. 126 f.
☎ 407 77 40; www.wiener-metropol.at; 17., Hernalser Hauptstraße 55; Kartenbüro ⓥ Mo–Sa 10–18 Uhr; 🚌 43

Das Metropol ist ein musikalisches Chamäleon: In der einen Woche treten vielleicht internationale Gruppen auf, in der nächsten werden dann kitschige Musicals, Kabarett und Volksmusik geboten. Weil es viele Tische und Barhocker gibt, sollte niemand Schwierigkeiten haben, ein Ticket zu bekommen.

MILES SMILES Karte S. 100 f.
☎ 405 95 17; 8., Lange Gasse 51; ⓥ So–Do 20–2, Fr & Sa 20–4 Uhr; 🚇 2 🚌 13A

Eine von zwei Bars in Wien, die nach dem legendären Miles Davis benannt sind. Das Miles Smiles ist das Richtige für eingefleischte Jazzfans, die gerne das Weiße im Auge des Künstlers sehen. Liveauftritte gibt es hier in unregelmäßiger Folge, sie sind aber immer spannend, und die Atmosphäre ist wirklich mitreißend.

PORGY & BESS Karte S. 60 f.
☎ 512 88 11; www.porgy.at; 1., Riemergasse 11; ⓥ ab 19 Uhr; Ⓤ U3 Stubentor 🚌 1A

Die ungebrochene Beliebtheit des Porgy & Bess basiert auf Qualität: Im Veranstaltungsprogramm finden sich viele moderne Jazzkünstler, die aus der ganzen Welt und oft vom nahen Balkan stammen. Am Wochenende legen auch DJs auf. Im Schummerlicht herrscht hier eine beherrschte und sehr erwachsene Atmosphäre.

REIGEN Karte S. 126 f.
☎ 894 00 94; www.reigen.at; 14., Hadikgasse 62; ⓥ Sept.–Juni 18–4 Uhr, Juli & Aug. 19–4 Uhr; Ⓤ U4 Heitzing 🚌 60

Der schlichte Liveclub mit der kleinen Bühne lässt Künstler aus den Bereichen Jazz, Blues, Latin und Weltmusik auftreten. Wer hier schwoft, kann gleichzeitig auch wechselnde Kunst- und Fotoausstellungen bewundern.

ROTE BAR Karte S. 90 f.
☎ 521 11 2 18; www.rotebar.at; 7., Neustiftgasse 1; ⓥ ca. 22 Uhr–open end; Ⓤ U2, U3 Volkstheate 🚌 1, 2, D, 49

Die Rote Bar unterhalb des Volkstheaters (S. 209) strotzt nur so vor Marmor, Kronleuchtern und dicken, roten Samtvorhängen. Hier wird das Abendpublikum mit Jazzsessions (Di), DJ-Danceparty (Sa) oder Lesungen und Performancekunst (Mi) erfreut. Hinzu kommen mitunter einmalige Veranstaltungen wie Milonga-Nächte für Tangofans.

STADTHALLE Karte S. 126 f.

☎ 981 00-0; www.stadthalle.com; 15., Vogelweidplatz 15; Ⓤ U6 Burggasse/Stadthalle, 🚋 6, 18, 49 🚌 48A

Die Stadthalle ist Wiens größter Veranstaltungsort für Konzerte. Es treten vor allem große Mainstream-Rockbands oder bekannte Namen der österreichischen Szene auf. Anstehende Veranstaltungen werden über Plakate und das Internet angekündigt.

SZENE WIEN Karte S. 110 f.

☎ 749 33 41; www.szenewien.com; 11., Hauffgasse 26; Ⓤ U3 Zipperstraße

Die Szene Wien führt die Liste der kleineren Konzertlocations an. Der intime und nette Ort ist super geeignet, um internationale Bands zu hören, ohne sich durch die Massen drängen zu müssen. Die Konzerte decken ein weites Musikspektrum ab: Rock, Reggae, Funk, Jazz und Weltmusik.

WUK Karte S. 100 f.

☎ 40 121-0; www.wuk.at; 9., Währinger Straße 59; Ⓤ U6 Währinger Straße/Volksoper, 🚋 40, 41, 41

Das WUK (Werkstätten- und Kulturhaus) im Bezirk Alsergrund hat Vieles für viele zu bieten. Eigentlich ist es ein Kunsthaus (ein staatlich gefördertes, aber inhaltlich unabhängiges); in seinem Konzertsaal finden aber ganz verschiedene Veranstaltungen statt. Es spielen internationale und lokale Rockbands, es gibt Clubnächte, klassische Konzerte, Kinoabende, Theater und sogar Kinderveranstaltungen. Außerdem arbeiten hier Frauengruppen, Wechselausstellungen werden gezeigt und Workshops in allen möglichen kunsthandwerklichen Disziplinen veranstaltet. Ein – allerdings ziemlich verrauchtes – Café mit einem tollen, kopfsteingepflasterten Hof lädt zum Entspannen ein.

MUSIK, THEATER & KINO

top picks

- **Breitenseer Lichtspiele** (S. 210)
- **Kino Unter Sternen** (Kasten S. 211)
- **Marionettentheater** (S. 209)
- **Orangerie** (S. 206)
- **Vienna's English Theatre** (S. 209)
- **Staatsoper** (S. 207)

Tipps von Travellern für Traveller – www.lonelyplanet.com/vienna

MUSIK, THEATER & KINO

Wien ist die Welthauptstadt der Oper und der klassischen Musik. Wer sonst könnte Mozart, Beethoven, Strauss und Schubert sein Eigen nennen? Das große musikalische Erbe der Stadt ist allgegenwärtig: Die Zahl der Denkmäler für große Komponisten und die Zahl der fürstlichen Musikspielstätten überragen die ganzer Länder und die aller anderen Hauptstädte sowieso. Allein beim kurzen Spaziergang auf der Kärntner Straße von der Staatsoper zum Stephansplatz laufen einem mehr Mozart-Doubles über den Weg, als man zählen kann. Und wenn das noch nicht eindrucksvoll genug ist, fängt gleich darauf ein schwarz gekleideter Straßenkünstler in der Fußgängerzone an, Opernarien zu schmettern, dass einem Hören und Sehen vergeht.

Aber das ist natürlich noch nicht alles. Man kann Mozart dort hören, wo er selbst konzertierte. Und man kann in einem der besten Opernhäuser Europas, der Staatsoper (S. 207), das Ambiente und die Meisterwerke richtig genießen. Beeindruckend sind auch Anblick und Klang der weltberühmten Wiener Philharmoniker. Und darüber hinaus gibt es noch unzählige andere Spielstätten und Möglichkeiten, Klassikkonzerte zu erleben.

Auch in Kirchen und Kaffeehäusern lässt sich klassische Musik gut genießen. Die Augustinerkirche (S. 76), die Minoritenkirche (S. 77) und die Burgkapelle (S. 71) sind nur einige der vielen Kirchen, in denen es bei der Sonntagsmesse einen großen Chor und ein Orchester gibt und abends regelmäßig Konzerte stattfinden.

Kein Fan klassischer Musik? Es gibt auch jede Menge moderne und alternative Musik. In Clubs wie Porgy & Bess (S. 200) finden das ganze Jahr über tolle, erstklassige Jazzkonzerte statt, und in kleineren Locations bekommt man so manche einheimische Talente zu Gesicht. Wo man Livemusik hören kann, erfährt man im Kapitel „Ausgehen & Nachtclubs" (S. 181). Ansonsten kann man sich auch in der Touristeninformation die praktische Broschüre *Wiener Konzert-Cafés* besorgen.

Musikalische Highlights sind das KlangBogen-Festival (S. 17), die Wiener Festwochen (S. 17) und auf dem Rathausplatz das Musikfilm-Festival (S. 18) im Juli und August, wo Opern- und Konzertfilme gezeigt werden.

Bei dieser Fülle dürfte es kein Problem sein, den Aufenthalt in Wien mit einem Konzertbesuch zu verbinden. Die einzige Hürde könnte das Ergattern einer Karte für die beliebteren Häuser wie die Staatsoper oder den Musikverein (S. 206) sein. Hier empfiehlt es sich, weit im Voraus zu buchen. Bei anderen kann man einfach aufkreuzen und das Konzert genießen.

Die Preise für eine Eintrittskarte unterscheiden sich erheblich. Stehplätze bekommt man schon für 2 €, aber ein guter Sitzplatz bei einer Galavorstellung in der Staatsoper kostet 254 €. Die meisten Veranstaltungsorte haben einen Sitzplan mit einer Preisübersicht, auf dem man sich den perfekten Sitzplatz für seinen Geldbeutel aussuchen kann. Näheres zum Reservieren und Kauf von Tickets steht auf S. 205.

Und dann gibt es noch das Theater, dessen Geschichte in Wien vor über 200 Jahren mit der Gründung des Burgtheaters (S. 208) begann, dem ältesten Theater im deutschsprachigen Raum. Heute gibt es in der theaterverliebten Hauptstadt Österreichs um die 50 Spielstätten.

Das Zentrum des modernen Tanztheaters ist das erfolgreiche Tanzquartier Wien (S. 209). Die einzige andere Möglichkeit, sich ein Tanztheater anzuschauen, ist beim jährlich stattfindenden Wiener internationalen Tanzfestival ImPulsTanz (S. 17) von Mitte Juli bis Mitte August. Traditionelles Ballett gibt's während der Spielzeit in der Staatsoper und der Volksoper (S. 208).

Was gerade wo los ist, erfährt man am besten im Wiener Wochenblatt *Falter* oder auf seiner Website (www.falter.at), wo Konzerte aller Genres, Kino- und Theaterprogramme, Club-Events, Kinderveranstaltungen und Sportereignisse aufgelistet sind. Infos zu Veranstaltungen gibt's auch in der *City – Stadtzeitung für Wien* (www.city-online.at), auch wenn hier wenig Hintergrundinfos und Nachrichten, sondern nur einfache Listen zu finden sind. Auch der lokale Radiosender FM4 (103.8 FM; fm4.orf.at) bringt mehrmals am Tag Veranstaltungshinweise. Die Touristeninformation gibt monatlich einen Veranstaltungskalender zu Theater, Konzerten, Filmfestivals, Ausstellungen etc. heraus; einen Blick lohnt auch ihre Zeitschrift *Vienna Scene*.

Die Übersichten in diesem Kapitel sind nach Art der Veranstaltungsstätten alphabetisch geordnet aufgelistet.

OPER, KLASSIK & MEHR

Wien verleitet alle seine Besucher dazu, sich auf die Kultur einzulassen. Selbst wer jahrelang schon keinen Mozart mehr gehört hat, geht hier freiwillig in die Oper oder ins Konzert. Glücklicherweise findet man in der österreichischen Hauptstadt für jeden Geldbeutel und für jeden Geschmack etwas. Aber Achtung: Bei begehrten Häusern und Sitzplätzen unbedingt vorzeitig reservieren und angemessene Kleidung mitbringen (in vielen erstklassigen Spielstätten herrscht Kleiderordnung)! Aber selbst Jeansträger und Planungsmuffel gehen nicht leer aus: In vielen Kaffeehäusern wird regelmäßig klassische Musik gespielt.

ARNOLD SCHÖNBERG CENTER
Karte S. 110 f.

☎ 718 18 88; www.schoenberg.at; 3., Schwarzenbergplatz 6, Eingang Zaunergasse 1; Ticket frei–15 €; 🚋 D

Das öffentliche Kulturzentrum bewahrt Schönbergs Nachlass und feiert die Zweite Wiener Schule. Der in Wien geborene Arnold Schönberg war Komponist, Maler, Lehrer, Musiktheoretiker und Begründer der „Methode der Komposition mit zwölf nur aufeinander bezogenen Tönen". In der Ausstellungshalle finden regelmäßig Klassikkonzerte in intimer Atmosphäre statt, die Eingeweihte nicht verpassen.

HOFBURG-ORCHESTER
Karte S. 72

☎ 587 25 52; www.hofburgorchester.at; 1., Heldenplatz; Ticket 39–52 €; Ⓤ U3 Herrengasse 🚋 D, 1, 2

Die prächtigen Konzertsäle der Neuen Hofburg, der Festsaal und der Redoutensaal, werden regelmäßig für Strauss- und Mozartkonzerte des Hofburgorchesters mit Solisten der Staatsoper und der Volksoper genutzt. Die Aufführungen beginnen um 20.30 Uhr. Tickets sind online und bei Reisebüros und Hotels erhältlich. Die Sitzplätze sind nicht nummeriert – also rechtzeitig kommen, um sich einen guten Platz zu sichern.

KAMMEROPER Karte S. 60 f.

☎ 512 01 00 77; www.wienerkammeroper.at; 1., Fleischmarkt 24; Ticket 5–69 €; Kartenschalter 🕙 Mo–Fr 12–18 Uhr; Ⓤ U2, U4 Schwedenplatz 🚋 1, 2

Die Kammeroper ist nach der Staatsoper, der Volksoper und dem Theater an der Wien das vierte Opernhaus Wiens. Die kleine Spielstätte ist ideal für ungewöhnliche und schräge Inszenierungen. Im Sommer spielt das Ensemble im wunderschönen Schlosstheater Schönbrunn (www.musik-theater-schoenbrunn.at), das zu Redaktionsschluss wegen Renovierungsarbeiten geschlossen war und 2011 wieder öffnen soll. Studenten erhalten eine Ermäßigung von 30, Kinder unter 14 Jahren von 50 %.

TICKETS & RESERVIERUNGEN

In Wien gibt's mehrere Kartenvorverkaufsstellen und Websites, die Tickets für eine Reihe von Spielstätten verkaufen. Einige erheben zwar Gebühren, aber man kann sich hier bequem das Richtige aussuchen, weil man den Spielplan aller Veranstaltungsorte auf einen Blick hat.

Bundestheaterkassen (Karte S. 60 f.; ☎ 514 44 78 80; www.bundestheater.at; 1., Opperngasse 2; 🕙 Mo–Fr 8–18, Sa & So 9–12 Uhr; Ⓤ U1, U2, U4 Karlsplatz 🚋 D, 1, 2 🚌 59A, 62) Verkaufen gebührenfrei Tickets für das Akademietheater, das Burgtheater, die Staatsoper und die Volksoper. Karten für die Staatsoper und die Volksoper gibt es ab einen Monat im Voraus. Kreditkartenzahlung ist möglich – auch per Telefon. Alternativ dazu kann man auch übers Internet buchen.

Theater-Karten-Büro Jirsa (Karte S. 100 f.; ☎ 400 600; viennaticket.at; 8., Lerchenfelder Straße 12; 🕙 Sept.–Juni Mo–Fr 9.30–17.30 Uhr, Juli & Aug. 10–13 Uhr; Ⓤ U2 Rathaus oder Volkstheater, U3 Volkstheater 🚋 46 🚌 13A) Eine der größeren Vorverkaufsstellen in der Stadt für eine Reihe von Veranstaltungen und Spielstätten. Teilweise mit Vorverkaufsgebühr (manchmal 20–30 %).

Wien-Ticket-Pavillon (Karte S. 60 f.; ☎ 588 85; www.wien-ticket.at; 1., Herbert-von-Karajan-Platz; 🕙 10–19 Uhr; Ⓤ U1, U2, U4 Karlsplatz 🚋 D, 1, 2 🚌 59A, 62) Der städtische Verkaufspavillon befindet sich an der Staatsoper und verkauft Tickets (Gebühr 0–6 %) für alle Veranstaltungsstätten.

Online-Verkauf:

Ticket Online Austria (www.austriaticket.at) Online-Kartenverkauf, der das gesamte Spektrum abdeckt.

ClubTicket (www.clubticket.at) Online-Kartenverkauf fürs gesamte Spektrum und Last-Minute-Angebote.

KONZERTHAUS Karte S. 110 f.
☎ 242 002; www.konzerthaus.at; 3., Lothringerstraße 20; Ticket 12–120 €; Kartenschalter ⏰ Mo–Fr 9–19.45, Sa 9–13 Uhr; Ⓜ U4 Stadtpark 🚌 4A

Das Konzerthaus ist eine wichtige Stätte für klassische Konzerte, aber auch Rock, Pop, Jazz und Ethno-Musik sind das ganze Jahr über in den heiligen Hallen zu hören. Es können bis zu drei Veranstaltungen gleichzeitig stattfinden – im Großen Saal, im Mozart-Saal und im Schubert-Saal. Und es gibt sogar noch vier weitere Konzertsäle in dem großen Komplex. Studententickets kosten eine halbe Stunde vor Konzertbeginn 14 €; Kinder erhalten eine Ermäßigung von 50 %.

KURSALON Karte S. 60 f.
☎ 512 57 90; www.strauss-konzerte.at; 1., Johannesgasse 33; Ticket 39–90 €, Konzert mit 3-Gänge-Menü 66–117 €, mit 4-Gänge-Menü 71–123 €; Ⓜ U4 Stadtpark 🚋 1, 2

Fans von Strauss und Mozart lieben die den beiden Meistern huldigenden Konzerte im Kursalon, die täglich um 20.15 Uhr in dem prächtigen renovierten Renaissance-Gebäude stattfinden. Beliebt sind auch die Kombi-Angebote „Concert & Dinner" um 18 Uhr (drei oder vier Gänge – Getränke nicht inbegriffen – mit anschließendem Konzert) in dem ebenso prunkvollen Restaurant im Haus.

MUSIKVEREIN Karte S. 60 f.
☎ 505 81 90; www.musikverein.at; 1., Bösendorferstraße 12; Führung Erw./Kind 5/3,50 €, Ticket 4–90 €; Kartenschalter ⏰ Mo–Fr 9–20, Sa 9–13 Uhr; Ⓜ U1, U2, U4 Karlsplatz 🚋 D, 1, 2 🚌 59A, 62

Der Musikverein hat die wohl beste Akustik aller Konzertsäle Österreichs, und die Wiener Philharmoniker wissen damit gut umzugehen. Die Innenräume sind angemessen prachtvoll und können im Rahmen von Führungen besichtigt werden. Stehplätze im Parkett kosten 4 bis 6 € (keine Studentenermäßigung). Kleinere Veranstaltungen finden im Brahms-Saal statt.

ODEON Karte S. 118 f.
☎ 216 51 27; www.odeon-theater.at; 2., Taborstraße 10; Ticket 20–45 €; Kartenschalter ⏰ 18 Uhr–Vorstellungsbeginn; Ⓜ U1, U4 Schwedenplatz 🚋 N, 1, 2

Die oft übersehene Spielstätte sieht von außen richtig prachtvoll aus, bleibt drinnen aber etwas hinter den geschürten Erwartungen zurück. Trotzdem wiegen die Veranstaltungen – alles von Klassikkonzerten bis Rave-Abenden – das fehlende Palastambiente auf.

ORANGERIE Karte S. 126 f.
☎ 812 50 04; www.imagevienna.com; 13., Schloss Schönbrunn; Ticket 40–96 €; Kartenschalter ⏰ 8.30–19 Uhr; Ⓜ U4 Schönbrunn 🚋 10, 58 🚌 10A

Im fürstlichen, ehemaligen Gewächshaus von Schloss Schönbrunn finden das ganze Jahr über Mozart- und Strausskonzerte statt. Sie beginnen täglich um 20.30 Uhr und dauern ungefähr zwei Stunden.

PALAIS PALFFY Karte S. 60 f.
☎ 512 56 81; www.palais-palffy.at; 1., Josefsplatz 6; Ticket 36–43 €; Kartenschalter ⏰ 1 Std. vor Vorstellungsbeginn; Ⓜ U3 Herrengasse

DIE WIENER SÄNGERKNABEN

Die Wiener Sängerknaben (www.wsk.at) gehören zu Wien wie Manner-Schnitten (s. S. 147), der Stephansdom, Lipizzaner und Würstchenbuden. Die Institution wurde vor mehr als 500 Jahren von Kaiser Maximilian I. begründet. Im Laufe der Jahrhunderte zählten viele Berühmtheiten zu den Sängerknaben: Schubert und Gallus und die Dirigenten Richter und Krauss. Mozart komponierte für den Chor, und Haydn war zwar Mitglied eines anderen Chors, sang aber auch mit den Sängerknaben. Heute sind die Wiener Sängerknaben der berühmteste Chor der Welt und bestehen aus vier einzelnen Chören, die sich das strapaziöse weltweite Tourprogramm teilen. Die Chormitglieder werden Jahr für Jahr handverlesen und stammen überwiegend aus Österreich.

Um den Chor im Konzert zu erleben, ist einiges an Aufwand nötig. Tickets (5–32 €) für die Sonntagsvorstellungen um 9.15 Uhr (Okt.–Juni) in der Burgkapelle (S. 71) der Hofburg muss man ungefähr sechs Wochen im Voraus reservieren (☎ 533 99 27; www.bmbwk.gv.at). Der Chor tritt außerdem im Mai, Juni, September und Oktober immer freitags um 16 Uhr mit einem gemischten Programm im Musikverein (oben; Ticket 36–56 €) auf. Wer kein Ticket ergattern konnte, kann in der Hoffnung auf einen Stehplatz einfach gegen 20.15 Uhr aufkreuzen (Stehplätze sind kostenlos, und wenn die Beine schwer werden, kann man früher gehen). Prinzipiell kann man die in der Orgelempore versteckten Jungs aber nur von den teuersten Sitzplätzen richtig gut sehen.

Ein weiterer Veranstaltungsort für Mozart- und Strausskonzerte ist das Palais Palffy mit seinem atemberaubend barocken Figarosaal. Im Palais Palffy trat Mozart 1762 im Alter von sechs Jahren auf. Die Musiker sind zwar nicht so gut wie die Philharmoniker, aber begeistert und munter bei der Sache. Die Konzerte beginnen täglich um 20 Uhr. Hier befindet sich auch eine der üppigsten Cocktailbars Wiens, der Palffy Club (s. S. 198).

RAIMUND THEATER Karte S. 90 f.
☎ 599 77; www.musicalvienna.at; 6., Wallgasse 18–20; Ticket 10–109 €; Kartenschalter 10–13 & 14–18 Uhr; U6 Gumpendorfer Straße 6, 18

Im Raimund Theater mit seinen über 1000 Plätzen finden heute groß inszenierte Musicals im Broadway-Stil statt, aber bei seiner Eröffnung 1893 gab es hier nur Sprechtheater. Ein Stehplatz kostet 5 €; Studenten erhalten eine halbe Stunde vor Aufführungsbeginn Tickets für 11 €. Eine zweite Spielstätte für Musicals ist das kürzlich renovierte Ronacher im 1. Bezirk (Seilerstätte 9), ein traditionelles Theater mit 1000 Plätzen.

RADIOKULTURHAUS Karte S. 90 f.
☎ 501 70 377; radiokulturhaus.orf.at; 4., Argentinierstraße 30a; Ticket 15–25 €; Kartenschalter Mo–Fr 14 Uhr–30 Min. vor Vorstellungsbeginn, Sa & So bis 1 Std. vor Vorstellungsbeginn; Café Mo–Fr 9–24 Uhr, Sa & So bei Veranstaltungen; U1 Taubstummengasse D

Im Radiokulturhaus findet alles Mögliche statt – von Oden an Sinatra oder R.E.M. bis zu Beethoven oder Mozart gewidmeten Abenden. Es ist eines der kulturellen Zentren Wiens und hat mehrere Konzertsäle, darunter den Großen Sendesaal, wo das Wiener Radiosymphonieorchester beheimatet ist, das klassische und moderne Musik spielt und bei Theaterproduktionen mitwirkt, und das Klangtheater, das vor allem für Radiostücke genutzt wird. Es gibt auch Tanztheater, Vorträge, Lesungen und kleinere Aufführungen im hauseigenen Café.

STAATSOPER Karte S. 60 f.
☎ 514 44 22 50; www.wiener-staatsoper.at; 1., Opernring 2; Führung Erw./Senior/Kind 5/4/2 €, Führung & Opernmuseum nur Di–So 6,50/5,50/3,50€, Ticket 2–54 €; Kartenschalter Mo–Fr 9–1 Std. vor Vorstellungsbeginn, Sa 9–17 Uhr; U1, U2, U4 Karlsplatz D, 1, 2 59A, 62

top picks
MOZART & STRAUSS

Mozart und Strauss sind zwar schon lange tot, beherrschen aber trotzdem die klassische Musikszene Wiens. Es ist ein unvergessliches Erlebnis, die zeitlosen Kompositionen live zu hören. Die meisten Spielstätten sind entsprechend prächtig und tragen zum Klassikgenuss bei.

- Hofburg-Orchester (S. 205)
- Kursalon (S. 206)
- Orangerie (S. 206)
- Wiener Residenzorchester (S. 208)

Die Staatsoper ist das wichtigste Opern- und Konzerthaus Wiens. Das zwischen 1861 und 1869 von August Sicard von Sicardsburg und Eduard van der Nüll errichtete Gebäude gefiel anfangs den Habsburgern genauso wenig wie den Wienern, die ihm bald den Spitznamen „die steinerne Schildkröte" verpassten. Die starke Kritik setzte beiden Architekten sehr stark zu: Van der Nüll erhängte sich, und Sicardsburg starb nur zwei Monate später an einem Herzinfarkt. Keiner der beiden erlebte die Fertigstellung des Hauses und die erste Aufführung. Kaiser Franz Joseph soll so geschockt gewesen sein, dass er von da an seine offiziellen Kommentare auf die stereotype Phrase „Es war sehr schön, es hat mich sehr gefreut" beschränkte.

Trotz des eisigen Empfangs wurde die Staatsoper mit Mozarts *Don Giovanni* eröffnet und hatte später ein paar der herausragendsten Direktoren der Operngeschichte, wie Gustav Mahler, Richard Strauss und Herbert von Karajan.

Die Inszenierungen hier sind sehr aufwendig. Die Wiener nehmen ihre Oper wirklich ernst und brezeln sich entsprechend fein auf. In der Pause sollte man die Gelegenheit nutzen, den Gold- und Kristallprunk im Foyer und in den Waschräumen in Augenschein zu nehmen. Das Repertoire umfasst mehr als 70 verschiedene Inszenierungen. Zwischen Juli und August ist allerdings Spielpause (Führungen finden aber trotzdem statt).

Tickets können bis zu einem Monat im Voraus gekauft werden. Stehplätze für 3 bis 4 € gibt es nicht im Vorverkauf, sondern erst 80 Minuten vor Vorstellungsbeginn.

Nicht verkaufte Tickets werden einen Tag vor der Veranstaltung für 30 € angeboten (weitere Infos unter ☎ 514 44-2950). Infos zu Führungen gibt's unter ☎ 514 44-2606.

THEATER AN DER WIEN Karte S. 90 f.
☎ 588 30 265; www.theater-wien.at; 6., Linke Wienzeile 6; Ticket 12–160 €; Kartenschalter 10–19 Uhr; U1, U2, U4 Karlsplatz D, 1, 2 59A, 62

Im Theater an der Wien fanden einige denkwürdige Uraufführungen statt, z. B. Beethovens *Fidelio,* Mozarts *Zauberflöte* und Johann Strauss' *Fledermaus.* Lange war das Haus dann dem Musical verpflichtet – hier lief die erfolgreiche Produktion *Elisabeth* über die österreichische Kaiserin. Anlässlich des Mozartjahrs 2006 ist das Haus aber wieder zu seinen Wurzeln zurückgekehrt und präsentiert modern inszenierte Opern, Musiktheater und Ballett. An der Abendkasse erhalten Studenten ermäßigte Restkarten, und es gibt Stehplatzkarten für 7 €.

VOLKSOPER Karte S. 100 f.
☎ 514 44 36 70; www.volksoper.at; 4., Währinger Straße 78; Ticket 5–80 €; Kartenschalter Mo–Fr 8–18, Sa & So 9–12 Uhr; U6 Währinger Straße-Volksoper 40, 41, 42

Auf dem Spielplan der Volksoper stehen Operetten, Tanztheater, Musicals und auch ein paar Opern. Stehplätze bekommt man für 2 bis 6 €, und wie vielerorts gibt's eine halbe Stunde vor Vorstellungsbeginn eine ganze Menge verbilligter Tickets. Im Vergleich zur Staatsoper ist die Volksoper vielleicht nur zweite Wahl, aber manche finden die Atmosphäre in den kleineren Räumlichkeiten viel intimer und besser. Auch hier ist im Juli und August Spielpause.

MUSIK-AVANTGARDE

Das Klangforum Wien (☎ 521 670; www.klangforum.at) ist ein Ensemble mit 24 Musikern aus neun Ländern – ein einzigartiges Zusammenspiel aus Dirigenten, Komponisten und Interpreten in vielen verschiedenen Musikrichtungen, von Improvisation bis zu Jazz und Klassik. Viele aufstrebende Komponisten sind hier vertreten (seit der Eröffnung im Jahr 1985 gab es über 500 Uraufführungen) – es kann also gut sein, dass man den nächsten Welterfolg zu Gehör bekommt. Das Klangforum tritt in verschiedenen Veranstaltungsorten in der Stadt auf. Infos zum Veranstaltungskalender gibt's auf der Website.

WIENER RESIDENZORCHESTER
Karte S. 100 f.

☎ 817 21 78; www.wro.at; 8., Auerspergstraße 1; Ticket 39–54 €; Vorstellung März–Anf. Jan. tgl. 20.15 Uhr, kein Kartenschalter – Tickets nur telefonisch oder online; U2, U3 Volkstheater 1, 2, D, 49

Das Wiener Residenzorchester unter der Führung des Pianisten und Dirigenten Paul Moser hat es sich zur Aufgabe gemacht, die Werke der Wiener Klassik – natürlich Wolfgang Amadeus Mozart und Johann Strauss – wie in alten Zeiten aufzuführen. Die Konzerte finden im prunkvollen Palais Auersperg statt, wo 15 bis 30 Musiker von Kopf bis Fuß in Rokoko- und Biedermeier-Kostüme gehüllt ihr Talent zum Besten geben. Vor allem Touristen von weiter her lieben die Inszenierungen, auch wenn die musikalische Qualität nicht an die etablierten Ensembles heranreicht. Das Orchester spielt manchmal auch in anderen Veranstaltungsstätten, darunter im Palais der Wiener Börse (s. Kasten S. 81).

THEATER & TANZ

Das Wiener Theater ist im Vergleich zu anderen Hauptstädten wie der Independent-Film im Vergleich zu Hollywood-Blockbuster. Das bedeutet nicht, dass man hier keine großen Mainstream-Inszenierungen findet, aber die Wiener stehen eher auf kleinere, einzigartige Produktionen. Traditionelles Ballett wird in den großen Musik- und Opernhäusern der Stadt geboten. Modernes Tanztheater mit Avantgarde-Performances und -Stilen dominiert die Szene.

BURGTHEATER Karte S. 60 f.
☎ 514 44 41 40; www.burgtheater.at; 1., Dr.-Karl-Lueger-Ring; Führung Erw./Kind 5,50/2 €, Ticket 4–48 €; Kartenschalter Mo–Fr 8–18, Sa & So 9–12 Uhr; D, 1, 2

Das Burgtheater gehört zu den führenden Sprechtheatern im deutschsprachigen Raum. Das nach Entwürfen von Gottfried Semper und Karl von Hasenauer im Neubarock errichtete Gebäude wurde im Zweiten Weltkrieg stark beschädigt und musste wieder aufgebaut werden. Der Treppenaufgang im prachtvollen Inneren ist mit Fresken der Brüder Gustav und Ernst Klimt geschmückt. Täglich um 15 Uhr gibt's Führungen durch das Theater (Sept.–Juni). Weitere Spielstätten des Burgtheaters sind das kleine **Kasino am Schwarzenbergplatz** (Karte S. 60 f.; 3., Schwarzenbergplatz 1; D, 1, 2 4a) und das zwischen 1911 und 1913 erbaute **Akademietheater** (Karte S. 110 f.; 3., Lisztstraße 1; U4 Stadtpark 4A) mit 500 Sitzplätzen. Alle Spielstätten des Burgtheaters machen Sommerpause im Juli und August.

Ab dem 20. eines Monats gibt's Karten für den nächsten Monat. Eine Stunde vor Vorstellungsbeginn kann man Tickets für das Burgtheater und das Akademietheater zum halben Preis kaufen. Studenten bekommen eine halbe Stunde vor Beginn Restkarten für 7 €. Stehplätze kosten 1,50 €.

INTERNATIONAL THEATRE Karte S. 100 f.

319 62 72; www.internationaltheatre.at; 9., Porzellangasse 8; Ticket 20–25 €; Kartenschalter Mo–Fr 11–15 Uhr, bei Veranstaltungen 18–19.30 Uhr; D

Der Eingang des kleinen International Theatre liegt in der Müllnergasse. Das Ensemble besteht größtenteils aus Amerikanern, die in Wien leben. Studenten und Senioren erhalten ermäßigte Tickets (15 €). Ungefähr von Anfang Juli bis Mitte September ist Spielpause.

MARIONETTENTHEATER Karte S. 126 f.

817 32 47; www.marionettentheater.at; 13., Schloss Schönbrunn; Ticket große Vorstellung Erw. 10–33 €, Kind 7–22 €; Kartenschalter bei Veranstaltungen ab 10 Uhr; U4 Schönbrunn 10, 58 10A

Das kleine Puppentheater im Schloss Schönbrunn zeigt beliebte Stücke wie *Die Zauberflöte* (2½ Std.) und *Aladdin* (1¼ Std.), an denen Jung und Alt gleichermaßen Spaß haben. Die aufwendig gestalteten Puppenkostüme sind ein wahrer Augenschmaus.

SCHAUSPIELHAUS Karte S. 100 f.

317 01 01-18; www.schauspielhaus.at; 9., Porzellangasse 19; Ticket 18 €; Kartenschalter Mo–Fr ab 16 Uhr, bei Veranstaltungen ab 18 Uhr; D

Mit seinen unkonventionellen Inszenierungen überschreitet das Schauspielhaus die Grenzen der Wiener Theaterwelt. Was auch gerade auf dem Programm steht, es ist garantiert zeitgenössisch und regt zum Nachdenken an. Im Gebäude nebenan finden auch Lesungen von top-aktuellen Autoren statt (6–9 €). Studententickets kosten 9 €, Seniorentickets 12 €.

TANZQUARTIER WIEN Karte S. 90 f.

581 35 91; www.tqw.at; 7., Museumsplatz 1; Ticket 11–18 €; Kartenschalter 1 Std. vor Vorstellungsbeginn; U2 Museumsquartier, U2, U3 Volkstheater 2A

Das im MuseumsQuartier untergebrachte Tanzquartier ist in Sachen Tanztheater Wiens Top-Adresse. Es präsentiert eine Reihe von experimentell geprägten lokalen und internationalen Produktionen. Studenten erhalten im Vorverkauf 30 % Ermäßigung, 15 Minuten vor Vorstellungsbeginn gibt's unverkaufte Tickets für 7 €.

THEATER IN DER JOSEFSTADT
Karte S. 100 f.

427 00 300; www.josefstadt.org; 8., Josefstädter Straße 26; Ticket 5–63 €; Kartenschalter Mo–Fr 10 Uhr–Vorstellungsbeginn, Sa & So 13 Uhr–Vorstellungsbeginn; 2 13A

Das Theater in der Josefstadt ist ein weiteres Traditionshaus mit einem prachtvollen Inneren und eher konventionelleren Inszenierungen. Eine Stunde vor Vorstellungsbeginn werden Studenten- und Schülertickets für 5 € verkauft. Stehplätze für 4 € bekommt man ab 13 Uhr für die Nachmittagsvorstellung und ab 15 Uhr für die Abendvorstellung.

VIENNA'S ENGLISH THEATRE
Karte S. 100 f.

402 12 60-0; www.englishtheatre.at; 08, Josefsgasse 12; Ticket 22–42 €; Kartenschalter Mo–Fr 10–19.30 Uhr, Sa bei Vorstellungen 17–19.30 Uhr; U2 Rathaus 2 13A

Das 1963 gegründete English Theatre ist das älteste fremdsprachige Theater in Wien. Neben englischsprachigen Aufführungen gibt's manchmal auch französische und italienische. Gezeigt werden Klassiker wie Shakespeare und zeitgenössische Stücke. Studenten erhalten auf alle Karten 20 % Rabatt. Standby-Tickets werden 15 Minuten vor Vorstellungsbeginn für 9 € verkauft.

VOLKSTHEATER Karte S. 90 f.

523 05 89-77; www.volkstheater.at; 7., Neustiftgasse 1; Ticket 8–45 €; Kartenschalter Sept.–Juni Mo–Sa 10 Uhr–Vorstellungsbeginn, Ende Juni–Aug. verkürzte Öffnungszeiten; U2, U3 Volkstheater 1, 2, D, 49

Mit fast 1000 Sitzplätzen ist das Volkstheater eines der größten Theater Wiens. Es wurde 1889 erbaut und ist innen dementsprechend prachtvoll. Gezeigt werden

Stücke internationaler Autoren wie Woody Allen, Ingmar Bergman oder Molière. Eine Stunde vor Vorstellungsbeginn können Studenten unverkaufte Karten für 3,60 € ergattern. Unbedingt auch vor oder nach der Vorstellung einen Drink in der Roten Bar (S. 200) nehmen!

KINO

Die Wiener lieben das Kino und strömen scharenweise hin. Unabhängige, künstlerisch wertvolle Filme sind genauso gefragt wie Hollywood-Blockbuster. Anders als im österreichischen Fernsehen, wo 99 % der Filme synchronisiert sind, werden in vielen Kinos die Filme im Originalton mit Untertiteln gezeigt. Die besten Infoquellen sind der wöchentliche *Falter* (www.falter.at) und die Tageszeitung *Der Standard* (http://derstandard.at). Montags ist Kinotag; dann kosten Kinokarten ungefähr 7 €, ansonsten 8 bis 12 €.

ARTIS INTERNATIONAL Karte S. 60 f.
☎ 535 65 70; www.cineplexx.at; 1., Schultergasse 5; Ⓤ U1, U3 Stephansplatz 🚌 1A, 2A, 3A
Das Artis im Herzen der Inneren Stadt hat sechs kleine Kinosäle und zeigt ausschließlich frisch aus Hollywood kommende Filme in englischer Sprache.

BREITENSEER LICHTSPIELE Karte S. 126 f.
☎ 982 21 73; www.bsl.at.tf; 14., Breitenseer Straße 21; Ⓤ U3 Hütteldorfer Straße 🚋 10, 49
In dem außergewöhnlichen Jugendstilkino hat man das Gefühl, um 100 Jahre zurückversetzt zu werden. Es wurde 1909 eröffnet und ist das älteste Kino in Wien. Erhalten sind noch die originalen Holzsitze. Gezeigt werden viele alternative und unabhängige Filme und manchmal auch Klassiker (überwiegend in Englisch mit deutschen Untertiteln).

BURGKINO Karte S. 60 f.
☎ 587 84 06; www.burgkino.at; 1., Opernring 19; Ⓤ U1, U2, U4 Karlsplatz 🚋 D, 1, 2 🚌 59A, 62
Das zentral gelegene Burgkino zeigt ausschließlich englischsprachige Filme. Regelmäßig steht Carol Reeds zeitloser Klassiker *The Third Man* (s. S. 140), der mit Orson Welles in der Hauptrolle im Nachkriegswien spielt, auf dem Programm (Fr 22.55, Sa 16.30 & Di 16.55 Uhr).

CINEMAGIC Karte S. 60 f.
☎ 586 43 03; www.cinemagic.at; 1., Friedrichstraße 4; Ⓤ U1, U2, U4 Karlsplatz 🚋 D, 1, 2 🚌 59A
Das Cinemagic, eine Initiative der Stadt Wien, ist ein Programmkino für Kinder. Die Filme aus aller Welt laufen donnerstags bis sonntags immer nachmittags. Mitte November zeigt das Kino neben drei anderen im Rahmen des Kinderfilmfestivals (www.kinderfilmfestival.at) internationale Kinderfilme. Abends laufen Blockbuster und Independent-Filme.

DE FRANCE Karte S. 60 f.
☎ 317 52 36; www.defrance.at; 1., Schottenring 5; Ⓤ U2 Schottentor 🚋 37, 38, 40, 41, 42, 43, 44
Das De France zeigt in seinen zwei kleinen Kinosälen Filme in Originalsprache mit Untertiteln. Samstagnachmittags findet die Matinee „Film & Wein" statt, bei der man für 14 € neben dem Film auch ein Glas Wein (normalerweise eine österreichische Sorte) bekommt.

ENGLISH CINEMA HAYDN Karte S. 90 f.
☎ 587 22 62; www.haydnkino.at; 6., Mariahilfer Straße 57; Ⓤ U3 Neubaugasse 🚌 13A
Das Haydn ist ein komfortables Kino mit drei Kinosälen, in denen vorwiegend Mainstream-Filme nach Hollywood-Manier in Originalsprache laufen.

FILMCASINO Karte S. 90 f.
☎ 587 90 62; www.filmcasino.at; 5., Margaretenstraße 78; Ⓤ U4 Pilgramgasse 🚌 13A, 59A

DIE VIENNALE

Die Viennale, das internationale Filmfestival in Wien, ist jedes Jahr das Highlight der Wiener Kinowelt. Sie ist zwar nicht so renommiert wie die Filmfestspiele von Cannes oder Berlin, zeigt aber auch Spitzenfilme aus aller Welt und ist zudem mehr auf das Publikum als auf die Filmemacher ausgerichtet. Ab Mitte Oktober zeigen die Kinos in der Stadt zwei Wochen lang Filme, die im weitesten Sinne als Außenseiterproduktionen beschrieben werden können – von Dokumentar- bis zu Kurz- und Spielfilmen. Für beliebtere Filme und Abendvorstellungen bekommt man nur schwer Karten. Im Vorverkauf gibt es Karten zwei Wochen vor Festivalbeginn an verschiedenen Ständen in der ganzen Stadt. Wer einen Vorsprung anderen Festivalbesuchern gegenüber haben will, kann sich Infos unter ☎ 526 59 47 oder www.viennale.at holen.

OPEN-AIR-KINO

Open-Air-Kino wird in Wien immer beliebter. In der Stadt gibt's mindestens sieben Filmspielstätten unter freiem Himmel. Die größte Veranstaltung ist das Musikfilm-Festival (S. 18) auf dem Rathausplatz. Auch in der Arena (S. 199) gibt es in den Sommermonaten Open-Air-Kino. Das Kino Unter Sternen (Karte S. 118 f.; ☎ 0800-664 040; www.kinountersternen.at; 2., Augarten; 🚋 2 🚌 5A) ist ein sehr beliebtes Freiluftkino (bei gutem Wetter), das im Schatten der Flaktürme des Augartens Mitte Juli bis Mitte August ausgesuchte Filme zeigt – eine bunte Mischung aus Klassikern.

Das Filmcasino ist ein ausgezeichnetes Kunstfilmkino, das neben Independent-Spielfilmen aus aller Welt eine gute Mischung asiatischer und europäischer Dokumentarfilme und Avantgarde-Kurzfilme zeigt. Besonders eindrucksvoll ist das im Stil der 1950er-Jahre gestaltete Foyer.

GARTENBAUKINO Karte S. 60 f.

☎ 512 23 54; www.gartenbaukino.at; 1., Parkring 12; Ⓤ U3 Stubentor, U4 Stadtpark 🚋 1, 2

Glücklicherweise ist das Interieur des Gartenbaukinos seit den 1960er Jahren unverändert geblieben, was einen Kinobesuch hier noch reizvoller macht. Ganze 750 Leute passen in den Kinosaal, und zur Viennale ist er oft voll besetzt. Das reguläre Programm bietet eine Menge künstlerisch anspruchsvoller Filme, in der Regel mit Untertiteln.

ÖSTERREICHISCHES FILMMUSEUM
Karte S. 72

☎ 533 70 54; www.filmmuseum.at; 1., Augustinerstraße 1; ⊙ Sept.–Juni; Ⓤ U1, U2, U4 Karlsplatz, U1, U3 Stephansplatz 🚋 D, 1, 2

Nach der dringend nötigen Renovierung, bei der die unbequemen Sitze endlich ausgetauscht wurden, ist jetzt ein Kinoabend im Filmmuseum ein wahres Vergnügen. Das Filmangebot ist gewaltig: Jeden Monat gibt es Retrospektiven zu bestimmten Regisseuren oder zu Themen aus aller Welt.

SCHIKANEDER Karte S. 90 f.

☎ 585 28 67; www.schikaneder.at; 4., Margaretenstraße 24; 🚌 59A

Das Schikaneder gleich neben der gleichnamigen Bar (s. S. 189) ist der Liebling in der Alternativ-Kinoszene Wiens. Die ausgesuchten, künstlerisch sehr anspruchsvollen Filme drehen sich um viele verschiedene Themen.

TOP KINO Karte S. 90 f.

☎ 208 30 00; www.topkino.at; 6., Rahlgasse 1; Ⓤ U2 Museumsquartier 🚌 57A

Das Top Kino (S. 189) versteht sich als Gesamtkonzept aus Kino, Restaurant, Club und Bar. Es bietet eine ständig wechselnde Auswahl europäischer Spiel- und Dokumentarfilme, generell in Originalsprache mit deutschen Untertiteln. Hier finden das ganze Jahr über auch diverse Filmfestivals zu diversen Themen statt.

VOTIVKINO Karte S. 100 f.

☎ 317 35 71; www.votivkino.at; 9., Währinger Straße 12; 🚋 37, 38, 40, 41, 42

Das 1912 erbaute Votivkino ist eines der ältesten noch bestehenden Wiener Kinos. Seitdem oftmals umgebaut, zählt es heute zu den besten Programmkinos in der Stadt. In den drei Kinosälen wird eine Mischung aus anspruchsvolleren Hollywoodproduktionen und künstlerisch hochwertigen Filmen in Originalsprache gezeigt. An jedem zweiten Dienstag um 11 Uhr gibt es eine speziell auf Mütter und Väter mit Babys zugeschnittene Vorstellung, und am Wochenende ist nachmittags Kinderkino.

SPORT & AKTIVITÄTEN

top picks

- **Amalienbad** (S. 216)
- **Badeschiff** (S. 216)
- **Wiener Eistraum** (S. 215)
- **Wienerwald** (S. 217)

Tipps von Travellern für Traveller – www.lonelyplanet.com/vienna

SPORT & AKTIVITÄTEN

Trotz all der Zigaretten, die die Wiener rauchen, liegen ihnen Sport und Aktivitäten im Freien im Blut. Bei den vielen Bergen im Land ist es kein Wunder, dass der Wintersport sehr beliebt ist. Fast alle Österreicher laufen schon von Kindesbeinen an Ski, und die meisten Kinder sind um Klassen besser als jeder Tourist. Die besten Skigebiete liegen im Westen des Landes, wo auch die meisten Wettbewerbe stattfinden. Aber auch in Wien findet man ein paar kleine Hänge und nur ein paar Autostunden entfernt eine Handvoll Berge.

Wer frische Luft und Bewegung sucht, kommt nicht zu kurz. Die alten und neuen Wasserwege der Donau sind perfekt zum Schwimmen und Bootfahren, und überall in der Stadt gibt's ausgezeichnete Schwimmbäder. Grünflächen wie im Prater und auf der Donauinsel sowie im Wienerwald am westlichen Stadtrand bieten viel Raum, wo man die Beine ausstrecken, wandern oder radfahren kann. Und wenn man sich draußen richtig verausgabt hat, geht's zur Entspannung in ein Hamam. Das beste in der Stadt ist das Aux Gazelles (ab 28 €; Mo–Sa 12–22 Uhr), das in einem Club (s. S. 197) untergebracht ist und drei verschiedene Temperaturzonen hat.

In der Umgebung von Wien kann man herrlich wandern – einfach mit der Straßenbahn oder dem Bus bis zur Endhaltestelle fahren, und schon geht's rauf auf den Berg. Und das Schönste daran: Unterwegs stolpert man sicher über einen (oder auch mehrere) Heurigen, wo man den Tag gebührend ausklingen lassen kann. Viele der Strecken sind auch für Gelegenheitswanderer geeignet, und wer es sich ganz leicht machen will, kann ganz oben anfangen und runter laufen.

Die Wiener sind zwar nicht gerade sportverrückt, trotzdem trifft man in der Stadt immer wieder auf eingefleischte Sportfans, besonders wenn es um Fußball oder Ski geht. Ein Sommerloch gibt es nicht nur in der Politik, sondern auch im Sport. Wenn es dann aber auf den Herbst und Winter zugeht, heizt sich die Lage richtig auf. Die österreichische Fußballbundesliga wird wie überall in Europa Ende Herbst angepfiffen und dauert bis ins Frühjahr hinein, mit einer Pause während der kalten Wintermonate. Ein Lokalderby ist immer eine große Sache, und obwohl der österreichische Fußball nicht gerade zum Spitzenfußball zählt, lockt so ein Spiel mit Sicherheit die treusten und auch die übelsten Fans ins Stadion.

Die Übersichten in diesem Kapitel sind alphabetisch nach Sportarten sortiert.

AKTIVITÄTEN

Wien ist eine tolle Stadt für Outdoor-Aktivitäten. Der Wienerwald im Westen ist durchzogen mit Wander- und Radwegen, und im Osten bieten die Donau, die Alte Donau, die Donauinsel und die Lobau viele Möglichkeiten zum Bootfahren und Schwimmen, aber auch zum Radfahren und Inlineskaten. In der Stadt selber gibt es Hunderte von Kilometern an Radwegen und kleine (wie der Stadtpark) und große (wie der Prater) Grünanlagen.

Die Website der Stadt (www.wien.gv.at) gibt einen Überblick über die wichtigsten Outdoor-Aktivitäten in Wien. Hilfreich ist auch die Touristeninformation mit ihren Broschüren und ihrer Website (www.wien.info).

BOOT FAHREN

Die Alte Donau ist Wiens wichtigster Wasserlauf zum Boot fahren und Segeln. Aber auch auf der Neuen Donau, einem langen, von der Donau durch die Donauinsel getrennten Wasserlauf, kann man Boot und Wasserski fahren und Windsurfen.

SEGELSCHULE HOFBAUER Karte S. 118 f.
☎ 204 34 35; www.hofbauer.at; 22., An der Oberen Alten Donau 191; April–Okt.; U1 Alte Donau
Am Ostufer der Alten Donau vermietet Hofbauer Segel- (ab 13,80 €/Std.), Ruder- (7,80 €/Std.) und Tretboote (11 €/Std.). Wer segeln lernen will, kann Stunden nehmen.

INLINESKATEN

Mit ihren breiten, asphaltierten Wegen sind die Donauinsel und der Prater wie geschaffen zum Inlineskaten. Auf der Insel gibt's eine Reihe von Inliner-Verleihern, vor allem rund um die Copa Cagrana. Wer sich Gleichgesinnter anschließen will, kann sich zwischen Mai und September freitags um 21 Uhr zum Friday Night Skating (wien.gruene.at/skater) am Heldenplatz einfinden, um gemeinsam durch die Straßen Wiens zu rollen. Die Teilnahme ist kostenlos

KLETTERN

Die besten Kletterplätze findet man prinzipiell außerhalb von Wien in den Alpen. Aber auch Wien selber bietet mitten im Zentrum einen ungewöhnlichen Kletterturm (ein Relikt aus dem Zweiten Weltkrieg) – ideal zum Üben.

KLETTERANLAGE FLAKTURM
Karte S. 90 f.

☎ 585 4/ 48/ 06, Esterházypark; Klettern/Bouldern 9/5 € pro 2 Std.; ✆ April–Okt. Mo–Fr 14 Uhr–Sonnenuntergang, Sa & So 13 Uhr–Sonnenuntergang; Ⓤ U3 Neubaugasse 🚌 13A, 14A

Die nackten Außenmauern des *Flakturms* im Esterházypark werden vom Österreichischen Alpenverein für Kletterübungen genutzt. Zwanzig Routen (Schwierigkeitsgrad 4–8) führen hinauf in eine Höhe von maximal 34 m.

RAD FAHREN

Wien lässt sich gut per Fahrrad erkunden. Mehr als 800 km an Radwegen durchziehen die Stadt – so kann man den Autos auf der Straße entgehen, aber nicht immer den Fußgängern. Radfahrer dürfen auch „verkehrt herum" in viele Einbahnstraßen fahren (auf das Schild „Fahrrad ausgenommen" achten). In dem in Farbe gedruckten Kapitel „Wien entdecken" findet man unter anderem Vorschläge für Radtouren durch Wiener Parklandschaften und am Wasser entlang (S. 138). Beliebte Strecken sind die 7 km lange Runde an der Ringstraße, die Donauinsel, der Prater und am Ufer des Donaukanals entlang.

Infos, Tipps und Karten erhält man bei jedem hier aufgelisteten Fahrradverleih.

COPA CAGRANA RAD- UND SKATERVERLEIH Karte S. 118 f.

☎ 263 52 42; www.fahrradverleih.at; 22., Am Kaisermühlendamm 1; 1 Std./halber/ganzer Tag ab 5/15/25 €; ✆ März & Okt. 9–18 Uhr, April & Sept. 9–20 Uhr, Mai–Aug. 9–21 Uhr; Ⓤ U1 Kaisermühlen

Hier bekommt man alle möglichen Räder: City- & Mountainbikes, Trekking-, Tandem- & Kinderräder etc. Es gibt auch Rollerblades (ab 6 €/Std.).

CITYBIKE WIEN

☎ 0810 500 500; www.citybikewien.at; 1. Std./2. Std./3. Std. frei/1/2 € 4. & jede weitere 4 €

Überall in Wien sieht man Bikestationen der Stadt Wien mit Fahrradboxen, wo man sich ein Citybike ausleihen kann. Derzeit gibt es mehr als 60 Bikestationen. Man braucht eine Kreditkarte, Maestro-Karte oder Citybike Card, die man am Terminal in den Kartenleser schiebt. Dann einfach den Anweisungen folgen. Nicht vergessen: Die Fahrräder sind als Alternative zu öffentlichen Verkehrsmitteln gedacht und können nur an den Bikeboxes angeschlossen werden (außer man hat ein eigenes Fahrradschloss)! Der Verlust des Fahrrads kostet 600 €.

PEDAL POWER Karte S. 118 f.

☎ 729 72 34; www.pedalpower.at; 2., Ausstellungsstraße 3; 1 Std./halber/ganzer Tag 5/24/32 €; ✆ April–Okt. 8–19 Uhr; Ⓤ U1, U2 Praterstern

Hier gibt's vor allem Fahrräder und Mountainbikes. Man kann sie sich selber im Büro abholen oder für 4 € zusätzlich ins Hotel zustellen und von dort wieder abholen lassen. Pedal Power bietet auch Stadtrundfahrten mit dem Fahrrad (s. S. 249). Kindersitze und Fahrradhelme kosten jeweils 4 €.

SCHLITTSCHUH LAUFEN

Die meisten Wiener haben irgendwo ganz unten in ihrem Schrank Schlittschuhe, die sie im Winter mindestens einmal hervorkramen. Neben den speziellen Eishallen werden dann nämlich auch Basketball- und andere Plätze im Freien in Eisbahnen verwandelt. Für gerade mal 1 € kann man den ganzen Tag auf einer der folgenden zeitweiligen Eisbahnen zubringen: 8., Buchfeldgasse 7a (Karte S. 100 f.), 16., Gallitzinstraße 4 (Karte S. 53 f.) und 19., Osterleitengasse 14 (Karte S. 100 f.). Wenn es richtig kalt ist, dann ist auch die Alte Donau zugefroren und wird zu einem Schlittschuhparadies mit kilometerlangen Eisbahnen.

WIENER EISLAUFVEREIN Karte S. 110 f.

☎ 713 63 53; www.wev.or.at; 3., Lothringerstraße 22; Erw./Kind 6,50/3 €, Schlittschuhverleih 5,50 €; ✆ So–Mo 9–20, Di–Fr bis 21 Uhr; Ⓤ U4 Stadtpark

Mit 6000 m² besitzt der Wiener Eislaufverein die weltweit größte Eisbahn unter freiem Himmel. Sie liegt in der Nähe der Ringstraße und des Stadtparks. Fäustlinge und Mütze nicht vergessen!

WIENER EISTRAUM Karte S. 60 f.

☎ 409 00 40; www.wienereistraum.at; 1., Rathausplatz; Erw./Kind ab 4 €, Schlittschuhverleih 6,50/4 €; ✆ Ende Jan.–Anf. März tgl. 9–23 Uhr; Ⓤ U2 Rathaus 🚋 D, 1

Das ist keine gewöhnliche Eisbahn: Im Winter verwandelt sich der Rathausplatz in zwei miteinander verbundene Eisbahnen – das Mekka aller Schlittschuhläufer der Stadt. Außerdem gibt's rundherum Imbiss- und Glühweinbuden und jede Menge Events. Die Eisbahn windet sich durch den nahe gelegenen Park und rund um den ganzen Platz, und auf dem Eis begleitet einen die Musik der DJs.

SCHWIMMEN

Schwimmen ist im Sommer die wohl beliebteste Freizeitaktivität der Wiener. An heißen Tagen sind die Donauinsel, die Alte Donau und die Lobau überfüllt mit Städtern, die Abkühlung suchen. Sonnenbaden oben ohne ist ganz normal, aber ganz nackt ist es nur in ausgewiesenen FKK-Bereichen (ein großer Teil der Lobau und an beiden Enden der Donauinsel) erlaubt.

Neben den Badestellen in der Natur gibt's auch viele städtische Freibäder, die von Anfang Mai bis Anfang September geöffnet sind (Mo & Fr 9–21.30, Di bis 18, Do 7–21.30, Sa bis 20, So bis 18 Uhr; Mo 12.30–15 Uhr nur für Senioren und Behinderte). Im Eintrittspreis (Erw./Kind 4,70/2,60 €) enthalten sind Schließfächer. Freibäder dieser Art sind u. a. das Krapfenwaldbad, das Strandbad Alte Donau und das Strandbad Gänsehäufel. Eine vollständige Liste erhält man montags bis freitags zwischen 7.30 und 13.30 Uhr telefonisch unter ☎ 601 12 80 44 und unter www.wien.at/baeder.

AMALIENBAD Karte S. 53 f.

☎ 607 47 47; 10., Reumannplatz 23; Ⓤ U1 Reumannplatz

Das prachtvolle Jugendstil-Bad mit atemberaubenden Mosaiken und Säulen bietet eine Reihe von Einrichtungen, darunter Solarium, Dampfbad, Massagen, Kosmetikbehandlungen und ein Restaurant. Es gibt hier nach Geschlechtern getrennte und gemischte Saunen.

BADESCHIFF Karte S. 60 f.

☎ 513 07 49; www.badeschiff.at; 1., Donaukanal; Erw./Kind 5/2,50 €; Mai–Okt. 10–24 Uhr; Ⓤ U1, U4 Schwedenplatz

Auf dem Badeschiff, das zwischen dem Schwedenplatz und der Urania an der Donaukanallände ankert, badet man nicht in der Donau, sondern auf ihr. Der Pool ist abends zugleich eine Bar (im Winter ist der Pool überdacht und dient nur als Bar). Es gibt mehrere Decks voller Liegestühle und jede Menge Cocktail- und Snackbars. Das Schiff mit dem herrlichen Flussblick ist eine tolle Location zum Baden und zum Relaxen bei Nachmittagsdrink und Musik.

KRAPFENWALDBAD Karte S. 53 f.

☎ 320 15 01; 19., Krapfenwaldgasse 65–73; 🚌 38A

Das Krapfenwaldbad liegt erhöht am Rande des Wienerwalds mitten in den Weinbergen. Von hier aus hat man den besten Blick auf die Stadt. Viele Besucher sind allerdings weniger an der Aussicht (und auch nicht an den beiden kleinen Becken) interessiert als an den anderen Badegästen. Obwohl es hier viele Liegewiesen gibt, ist die Anlage oft brechend voll.

STRANDBAD ALTE DONAU
Karte S. 118 f.

☎ 263 65 38; 22., Arbeiterstrandbadstraße 91; Ⓤ U1 Alte Donau 🚌 91A

Das Strandbad macht sich im Sommer die Alte Donau gut zunutze. Die arbeitende Bevölkerung liebt das Strandbad, das im Sommer am Wochenende dementsprechend voll ist. In der Anlage gibt's auch ein Restaurant, einen Strandvolleyball-Platz, einen Spielplatz, Wasserrutschen und viele Liegeplätze im Schatten der Bäume.

STRANDBAD GÄNSEHÄUFEL
Karte S. 118 f.

☎ 269 90 16; 22., Moissigasse 21; 🚌 90A, 91A, 92A

Das Gänsehäufel breitet sich über eine halbe Insel in der Alten Donau aus. Im Sommer kann das Strandbad ziemlich voll werden, aber normalerweise gibt's genug Platz, um den Leuten aus dem Weg zu gehen. Es gibt hier ein Schwimmbecken und einen FKK-Bereich.

THERME WIEN Karte S. 53 f.

☎ 680 09 96 00; www.thermewien.at; 10., Kurbadstraße 14; 🚇 67

Das im Herbst 2010 wiedereröffnete Thermalbad ist Europas größte Stadttherme mit einem Gelände von 75 000 m² und einem riesigen Poolbereich (mit 3800 m² fast doppelt so groß wie früher) mit Innen- und Außenanlagen. Es gibt auch großzügige Fitness- und Wellnessbereiche.

SKIFAHREN

Ja, auch Skifahren kann man in Wien – in der Stadt selber zwar nur an wenigen Orten, aber im Westen liegen ja die atemberaubenden Alpen.

SKIANLAGE DOLLWIESE Karte S. 53 f.
☎ 812 12 01; 13., Ghelengasse 44; 10 Liftfahrten 4 €; ⊙ Dez.–März Mo–Fr 12 Uhr–Sonnenuntergang, Sa & So 10 Uhr–Sonnenuntergang; 🚌 54B, 55B
Am Rand des Lainzer Tiergartens liegt die Dollwiese, angeblich einer der ältesten Skihänge Österreichs. Der Abhang ist nur 400 m kurz, aber ausreichend für Anfänger.

SKIANLAGE HOHE WAND Karte S. 53 f.
☎ 979 10 57; 14., Mauerbachstraße 172–174; Tageskarte Erw./Kind 13/6 €; ⊙ Dez.–März tgl. 9–21 Uhr; Ⓤ U4 Wien Hütteldorf 🚌 249, 250
An der Hohen Wand kann man nur skifahren, wenn genug Naturschnee vorhanden ist, der sich mit dem Kunstschnee verbinden kann. Die Anlage mit Rodelbahn (Erw./Kind 8/5 €/Fahrt) liegt im Wienerwald.

WANDERN

Wandern ist ein beliebter Freizeitsport der Wiener. Viele Wanderer und Radfahrer zieht es zum grünen Wienerwald (S. 141) am westlichen Stadtrand, aber auch der Prater (S. 116) mit seinem Wäldchen und langen Wanderwegen und der Lainzer Tiergarten (S. 141) im Westen Wiens laden ein, sich in der frischen Luft zu bewegen. Infos zur einfachen (also bergabwärts), schönen Wanderung von Kahlenberg nach Nussdorf gibt's auf S. 136.

Das Forstamt Wien betreut eine Reihe von Wanderwegen, die alle gut ausgeschildert und mit öffentlichen Verkehrsmitteln erreichbar sind. Viele bieten unterwegs auch Kinderspielplätze, Picknicktische und eine herrliche Aussicht. Eine umfangreiche Liste mit mehr als zehn Wanderwegen in und rund um Wien mit detaillierten Routeninfos und ausdruckbaren Karten gibt's unter www.wien.gv.at nach dem Stichwort „Wandern" suchen).

ZUSCHAUERSPORT

Der einzige Zuschauersport mit – einigermaßen – nennenswerten Besucherzahlen ist Fußball. Die Stadthalle (S. 201) ist ein wichtiger Veranstaltungsort für Sportereignisse. Hier finden u. a. Tennismatches, Pferdeshows und Eishockeyspiele statt. Das Stadthallenbad ist die wichtigste Veranstaltungsstätte für alle Wassersportarten.

FUSSBALL

In Wien spielen zwei Bundesliga-Mannschaften: Rapid und Austria Wien, deren Rivalität mit der zwischen Bayern und 1860 München vergleichbar ist. Es kann deshalb schwer sein, für ein Lokalderby ein Ticket zu bekommen.

ERNST HAPPEL-STADION Karte S. 53 f.
☎ 728 08 54; 2., Meiereistraße 7; Ⓤ U2 Stadion
Mit fast 50 000 Sitzplätzen ist das Ernst-Happel-Stadion in der Nähe vom Prater die größte Sportstätte Wiens. Hier finden auch in der Regel die Länderspiele statt.

FRANZ-HORR-STADION Karte S. 53 f.
☎ 688 01 50; www.fk-austria.at; 10., Fischhofgasse 12; 🚋 67 🚌 15A
Das Stadion mit Sitzplätzen für fast 12 000 Fans ist die Heimspielstätte der Austria.

GERHARD-HANAPPI-STADION
Karte S. 53 f.
☎ 914 55 19; www.skrapid.at; 14., Keisslergasse 6; Ⓤ U4 Wien Hütteldorf 🚋 49
Heimstätte von Rapid, dem Wiener Arbeiterklub. Von den beiden Erstligavereinen der Stadt ist Rapid Wien der international erfolgreichere und schaffte es bisher zweimal bis ins Finale des Europapokals.

PFERDERENNEN

Beim Pferderennen kann man ein paar entspannte Stunden unter Wienern allen Alters und jeder sozialen Stellung verleben.

FREUDENAU Karte S. 53 f.
☎ 728 95 31; www.freudenau.at; 2., Rennbahnstraße 65; ⊙ März–Nov.; 🚌 77A
Am Südrand des Praters liegt die Rennbahn Freudenau, die wichtigste Galopprennbahn Wiens und eine der ältesten in Europa.

KRIEAU Karte S. 118 f.
☎ 728 00 46; www.krieau.at; 2., Nordportalstraße 247; Ⓤ U4 Krieau 🚌 83B, 84B
Neben dem Ernst-Happel-Stadion im Prater befindet sich die Wiener Trabrennbahn Krieau (Karten ab 5 €). Normalerweise ist sie nur samstagnachmittags zwischen September und Juni geöffnet. Im Juli und August gibt's hier auch ein Open-Air-Kino (s. S. 211).

217

lonely planet Hotels & Hostels

Wer noch mehr Tipps zu Unterkünften sucht, als wir in diesem schmalen Band unterbringen konnten, kann sich auf **http://hotels.lonelyplanet.com** umschauen. Dort gibt's auch ausführlichere Beschreibungen und Fotos. Und jeder Traveller hat die Möglichkeit, eigene Erfahrungen weiterzugeben. Also einfach die Liste unabhängiger Empfehlungen checken und das gewünschte Zimmer sicher buchen.

SCHLAFEN

top picks

- **All You Need Vienna 2** (S. 227)
- **Belvedere Appartements** (S. 227)
- **Boutiquehotel Stadthalle** (S. 228)
- **Hotel Kärntnerhof** (S. 222)
- **Hotel Rathaus Wein & Design** (S. 226)
- **Landhaus Fuhrgassl-Huber** (Kasten S. 229)
- **Pension Hargita** (S. 226)

SCHLAFEN

In Wien gibt's alle möglichen Unterkünfte – von Jugendherbergen und eleganten, minimalistischen Bleiben bis zu prunkvollen Residenzen und Luxushotels, in denen Kronleuchter, Antiquitäten und echte Ölgemälde aus dem 19. Jh. eher die Regel als die Ausnahme sind. Zwischen den beiden Extremen sind da noch gemütliche Pensionen und schlichtere Hotels sowie eine kleine, aber feine Auswahl von Apartments für längere und kürzere Aufenthalte.

Prinzipiell ist der Standard hoch – und hoch ist auch der Preis. Schnäppchen findet man nur vereinzelt. In der Regel kostet ein Doppelzimmer in der Budgetkategorie unter 80 € pro Nacht, in der Mittelklasse 80 bis 200 € und in der Spitzenklasse ... nun, da gibt's keine Obergrenze. Frühstück – normalerweise vom Büfett – ist immer im Preis mit drin. Parken kostet dagegen extra (ca. 6–30 €/24 Std.).

Die begehrteste, aber auch teuerste Gegend, wenn es ums Übernachten geht, ist die Innere Stadt. Hier hat man den Vorteil, viele der großen Attraktionen und die beliebtesten (aber auch touristischsten) Restaurants und Kaffeehäuser direkt in Gehweite zu haben. Außerdem gibt's dort vereinzelt auch ein paar Nachtclubs. Die Vorteile der Inneren Stadt sind unbestritten, doch im Hochsommer wimmelt es hier von Touristen, sodass man sich förmlich durch die Menschenmassen kämpfen muss, wenn man die Hauptstraßen nicht meidet. Wer lieber ein bisschen preisgünstiger wohnt, viele Bars und Clubs in der Gegend haben, aber auch in der Nähe der Hauptattraktionen bleiben will, sollte in der Südwestlichen Vorstadt absteigen: Hier hat man immer künstlerische und trendige Bars in der Nähe, ebenso ausgezeichnete Restaurants – von gemütlich bis nobel. Außerdem befindet sich hier auch der Naschmarkt, das Ziel aller Feinschmecker. Ebenfalls erschwinglich und trotzdem in der Nähe der Inneren Stadt ist die Nordwestliche Vorstadt, eine ruhige Gegend mit einer Handvoll überwiegend teurer Restaurants in ihrem Zentrum und vielen Bars im westlichen Teil, am Gürtel.

Daneben gibt es noch andere Optionen: Der Vorstadtbezirk Landstraße bietet zwar außer dem Schloss Belvedere nur wenig Sehenswertes, ist aber ein ruhiges Viertel mit guter Straßenbahn- und U-Bahn-Anbindung zu den großen Sehenswürdigkeiten und zum Wiener Nachtleben. Auch das Gebiet östlich des Donaukanals ist eine ausgezeichnete Wahl: Mit den öffentlichen Verkehrsmitteln ist man in Nu im Zentrum Wiens. Außerdem hat man ein paar der angesagtesten alternativen Bars, Restaurants und Nachtclubs und – was gerade im Sommer toll ist – auch die Donau mit den angrenzenden Grünflächen vor der Tür. Die Südwestliche Vorstadt und der Gürtel sind eher Wohngegenden mit nur wenig Sehenswertem – aber man ist in der Nähe von Schloss Schönbrunn, und am nordwestlichen Rand befindet sich der multikulturelle Brunnenmarkt.

Weil die Innere Stadt am begehrtesten und deshalb immer zuerst ausgebucht ist, sollte man sich um Unterkünfte hier rechtzeitig im Voraus kümmern. Auch die Zimmer im 2. bis 9. Bezirk sind wegen ihrer Nähe zum Zentrum schnell weg, während all die anderen Bezirke (außerhalb des Gürtels) eigentlich nur in Frage kommen, wenn alles andere voll ist. Wer im Vorfeld keine Unterkunft gebucht hat, kann sich an die Tourist Info Wien (S. 253) wenden, die Travellern gegen eine kleine Gebühr Zimmer vermittelt.

Die Unterkünfte sind in diesem Kapitel nach den Bezirken angeordnet und im Preis absteigend aufgelistet. Im Durchschnitt kostet ein Doppelzimmer in der Inneren Stadt rund 175 €, aber in den umliegenden Bezirken gibt's auch günstigere Zimmer. Hauptsaison ist von Juni bis September, zwischen Weihnachten und Neujahr und zu Ostern. Dann sind die Preise hoch und die Hotels oft rappelvoll. Im Winter können die Preise erheblich sinken, und viele Unterkünfte bieten dann Rabatte und Sonderangebote an, wenn man länger bleibt. Manche – insbesondere die Fünfsternehotels – haben auch Wochenendsonderpreise oder Sonderangebote für zwei Übernachtungen zum Preis von einer. Es lohnt sich, nach solchen Sonderpreisen zu fragen. Die in diesem Kapitel genannten Preise beziehen sich auf die Hauptsaison im Sommer.

Achtung: Reservierungen sind bindend, und das Hotel kann Schadensersatz fordern, falls man das reservierte Zimmer dann doch nicht belegt! Im Gegenzug hat man als Hotelgast natürlich ebenfalls das Recht auf eine Entschädigung, falls das reservierte Zimmer nicht zur Verfügung steht.

UNTERKUNFTSARTEN
Hotels & Pensionen

Die meisten Unterkünfte in Wien sind Hotels und Pensionen, und es gibt sie in unzähligen Variationen. Abgesehen von den Luxushotels, die eine Klasse für sich darstellen, sind die Hotels in der Regel größer als Pensionen, haben mehr Service-Einrichtungen (Parkplatz, Bars und Restaurants) und bieten mehr Extras (Zimmerservice, Wäschedienst und dergleichen). Pensionen befinden sich oft in Wohnblocks und können viel persönlicher und individueller sein als Hotels und größere Zimmer haben. Die Preise für ein einfaches Doppelzimmer mit Gemeinschaftsbad beginnen bei 60 bis 70 € und reichen bis 250 oder 350 € für ein luxuriöses Doppelzimmer mit Bad in einem Viersternehotel. Im Durchschnitt zahlt man 120 bis 160 € für ein ordentliches Doppelzimmer in einem Hotel oder in einer Pension.

Viele der älteren Hotels und Pensionen bieten verschiedene Zimmer und Einrichtungen an. Bewohner der billigsten müssen sich Toilette und Dusche oft mit den Bewohnern anderer Zimmern teilen.

Jugendherbergen & Studentenwohnheime

In Wien gibt's vereinzelt ein paar Jugendherbergen, die teilweise zu Hostelling International (HI) gehören. Für die privat betriebenen braucht man keine Mitgliedskarte. In der Regel stehen Betten in Schlafsälen (rund 18 €), Einzelzimmer und Doppelzimmer (25–35 €) zur Auswahl.

In Österreich gibt es zwei Jugendherbergsorganisationen, die auch an die HI-Kette angeschlossen sind: der **Österreichische Jugendherbergsverband** (ÖJHN; außerhalb der Karte S. 60 f.; ☎ 533 53 53; www.oejhv.or.at; 1., Schottenring 28; Sept.–April Mo–Fr 11–17, Sa 11–15 Uhr; U2, U4 Schottenring 1, 2) und das **Österreichische Jugendherbergswerk** (ÖJHW; außerhalb der Karte S. 90 f.; ☎ 533 51 37; www.jungehotels.at; 7., Mariahilfer Straße 22–24; Mo–Fr 9.30–18 Uhr; U2 Museumsquartier). Beide geben Auskünfte zu allen HI-Jugendherbergen in Wien.

Mietwohnungen

Wer in Wien eine Wohnung sucht, vertraut auf die Mund-zu-Mund-Propaganda oder wirft einen Blick in die Zeitung *Bazar* bzw. auf deren Onlineportal für Kleinanzeigen www.bazar.at). Egal, ob man etwas kaufen,

PREISE
Jede Unterkunft wurde in eine Preiskategorie eingestuft. Die Angaben beziehen sich jeweils auf ein Doppelzimmer.
€€€ mehr als 200 €/Nacht
€€ 80–200 €/Nacht
€ weniger als 80 €/Nacht

verkaufen oder mieten (natürlich auch Wohnungen oder Zimmer) will – hier wird man sicher fündig. Studenten nutzen auch gerne das Kleinanzeigenportal www.jobwohnen.at, in dem Wohnungen für kürzere Zeiträume zur Untermiete angeboten werden, vor allem während der Semesterferien (im Februar und den Sommer über). Die Vermietungszeiträume der angebotenen Wohnungen reichen von unbefristet bis zu ungefähr einem Monat, wenn der/die eigentlichen Bewohner/in den Ferien sind. Wohnungsanzeigen findet man auch in den Zeitungen *Falter*, *Kurier* und *Standard*.

Einige befristet zu mietende Wohnungen sind in diesem Kapitel aufgeführt.

INNERE STADT

Weil sich in der Inneren Stadt die meisten Sehenswürdigkeiten, Restaurants, Bars und Theater befinden, sind hier die Unterkünfte am begehrtesten und im Vergleich zum restlichen Teil der Stadt am teuersten. Deshalb unbedingt frühzeitig reservieren! Der Vorteil der Innenstadt ist, dass man die meisten der wichtigen Wahrzeichen zu Fuß erreicht, der Nachteil, dass man im Sommer über viele andere Touristen stolpert, die dasselbe besichtigen. Die Innere Stadt besitzt zwar ein paar wunderhübsche Hotels, aber die richtig großen, wie das Imperial und das Bristol, stehen an der Ringstraße. Und das sind Luxushotels – und wenn man explizit nach dem Preis fragen muss, kann man es sich mit Sicherheit sowieso nicht leisten.

HOTEL SACHER Karte S. 60 f. Hotel €€€
☎ 514 56-0; www.sacher.com; 1., Philharmonikerstraße 4; DZ ab 375 €; U1, U2, U4 Karlsplatz D, 1, 2 59A, 62;

Im Sacher scheint die Zeit vor 100 Jahren stehengeblieben zu sein. Die Eingangshalle mit dunkler Holztäfelung, purpurroten Vorhängen und schweren, goldenen Kronleuchtern erinnert an ein kostbar gestaltetes Bordell aus der Zeit um 1900. Selbst die kleinsten Zimmer sind erstaunlich groß und haben Betten von der Größe eines riesigen Schiffs. Die Suiten sind die reinsten Paläste, und alles wurde erst kürzlich renoviert. Sämtliche Zimmer sind mit Barockmobiliar und echten Ölgemälden aus dem 19. Jh. ausgestattet – das Hotel besitzt die größte private Ölgemäldesammlung in Österreich. Die Ankunft wird einem mit einem kleinen Stück der berühmten hoteleigenen Sacher-Torte versüßt, das alle Gäste zur Begrüßung in ihrem Zimmer erwartet. Ganz oben befindet sich der moderne Wellnessbereich mit Kräutersauna, Eisbrunnen und Fitnessraum.

HOTEL IMPERIAL Karte S. 60 f.   Hotel €€€
☎ 501 10-333; www.luxurycollection.com/imperial; 1., Kärntner Ring 16; Zi. ab 350 €; Ⓤ U1, U2, U4 Karlsplatz 🚋 D, 1, 2 🚌 59A, 62;

Schon die bloße Erwähnung des Imperial lässt die meisten Wiener in Ehrfurcht verstummen. Der ehemalige Palast stellt mit der ganzen majestätischen Pracht der Habsburger Zeit jedes respektable Museum in den Schatten. Die mit rotem Teppich ausgelegte pompöse Fürstenstiege führt von der Rezeption direkt zur Royal Suite. Die Suiten, in denen man sogar einen Diener hat, sind mit Gemälden aus dem 19. Jh. und wertvollen Antiquitäten ausgestattet, während die Biedermeierzimmer im 4. und 5. Stock gemütlicher sind und teilweise auch einen Balkon besitzen.

HOTEL AM STEPHANSPLATZ
Karte S. 60 f.   Hotel €€€
☎ 534 05-0; www.hotelamstephansplatz.at; 1., Stephansplatz 9; EZ/DZ ab 170/220 €; Ⓤ U1, U3 Stephansplatz;

Fast noch besser als die Lage mit Blick auf die gotischen Türme des Stephansdoms ist die Innengestaltung des Hotels. Das gesamte Haus ist ein Paradebeispiel für umweltfreundliches Bauen – bis hin zum Fliesenkleber wurden nur Baustoffe verwendet, die strengste Umweltauflagen erfüllen. Selbst das Frühstück besteht nur aus Bioprodukten. Die in Erdtönen gehaltenen Zimmer sind mit modernen Möbeln ausgestattet und haben ein herrliches Bett – dick, kuschelig und sehr hautverträglich. Das Beste ist Nr. 702, eine Suite im Dachgeschoss mit einem Balkon, von dem aus man zum Eingang des Stephansdoms blickt.

KÖNIG VON UNGARN Karte S. 60 f. Hotel €€€
☎ 515 84-0; www.kvu.at; 1., Schulerstraße 10; EZ/DZ 150/219 €; Ⓤ U1, U3 Stephansplatz;

Das älteste Wiener Hotel (1746) verbindet First Class mit Zwanglosigkeit. Das wunderschöne, mit Ledersitzgruppen ausgestattete und mit Glas überdachte Atrium beeindruckt ebenso wie der Spitzenservice. Überall sind Zeichen der Dekadenz zu finden, z. B. die vergoldeten Standaschenbecher, die es sogar im Lift gibt. Die Zimmer sind individuell mit Antiquitäten möbliert und unterscheiden sich im Stil – von recht schlicht bis höchst extravagant. Die besten Zimmer bieten Auslick auf die Domgasse.

APPARTEMENTS RIEMERGASSE
Karte S. 60 f.   Apartments €€
☎ 512 72 20; www.riemergasse.at; 1., Riemergasse 8; Apt. ab 155 €/Nacht; Ⓤ U3 Stubentor 🚋 1, 2;

Das Haus ist super für Traveller, die fern von Zuhause heimeligen Komfort suchen. Die Einzimmerapartments mit Kochnische sind zwar winzig, aber die größeren Apartments mit voll ausgestatteter Küche sind recht geräumig. Alle Wohnungen sind moderner ausgestattet als in Wien üblich und muten edel an. Von den Apartments im obersten Stock blickt man auf die Turmspitze des Stephansdoms. Frühstück kostet 8 €.

AVIANO Karte S. 60 f.   Pension €€
☎ 512 83 30; www.secrethomes.at; 1., Marco-d'Aviano-Gasse 1; EZ/DZ 104/148 €; Ⓤ U1, U3 Stephansplatz;

Das Aviano punktet mit seiner superzentralen Lage, seinem hohen Standard und seinem guten Preis-Leistungs-Verhältnis. Die Zimmer sind klein, wirken aber durch die hohen Decken, den dekorativen Stuck und die weißen Antikmöbel nicht eng. Die Eckzimmer haben einen charmanten Erker, von dem aus man das Treiben in der Fußgängerzone beobachten kann. Der Frühstücksraum ist sonnig und hell und wird im Sommer um eine kleine Terrasse im Innenhof erweitert. Das Schwesterhotel in Josefstadt, das Baronesse (Karte S. 60 f.; ☎ 405 10 61; 08, Lange Gasse 61; 🚋 1, 2;), bietet das gleiche Ambiente zu etwas günstigeren Preisen.

HOTEL KÄRNTNERHOF Karte S. 60 f. Hotel €€
☎ 512 19 23; www.karntnerhof.com; 1., Grashofgasse 4; EZ/DZ ab 95/140 €; Ⓤ U1, U3 Stephansplatz;

Abseits von der Hektik der Stadt in einer Seitengasse steht dieses Schmuckstück. Von den alten Gemälden an den Wänden bis zum holzgetäfelten und mit Milchglasfenstern versehenen Aufzug, der einen zur verblüffenden Dachterrasse bringt – alles in diesem großen Hotel verströmt den Charme der Wiener Jahrhundertwende und Gemütlichkeit. In den Zimmern finden sich recht schlichte Möbel, aber auch Antiquitäten, Kronleuchter und elegante Vorhänge. Alle Räume wirken freundlich und einladend. Außerdem ist der Stephansplatz weniger als fünf Minuten entfernt – insofern ist das Hotel ein echtes Schnäppchen.

HOLMANN BELETAGE
Karte S. 60 f. Pension €€

☎ 961 19 60; www.hollmann-beletage.at; 1., Köllnerhofgasse 6; Zi. ab 140 €; Ⓤ U1, U4 Schwedenplatz 🚋 1, 2; 🛜

Die minimalistische Pension ist ein Geheimtipp für Gäste mit Sinn für Stil und einem Hang zu klaren Linien. Die schicken Zimmer mit kahlen Wänden sind mit Naturholzböden, schlichten, klassischen Möbeln, Designerlampen und -türgriffen ausgestattet. Der verfügbare Raum ist maximal ausgenutzt: Bad und Schrank verschwinden hinter Doppeltüren. Außerdem gibt's eine Gartenterrasse und ein Heimkino, in dem dreimal am Tag Filme zum Thema Wien laufen.

HOTEL AM SCHUBERTRING
Karte S. 60 f. Hotel €€

☎ 717 02-0; www.schubertring.at; 1., Schubertring 11; EZ/DZ ab 99/128 €; Ⓤ U4 Stadtpark 🚋 1, 2; 🛜

Unter den heiß begehrten Hotels an der Ringstraße ist das Hotel am Schubertring als einziges auch von Normalsterblichen bezahlbar. Die Zimmer sind entweder im Stil des Biedermeier mit Blümchenmuster und zierlichem Mobiliar wie in Großmamas Wohnung oder im Jugendstil mit dynamischer, fließender Linienführung und weniger Schnörkeln eingerichtet. Aber alle sind in sehr gutem Zustand. Die professionellen Angestellten sind freundlich, aber höflich distanziert. Das Hotel erstreckt sich über die oberen Stockwerke zweier Gebäude.

PENSION NOSSEK
Karte S. 60 f. Pension €€

☎ 533 70 41-0; www.pension-nossek.at; 1., Graben 17; EZ/DZ ab 65/120 €; Ⓤ U1, U3 Stephansplatz; 🛜

top picks
LUXUSHOTELS

- **Hotel Bristol** (Karte S. 60 f.; ☎ 515 160; www.westin.com/bristol; 1., Kärntner Ring 1; Zi. ab 375 €) Verbindet alteuropäische Extravaganz mit modernsten Annehmlichkeiten.
- **Hotel Hilton** (Karte S. 110 f., ☎ 71 700 00; www.hilton.com; 3., Am Stadtpark 3; EZ/DZ 220/280 €) Top-Businesshotel, das Luxus und Flair bietet.
- **Hotel Imperial** (s. S. 222) Wenn Könige nach Wien kommen, steigen sie hier ab.
- **Hotel Sacher** (s. S. 221) Ein barockes Schmuckstück mit modernen Annehmlichkeiten.
- **Radisson SAS Palais** (Karte S. 60 f.; ☎ 515 17-0; www.radissonsas.com; 1., Parkring 16; Zi. ab 240 €) Besteht aus zwei Palais aus der Zeit um 1900.

Die Lage einer Immobilie ist das A und O. Und die ist bei der Pension Nossek mit dem Eingang direkt am Graben und dem Stephansdom in Sichtweite erstklassig. Das Personal ist professionell und höflich, wenn auch etwas steif – eben typisch wienerisch. Die schönen Zimmer sind blitzsauber, geräumig und mit barockem Mobiliar ausgestattet. Man blickt entweder auf die Fußgängerzone unten oder auf den ruhigen Innenhof. Achtung: Keine Kreditkartenzahlung möglich!

PENSION PERTSCHY
Karte S. 60 f. Pension €€

☎ 534 49-0; www.pertschy.com; 1., Habsburgergasse 5; EZ/DZ ab 79/119 €; Ⓤ U1, U3 Stephansplatz; 🛜

An der Pension Pertschy ist nichts auszusetzen. Die ruhige und doch zentrale Lage gleich am Graben ist unschlagbar, das Personal ist sehr kompetent, hilfsbereit und freundlich, und Kinder sind willkommen (es gibt Spielzeug und Kinderhochstühle). Die Zimmer sind nicht nur geräumig, sondern auch mit Antiquitäten aller Art ausgestattet. Die Farbgebung ist bunt: Während das eine Zimmer in zartem Rosa gehalten ist, leuchtet das nächste in Sonnengelb. Ein echtes Schmuckstück in der Inneren Stadt!

BENEDIKTUSHAUS
Karte S. 60 f. Gästehaus €€

☎ 534 98 90 0; www.benediktushaus.at; 1., Freyung 6a; EZ/DZ 66/99 €; Ⓤ U2 Schottentor 🚋 1, D, 37, 38, 41, 42, 43, 44; 🛜

Das Benediktinerkloster bietet erschöpften Travellern klösterliche Stille im Herzen Wiens, denn von den Zimmern aus blickt man in den ruhigen, baumbestandenen Innenhof. Das Gästehaus des direkt daneben stehenden Schottenstifts hat saubere, solide Zimmer, die schlicht eingerichtet sind. In den Fluren gibt's aber auch ein paar Antiquitäten. Es stehen keine Fernseher in den Zimmern, und Internet gibt's nur im Empfangsbereich.

PENSION RIEDL Karte S. 60 f. Pension €€
☎ 512 77 79; www.pensionriedl.at; 1., Georg-Coch-Platz 3; EZ/DZ ab 65/90 €; 1, 2;
Die traditionsreiche Pension am Rand der Inneren Stadt überzeugt mit Wärme und Herzlichkeit. Die mit bunt zusammengewürfeltem Mobiliar ausgestatteten Zimmer sind überwiegend groß, die Badezimmer dagegen klein. Zimmer 6 und 7 haben einen winzigen Balkon mit Blick auf den Georg-Coch-Platz (und Otto Wagners berühmte Postsparkasse), während der Balkon von Zimmer 8 zum ruhigen Innenhof hinausgeht.

PENSION AM OPERNECK
Karte S. 60 f. Pension €€
☎ 512 93 10; 1., Kärntner Straße 47; EZ/DZ 65/80 €; U1, U2, U4 Karlsplatz D, 1, 2 59A, 62;
Aus zwei Gründen ist diese Pension kaum zu toppen: wegen der Lage und wegen der Preise. Direkt gegenüber dem berühmten Hotel Sacher liegt sie direkt an der Kärntner Straße, der belebtesten Straße Wiens. Die Zimmer sind wie der Eigentümer, in Ehren ergraut, aber unermüdlich im Einsatz, damit sich die Gäste wohl und wie zu Hause fühlen. Da es nur sechs (recht große) Zimmer gibt, sollte man unbedingt lange im Voraus buchen.

SCHWEIZER PENSION Karte S. 60 f. Pension €
☎ 533 81 56; www.schweizerpension.com; 1., Heinrichsgasse 2; EZ/DZ ab 48/65 €; 1, 2;
Die Zimmer dieser netten, kleinen Pension sind blitzsauber. Sie sind zwar nicht auf dem allermodernsten Stand, aber von den großen, bequemen Betten bis hin zu den verzierten Kachelöfen rundum gemütlich und heimelig. Auch Umweltbewusste können sich hier wohlfühlen: Es werden nur Energiesparlampen benutzt, die Uhren sind zum Aufziehen, und zum Frühstück werden Bioprodukte serviert. Weil das Schweizer eine der preisgünstigsten Unterkünfte im Stadtzentrum ist, sind die elf Zimmer schnell ausgebucht – also frühzeitig reservieren! WLAN gibt's nur in den Gemeinschaftsbereichen.

SÜDWESTLICHE VORSTADT

Die Südwestliche Vorstadt ist ganz vorne dabei, wenn es um das Preis-Leistungs-Verhältnis in der Hauptstadt geht: Die Unterkünfte hier sind nicht weit vom Stadtzentrum entfernt und trotzdem im Durchschnitt um 20 bis 30 € günstiger, nur weil sie nicht innerhalb der Ringstraße liegen. Mit öffentlichen Verkehrsmitteln ist man aber im Nu im Zentrum, und es gibt viele weniger touristische Nachtclubs und Restaurants.

DAS TRIEST Karte S. 90 f. Hotel €€€
☎ 589 18-0; www.dastriest.at; 4., Wiedner Hauptstraße 12; EZ/DZ 224/289 €; 62, 65;
Das vom britischen Designer Sir Terence Conran entworfene Triest ist eine gelungene Symbiose aus Geschichte und modernem Design. Die 300 Jahre alten ehemaligen Stallungen wurden in ein topmodernes Designhotel verwandelt, mit Bullaugen statt Fenstern und Treppengeländern, die an die Reling der *Queen Mary II* erinnern. Die in ihrer Schlichtheit stilvollen Zimmer sind in warmen Pastellfarben gehalten und mit kleinen Extras aufgelockert, z. B. mit frischen Blumen und gefaltetem WC-Papier. Die Angestellten sind professionell und nicht zu förmlich.

ALTSTADT Karte S. 90 f. Pension €€€
☎ 522 66 66; www.altstadt.at; 7., Kirchengasse 41; EZ/DZ ab 149/249 €; 13A, 48A;
Dies ist wohl die beste Pension in Wien. Jedes Zimmer ist individuell gestaltet, aber alle sind charmant, geschmackvoll, witzig, kunstvoll und einladend eingerichtet, ohne überladen zu wirken – eine gelungene Mischung aus Kunst, praktischem Komfort und ganz viel Wärme. Hinzu kommen hohe Decken, viel Platz und Sonnenlicht und eine gemütliche Lounge, in der nachmittags kostenlos Tee und Kuchen serviert werden. Die Angestellten sind außerordentlich freundlich, und die Kunstwerke gehören zur persönlichen Sammlung des

Besitzers. Zum Zeitpunkt unserer Recherchen wurde gerade eine tolle Bar im Erdgeschoss unter der Pension gebaut.

DAS TYROL Karte S. 90 f. Hotel €€

☎ 587 54 15; www.das-tyrol.at; 6., Mariahilfer Straße 15; EZ/DZ ab 109/149 €; Ⓤ U2 Museumsquartier;

Das Tyrol ist eines der besten Designhotels in der Stadt. Jede Etage ist einem Thema gewidmet – in einer dreht sich alles um Donald Duck und seine Daisy, in einer anderen mit vielen bunten Bildern um moderne Kunst. Die gemütlichen Zimmer in dezenten Grün- und Gelbtönen sind so groß, dass auch eine kleine Couch und ein Schreibtisch Platz haben. Die schwarzweiß gefliesten Badezimmer sind blitzsauber. Vom kleinen Balkon der Eckzimmer blickt man auf den Trubel der Mariahilfer Straße. Das Sektfrühstück hält fast den ganzen Tag vor.

HOTEL FÜRSTENHOF Karte S. 90 f. Hotel €€

☎ 523 32 67; www.hotel-fuerstenhof.com; 7., Neubaugürtel 4; EZ/DZ ab 70/120 €; Ⓤ U3, U6 Westbahnhof 🚆 5, 9, 52, 58;

In diesem überaus persönlichen Familienbetrieb steigen seit Jahren gut unterrichtete Traveller und (wie die Fotos in der Empfangshalle beweisen) tourende Alternative-Bands ab. Also nicht wundern, wenn man in der als Bibliothek gestalteten Empfangslounge (wo es jede Menge gebrauchte Bücher gibt) einem aufsteigenden Rockstar über den Weg läuft! Die einfachen Zimmer mit bodenlangen Vorhängen sind mit blutroten Teppichen ausgelegt und mit schlichtem, aber hochfunktionalem Mobiliar ausgestattet. Die dunklen Farben sorgen für eine warme Atmosphäre. Das Haus stammt von 1906, sodass die Decken höher als gewöhnlich sind. Der Aufzug ist ein wahres Museumsstück (der Motor zum Glück nicht).

PENSION CARANTANIA
Karte S. 90 f. Pension €€

☎ 526 73 40; www.carantania.at; 7., Kandlgasse 35; EZ/DZ 75/105 €; Ⓤ U6 Burggasse Stadthalle

Die winzige, familienbetriebene Pension hat nur sechs Zimmer, die dafür aber geräumig sind und Wärme und Gemütlichkeit ausstrahlen. Sie sind von Sonnenlicht geflutet und mit unterschiedlichem Mobiliar (manche Möbel wirken wie Antiquitäten, andere einfach nur abgenutzt) ausgestattet.

DESIGNHOTELS

In einer für ihre Architektur weltberühmten Stadt ist es kein Wunder, dass es dort auch einzigartige Designhotels gibt. Die besten sind folgende:

Das Triest (S. 224) Hat in Wien die Lawine der Designhotels losgetreten.

Das Tyrol (S. 225) Eine wunderbare Kombi von Kunst, Komfort und Sektfrühstück.

DO & CO (Karte S. 60 f.; ☎ 241 88; www.doco.com; 1., Stephansplatz 12; Zi. ab 310 €) Elegant und ansprechend, mit Blick auf den Stephansdom.

Roomz (S. 227) Das Designhotel für sparsame Stilbewusste.

Style Hotel (Karte S. 60 f.; ☎ 122 780; www.stylehotel.at; 1., Herrengasse 12; Zi. ab 250 €) Der Spitzenanwärter auf den Titel „Schickstes Wiener Hotel" mit Stilelementen des Art déco und Jugendstil.

Die Badezimmer sind die einzigen durchgängig modernen Ecken in der Pension. Der Rezeptionsbereich ist hübsch mit Pflanzen, Broschüren und Büchern dekoriert, und der Frühstücksraum ist groß genug für ein Bankett.

HOTEL DREI KRONEN Karte S. 90 f. Pension €€

☎ 587 32 89; www.hotel3kronen.at; 4., Schleifmühlgasse 25; EZ/DZ 79/100 €; 🚌 59A;

In unmittelbarer Nähe zum Naschmarkt (manche Zimmer bieten sogar Blick auf ihn) ist das familienbetriebene Drei Kronen ein echter Geheimtipp. Kleine feudale Details wie glänzender Marmor, poliertes Messing und weiß-goldene Tapeten zeugen von Wiener Eleganz; trotzdem überwiegt eine zwanglose Atmosphäre. Die Zimmer sind im Jugendstil möbliert und mit Kunst dekoriert (darunter viele Drucke von Klimt). Das Frühstücksbüfett mit kostenlosem Sekt ist gigantisch und für eine Dreisternepension ungewöhnlich luxuriös.

PENSION KRAML Karte S. 90 f. Pension €

☎ 587 85 88; www.pensionkraml.at; 6., Brauergasse 5; EZ/DZ ab 35/76 €, Apt. ab 99 €; Ⓤ U4 Pilgramgasse 🚌 13A, 57A;

Der gemütliche Familienbetrieb in einem ruhigen Viertel wird noch nach der alten Schule der Gastlichkeit geführt, in der Höflichkeit oberste Priorität hat und alles getan wird, damit die Gäste sich wohlfühlen. Die Zimmer sind verblüffend groß und mit zwei

Einzelbetten, Nachttischen und soliden Kleiderschränken möbliert. Trotzdem hat man noch genug Platz für einen Walzer. Die Möbel und die Armaturen im Bad sind zwar etwas altmodisch, aber in einwandfreiem Zustand. Internet gibt's nur in den Gemeinschaftsbereichen.

PENSION HARGITA Karte S. 90 f.   Pension €
☎ 526 19 28; www.hargita.at; 7., Andreasgasse 1; EZ/DZ ab 57/68 €; Ⓤ U3 Zieglergasse;

Am besten ignoriert man die langweilige Außenfassade – beim Betreten der holzgetäfelten Lobby fühlt man sich wie in einer Berghütte. Die familienbetriebene Pension eines ungarisch-österreichischen Ehepaars ist benannt nach der rumänischen Region Harghita in den Karpaten und gibt sich schlicht und geschmackvoll: Frische gestärkte, blau-weiße Bettwäsche und kleine Details wie hübsche Papierblumen in niedlichen, kleinen Vasen sorgen in jedem Zimmer für Gemütlichkeit. Im Frühstücksraum hängen ungarische Teller an den Wänden und erzeugen eine ländliche Atmosphäre.

WESTEND CITY HOSTEL
Karte S. 90 f.   Hostel €

☎ 597 67 29; www.westendhostel.at; 6., Fügergasse 3; B ab 20,50 €, EZ/DZ 52/62 €; Ⓤ U3, U6 Westbahnhof;

Das unabhängige Hostel wurde 2009 komplett renoviert und sieht jetzt mit den hellen Wänden, den farbigen Akzenten und den gemütlichen ikeaartigen Möbeln ganz anders aus. Alle Schlafsäle haben ein eigenes Bad und bieten Etagenbetten aus Holz, knallrote Schließfächer und viel Platz und Bewegungsfreiheit. Toll ist der efeubehangene Innenhof.

NORDWESTLICHE VORSTADT

Die nordwestliche Vorstadt mit den Bezirken Josefstadt und Alsergrund findet sich nördlich des Bezirks Neubau, ist aber mindestens ebenso relaxt und lebendig wie dieser. Im Südrand stolpert man fast an jedem Block über ein Lokal. Weiter nördlich Richtung Alsergrund werden die Straßen etwas ruhiger, aber dank der Universität bleibt das Flair jung und hip. In dem ganzen Gebiet fahren kreuz und quer Straßenbahnen, sodass man bequem und schnell ins Zentrum kommt.

HOTEL RATHAUS WEIN & DESIGN
Karte S. 100 f.   Hotel €€

☎ 400 11 22; www.hotel-rathaus-wien.at; 8., Lange Gasse 13; EZ/DZ 138/198 €; 🚋 2, 46

Das Rathaus ist eine Art Ruhmeshalle für die österreichischen Winzer. Jedes der stilvollen Zimmer dieses Boutiquehotels ist einem der hervorragenden österreichischen Weingüter gewidmet, und die Minibar ist mit Premiumweinen dieses Weinguts bestückt. Die Inneneinrichtung ist eine elegante Mischung aus dunklem Holz, mattem Gelb und persönlichen Noten wie Schnittblumen in Designervasen und mehr. In jedem Zimmer gibt es eine Regendusche, und manche bieten Blick auf den stilvoll gestalteten Innenhof. Das Hotel veranstaltet Weinverkostungen in seiner Designerbar und organisiert Ausflüge zu umliegenden Weingütern.

CORDIAL THEATERHOTEL
Karte S. 100 f.   Hotel €€

☎ 405 36 48; http://cordial-theaterhotel -wien.h-rsv.com; 8., Josefstädter Straße 22; EZ/DZ 184/196 €; 🚋 2;

Ein Hotel für Theater- und Musikfreunde: Die Wände von Fluren, Treppenhäusern und Zimmern schmücken Erinnerungsstücke aus dem Theater, und Jugendstilelemente zeugen von der Zeit, als Theater ganz groß angesagt war. Die Zimmer (alle mit Kochnische) sind mit dunklen Holzmöbeln ausgestattet und jeweils einem Komponisten (Mozart, Schubert usw.) gewidmet, komplett mit Skizzen des Meisters oder Drucken berühmter Kompositionen. Das Hotel bietet außerdem eine Sauna und ein Solarium. Internet gibt's nur in der Bar und im Café-Restaurant.

LEVANTE LAUDON Karte S. 100 f. Apartments €€
☎ 407 13 70; www.thelevante.com; 8., Laudongasse 8; Apt. ab 165/945 € pro Tag/Woche; 🚋 43, 44

In dem Apartmenthotel kann man sich für nur einen Tag oder auch für ein ganzes Jahr einmieten. Die Apartments gibt's in zwei Kategorien: Superior und Standard. Stilvolle Details wie freistehende Waschtische, Schminkspiegel, hypermoderne Kleiderständer und Flachbildfernseher machen die Superior-Apartments sehr einladend. Die Standard-Apartments sind weniger extravagant, aber genauso groß. Persönliche Noten wie frische Blumen im Zimmer, tägliche

Reinigung und kostenloses Frühstück mit Selbstbedienung verstärken die heimelige Atmosphäre noch.

PENSION WILD Karte S. 100 f. Pension €
☎ 406 51 74; www.pension-wild.com; 8., Lange Gasse 10; EZ/DZ ab 41/43 €; 46

Das Wild ist eine der wenigen offen schwulenfreundlichen Pensionen in Wien, aber auch Heteros sind herzlich willkommen. Die Luxuszimmer im obersten Stock sind einfach, aber ansprechend mit vielen Möbeln aus hellem Holz eingerichtet und haben im Gegensatz zu allen anderen Zimmern (der Kategorie Standard und Komfort) ein eigenes Bad. Alle Zimmer sind aber blitzsauber, und für Selbstversorger gibt es Küchen. „Wild" ist übrigens nur der Familienname der Betreiber!

LANDSTRASSE

Das Gebiet zwischen dem Belvedere und der Donau hat nicht viel Nachtleben zu bieten und auch nicht so viele Restaurants, ist aber wegen seiner Nähe zum Zentrum und der guten Anbindung durch Straßenbahnlinien und U-Bahn recht beliebt.

BELVEDERE APPARTEMENTS
Karte S. 110 f. Apartments €€

☎ 235 00 50; www.belv.at; 3., Fasangasse 18; Apt. ab 85 €, Rabatt bei Aufenthalten länger als 1 Woche; 0, 71;

Diese außergewöhnlichen Apartments sind in einem vollständig renovierten Altbau aus der Gründerzeit direkt gegenüber dem Belvedere (S. 108) untergebracht und modern gestaltet und möbliert. Hohe Decken und große Fenster verleihen allen Zimmern eine luftige Atmosphäre. Zur Auswahl stehen 25 m² große Einzimmerwohnungen genauso wie 60 m² große Apartments mit mehreren Schlafzimmern.

ROOMZ Karte S. 110 f. Hotel €€
☎ 743 17 77; www.roomz-vienna.at; 3., Paragonenstraße 1; EZ/DZ ab 70/82 €; U3 Gasometer;

Der einzige Nachteil des Roomz ist seine Abgeschiedenheit. Andererseits hat man den auffälligen Gasometer (S. 114) direkt um die Ecke. Hier steigen am liebsten sparsame Design-Freaks ab, die auf Minimalismus stehen. Die Zimmer sind in Weiß plus einer anderen Farbe (z. B. Lindgrün oder Fliederfarben) gehalten und wirken durch die vom Boden bis zur Decke reichenden Fenster viel größer.

ÖSTLICH DES DONAUKANALS

Das Gebiet östlich des Donaukanals mit der alternativen Szene in Leopoldstadt und dem Prater mit seinem lebendigen Nachtleben und dem berühmten Riesenrad ist für Besucher wegen der erschwinglichen Unterkünfte und der schnellen Anbindung zum Zentrum sehr attraktiv. Quasi vor der Tür liegen die Donau und der Donaukanal mit den turbulenten Uferbars, die an milden Sommerabenden viele Wiener und Besucher anziehen.

ALL YOU NEED VIENNA 2
Karte S. 118 f. Hotel €€

☎ 212 16 68; www.allyouneedhotels.at; 2., Große Schiffgasse 12; EZ/DZ ab 69/89 €; U2, U4 Schottenring 1, 31;

Das moderne mehrstöckige Haus, das von der Inneren Stadt aus nur einen kurzen Fußmarsch jenseits des Donaukanals steht, ist sehr schick, modisch und dynamisch. Die überwiegend jüngere Klientel tummelt sich im mit Kunstwerken dekorierten Empfangsbereich. Die eher kleinen Zimmer (manche mit Balkon) sind mit hellen Holzmöbeln und großen Fenstern ausgestattet. An warmen Tagen lässt es sich in dem großen Garten hervorragend frühstücken, während man Pläne fürs Sightseeing schmiedet.

GAL APARTMENTS
Karte S. 118 f. Apartments €€

☎ 561 19 42; www.apartmentsvienna.net; 2., Große Mohrengasse 29; Apt. ab 80 €; U2 Taborstraße, U1 Nestroyplatz;

Wer fern der Heimat eine heimelige Unterkunft sucht, kann sich in eine dieser modernen Ferienwohnungen mitten im angesagten Bezirk Leopoldstadt einmieten. Die Apartments in dem renovierten Biedermeiergebäude sind 30 bis 60 m² groß und geschmackvoll mit modernen Möbeln und an den Jugendstil erinnernden Bildern ausgestattet. Das Haus liegt in zu Fuß gut zu bewältigender Entfernung zum Karmelitermarkt, zum Riesenrad im Prater und zum Augarten, und mit der U-Bahn kommt man in weniger als zehn Minuten ins Stadtzentrum.

SÜDWESTEN & GÜRTEL

In den Wohnvierteln weitab vom Zentrum ist man zwar nicht gerade mitten im Geschehen, aber ganz unter Wienern – sei es im eher wohlhabenden 13. Bezirk Hietzing, in den Arbeitervierteln des 14. Bezirks Penzing und des 15. Bezirks Rudolfsheim-Fünfhaus oder im türkisch und südosteuropäisch geprägten 16. Bezirk Ottakring. Außerdem hat man es von hier aus nicht weit zu einigen der schönsten Attraktionen Wiens, etwa dem Schloss Schönbrunn oder dem außergewöhnlich bunten Brunnenmarkt in Ottakring, wo es viele preisgünstige Kebabstände gibt.

BOUTIQUEHOTEL STADTHALLE
Karte S. 126 f.   Hotel €€

☎ 982 42 72; www.hotelstadthalle.at; 15., Hackengasse 20; EZ/DZ ab 68/98 €; Ⓤ U6 Burggasse Stadthalle Ⓣ 6, 9, 18, 49

Das umweltfreundlichste Hotel in Wien: Sonnenkollektoren sorgen für warmes Wasser, und das Wasser für die Toilettenspülung sowie die Bewässerung des Hotelgartens und des Lavendeldachs (des größten Lavendelgartens in Wien) kommt aus dem Regenwasserspeicher. Der neue Flügel hat keine traditionelle Heizung oder Klimaanlage, sondern wird durch Betonkernaktivierung mittels spezieller Kunststoffrohre in den Wänden gekühlt und beheizt, durch die Wasser zirkuliert. Und zur Beleuchtung werden nur LED-Lampen benutzt. Außerdem wird belohnt, wer schon bei der Anreise ein grünes Gewissen zeigt: Es gibt 10 % Preisnachlass, wenn man mit dem Fahrrad oder der Bahn ankommt. Die Zimmer sind bunt gestrichen von fliederfarben und violett bis malven- und pfirsichfarben (jede Etage hat ihre eigene Farbtonpalette) und mit einem Mix aus modernen Möbeln und Antiquitäten eingerichtet. Die Betreiber führen auch noch eine preisgünstige Pension (EZ/DZ ab 39/49 €) an derselben Straße (Hackengasse 33; Rezeption im Haupthotel).

ALTWIENERHOF Karte S. 126 f.   Hotel €€

☎ 892 60 00; www.altwienerhof.at; 15., Herklotzgasse 6; EZ/DZ 79/99 €; Ⓤ U6 Gumpendorfer Straße Ⓣ 6, 18

Der Altwienerhof ist ein auf Nobelhotel getrimmter Familienbetrieb außerhalb des Gürtels und hat furchtbar romantische Zimmer, die einen in die gute alte Zeit des Orientexpress zurückversetzen. Mini-Kronleuchter, Antiquitäten, Bettüberwürfe und Sofas mit Blümchenmuster und Spitzendeckchen tragen zur altmodisch-romantischen Atmosphäre bei. Das Frühstück wird je nach Wetterlage im Wintergarten oder im großen Innenhof serviert.

WOMBAT'S Karte S. 126 f.   Hostel €

☎ 897 36 23; www.wombats.at; 5., Mariahilfer Straße 137; B/Zi. 20/56 €; Ⓤ U3, U6 Westbahnhof; 🖥 📶

Das Wombat's bringt australische Hostelatmosphäre in die Kulturmetropole Wien und ist bei cleveren Backpackern die erste Wahl. Die Innenräume erstrahlen in allen Regenbogenfarben. Neben den Gemeinschaftsbereichen mit einer Bar, Billardtischen, Musik und gemütlichen Ledersofas sorgen erfahrene, relaxte Angestellte und ein Fahrradverleih dafür, dass sich Gäste hier wohlfühlen können. Alle Schlafsäle haben ein Bad und sind geschmackvoll mit modernen Möbeln eingerichtet. Falls dieses Hostel ausgebucht sein sollte, gibt's noch ein zweites Wombat's (☎ 897 23 36; 15., Grangasse 6; B/Zi. 20/56 €; Ⓣ 52, 58 Ⓐ 12A; 🖥 📶). Ende 2011 soll auch noch ein drittes am Naschmarkt eröffnet werden – aktuelle Infos stehen auf der Website.

DO STEP INN Karte S. 126 f.   Hostel, Hotel €

☎ 982 33 14; www.dostepinn.at; 15., Felberstraße 22/6; Hostel EZ/DZ ab 15/44 €, Hotel EZ/DZ ab 45/52 €; Ⓤ U3, U6 Westbahnhof

Das kleine, saubere Haus ist Hostel und Hotel in einem und bietet ein paar der billigsten Zimmer der Stadt. Die Hostelzimmer, von denen keines mehr als vier Betten enthält, teilen sich das Bad am Ende des

---

top picks
KLASSISCHE WIENER PENSIONEN

Folgende Pensionen bieten traditionelle Wiener Gastlichkeit in Komfort und Stil:

- Pension am Operneck (S. 224)
- Pension Carantania (S. 225)
- Pension Kraml (S. 225)
- Pension Nossek (S. 223)
- Pension Riedl (S. 224)

Flurs. Die Zimmer sind in der Regel hell, bunt und einfach, und Gäste können auch die Küchen benutzen – kurz: eine tolle Unterkunft für Budgettraveller. Wer nur eine Nacht bleibt, zahlt 10% mehr.

GROSSRAUM WIEN

Die Wiener Außenbezirke mit ihren vielen Weinstuben sind von einer ländlichen Atmosphäre geprägt und trotzdem gut ans Zentrum angebunden. Bei all den Hügeln rundherum fühlt man sich fern der Heimat wie zu Hause und braucht für gute Wanderungen nur vor die Tür zu treten.

HOTEL SCHLOSS WILHELMINENBERG Karte S. 60 f. Hotel €€€

☎ 485 85 03-0; www.austria-trend.at/wiw; 16., Savoyenstraße 2; Zi. ab 250/260 €; 46B, 146B
Schloss Wilhelminenberg ist ein echtes Schloss, und zwar mit ungetrübtem Blick auf ganz Wien und einer Atmosphäre wie in einem Resort. Die Empfangshalle und das Café sorgen mit hohen Decken, Kronleuchtern und kunstvollen Intarsien an Wänden und Decken für ein wahrhaft fürstliches Ambiente. Durch die moderne Gestaltung der Zimmer wird der Neo-Empire-Stil des Gebäudes noch unterstrichen. Die Standardzimmer im obersten Stock sind zwar klein, haben aber eine hervorragende Aussicht, und die teureren Maisonettezimmer besitzen außerordentlich hohe Decken und Hochbetten, die ausgleichen, dass die Zimmer ungewöhnlich schmal sind.

ÜBERNACHTEN IM LANDHAUS

Nur einen kurzen Ausflug von der Wiener Innenstadt bergauf liegt zwischen mehreren Heurigen (Weinstuben) das Landhaus Fuhrgassl-Huber (Karte S. 53 f.; ☎ 440 30 33; www.fuhrgassl-huber.at; 19., Rathstraße 24; EZ/DZ ab 77/115 €; 35A), das mit seinen dicken, weißen Mauern, vielen Blumenkästen an den Fenstern und dem wild rankenden Wein eher in die Tiroler Berge passen würde. Drinnen erwarten einen holzgetäfelte Decken, volkstümliche Kunst, dekorative Teppiche, gefliese Böden und Angestellte in Trachten. Überall gibt es Blümchenmuster, und das riesige Frühstücksbuffet, das an warmen Tagen im abgeschirmten Garten aufgebaut wird, vermittelt den Eindruck, weit weg von der Stadt zu sein – dabei ist das Stadtzentrum gerade mal eine halbstündige Busfahrt entfernt.

SCHLOSSHERBERGE AM WILHELMINENBERG Karte S. 60 f. Hostel €

☎ 481 03 00; www.hostel.at; 16., Savoyenstraße 2; B ab 22,50 €, EZ/DZ ab 50/31 €; 46B, 146B;
Die HI-Herberge auf dem Gelände von Schloss Wilhelminenberg ist zwar recht weit vom Zentrum entfernt, macht das aber durch die prächtige Aussicht auf die Stadt und die Nähe zum Wienerwald wieder wett. Wie in den meisten Wiener Herbergen sind die Zimmer farbig und modern gestaltet und haben stabile Etagenbetten, ein eigenes Bad und Schließfächer. Zur Anlage gehören auch Minigolfplatz, Tischtennisplatten, eine Playstation und große Wiesen.

AUSFLÜGE

AUSFLÜGE

Wien ist ein perfekter Ausgangspunkt für viele schöne Tagesausflüge und Kurztrips. Das nordwestlich von Wien gelegene Donautal (unten) kann man an einem Tag erkunden – aber auch wer sich mehrere Tage Zeit nimmt, wird sich nicht langweilen. Die Region ist für Wanderer und Radfahrer ein wahres Paradies. Der wohl spektakulärste Abschnitt der Donau in Österreich ist die Wachau, die 30 km lange Engtalstrecke zwischen Krems an der Donau und Melk.

Südlich bzw. südöstlich von Wien liegt das von Reben geprägte Burgenland. Der wohl hübscheste Ort in der Region ist das am Neusiedler See gelegene Rust (S. 238), das für Weinfreunde einige besonders feine Tropfen bereithält.

Nur einen Steinwurf von Wien entfernt kann man schließlich das „neue Europa" in Augenschein nehmen. Wer sich für mittelalterliche Städte begeistert, sollte unbedingt einen Ausflug nach Znojmo (S. 239) in der Tschechischen Republik unternehmen, dessen Altstadt zu den schönsten in Mitteleuropa gehört. Man kann ausgiebig herumschlendern, ein paar leckere Weine probieren oder den Nationalpark Podyjí zu Fuß oder per Rad erkunden. Und nur einer Stunde in östlicher Richtung von der österreichischen Hauptstadt entfernt liegt Bratislava (S. 240), die bezaubernde Kapitale der Slowakei.

DAS DONAUTAL

Die Wachau, der Abschnitt des Donautals zwischen Krems und Melk, ist die wohl schönste Flusslandschaft an der Donau. Folgerichtig hat sie die Unesco zum Weltkulturerbe erklärt. Der zweitlängste Strom Europas fließt an hoch aufragenden Bergen vorbei, deren Hänge mit Weinbergen bedeckt und deren Gipfel mit Burgen gekrönt sind.

Die Fülle der Highlights ist enorm, zumal der Weinbau und die Küche der Region mindestens genauso attraktiv sind wie die kulturellen Angebote und die architektonischen Kunstwerke von Krems, Dürnstein und Melk. Ein paar der besten Weine des Landes stammen aus der Wachau. Und die saisonalen Gerichte mit den frischesten Zutaten ziehen Feinschmecker aus ganz Österreich an.

Am besten beginnt man die Rundreise in Krems, wo man gegebenenfalls ein Fahrrad für die Fahrt auf dem Radweg am Fluss leihen oder einen anderen fahrbaren Untersatz organisieren kann; weitere Infos im Kasten unten und auf S. 235.

KREMS

Das mehr als 1000 Jahre alte Krems (24 000 Ew.) ist eine der größeren Städte in der Wachau. Dank der ausgezeichneten Restaurants eignet es sich als perfekter Startpunkt für die Erkundung der Küche, Weine und historischen Sehenswürdigkeiten der Wachau. Inmitten von Weinbergen liegt es am Nordufer der Donau. Seit jeher ist die Stadt ein bedeutendes Zentrum des Weinhandels. Heute gibt es in der Stadt auch eine kleine Universität.

ANFAHRT: DAS DONAUTAL

Entfernung von Wien nach Krems 64 km, nach Dürnstein 73 km, nach Melk 83 km

Fahrtzeit ca. 1 Std.

Fahrrad An beiden Ufern der Donau führt ein Radweg von Wien über Krems, Dürnstein, Weißenkirchen und Spitz (alle am Nordufer) nach Melk

Schiff Von Mitte Mai bis Mitte September legt sonntagmorgens ein Schiff von Wien ab

Auto Nach Krems und Dürnstein nimmt man die A22 nach Norden Richtung Stockerau und dann die S5 Richtung Westen nach Krems. Von Krems führt die Bundesstraße 3 weiter nach Westen durch Dürnstein, Weißenkirchen und Spitz. Melk erreicht man am besten über die A1, die Wien mit Salzburg verbindet. Detaillierte Infos gibt's in den Kästen auf S. 235 und auf S. 236.

Zug Zwischen dem Franz-Josefs-Bahnhof in Wien und Krems verkehren häufig Züge (einfache Strecke 13,90 €, 1 Std.; 2–5 Pers. mit Einfach-Raus-Ticket & Regionalzug hin & zurück 28 €)

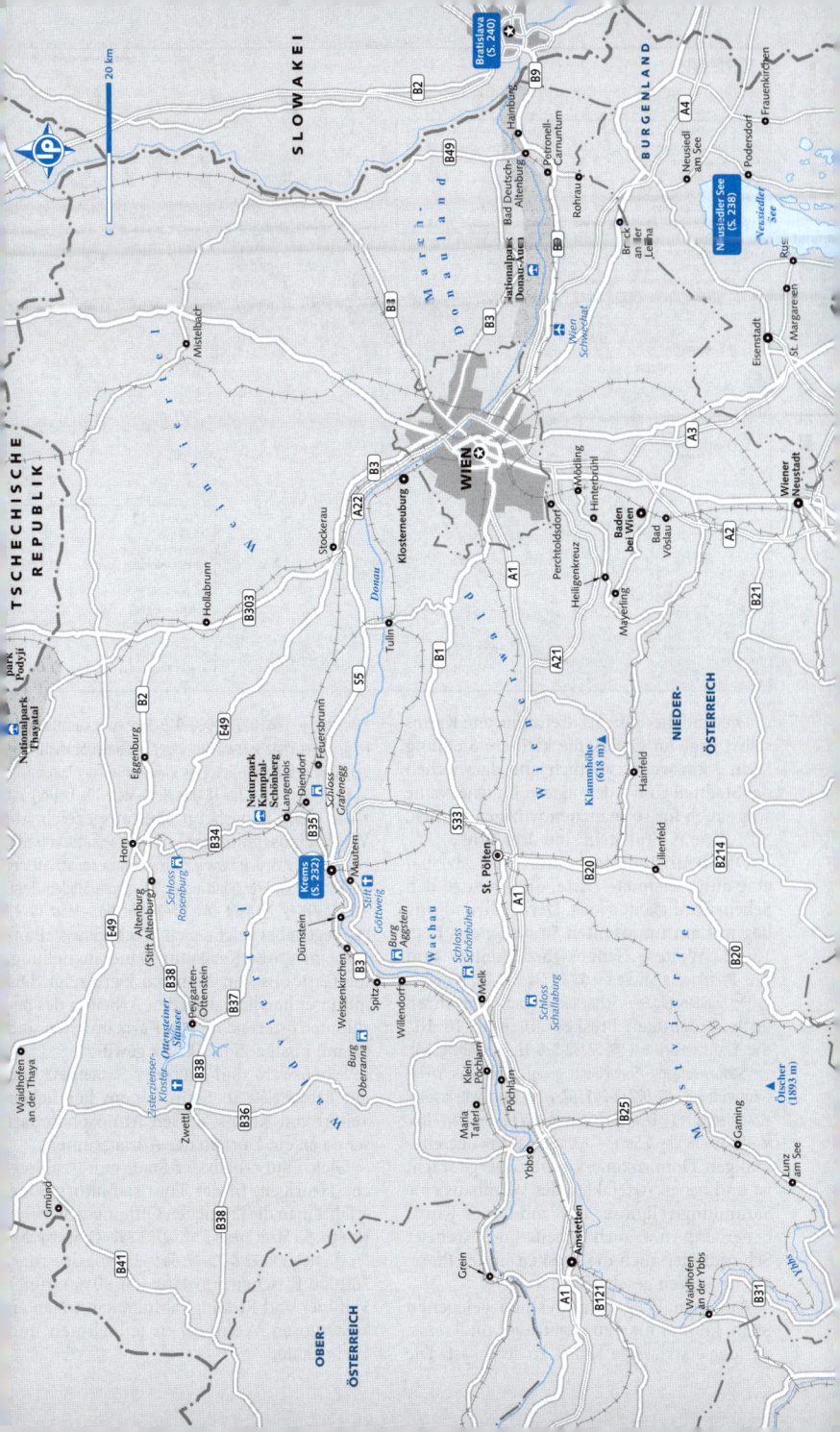

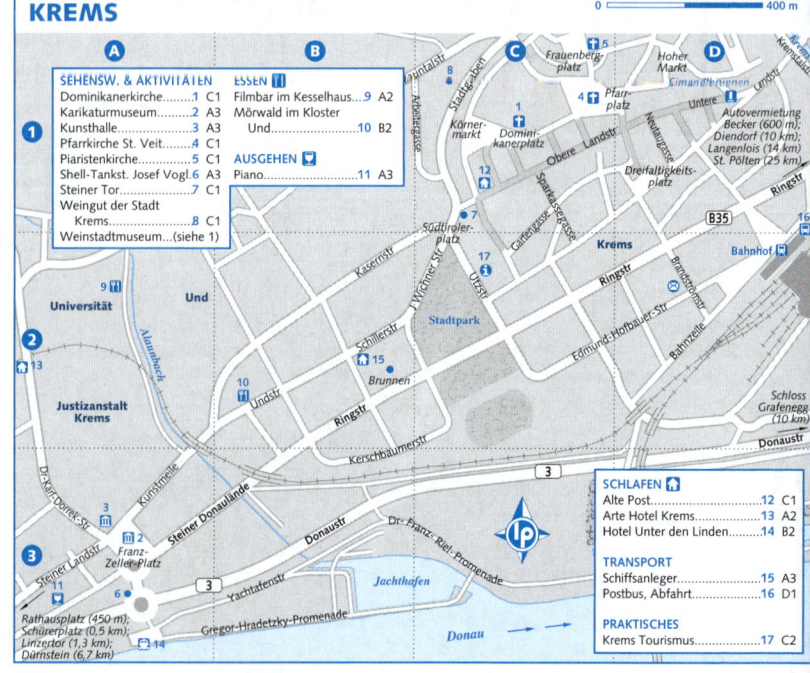

Die Stadt besteht aus drei Teilorten: Krems selbst liegt im Osten, die kleinere Siedlung Stein 2 km weiter westlich und dazwischen der Stadtteil Und – der ungewöhnliche Name sorgt auch für so manchen witzigen Spruch, z. B. „Krems Und Stein sind drei Orte".

Die Touristeninformation (s. S. 235) hat eine ausgezeichnete Karte, die einen zu den Sehenswürdigkeiten lotst. Der Stadtrundgang beginnt am imposanten Steiner Tor aus dem 15. Jh. Weitere Sehenswürdigkeiten sind die Pfarrkirche St. Veit (☎ 02732-832 85; Pfarrplatz 5; ☼ Sonnenaufgang–Sonnenuntergang) mit ihren farbenprächtigen Fresken aus dem 18. Jh., die Piaristenkirche (☎ 02732-820 92; Frauenbergplatz; ☼ Sonnenaufgang–Sonnenuntergang) und das Weinstadtmuseum (☎ 02732-801 567; www.weinstadtmuseum.at; Körnermarkt 14; Erw./Kind/Student 4/2/3 €; ☼ März–Nov. Mi–Sa 10–18 Uhr & So 13–18 Uhr), das in der ehemaligen Dominikanerkirche untergebracht ist und neben Artefakten des Weinbaus eine Sammlung religiöser und moderner Kunst beherbergt (u. a. auch Arbeiten des Kremser Schmidt, der auch die Fresken in der Pfarrkirche St. Veit geschaffen hat).

Auf dem Weg zum westlich gelegenen Stein, kommt man zur Kunstmeile von Krems, auf der erstklassige Kunst zu sehen ist. Die Kunsthalle (☎ 02732-908 010-19; www.kunsthalle.at; Franz-Zeller-Platz 3; Erw./Kind unter 19 Jahren/Student/Fam. 9/3,50/8/18 €, Kombi-Ticket für 3 Museen auf der Kunstmeile 11 €; ☼ April–Okt. 10–18 Uhr, Nov.–März 10–17 Uhr) ist zwar klein, beherbergt aber ausgezeichnete Wechselausstellungen. Das Karikaturmuseum (☎ 02732-908 020; www.karikaturmuseum.at; Steiner Landstraße 3a; Erw./Kind unter 19 Jahren/Student/Fam. 9/3,50/8/18 €; ☼ April–Okt. 10–18 Uhr, Nov.–März 10–17 Uhr) gegenüber zeigt neben Wechselausstellungen eine große Karikatur-Dauerausstellung, die Cartoons von Manfred Deix zeigt. Die mitunter herrlich absurden Arbeiten des berühmten österreichischen Karikaturisten sind oft mit bissiger Sozialkritik gewürzt.

Sehenswert sind auch der Schürerplatz und der Rathausplatz in Stein, einem herrlichen Teilort von Krems, dessen Atmosphäre fast schon an ein Dorf an der Adria erinnert.

Gleich außerhalb der Stadt gibt's zahlreiche Heurigen. In der Touristeninformation erfährt man die jeweiligen Öffnungszeiten. Im Weingut der Stadt Krems (☎ 02732-801 441; Stadtgraben 11; ☼ Mo–Fr 9–12 & 13–17, Sa 9–13 Uhr), das rund 200 000 Flaschen pro Jahr (zu 90 % Grüner Veltliner und Riesling) abfüllt, kann man an kostenlosen Weinproben teilnehmen und Wein kaufen.

Praktische Informationen

Krems Tourismus (☎ 02732-826 76; www.krems.info; Utzstraße 1; ⓥ Mai–Okt. Mo–Fr 9–18, Sa 11–17, So 11–16 Uhr, Nov.–April Mo–Fr 9–17 Uhr) Hilfreiche Auskunft mit haufenweise Infos zur Wachau und dem Waldviertel.

Essen & Ausgehen

Filmbar im Kesselhaus (☎ 02732-893 35 99; www.filmbar.at; Dr.-Karl-Dorreck-Straße 30; Hauptgerichte 5–10 €; ⓥ Mo & Di 10–14.30, Mi–So 10–24 Uhr) Die schicke Restaurant-Bar ist der Studententreff auf dem Unicampus. Darüber hinaus werden hier auch künstlerisch anspruchsvolle Filme gezeigt. Das Mittagessen mit zwei/drei Gängen kostet 6,90/7,90 €.

Mörwald im Kloster Und (☎ 02732-704 930; Undstraße 6; Hauptgerichte 20–33 €, 5-Gänge-Menü 85 €, 3-Gänge-Mittagessen 25 €; ⓥ Di–Sa 11–23 Uhr) Toni Mörwald betreibt eine Reihe von Restaurants außerhalb von Wien – dieses ist das am zentralsten gelegene und eines der besten in der Wachau. Es bietet exquisite, französisch angehauchte Leckerbissen von Taubenbrust bis Rindfleisch, Geflügel und Fisch. Ein hübscher Hof und eine eindrucksvolle Weinkarte runden das Ganze ab.

Piano (☎ 02732-858 09; Steiner Landstraße 21; ⓥ Mo–Do 17–2, Fr & Sa 17–3, So 17–24 Uhr) Eine Mischung aus Studenten, jungen Angestellten und angeheiterten Jazz-Typen treffen sich in dieser lebendigen, ausgefallenen Kneipe und stärken sich mit tollen Würstchen und einer großen Auswahl an Bieren. An derselben Straße liegen noch ein paar andere ordentliche Bars und Restaurants.

Schlafen

Alte Post (☎ 02732-822 76; www.altepost-krems.at; Obere Landstraße 32; EZ 30–59 €, DZ 58–79 €) Das Hotel ist in einem historischen, 500 Jahre alten Gebäude untergebracht und hat einen bezaubernden Hof und 23 gemütliche Zimmer.

MIT SCHIFF, ZUG & FAHRRAD DURCHS DONAUTAL

Sehr relaxt lässt sich das Donautal per Schiff erkunden. Eine Schifffahrt auf der Donau mit einem Glas Riesling in der einen und der Kamera in der anderen Hand ist sicher ein Highlight einer Wienreise und lässt sich problemlos in Wien organisieren. Die **DDSG Blue Danube** (Karte S. 60 f.; ☎ 01-588 800; www.ddsg-blue-danube.at; 2., Handelskai 265; ⓥ Mo–Fr 9–18 Uhr, Kartenschalter tgl. 10–17 Uhr; Ⓤ U1 Vorgartenstraße) fährt sonntags (einfache Strecke/hin & zurück 23/29,50 €, 6 Std. flussaufwärts, 4¼ Std. flussabwärts, 8.30 Uhr ab Wien, 16.40 Uhr ab Dürnstein) von Wien nach Dürnstein mit Zwischenstopp in Krems um 14 Uhr und Rückkehr ab Krems um 17 Uhr. Das Schiff legt nahe dem DDSG-Büro am Kai 5 (Handelskai 265) neben der Reichsbrücke ab. Tickets bekommt man auch im Verkaufsbüro von Twin City Liner am Schwedenplatz in Wien (s. S. 246).

Eine Reihe von Unternehmen, darunter auch DDSG Blue Danube, betreibt Boote von Krems nach Melk mit Zwischenstopp in Dürnstein und Spitz (April–Okt.). Die DDSG-Schiffe legen das ganze Jahr über um 10.15 Uhr in Krems ab, von Ende April bis September fahren auch um 13 und 15.45 Uhr zusätzliche Schiffe. Zurück geht's um 13.50 Uhr und von Ende April bis September zusätzlich um 11 und 16.15 Uhr (einfache Strecke/hin & zurück 20/25 €, 3 Std. flussaufwärts, 1¾ Std. flussabwärts). Fahrräder können kostenlos mit an Bord genommen werden.

Am einfachsten gelangt man mit dem Zug ins Donautal: Vom Wiener Franz-Josefs-Bahnhof fahren Regionalzüge direkt nach Krems (s. S. 232). Wer vom Franz-Josefs-Bahnhof nach Dürnstein (Bahnhof Dürnstein-Oberloiben; 15,70 €, 1¼ Std.) will, muss in Krems umsteigen. Die Direktzüge vom Wiener Westbahnhof nach Melk (15,70 €, 1¼ Std.) fahren über St. Pölten und nicht durchs Donautal. Von Krems nach Melk (3,60 €, 1 Std.) gibt's eine gute Bahnverbindung bis Spitz, wo man in den Bus umsteigt – am besten frühmorgens in Krems losfahren.

Eine weitere Option zur Erkundung des Donautals ist die Kombination von Bahn und Schiff: Die DDSG Blue Danube (S. 248) und die Österreichische Bundesbahn (ÖBB; S. 246) bieten ein Kombiticket Bahn-Schiff-Bahn (Erw./Kind 6–14 Jahre 46,60/23,30 €) für die Zugverbindung nach Krems und von Melk und die Schiffsfahrt zwischen den beiden Orten. Tickets bekommt man an jedem Bahnhof oder im Büro von DDSG Blue Danube.

Das Tal eignet sich auch perfekt für Fahrradtouren. Viele Hotels und Pensionen sind für Radfahrer ausgestattet – in den meisten Ortschaften gibt's mindestens einen Fahrradverleih. Am besten besorgt man sich die Karte *Donauradweg – Von Passau bis Bratislava*, in der Entfernungen, Hotels und Informationsbüros an der Strecke detailliert aufgeführt werden. Radkarten wie auch eine Liste mit Fahrradverleihern erhält man in den Touristeninformationen in der Wachau und in Tulln. Den 38 km langen Abschnitt zwischen Krems und Melk kann man an einem Tag (einfache Strecke) bewältigen; unterwegs gibt's viele potenzielle Zwischenstopps. Die Fahrradmitnahme (Tageskarte 5 €) ist in Zügen gestattet, in Bussen nicht. Ein praktisch gelegener Fahrradverleih in Krems ist die **Shell-Tankstelle Josef Vogl** (☎ 02732-844 24; Steiner Donaulände 17; Fahrrad 24 €/Tag). Die **Autovermietung Becker** (☎ 02732-824 33; www.rent.becker.at; Wachauer Straße 30) in Krems vermietet Autos ab 59 € pro Tag. Weitere Infos zu Verkehrsmitteln & -wegen gibt's auf S. 248.

ABSTECHER: KAMPTAL & WALDVIERTEL

Die Region unmittelbar nordöstlich von Krems rund um Langenlois im Kamptal ist ein großes Weinbaugebiet. Der vulkanische Boden verleiht den hiesigen Weißburgunder, Chardonnay, Grünen Veltliner, Riesling und Rotwein einen unverkennbaren Charakter. Man kann mit dem Zug ab Krems oder dem Bahnhof Hadersdorf zum Schloss Rosenburg (5,40 €, 40 Min.) fahren oder mit dem Fahrrad über den Kamptalradweg (107 km) radeln. Entlang der Strecke gibt's viele traditionelle Heurigen, eine Burg, erstklassige Restaurants, Wellnessoasen und Bars.

Von Krems geht es über die Weinstraße Kremstal (B35) Richtung Nordosten. Ungefähr 2 km hinter Gedersdorf – kurz vor dem Bahnhof Hadersdorf – fährt man von der Straße hinunter, unter den Bahngleisen durch und biegt dann gleich links nach Diendorf ab. Dort findet man die Hofkäserei Robert Paget (☎ 0650-731 08 43; www.mozzaundjazz.at; Kirchenweg 2, Diendorf am Kamp; Fr & Sa 10–18 Uhr), wo Robert Paget den vielleicht besten Büffelmozzarella Österreichs und Ziegenkäse herstellt. Im Feinkostladen kann man all die Leckerbissen kaufen und draußen genüsslich verzehren, während im Hintergrund die Büffel brüllen.

Vom Bahnhof Hadersdorf kann man die 2 km lange Strecke nach Diendorf einfach laufen oder mit dem Rad fahren. Ein guter Tipp von Robert Paget: Über den Diendorfer Weg noch 1,5 km weiter bis zum Hadersdorfer Hauptplatz laufen oder radeln – hier finden sich prächtige Renaissance- und Barockgebäude und auch ein paar Heurige.

Ca. 6 km südlich von Diendorf befindet sich Schloss Grafenegg (☎ 02735-220 522; www.grafenegg.com; Haitzendorf; Erw./erm. & Kind/Fam. 5/3/7,50 €; Mitte April–Mitte Okt. Di–So 10–17 Uhr), das in Aussehen und Atmosphäre wie eine schmucke Tudor-Villa inmitten eines englischen Walds daherkommt. Der gepflegte Schlosspark bietet sich geradezu für ein Picknick an. Wer richtig gut essen will, sollte im Restaurant & Hotel Schloss Grafenegg (☎ 02735-2616-0; www.moerwald.at; Grafenegg 12; 3-/4-Gänge-Menü 29/37 €; Ostern–Dez. Mi–So 10–22 Uhr; V) einkehren, das auch Zimmer vermietet (EZ/DZ ab 88,50/118 €).

Für eine Übernachtung ist das rund ums Thema Wein gestaltete Loisium Hotel (☎ 02734-771 00-0; www.loisiumhotel.at; Loisium Allee 2, Langenlois; Hauptgerichte 15–30 €, 4-Gänge-Menü 47 €; mittags & abends) mit Einzelzimmer ab 134 € und Doppelzimmer ab 188 € wie geschaffen. Highlights sind die Massagen und Weinbehandlungen (bei manchen werden Sekt oder Traubenkernöl eingesetzt), der große Wellnessbereich und der 20 m lange beheizte Außenpool, der ganzjährig geöffnet ist. Neben dem Hotel steht die Loisium Weinwelt (☎ 02734-322 40-0; Loisium Allee 1; 90-minütige Audiotour Erw./Kind/erm. 11,50/6,30/9,20 €; 10–19 Uhr), ein vom New Yorker Architekten Steven Holl entworfener Aluminium-Würfel. Alle halbe Stunde gibt es mehrsprachige Audiotouren, die einen durch ein 1,5 km langes Labyrinth aus alten Tunneln lotsen. Einen Pullover mitbringen – es ist ziemlich kühl!

Von Langenlois führt die B34 weiter nach Norden durch den malerischen Naturpark Kamptal-Schönberg zum 50 km nördlich von Krems gelegenen Renaissanceschloss Rosenburg (☎ 02982-2911; www.rosenburg.at; Rosenburg am Kamp; Führung & Falknerei Erw./erm. & Kind/Fam. 10/8,50/24 €, zzgl. 3 € für die Flugvorführung „Falknerei zu Pferd in Begleitung von Hof- und Jagdmusik"; März, April & Okt. Di–So 9.30–16.30 Uhr, Mai–Sept. 9.30–17 Uhr). Die Greifvogel-Flugvorführungen finden um 11 und 15 Uhr statt.

Vom Schloss geht's auf der L53 und der B38 5 km weiter bis zum Benediktinerstift Altenburg (☎ 02982-3451; www.stift-altenburg.at; Stift 1; Erw./Kind/erm./Fam. 9/4,50/7/18 €, Audioguide 2 €; April–Okt. 10–17 Uhr), dessen Geschichte bis ins Jahr 1144 zurückreicht. Highlights der Anlage sind die Stiftsbibliothek (mit Deckenfresken von Paul Troger) und die Krypta (mit Fresken von Trogers Schülern).

Fährt man auf der B38 weiter, kommt man an Peygarten-Ottenstein am Ottensteiner Stausee vorbei, einem von mehreren Stauseen im Waldviertel. Der Abstecher endet bei Zwettl am barocken Zisterzienserstift (☎ 02822-202 02 17; www.stiftzwettl.at; Stift Zwettl 1; Eintritt & Audioguide Erw./Kind/erm./Fam. 9/4/8/18 €; Ostern–Okt. 10–16 Uhr). Über die B36 Richtung Süden kommt man nach 25 km wieder zurück zum Donautal.

Tipps und Hinweise zur Reiseplanung erhält man in der zentralen Touristeninformation (☎ 02822-541 09-0; www.waldviertel.at; Sparkassenplatz 4, Zwettl; Mo–Fr 8–16 Uhr) des Waldviertels.

Hotel Unter den Linden (☎ 02732-821 15; www.udl.at; Schillerstraße 5; EZ 50 €, DZ 74–98 €;) Das große, gelbe, familienbetriebene Hotel liegt direkt in Krems und hat fachkundige, hilfsbereite Inhaber und helle, komfortable Zimmer. Im Voraus buchen, weil hier Reisegruppen absteigen und das Hotel das wohl beste Preis-Leistungs-Verhältnis im Ort hat.

Arte Hotel Krems (☎ 02732-711 23; www.arte-hotel.at; Dr.-Karl-Dorrek-Straße 23; EZ 89–105 €, DZ 128–162 €;) Das komfortable neue Hotel in der Nähe der Uni hat große, sehr geschmackvolle Zimmer in buntem Design, in denen das Licht- und Farbspiel sehr gut ausgenutzt wird. Die Badezimmer (aber nicht die WCs) sind offen gestaltet. Die Zimmer haben eine LAN-Internetverbindung (Kabel mitbringen!), in der Lobby gibt's auch WLAN. Im gesamten Hotel ist Rauchen nicht gestattet. Im selben Gebäude gibt's ein separat betriebenes Wellness-Studio, in dem Gebäudekomplex ein ordentliches Grillrestaurant (Hauptgerichte 7,50–29 €).

VON KREMS NACH MELK

Am Nordufer der Donau zwischen Krems und der Brücke nach Melk liegt Dürnstein. Es erlangte bereits im 12. Jh. Berühmtheit als der Ort, in dem Richard Löwenherz gefangen gehalten wurde. Hoch über Dürnstein erheben sich mit herrlichem Blick auf einen Knick der Donau die Ruinen der Kuenringerburg, in der der englische König 1192/93 eingekerkert war. Er hatte u. a. den Herzog von Österreich, Leopold V., brüskiert – dummerweise wurde er bei seiner Rückreise vom 3. Kreuzzug durch österreichisches Gebiet trotz Verkleidung erkannt und verhaftet. Erst nach der Zahlung eines enormen Lösegelds kam Löwenherz frei. Mit dem Geld wurde der Bau von Wiener Neustadt finanziert. Die Wanderung vom Dorf hinauf zu den Ruinen dauert 15 bis 20 Minuten.

Wanderlustige können von hier über den (grün markierten) Schlossbergweg zur Fesselhütte (02732-41277; www.fesslhuette.at; Dürnsteiner Waldhütten 23; Gulaschsuppe 2,30 €; Ostern–Okt. Mi–So 9.30–18 Uhr) marschieren, die zu Fuß ungefähr eine Stunde von der Burg entfernt ist. In der Waldhütte gibt's Würstchen, Suppen und Wein. Von hier führt eine Straße nach Weißenkirchen hinunter.

Wahrzeichen von Dürnstein ist der blaue Turm des Chorherrenstifts (02711-375; Stiftshof; Erw./Kind/Student 2,60/1,50/2 €; April–Okt. 9–18 Uhr). Im barocken Inneren bilden weißer Stuck und dunkles Holz einen schönen Kontrast. Vom Altan hat man einen großartigen Blick auf die Donau.

Westlich von Dürnstein sind die steilen Berghänge am Ufer der Donau mit dichten Weinreben bedeckt. Hier wachsen mit dem Riesling und Grünen Veltliner zwei der besten österreichischen Rebsorten, die auch in den urigen Heurigen ausgeschenkt werden. Von Dürnstein 6 km entfernt liegt Weißenkirchen. Mittelpunkt des Ortes ist die auf einem Hügel gelegene Wehrkirche (02715-2203; Weißenkirchen 3; Eintritt frei; Ostern–Okt. 8–19 Uhr, Nov.–Ostern Sa & So 8–17 Uhr), zu deren Eingangstoren ein Gewirr von überdachten Gassen hinaufführt. Die im 15. Jh. erbaute gotische Pfarrkirche hat einen beeindruckenden Barockaltar. Direkt unterhalb der Kirche befindet sich das kleine Wahaumuseum (02715-2268; Weißenkirchen 32; Erw./Kind/erm. 5/2,50/3,50 €; April–Okt. Di–So 10–17 Uhr), das Werke von Künstlern der Donauschule zeigt.

Weitere 5 km westlich liegt das von Weinbergen umgebene Dorf Spitz mit seinen ruhigen, kopfsteingepflasterten Gassen und der gotischen Pfarrkirche (02713-2231; Kirchenplatz 12; 8–18 Uhr). Wer von den Kirchen an der Donau genug gesehen hat, kann sich in der Touristeninformation (s. unten) eine Wanderkarte besorgen und hinauf zur Burgruine Hinterhaus marschieren, um die tolle Aussicht von dem Felsvorsprung zu genießen. Weitere Wanderwege warten im Naturpark Jauerling hinter der Burgruine.

35 km von Krems entfernt liegt im Schutz einer imposanten Klosteranlage Melk in einem der beliebtesten Ausflugsziele an der Donau: Das Stift Melk (02752-5550; www.stiftmelk.at; Abt-Berthold-Dietmayr-Straße 1; Erw./Student & Kind/Fam. 7,70/4,50/15,40 €, mit Führung 9,50/6,30/19 €; Mai–Sept. 9–17.30 Uhr, Mitte März–April & Okt.–Nov. 9–16.30 Uhr) diente einst als Residenz der Babenberger, bis Benediktinermönche es 1089 in ein Kloster verwandelten. Heute werden die eleganten Räume durch eine Mineraliensammlung im Stiftsmuseum ergänzt.

5 km südlich von Melk liegt Schloss Schallaburg (02754-6317; www.schallaburg.at; Anzendorf; Erw./Kind/erm./Fam. 9/3,50/8/18 €, Kombiticket mit Stift Melk 15 €; Mo–Fr 9–17, Sa 9–18 Uhr), ein Renaissanceschloss aus dem 16. Jh. mit einem prachtvollen Arkadengang, der kunstvoll mit Terrakotta-Arbeiten verziert ist. Neben repräsentativen Wechselausstellungen gibt es auch eine Dauerausstellung zu historischem Spielzeug zu sehen.

Praktische Informationen

Infobüro des Fremdenverkehrsvereins Dürnstein (02711-200; www.duernstein.at; Dürnstein Bahnhof; April–Mitte Mai & Anf. Okt. 9–14 Uhr, Mitte Mai–Sept. 9–17 Uhr) Im Osten der Stadt neben dem Bahnhof.

Tourismusbüro Melk (02752-523 07-410; www.niederoesterreich.at/melk; Babenbergerstraße 1; Mai–Aug. Mo–Fr 9–12 & 14–18, Sa & So 10–12 Uhr, April, Sept. & Okt. Mo–Fr 9–12 & 14–17, Sa 10–14 Uhr) Nützliche Anlaufstelle zur Vermittlung von Unterkünften.

Tourismusverein Spitz (02713-2363; www.spitz-wachau.at; Mittergasse 3a; Mai–Okt. Mo–Sa 9–12 & 13.30–19, So 14–18 Uhr, April Mo–Sa 14–18 Uhr, Nov.–März Mo–Fr verkürzte Öffnungszeiten) Hilfreiches Büro mit guten Wanderkarten. Außerhalb der Hochsaison unregelmäßige Öffnungszeiten.

Essen & Schlafen

Restaurant Loibnerhof (02732-828 90-0; Unterloiben 7, Dürnstein-Unterloiben; Hauptgerichte 15–26 €, 3- & 4-Gänge-

TIPPS FÜR FEINSCHMECKER

Das Donautal ist bekannt für seine kulinarischen Leckerbissen und ausgezeichneten Weine. In Mautern, gegenüber von Krems am anderen Donauufer gelegen, hat das Landhaus Bacher (☎ 02732-829 37; www.landhaus-bacher.at; Südtiroler Platz 2; Hauptgerichte 26–40 €; Mi–So mittags & abends; V) für seine kreativen Varianten österreichischer Klassiker zahlreiche Auszeichnungen eingeheimst, darunter auch zwei Michelin-Sterne. Ein besonderer Genuss ist auch der Sommergarten mit seinen Walnussbäumen.

In Feuersbrunn, 2 km von Schloss Grafenegg (s. S. 236) entfernt, bietet Toni Mörwald mit seinem Hotel Villa Katharina (☎ 02738-229 80; www.moerwald.at; Kleine Zeile 10; EZ 111–125 €, DZ 147–167 €;) und dem angeschlossenen Restaurant zur Traube (☎ 02738-229 80; Kleine Zeile 13–17; Hauptgerichte 12.50–25 €; 11.30–22 Uhr; V) eine Kombination aus kulinarischem Hochgenuss und guter Unterkunft.

Naschkatzen sollten unbedingt im Café Maria/Schaubackstube Krenn (☎ 02732-747 43; Rathausplatz 4, Mautern; Mo–Di & Do–Fr 7.30–19, Sa 8–18, So 9–18 Uhr) vorbeischauen, wo es die wohl besten Schaumrollen in ganz Österreich gibt.

BURGENLAND – NEUSIEDLER SEE

Das Gebiet rund um den Neusiedler See, nach dem ungarischen Plattensee der zweitgrößte europäische Steppensee, ist nicht nur ein beliebtes Sommerferienziel und eine der besten Weinbauregionen Österreichs, sondern auch ein Paradies für Radfahrer und eine Wellnessoase. Der seichte See ist an keiner Stelle tiefer als 1,8 m und hat zudem keinen natürlichen Abfluss, weshalb das Wasser leicht salzig ist. Besonders am westlichen Ufer erstreckt sich ein sumpfiger Schilfgürtel, der Vögeln ideale Brutplätze bietet. Kein Wunder also, dass die Vogelbeobachter in Scharen kommen, um einen Blick auf die vielen verschiedenen Piepmätze zu werfen. Der von unzähligen kleineren Seen durchsetzte Nationalpark am Ostufer ist bei Vögeln wie Hobbyornithologen gleichermaßen beliebt.

Wirklich lohnend ist ein Besuch nur von April bis Oktober, wenn man die Region mit ihrem ganzen Angebot an Wasser, Wein und Wellness per Fahrrad erkunden kann. Die Tour beginnt in Neusiedl am See, wo man am Bahnhof bei Fahrräder Bucsis (☎ 02167-207 90; www.fahrraeder-bucsis.at; Bahnhof, Neusiedl am See; 15 €/Tag; März–Mitte Okt. 8.30–13.30 & 16–19 Uhr, Sa & So 8.30–19 Uhr) ein Fahrrad leihen kann. Von hier führt der 135 km lange Radweg rund um den Neusiedler See nach Süden, über die Grenze nach Ungarn (Pass mitbringen!) und nach 38 km gleich südlich von Mörbisch am Westufer des Sees wieder zurück in österreichisches Gebiet.

In Frauenkirchen, von Podersdorf 8 km landeinwärts gelegen, kann man sich in der St. Martins Therme & Lodge (☎ 02172-205 00; www.stmartins.at; Im Seewinkel 1, Frauenkirchen; DZ 128–226 €) so richtig verwöhnen und in der Therme (Tageskarte Erw./Kind unter 15 Jahren 20/14 €, für Übernachtungsgäste frei; 9–22 Uhr) die Seele baumeln lassen. Im Voraus reservieren, um bei Ankunft per Bahn oder Bus vom Bahnhof Frauenkirchen kostenlos abgeholt zu werden!

In Podersdorf selber (ca. 10 km von Neusiedl am See entfernt) kann man mit der Fähre über den See nach Rust (Erw./Kind 6,40/4 €) schippern. Eine weitere Fähre gibt's in Illmitz (ca. 25 km von Neusiedl entfernt; Erw./Kind 6,50/4 €) unweit des Nationalparks Neusiedler See Seewinkel (☎ 02175-344 20; www.nationalpark-neusiedlersee-seewinkel.at; Illmitz; April–Okt. Mo–Fr 8–17, Sa & So 10–17 Uhr, Nov.–März Mo–Fr 8–16 Uhr).

Rund um Rust gibt es rund 60 Weingüter unbedingt vorbeischauen sollte man aber im

---

Menü 26–52 €; Mi–So 11.30–24 Uhr) Das familienbetriebene Restaurant ist 1,5 km östlich vom Zentrum Dürnsteins in einem 400 Jahre alten Gebäude untergebracht und hat einen hübschen Garten, in dem man die leckeren Spezialitäten der Saison richtig genießen kann.

Hotel Sänger Blondel (☎ 02711-253; www.saengerblondel.at; Klosterplatz/Dürnstein 64, Dürnstein; EZ 68 €, DZ 86–112 €) Das Hotel, eine der hübschesten Unterkünfte im Ort, hat geräumige Zimmer mit hellen Holzmöbeln, manche auch mit Sofas. Ein paar der Zimmer blicken auf die Donau, andere auf die Burg oder den Garten.

Hotel Schloss Dürnstein (☎ 02711-212; www.schloss.at; Dürnstein 2, Dürnstein; EZ 165 €, DZ 216–384 €;) Die Burg ist der letzte Schrei in puncto Luxus und hat ein erstklassiges Restaurant. Die meisten Zimmer sind geschmackvoll mit Antiquitäten eingerichtet. Es kann arrangiert werden, dass man gleich bei der Ankunft eine Massage bekommt. Außerdem gibt's noch eine Sauna und ein Dampfbad. Wer fünf Nächte bleibt, bekommt auf der Donauterrasse des Restaurants (Hauptgerichte 15–32,50 €) mit atemberaubendem Blick auf den Fluss ein kostenloses „Menu Surprise". Und wer zehn Nächte bleibt, darf sich über eine Gratisübernachtung freuen.

ANFAHRT: NEUSIEDLER SEE

Entfernung 53 km südöstlich von Wien

Fahrtzeit 45 Min.

Auto Die A4 führt nach Neusiedl am See – nach Neusiedl und Podersdorf südöstlich von Wien die A4 bis zur Ausfahrt Neusiedl am See nehmen und von dort der Ausschilderung folgen. Nach Rust südlich von Wien nimmt man die A2 und wechselt hinter Guntramsdorf auf die A3. Am Ende der A3 der Ausschilderung nach Eisenstadt (ostwärts) folgen, die Ausfahrt Eisenstadt Süd nehmen und gen Osten durch Trausdorf und St. Margareten bis nach Rust fahren.

Fähre Von Spätfrühling bis zum Herbstanfang verkehren Fähren zwischen Illmitz und Möbisch, Rust und Fertőrákos in Ungarn, Rust und Podersdorf sowie Breitenbrunn und Fertőrákos. Aktuelle Fahrpläne gibt's unter www.neusiedlersee.com (unter Reiseführer/Fahrradfähren)

Zug Es gibt häufige Zugverbindungen zwischen dem Wiener Südbahnhof (Ostbahn), dem künftigen Hauptbahnhof, und Neusiedl am See (11 €, 38 Min.)

---

rustikalen Weingut Gabriel (☎ 02685-236-0; www.weingut-gabriel.at; Hauptstraße 25, Rust; kalte Platte ca. 12 €; April–Okt. Do & Fr ab 16, Sa & So ab 14 Uhr). Nicht nur das umfangreiche Buffet mit köstlichen Würstchen und kaltem Aufschnitt ist himmlisch – der Preis berechnet sich nach dem Gewicht der Speisen –, auch der Wein mundet hervorragend. Bei gutem Wetter sitzt man im idyllischen kopfsteingepflasterten Innenhof und kann Störche beobachten.

Vor dem Aufbruch sollte man sich von irgendeiner Touristeninformation am See die Karte *Radtouren* besorgen, in der alle Radwege und Entfernungen verzeichnet sind – Neusiedler See Tourismus (☎ 02167-8600; www.neusiedlersee.com; Obere Hauptstraße 24, Neusiedl am See; Mo–Fr 8–17 Uhr), das Informationszentrum für die Seeregion, ist per Telefon, Post oder E-Mail zu erreichen. Der Tourismusverband Neusiedl am See (☎ 2229; www.neusiedlamsee.at; Untere Hauptstraße 7, Neusiedl am See; Juli–Aug. Mo–Fr 8–18, Sa 8–12 & 14–18, So 9–12 Uhr, Mai, Juni & Sept. Mo–Fr 8–12 & 13–17 Uhr, Okt.–April Mo–Do 8–12 & 13–16.30, Fr 8–12 Uhr) hat Stadtpläne und Karten des Sees sowie Infos zu anderen Städten.

ZNOJMO

Das hübsche Städtchen Znojmo (dt. Znaim; 38 000 Ew.) an der Grenze zwischen Österreich und der Südmährischen Region Tschechiens wacht hoch über dem Fluss Dyje (dt. Thaya). Highlights sind die auf einem Hügel thronende Burg und der Nationalpark Podyjí am gegenüberliegenden Flussufer, in dem man herrlich wandern und Rad fahren kann.

Wenn man vom Bahnhof die 17 listopadu hinaufgeht und am Kreisverkehr (Mariánské náměstí) nach links in die Pontassievská einbiegt, gelangt man zum Hauptplatz, dem Masarykovo náměstí. Hier ist auch das Südmährische Museum (Jihomoravské muzeum; ☎ 00420-515 226 529; www.znojmuz.cz; Masarykovo náměstí 11; Erw./erm. & Kind 40/20 Kč; Di–Sa 9–17 Uhr) zu Hause, das religiöse Malereien und Skulpturen aus Mähren und wechselnde Kunstausstellungen zeigt.

Biegt man nach rechts (Nordwesten) in die Obroková ein, gelangt man zum hübschen, 66 m hohen Rathausturm (Radniční věž; ☎ 00420-773 475 612; Obroková; Eintritt 30 Kč; 9–17 Uhr), einem der schönsten Relikte spätgotischer Architektur (erbaut 1448) in Mähren. Läuft man die Obroková weiter bis zum großen Platz Horní náměstí, erblickt man südlich die Burg Znojmo (Znaimer Burg; ☎ 00420-515 222 311; Erw./erm. & Kind 20/10 Kč; Mai–Sept. Di–So 9–17 Uhr, April nur Sa & So); das kleine hier untergebrachte Burgmuseum ist wegen Restaurierungsarbeiten nur teilweise zugänglich. Auf dem Burgareal befindet sich auch die Rotunde St. Katharina (rotunda Panny Marie a sv. Kateřiny; ☎ 00420-515 222 311; Eintritt 90 Kč; Mai–Sept. Di–So 9.15–16.15 Uhr, April nur Sa & So) aus dem 11. Jh., eines der ältesten romanischen Bauwerke in der Tschechischen Republik mit einer Reihe schöner Fresken aus dem 12. Jh., die das Leben Christi darstellen. Von einem Aussichtspunkt (Mai–Sept. Mo–Do & So 9–21, Fr & Sa 9–23 Uhr, April & Okt. Di–So bis 20 & Mo bis 17 Uhr, Nov.–März geschl.) hat man schließlich einen wundervollen Blick auf das Flusstal.

Unterhalb der Burg befindet sich das schräge Muzeum motorismu (Automuseum; ☎ 00420-603 443 053; Koželužská 44; Erw./Kind 50/30 Kč; Di–So 9–17 Uhr) mit einer großen Sammlung tschechoslowakischer Autos, die überwiegend aus den

ANFAHRT: ZNOJMO

Entfernung 90 km nördlich von Wien

Fahrtzeit 1½ Std.

Auto Über die A22 nördlich von Wien Richtung Prag fahren, hinter Stockerau auf die S3/B303 wechseln und in Tschechien der 38 folgen

Zug Täglich fahren mindestens sechs Züge ab Wien-Praterstern (4 Tage gültiges EURegio-Ticket hin & zurück 15 €, 1½ Std.)

1930er-Jahren stammen. Einfach die Hradní etwas zurück- und dann die gewundenen Wege zum Fluss hinuntergehen.

Der Radweg 5000 zum Nationalpark beginnt in der Nähe des Muzeum motorismu jenseits der Brücke. Die 41 km lange Radtour ist auf Deutsch auf der Website der Stadt (www.znojmocity.cz) beschrieben: unter „Tipp für den Ausflug" und hier „Tipp für Radfahren – Route Nr. 2".

Die Tschechische Republik ist Mitglied des Schengener Abkommens – seit Ende Dezember 2007 gibt es an der österreichisch-tschechischen Grenze keine Personenkontrollen mehr. Dennoch sollte bei der Einreise nach Tschechien ein Personalausweis mitgeführt werden.

PRAKTISCHE INFORMATIONEN

Touristeninformation (Turistické Informační Centrum; ☎ 00420-515 222 552; www.znojmocity.cz; Obroková 10; ⓥ Juli & Aug. Mo–Fr 8–19, Sa 9–19, So 10–19 Uhr, Mai–Juni & Sept.–Okt. Mo–Fr 8–18, Sa 9–17, So 10–17 Uhr, Nov.–April Mo–Fr 8–18, Sa 9–13 Uhr) Stadtpläne und Listen mit Unterkünften.

ESSEN & SCHLAFEN

Althanský Palác Hotel (☎ 00420-731 441 090; info@althanskypalac.cz; Horní náměstí 3; EZ/DZ/3BZ 890/1590/2200 Kč) Das neue Hotel mit Restaurant bietet eine Auswahl an historisch und modern gestalteten Zimmern. Wer lärmempfindlich ist, sollte nach einem ruhigen Zimmer fragen – im Gasthaus finden oft Hochzeiten statt. Wer es im Voraus bucht, kann ein Fahrrad leihen und sich bei einer Massage verwöhnen lassen. Das Restaurant (Hauptgerichte 109–250 Kč; ⓥ Mo–Do 10–23, Fr & Sa bis 1, So bis 22 Uhr) ist eines der besten in der Stadt.

Pension s vinotékou Jesuitská (☎ 00420-515 221 440; www.jesuitska.cz, tschechisch; Jesuitská 5/183; Zi. 1000–1200 Kč; ⓢ) Die kleine, auf Radfahrer abgestimmte Pension hat komfortable Zimmer und verleiht Fahrräder (300 Kč/Tag).

BRATISLAVA

Die pulsierende Hauptstadt der Slowakei ist nur eine Zugstunde von Wien entfernt. Die Altstadt mit vielen restaurierten Gebäuden ist recht klein und gut zu Fuß zu erkunden.

Vom Hlavná stanica, dem Hauptbahnhof Bratislavas, läuft man in etwa 20 Minuten zum Hurbanovo námestie, dem Platz, der das nördliche Ende der Altstadt markiert. Hoch über der Stadt thront die Burg Bratislava (Bratislavský hrad; Anlage Eintritt frei; ⓥ April–Sept. 9–21.30 Uhr, Okt.–März bis 18 Uhr). Die Burg aus dem 15. Jh. wurde komplett restauriert und bietet von ihren Wällen eine herrliche Aussicht. Drinnen zeigt das Historische Museum volkstümliches Kunsthandwerk, Mobiliar, moderne Kunst und historische Exponate. Zum Zeitpunkt der Recherchen wurde das Museum renoviert. Im Erdgeschoss beherbergt die Schatzkammer der Slowakei (☎ 00421-2-2048 3111; Erw./Student/Kind 2,50/1/1,80 €; ⓥ Di–So 10–18 Uhr) eine kleine Sammlung archäologischer Funde.

Die Straße Židovská ist die direkteste Verbindung zwischen der Burg und der Altstadt und führt durch die Reste des ehemaligen jüdischen Viertels. Das angeblich schmalste Haus in Mitteleuropa beherbergt ein kleines Uhrenmuseum (Múzeum hodín; ☎ 00421-2-5441 1940; Židovská 1; Erw./Student & Kind 2,30/1,30 €; ⓥ Di–Fr 10–17, Sa & So 11–18 Uhr). Das Museum der jüdischen Kultur (Múzeum Židovskej kultúry; ☎ 00421-2-2049 0109; www.chatamsofer.com; Židovská 17; Erw./Student & Kind 7/2 €; ⓥ So–Fr 11–17 Uhr) nebenan zeigt eine ergreifende Ausstellung über die im Zweiten Weltkrieg während des Holocaust ausgelöschte jüdische Gemeinde in der Slowakei.

Die Altstadt wird überragt vom Martinsdom (Dóm sv Martina; Rudnayovo námestie; Eintritt 2 €; ⓥ Mo–Sa 9–11.30 & 13–17, So 13.30–16 Uhr), dem schönsten gotischen Gebäude der Stadt. Das wohl interessanteste hiesige Museen, das Stadtmuseum

ANREISE: BRATISLAVA

Entfernung 65 km östlich von Wien

Fahrtzeit 1 Std.

Schiff Infos zu Schifffahrten nach Bratislava gibt's auf S. 246

Bus Infos zu Busverbindungen zum Flughafen von Bratislava gibt's auf S. 243

Auto In Wien auf die A4 Richtung Osten fahren. An der Ausfahrt Fischamend auf die B9 wechseln und dieser durch Petronell und Hainburg bis zum Ende der Bundesstraße an der slowakischen Grenze unmittelbar südlich von Bratislava folgen.

Zug Vom Wiener Südbahnhof (Ostbahn)/Hauptbahnhof fahren täglich über ein Dutzend Züge (4 Tage gültiges EURegio-Ticket hin & zurück 14 €, 1¼ Std.) nach Bratislava – diese halten am Hauptbahnhof 1 km nördlich der Altstadt wie auch am Bahnhof Petržalka 3 km südlich der Altstadt.

BRATISLAVA

PRAKTISCHES
Bratislava Kultur- &
Informationszentrum...............1 C2

SEHENSWERTES
Burg Bratislava.........................2 A8
Historisches Museum................3 A3
Michaelerturm.........................4 B2
Stadtmuseum..........................5 C2
Uhrenmuseum.........................6 B3
Museum der jüdischen Kultur....7 B2
Primatialpalais........................8 C2
Martinsdom............................9 B3
Schatzkammer der Slowakei..(siehe 2)

ESSEN
Le Monde Restaurant & Bar.....10 C3
Prašná Bašta..........................11 B2

SCHLAFEN
City Hostel............................12 C1
Falkensteiner Hotel
Bratislava.............................13 B2
Hotel Marrol's........................14 D3
Penzión Chez David................15 B2

☎ 00421-2-5920 5130; Hlavné nám; Erw./Student & Kind 50/1,50 €; Di–Fr 10–17, Sa & So 11–18 Uhr), ist im alten Rathaus aus dem 14. Jh. untergebracht; der Renaissance-Innenhof wurde durch einen neugotischen Anbau mit grünem Dach erweitert.

Direkt neben dem Stadtmuseum befindet sich das Primatialpalais (Primaciálny Palác; Primaciálne námestie 1; Erw./Student & Kind 2 €/frei; Di–So 10–17 Uhr), in dem Napoleon und der österreichische Kaiser Franz I. 1805 den Frieden von Preßburg unterzeichneten. Das Fundament des einzigen noch erhaltenen Stadttors Bratislavas, des Michaelerturms (Michalská veža; ☎ 00421-2-5443 3044; Erw./Student & Kind 4,30/2,30 €; Di–Fr 10–17, Sa & So 11–18 Uhr), stammt aus dem 14. Jh., der Turm selber aus dem 16. Jh. und die Spitze aus dem 18. Jh. Der Aufstieg auf den Turm wird mit einer herrlichen Aussicht auf die Dächer der Stadt und einer kleinen Ausstellung antiker Schwerter, Rüstungen und Waffen belohnt.

Die Slowakei ist Mitglied des Schengener Abkommens – seit Ende Dezember 2007 gibt es an der österreichisch-slowakischen Grenze keine Personenkontrollen mehr. Dennoch sollte bei der Einreise in die Slowakei ein Personalausweis mitgeführt werden.

PRAKTISCHE INFORMATIONEN

Bratislava Kultur- & Informationszentrum (BKIS; ☎ 00421-2-16186; www.bkis.sk; Klobučnícka 2; Mo–Fr 9–18, Sa 9–15, So 10–15 Uhr) Die zentrale Touristeninformation hat Infomaterial für Besucher und deutschsprachiges Personal.

Slowakische Zentrale für Tourismus (Karte S. 60 f.; ☎ 0043-1-513 95 69; sacr-wien@aon.at; 1., Parkring 12, Wien; Mo–Fr 9–12.30 & 13.30–17 Uhr)

ESSEN

Prašná Bašta (☎ 00421-2-5443 4957; Zámočnicka 11; Hauptgerichte 6,60–14,50 €; 11–23 Uhr) Das Restaurant in der Altstadt serviert gute slowakische Gerichte in einem charmanten, sehr schön gewölbten Raum oder dem sehr persönlichen Innenhof.

Le Monde Restaurant & Bar (☎ 00421-2-5441 5411; Rybárska brána 8; Hauptgerichte 15–27 €; Mo–Fr 8–24, Sa ab 10 Uhr;) Das Le Monde mit seinem eleganten Speiseraum ist eines der besten Restaurants Bratislavas mit internationaler Küche. Es gibt u. a. gegrillten Tintenfisch mit warmem Salat aus schwarzen Linsen und Basilikumsauce

(22,65 €) oder Sushi und Sashimi mit Soja-Zitronen-Dressing und Glasnudeln.

SCHLAFEN

City Hostel (☎ 00421-2-5263 6041; www.cityhostel.sk; Obchodná 38; EZ/DZ/3BZ/4BZ 39/56/72/86 €; 🖥) In dem modernen Hostel gibt's zwar kein Frühstück, aber man kann sich jederzeit in einem der Imbisse an der Obchodná etwas zu essen holen. Die Zimmer sind komfortabel, wenn auch etwas steril, haben aber ein eigenes Bad. Es gibt kleine, moderne Einzelzimmer und Doppelzimmer, die eher dem Standard eines einfachen Hotels als dem eines Hostels gleichen. Im Untergeschoss kann man kostenlos im Internet surfen.

Penzión Chez David (☎ 00421-2-5441 3824; www.chezdavid.sk; Zámocká 13; EZ/DZ 59/76 €; 🕙 11.30–23 Uhr) Die coole blaue (jüdische) Pension hat kleine, aber komfortable Zimmer. Im angeschlossenen Restaurant gibt's koscheres Essen (Hauptgerichte 6,50–15 €).

Falkensteiner Hotel Bratislava (☎ 00421-2-592 6100; www.falkensteiner.com; Pilárikova ulica 5; Zi. mit/ohn Frühstück 167/149 €; ✗ 🖥 📶) Das moderne Ge schäftshotel hat derzeit das beste Preis-Leis tungs-Verhältnis in der Stadt. Vor allem wenn man zu zweit reist, ist es ein Schnäppchen. E gibt nur Zwei-Bett- und Doppelzimmer, die stilvoll in Orangetönen gehalten sind. Gäst können außerdem kostenlos den Fitnessbe reich nutzen oder es sich in der Sauna gutge hen lassen, von deren Entspannungsbereich man über die Dächer der Stadt blickt. WLAN kostet allerdings 9 € pro Tag.

Hotel Marrol's (☎ 00421-2-5778 4600; www.hote marrols.sk; Tobrucká 4; EZ/DZ 179/189 €; 🖥 📶) Kulti vierter Retrolook, schwarz-weiße Filmfotos schicke Ledersessel und kostbare Stoffe kenn zeichnen das Hotel Marrol, das aussieht wi eine Filmkulisse aus den 1940er-Jahren. Da Jasmine Spa im Untergeschoss bietet nac einer anstrengenden Sightseeingtour wohl tuende Entspannung; die meisten Zimme haben aber auch eine Badewanne.

VERKEHRSMITTEL & -WEGE

Österreich liegt quasi an der Nahtstelle zwischen Ost- und Westeuropa im Herzen des Kontinents. Von Wien aus führen Bahnstrecken und Flugverbindungen in alle Himmelsrichtungen. Und auch vor Ort kommt man kinderleicht vorwärts: Das Zentrum kann prima per pedes oder Fahrrad erkundet werden. Schnelle, verlässliche U-Bahnen und Züge bedienen das ganze Stadtgebiet und die Vororte – ebenso die allgegenwärtigen, aber nicht allzu flotten Straßenbahnen. Mit der U-Bahn dauert das Durchqueren der Innenstadt nicht einmal zehn Minuten (ca. 30 Min. mit Bus oder Straßenbahn).

Flüge, geführte Touren und Bahntickets können online unter www.www.lonelyplanet.com/bookings gebucht werden.

AUTO & MOTORRAD
Fahren in Wien
Für Abstecher zu den Ausflugszielen in der Umgebung (S. 231) lohnt sich eventuell ein Mietwagen. In Wien selbst nutzt man aber am besten das hervorragende Nahverkehrssystem (s. S. 244).

Mieten
Für Mietautos zahlt man ca. 80 € pro Tag aufwärts. Alle großen Autovermieter sind in Wien vertreten und unterhalten Filialen am Flughafen, z. B.:

Europcar (Karte S. 60 f.; ☎ 714 67 17; www.europcar.at; 1., Schubertring 9; Mo–Fr 7.30–18, Sa 8–13, So 8–12 Uhr)

Hertz (Karte S. 60 f.; ☎ 512 86 77; www.hertz.at; 1., Kärntner Ring 17; Mo–Fr 7.30–18, Sa & So 9–15 Uhr)

BUS
Da Wien keinen zentralen Busbahnhof hat, hängt es vom jeweiligen Unternehmen ab, wo man ankommt.

Eurolines (Karte S. 110 f.; www.eurolines.com; ☎ 798 9 00; www.eurolines.at; 3., Erdbergstraße 202; Mo–Fr 6.30–20.30, Sa & So 6.30–11 & 16.30–20.30 Uhr) wickelt praktisch alle Busverbindungen zwischen Österreich und dem übrigen Europa ab. Das Hauptterminal liegt an der U-Bahn-Station Erdberg (U3). Manche Busse halten aber auch am Bahnhof Wien-Praterstern (Karte S. 118 f.), der auch von der U1 und der U6 angefahren wird.

FAHRRAD
Wien lässt sich wunderbar per Drahtesel erkunden. Auf S. 215 erfährt man, wo Fahrräder verliehen werden. In mit dem Fahrradsymbol gekennzeichneten S- und U-Bahn-Wägen dürfen Bikes zum halben Erwachsenenpreis mitgenommen werden (Mo–Fr 9–15 & ab 18.30, Sa ab 9 Uhr, So ganztags), nicht aber in Straßenbahnen und Bussen. Die Fahrradstationen des städtischen City-Bike-Programms (s. S. 215) verteilen sich über ganz Wien. Infos zu geführten Radtouren stehen auf S. 248.

FLUGZEUG
Flughäfen
Der Internationale Flughafen Wien (☎ 700 72 22 33; www.viennaairport.com) liegt in Schwechat, 20 km südwestlich vom Stadtzentrum. Zu den dortigen Einrichtungen gehören ein paar Restaurants und Bars, Banken, Geldautomaten, Wechselschalter, ein Supermarkt, eine Post, Filialen von Autovermietern und eine Gepäckaufbewahrung (24 Std.).

Die slowakische Hauptstadt Bratislava liegt nur 60 km östlich von Wien. Eine gute Alternative zu Direktflügen nach Österreich sind daher Maschinen zum Flughafen Letisko Bratislava (☎ 0421 2 4857 3353; www.airportbratislava.sk). Von dort fahren Busse zum Internationalen Flughafen Wien (www.terravision.eu; einfache Strecke/hin & zurück 10/16 €, 7-mal tgl.).

DIE DINGE ÄNDERN SICH ...

Die Informationen in diesem Kapitel sind besonders anfällig für Veränderungen. Alle relevanten Aspekte bezüglich Tickets und deren Kauf, Reiserouten und Sicherheitsbestimmungen im internationalen Reiseverkehr sollten vor dem Start mit der Fluglinie oder dem Reisebüro durchgesprochen werden. Und Augen auf beim Ticketkauf! Die Angaben in diesem Kapitel verstehen sich als Hinweise und sind kein Ersatz für die eigene, gründliche und aktuelle Recherche.

ÖFFENTLICHE VERKEHRSMITTEL

Wiens engmaschiges Nahverkehrsnetz ist eines der besten in Europa. Die Tickets zu Einheitstarifen gelten gleichermaßen für Zug, Straßenbahn, Bus, U- und S-Bahn. Dank regelmäßiger Verbindungen muss man kaum länger als zehn Minuten warten. Montags bis freitags beginnt der Betrieb je nach Linie zwischen ca. 5 und 6 Uhr. Die letzten Busse (außer Nachtbusse) und Straßenbahnen verkehren zwischen 23 und 0.30 Uhr. Bei S- und U-Bahn ist zwischen 0.30 und 1 Uhr Betriebsschluss. Für Nachtschwärmer gibt es seit September 2010 einen besonderen Service: In den Nächten von Freitag auf Samstag und Samstag auf Sonntag fahren die U-Bahn bis zum nächsten Morgen durch, wenn auch nicht ganz so häufig wie tagsüber.

Liniennetzpläne hängen in allen U-Bahn-Stationen und an vielen Straßenbahn- und Bushaltestellen aus. Kostenlose Infobroschüren gibt's bei den **Wiener Linien** (☎ Info-Hotline 7909-100; www.wienerlinien.at; Mo–Fr 6–22, Sa & So 8.30–16.30 Uhr) in insgesamt neun U-Bahnhöfen: Die Infostellen Karlsplatz, Stephansplatz, Praterstern und Westbahnhof haben die ganze Woche geöffnet (Mo–Fr 6.30–18.30, Sa & So 8.30–16 Uhr); weitere Büros gibt's an den Stationen Schottentor, Floridsdorf, Philadelphiabrücke, Landstraße (jeweils Mo–Fr 6.30–18.30 Uhr) und Erdberg (Kundenzentrum; Mo–Mi & Fr 8–15, Do 8–17.30 Uhr).

Bus

Busse kurven durch ganz Wien, auch durch die Innere Stadt. Sie sind mit dreistelligen Zahlen oder einer Zahl plus „A" bzw. „B" gekennzeichnet. Sehr logisch: Bei Direktanschluss tragen Bus- und Straßenbahnlinien oft dieselben Nummern (z. B. Bus 38A und Straßenbahn 38, Bus 72A und Straßenbahn 72).

Fahrkarten & Pässe

In U-Bahn-Stationen bekommt man Tickets und Zeitkarten an Automaten (geben Wechselgeld) und bei gelegentlich besetzten Ticketbüros. Auch Tabakläden (Trafiken) verkaufen Fahrkarten. Beim Kauf eines Einzelfahrscheins kann man auswählen, ob das Ticket gleich oder später entwertet soll. Wer sich für Letzteres entscheidet, muss den Fahrausweis vor Fahrtantritt in den kleinen blauen Stempelkästen am Eingang von U-Bahn-Stationen bzw. in Bussen und Straßenbahnen entwerten. Gleiches gilt für die Streifenkarte und die meisten Zeitkarten; Wochen- und Monatstickets müssen allerdings nicht entwertet werden. Die Wiener Linien haben die Dichte der Kontrollen erhöht; ohnehin ist Schwarzfahren nicht ratsam: Wer dabei erwischt wird, berappt ausnahmslos 62 € Bußgeld.

In Wien sind folgende Nahverkehrstickets und -pässe erhältlich:

Einzelfahrschein (1,80 €) – Für Einzelfahrten; Umsteigen in Richtung Fahrtziel erlaubt; 2,20 € bei Kauf in Bussen und Straßenbahnen (exakter Betrag erforderlich)

KLIMAWANDEL & REISEN

Der Klimawandel stellt eine ernste Bedrohung für unsere Ökosysteme dar. Zu diesem Problem tragen Flugreisen immer stärker bei. Lonely Planet sieht im Reisen grundsätzlich einen Gewinn, ist sich aber der Tatsache bewusst, dass jeder seinen Teil dazu beitragen muss, um die globale Erwärmung zu verringern.

Fliegen & Klimawandel

Fast jede Art der motorisierten Fortbewegung erzeugt CO_2 (die Hauptursache für die globale Erwärmung), doch Flugzeuge sind mit Abstand die schlimmsten Klimakiller – nicht nur wegen der großen Entfernungen und der entsprechend großen CO_2-Mengen, sondern auch weil sie diese Treibhausgase direkt in hohen Schichten der Atmosphäre freisetzen. Die Zahlen sind erschreckend: Zwei Personen, die von Europa in die USA und wieder zurück fliegen, erhöhen den Treibhauseffekt in demselben Maße wie ein durchschnittlicher Haushalt in einem ganzen Jahr.

Emissionsausgleich

Die englische Website www.climatecare.org und die deutsche Internetseite www.atmosfair.de bieten sogenannte CO_2-Rechner. Damit kann jeder ermitteln, wie viel Treibhausgase seine Reise produziert. Das Programm errechnet den zum Ausgleich erforderlichen Betrag, mit dem der Reisende nachhaltige Projekte zur Reduzierung der globalen Erwärmung unterstützen kann, beispielsweise Projekte in Indien, Honduras, Kasachstan und Uganda.

Lonely Planet unterstützt gemeinsam mit Rough Guides und anderen Partnern aus der Reisebranche das CO_2-Ausgleichs-Programm von climatecare.org. Alle Reisen von Mitarbeitern und Autoren von Lonely Planet werden ausgeglichen.

Weitere Informationen gibt's auf www.lonelyplanet.com.

DER WEG INS ZENTRUM

Flughafenbus/ÖBB-Postbus (☎ 05 17 17; www.postbus.at; einfache Strecke/hin & zurück Erw. 6/11 €, Kind unter 6 Jahren frei, Kind 6–15 Jahre 3/5,50 €; ◷ 5–23 Uhr ab Westbahnhof, 5.15–23.15 Uhr ab Meidling, 5–23.30 Uhr ab Schwedenplatz, 6.38–18.38 Uhr ab UNO-City; jeweils alle 20–30 Min.) Busverbindung u. a. zwischen Flughafen und Westbahnhof via Bahnhof Wien-Meidling.

C&K Airport Service (☎ 444 44; www.ck-airportservice.at; einfache Strecke 33 €, max. 4 Pers.) Dank Fixpreisen ist der C&K-Autoservice meistens günstiger und besser als ein Taxi. Am Flughafen warten die Fahrzeuge links der Ausgangshalle auf Neuankömmlinge. Für die Fahrt zum Flughafen ist es ratsam, rechtzeitig telefonisch zu reservieren.

City Airport Train (CAT, Karte S. 110 f.; ☎ 252 50; www.cityairporttrain.com; hin & zurück Erw. mit/ohne Online Buchung 16/18 €, Kind unter 15 Jahren frei; ◷ 5.38–23.08 Uhr alle 30 Min.) Ab Wien-Mitte; mit Gepäckaufgabe und Bordkartenausgabe.

S-Bahn 7 (☎ 05 17 17; www.oebb.at; einfache Strecke inkl. weiterer Nahverkehrsanschluss 3,60 €, Ticketgültigkeit 1 Std.; ◷ Mo–Sa 4.32–21.56 Uhr alle 30 Min.) Günstigste Option für eine Fahrt vom/zum Flughafen; die S-Bahnen fahren ab Wien-Nord und Floridsdorf via Wien-Mitte.

Taxi Herkömmliche Taxis ins Zentrum kosten ca. 35 bis 37 €.

Streifenkarte (7,20 €) – Stempelkarte mit vier Einzeltickets

„24 Stunden Wien" (5,70 €) – ab Entwertung 24 Stunden lang für unbegrenzte Fahrten gültig

„48 Stunden Wien" (10 €) – ab Entwertung 48 Stunden lang für unbegrenzte Fahrten gültig

„72 Stunden Wien" (13,60 €) – ab Entwertung 72 Stunden lang für unbegrenzte Fahrten gültig

8-Tage-Karte (28,80 €) – An acht, nicht notwendigerweise aufeinanderfolgenden Tagen gültig; nach Bedarf entwerten

Wochenkarte (14 €; übertragbar) – Für jeweils eine Kalenderwoche von Montag bis Sonntag gültig

Monatskarte (49,50 €; übertragbar) – Gültig vom ersten bis zum letzten Tag eines Monats

Wiener Einkaufskarte (4,60 €; übertragbar) – Von Montag bis Samstag (8–20 Uhr) nur am jeweiligen Entwertungstag gültig

Wien-Karte (18,50 €) – ab Entwertung 72 Stunden lang für unbegrenzte Fahrten gültig; zudem gibt's diverse Rabatte (Details zu Ermäßigungen s. S. 247)

Kinder zwischen sechs und 15 Jahren bezahlen den halben Fahrpreis. Kinder unter sechs Jahren fahren gratis, ebenso Kinder bis zum 15. Geburtstag an gesetzlich schulfreien Tagen (Lichtbildausweis erforderlich). Frauen über 60, Männer über 65 Jahren können Seniorentickets nutzen (2 Fahrten; 2,30 €). Die Infostellen der Wiener Linien (www.wienerlinien.at) geben weitere Auskünfte.

Nachtbus

Nach dem Betriebsende von normalen Bussen, Straßen- und U-Bahnen gelten alle Nahverkehrstickets für Wiens ausgedehntes Nachtbusnetz (NightLine; tgl. 0.30–5 Uhr, alle 30 Min.). Dessen Linien decken einen Großteil der Stadt ab, viele starten am Schwedenplatz, Schottentor oder an der Staatsoper. Ein „N" kennzeichnet Nachtbusse und deren Haltestellen. Freitag- und Samstagnacht fahren die U-Bahnen durch.

S-Bahn

Wiens S-Bahnen sind durch ein „S" plus Liniennummer gekennzeichnet. Von Wiens diversen Bahnhöfen aus bedienen sie die Vor- und Satellitenstädte. Für Fahrten außerhalb Wiens bzw. außerhalb der Zone 100 des Verkehrsbundes müssen gegebenenfalls zusätzliche Zonen gelöst werden; der Tarifzonenplan hängt in Bahnhöfen aus und kann auf der Website der Wiener Linien heruntergeladen werden.

Straßenbahn

Straßenbahnen sind zwar langsamer als U-Bahnen, dafür aber in gewisser Weise romantisch (vor allem die älteren Modelle). Äußerst nützlich sind sie ohnehin: Wiens ausgedehntes Straßenbahnnetz eignet sich super für günstige Stadtrundfahrten (s. S. 133). Straßenbahnlinien tragen Nummern oder Buchstaben (z. B. 1, 44, D) und verkehren in der gesamten Innenstadt und in einigen Vororten.

U-Bahn

Die fünf U-Bahn-Linien (U1–U4 & U6) sind schnell und zuverlässig. An den Stationen gibt's Fahrplaninfos, Schilder weisen auf Ausgänge und nahe Einrichtungen hin.

SCHIFF

Auch auf der Donau kommt man gut von und nach Wien. Per Schiff gelangt man von Österreichs Hauptstadt aus vor allem in die östlichen Nachbarländer: Twin City Liner (Karte S. 60 f.; ☎ 588 80; www.twincityliner.com; 1., Schwedenplatz; einfache Strecke Erw./Kind 2–12 Jahre ab 17/8,50 €; ☼ 8–16.30 Uhr) fährt von Wien nach Bratislava (1½ Std., März–Okt.). DDSG Blue Danube (Karte S. 60 f.; ☎ 588 80; www.ddsg-blue-danube.at; 1., Handelskai 265; einfache Strecke/hin & zurück Erw. 89/109 €, Kind 2–14 Jahre 44,50/54,50 €; ☼ Mo–Fr 9–18 Uhr) bedient die Strecke Wien– Budapest (Mai–Okt.). DDSG-Tickets können eventuell auch bei Twin City Liner gekauft oder abgeholt werden.

Der Main und der Main-Donau-Kanal verbinden die Donau mit dem Rhein. Auf dieser Route sind zwischen Amsterdam und Budapest Schiffe mit einfallsreichen Namen wie MS *Sound of Music* oder MS *River Empress* unterwegs (Mai–Nov.). Gebucht werden kann z. B. über die Waterway Management GmbH (MS Sound of Music; ☎ 061-205 1530; Nauenstr. 63 a, 4002 Basel) oder Uniworld (MS River Empress; ☎ 061-638 9696; www.uniworld.com; Uferstr. 19, 4019 Basel) in der Schweiz.

Das Ausflugskapitel (S. 231) informiert über Bootstrips durch die Wachau nordwestlich von Wien.

TAXI

Wiens zuverlässige Taxis sind im westeuropäischen Vergleich relativ günstig. Bei Stadtfahrten läuft stets das Taxameter. Zum Startpreis (Mo-Sa 6–23 Uhr ca. 2,60 €, ansonsten 2,70 €) kommt eine Kilometerpauschale hinzu.

Taxis warten überall an Bahnhöfen und Taxiständen. Ansonsten kann man sie einfach auf der Straße heranwinken oder telefonisch bestellen (☎ 31 300, ☎ 60 160 oder ☎ 40 100). Die Chauffeure erwarten ein kleines Trinkgeld von ca. 10 % des Fahrpreises und akzeptieren nur selten Kreditkarten.

ZUG

Österreichs dichtes und leistungsfähiges Bahnnetz reicht bis in die äußersten Ecken des Landes. Die Züge sind flott unterwegs und dementsprechend gut ausgelastet. Als wichtigster Betreiber unterhalten die Österreichischen Bundesbahnen (ÖBB; Info-Hotline 24 Std. ☎ 0 17 17; www.oebb.at) Infostellen in allen Wiener Hauptbahnhöfen. Fahrkarten gibt's an den Ticketschaltern und an Automaten oder – gegen einen geringen Aufpreis – direkt im Zug.

Noch bis Ende 2012/Anfang 2013 ist Wiens ehemaliger Südbahnhof eine riesige Baustelle. Dann soll der ganze Komplex neu als Hauptbahnhof Wien mit einem Teilbetrieb eröffnen, bis 2015 sollen alle Gleisanlagen fertiggestellt sein. Vorerst aber werden alle Fernzüge zu den übrigen Bahnhöfen der Stadt umgeleitet. Unterdessen dient der alte Ostbereich unter dem Namen Südbahnhof (Ostbahn) als Provisorium für ein paar Regionallinien Richtung Osten (z. B. nach Bratislava). Zudem erfährt der Westbahnhof (Karte S. 90 f.) bis Ende 2011 eine Generalmodernisierung: Die ganze Schalterhalle und der davor befindliche Europaplatz sind gesperrt. Mittels eines Ersatzbahnhofs links der Haupthalle wird der Betrieb allerdings aufrechterhalten. Nach der vollständigen Inbetriebnahme des neuen Hauptbahnhofs wird der Westbahnhof nur noch für Regionalzüge zuständig sein. Weitere Bahnhöfe in Wien sind: Franz-Josefs-Bahnhof (Karte S. 100 f.), Wien-Mitte (Karte S. 110 f.), Wien-Nord (Karte S. 118 f.) und Meidling (Karte S. 126 f.).

ALLGEMEINE INFORMATIONEN

ARBEITEN IN WIEN

EU-Bürger und Schweizer benötigen weder eine Arbeits- noch eine Aufenthaltserlaubnis, müssen sich aber bei den österreichischen Einwohnerbehörden als neue Einwohner registrieren lassen.

Nicht-EU-Bürger benötigen sowohl eine Arbeits- als auch eine Aufenthaltserlaubnis; beide sind sehr schwer zu bekommen. Jobangebote gibt es bei den Arbeitsämtern, deren Adressen im Telefonbuch zu finden sind. Während sich der österreichische Arbeitgeber um die Arbeitserlaubnis kümmert, ist die Aufenthaltserlaubnis bei der österreichischen Botschaft im Heimatland zu beantragen.

Einige Websites für die Jobsuche:

www.ams.or.at Arbeitsmarktservice des österreichischen Arbeitsamts.

www.stepstone.at Vor allem für Freiberufler.

www.jobpilot.at Ebenfalls etwas für Freiberufler.

www.virtualvienna.net Bietet gerade für Ausländer viele Jobs, u. a. auch bei der UNO.

BOTSCHAFTEN

Deutschland (☎ 711 540; www.wien.diplo.de; Metternichgasse 3)

Schweiz (Karte S. 110 f.; ☎ 795 05-0; www.eda.admin.ch/wien; 3., Prinz-Eugen-Straße 7)

ERMÄSSIGUNGEN

Mit der Wien-Karte für 18,50 € kann man nicht nur drei Tage lang mit allen öffentlichen Verkehrsmitteln (inkl. Nachtbusse) kreuz und quer durch Wien fahren, sondern bekommt auch noch Ermäßigungen und Vergünstigungen in ausgewählten Museen, Cafés, Heurigen, Restaurants und Geschäften sowie bei Führungen und Fahrten mit dem City Airport Train (CAT; S. 244). Meistens gibt's 5 bis 10 % Rabatt auf den normalen Preis oder ein kleines Präsent. Die Wien-Karte bekommt man bei der Tourist-Info Wien (S. 253) und an den Rezeptionen vieler besserer Hotels.

FEIERTAGE & FERIEN

Feiertage sind den Wienern heilig, das Geschäftsleben kommt dann praktisch in der ganzen Stadt zum Erliegen. Nicht einmal alle Bars, Cafés und Restaurants haben geöffnet. Die Museen sind sich nicht einig – einige machen dicht, andere gewähren sogar freien Eintritt. Die Sommerferien fallen normalerweise in die Monate Juli und August. Da viele Wiener Familien in diesem Zeitraum verreisen, geht's in der Stadt etwas ruhiger zu. Allerdings haben dann auch sehr viele Restaurants und Einrichtungen geschlossen. Auf S. 16 finden sich ausführliche Informationen über Festivals und Veranstaltungen.

Die gesetzlichen Feiertage:

Neujahr 1. Januar

Heilige Drei Könige 6. Januar

Ostermontag März oder April

Tag der Arbeit 1. Mai

Christi Himmelfahrt sechster Donnerstag nach Ostern

Pfingstmontag sechster Montag nach Ostern

Fronleichnam zweiter Donnerstag nach Pfingsten

Mariä Himmelfahrt 15. August

Nationalfeiertag 26. Oktober

Allerheiligen 1. November

Mariä Empfängnis 8. Dezember

1. Weihnachtstag 25. Dezember

2. Weihnachtstag 26. Dezember

FRAUEN UNTERWEGS

Alles in allem ist Wien eine sehr sichere Stadt, auch für alleinreisende Frauen. Physische und verbale Gewalt sind wesentlich seltener als in vielen anderen Ländern. Dennoch sollte frau in ungewohnten Situationen die übliche Vorsicht walten lassen.

Das Frauen-Büro (Karte S. 100 f.; ☎ 4000 83 515; 8., Friedrich-Schmidt-Platz 3; ☾ Mo–Fr 8–16 Uhr) bietet jede Menge Prospekte und Broschüren zu Frauenfragen und hilft bei vielen Problemen weiter. Der Frauen-Notruf (☎ 71 719) ist rund um die Uhr besetzt.

GEFÜHRTE TOUREN

Wien ist eine Stadt, die man leicht auf eigene Faust erkunden kann. Wer es sich aber noch leichter machen will oder nur wenig Zeit hat, für den gibt es das jeweils passende Tourenangebot in Form von Bus- oder Bootsrundfahrten, Fahrradtouren oder Kutschfahrten – und die traditionelle Stadtführung auf Schusters Rappen wird auch angeboten.

Man kann sich auch ganz einfach seine eigene Tour mit der Straßenbahn zusammenstellen: Mit den Linien 1 und 2, die auf der Ringstraße um die Innere Stadt fahren, bekommt man einen super Eindruck von der prachtvollen Ringstraßenarchitektur. Andere Straßenbahntouren (S. 134) inspirieren dazu, die Vororte auf eigene Faust zu erkunden. Anregungen zu Spaziergängen und Fahrradtouren durch die Stadt gibt's auf S. 83, S. 96, S. 106, S. 114, S. 122 und S. 130.

Bus

Busrundfahrten sind immer gut, um größere Gebiete kennenzulernen und einen Blick auf die weiter entfernt gelegenen Sehenswürdigkeiten zu werfen.

Cityrama (Karte S. 60 f.; ☎ 534 13; www.cityrama.at; 1., Börsegasse 1; Stadttouren Erw. 39–47 €, Kind 15–30 €, Ausflugsfahrt Erw./Kind ab 69/30 €; 10–17 Uhr; U1, U2, U4 Karlsplatz; D, 1, 2, 59A, 62) Cityrama bietet einstündige bis Ganztagestouren (die Abfahrtszeiten sind dieselben wie bei Hop on Hop off Vienna Line). Das Tourenangebot umfasst nicht nur Wien, sondern auch Sehenswertes, das von Wien aus im Rahmen eines Tagesausflugs erreichbar ist, darunter auch Städte wie Salzburg, Budapest und Prag. Bei einigen Touren kommen noch Eintrittspreise zum Preis dazu, beispielsweise für den Besuch einer Trainingsstunde in der Spanischen Hofreitschule. Alle Einzelheiten gibt's auf der Website.

Hop On Hop Off Vienna Line (Karte S. 60 f.; ☎ 712 46 83; www.viennasightseeingtours.com; 4., Graf Starhemberggasse 25; Ticket 1 Std./2 Std./ganzer Tag/2 Tage Erw. 13/16/20/25 €, Kind alle Touren 7 €; 10–17 Uhr; U1, U2, U4 Karlsplatz; D, 1, 2, 59A, 62) Wie die Busse von Cityrama halten auch die von Vienna Line an 14 Sehenswürdigkeiten in Wien. Tickets gibt es mit einer Gültigkeit von einer Stunde bis ganztägig. Unterwegs kann man nach Belieben ein- und aussteigen. Die Busse fahren einen Rundkurs um die Innere Stadt mit einem Abstecher zum Stephansplatz. Abfahrt ist halbstündlich (Juli & Aug. Fr–So alle 15 Min.) vor der Staatsoper. Die Busse, die zwischen 11 und 18 Uhr starten, fahren über die Innere Stadt hinaus zu Sehenswürdigkeiten, die weiter östlich liegen, etwa zur UNO-City und zum Prater. Die Busse, die um 10, 14 und 16 Uhr (Juli & Aug. auch 13 & 15 Uhr) abfahren, beziehen Schönbrunn und Schloss Belvedere mit ein.

Oldtimer Bus Tours (Karte S. 72 f.; ☎ 503 74 43 12; www.oldtimertours.at; 7., Seidengasse 32; Touren Erw./Kind 18/10 €; Mai–Anfang Okt.; 1, 2) Oldtimerbusse mit offenem (bei Regen geschlossenem) Oberdeck gondeln rund um das Stadtzentrum und gelegentlich auch bis zum Wienerwald. Die Fahrten dauern eine Stunde; Abfahrt ist täglich um 11, 12.30, 14 und 16 Uhr am Heldenplatz vor der Hofburg.

Redbus City Tours (Karte S. 72 f.; ☎ 512 48 63; www.redbuscitytours.at; 1., Führichgasse 12; Erw./Kind ab 14/7 €; 10–19 Uhr; U1, U2, U4 Karlsplatz; D, 1, 2, 59A, 62) Redbus bietet eineinhalbstündige Touren zu den wichtigsten Sehenswürdigkeiten in der und um die Innere Stadt und eine Tagestour zu allen wichtigen Sehenswürdigkeiten, komplett mit Stopps in Schönbrunn und Grinzing. Abfahrt ist vor der Albertina (S. 75).

Schiff/Fähre

DDSG Blue Danube (Karte S. 60 f.; ☎ 588 80; www.ddsg-blue-danube.at; 1., Schwedenbrücke; Erw./Kind 15/7,50 €, Kind unter 10 Jahren frei; Touren April–Okt. 11 & 15 Uhr; U1, U4 Schwedenplatz, 1, 2) Schiffe der DDSG *Blue Danube* fahren verschiedene Touren; zu den beliebtesten gehört die auf dem Donaukanal und der Donau durch die Leopoldstadt und die Brigittenau. Die Tour ist eine entspannende Abwechslung, denn allzu viele Sehenswürdigkeiten bekommt man vom Wasser aus nicht zu sehen. Bestimmte Touren führen auch an den Schleusen von Nussdorf (gebaut von Otto Wagner um 1900) vorbei. Das Unternehmen bietet Fahrten ab eineinhalb Stunden Länge an, auch solche in den Sonnenuntergang.

Stadtspaziergänge

Verliebt in Wien (☎ 889 28 06; www.verliebtinwien.at; Erw./Kind 12/6 €; Juni–Okt.; U1, U2, U4 Karlsplatz, D, 1, 2, 59A, 62) Margarete Kirschner bietet verschiedene Stadtspaziergänge zu Themen wie mittelalterliches Wien, Jugendstil, Hundertwasser und moderne Architektur an. Die Führungen dauern rund eineinhalb bis zwei Stunden und beginnen vor dem Büro von Tourist Info Wien (S. 253). Direkt oder über das Hotel buchen!

Vienna Tour Guides (☎ 876 71 11; www.wienguide.at; Erw. /Kind 14/7 €) Vienna Tour Guides ist ein Zusammenschluss sehr sachkundiger Stadtführer, die über sechzig verschiedene Rundgänge anbieten. Die Themenpalette reicht von der Jugendstilarchitektur bis zur jüdischen Tradition Wiens. Das monatlich erscheinende Faltblatt *Wiener Spaziergänge,* das in den Touristeninformationen (S. 253) erhältlich ist, führt alle Touren detailliert auf und nennt die Treffpunkte. Die Führungen dauern etwa eineinhalb Stunden, bei einigen kosten Busfahrscheine und Eintrittskarten extra.

Noch mehr Touren

Fiaker (20 Min./40 Min./1 Std. ca. 40/65/95 €) Die Fahrt mit einem Fiaker, einer offenen, mit zwei Pferden bespannten Kutsche, ist ziemlich touristisch. Die Kutscher tragen Melonen (auf den Köpfen!) und weisen während der Fahrt auf Sehenswürdigkeiten hin. Fiaker stehen am Stephansplatz, am Albertinaplatz und auf dem Heldenplatz vor der Hofburg.

Oldtimer-Straßenbahnen (Karte S. 60 f.; ☎ 790 91 00; www.wienerlinien.at; Erw./Kind 6/4 €; 10–18 Uhr, Juli & Aug. bis 19 Uhr; U1, U4 Schwedenplatz, 1, 2) Diese Straßenbahnen fahren die Ringstraße entlang. Man kann überall aus- und wieder einsteigen, und während der Fahrt gibt es Video- und Audiokommentare. Es gibt auch Fahrkarten zu kaufen, die z. B. 24 Stunden lang für alle öffentlichen Verkehrsmittel gelten. Schwedenplatz ist die Start- bzw. Endhaltestelle (Abfahrt ist stündlich um Viertel vor und Viertel nach; die gesamte Tour ohne Aussteigen dauert 24 Minuten). Die erste Tour des Tages beginnt allerdings an der Staatsoper! Wer das Ganze billiger haben möchte und keinen Wert auf die Videos legt, macht die Tour auf eigene Faust (S. 134).

City Segway Tours (Karte S. 60 f.; ☎ 729 72 34; www.citysegwaytours.com/vienna; www.pedalpower.at; Tour Erw. 70 €; April–Okt.; U1, U2, U4 Karlsplatz, D, 1, 2, 59A, 62) Pedal Power (die auch Fahrradtouren in und rund um Wien durchführen; Details finden sich im Kapitel „Sport & Aktivitäten", S. 213) veranstalten Fahrten mit Segways ab der Staatsoper, bei denen sie die Highlights der Stadt (Ringstraße, Rathaus, Hofburg etc.) abklappern. Das Ganze sieht ein bisschen witzig aus, funktioniert aber prima. Die Veranstalter passen auch extra auf, dass die Teilnehmer die Gefährte beherrschen, bevor es losgeht.

GELD

Seit 1. Januar 2002 ist der Euro in Österreich Zahlungsmittel.

Geldautomaten

Die meisten Wiener Banken verfügen über einen Geldautomaten, an dem man mit einer Kredit- oder Maestro-Karte (EC-Karte) Geld abheben kann. Zu erkennen sind sie am grünblauen Schild „Bankomat". Geldautomaten gibt es auch in den großen Bahnhöfen und am Flughafen.

Vor Abreise sollte man sich bei seiner Hausbank nach den bei einer Geldauszahlung anfallenden Gebühren erkundigen. Die österreichische Bank verlangt normalerweise keine Provision.

Geld wechseln

Schweizer Franken tauscht man am besten bei Banken um, doch es lohnt sich, die Wechselkurse und Gebühren zu vergleichen. Da bei jedem Wechsel eine Mindestgebühr von 2 bis 3,50 € anfällt, ist es günstiger, größere Geldbeträge auf einmal zu tauschen.

In der Inneren Stadt, besonders am Stephansplatz und in der Kärntner Straße, gibt es zudem jede Menge Wechselstuben. Die Gebühren sind mit denen von Banken vergleichbar, aber der Wechselkurs ist oft wesentlich schlechter.

American Express (Karte S. 60 f.; ☎ 515 400-40; www.americanexpress.com; 1., Kärntner Straße 21–23; Mo–Fr 9–17.30, Sa 10–15 Uhr) wechselt nicht nur Bargeld, sondern verfügt auch über eine Reise- und Finanzabteilung und bewahrt für Kunden von American Express Post (keine Pakete) kostenlos bis zu einen Monat lang auf.

Kreditkarten

Visa und MasterCard sind die gängigsten Kreditkarten. Eine große Zahl von Geschäften und Restaurants nimmt überhaupt keine Kreditkarten. Nur besonders vornehme Läden und Restaurants sowie Hotels akzeptieren Kreditkarten. In den großen Bahnhöfen lassen sich auch Zugfahrkarten bargeldlos bezahlen.

Der Verlust oder Diebstahl der Kreditkarte ist unter folgenden Nummern zu melden:

MasterCard ☎ 0800 218 235

Visa ☎ 0800 200 288

INTERNETZUGANG

Wer Wien besucht, muss keine Angst haben, vom Rest der Welt abgekapselt zu sein: In der ganzen Stadt kann man problemlos E-Mails abrufen und abschicken. In vielen großen Straßen, die vom Stadtzentrum in die äußeren Bezirke führen, finden sich billige – manchmal etwas heruntergekommene – Internetcafés zuhauf. Außerdem bieten eine Menge Kaffeehäuser, Cafés und manche Bars Internet zum kleinen Preis oder kostenlos an. Nach WLAN-Hotspots Ausschau halten! Die Spitzenklassehotels verfügen über drahtlose Internetanschlüsse bzw. Kabel. In Österreich gibt es derzeit keine Möglichkeiten, Kurzzeitverträge mit einem Internetprovider abzuschließen (Mindestlaufzeit: zwölf Monate). Mit Stick surfen geht aber – nachfragen!

Zum Zeitpunkt der Recherchen waren in Wien knapp 200 WLAN-Hotspots verfügbar. Die Standorte sind auf der Website der Wiener Stadtverwaltung (http://www.wien.gv.at/ma14/pia/index.html) aufgelistet. Außerdem bietet www.freewave.at/hotspots eine Liste der Hotspots in der Stadt an.

KARTEN & STADTPLÄNE

Im Prinzip reicht der bei der Touristeninformation kostenlos erhältliche Stadtplan völlig aus. In ihm sind alle Bus-, Straßen- und U-Bahn-Linien eingezeichnet. Außerdem enthält er den Netzplan der U-Bahn und listet die wichtigsten Sehenswürdigkeiten auf. Der Detailplan der Inneren Stadt sorgt für Übersicht. Wer allerdings ein Straßenverzeichnis benötigt, muss einen „richtigen" Stadtplan kaufen. Der gefaltete „Falk Cityplan Extra. Wien" im Maßstab 1 : 15 000 ist sehr detailliert und in vielen Buchläden vorrätig.

KINDER

Lange Zeit sagte man den Wienern nach, dass sie ihre Hunde mehr liebten als ihre Kinder. Das hat sich in den letzten Jahren geändert. Entsprechend wurden auch öffentliche Einrichtungen an die Bedürfnisse von Kindern und Eltern angepasst. Neue Straßenbahnwagen sind – im Gegensatz zu den alten – kein unüberwindbares Hindernis mehr für Kinderwagen und Buggy. Gleiches gilt für die U-Bahnen und Busse, wo für Kids ermäßigte Preise gelten (s. S. 244). Kindermenüs in Restaurants und kostenlose Übernachtungen für Kinder unter zwölf Jahren im Zimmer der Eltern sind mittlerweile fast Standard. Stillen in der Öffentlichkeit und ausreichende Wickelmöglichkeiten sind kein Thema mehr. Für Eltern und ihre Sprösslinge gibt es sogar ein spezielles Informationsbüro namens WienXtra-Kinderinfo (S. 253). Mehr Probleme kann es bereiten, einen Babysitter zu organisieren. Am besten erkundigt man sich an der Rezeption im Hotel.

Im Kapitel „Sehenswertes" sind weitere Angebote aufgeführt. Da findet sich außerdem eine Auswahl der Highlights für Kinder (S. 64).

Nützliche Tipps für Reisen mit Kindern gibt auch Cathy Lanigan in *Lonely Planet's Travel with Children*.

KLIMA

Österreich liegt in der kühlgemäßigten Klimazone Mitteleuropas, ist jedoch vor allem im Osten, also auch in Wien, vom kontinentalen Klima des Pannonischen Beckens geprägt. Die Durchschnittstemperaturen im Juli liegen bei knapp 20 °C, die jährliche Niederschlagsmenge beträgt im Mittel um die 600 mm.

Die Temperaturunterschiede zwischen Tag und Nacht sowie Sommer und Winter sind größer als im Westen Österreichs. Da es

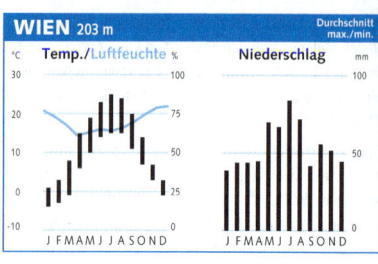

im Juli und August sehr heiß werden kann, wählen Hitzeempfindliche besser ein Zimmer mit Klimaanlage. Im Winter und vor allem im Januar ist es dagegen frostig kalt, weshalb man lieber einen warmen Pullover mehr einpacken sollte. Der Westwind bringt oft feuchte Luft, das ganze Jahr über wehen zudem immer wieder Föhnwinde über die Alpenkämme. Die meisten Niederschläge fallen zwischen Mai und August, in den letzten Jahren trat dabei die Donau immer wieder über ihre Ufer.

KOCHKURSE

Informationen zu Kochkursen finden sich im Kapitel „Essen" (S. 161).

MEDIZINISCHE VERSORGUNG

Ärztliche Behandlung im Notfall ist für Deutsche und Schweizer kostenlos. Medikamente, Arztbesuche und nicht notfallindizierte Behandlungen müssen jedoch grundsätzlich bezahlt werden. Deutsche müssen dank der europäischen Krankenversicherungskarte aber meist nur für eine Selbstbeteiligung aufkommen. Eine Reisekrankenversicherung, die z. B. auch den Rücktransport abdeckt, ist – vor allem für Schweizer – eine Überlegung wert.

Wer in Wien leben und arbeiten möchte, sollte sich bei der Gebietskrankenkasse (Karte S. 53 f.; ☎ 601 22-0; www.wgkk.at; 10., Wienerbergstraße 15–19; ◷ Mo–Mi & Fr 7.30–14, Do 7.30–16 Uhr) versichern.

Notaufnahme

In den folgenden Krankenhäusern ist die Notaufnahme jeden Tag rund um die Uhr besetzt:

Allgemeines Krankenhaus (Karte S. 100 f.; ☎ 404 00; www.akhwien.at; 9.; Währinger Gürtel 18–20; Ⓤ U6 Michelbeuern-AKH, 🚊 5, 33)

Unfallkrankenhaus Lorenz Böhler (Karte S. 118 f.; ☎ 331 10; www.ukhboehler.at; 20., Donaueschingenstraße 13; Ⓤ U6 Dresdener Straße, 🚌 5A, 37A)

Unfallkrankenhaus Meidling (Karte S. 53 f.; ☎ 601 50-0; 12., Kundratstraße 37)

Infos über Bereitschaftsapotheken mit Nachtdienst gibt es unter ☎ 1550.

NOTFALL

Wichtige Rufnummern im Notfall:

Ambulanz/Rettung ☎ 144
Feuerwehr ☎ 122
Polizei ☎ 133

ÖFFNUNGSZEITEN

Banken Mo–Fr 8 od. 9–15, Do bis 17.30 Uhr; kleinere Filialen 12.30–13.30 Uhr geschl.

Cafés 7–24 Uhr.

Postämter Mo–Fr 8–12 & 14–18, einige auch Sa 8–12 Uhr. Das Hauptpostamt (Karte S. 60 f.; 1., Fleischmarkt 19) hat keine Mittagspause und ebenso wie das Postamt im Franz-Josefs-Bahnhof verlängerte Öffnungszeiten.

Kneipen und Clubs Unterschiedliche Öffnungszeiten. Werktags schließen sie normalerweise zwischen 0 und 4 Uhr morgens.

Restaurants Normalerweise 11–15 & 18–23 od. 24 Uhr.

Bürozeiten Normalerweise Mo–Fr 8–17 Uhr.

Geschäfte Meist Mo–Fr 9–18.30, Sa bis 17 Uhr, einige Do & Fr bis 21 Uhr.

Supermärkte Mo–Fr 7.30 od. 8–18 od. 19 Uhr, Sa bis 17 Uhr, So geschl.

POST

Die österreichische Post (www.post.at) ist zuverlässig und kundenfreundlich. Postämter und die gelben Briefkästen gibt es an jeder Ecke, Briefmarken in jedem Tabakladen. Postkarten und Briefe (bis 20 g) in die Nachbarländer kosten 0,55 €. Eine Briefsendung darf maximal 2 kg wiegen. Was schwerer ist, wird als Paket verschickt (ab 5,27 € innerhalb Österreichs, ab 14,33 € ins Ausland).

Postlagernde Sendungen lassen sich an jedes Postamt schicken und werden dort einen Monat lang aufbewahrt. Zum Abholen ist der Personalausweis vorzulegen.

Diese Postämter haben länger geöffnet:

Postamt im Franz-Josefs-Bahnhof (Karte S. 100 f.; 9., Althanstraße 10; ☺ Mo–Fr 7–20, Sa & So 9–14 Uhr)

Hauptpostamt (Karte S. 60 f.; ☎ 0577 677 1010; 1., Fleischmarkt 19; ☺ Mo–Fr 7–22, Sa & So 9–22 Uhr)

RADIO

Der Österreichische Rundfunk betreibt drei landesweit empfangbare Radiosender: Ö1 (87,8 & 92,0 MHz) sendet einen anspruchsvollen Mix aus klassischer Musik, Literatur und Wissenschaft, der kommerziellere Ö3 (99,9 MHz) Popmusik. FM4 (UKW 103,8) ist der beste Sender für Rock- und Popmusik und aktuelle Berichte; allerdings sendet er von 1 bis 14 Uhr in Englisch, und auch die stündlichen Nachrichten von 6 bis 19 Uhr sind englischsprachig. Ebenfalls öffentlich-rechtlich ist Radio Wien (89,9 & 95,3 MHz).

REISEN MIT BEHINDERUNG

Wien ist relativ gut, wenn auch nicht durchgängig, auf Reisende mit Behinderungen eingestellt. Rampen sind vielerorts, aber noch nicht überall vorhanden. Die meisten U-Bahn-Stationen verfügen über Aufzüge, die auch für Rollstuhlfahrer geeignet sind. Manche Busse können „in die Knie" gehen, die neueren Straßenbahnen sind mit Niederflurwagen ausgestattet. Viele, aber längst nicht alle Ampeln geben auch akustische Signale von sich.

Der Wiener Tourismusverband hält Tipps und Informationen bereit. In seiner ausführlichen Broschüre *Wien für Gäste mit Handicaps* sind behindertengerechte Hotels, Cafés und Restaurants, Parkplätze und öffentliche Toiletten sowie Krankenhäuser, Sanitätsgeschäfte u. v. m. aufgeführt. Die Broschüre und weitere Auskünfte erhält man per E-Mail bei info@wien.info.

Organisationen

Bizeps (Karte S. 90 f.; ☎ 523 89 21; www.bizeps.at; 7., Kaiserstraße 55/3/4a; ☺ Mo–Do 10–16, Fr 10–13 Uhr nach Vereinbarung) Das Zentrum bietet Unterstützung und Hilfe zur Selbsthilfe für Behinderte und gibt den Wiener Lokalführer *Essen mit wenigen Hindernissen* heraus.

Faktor i (Karte S. 90 f.; ☎ 274 92 74; www.faktori.wuk.at; 5., Rechte Wienzeile 81; ☺ Mo & Di 13–17, Do 9–19 Uhr, telefonische Auskunft ☺ Mo & Di 9–17, Mi 9–13, Do 9–19 Uhr) Will mit seinem Informationsangebot besonders junge Behinderte ansprechen.

SCHWULE & LESBEN

Mehr noch als andere Österreicher sind die Wiener Schwulen und Lesben gegenüber relativ aufgeschlossen, Übergriffe auf Homosexuelle gibt es nahezu keine (ganz im Gegensatz zu angeblich „liberaleren" Städten wie Amsterdam oder Berlin). Die Situation von Homosexuellen verbessert sich kontinuierlich, seit der restriktive § 209 2003 aufgehoben wurde, der das Alter für rechtswidrigen Geschlechtsverkehr zwischen Männern auf 18 (gegenüber 14 für Heteros) festlegte. Für Sex zwischen Frauen gibt es keine Altersbeschränkung: Der Gesetzgeber ging wohl davon aus, dass kein nennenswerter Unterschied zwischen „harmlosen Berührungen" und Intimkontakt besteht. Obwohl Lesben diese fehlende Restriktion begrüßen, empfinden sie sie doch als typisch (männliche) Leugnung weiblicher Sexualität.

Infomaterial über die schwullesbische Szene gibt es in Hülle und Fülle. Der Wiener Tourismusverband veröffentlicht den *Queer Guide*, einen Stadtführer für homosexuelle Gäste, in dem Schwulenbars und -restaurants, Hotels und Festivals aufgelistet sind. Passend dazu gibt's den Stadtplan *Gay Guide*, in dem alle einschlägigen Orte eingezeichnet sind. Führer und Stadtplan erhält man kostenlos bei der Tourist-Info Wien (S. 253), bei einer der auf S. 252 aufgeführten Organisationen und in vielen schwullesbischen Lokalen in ganz Wien. Die kostenlose Monatszeitschrift *Xtra* (www.xtra-news.at) enthält aktuelle Infos, Berichte und Hinweise zu Veranstaltungen. Auch auf den Internetseiten www.gayboy.at, www.rainbow.or.at und www.gaynet.at finden sich ausführliche Informationen zur Szene und aktuelle Veranstaltungstipps.

Über die fest im Kalender verankerten Veranstaltungen wie der Regenbogen-Parade, dem Life Ball und dem Wiener Queer Film Festival (Identities) gibt S. 16 Auskunft. Schwullesbische Bars und Clubs sind im Kapitel „Ausgehen & Nachtleben" (S. 181) aufgeführt.

Organisationen

Homosexuelle Initiative Wien (HOSI; Karte S. 118 f.; ☎ 216 66 04; www.hosiwien.at; 2., Novaragasse 40; Di & Mi ab 19, Do ab 17.30, Fr ab 21 Uhr, Juli & Aug. geschl.) Wichtigste politische Interessenvertretung für Schwule und Lesben, die in ihrem Zentrum regelmäßig Veranstaltungen organisiert.

Rosa Lila Villa (Karte S. 90 f.; www.villa.at; 6., Linke Wienzeile 102) Wahrscheinlich die beste Adresse für Infos zur Szene. Die Villa unterhält eine Telefonseelsorge, eine Bibliothek und erteilt Ratschläge zum Angebot in der Stadt. Es existieren eine separate Lesbenberatung (☎ 586 81 50; Mo, Mi & Fr 17–20 Uhr) und eine Schwulenberatung (☎ 585 43 43; Mo–Fr 17–20, Mi 13–20 Uhr).

SICHERHEIT

In Europa gibt es kaum eine sicherere Hauptstadt als Wien. Selbst nachts können Frauen alleine nach Hause gehen oder ältere Leute ihren Hund Gassi führen. Wenn überhaupt, werden Touristen nur Opfer von Taschendieben, vor allem auf dem Naschmarkt, der Mariahilfer Straße und in überfüllten öffentlichen Verkehrsmitteln.

Nichtsdestotrotz gibt es Orte, an denen man ein bisschen mehr aufpassen muss, besonders nachts. Die U-Bahn-Stationen Karlsplatz und Gumpendorfer Straße sind bekannt dafür, dass hier gerne mal Leute mit der Flasche in der Hand herumhängen oder -torkeln. Manchmal trifft man hier auch auf Bewusstlose oder Typen, die grundlos rumschreien. Die Haltestellen Prater und Praterstern können nachts ein bisschen heikel sein, das ändert sich aber so langsam. Der Südtiroler Platz und die S- und Straßenbahnhaltestellen in Margareten und am Wiedner Gürtel sind abends ebenfalls keine guten Stellen. Ein großer Teil des Gürtels um die Innere Stadt ist mit Bordellen gesprenkelt, aber nördlich des Westbahnhofs gibt es die meisten. Frauen werden sich eventuell im Bereich des Neubaugürtels nicht besonders wohl fühlen, aber normalerweise passiert da nichts, besonders wenn sie sich in Richtung Thaliastraße bewegen, wo das Nachtleben brummt.

TELEFON

Die Vorwahl für Österreich ist ☎ 0043, für Wien ☎ 01. Alle mit ☎ 0800 oder 0810 beginnenden Telefonnummern sind gebührenfrei, während ☎ 0900-Gespräche minutenweise abgerechnet werden. Bei Anrufen aus dem Ausland wird die 0 der Ortsvorwahl weggelassen. Die Hauptstelle der Wiener Tourist-Info erreicht man also z. B. unter ☎ 0043 1 211 14 555. Wer innerhalb Wiens ein Ortsgespräch führen möchte, lässt die Ortsvorwahl weg, es sei denn, das Gespräch wird vom Handy aus geführt. Die nationale Telefonauskunft hat die Nummer ☎ 11 88 77, die internationale die ☎ 0900 11 88 77.

Die Telekom Austria (☎ 0800-100 100; www.telekom.at) als größte österreichische Telefongesellschaft betreibt eine Menge öffentliche Fernsprecher in ganz Wien, die mit Münzen und Telefonkarten funktionieren. Für ein Ortsgespräch werden mindestens 0,20 € fällig. In vielen Postämtern gibt es Telefonzellen für nationale und internationale Ferngespräche. Montags bis freitags von 18 bis 8 Uhr und am Wochenende telefoniert man günstiger. Billige Tarife bieten Telefonshops und Callcenter, die sich vor allem in den Außenbezirken Wiens befinden.

Handys

Österreichische Mobiltelefonnummern beginnen mit ☎ 0699, ☎ 0676, ☎ 0664, ☎ 0660 und ☎ 0650. Verschiedene Mobilfunkanbieter verkaufen Prepaid-SIM-Karten mit einem Gesprächsguthaben; am besten erkundigt man sich auch bei den kleineren Anbietern nach einem günstigen Angebot. Die Guthaben können in Supermärkten und Tabakläden aufgeladen werden (20 od. 40 €). Über bestehende Roaming-Abkommen mit dem heimischen Anbieter informiert man sich am besten vor der Abreise. Österreichische SIM-Karten funktionieren natürlich nur in Handys ohne SIM-Lock.

Telefonkarten

Es gibt eine große Auswahl nationaler und internationaler Telefonkarten, mit denen es sich bargeld- und problemlos von öffentlichen Fernsprechern telefonieren lässt. Teilweise bekommt man sogar zusätzliche Gesprächsminuten geschenkt.

TOURISTENINFORMATION

Flughafen-Informationsbüro (◐ 6–11 Uhr) Befindet sich in der Ankunftshalle.

Jugendinfo (Karte S. 60 f.; ☎ 1799; www.jugendinfo wien.at; 1., Babenbergerstraße 1; ◐ Mo–Sa 12–19 Uhr) für junge Leute zwischen 14 und 26, die dort ermäßigte Eintrittskarten für diverse Veranstaltungen bekommen. Das Personal ist über Events in der Stadt bestens informiert und kennt auch die Locations, von denen aus man im Internet surfen kann.

Niederösterreich-Werbung (Karte S. 60 f.; ☎ 536 100; www.niederoesterreich.at; 1., Fischhof 3/3; ◐ Mo–Do 8.30–17, Fr 8.30–16 Uhr) bietet Infomaterial über das benachbarte Bundesland Niederösterreich an.

Informationsbüro der Stadt Wien im Rathaus (Karte S. 60 f.; ☎ 525 50; www.wien.gv.at; 1., Rathaus; ◐ Mo–Fr 8–18 Uhr) Erteilt umfassende Informationen zu den Themen Soziales, Kulturelles und Praktisches. An dem Infoterminal können nützliche Auskünfte direkt abgefragt werden.

Tourist-Info Wien (Karte S. 60 f.; ☎ 211 14; www. wien.info; 1., Albertinaplatz; ◐ 9–19 Uhr) Die größte Touristeninformation in Wien. Verkauft Eintritts- und Wien-Karten, bucht Hotelzimmer und verteilt kostenlose Stadtpläne und jede Menge Prospekte und Broschüren.

WienXtra-Kinderinfo (Karte S. 90 f.; ☎ 4000 84 400; www.kinderinfowien.at; 7., Museumsplatz 1; ◐ Di–Do 14–19, Fr–So 10–17 Uhr) Richtet sich zunächst an die Kleinen – ja, daher die kniehohen Schaukästen – und dann erst an deren Eltern. In dem kinderfreundlichen Büro, das auch einen kleinen Indoor-Spielplatz hat, erfährt man alles über spezielle Attraktionen und Veranstaltungen für Kids.

VISA

Im Prinzip können sich EU-Bürger und Schweizer unbegrenzt lange in Österreich aufhalten, sind jedoch in diesem Fall per Gesetz verpflichtet, sich beim Meldeservice des zuständigen Gemeindeamtes anzumelden.

Grenzkontrollen an den deutsch-österreichischen Grenzen entfallen seit Inkrafttreten des Schengener Abkommens. Es empfiehlt sich dennoch, ein gültiges Reisedokument (Personalausweis genügt) dabeizuhaben, da immer noch Stichproben durchgeführt werden. Schweizer benötigen einen gültigen Personalausweis.

TRINKGELD

Trinkgeld ist ein wichtiger Bestandteil der Wiener Gastroszene und wird in Restaurants, Bars, Cafés und Taxis immer erwartet (selbst wenn man nur ein Bier an der Theke trinkt). Kleinere Rechnungen in Lokalen werden normalerweise auf die nächsten 50 Cent oder den nächsten Euro aufgerundet. In Restaurants und Taxis ist ein Trinkgeld in Höhe von 10 % des Rechnungsbetrags üblich. Man gibt es mit dem Rechnungsbetrag zusammen und lässt es nicht etwa auf dem Tisch liegen. Auch Hotelangestellte, Friseure, Portiers, Garderoben- und Toilettenfrauen, Zimmermädchen und Fremdenführer freuen sich über 1 oder 2 € extra.

War der Service allerdings schlecht, kann man sich auch mal das Rückgeld auf den Cent genau rausgeben lassen.

ZEITUNGEN & ZEITSCHRIFTEN

Unter den österreichischen Tageszeitungen hat die im Zeitschriftenformat erscheinende *Neue Kronenzeitung* bei Weitem die höchste Auflage, trotz oder gerade wegen ihrer sensationslüsternen, durch und durch subjektiven Berichterstattung. Zu den seriösen Blättern gehören der linksliberale *Standard* und die konservative *Presse*. Unerlässlich für die Programmplanung eines Wien-Besuchs ist das Stadtmagazin *Der Falter*, das auch mit pointierter politischer und sozialkritischer Berichterstattung aufwartet. Das Magazin mit seitenlangen Veranstaltungstipps erscheint jeden Mittwoch. *City* ist die preisgünstigere, abgespeckte Version des *Falters* ohne jede Politik und mit wesentlich weniger Veranstaltungshinweisen. Die Monatszeitschrift *Augustin* wird mithilfe von Obdachlosen produziert und unters Volk gebracht, denen dann auch ein Teil des Zeitschriftenerlöses zugute kommt.

ZOLL

Auch innerhalb der EU-Länder bestehen immer noch Höchstgrenzen für die steuerfreie Mitnahme von Alkohol und Tabak. Diese sind jedoch recht hoch: EU-Bürger dürfen 800 Zigaretten, 200 Zigarren und 1 kg Tabak sowie 10 l Spirituosen, 90 l Wein, 110 l Bier und 20 l sonstigen Alkohol ausführen. Für Schweizer liegen die Höchstgrenzen bei 200 Zigaretten, 50 Zigarren oder 250 g Tabak, an alkoholischen Getränken dürfen maximal 2 l Wein oder Bier und 1 l Spirituosen im Reisegepäck sein.

Aufgepasst: Waffen, Fleisch, Tierprodukte und bestimmte Pflanzen unterliegen in Österreich besonders strengen Ein- und Ausfuhrbestimmungen!

HINTER DEN KULISSEN

ÜBER DIESES BUCH

Die 2. deutschsprachige Auflage von *Wien* basiert auf der mittlerweile 6. englischsprachigen Auflage von *Vienna*. Sie wurde von Anthony Haywood und Caroline Sieg recherchiert und geschrieben. Für die vorangegangene Ausgabe war Neal Bedford zuständig, und Janine Eberle unterstützte ihn. Die er Reiseführer wurde vom Lonely Planet Büro in London in Auftrag gegeben, von Cambridge Publishing Management Ltd. in Großbritannien gesetzt und unter Mitwirkung folgender Personen produziert:

Verantwortliche Redakteurin Paula Hardy

Leitende Redakteurinnen Karen Beaulah, Kirsten Rawlings

Leitender Kartograf David Kemp

Leitende Layoutdesignerin Julie Crane

Redaktion Bruce Evans, Laura Stansfeld

Kartografie Corey Hutchison, Herman So

Layoutdesign Celia Wood

Redaktionsassistenz Kim Hutchins, Scarlett O'Hara, Ceinwen Sinclair, Angela Tinson, Saralinda Turner, Kelly Walker

Kartografieassistenz Csanad Csutoros

Umschlagdesigner Pepi Bluck, lonelyplanetimages.com

Bildrecherche Aude Vauconsant, lonelyplanetimages.com

Farbgestaltung Julie Crane

Register Marie Lorimer

Projektmanagement Imogen Bannister

Dank an Helen Christinis, Melanie Dankel, Michelle Glynn, Michala Green, Carol Jackson, Lisa Knights, Katie Lynch, Jo Potts, Averil Robertson

Titelfotos Gelbes Restaurant in Grinzing, David Ryan (oben); Fiaker vor dem Relief von Karl dem Großen an der Peterskirche, Witold Skrypczak (unten)

Fotos im Innenteil
Sofern nicht anders vermerkt, halten die jeweiligen Fotografen sämtliche Rechte an den abgedruckten Abbildungen. Viele der Fotos aus diesem Reiseführer können bei Lonely Planet Images (www.lonelyplanetimages.com) lizensiert werden.

Dank an das Hundertwasser-Archiv in Wien (2010) für die Genehmigung zum Abdruck von Werken Friedensreich Hundertwassers.

DANK DER AUTOREN
ANTHONY HAYWOOD

Über Wien zu recherchieren und zu schreiben, ist immer ein Genuss. Danken möchte ich Michaela Egger (und ihren drei Katzen) in Penzing für ihren professionellen Rat und ihre Hilfe bei der einen oder anderen Sache, Nina Kallina vom Liechtenstein-Museum für einige Berichtigungen, Neal Bedford für die

DIE LONELY PLANET STORY

Am Küchentisch fing alles an – nachdem Tony und Maureen Wheeler 1972 eine lange, abenteuerliche Reise durch Europa, Asien und Australien unternommen hatten, trugen sie all ihre Informationen und Notizen zusammen. So entstand der erste Lonely Planet Reiseführer *Across Asia on the Cheap*.

Der Reiseführer wurde von Travellern geradezu verschlungen. Ermutigt durch ihren Erfolg, veröffentlichten die Wheelers weitere Bücher über Südostasien, Indien und andere Länder. Die Nachfrage war so ungeheuerlich groß, dass die Wheelers ihr Unternehmen erweiterten. Über die Jahre deckten sie mit ihrer Reiseliteratur den ganzen Globus ab und sie dehnten ihre Berichterstattung auf die virtuelle Welt von lonelyplanet.com und das Lonely Planet Messageboard *Thorn Tree* aus.

Lonely Planet wurde ein immer beliebterer Reisebuchverlag und Tony und Maureen konnten sich vor Aufträgen kaum mehr retten. Doch erst 2007 fanden sie einen verlässlichen Partner, bei dem sie sich sicher sein konnten, dass er dem Prinzip abenteuerlustiger, aber umweltbewusster Reisen treu blieb. Im Oktober dieses Jahres erwarb BBC Worldwide 75 % der Anteile von Lonely Planet, mit dem Versprechen, die Grundsätze unabhängiges Reisen, vertrauenswürdige Auskünfte und redaktionelle Unabhängigkeit aufrechtzuerhalten.

Heute hat Lonely Planet Büros in Melbourne (Australien), London und Oakland (USA) mit über 500 Mitarbeitern und 300 Autoren. Tony und Maureen engagieren sich immer noch aktiv bei Lonely Planet. Sie reisen mehr als je zuvor und in ihrer Freizeit widmen sie sich wohltätigen Projekten. Das Unternehmen wird nach wie vor von der Philosophie von *Across Asia on the Cheap* getragen: „Wichtig ist, dass du dich entscheidest zu gehen, dann hast du den härtesten Teil geschafft. Also, los geht's!"

ausgezeichnete letzte *Wien*-Ausgabe und seine guten Tipps zu diesem Buch, Mark Honan für die vorangegangenen Ausgaben sowie Edith Kneifl für das Interview und dafür, dass sie mir Margareten gezeigt hat. Danke an Frau Scholz-Strasser und Herrn Nömaier vom Sigmund-Freud-Museum, an Andreas Gugumuck von der Wiener Schnecke für das Interview, an Robert Paget und seine Familie in Diendorf für Tipps und Hintergrundinfos und an das Personal der verschiedenen Touristeninformationen (vor allem an Marta Zeplaki in Krems) für ihre wertvolle Unterstützung. Bei Lonely Planet danke ich herzlich meiner Kollegin Caroline Sieg, der verantwortlichen Redakteurin Paula Hardy, Craig Kilburn und Imogen Bannister, Herman So und Owen Eszeki in der Kartografie, Sally Schafer sowie Laura Stansfeld in unserem Melbourner Büro. Mein Dank gilt auch Sylvia, die hier immer die Stellung gehalten hat, und Freddie, der mir beim Schreiben immer ein samtpfotiger Kamerad gewesen ist.

CAROLINE SIEG
Danke, Mom und Dad, dass ihr in mir den lebenslangen Spaß am Reisen geweckt habt. Vielen Dank an Paula Hardy dafür, dass sie mir diesen Auftrag gegeben hat. Ich danke auch Anthony Haywood, der nie seinen Sinn für Humor verliert. Und Rafed & Company verdanke ich ein paar tolle Abende in der Stadt, weil sie mir gezeigt haben, wie echte Wiener Party machen. Danken will ich auch Neal Bedford für seine wertvollen Infos und Empfehlungen. Und nicht zuletzt: Jules, du bist der größte Wien-Fan, den ich kenne, und der beste Freund, den man sich wünschen kann.

DANK VON LONELY PLANET
Wir danken allen Lesern, die uns auf die letzte Auflage hin hilfreiche Hinweise, nützliche Ratschläge und interessante Anekdoten schickten:

WIR FREUEN UNS ÜBER EIN FEEDBACK

Post von Travellern zu bekommen, ist für uns ungemein hilfreich – Kritik und Anregungen halten uns auf dem Laufenden und helfen, unsere Bücher zu verbessern. Unser reiseerfahrenes Team liest alle Zuschriften genau durch, um zu erfahren, was an unseren Reiseführern gut und was schlecht ist. Wir können solche Post zwar nicht individuell beantworten, aber jedes Feedback wird garantiert schnurstracks an die jeweiligen Autoren weitergeleitet, rechtzeitig vor der nächsten Nachauflage.

Wer uns schreiben will, erreicht uns über www.lonelyplanet.de/kontakt.

Hinweis: Da wir Beiträge möglicherweise in Lonely Planet Produkten (Reiseführer, Websites, digitale Medien) veröffentlichen, gegebenenfalls auch in gekürzter Form, bitten wir um Mitteilung, falls ein Kommentar nicht veröffentlicht oder ein Name nicht genannt werden soll. Wer Näheres über unsere Datenschutzpolitik wissen will, erfährt das unter www.lonelyplanet.com/privacy.

Yoram Adriaanse, Graham Anderson, Sara Atwater, Benjamin Blaise, Ryan Bushek, Jessica Carino, Marie Cochrane, Derek Cross, Nick Dorra, Michael Fischer, Asmaa Ghonedale, Adam Goss, Dominique Goubau, Judy Gourley, Anna-Clar Holmberg, Lukas Kaelin, Halley Ketchum, Vasilis Kyriazopoulos, Theresa Lingg, Uwe Meggers, Brian Morgan, Gunnar Narvehed, Brankica Opsenica, Shyam Parameswaran, Mike Piechura, Michael Raffaele, Loredana Rossi, Sally Rowell, Liz Smeeton, Peter Strowi, Engin Tanis, Ine Wagner, Dieter Zakel

QUELLENNACHWEIS
Vielen Dank an das Wiener Hundertwasser-Archiv (2010) für die Genehmigung zum Abdruck von Werken Friedensreich Hundertwassers.

Notizen

Notizen

Notizen

REGISTER

S. auch die gesonderten Register für:

Ausgehen	S. 262
Essen	S. 263
Nachtleben	S. 263
Sehenswertes	S. 264
Shoppen	S. 265
Top Picks	S. 265
Unterhaltung	S. 265
Unterkunft	S. 265
GreenDex	S. 267

A
Aktionismus 45
Aktivitäten 214–217
Albertina 75
Albertinaplatz 68
Alkohol 193
Alsergrund 102–106
Alte Donau 121
Altes AKH 98–102, 155
Amalienbad 216
Ambulanz 251
Ankeruhr am Hohen Markt 82
Anschluss 30
Apartments *siehe* Mietwohnungen
Arbeiten in Wien 247
Architektur 36–46
Architekturzentrum Wien 95
Argus Bike Festival 16
Auktionshäuser 149
Ausflüge 231–232
Auto, Reisen mit dem 243

B
Babenberger 21–23
BahnhofCity 33
Bahnhöfe 246
Banken 251
Barock 38–39
Bars 183–184, 197; *siehe auch gesondertes Register „Ausgehen"*

000 Verweise auf Karten
000 Verweise auf Fotos

Beethoven, Ludwig van 37
Beethovenfries 67
Beethoven-Wohnung Heiligenstadt 142
Eroicahaus 143
Pasqualati-Haus 80
Beisln **6,** 160; *siehe auch gesondertes Register „Essen"*
Behinderung, Reisen mit 251
Benediktinerstift Altenburg 236
Bernhard, Thomas 48
Biedermeier 39–40
Bier 193
Bildende Künste 36–46
Bootstouren 214, 235
Botschaften 247
Brahms, Johannes 37
Bratislava 240–242, **241**
Broch, Hermann 47
Bruckner, Anton 37
Brunnenmarkt 150
Brus, Günther 42
Bücher; *siehe auch gesondertes Register „Shoppen"*
Geschichte 22
Bungeespringen 122
Burgenland 238–239
Bus, Reisen mit dem 243

C
Cafés *siehe gesondertes Register „Ausgehen"*
Christkindlmärkte 18, 155
Clubs 183–184, 197 *siehe auch gesondertes Register „Nachtleben"*
Czech, Hermann 44

D
Der Dritte Mann 47, 49
3rd Man Museum 92
Diendorf 236
Donauinsel 121, 138, **138**
Donauinselfest 17
Donaukanals, östlich des 116–123, **118–119**
Ausgehen 194
Essen 176–178
Kost' nix 121

Shoppen 155–156
Stadtspaziergang 123, **123**
Unterkunft 227
Donaustadt 121–122
Donautal 232–238
Dürnstein 237

E
Elisabeth von Österreich 28
Ermäßigungen 247
Essen 157–180; *siehe auch gesonderte Register „Essen" & „Shoppen"*
Eis 165
Kaffee & Kaffeehäuser 182–183, 187
Kochkurse 161
Märkte 166, 169, 175, 176, 177, 179
Preise 161–162
Regionale Erzeugnisse 159
Sachertorte 186
Selbstversorger 162
Spezialitäten 158–159
Vegetarier & Veganer 161
Wiener Schnitzel 158
Eugen von Savoyen 112

F
Fahrrad, Reisen mit dem *siehe* Radfahren
Falco 36
Fasching 16
Faschismus 29
Feiertage & Ferien 247
Festival Wien Modern 18
Festivals & Events 16–18
Feuerwehr 251
Fiaker 248–249
Fischer von Erlach, Johann Bernhard 38, 68, 76, 82, 86, 92, 124
Flaktürme 113
Flohmarkt 150
Floridsdorf 132
Flugzeug, Reisen mit dem 243, 245
Franz Ferdinand 28

Franz Joseph I. 28
Frauen unterwegs 247
Frauenkirchen 238
Freud, Sigmund 102–105
Frühlingsfestival 16
Fußball 217

G
Geführte Touren 247–249
Bus 248
Schiff 248
Segway 249
Shoppen 153
Straßenbahn 249
Geld 249
Geldautomaten 249
Geldwechsel 249
Geschichte 21–32
Babenberger 21
Barock 25
Erste Republik 28
Faschismus 29
Gegenreformation 25
Habsburger 23
Juden 24
Nachkriegszeit 30
Römer 21
Rotes Wien 29
Völkerwanderung 21
Gluck, Christoph Willibald 37
Graben 21, 68
Greene, Graham 49; *siehe auch Der Dritte Mann*
Großraum Wien **54–55,** 132–144
Ausgehen 195–197
Essen 178–179
Stadtspaziergang
Unterkunft 229
Gürtel 124–131, **126–127**
Ausgehen 194–195
Essen 178–179
Kost' nix 128
Shoppen 156
Stadtspaziergang 130–131, **130**
Unterkunft 228–229
Gürtel Nightwalk 18
Gusenbauers, Alfred 31

H

Habsburger 23
Haider, Jörg 31, 32, 33
Handke, Peter 48
Haneke, Michael 48, 50
Häupl, Michael 33
Haushaltswaren *siehe gesondertes Register „Shoppen"*
Hausner, Jessica 48, 50
Haydn, Joseph 37
   Haydnhaus 89
Heiliges Römisches Reich Deutscher Nation 22
Herzl, Theodor 24
Heurige 160, 183, 194; *siehe auch gesondertes Register „Ausgehen"*
Hildebrandt, Johann Lukas von 38
Hitler, Adolf 30, 86
Hofburg 69–78, **72**
   Augustinerkirche 76
   Burgkapelle 71
   Kaiserappartements 71
   Museen in der Neuen Burg 76
   Nationalbibliothek 76–77
   Schatzkammer 71
   Sisi Museum 71
   Spanische Hofreitschule 71–72
Hollein, Hans 44
Holocaust 24
Hostels 226, 229; *siehe auch gesondertes Register „Unterkunft"*
Hotels 221; *siehe auch gesondertes Register „Unterkunft"*
Hundertwasser, Friedensreich 44
Hundstrümmerl 32

I

Identities – Queer Film Festival 17
Illmitz 238
ImPulsTanz 17
Infos im Internet 19
Inlineskaten 214
Innere Stadt 57–84, **60–61**
   Ausgehen 184–188
   Essen 162–167
   Kost'nix 77
   Shoppen 146–151
   Stadtspaziergang 83–84, **84**
   Unterkunft 221–224
Internationales Akkordeon Festival 16
Internetzugang 249

J

Jazz Fest Wien 17
Jelinek, Elfriede 47, 48
Josefstadt 98–102
Jüdisches Erbe 24, 80–83
Jüdisches Viertel 80–83

K

Kaffeehäuser 182–183, 187; *siehe auch gesondertes Register „Ausgehen"*
Kahlenberg 136, **137**, 143
Kaisergruft 66–67
Kamptal 236
Kapuzinergruft *siehe Kaisergruft*
Karlskirche **2,** 86
Kärntner Straße 66–68
Karten & Stadtpläne 250
Kindern, Reisen mit 64, 87, 98, 113, 120, 129, 250
Kino 48–50, 210–212
KlangBogen-Festival 17
Klassische Musik 205–208
Kleidung *siehe gesondertes Register „Shoppen"*
Klettern 215
Klima 250
Klimt, Gustav 67
Kneifl, Edith 88
Kochkurse 161
Komponisten 37
Kraus, Karl 47
Kreditkarten 249
Krems 232–237, **234**
Krier, Robert 44
Kronprinz Rudolf 28
Kuchen 148
Kuenringerburg 237
Kunsthistorisches Museum **9,** 74–75

L

Landstraße (Bezirk) 108–115, **110–111**
   Ausgehen 193–194
   Essen 176
   Kost' nix 112
   Schlafen 227
   Unterkunft 227
Lange Nacht der Museen 18
Lang, Fritz 49, 50
Lanner, Joseph 36
Leopoldstadt 116–121
Lesbische Reisende 191, 251–252; *siehe auch gesondertes Register „Ausgehen"*
Life Ball 17
Lipizzaner **12,** 73
Literatur 46–48
Livemusik *siehe gesondertes Register „Nachtleben"*
Lobau 122
Loisium Weinwelt 236
Loos, Adolf 68

M

Mahler, Gustav 35, 37
Mariahilfer Straße 86–92
Maria Theresia 26
Märkte 150
Medien 34
Medizinische Versorgung 250–251
Mehrwertsteuer 146
Melk 237
Mietwohnungen 221, 222, 226–227, 227
Mode *siehe gesondertes Register „Shoppen"*
Moser, Kolo 41, 67, 141
Motorrad, Reisen mit dem 243
Mozart, Wolfgang Amadeus 37
   Mozartgrab 113
   Mozarthaus Wien 63
Museumsquartier 92–96
Musik 35–36, 205–208; *siehe auch gesonderte Register „Nachtleben" & „Shoppen"*
   Austropop 36
   Livemusik 199–201
Musikfilm-Festival 18
Musil, Robert 47

N

Nachtbus 245
Nachtleben 197–202; *siehe auch gesondertes Register „Nachtleben"*
Naschmarkt **7,** 87, 150
Nationalpark Donau-Auen 122
Nationalpark Neusiedler See-Seewinkel 238
Nationalsozialistische Herrschaft 29
Natur 32–33
Naturhistorisches Museum 75
Naturpark Jauerling 237
Neue Wilde 45
Neusiedl am See 238
Neusiedler See 238–239
Nördliches Wien 142–143
Notfall 250–251, 251
Nussdorf 137

O

Öffentliche Verkehrsmittel 244–245
Öffnungszeiten 146, 184, 251
Oper 205–208
Opernball 16
OsterKlang-Festival 17
Österreich-Ungarn 28
Ottensteiner Stausee 236

P

Parlament 78
Pensionen 221, 225–226, 228; *siehe auch gesondertes Register „Unterkunft"*
Pferderennen 217
Podersdorf 238
Politik 33–34
Polizei 251
Post 251
Prater 116–117
Preise 18–19
   Ausgehen 184
   Ermäßigungen 247
   Essen 161–162
   Unterkunft 221
Pröller, Ingrid 45
Pummerin 59

R

Radfahren 215, 243
Radio 251
Rainer, Arnulf 45
Rathaus 78–79
Rauchen 185
Recycling 32
Regenbogen-Parade 17
Reichart, Elisabeth 48
Reisepass 253
Reiseplanung 20
Reisezeit 16

Renaissanceschloss Rosenburg 236
Restaurants 160–161; *siehe auch Essen & gesondertes Register „Essen"*
Riesenrad **5,** 117, 140, **140**
Ringstraße 81
Römische Ruinen 69
Römisches Reich 21
Rotes Wien 29, 43
Roth, Joseph 47
Routenplaner 56
Rudolf, Kronprinz *siehe* Kronprinz
Rust 238

S
Sachertorte **10,** 186
Schiff, Reisen mit dem 246
 Geführte Touren 248
Schlegel, Eva 45
Schlingensief, Christoph 50
Schlittschuhlaufen 215–216
Schloss Belvedere 108–112
Schloss Grafenegg 236
Schloss Schallaburg 237
Schloss Schönbrunn 125
Schneckenzucht 160
Schneekugeln 154
Schnitzler, Arthur 48
Schokolade 148
Schönbrunn 124–129
Schrammelmusik 36
Schubert, Franz 37
 Schuberts Geburtshaus 105–106
 Schuberts Sterbewohnung 87
Schwarzenbergplatz 66
Schwimmen 216
Schwule Reisende 191, 251–252; *siehe auch gesondertes Register „Ausgehen"*
Secession 67
Seidl, Ulrich 50
Shoppen 145–156; *siehe einzelne Viertel & gesondertes Register „Shoppen",*
 Einkaufsmeilen 149
 Feilschen 146
 Märkte 150

000 Verweise auf Karten
000 Verweise auf Fotos

Mehrwertsteuer 146
Öffnungszeiten 146, 251
 spezielle Touren 153
Supermärkte 251
Weihnachtsmärkte 155
Sicherheit 252
Silvester 18
Skifahren 217
Soho in Ottakring 17
Spanische Hofreitschule **12,** 71–72
Spitz 237
Sport 214–218
Stadtpark 65
Stadtspaziergang
 Donaukanals, östlich des 122–123, 123
 Innere Stadt 83–84, **84**
 Landstraße 114–115, **115**
 Nordwestliche Vorstadt 106–107, **107**
 Südwesten & Gürtel 130–131, **130**
 Südwestliche Vorstadt 96–97, **97**
Stadtviertel 52–144, **54–55**
Stephansdom **4,** 58
Stephansplatz 58–62
Strache, H. C. 31, 33
Straßenbahn 245
 Geführte Touren 249
Strauss, Johann (Sohn) 35, 37
 Johann-Strauss-Denkmal 65
 Johann-Strauss-Haus 121
Strauss, Johann (Vater) 35, 37
Südliches Wien 132–141
Südwesten 124–131, **126–127**
 Ausgehen 194–195
 Essen 178–179
 Kost' nix 128
 Shoppen 156
 Stadtspaziergang 130–131, **130**
 Unterkunft 228–229

T
Tanz 208–210
Taxi 246
Telefon 252–253
Theater 208–210
Therme Wien 216

Touristeninformation 253
Trinkgeld 162, 184, 253

U
U-Bahn 245
Umwelt 19
UNO-City 122, 138, **139**
Unterhaltung *siehe gesonderte Register „Nachtleben" & „Unterkunft"*
Unterkunft 219–230
 siehe auch einzelne Viertel & gesondertes Register „Unterkunft"

V
Vegetarier & Veganer 161
Versicherung 250
Vienna City Marathon 17
Viennale 18, 210
Visa 253
VIS Vienna Independent Shorts 17
Volksstimmefest 18
Vorstadt, nordwestliche 98–107, **100–101**
 Ausgehen 191–193
 Essen 173–176
 Kost nix' 99
 Shoppen 155
 Unterkunft 226–227
Vorstadt, südwestliche 85–97, **90–91**
 Ausgehen 188–191
 Essen 167–173
 Kost nix' 94
 Shoppen 151–155
 Unterkunft 224–226
Vorwahlen 252

W
Wachau **11,** 232–238
Wagner, Otto 42
Wienzeilenhäuser 89
Waldheim, Kurt 30
Waldviertel 236
Wandern 217
Wechselkurse *siehe vordere Umschlaginnenseite*
Weihnachtsmärkte 155
Wein *siehe gesondertes Register „Shoppen"*
Weißenkirchen 237
Westliches Wien 141–142
Wiener Festwochen 17
Wiener Kongress 27
Wiener Philharmoniker 35

Wiener Sängerknaben 206
Wiener Schnitzel 158
Wienerwald 141
Wien (Großraum) *siehe* Großraum Wien
Wien-Karte 247
Wilder, Billy 49
Wotruba, Fritz 143

Z
Zeitschriften 253–254
Zeitungen 253–254
Zentralfriedhof 132
Znojmo 239–240
Zoll 254
Zug, Reisen mit dem 246
Zuschauersport 217
Zweig, Stefan 47
Zweite Wiener Schule 37

AUSGEHEN
BARS
B72 191
Blue Box 190
Café Leopold 190
Café Stein 191
Chelsea 191
Club U 184
Das Möbel 190–191
Ebert's Cocktail Bar 189
Elektro Gönner 188
Europa 191
Fluc 194
Futuregarden Bar & Art Club 188
Halbestadt Bar 192
Joanelli 188
Kunsthallencafé 188
Loos American Bar 185
Lutz 188
Mas! 191–192
Mon Ami 188
Orange One 189
Palmenhaus 184
Phil 189
Rhiz 192
Schikaneder 189
Shiraz 192
Strandbar Herrmann 193–194
Tachles 194
Tanzcafé Jenseits 189
Top Kino Bar 189
Urania 184–185
Volksgarten Pavillon 185
Wirr 191

CAFÉS & KAFFEEHÄUSER
Aida 185
Café Alt Wien 185
Café Bräunerhof 185
Café Central 185–186
Café Drechsler 190
Café Florianihof 192
Café Gloriette 194–195
Café Griensteidl 186
Café Hawelka 186
Café Hummel 192
Café Landtmann 186
Café Prückel 186
Café Rüdigerhof 190
Café Sacher 186
Café Savoy 190
Café Sperl 190
Café Tirolerhof 186
Demel 186–187
Diglas 187
Haas & Haas 187
Kleines Café 187
Oben 191

HEURIGE
10er Marie 195
Buschenschrank Huber 197
Buschenschrank Stippert 195
Eckert 195
Edlmoser 195
Esterházykeller 187
Hirt 195
Mayer am Pfarrplatz 195–196
Reinprecht 196
Schmidt 196
Sirbu 196
Weingut am Reisenberg 196
Weingut Schilling 196
Weinstube Josefstadt 192–193
Wieninger 196
Zahel 196–197
Zawodsky 197
Zwölf Apostelkeller 187–188

SCHWULEN- & LESBENBARS
Café Berg 192
Café Willendorf 190
Frauencafé 192

Lo:sch 195
Mango Bar 190

WEINBARS
Sekt Comptoir 190
vis-a-vis 188
Wein & Wasser 193

ESSEN
AMERIKANISCH
Naschmarkt Deli 170

ASIATISCH
Bangkok 172–173
Chang Asian Noodles 169–170
En 165
Gu 175
Kiang 166, 176
Kim Kocht 173
ON 170
Ra'mien 169
Saigon 169
Saigon 179
Yohm 164

BEISL
Amerlingbeisl 173
Beim Czaak 166
Figlmüller 164
Gasthaus Wickerl 174
Gasthaus Wild 176
Glacis Beisl 172
Griechenbeisl 164
Haas Beisl 168
Hollmann Salon 165
Quell 179
Schöne Perle 178
Silberwirt 168–169
Tancredi 168
Ubl 170
Zu den Zwei Liesln 172
Zum Alten Fassl 170–171

BURGER
Die Burgermacher 173

CAFÉ
Do-An 171
Kantine 173

FAST FOOD
Bagel Station 175
Point of Sale 170

FISCH
An-Do 178–179
Umar 168

FRANZÖSISCH
Aubergine 163
Restaurant Bauer 163

INTERNATIONAL
Aromat 170
Cuadro 171
Do & Co Stephansplatz 163
Gaumenspiel 171–172
Halle 172
Julius Meinl am Graben 162–163
Limes 165
Motto 167–168
Noi 178
Podium 172
Restaurant Vincent 177
Schnattl 174
Schon Schön 171
Vestibül 164
Zum Schwarzen Kameel 164

ITALIENISCH
Aurelius 163–164
Danmayr 177–178
Expedit 164
Piccini Piccolo Gourmet 168
Pizza Mari' 178
Restaurant Collio 167
Scala 174
Vapiano 169
Weinkellerei Enrico Panigl 173–174

MÄRKTE
Bauernmärkte 166, 169, 175, 176, 177, 179
Naschmarkt 87
Supermärkte 166, 169, 175, 176, 177, 179

NAHER & MITTLERER OSTEN
Curryinsel 175
Kent 179
Maschu Maschu 166
Maschu Maschu II 172
Neni 169
Pars 174–175

Restaurant Indus 176
Wiener Deewan 175–176

ÖSTERREICHISCH
Amacord 171
Bitzinger Würstelstand am Albertinaplatz 166
Flein 174
Karl Kolarik's Schweizer Haus 178
Lusthaus 178
Meierei im Stadtpark 162
Österreicher im MAK 165
Restaurant Mraz & Sohn 177
Schloss Concordia 179
Steirereck im Stadtpark 163
Stomach 174
Strandgasthaus Birner 178
Urbanek 171

OSTEUROPÄISCH
Beograd 168
Konoba 174
Madiani 177

SANDWICHES & SUPPEN
Soupkultur 166
Suppenwirtschaft 175
Trzesniewski 166–167, 176

SPANISCH
Bodega Marqués 165
Side Step 175
Spezerei 177

STEAKHÄUSER
Gergely's 167

VEGETARISCH
St. Josef 173
Wrenkh 164–165

NACHTLEBEN
CLUBS
Aux Gazelles 197
Bach 197
Bricks Lazy Dancebar 197
Flex 197–198
Goodmann 198
Palais Palffy 198
Passage 198

Pratersauna 198
Roxy 198
Titanic 198
U4 198–199
Volksgarten 199
Why Not? 199

LIVEMUSIK
Arena 199
Café Carina 199
Café Concerto 199
Jazzland 199–200
Metropol 200
Miles Smiles 200
Porgy & Bess 200
Reigen 200
Rote Bar 200
Stadthalle 201
Szene Wien 201
WUK 201

SEHENSWERTES
DENKMÄLER & GEDENKSTÄTTEN
Beethovens Ruhe 137
Denkmal für die Opfer der Faschismus 135
Holocaustdenkmal 81
Mariensäule 80
Pestsäule 68
Russisches Heldendenkmal 66

FRIEDHÖFE & GRÜFTE
Friedhof der Namenlosen 141
Hietzinger Friedhof 129
Kaisergruft 66
Katakomben des Stephansdoms 59
Michaelergruft 69–70
St. Marxer Friedhof 113
Zentralfriedhof 132

FÜR KINDER
Dschungel Wien 95–96
Kindermuseum 128
Minopolis 122
Zoom 95

000 Verweise auf Karten
000 Verweise auf Fotos

GEBÄUDE & BAUWERKE
Ankeruhr 82
Börse **134,** 135
Bücherei Wien 96
Burgtor 135
Donauturm 122, 138
Ehemaliges Kriegsministerium 66
Fernwärme **4,** 105, 138
Flaktürme 113
Gasometer 114
Hochstrahlbrunnen 66
Hofpavillon Hietzing 129
Hotel Sacher 140, **140**
Hundertwasserhaus 112–113
Jubiläumswarte 142
Justizpalast 79–80
Karl-Marx-Hof 143
Looshaus 70–71
Nationalbibliothek 76
Parlament 78, 135, **135**
Planetarium 120
Postsparkasse 65
Rathaus 135
Riesenrad 117
Rossauer Kaserne 106
Staatsoper **12,** 135
Stadtbahn-Pavillons 87
Universität Wien 79
Wasserturm Favoriten 132–141
Wienzeilenhäuser 89

JÜDISCHES ERBE
Bethaus 99
Holocaustdenkmal 81–82
Leopoldstadt 116
Museum Judenplatz 81
Stadttempel 82

KIRCHEN
Augustinerkirche 76
Burgkapelle 71
Dominikanerkirche 65
Franziskanerkirche 64
Griechisch-orthodoxe Kirche 65
Jesuitenkirche 65
Karlskirche 86
Kirche Am Hof 80
Kirche am Steinhof **5,** 141
Kirche zur Heiligsten Dreifaltigkeit 143

Maria am Gestade 82
Michaelerkirche 69
Minoritenkirche 77
Peterskirche 69
Piaristenkirche 102
Rathaus 78–79
Ruprechtskirche 82
Schottenkirche 78
Servitenkirche 105
Stephansdom **4,** 58
Votivkirche 106, 135

MUSEEN & GALERIEN
3rd Man Museum 92
Akademie der Bildenden Künste 67
Albertina **8,** 75
Architekturzentrum Wien 95
Archiv des Österreichischen Widerstands 83
Augarten Contemporary/ Gustinus Ambrosi Museum 120
Bawag contemporary/ Bawag Foundation 65
Beethoven-Wohnung Heiligenstadt 142, 137
Bestattungsmuseum 89
Dom- & Diözesanmuseum 59–62
Dschungel Wien 95–96
Ernst Fuchs Privatstiftung 142
Eroicahaus 143
Esperantomuseum 77
Generali-Stiftung 87
Globenmuseum 77
Haus der Musik 62
Haydnhaus 89
Heeresgeschichtliches Museum 112
Hofmobiliendepot 96
Johann-Strauss-Haus 121
Josephinum 99
Jüdisches Museum 68
Kindermuseum 128
KunstForum 80
Kunsthalle 94–95
Kunsthalle Project Space 87
KunstHausWien 113
Kunsthistorisches Museum **9,** 74–75
Leopold Museum **9,** 93–94

Liechtenstein Museum 103–104
Mozarthaus Wien 63–64
MUMOK 94
Museen in der Neuen Burg 76
Museum für Angewandte Kunst 64
Museum für Völkerkunde 77–78
Museum für Volkskunde 102
Museum Judenplatz 81
MuseumsQuartier **5,** 7, 8, 92–96
Naturhistorisches Museum 75
Neidhartfresken 83
Oberes Belvedere 108–109
Papyrusmuseum 77
Pasqualati-Haus 80
Pathologisch-anatomisches Bundesmuseum 99
Pratermuseum 121
Römermuseum am Hohen Markt 82
Schatzkammer 71
Schubert Geburtshaus 105–106
Schubert Sterbewohnung 87–88
Secession **8,** 67
Sigmund Freud Museum 104–105
Silberkammer 71
Sisi Museum 71
Staatsopernmuseum 67–68
Straßenbahnmuseum 113–114
Technisches Museum 129
Theatermuseum 73–74
Uhrenmuseum 83
Unteres Belvedere 109
Wagenburg 128
Wiener Kriminalmuseum 120
Wiener Porzellanmanufaktur Augarten 120
Wien Museum 86–87
Wittgensteinhaus 114
Zoom 95

PARKS & GÄRTEN
Alpengarten 112
Augarten 117

Botanischer Garten 112
Burggarten 76
Erholungsgebiet Wienerberg 141
Lainzer Tiergarten 141
Nationalpark Donau-Auen 122
Palmenhaus 128
Schloss Belvedere 112
Schönbrunner Schlosspark 125
Stadtpark 65
Unterer Prater 117
Volksgarten 75–76
Wienerwald 141
Wüstenhaus 129

PLÄTZE
Albertinaplatz 68
Am Hof 80
Beethovenplatz 140
Dr.-Ignaz-Seipel-Platz 65
Fleischmarkt 64–65
Helmut-Zilk-Platz 68
Hoher Markt 82
Maria-Theresien-Platz 135
Michaelerplatz 69
Morzinplatz 83
Rathausplatz 135
Schwarzenbergplatz 66
Stephansplatz 58–62

SCHLÖSSER & PALAIS
Equitable-Palais 68
Geymüllerschlössel 143
Hermesvilla 142
Hofburg 69–72
Oberes Belvedere 108–109
Palais Epstein 79
Palais Kinsky 80
Schloss Belvedere 108–112
Schloss Schönbrunn 125
Unteres Belvedere 109

VERGNÜGUNGS-PARKS
Böhmischer Prater 132
Wurstelprater 116–117, **138**, 139

ZOOS & TIERGÄRTEN
Haus des Meeres 89
Schmetterlinghaus 78
Tiergarten 128–129

SHOPPEN
BÜCHER
British Bookshop 146–147
Buchhandlung Walther König 152–153
Freytag & Berndt 147
Shakespeare & Co 147
Thalia 151

ESSEN & TRINKEN
Austrian Delights 147
Manner 147
Meinl am Graben 147
Piccini Piccolo Gourmet 151
Staud's 156

FOTOGRAFIE
Lomoshop 153

HAUSHALTS-WAREN
Augarten Wien 147
Das Möbel 153–154
Holzer Galerie 154
J. & L. Lobmeyr 147
Österreichische Werkstätten 148
Woka 148–149

KONFISERIE
Altmann & Kühne 148
Lollipop 153
Oberlaa 148
Opern Confiserie 148
Xocolat 148

MODE & ACCESSOIRES
Art Up 149
Das Studio 154
Fair Kleidung 151
Flo Vintage Mode 152
gabarage upcycling design 151
Göttin des Glücks 151
Guter Stoff 155
Hot Dogs 154
Lichterloh 151–152
Loden-Plankl 148
Mot Mot 153
Mühlbauer 149
Nagy Strickdesign 156
Park 154–155
Phili's – With Love 152
Shu! 155
Vienna Bag 149
Weltladen 149
Wie Wien 152
Wolford 150

MUSIK
Gold n' Guitars 156
Rave Up 152
Teuchtler 152

SCHMUCK
Atelier Naske 150
K&K Schmuckhandel 155

WEIN
Unger und Klein 151
Wein & Co 151

TOP PICKS
Ausgehen 181
Beisln 161, 167
Einkaufsmeilen 149
Fin de Siècle 43
Gebäude, sehenswerte 44
Kaffee & Klassik 189
Kindern, Reisen mit 64, 87, 98, 113, 120, 129
Kost' nix 77, 94, 99, 112, 121, 128
Luxushotels 223
Made in Wien 152
Mozart 207
Museen & Galerien 46
Pensionen 228
Restaurants 157, 163, 167
Schaufensterbummeln 154
Schwulen- & Lesbentreffs 191
Sport 213
Strauss 207
Unterhaltung 203
Unterkünfte 219
Weinverkostungen 186
Wiener Schnitzel 158

UNTERHALTUNG
KINO
Artis International 210
Breitenseer Lichtspiele 210
Burgkino 210
Cinemagic 210
De France 210
English Cinema Haydn 210
Filmcasino 210
Gartenbaukino 211
Österreichisches Filmmuseum 211
Schikaneder 211
Top Kino 211
Votivkino 211

OPER & KLASSIK
Arnold Schönberg Center 205
Hofburg-Orchester 205
Kammeroper 205
Klangforum Wien 208
Konzerthaus 206
Kursalon 206
Musikverein 206
Odeon 206
Orangerie 206
Palais Palffy 206
Radiokulturhaus 207
Raimund Theater 207
Ronacher 207
Staatsoper 207
Theater an der Wien 208
Volksoper 208
Wiener Residenzorchester 208

THEATER & TANZ
Burgtheater 208
International Theatre 209
Marionettentheater 209
Schauspielhaus 209
Tanzquartier Wien 209
Theater in der Josefstadt 209
Vienna's English Theatre 209
Volkstheater 209

UNTERKUNFT
APARTMENTS
Appartements Riemergasse 222
Belvedere Appartements 227
Gal Apartments 227
Levante Laudon 226–227

GÄSTEHÄUSER
Benediktushaus 223–224

HOSTELS

Do Step Inn 228–229
Schlossherberge am Wilhelminenberg 229
Westend City Hostel 226
Wombat's 228

HOTELS

All You Need Vienna 2 227
Altwienerhof 228
Boutiquehotel Stadthalle 228
Cordial Theaterhotel 226
Das Triest 224
Das Tyrol 225
Hotel am Schubertring 223
Hotel am Stephansplatz 222
Hotel Fürstenhof 225
Hotel Imperial 222
Hotel Kärntnerhof 222–223
Hotel Rathaus Wein & Design 226
Hotel Sacher 221–222
Hotel Schloss Wilhelminenberg 229
König von Ungarn 222
Roomz 227

PENSIONEN

Altstadt 224–225
Aviano 222
Holmann Beletage 223
Hotel Drei Kronen 225
Pension am Operneck 224
Pension Carantania 225
Pension Hargita 226
Pension Kraml 225–226
Pension Nossek 223
Pension Pertschy 223
Pension Riedl 224
Pension Wild 227
Schweizer Pension 224

GREENDEX

GRÜNES GEWISSEN

Die folgenden Sehenswürdigkeiten, Attraktionen, Unterkünfte, Restaurants und Transportmittel wurden von den Autoren ausgewählt, weil sie sich aktiv für Nachhaltigkeit einsetzen. Lokale und Cafés tauchen hier auf, wenn sie saisonale, biologisch und regional produzierte Erzeugnisse verwenden oder mit dem Umweltzeichen offiziell für ihre umweltfreundliche Arbeitsweise ausgezeichnet wurden. Außerdem haben wir Bauernmärkte und lokale Produzenten jedes Viertels im Kapitel „Essen" hervorgehoben. Unterkünfte haben wir für umweltfreundlich erachtet, wenn sie beispielsweise über ein Umweltzertifikat verfügen, Müll trennen und recyceln oder aktiv Energie sparen. Noch mehr Tipps für einen umweltfreundlichen Wien-Besuch gibt's auf S. 19. Im Kapitel zu den Stadtvierteln (S. 51) sind außerdem Informationen zu den verschiedenen Parks und Grünflächen zu finden. Wer unsere Auswahl kommentieren möchte oder glaubt, wir hätten eine erwähnenswerte Einrichtung vergessen, kann uns unter www.lonelyplanet.com/contact mailen. Infos zum nachhaltigen Tourismus und Lonely Planet gibt's unter www.lonelyplanet.com/responsibletravel.

ESSEN

Aubergine 163
Bio-Markt Freyung 166
Cuadro 171
Die Burgermacher 173
Filmbar im Kesselhaus 235
Gergeley's 167
Griechenbeisl 164
Hofkäserei Robert Paget 236
Hollmann Salon 165
Kim Kocht 173
Konoba 174
Madiani 177
Noi 178
Schöne Perle 178
Soupkultur 166
St. Josef 173
Tancredi 168
Urbanek 171
Vestibül 164
Wrenkh 164

SEHENSWERTES

Bahnorama 114
Fernwärme 105
Lobau 122
Loisium Weinwelt 236
Nationalpark Donau-Auen 122
Thum Schinkenmanufaktur 88

SHOPPEN

Fair Kleidung 151
Gabarage Upcycling Design 151
Göttin des Glücks 151
Guter Stoff 155
Markt Freyung 150
Mot Mot 153
Weltladen 149
www.shoppingwithlucie.com 153

UNTERKÜNFTE

Altstadt 224
Boutiquehotel Stadthalle 201
Gal Apartments 227
Hotel am Stephansplatz 222
Hotel Bristol 223
Hotel Drei Kronen 225
Hotel Hilton 223
Hotel Imperial 222
Hotel Schloss Wilhelminenberg 229
Penzión Chez David 242
Radisson SAS Palais 223
Schweizer Pension 224
Wombat's 228

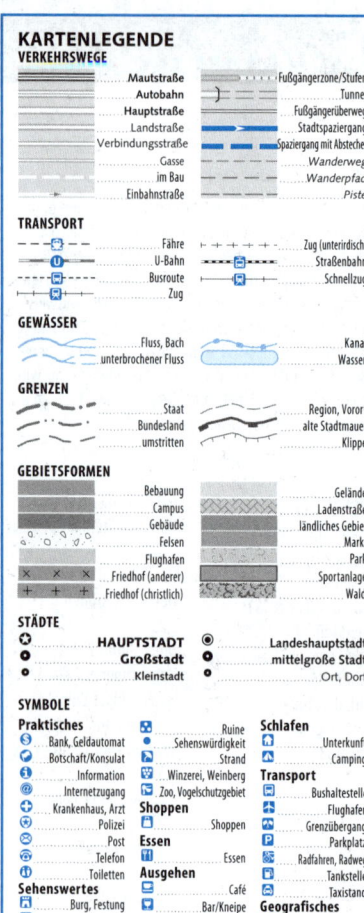

Lonely Planet Publications,
Locked Bag 1, Footscray, Melbourne,
Victoria 3011, Australia

Verlag der deutschen Ausgabe:
MAIRDUMONT,
Marco-Polo-Str. 1, 73760 Ostfildern, www.mairdumont.com,
lonelyplanet@mairdumont.com

Chefredakteurin deutsche Ausgabe:
Birgit Borowski
Übersetzung: Julie Bacher, Berna Ercan, Tobias Ewert, Dr. Christian Rochow
Redaktion: Julia Berger, Frank Müller-Stindl, Verena Stindl (red.sign, Stuttgart)
Satz: red.sign, Stuttgart

Wien
2. deutsche Auflage März 2011,
übersetzt von *Vienna 6th edition, November 2010*
Lonely Planet Publications Pty

Deutsche Ausgabe
© Lonely Planet Publications Pty,
März 2011
Fotos © wie angegeben

Printed in China

Alle Rechte vorbehalten. Das Werk einschließlich all seiner Teile ist urheberrechtlich geschützt und darf weder kopiert, vervielfältigt, nachgeahmt oder in anderen Medien gespeichert werden, noch darf es in irgendeiner Form oder mit irgendwelchen Mitteln – elektronisch, mechanisch oder in irgendeiner anderen Weise – weiter verarbeitet werden. Es ist nicht gestattet, auch nur Teile dieser Publikation zu verkaufen oder zu vermitteln, ohne schriftliche Genehmigung des Herausgebers.

Lonely Planet und das Lonely Planet Logo sind eingetragene Marken von Lonely Planet und sind im US-Patentamt sowie in Markenbüros in anderen Ländern registriert.

Lonely Planet gestattet den Gebrauch seines Namens oder seines Logos durch kommerzielle Unternehmen wie Einzelhändler, Restaurants oder Hotels nicht. Bitte informieren Sie uns im Fall von Missbrauch: www.lonelyplanet.com/ip.

Obwohl die Autoren und Lonely Planet alle Anstrengungen bei der Recherche und bei der Produktion dieses Reiseführers unternommen haben, können wir keine Garantie für die Richtigkeit und Vollständigkeit dieses Inhalts geben. Deswegen können wir auch keine Haftung für eventuell entstandenen Schaden übernehmen.